社会福祉士国家試験
精神保健福祉士国家試験

受験
ワークブック

共通
科目編

社会福祉士・精神保健福祉士国家試験受験ワークブック編集委員会／編集

2021

中央法規

はじめに

2000（平成12）年の児童虐待の防止等に関する法律の制定に伴い、児童福祉法の一部が改正され、児童福祉司や児童相談所長の任用資格に社会福祉士が加えられました。また、2005（平成17）年の介護保険法の改正により、地域包括支援センターが設置され社会福祉士が配置されるなど、法律面での資格の整備とともに、刑事施設や検察庁といった実践現場での配置も多くなってきました。今ではスクールソーシャルワーカーにも多くの社会福祉士が任用されています。複合化・複雑化した個人や地域社会の中で、社会福祉士の資格の位置づけがより重要になっています。

そのため、受験科目数も多くなり、より合理的な受験対策が必要となってきています。

これまでの試験の出題傾向を見てみますと、基礎的な知識はもちろん、応用力も含めてより正確な知識が求められていることがわかります（なお、現在教育内容の見直しが進められていますが、国家試験は第36回まではこれまでのままの計画です）。

本書は、1994（平成6）年に登場して以来、社会福祉士国家試験の動向をいち早く踏まえた編集方針を貫いてきました。そして、多くの受験生の皆様に愛読され、合格の栄冠を得るのに大いに役立ったと、好評と信頼を得てまいりました。近年、このような受験対策書籍は書店にあふれています。しかしながら本書は、受験の王道を行くべくゆるぎのない編集方針によって、カリキュラムや試験の分析、それに基づいた重要項目など、他書の追随を許さない内容であると自負しています。また、2009（平成21）年6月に公表された「出題基準」と併せて、より受験の傾向把握に努めています。

試験というと満点を取らなければならないような心理状態になりますが、いたずらにあせってあれもこれもと手を出し、重箱の隅をつつくような勉強方法に陥るのは望ましくありません。また、国家試験では、たとえ満点を取っても、社会福祉士の登録証に記述されるわけではありません。大切なのは、社会福祉士にふさわしいレベルに到達しているかどうかです。本書に対する信頼をもっていただき、計画的に利用していただければ、使い終えた時点であなたの力は着実に伸び、合格レベルに達していることでしょう。あせらず、じっくりと本書に取り組んでみてください。そのためには受験方法論にこだわらないで、本書の構成に従って学んでくだされればと願っています。

さらに、本書の優れた特色として、目まぐるしく変わる法制度や最新の統計調査の概要など、最先端の情報を盛り込み、テキスト等での不足を補うように編集しています。本書を活用して努力・学習された受験生がめでたく合格されることをお祈りいたします。

社会福祉士・精神保健福祉士国家試験受験ワークブック編集委員会

目　次

社会福祉士・精神保健福祉士国家試験受験ワークブック 2021［共通科目編］目次

社会福祉士〔専門科目編〕

1　社会調査の基礎
2　相談援助の基盤と専門職
3　相談援助の理論と方法
4　福祉サービスの組織と経営
5　高齢者に対する支援と
　　介護保険制度
6　児童や家庭に対する支援と
　　児童・家庭福祉制度
7　就労支援サービス
8　更生保護制度

社会福祉士・精神保健福祉士〔共通科目編〕

1　人体の構造と機能及び疾病
2　心理学理論と心理的支援
3　社会理論と社会システム
4　現代社会と福祉
5　地域福祉の理論と方法
6　福祉行財政と福祉計画
7　社会保障
8　障害者に対する支援と
　　障害者自立支援制度
9　低所得者に対する支援と
　　生活保護制度
10　保健医療サービス
11　権利擁護と成年後見制度

精神保健福祉士〔専門科目編〕

1　精神疾患とその治療
2　精神保健の課題と支援
3　精神保健福祉相談援助
　　の基盤
4　精神保健福祉の理論と
　　相談援助の展開
5　精神保健福祉に関する
　　制度とサービス
6　精神障害者の
　　生活支援システム

はじめに
本書の活用方法 … v

1.　人体の構造と機能及び疾病

傾向と対策 … 2
押さえておこう！　重要項目 … 9
実力チェック！　一問一答 … 51

2.　心理学理論と心理的支援

傾向と対策 … 54
押さえておこう！　重要項目 … 59
実力チェック！　一問一答 … 86

3. 社会理論と社会システム

傾向と対策 … 90

押さえておこう! 重要項目 … 95

実力チェック! 一問一答 … 119

4. 現代社会と福祉

傾向と対策 … 124

押さえておこう! 重要項目 … 133

実力チェック! 一問一答 … 187

5. 地域福祉の理論と方法

傾向と対策 … 192

押さえておこう! 重要項目 … 198

実力チェック! 一問一答 … 221

6. 福祉行財政と福祉計画

傾向と対策 … 226

押さえておこう! 重要項目 … 232

実力チェック! 一問一答 … 267

7. 社会保障

傾向と対策 … 272

押さえておこう! 重要項目 … 284

実力チェック! 一問一答 … 320

8. 障害者に対する支援と障害者自立支援制度

傾向と対策 … 326

押さえておこう! 重要項目 … 338

実力チェック! 一問一答 … 403

9. 低所得者に対する支援と生活保護制度

傾向と対策 … 408

押さえておこう！ 重要項目 … 417

実力チェック！ 一問一答 … 451

10. 保健医療サービス

傾向と対策 … 456

押さえておこう！ 重要項目 … 462

実力チェック！ 一問一答 … 504

11. 権利擁護と成年後見制度

傾向と対策 … 510

押さえておこう！ 重要項目 … 519

実力チェック！ 一問一答 … 564

索　引 … 568

参考文献

本書の活用方法

　この『社会福祉士・精神保健福祉士国家試験受験ワークブック2021　共通科目編』には、社会福祉士国家試験と精神保健福祉士国家試験との共通科目である、人体の構造と機能及び疾病、心理学理論と心理的支援、社会理論と社会システム、現代社会と福祉、地域福祉の理論と方法、福祉行財政と福祉計画、社会保障、障害者に対する支援と障害者自立支援制度、低所得者に対する支援と生活保護制度、保健医療サービス、権利擁護と成年後見制度の11科目を収録しています。

　本書は、社会福祉士養成課程における教育カリキュラムや、公益財団法人社会福祉振興・試験センターから示されている国家試験出題基準、中央法規出版の『新・社会福祉士養成講座』の最新版のテキストなどを中心に作成されています。したがいまして、テキストを十分に勉強された方は、どの科目、どの頁から始められてもかまいません。

　社会福祉士国家試験と精神保健福祉士国家試験のそれぞれの専門科目（社会福祉士は、社会調査の基礎、相談援助の基盤と専門職、相談援助の理論と方法、福祉サービスの組織と経営、高齢者に対する支援と介護保険制度、児童や家庭に対する支援と児童・家庭福祉制度、就労支援サービス、更生保護制度、精神保健福祉士は、精神疾患とその治療、精神保健の課題と支援、精神保健福祉相談援助の基盤、精神保健福祉の理論と相談援助の展開、精神保健福祉に関する制度とサービス、精神障害者の生活支援システム）につきましては、『社会福祉士国家試験受験ワークブック2021　専門科目編』『精神保健福祉士国家試験受験ワークブック2021　専門科目編』を併用して学習されることをお薦めいたします。

ワークブックの構成

　このワークブックは、各科目ごとに次のように構成されています。
◎傾向と対策
◎押さえておこう！　重要項目
◎実力チェック！　一問一答

傾向と対策

■出題基準と出題実績

　社会福祉士の国家試験について、公益財団法人社会福祉振興・試験センター（http://www.sssc.or.jp/）より出題基準および合格基準が示されています。本書では、各科目ごとにその出題基準を掲載しています。

　また、過去にどのようなテーマの問題が出題されたのかを出題基準に基づき一覧表にまとめています。この表によって、過去5回（第28回〜第32回）のおおまかな出題内容を把握し

本書の活用方法

てください。

　とはいえ、出題基準はあくまでも標準的な出題範囲の例示であり、必ずしも出題範囲を限定するものではなく、最新の社会福祉の動向を反映した出題も十分あり得ることに留意してください。

■傾向

　この項では、過去5回（第28回～第32回）の国家試験を中心に、公益財団法人社会福祉振興・試験センターから示されている社会福祉士国家試験出題基準の大項目ごと、および事例について、出題傾向を分析しています。「出題基準と出題実績」の表と併せて、出題の傾向を把握するようにしてください。各科目には、それぞれ出題の特徴があります。最初にそうした傾向を把握してから勉強に取り組めば、より効果的な学習が可能となります。

■対策

　国家試験の出題傾向を分析して把握したうえで、第33回の国家試験に向けて、合理的に受験勉強をするためにはどこを重点的に勉強すればよいのかを示唆しています。出題頻度の高い項目や今後出題の可能性が増す事項などを示すとともに、効果的な勉強方法を提示しています。傾向を正しく把握したうえでの、適切な対策こそ、合格への近道といえるでしょう。

押さえておこう！　重要項目

　この項がワークブックの一番の根幹となります。重要項目は、社会福祉士養成課程における教育カリキュラムや、国家試験出題基準、中央法規出版の『新・社会福祉士養成講座』の最新版のテキストなどをもとに作成されています。項目見出しは一部最新の法令等に合わせています。

　図表化できるところはできるだけ配慮してありますが、国家試験の設問は文章で出題されます。そのために、重要

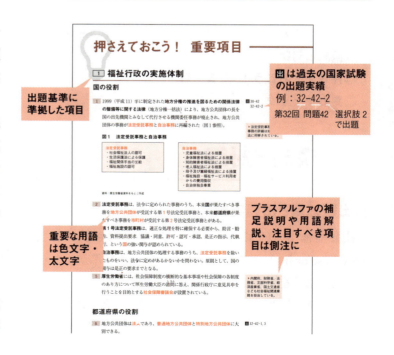

vi

項目の一文の長さは、記憶量と理解度を踏まえたものとなっています。短文の羅列にしていないのは、文章のほうがよりよく理解できるからです。

太文字は、重要項目のなかでも、特に何が重要であるのかを示したり、キーワードを見つけ出すための索引代わりとして使用したりするなど、種々の活用が可能です。また、色文字は赤シートを用いて、穴埋め形式で暗記したり、内容の理解をチェックすることもできます。もちろん、重要項目だけで国家試験のすべてをカバーすることは不可能です。基礎学力養成のためには、テキストを通読したり、ほかの参考書を活用することも必要です。しかし、国家試験に合格するための最低限の知識はこの重要項目で十分だと確信しています。

2013年版より、新たに注記欄を設け、近年の動向や用語の解説などによって、よりいっそう理解を深められるようにしています。2019年版からは、💡**注目！**欄を加えました。近年の法改正部分や出題されそうな内容をあらためて整理するために活用してください。

なお、側注の出題実績における科目名の略称については、以下のとおりです。

国家試験の科目の略称
（人体）「人体の構造と機能及び疾病」
（心理）「心理学理論と心理的支援」
（社会）「社会理論と社会システム」
（現社）「現代社会と福祉」
（地域）「地域福祉の理論と方法」
（行財）「福祉行財政と福祉計画」
（社保）「社会保障」
（障害）「障害者に対する支援と障害者自立支援制度」
（低生）「低所得者に対する支援と生活保護制度」
（保医）「保健医療サービス」
（権利）「権利擁護と成年後見制度」
（調査）「社会調査の基礎」
（相基）「相談援助の基盤と専門職」
（相理）「相談援助の理論と方法」
（経営）「福祉サービスの組織と経営」
（高齢）「高齢者に対する支援と介護保険制度」
（児童）「児童や家庭に対する支援と児童・家庭福祉制度」
（就労）「就労支援サービス」
（更生）「更生保護制度」

🔍➕ 実力チェック！ 一問一答

重要項目に目を通すだけでは、まだ合格が保証されたとはいえません。知識は記憶する作業に結びつかなければなりません。一問一答はそのためのものです。あいまいな知識はかえって

混乱を招くだけです。10 の不確実な知識よりも、1 の確かな知識を身につければ十分合格点を取ることができます。

2021 年版では、一問一答をより充実したものにしています。過去の本書の読者からも、受験直前に一番役に立ったとのお声をいただいております。まずは、自分の実力を試すために問題を解いてみてください。また、勉強の時間がまとめてとれないときなどに、解答欄を隠して、繰り返し問題を解いてみてください。自分で覚えきれない内容があったら、自分の一問一答を作成することも必要でしょう。試験では満点を取る必要はなく、合格に必要な点数を取ればよいのです。また、復習をよりしやすくするために、「押さえておこう！ 重要項目」の項目に戻れるようにその番号も記してあります。誤ったり、不安になったら復習してください。

2021 年版の特色と法制度の主な動き

本書は、毎年国家試験が終了すると改訂作業を行っています。近年のように、頻繁に法律の改正や、統計調査などの発表が行われると、その動向を把握するには大変な労力を要します。そのため、わかりやすく、かつ理解しやすいように、まずここで、法改正の特色などを簡単に記述します。各科目の重要項目を読む前に、法改正の内容や、制度等の主な動きを確認してください。

■ 2021 年版の発刊にあたって

① 社会福祉法の改正

2017（平成 29）年 6 月に「地域包括ケアシステムの強化のための介護保険法等の一部を改正する法律」が公布され、社会福祉法が改正されました。地域包括ケアシステムを強化するためのものですが、「地域福祉の推進の理念の追加」「包括的な支援体制の整備」「市町村地域福祉計画と都道府県地域福祉支援計画の策定努力義務」「生計困難者が無料または低額な費用で介護医療院を利用できる事業の第二種社会福祉事業への追加」に注目しておきましょう。また、2018（平成 30）年には社会福祉法が改正され、無料低額宿泊所等を設置する第二種社会福祉事業の規制が強化されています。

② 介護保険関連の改正

「地域包括ケアシステムの強化のための介護保険法等の一部を改正する法律」により介護保険法が改正され、「地域包括ケアシステムの深化・推進」として、①保険者機能の強化等の取組みの推進、②医療・介護の連携の推進等、③地域共生社会の実現に向けた取組みの推進等、「介護保険制度の持続可能性の確保」として、④現役世代並みの所得のある層の負担割合を 3 割に（第 1 号被保険者に限る）、⑤介護納付金における総報酬割の導入などが行われまし

た。

　また、介護保険財政の改正として、2017（平成29）年11月に「介護保険の国庫負担金の算定等に関する政令の一部を改正する政令」が、12月に「介護保険法施行規則等の一部を改正する省令」が公布されました。改正内容は、①2018（平成30）年度から2020（令和2）年度までの第2号被保険者の保険料負担率が27％（2017（平成29）年度までは28％）となりこれに伴い第1号被保険者の保険料負担率は23％となる、②第1号被保険者の保険料の標準9段階のうち、市町村民税本人課税層にあたる第6段階、第7段階、第8段階および第9段階の境目となる基準所得金額が、それぞれ120万円、200万円および300万円と定められました（2018（平成30）年度から2020（令和2）年度までの額）。その他、2025（令和7）年に団塊の世代が75歳以上となるのに向けて、介護報酬の改正も行われています。

　2019（令和元）年5月には、高齢者の保健事業と介護予防の一体的な実施等のために「医療保険制度の適正かつ効率的な運営を図るための健康保険法等の一部を改正する法律」が公布されました。75歳以上の高齢者に対する保健事業を市町村が介護保険の地域支援事業、国民健康保険法に基づく保健事業と一体的に実施できるよう国、市町村等の役割等について定めたものです。

③　老人福祉法の改正

　「地域包括ケアシステムの強化のための介護保険法等の一部を改正する法律」により老人福祉法が改正され、①有料老人ホームの入居者保護のための施策の強化、②有料老人ホームの前払金の保全措置の義務の対象拡大が行われました。

④　障害児・者福祉関連

　「地域包括ケアシステムの強化のための介護保険法等の一部を改正する法律」により児童福祉法と障害者総合支援法が改正されました。これにより「共生型サービス」が創設され、高齢者と障害児・者が同一の事業所でサービスを受けることが可能となりました。また、2017（平成29）年3月に、第5期障害福祉計画および第1期障害児福祉計画にかかる基本的な指針が告示されました。2018（平成30）年3月には、自立訓練の利用対象者にかかる改正、重度訪問介護にかかる改正、同行援護の利用対象者にかかる改正も行われています。

⑤　児童福祉関連

　2017（平成29）年6月の「児童福祉法及び児童虐待の防止等に関する法律の一部を改正する法律」により、①虐待を受けている児童等の保護者に対する指導への司法関与、②家庭裁判所による一時保護の審査の導入、③接近禁止命令を行うことができる場合の拡大が行われました。また、保育所保育指針および幼保連携型認定こども園教育・保育要領が全部改正されました。さらに、2017（平成29）年に策定された「子育て安心プラン」では、待機児童解

消に向けた取組みも行われています。2018（平成30）年12月には、成育過程にある者及びその保護者並びに妊産婦に対し必要な成育医療等を切れ目なく提供するための施策の総合的な推進に関する法律も制定されています。その他、子ども・子育て支援法の改正で基本理念の追加、子育てのための施設等利用給付が創設されています。児童扶養手当法も改正されています。

2019（令和元）年6月には、「児童虐待防止対策の強化を図るための児童福祉法等の一部を改正する法律」が公布されました。これは児童虐待防止策の強化を図るための改正です。児童福祉施設の長らによる体罰の禁止、児童相談所における弁護士の配置、児童福祉司、指導教育担当児童福祉司（スーパーバイザー）の任用要件の見直しなどに関連した児童福祉法の改正が行われています。また、「児童虐待の防止等に関する法律」が改正され、児童のしつけに際して体罰を加えることにより児童を懲戒してはならない、児童虐待の早期発見に努めなければならない団体に都道府県警察などが加えられるといった見直しもなされています。さらに「配偶者からの暴力の防止及び被害者の保護等に関する法律」も改正されています。

⑥　雇用関連

2017（平成29）年3月の「雇用保険法等の一部を改正する法律」に伴い、育児休業、介護休業等育児又は家族介護を行う労働者の福祉に関する法律（育児・介護休業法）が改正され、①育児休業期間の延長、②育児休業制度等の個別周知、③育児目的休暇の新設が行われました。2017（平成29）年6月には「障害者の雇用の促進等に関する法律施行令及び身体障害者補助犬法施行令の一部を改正する政令」が公布され、障害者の法定雇用率が引き上げられることとなりました。2018（平成30）年1月には「障害者の雇用の促進等に関する法律施行規則の一部を改正する省令」が公布され、精神障害者である短時間労働者であって、新規雇入れから3年以内の者または精神障害者保健福祉手帳取得から3年以内の者にかかる法定雇用率のカウントにおいて、2023（令和5）年3月31日までに雇い入れられた者等については、1人をもって1人とみなすこととする改正がされました。

2019（令和元）年6月には「障害者の雇用の促進等に関する法律の一部を改正する法律」が公布され、障害者の雇用をいっそう促進するため障害者活躍推進計画、障害者職業生活相談員、優良中小事業主、特例給付金などについて定めています。

2020（令和2）年3月には、「雇用保険法等の一部を改正する法律」が公布され、①高齢者の就業機会の確保および就業の促進、②複数就業者等に関するセーフティネットの整備等、③失業者、育児休業者等への給付等を安定的に行うための基盤整備等が行われます。

⑦　その他

(1)　2017（平成29）年6月に「民法の一部を改正する法律」（債権法改正）が公布されました。施行は一部の規定を除き、2020（令和2）年4月からですが、①意思能力を有しない

でした法律行為は無効であることの明記、②将来債権の譲渡（担保設定）が可能であることの明記、③賃貸借終了時の敷金返還や原状回復に関する基本的なルールの明記、④消滅時効が業種ごとに異なる短期の時効を廃止し、原則として「知った時から5年」に統一、⑤法定利率を現行の年5％から年3％に引き下げなどの改正が行われました。また、2018（平成30）年7月、被相続人の遺産分割で相続人の一人である配偶者が住居や生活費を確保しやすくするため相続法の分野の民法の改正も行われました。

　2019（令和元）年6月には、「民法等の一部を改正する法律」が公布され、特別養子縁組にかかる改正が行われています。養子候補者の年齢が原則6歳未満から15歳未満に引き上げられたことや家事事件手続法・児童福祉法の改正によって「特別養子適格の確認の審判」と「特別養子縁組の成立の審判」の二段階手続きの導入によって簡素化が図られています。

⑵　2017（平成29）年4月に「住宅確保要配慮者に対する賃貸住宅の供給の促進に関する法律（住宅セーフティネット法）の一部を改正する法律」が公布されました。

⑶　2018（平成30）年6月、生活困窮者自立支援法も改正され、包括的な支援体制の強化、子どもの学習支援事業の強化、居住支援の強化が図られています。

⑷　2018（平成30）年6月、生活保護法も改正され、生活保護世帯の子どもの貧困の連鎖を断ち切るための大学等への進学支援、生活習慣病の予防等の取組みの強化、医療扶助費の適正化、貧困ビジネス対策などが図られています。

⑸　2018（平成30）年7月、ホームレスの自立支援等に関する特別措置法に基づく基本方針が見直され、高齢化や路上（野宿）生活期間の長期化が顕著なホームレスに対する支援などが策定されています。

⑹　2018（平成30）年7月、医療法の改正により、地域間の医師偏在の解消を通じ、地域における医療提供体制確保などが盛りこまれています。

⑺　東京オリンピック・パラリンピック（2021（令和3）年に延期）に向けてバリアフリー新法も改正されています。

⑻　2019（令和元）年5月「子ども・子育て支援法の一部を改正する法律」が公布され、子育てを行う家庭の経済的負担の軽減を図るため、対象施設等を利用した際に要する費用の支給などが定められています。

⑼　2019（令和元）年6月「子どもの貧困対策の推進に関する法律」が改正され、目的規定に、子どもの将来だけでなく現在に向けた法律であることなどが明記され、市町村による貧困対策計画の策定の努力義務などについても規定しています。

⑽　2019（令和元）年6月「女性の職業生活における活躍の推進に関する法律等の一部を改正する法律」が公布され、育児・介護休業法が改正され、ハラスメント対策の強化が図られています。また、子の看護休暇の見直しにより、時間単位の看護休暇・介護休暇の取得ができるようになります。

本書の活用方法

　以上のように、法制度の動きは多岐にわたります。なかには施行が何年か後の法律もあります
すが、近年では施行前であっても出題されることもありますので、改正内容をまとめておきま
しょう。

1

人体の構造と機能及び疾病

傾向と対策

出題基準と出題実績

出題基準			
大項目	中項目	小項目（例示）	
1 人の成長・発達	1）身体の成長・発達		
	2）精神の成長・発達		
	3）老化		
2 心身機能と身体構造の概要	1）人体部位の名称	・頭部、頸部、胸部、背部、腹部、四肢、体幹、脊柱、血管 ・その他	
	2）各器官等の構造と機能	・血液、呼吸器、消化器、泌尿器、循環器、運動器、内分泌器官、神経系、感覚器、皮膚、生殖器、免疫系 ・その他	
3 国際生活機能分類（ICF）の基本的考え方と概要	1）国際障害分類（ICIDH）から国際生活機能分類（ICF）への変遷		
	2）心身機能と身体構造、活動、参加の概念		
	3）環境因子と個人因子の概念		
	4）健康状態と生活機能低下の概念		
4 健康の捉え方	1）健康の概念	・WHO憲章による健康の定義 ・その他の定義	
5 疾病と障害の概要	1）疾病の概要	・悪性腫瘍、生活習慣病、感染症、神経・精神疾患、先天性・精神疾患、難病 ・その他	

※【　】内は国家試験に出題された番号です。

人体の構造と機能及び疾病

出題実績				
第28回(2016年)	第29回(2017年)	第30回(2018年)	第31回(2019年)	第32回(2020年)
	・身体の標準的な成長・発達【1】	・身体の標準的な成長・発達【1】		
・乳幼児期の標準的な発達【1】			・エリクソンの発達段階【1】	
	・加齢に伴う生理機能の変化【2】	・高齢者に多くみられる病態【4】		
・人体の部位と疾病・病態【2】	・心臓の正常解剖【3】	・人体の各器官【2】	・人体の各器官の構造と機能【2】	・人体の各器官の構造と機能【1】 ・脱水【2】 ・消化器の構造と機能【3】
・国際生活機能分類（ICF）の概要【3】			・国際生活機能分類（ICF）の概要【3】	・国際生活機能分類（ICF）の分類【4】
・日本における健康施策【4】		・アルマ・アタ宣言【3】	・健康【4】	・アルマ・アタ宣言【5】
・高齢者の病態の特徴【5】 ・食中毒【6】	・感染症【4】 ・生活習慣病【5】	・高齢者に多くみられる病態【4】 ・肢体不自由となる疾患【5】 ・廃用症候群【7】	・高血圧【5】	

3

大項目	中項目	小項目（例示）	
	2）障害の概要	・視覚障害、聴覚障害、平衡機能障害、肢体不自由、内部障害、知的障害、発達障害、認知症、高次脳機能障害、精神障害 ・その他	
	3）精神疾患の診断・統計マニュアル（DSM）の概要	・精神疾患の診断・統計マニュアル（DSM-5） ・その他	
6 リハビリテーションの概要	1）リハビリテーションの概念と範囲	・リハビリテーションの定義、目的、対象、方法 ・その他	

傾向

　過去5年間の出題傾向から、本科目では、まず幅広い対象者を理解するための基本として、人の成長から老化、人体の機能について学ぶ。これは、相談援助活動の対象者が子どもから高齢者まで幅広いなか、本来、人はどのような状態であるのかを確認することが重要だからである。そのうえで、健康のとらえ方を確認し、疾病や障害、およびリハビリテーションの概要について学ぶことになる。疾患や障害も対象者の個性であることから、その特徴を理解することは、対象者の生活を支援するための基本として重要な科目となっている。

　第32回では、6題が正しいものを「1つ」選ぶ形式、1題が適切なものを「2つ」選ぶ形式であった。基本的内容を確認しておくことができていれば正解を導きやすいものであった。以下、出題基準に沿って分析する。

1 人の成長・発達

　第32回では、この分野からの出題はなかった。第31回では、問題1でエリクソン（Erikson, E.）の発達段階に関する理論から出題された。第30回では、問題1で身体の標準的な成長・発達に関する出題が、問題4で高齢者に多くみられる病態に関して出題された。第29回では、問題1で身体の標準的な成長・発達に関する出題が、問題2で加齢に伴う生理機能の変化に関して出題された。第28回では、問題1で乳幼児期にみられる標準的な発達特徴から出題された。

　今回は出題されなかったが、過去の問題の傾向から、加齢、高齢者に関しての問題は、出題頻度が高い。また、発達と老化に関する問題は必ず押さえることが重要である。加齢に伴い身体のどこがどのように変化するのか、重要項目で基本事項を必ず確認しておきたい。その

第28回(2016年)	第29回(2017年)	第30回(2018年)	第31回(2019年)	第32回(2020年)
	・レビー小体型認知症【6】	・肢体不自由となる疾患【5】	・障害【6】	・脳血管性認知症【6】
・DSM-5による躁病エピソード【7】	・DSM-5【7】	・DSM-5における統合失調症【6】	・DSM-5における神経性やせ症／神経性無食欲症【7】	
		・廃用症候群【7】		・リハビリテーションの概念と範囲【7】

ほか、身体と精神の成長の基本は、過去の問題を中心として押さえておくことが必要である。

2 心身機能と身体構造の概要

　第32回では、問題1で人体の構造と機能、問題2で脱水、問題3で消化器の構造と機能が出題された。第31回では、問題2で脳・神経・三半規管について出題された。第30回では、問題2で人体の各器官の解剖について出題された。第29回では、問題3で心臓の正常解剖について出題された。第28回では、問題2で人体の部位と疾病・病態との関連性が出題された。

　以上のように、この分野からは第32回まで毎回出題されており、基本を広く確認することが必要な出題であった。第32回では、全7問中3問で出題された。人体の基本を知ることの重要性がわかるものであった。過去の傾向に加えて学びを深めておきたい。

　過去の問題の傾向から、血液、呼吸器、消化器、循環器、運動器官に関して必ず押さえておきたい。特に出題傾向から心臓・呼吸器・神経系は生きるためには重要な器官であるので必ず確認しておくことが重要である。出題内容は基本的なものであり、人体構造は共通であることから、自分の身体に興味をもちながら知識を確認しておきたい。

3 国際生活機能分類（ICF）の基本的考え方と概要

　第32回では、国際生活機能分類（ICF）について事例を読み、分類を解答する出題がされた。第31回では、国際生活機能分類（ICF）の構成について出題された。第30回、第29回では出題がなかった。第28回では、問題3で国際生活機能分類（ICF）の概要が出題された。第28回での出題内容は基本的なものではあるが、全体像を確認する必要があった。

　過去の問題の傾向から、ICFの概念を再度確認し、その基本的考え方を押さえ、次に各々

関連性をとらえることをしておきたい。さらに、第32回のように各々に含まれる内容を確認しておくとよい。焦らず確認すれば、概念から導き出せるだろう。

4 健康の捉え方

第32回では、問題5で「アルマ・アタ宣言」が出題された。第31回では、問題4で健康の定義から日本における死因の現状が出題された。第30回では、問題3で世界保健機関（WHO）の活動について出題された。第29回では、出題はなかった。第28回では、問題4でわが国における健康施策が出題された。

第30回の出題は、第26回の健康に関する定義についての出題、健康寿命、罹患率、プライマリ・ヘルスケアがキーワードとしてあげられていたものと傾向が似ている。また、第32回で出題された「アルマ・アタ宣言」は、プライマリ・ヘルスケアを確認しておくことの関連性が確認できたといえる。

過去の問題の傾向から、健康をキーワードとする定義や関連する法や政策（「健康日本21」「健康増進法」）、健康を支えるガイドラインに関しては注意をしておく必要がある。基本となる法、変化する数値項目をもつガイドライン等には注意しておきたい。2018（平成30）年に「健康増進法」の一部が改正されたことによる「受動喫煙の防止」に関しては、今後確認しておきたい内容である。

5 疾病と障害の概要

第32回では、問題6で脳血管性認知症（血管性認知症）が出題された。第31回では、3題の出題があった。問題5では高血圧に関して出題された。問題6では、障害と原因疾患、身体障害者福祉法の分類に関して出題された。問題7では、DSM-5における「神経性やせ症／神経性無食欲症」の診断基準が出題された。第30回では、3題の出題があった。問題4では、高齢者に多くみられる病態に関して出題された。問題5では、肢体不自由になる疾患に関して出題された。問題6では、統合失調症の診断に関して出題された。第29回では、4題の出題があった。問題4では、感染症の原因と予防に関して出題された。問題5では、生活習慣病に関して出題された。問題6では、レビー小体型認知症に関して出題された。問題7では、精神疾患の診断・統計マニュアル（DSM-5）に関して出題された。第28回では、3題の出題があった。問題5では、高齢者にみられる病態の特徴として加齢に伴い変化する病態に関して出題された。問題6では、食中毒の原因、病態、消毒、予防方法に関して出題された。

第32回の出題は1題であったが、過去5年間をみていくと、この分野では中項目の疾病の概要からの出題が2題程度、障害の概要から1題から2題程度、DSM-5の内容から1題程度

の出題がある。

　過去の問題の傾向から、疾病の概要として過去に出題された生活習慣病や高次脳機能障害、神経・精神疾患、感染症、難病に関しては、その原因と特徴は必ず押さえておくことが重要である。また、認知症に関する出題は第29回にも出題があったが、超高齢社会を迎え認知症高齢者が増加するなかで、今後も必ず確認しておきたい内容である。特に主な認知症とその症状については、理解を深めておきたい。第28回〜第31回では、DSM-5の内容が出題された。DSM-5での分類変更や、社会的対応が望まれるなかでは、今後も注目し確認しておきたい内容である。発達障害に関しての出題は近年ないが、この項目も重要項目を中心に押さえておきたい項目である。

6　リハビリテーションの概要

　第32回では、問題7でリハビリテーションの概要と対象、脳卒中のリハビリテーション、リハビリテーションの職種が出題された。第31回での出題はなかった。第30回では、廃用症候群に関して出題がされた。第29回、第28回での出題はなかった。

　廃用症候群の予防は高齢者の生活の質（QOL）を維持するために早期のリハビリテーションにおいても重要であることから、必ず確認しておきたい。

　過去の問題の傾向から、リハビリテーションの定義、その目的、対象者、かかわる職種の役割を過去の問題を中心として押さえておくことが必要である。

▢　事例

　第32回では、問題4で国際生活機能分類（ICF）の分類が出題された。第31回、第30回、第29回、第28回での出題はなかった。

　第28回〜第32回での出題がなかったことから、問題の解き方を理解しておくことに焦点をあててよいのではと考える。事例問題を解くには、キーワードとなる語句、例えば疾患名、利用者の状態をまず押さえることが重要である。そこから何を判断するかはその出題内容にもよるが、キーワードを出しておけば大きく外れることはない。第32回の出題では、国際生活機能分類（ICF）の分類を確認しておくことで正答できるものであった。各項目の内容を理解しておくことの重要性がわかるといえる。

対策

　「１人の成長・発達」「２心身機能と身体構造の概要」に関しては、まず自分に置き換え

てみることが理解の近道である。用語や構造は記憶するしかないが、覚えてしまえば得点源となる分野である。覚えるためには身体を図にしてみることなどの工夫で理解しやすくなる。

「5 疾病と障害の概要」「6 リハビリテーションの概要」では、DSM-5 に関することを確認することから始まる。実習等において疾病や障害のある人とかかわることで、なぜその疾病や障害が生じるのかという疑問をもつこと、どのようなリハビリテーションや治療が行われているのか興味をもつことが、この分野を理解する基本である。ただしその場合、治療や生活状態によって疾病や障害が典型的なものではない場合があるので、基本的知識についてテキスト等で確認することを忘れてはならない。

最後に、社会状況の変化により出題内容が変化するものとして、「4 健康の捉え方」がある。社会の動きに注意し、マスコミや最新の統計に関心をもつことが必要となる。健康に対する世のなかの関心が、自分にも関係あることとしてとらえる目を養うことが重要である。

押さえておこう！　重要項目 ━━━

1　人の成長・発達

身体の成長・発達

1 受精後 **8** 週目までには、人としての基本的生理機能を担う器官が形成される。胎生 10 か月の**出生時点**では、およそ**体重 3000**g、**体長 50**cm にまで発育する。

出 29-1-1

2 **体重**は、生後 3、4 か月には平均値で出生時の **2** 倍以上になる。**身長**は 3 歳の終わりから 4 歳頃までに出生時の **2** 倍になる。**頭蓋骨**の**小泉門**は生後 6 か月までに、**大泉門**は 1 歳半前後には自然に閉鎖する。

出 29-1-2, 3
　 30-1-4

▶出生時から成人になるまでに、身長は 3 倍以上、体重は 15〜20 倍に増加する。

3 **原始反射**には、手のひら、足の裏に触れたものを握ろうとする**把握反射**、口に触れたものに吸いつこうとする**吸啜反射**、頭を落下させたり大きな音を聞かせたときに両**上肢**を開き側方から正中方向に抱きつくような動きをする**モロー反射**、両脇を支えながら足を床につけると歩き出すような足の動きをする**原始歩行**（（自動）歩行反射）などがある。

▶生後 2〜4 か月で消失が始まる。

4 **乳歯**は **3 歳**までには **20** 本生えそろうことが多い。

出 29-1-4
　 30-1-3

5 脳や脊髄、感覚器官等の**神経系型**に属する**成長曲線**は、乳幼児期に急速に発達する。身長や体重等の**全身系型**に属する**成長曲線**は、乳幼児期に急速に発達し、その曲線は緩やかな S 字カーブである。1 歳までの主な発達の過程は表 1 のとおりである。

表1　主な発達の過程

1〜2 か月	光を見つめる、あやすと笑う
3〜4 か月	首がすわる、声をたてて笑う、オモチャを握る
5〜6 か月	寝返りをする、支えがあれば座る
7〜9 か月	おすわりをする、ハイハイをする、支えで立つ
10〜11 か月	つかまり立ちをする、ばいばいなどが言える
1 歳	一人で立つことができる、歩く、言語が多くなる、指先で小さな物をつまむことができる

出 30-1-1
出 30-1-2
出 30-1-5

6 学童期から青年期では、身長、体重等の成長が顕著であり、特に**身長**においては、脳下垂体前葉から分泌される**成長ホルモン**が関与する。

7 **リンパ系**の器官の成長のピークは、**思春期**の初めまでである。その後は退縮し、成人期を迎える。

出 29-1-5

8 **生殖器系**の器官は、男女とも**思春期**以降に著しく成長する。

精神の成長・発達

9 生後 **6** か月頃までには、**聴力**が次第に発達し、大きな音に反応したり、話しかけにニッコリしたり、聞き慣れない音などに顔を向けたりするようになる。

▶ 1歳頃にはほとんど正常な聴力を獲得し、それに応じて行動するようになる。

10 **脳重量**は、出生時約 300～400g、生後 4 か月には 600～650g に増え、4～6 歳で成人のおよそ **90**％を超える。10 歳前後で成人と変わらない 1400g 前後にまで成長する。

11 乳児の発する言葉を**喃語（なんご）**という。生後半年前後には、発声がしっかりしてきて**喃語**もまとまった音声となる。2 歳前後では、2 語文を言い始める（図1参照）。

出 28-1-5

図1 乳幼児の言語発達

出 28-1-1〜4

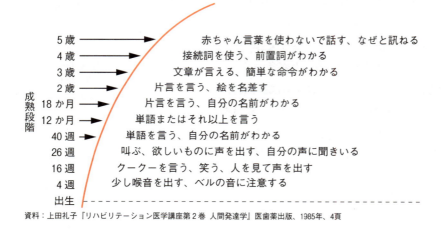

資料：上田礼子『リハビリテーション医学講座第2巻 人間発達学』医歯薬出版、1985年、4頁

12 **エリクソン**（Erikson, E.）の発達段階では、心理・社会的側面の発達を8つの段階にまとめられている。**アイデンティティ**が発達課題となるのは、青年期（12～20歳頃）のなかでも 12～15 歳頃である（「心理」表6（73頁）参照）。

出 31-1-3

老化

13 老化は**生理的老化**と**病的老化**に分類される。**生理的老化**は生活環境や生活様式が良好で病気や事故がなくても進むもの、**病的老化**は老年期に多い病気によって進むものとされる。

14 老化は、**遺伝子**にプログラムされたとおりに進行するが、これに**環境因子**が作用して変化する。

▶ 老化が進むと病気にかかりやすくなる。老化は治療ができない。

1 人の成長・発達

老化

人体の構造と機能及び疾病

15 **最大酸素摂取量**（体重 1 kg 当たり 1 分間に最大何 ml の酸素を摂取できるか）は、**全身持久力**の指標となる。**70** 歳前後になると最大酸素摂取量は平均して **20** 歳頃の半分になる。

▶最大酸素摂取量は、運動習慣の改善などによって高くなる。

16 加齢に伴い、**嚥下機能**は低下するが個人差もある。

17 **低栄養**は、老年症候群のなかでも頻度が高く、**死亡率**の上昇に直結する。栄養状態は病気やその治療と関係が深い。

18 **低栄養**により、**貧血**、**骨塩量**の低下、**感染症**への抵抗力減弱、**免疫力**の低下がみられる。体の**筋肉量**の減少は、運動不足だけでなく低栄養が引き金となって促進される。

19 **骨粗鬆症**によって脊椎骨の**圧迫骨折**が発生すると、脊椎骨の変形が起こって**後弯**と呼ばれる脊柱全体の変形をきたし、背中が丸くなる**円背**や突起状に曲がる**亀背**が発生して、慢性腰痛や呼吸機能障害をきたす。

20 **筋肉量**の減少に伴い、水分や細胞成分が減少する。筋細胞は、**運動**によってサイズが大きくなり、活動しないと小さくなって萎縮する。

出 29-2-1

21 加齢とともに男女とも**脂肪**の蓄積量が増加し、体重に占める割合が高くなるため、人体比重は減少する。体重から体脂肪量を除いた**除脂肪体重**は減少する。

22 **心拍出量**は、1 分間当たりに心臓から全身に送り出される**血液量**のことで、心機能の基本的な指標となる。

▶ 1 心拍当たりの拍出量は年齢の影響を受けないが、運動負荷時の値は加齢に伴い減少する。

23 **肺活量**の測定によって**呼吸機能**が評価できる。肺全体の容量は年齢の影響を**受けない**が、下部肺野に呼吸によって出入りしない残気が溜まってきて**残気量**が増加するため、高齢者の肺活量は**低下**する。

出 29-2-4

24 呼吸するときに肺を出入りする空気の量を**換気量**といい、後期高齢者は若年者の半分まで低下するとされる。よって、肺は**生理機能低下**が著明な器官である。その原因としては、ガス交換を担っている**肺胞の弾力性**の低下による肺胞の拡張がある。

25 **腎臓**は、加齢により腎血漿の流量が**低下**する。老化による**生理機能低下**が著明な器官である。

26 高齢期の視覚障害の原因疾患には、**白内障**、**緑内障**、**黄斑部変性症**、**糖尿病性網膜症**などがある。

27 高齢者においては、**高周波数の音**（高い音）を聞く能力から徐々に聴力が低下する。ほかに原因のない高齢者の聴力障害を**老人性難聴**という。その原因は内耳にあるので**感音難聴**ともいう。

出 29-2-3
30-4-2

28 感音難聴の初期症状には、**耳鳴り**や言葉の聞き取りの低下がある。

29 **知能**は、新しい知識の学習に対する反応の速さ、正確さにかかわる**流動**

出 29-2-5

11

■ 重要項目

性知能と、学習や経験の積み重ねを通して得られる**結晶性知能**とに大別される。**流動性知能**は30歳代から徐々に低下し始めるのに対し、**結晶性知能**は70歳前後までむしろ高まるとされている。

30 知覚や言語を通じて収集した情報は、大脳の側頭葉内側にある**海馬**において集約され、**記憶**として保持される。記憶には、**短期記憶**（近時記憶）と**長期記憶**（遠隔記憶）がある。**短期記憶**は加齢とともに徐々に低下し、中年以降は、**長期記憶**に属するエピソード記憶（出来事や生活体験の記憶）の衰えが著しい。

出 28-5-5

31 **高齢者の病気の特徴**は、**老化**と病気の境がはっきりしない、複数の疾患を併せもっている、慢性の病気が多く**個人差**が大きい、病気の過程が**非定型**で薬の副作用を起こしやすいなどである。

2 心身機能と身体構造の概要

人体部位の名称

32 腕から手の部分を**上肢**（じょうし）、肩から肘までを**上腕**（じょうわん）、肘から先を**前腕**（ぜんわん）と呼ぶ。太ももから足先までを**下肢**（か し）、太ももの付け根から膝までを**大腿**（だいたい）、膝から足首までを**下腿**（か たい）と呼ぶ。太ももの付け根は腹側の部分を**鼠径部**（そ けい）と呼ぶ。上下肢以外の部位を**体幹**（たいかん）と呼ぶ。上下肢を総称して**四肢**と呼ぶ（図2参照）。

各器官等の構造と機能

■支持運動器官

33 **骨**は、筋肉とともに人体を支え、内臓を保護するはたらきがある。人体は約**200**個の骨でできている（図3参照）。

34 骨は、**骨質**でつくられており、**骨膜**に包まれている。骨の中心部には髄腔という空洞があり、**骨髄**で満たされている。骨髄は、**造血器官**として赤血球・白血球・血小板をつくる。

▶骨質にはカルシウムが多く含まれている。寝たきりになるとカルシウムは血液中に放出される。

35 **筋肉**は、骨格筋、心筋、平滑筋に分類される。心筋、平滑筋は意思によって動かすことのできない**不随意筋**である。骨格筋は意思によって動かすことができる**随意筋**である。

36 血管、消化管、気管支、尿管などの中空臓器には、**平滑筋**が分布する。**平滑筋**は、意思によらない運動をするので**不随意筋**ともいう。

12

2 心身機能と身体構造の概要

各器官等の構造と機能

図2　身体の各部の名称

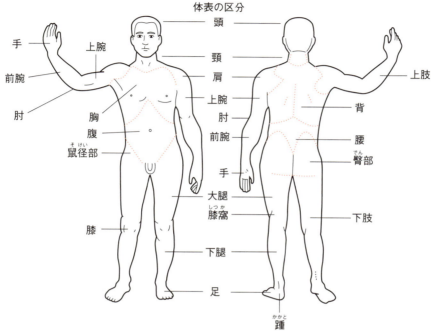

資料：社会福祉士養成講座編集委員会編『新・社会福祉士養成講座①人体の構造と機能及び疾病（第3版）』中央法規出版、2015年、26頁

37 頸椎は7個の骨で構成される。

38 脊柱は、横から見るとSの字に曲がっている。その中には**脊髄神経**がある。脊柱は脳中枢と全身の筋肉や臓器をつなぐ情報網となっている。

39 踵骨部の褥瘡は、**仰臥位**の場合で生じる。

■ 体液と脱水

40 人間の身体の約60％は、**水（体液）**でできている。**体液**は、細胞が生きていくために必要な**電解質**（ナトリウム・カリウムなど）や非電解質（たんぱく質・糖質・脂質・尿素など）を含む。通常、これらの体液の量や体液内の電解質はいつもほぼ一定に保たれており、これを人体の**恒常性（ホメオスタシス）**という。

> **電解質**
> 身体のはたらきを正常に保ち、生命を維持するうえで重要なはたらきをしている。

41 **脱水**の原因は、①水分の摂取不足、②尿・不感蒸泄など水分排泄量の増加、③大量の嘔吐や下痢などによる消化液の大量喪失などがある。**脱水**は高齢者に多い（表2参照）。

42 **脱水**により、**頻脈**、血圧の**低下**が起こる。水分の喪失を減らすために**唾液**の量も少なくなり、口渇感、**嚥下機能**の低下、舌の乾燥による**味覚障害**、**食欲の低下**などの症状が出現する。尿量も減少し、尿は**濃い色**を呈

> 重要項目

図3 骨の名称

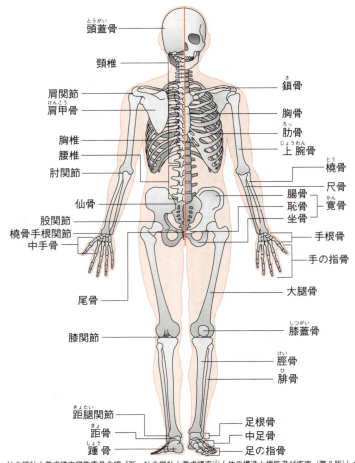

資料：社会福祉士養成講座編集委員会編『新・社会福祉士養成講座①人体の構造と機能及び疾病（第3版）』中央法規出版、2015年、47頁

する。

■ 血液

43 **血液**は、**血漿**（液体成分）と**血球**（固形成分）に分離することができる。血液は**骨髄**でつくられる。血液の成分と役割は図4のようになる。

44 **白血球**のなかの**リンパ球**は、**免疫**に最も深い関係にある免疫担当細胞であり、異種たんぱくを認識・記憶し、**抗体**を産生する。リンパ球を生成しているリンパ節は、**細菌**などの異物処理をしており、感染すると腫れる場合がある。

■ 心臓の構造と循環

45 **心臓**は、握りこぶし大の臓器で、重さは約300gである。左右の**心室**と

▶脱水が進むと、皮膚の乾燥、便秘の悪化、意識障害、不穏・幻覚などの精神症状が出現する。

出 29-3-2

表2　高齢者に脱水が多い理由

脱水の原因	具体的な特徴	
水分保持機能の低下	加齢に伴い脂肪が増加するのに比べ、水分の最大保有臓器である筋肉が減少し、約10％の水分が減少する。	出 32-2-1
渇中枢機能の低下	高齢になると、喉の渇きを感じにくくなる（口渇感の低下）ため、水分摂取量が減少する。	出 32-2-2
腎機能の低下	水の再吸収能力（尿濃縮能）も低下し、尿として水分がより多く失われる。	出 32-2-5
水分の摂取不足	高齢者は夜間頻尿となることが多く、下痢や失禁を恐れて意識的に水分摂取を制限する傾向にある。	
降圧利尿剤の服用	高血圧の高齢者では、降圧利尿剤のため、脱水傾向が強まる。	出 32-2-4
意欲や知能の低下	意欲や知能の低下から水分摂取が思うようにできない。	出 32-2-3
基礎代謝量の減少	老化によって基礎代謝量が減少し、代謝によって生成される水分が減る。	

資料：社会福祉士養成講座編集委員会編『新・社会福祉士養成講座①人体の構造と機能及び疾病（第3版）』中央法規出版、2015年、29頁を一部改変

図4　血液の成分と役割

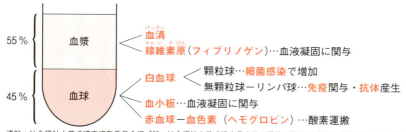

資料：社会福祉士養成講座編集委員会編『新・社会福祉士養成講座①人体の構造と機能及び疾病（第3版）』中央法規出版、2015年、30頁

心房の計4つの部屋からなっている。心臓の4つの部屋を左心房・左心室・右心房・右心室という。左の心房と心室の間にある弁を僧帽弁、右の心房と心室の間にある弁を三尖弁といい、肺動脈に向かう部分には肺動脈弁、大動脈に向かう部分には大動脈弁がある。心房から心室、心室から大血管と一方向にのみ血液が流れるように機能している（図5参照）。

46　心臓左右の冠動脈と呼ばれる血管により、心臓の筋肉に栄養や酸素が送り込まれる。この血管が血栓で詰まると心筋梗塞となる。

47　右心室から出る肺動脈内には、静脈血が流れ、肺に送られる。肺でガス交換が行われ動脈血になり、肺静脈を通り動脈血は左心房に流れる。これを肺循環（小循環）という（図6・図7参照）。

出 29-3-4
32-1-4

重要項目

図5　心臓における血液循環　　　　　　　　　　　　　　　　　出 29-3-3

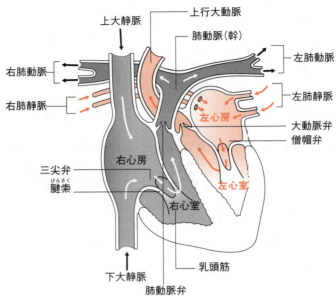

資料：社会福祉士養成講座編集委員会編『新・社会福祉士養成講座①人体の構造と機能及び疾病（第3版）』中央法規出版、2015年、33頁

図6　全体の循環システム

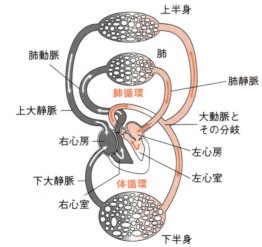

資料：社会福祉士養成講座編集委員会編『新・社会福祉士養成講座①人体の構造と機能及び疾病（第3版）』中央法規出版、2015年、33頁

図7　血液の循環

体循環： （大循環）	左心室 → 大動脈 → 全身の臓器 → 大静脈 → 右心房
肺循環： （小循環）	右心室 → 肺動脈 → 肺 → 肺静脈 → 左心房 　　　　　（静脈血）　（ガス交換）　（動脈血）

▶ガス交換とは、酸素と二酸化炭素の入れ換わりをいう。

2 心身機能と身体構造の概要

各器官等の構造と機能

48 左心室から出た**大動脈**には、**動脈血**が流れ全身をめぐり、**毛細血管**から
静脈に移行し再び心臓に戻る。これを**体循環（大循環）**という（図6・
図7参照）。

49 冠動脈は、**大動脈起始部**より分岐している。冠静脈洞は右心房に開口す
る。

出 29-3-1

50 左心室が収縮すると圧力の波が動脈壁を伝わり、末梢（まっしょう）で触知できる。こ
れを**脈拍**という。脈拍が正常かどうかは、個人のふだんの脈拍数を基準
に判断する。安静時の成人の脈拍数は60〜80回/分である。通常60回/
分未満を**徐脈**、100回/分以上を**頻脈**という。

出 30-2-2

▶体表で触知できる部
位として頸動脈・橈骨
動脈・上腕動脈などが
ある。

51 血液が血管内を通る際に血管壁にかかる圧力を**血圧**という。正常値は、
収縮期血圧（最高血圧） ＜ 140mmHg、**拡張期血圧（最低血圧）** ＜ 90
mmHg である。血圧は加齢とともに血管の弾性が低下し、**収縮期血圧**
が上昇する傾向にある。よって両者の差は大きくなる。

出 29-2-2

▶血圧にも個人差があ
るため、平常値ととも
に、1日の変動におい
ての考慮が必要であ
る。

■ 腎臓の構造と泌尿器

52 **泌尿器系**は、濾過器（ろか）としての役割をもっており、**血液**が腎臓（じんぞう）を通ると老
廃物や余分な水分が取り除かれ**尿**として排泄（はいせつ）される。泌尿器系とは腎臓
から尿管、膀胱（ぼうこう）、尿道、尿道口までをいう。

53 **腎臓**の真上には内分泌系の臓器である**副腎**がつく。腎臓は血液中から体
に必要なものを残し、不要なものを排出する浄化のはたらきを担う。

▶後腹膜腔（くう）内に左右一
対あるソラマメの形を
した臓器である。

54 **尿**は、**糸球体**と**尿細管**によってつくられる。ボーマン囊（のう）（糸球体囊）に
囲まれた毛細血管の塊を**糸球体**といい、1つの**糸球体**に1本の尿細管が
つながったセットを**ネフロン**という。

55 **尿細管**で原尿から必要な物質は再吸収され、最終的に尿として排出され
る。

▶腎臓にはネフロンが
100万個あり、ネフロ
ンの糸球体で血液が濾
過され原尿となる。

■ 呼吸器の構造と換気

56 **呼吸器**は、外鼻から始まり、**鼻腔（びくう）**、**咽頭（いんとう）**、**喉頭（こうとう）**、**気管**、**気管支**、**細気管
支**、**肺**、**胸腔**からできている（図8参照）。ガス交換は主に**肺胞**で行われ
る。

▶尿量は 1000〜1500
ml/ 日、原尿は 15 万
ml/ 日であり、99％以
上が尿細管で吸収され
る。

57 肺は左右2つからなり、**右肺**は、上葉・中葉・下葉の3つ、**左肺**は、上
葉・下葉の2つの肺葉に分かれている。

出 30-2-4

58 **呼吸**とは、体内に**酸素**を取り入れ、**二酸化炭素**を排出することをいう。
このはたらきを**ガス交換**といい、肺におけるガス交換を**外呼吸**、組織に
おけるガス交換を**内呼吸**という。**呼吸運動**には、外肋間筋と横隔膜、肺

▶安静時には 12〜15
回／分の呼吸運動が行
われている。

> 重要項目

図8　呼吸器の構造

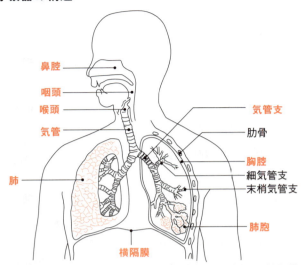

資料：社会福祉士養成講座編集委員会編『新・社会福祉士養成講座①人体の構造と機能及び疾病（第3版）』中央法規出版、2015年、36頁を一部改変

の弾性が関与しており、吸気時には**横隔膜**と**肋間筋**が収縮する。

59 呼吸の司令塔は**脳幹**であり、動脈血液中の**二酸化炭素**の量を感知して、**呼吸回数**を決める。

60 **喉頭**は、空気の通り道である**気管**と飲食物の通り道である**食道**に分かれる。気管の入り口には**喉頭蓋**（軟骨）があり、食べ物や飲み物が飲み込まれると反射的に閉じて、気管に物が入るのを防ぐ。高齢者は、**喉頭蓋**を閉じる反射が鈍くなり、飲食物が気管に入って**肺炎**（**誤嚥性肺炎**）を起こすことがある。　　　出 28-2-5

61 **気管**は、食道の前方に位置し、左右**気管支**に続く。**気管支**には左右差があり、**右気管支**は、**左気管支**に比べて、太く、短く、肺門に入る傾斜が急で、異物は右に入ることが多い。

62 **喀血**とは、**気道**または**肺**から口腔を経てみられる出血をいい、**鮮紅**色である。　　　出 28-2-1

▶喀血は呼吸器、吐血は上部消化器からの出血とされる。

■ 消化と吸収

63 **消化器**は、**口腔**・**食道**・**胃**・**腸**・**肛門**に至る消化管と、**肝臓**・**胆のう**・**膵臓**といった消化液を分泌する臓器の2つに分けられる（図9参照）。　　　出 32-3-3

64 **唾液**には、①口腔内を潤して滑らかにする、②食べ物などの表面を覆って細菌の繁殖を防ぐ、③食べ物を湿らせて、咀嚼や嚥下をしやすくする、④味覚の発現を助けるなどのはたらきがある。唾液の消化酵素である**アミラーゼ**により、炭水化物はマルトース（麦芽糖）まで分解される。　　　出 32-3-1

2 心身機能と身体構造の概要

各器官等の構造と機能

図9　消化器の構造

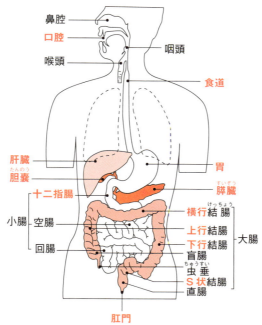

資料：社会福祉士養成講座編集委員会編『新・社会福祉士養成講座①人体の構造と機能及び疾病（第3版）』中央法規出版、2015年、38頁

65 **胃**は、**横隔膜**の下やや左側にあり、食べたものを一時的に蓄える。**胃液**には**粘液・ペプシン・塩酸**が含まれており、粘液は胃自身の保護、**ペプシン**はたんぱく質分解酵素、**塩酸**は殺菌作用をもつ。

出 30-2-5
32-3-2

▶胃酸（塩酸）は胃壁から分泌される酸でpHは純塩酸に近い。

66 **小腸**は、**十二指腸、空腸、回腸**の3つの部分に分かれている。小腸は、腸絨毛で**消化・吸収**（栄養素・水分）の90％以上を行い、全長は約6mである。

出 30-2-3
32-3-4

67 **十二指腸**には、肝臓から胆のうを経て胆汁を運ぶ**総胆管**と、膵臓から膵液を運ぶ**膵管**が合流して開口する。**胆汁**は、脂肪を消化・吸収しやすい形にし、脂溶性ビタミンの吸収を助ける。**膵液**は、さまざまな消化酵素を出し、炭水化物やたんぱく質、脂肪を分解するはたらきをもつ。

68 **肝臓**は、物質代謝の中心で、内臓のなかで最も重く、成人で約1200gある。脂肪消化を助ける**胆汁**の生成を行っている。

出 32-3-5

69 **大腸**の直径は、小腸の約2倍ある。**盲腸・結腸（上行・横行・下行・S状結腸）・直腸**に分かれる。

▶全長1.6mの管で小腸より短く、小腸を取り囲んでいる。

70 **大腸**には消化作用はほとんどなく、**水分**を吸収して**糞便**を形成し、排泄する役割をもつ。

71 膵臓には、**内分泌腺**（ホルモン分泌）と**外分泌腺**（消化酵素分泌）がある。内分泌腺では、**ランゲルハンス島組織**から**グルカゴン（血糖上昇）**

出 32-3-3

> 重要項目

とインスリン（血糖下降）が分泌される。

72 吐血とは、上部消化管（食道・胃・十二指腸）からの出血により血液を嘔吐することをいう。 　出 28-2-1

■ 神経の構造と機能

73 神経系は、大きく中枢神経系と末梢神経系に分けられる。中枢神経系は、脳と脊髄、末梢神経系は、脳・脊髄から出ている神経のことをいう。 　出 31-2-4

▶末梢神経系は、脳神経（12対）、脊髄神経（31対）、自律神経などに分類される。

74 脳は、神経系のなかでも最も大きく、複雑な組織である。機能に応じて、大脳、間脳、脳幹、小脳に分けられる（図10参照）。

▶脳組織のエネルギー源は、ほとんどブドウ糖のみである。

図10　脳の構造

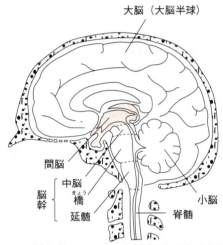

資料：社会福祉士養成講座編集委員会編『新・社会福祉士養成講座①人体の構造と機能及び疾病（第3版）』中央法規出版、2015年、42頁を一部改変

75 大脳のはたらきは、情報を識別して、それに応じた運動を指令することである。そのさまざまなはたらきは、定まった皮質の部分で分業・統率されている（図11参照）。側頭葉は聴覚、後頭葉は視覚にかかわる。 　出 31-2-3　32-1-1

76 間脳は、大脳の傘のちょうど下に隠れた部分を指す（図10参照）。主に視床と視床下部に分かれており、食欲・性欲・疼痛・口渇などの中枢は視床下部にある。

77 視床下部の下には、小指の頭ほどの大きさの下垂体がある。前葉から成長ホルモン、副腎皮質刺激ホルモン、甲状腺刺激ホルモン、プロラクチン、黄体化ホルモン、卵胞刺激ホルモンの6種類のホルモンが分泌されている。後葉からは、抗利尿ホルモン、オキシトシンが分泌されている。

78 脳幹は、上から中脳・橋・延髄の3つに分けられる（図10参照）。中脳は、視覚反射や眼球運動に関する反射の中枢である。橋は中脳と延髄の 　出 31-2-2

図11 大脳皮質の機能

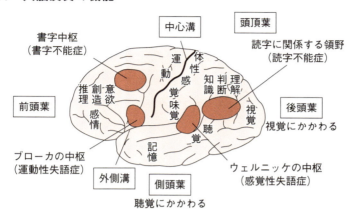

資料：社会福祉士養成講座編集委員会編『新・社会福祉士養成講座①人体の構造と機能及び疾病（第3版）』中央法規出版、2015年、42頁

間にあり、錐体路の通る橋底部と脳神経（Ⅴ～Ⅶ）がある。**延髄**は、脳幹の一番下に位置し、生命の維持に不可欠な**呼吸・心拍・血圧・嚥下・嘔吐**などの中枢がある。

79 **小脳**には、筋力の微妙な調整や筋緊張の制御、筋力のバランスをとるはたらきがある。

■ 内分泌器官

80 **ホルモン**を分泌する臓器や器官（**内分泌系**）は、比較的小さく人体のあちこちに散らばっている（図12参照）。ホルモンは**血液中**に分泌される。

■ 身体機能の調節

81 身体の健康は、身体のはたらきを調整する**自律神経系**と、ホルモン分泌を司る**内分泌系**、防御反応を司る**免疫系**の3つのはたらきのバランスを保つことで維持されている。

82 **自律神経**の中枢は、間脳の視床下部にある。自律神経は、**交感神経**と**副交感神経**に分かれており、拮抗的なはたらきをする。**交感神経**は、運動をしたり、精神的に興奮したり、緊張したときにそのはたらきが高まる。**副交感神経**は、リラックスしたときや睡眠中にはたらき、消化管の運動を亢進する。通常は**交感神経**と逆の作用を発揮する。

83 **免疫**とは、自己の構成成分以外の非自己を生体から排除し、生体の恒常性を維持する基本的機能の1つである。免疫には、もともと生体に備わっている免疫で、ありとあらゆる病原体に対応できる**非特異的防御機構**と、ある特定の病原体に感染して初めて得られる免疫で、一度その病

出 32-1-5

▶ホルモンの作用としては、①代謝活動の調節、②血液成分の恒常性維持、③消化液の分泌、④性と生殖、⑤ほかのホルモンの分泌にかかわる、などがある。

出 31-2-1

> 重要項目

図12　主な内分泌腺の分布

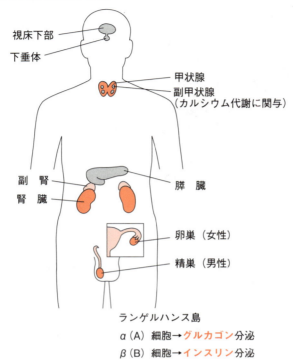

原体を記憶したら二度と忘れないという特徴をもつ**特異的防御機構**の2種類がある。

▶特異的防御機構には、液性免疫と細胞性免疫がある。液性免疫にはリンパ球のB細胞が、細胞性免疫にはリンパ球のT細胞が関与する。

■ 感覚器

84　聴覚にかかわる耳は、**平衡聴覚器**（へいこう）ともいわれ、聴覚と平衡感覚に関与したはたらきがある。耳は、**外耳・中耳・内耳**に分かれている。

85　**外耳**は、耳介と外耳道からなり、音を集め、**鼓膜**に伝える。

86　**中耳**は、鼓膜、耳小骨、耳管、鼓室からなる。鼓膜を振動させた音を内耳へ伝える。

87　**内耳**は、蝸牛（かぎゅう）、前庭、**三半規管**からなる。リンパ液に満ちており、バランスに関与する。音を電気信号に変えて聴神経に伝える。

88　目は、**眼球と視神経、眼球付属器**からなる感覚器である。眼球に入る光は、**角膜**、眼房水、**水晶体**（しょうたい）、**硝子体**を経て**網膜**に結ばれ、視神経を経由し視覚中枢（ちゅうすう）で形が認知される（図13参照）。

89　**鼻**は、外鼻と鼻腔（びくう）からなる感覚器である。鼻腔は、**鼻中隔**で左右に仕切られている。鼻腔の粘膜に付着したにおいの分子が**嗅細胞**を刺激し、嗅

出 31-2-5

▶眼球の外には眼筋（眼球を動かす）、眼瞼（まぶた）、結膜、涙器があり、これらは眼球の機能を助けるはたらきがあるので眼球付属器という。

▶鼻は、呼吸器の一部もなしており、ほこりや異物を除去し加湿するはたらきがある。

図13　眼球水平断面図

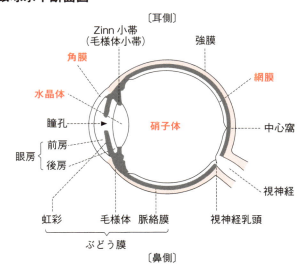

資料：丸尾敏夫『エッセンシャル眼科学〔第8版〕』医歯薬出版、2014年、2頁

神経に伝えられてにおいを感じる。

■ 皮膚

90　**皮膚**は、身体の表面を覆う薄い器官で、**表皮・真皮・皮下組織**からなる。**表皮**には、汗腺と皮脂腺の開口部があり、皮膚のバリア機能をもつ。**真皮**は弾力性に富み、汗腺・皮脂腺・感覚受容器・血管が分布する。**皮下組織**は主に脂肪で構成されており、汗腺の1つであるアポクリン腺の分泌部がある。

▶皮膚の機能には、①体内の臓器を保護する、②外部の刺激から身体を守る、③保湿、④体温調節といった機能がある。また、感覚器として痛覚・温覚・冷覚・圧覚が分布する。

91　**汗**は、99％が水分である。汗を出すのは汗腺で、アポクリン腺とエクリン腺がある（図14参照）。エクリン腺から出る汗は水と電解質が主な成分であるが、アポクリン腺は有機成分を含むため、体臭の原因となる。アポクリン腺は、主に腋窩、陰部、乳房に分布している。

▶発汗は、自律神経のはたらきにより視床下部にある体温調節中枢を刺激し生じる。

■ 生殖器

92　子孫をつくるための器官を**生殖器**という。生殖機能は思春期以降にはたらく。

93　男性の生殖器には、**精巣・精管・精嚢・射精管・前立腺**・陰茎などがある。**精子**は精巣でつくられ、頭部に遺伝情報をもつ。**精子**は精嚢に蓄えられ、射精管から尿道を経て体外に出る。男性には膀胱の下に**前立腺**がある。

▶前立腺は加齢に伴い肥大する傾向があり、肥大により排尿困難の症状がみられる。

94　女性の生殖器には、**卵巣・卵管・子宮・膣**がある。胎生期に卵巣内にで

> 重要項目

図14　汗腺

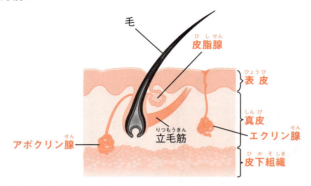

資料：介護福祉士養成講座編集委員会編『最新 介護福祉士養成講座⑪こころとからだのしくみ』中央法規出版、2019年、177頁

きた原始卵胞が月に1個の割合で成熟すると卵胞が破れ卵子が腹腔内に出る。このことを**排卵**という。

95 女性生殖器の変化は、下垂体前葉の**性腺刺激ホルモン**、卵巣からの**卵胞ホルモン**、**黄体ホルモン**の周期的な分泌により支配される。加齢に伴いホルモン分泌に変化が生じ排卵が起きなくなり月経が停止した状態を**閉経**といい、閉経前後のホルモン分泌の乱れる時期を**更年期**という。

▶妊娠しなかった場合の、排卵に合わせた子宮内膜の脱落を月経という。

3　国際生活機能分類（ICF）の基本的考え方と概要

国際障害分類（ICIDH）から国際生活機能分類（ICF）への変遷

96 **世界保健機関（WHO）**は、1980年に**国際障害分類（ICIDH）**を提起した。回復不可能な生物学的状態である**機能障害**、回復可能な日常生活上の問題である**能力障害**、社会的関係のなかで権利が侵害されているという**社会的不利**といった概念が明確にされた。

出 28-3-4, 5

97 2001年、WHOは**国際生活機能分類（ICF）**を発表した。ICFは、ネガティブな側面（生きることの困難さ）だけに注目した障害の分類ではなく、全体的な**健康状態**（生きることそのもの）を把握しようとする。ICFは障害のある人だけに限らず、すべての人の健康に関する分類となっている（図15参照）。

出 28-3-1

98 ICFは、ICIDHに比べると、中立的な表現に変更された。すなわち、ICIDHの「疾患」をICFでは**健康状態**へ、「機能障害」を**心身機能と身体構造**へ、「能力障害」を**活動**へ、「社会的不利」を**参加**へと変更し、マ

出 31-3-5

図15　ICFの構成要素間の相互作用

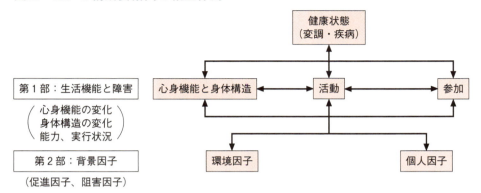

マイナス面を示す場合には、「心身機能と身体構造の制限」「活動の制限」「参加の制約」と表現している。

心身機能と身体構造、活動、参加の概念

99　**心身機能**とは、身体系の生理的機能（心理的機能を含む）を、**身体構造**とは、器官・肢体とその構成部分などの身体の解剖学的部分を、**機能障害**（構造障害を含む）とは、著しい変異や喪失などといった、心身機能または身体構造上の問題をいう。

出 32-4-2

100　**活動**とは、個人による課題や行為の遂行のことをいい、能力と実行状況で評価される。**参加**とは、生活・人生場面へのかかわりのことをいう。

出 28-3-3
31-3-2, 3
32-4-1, 4

▶活動と参加の領域は単一のリストで示され、すべての生活や人生の領域をカバーする。

環境因子と個人因子の概念

101　**環境因子**とは、人々が生活し、人生を送っている物的な環境や社会的環境、人々の社会的な態度による環境を構成する因子である。

出 28-3-2
32-4-5

102　**環境因子**は、**心身機能と身体構造**、**活動と参加**という各構成要素と相互作用する。

103　**個人因子**とは、個人の人生や生活の特別な背景であり、健康状態や健康状況以外のその人の特徴からなる因子である。

出 31-3-4
32-4-3

▶具体的には、性別、人種、年齢、健康状態、体力、ライフスタイル、習慣、生育歴、困難への対処法、社会的背景、教育歴、職業等を指す。

健康状態と生活機能低下の概念

104　ICF分類は、**健康状況**と**健康関連状況**を記述することが目的である。健康状況とは、健康領域内における生活機能の水準であり、保健システム

の**責任下にある**として定義できる。健康関連状況とは、健康状態と強い関連をもつ**生活機能**であるが、保健システムの**責任下にはない**健康関連領域の水準である。

> ▶健康状況と健康関連状況は明瞭に分かれるものではない。

105 **生活機能**とは、**心身機能と身体構造**、**活動**と**参加**の包括用語で、**背景因子**との相互作用のうち**肯定的**な側面（促進因子）を表す。

出31-3-1

106 **活動制限**とは、個人が**活動を行うとき**に生じる難しさのことをいう。

107 **参加制約**とは、個人が**生活や人生場面にかかわるとき**に経験する難しさのことをいう。

> ▶生活機能の低下を意味する障害は、機能障害、活動制限、参加制約の包括用語で、背景因子との相互作用のうち否定的な側面（阻害因子）を表す。

4 健康の捉え方

健康の概念

108 **世界保健機関（WHO）**は、**健康の概念**を「単に病気がないだけではなく、身体、心理、社会的にも健全な状態」と定義した。また、**スピリチュアル**な健康についても考慮するようになった。

出30-3-3

109 世界保健機関（WHO）は、**国際疾病分類（ICD）**、**国際障害分類（ICIDH）**、**国際生活機能分類（ICF）**などの国際分類を開発してきた。

出30-3-4

110 **アルマ・アタ宣言**は、1978年、第1回**プライマリ・ヘルス・ケアに関する国際会議**で採択された。全10章からなり、**プライマリ・ヘルスケア**の理念を打ち出した。その内容は、保健専門職からのはたらきかけだけでなく、政府の責任の強調、地域住民の自立自助、自己決定による双方向性のヘルスケアが提唱されている。

出30-3-1
32-3

111 **オタワ憲章**は「人々が自らの健康をコントロールし、改善することができるプロセス」として、**ヘルスプロモーション**を定義した。

出31-4-5

112 **クラーク（Clark, G.）とリーベル（Leavell, H. R.）**は、疾病予防の考え方として、次の3つを提案している。

出31-4-1

一次予防：健康増進・発病予防

二次予防：疾病の早期発見と早期治療

三次予防：再発予防、疾病の悪化予防、リハビリテーション

113 **健康増進法**は、「健康日本21」を推進し、健康づくりや疾病予防における法的整備として、2002（平成14）年に制定、2003（平成15）年5月に施行された。

114 健康増進法第19条の2による健康増進事業として、**歯周疾患**検診、骨粗鬆症検診、肝炎ウイルス検診、がん検診、健康診査、保健指導があ

出28-4-3

26

4 健康の捉え方

健康の概念

る。

115 わが国における**受動喫煙防止**は、健康増進法において定められている。

116 2018（平成30）年、望まない**受動喫煙の防止**を図るため、**健康増進法の一部改正**が行われた。その内容は、多数の者が使用する施設等の区分に応じ、当該施設等の一定の場所を除き喫煙を禁止することと、当該施設等を管理する者が講じる措置等について定められたこと等である。

117 厚生労働省は「**健康日本21（第二次）**」の推進のため、「健康づくりのための運動基準2006」「健康づくりのための運動指針2006」を改定し、「健康づくりのための身体活動基準2013」および「健康づくりのための身体活動指針（アクティブガイド）」を2013（平成25）年に公表した。

118「**健康づくりのための身体活動基準2013**」は、身体活動を増加させることでリスクを低減できるものとして、従来の生活習慣病等のほかに、がんやロコモティブシンドローム、認知症が含まれることを明確化した。

119「**健康づくりのための身体活動基準2013**」では、身体活動全体に着目することの重要性から、従来の「運動基準」を「身体活動基準」に改めた。身体活動は、生活活動（日常生活における労働、家事、通勤など）と運動（体力の維持向上を目的として計画的・意図的に実施し継続性のある身体活動）に分けられる。

120「**健康づくりのための身体活動指針（アクティブガイド）**」では、「プラス・テン（今より10分多く体を動かしましょう）」をキャッチフレーズに、身体活動の時間の目標を「18〜64歳は1日60分」「65歳以上は1日40分」と定めた。

121 集団の**健康**を図る指標には、罹患率、有病率、受療率、死亡率、乳児死亡率などがある。

122「**健康日本21（第二次）**」の基本的な方針は、活力ある社会の実現のための、健康寿命（平均寿命から病気や寝たきりの期間を差し引いたもので、健康を維持した期間）の延伸・健康格差の縮小、生活の質の向上、社会環境の質の向上、などである。

123 8020運動では、歯の喪失原因がう蝕と歯周病であることから、各ライフステージに応じた対応がなされる。

124 特定健康診査では、血圧測定・血液検査・尿検査・腹囲測定などが含まれ、メタボリックシンドロームに着目している。

125 特定保健指導は、特定健康診査の結果から、予防効果の期待できる者に対して専門スタッフが生活習慣を見直すサポートをする。

人体の構造と機能及び疾病

注目！
健康増進法改正で受動喫煙の防止

注目！
健康日本21（第二次）は、2015（平成27）年度から10年間の計画である。

▶子どもから高齢者までの基準を検討し、科学的に根拠あるものについて基準を設定した。

出 28-4-1
30-3-5
31-4-3

出 28-4-2

出 28-4-4
31-4-2

出 28-4-5

💡 重要項目

126　厚生労働省「平成30年（2018）人口動態統計（確定数）」によると、わ　　出31-4-4
　　が国の**3大死因**の1位はがん、2位は心疾患、3位は老衰である。

⑤ 疾病と障害の概要

疾病の概要

■ 生活習慣病

127　**生活習慣病**は、**糖尿病・脂質異常症（高脂血症）・高血圧・高尿酸血症**　　出29-5-3, 5
　　など、生活習慣が発症原因に深く関与していると考えられている疾患の
　　総称である（表3参照）。また、遺伝要因の関与もあるとされている。

表3　生活習慣病

関連する生活習慣	疾患名
食生活	糖尿病（2型）、肥満、脂質異常症（高脂血症）、高血圧、高尿酸血症、心臓病、大腸がん、歯周病
運動習慣	糖尿病、肥満、脂質異常症（高脂血症）、高血圧
喫煙	肺がん、心臓病、慢性閉塞性肺疾患（COPD）、歯周病、膀胱がん
飲酒	アルコール性肝障害　等

出29-5-1

出29-5-4

128　**メタボリックシンドローム（内臓脂肪症候群）**は、内臓脂肪型肥満（内　　出29-5-2
　　臓肥満・腹部肥満）に、**高血糖・血圧上昇・血清脂質異常**のうち**2つ以**
　　上を合併した状態をいう。

■ 悪性腫瘍

129　**悪性腫瘍**（悪性新生物、がん）は、1981（昭和56）年以来、日本人の
　　死因の第**1**位を占めている。厚生労働省「平成30年（2018）人口動態
　　統計（確定数）」によると、27.4％の人が悪性腫瘍で死亡している。

💡 **注目！**

人口動態統計では、死因の順位は、悪性新生物、心疾患、老衰、脳血管疾患の順である。

■ 脳血管疾患

130　2018（平成30）年の日本における**脳血管疾患**による死亡者数は、7.9％
　　を占め、死因の第**4**位となっている。

131　**脳梗塞**による死亡者数は、脳血管疾患による死亡者数の約6割を占め、
　　主に**脳血栓**と**脳塞栓**に分類される。**脳血栓**は、脳動脈硬化から血栓が形
　　成され、脳血管内腔が閉じるものである。高齢者では、脱水による血液
　　濃縮、多血症、血圧低下などによって**脳血栓**が生じることもある。**脳塞**

▶寝たきりの原因は脳血管疾患が最も多く、認知症の20～30％は脳血管性認知症である。

28

5 疾病と障害の概要

疾病の概要

栓は、心房細動などのために心臓内にできた血栓が脳血管へ運ばれて、閉じてしまうものである。脳梗塞は、数時間から数日かけて発症する。失語などをきたす場合もある。

132 **多発性脳梗塞**とは、多数の小さな梗塞が点在するものである。症状は、脳梗塞と同様の片麻痺、**感情失禁**、失語等がある。**パーキンソン症候群**の原因ともなる。

出 28-2-3

パーキンソン症候群
原因が明確なもので
パーキンソン病と同様症
状がみられるものをいう。
原因には脳血管性や薬
物性等のものがある。

133 **失語**には、主に**感覚性失語**と**運動性失語**の2種類がある（表4参照）。

表4　失語の種類

	発症原因	症状
感覚性失語	大脳皮質にある言語野のウェルニッケ野の損傷	流暢な発話はあるが、聞く・読むなどの理解面に障害が現れる。
運動性失語	言語野のブローカ野の損傷	聴覚的理解はあるが、努力的でぎこちない発言をする。

134 **一過性脳虚血発作**（TIA）は、内頸動脈の**血栓**が剝がれて脳の小動脈を閉塞することにより起こる。**血栓**はすぐ溶解し、意識障害の症状は数分間から24時間以内で消える。

▶TIAを起こした人の
20〜40%は脳梗塞に
移行する。脳梗塞への
予防が大切となる。

135 **脳出血**は、**高血圧**により起こりやすく、前駆症状なしに突然、**意識障害**をもって発症することが多い。**意識障害**が著明である点が脳梗塞と異なる。

▶48時間以上意識障
害が続く場合は、予後
不良とされる。

136 **クモ膜下出血**は、クモ膜内で脳動静脈が破裂し出血することで生じる。症状は、**激しい頭痛**があり、突然に意識障害が出現する。嘔吐、痙攣で始まることもあり、昏睡をきたす場合は、予後がよくないとされる。

137 **脳血管障害による片麻痺**は障害部位の**反対側**に症状が出る。脊髄障害により生じる麻痺には**対麻痺**があり、左右両側下肢にみられる。

▶対麻痺は左右が対に
なって麻痺が生じるこ
とで、主に両側下肢に
生じる。両側下肢・上
肢ともに麻痺が生じた
場合は四肢麻痺とい
う。

■ **心疾患**

138 **心疾患**は、日本人の三大死因の1つであり、2018（平成30）年には、全死因のうち15.3%を占め、第**2**位であった。可逆性で胸痛をきたす**狭心症**と、虚血により心筋が壊死に陥った**心筋梗塞**がある。

139 **狭心症**とは、冠動脈の内腔が狭くなることによって、心筋が一過性に**虚血**に陥り、胸に不快感を伴う症状が出現する病態をいう。症状は**胸痛**であり、長くて15分間続く。30分以上続く胸痛では心筋梗塞が疑われる。狭心症発作時には**ニトログリセリン**の舌下投与が行われる。

▶高齢者では、胸痛が
出現せず無症状の無症
候性心筋虚血もある。

140 **心筋梗塞**とは、**冠動脈**の一部分が完全閉塞し、心筋虚血により心筋が壊死に陥った状態をいう。症状は30分以上続く胸痛が特徴である。ニトロ

◉ 重要項目

グリセリンでは胸痛は改善せず、**モルヒネ**が用いられる。

141 心臓のポンプ機能の障害のため、必要な血液量を全身に供給できなくなった状態を**心不全**という。心不全は、**左心不全**と**右心不全**の2種類に分けられる。

> ▶左心不全では、肺うっ血を起こし、呼吸困難が起こる。右心不全では、眼瞼浮腫、四肢の浮腫などがみられる。

■ 高血圧

142 **高血圧症**とは、日本高血圧学会によると、**収縮期血圧（最高血圧）**が140mmHg以上かつ/または**拡張期血圧（最低血圧）**が90mmHg以上の場合をいう（表5参照）。

出 31-5-1

表5　成人における血圧値の分類（高血圧治療ガイドライン2019）

分類	診察室血圧（mmHg）		家庭血圧（mmHg）	
	収縮期血圧	拡張期血圧	収縮期血圧	拡張期血圧
正常血圧	<120　かつ	<80	<115　かつ	<75
正常高値血圧	120-129　かつ	<80	115-124　かつ	<75
高値血圧	130-139　かつ/または	80-89	125-134　かつ/または	75-84
Ⅰ度高血圧	140-159　かつ/または	90-99	135-144　かつ/または	85-89
Ⅱ度高血圧	160-179　かつ/または	100-109	145-159　かつ/または	90-99
Ⅲ度高血圧	≧180　かつ/または	≧110	≧160　かつ/または	≧100
（孤立性）収縮期高血圧	≧140　かつ	<90	≧135　かつ	<85

143 高血圧は、現時点でその原因がわからない**本態性高血圧**（一次性高血圧）と、何らかの原因疾患によって起こる続発性高血圧（**二次性高血圧**）に分類される。わが国の高血圧の**9割**は本態性高血圧である。**高血圧合併症**には、心合併症、脳血管障害、腎臓合併症、眼合併症がある。

出 31-5-2, 3, 4

■ 糖尿病

144 **糖尿病**は、**膵臓**のランゲルハンス島β細胞から分泌される**インスリン**の分泌不足と、筋肉・脂肪・肝臓での**インスリン**作用不足のために、血液から臓器へ取り込まれるべきブドウ糖が、血液中にとどまり続けるために**高血糖**状態になる疾患である。症状として、口渇・多飲・多尿・体重減少などがある。

出 32-3-3

> ▶診断には、血糖値の所見が必要である。

145 **糖尿病の三大合併症**（**糖尿病性網膜症**、**糖尿病性腎症**、**糖尿病性神経障害**）は、長期にわたり高血糖が続くと発症する。**糖尿病性網膜症**は失明の危険、**糖尿病性腎症**は腎不全から透析導入の危険、**糖尿病性神経障害**は足のしびれや疼痛、自律神経障害から壊疽や突然死の危険がある。**糖**

出 31-5-5
31-6-5

糖尿病性腎症は、人工透析導入に至る原因の第1位である。

146 **糖尿病**は、インスリン分泌が著しく障害される、比較的若年者に多い**1型糖尿病**と、インスリン分泌低下とインスリン作用不足が混在した、壮年期や高齢者に多い**2型糖尿病**に分けられる。日本人の糖尿病は、95％が2型糖尿病である。

出 29-5-1

147 **糖尿病の治療**は、**食事療法**と**運動療法**などの生活習慣の改善である。1型糖尿病は、**インスリン注射**が必要不可欠となる。2型糖尿病であっても、インスリン分泌不全が著しい場合、**インスリン注射**を行う。2型糖尿病では、インスリン分泌促進薬などの服薬治療がある。

148 **糖尿病**による**低血糖発作**には、四肢脱力感、冷汗、不安、意識混濁などの症状がみられる。

▶低血糖発作時には、糖分を与えてその回復を図る。低血糖発作が長時間続くと、死亡することがある。

■ 内分泌疾患

149 **甲状腺機能亢進症**は、**バセドウ病**（Graves病）と呼ばれる。**甲状腺**の腫大と**眼球突出**を典型的な特徴とする。症状として、頻脈や不整脈、動悸、発汗、暑がり、手指のふるえ、イライラ、下痢や軟便、体重減少などがみられる。

150 **甲状腺機能低下症**は、**甲状腺ホルモン**の低下により、症状として、行動の緩慢、便秘、寒がり、徐脈、脱毛、嗄声、浮腫、皮膚の乾燥などがみられる。高齢者では**うつ**や**認知症**と誤診される場合もある。

出 30-4-3

■ 呼吸器疾患

151 **肺炎**は感染症の代表的な疾患であり、死因の第**5**位である。脳血管疾患患者では、脳梗塞に伴う仮性球麻痺や筋力低下により、**誤嚥**のリスクが高まるため、肺炎が直接の死因になることが多い。

152 **高齢者の肺炎**では、主な自覚症状として、**咳**、**痰**、全身倦怠感などがあげられる。客観的症候としては、**発熱（微熱）**が最も多い。また、軽度の意識障害（意識レベルの低下）、不穏状態が主症状であることも多い。

▶初発症候として、約8割に発熱がみられるが、全く発熱のないこともある。呼吸数の増加や呼吸困難が主症候である場合もある。

153 **慢性閉塞性肺疾患（COPD）**は、**肺気腫**と**慢性気管支炎**の総称である。労作時の呼吸困難で発症することが多い。息切れは次第に悪化し、軽い咳そうや喘鳴を伴うようになる。

▶慢性閉塞性肺疾患（COPD）は、介護保険制度で特定疾病の1つに指定されている。

154 **肺気腫**は、加齢とともに増加する。**咳、痰**が初発症候の場合が多く、**喘息、労作時呼吸困難**を訴えることもある。口唇、爪床のチアノーゼ、肺全体に鼓音が認められ、呼気の著明な増大、呼吸量の減弱、吸気終末性の喘鳴を聴取できる。

▶肺気腫は、男性の発症率が高く、女性の約3倍である。

💡 重要項目

155 **慢性気管支炎**は、慢性的または間欠的に繰り返される気管支の粘液分泌過多の状態で、「１年のうち少なくとも３か月間はほとんど毎日、少なくとも２年以上連続して、**咳**、**痰**の存在する状態」と定義される。

▶男性に多く、女性の約２倍である。

156 **気管支喘息**は、慢性の気道炎症であり、発作性の喘鳴、呼吸困難、咳などで深夜から早朝にかけて出現しやすい。高齢者の気管支喘息は、**感染症**（非アトピー型）が多い。

■ 消化器・消化管疾患

157 **消化管**は、**加齢**に伴う変化が大きく、その変化には以下のものがある。

①**口**は、歯牙の脱落や嚥下能力の低下により、**誤嚥**をしやすくなる。
②**食道**、**胃**では、排泄能力低下と胃食道境界部の形態の異常から**逆流性食道炎**が起こりやすくなり、加齢に伴い**胃潰瘍**が多くみられるようになる。
③**小腸**、**大腸**では、腸管粘膜が萎縮し、食物の吸収能力が落ちる。
④**腸液**の分泌量の減少により、便中の水分が減少し、便が硬くなる。
⑤**肝臓**は、機能自体の問題は生じにくいが内服薬の増加から**薬剤性の肝障害**が増える。
⑥**胆のう**は、加齢に伴い胆汁酸分泌が減少し、**胆石**が増える。

158 **ウイルス性肝炎**とは、肝炎ウイルスに感染し、急激に肝細胞が障害を受け、食欲不振、吐き気、全身倦怠感、**黄疸**などの症状を引き起こした状態をいう。**ウイルス**は、**Ａ型・Ｂ型・Ｃ型・Ｅ型**・その他に分類される（表6参照）。

表6　主な肝炎ウイルスの特徴

	感染経路	特徴
A型肝炎	**経口感染**（生カキの喫食など）	・海外渡航者の感染、施設での**集団感染**が多い。
B型肝炎	**血液**	・出生時の**母子感染**でキャリア化することが多い。 ・幼少期に受けた集団予防接種の注射器の連続使用でキャリア化することが多い。
C型肝炎	**血液**	・血液凝固因子製剤にＣ型肝炎ウイルスが混入することにより感染した人が多い。 ・感染予防のためのワクチンはない。
E型肝炎	**経口感染**（汚染された食物、水など）	・治療は**急性期**の対症療法のみ。 ・予防には、**手洗い**、飲食物の**加熱**が重要。

出 29-4-5

159 肝炎対策の基本として2009（平成21）年、**肝炎対策基本法**が制定されている。

160 **アルコール性肝炎**とは、アルコールの摂取により引き起こされる肝炎で

32

あり、急性肝炎と**慢性肝炎**とがある。**肝硬変**に至ると不可逆的な変化となる。

161 **肝硬変**は、**肝炎ウイルス**の慢性持続感染や**アルコール**の長期摂取などで、慢性肝炎を経て引き起こされる。進行すると肝不全の状態になり、全身倦怠感、腹水貯留、下肢浮腫、貧血、黄疸、出血傾向が認められる。肝硬変には**肝がん**が合併しやすい。

162 **胃がん**は、**ヘリコバクター・ピロリ菌**の感染が胃がんの危険因子といわれているが、胃検診の普及により死亡率は減少傾向にある。

■ 血液疾患と膠原病

163 **貧血**とは、**ヘモグロビン**が男性では $13g/dl$ 以下、女性では $12g/dl$ 以下、高齢者では $11g/dl$ 以下の状態と定義される。赤血球の数が減少するため酸素の運搬機能が低下し、血液量自体も減少する。そのため、顔面が蒼白になり、**起立性低血圧**や運動での息切れ、易疲労感などの症状がみられる。

164 **膠原病**は、**免疫**の異常により、自身の細胞に対して免疫応答を行い、さまざまな症状を呈する。治療には免疫抑制剤やステロイド剤を長期に使用することになるため、副作用も問題となる。

165 **全身性エリテマトーデス**（**SLE**）は、多臓器を障害する原因不明の慢性疾患である。圧倒的に**女性**に多く、20〜40歳代に多い。原因としては免疫応答の異常が考えられる。

166 **全身性エリテマトーデス**（**SLE**）の症状は、再燃や寛解を繰り返し、鼻梁から両側頬にかけて発赤が広がる**蝶形紅斑**、口腔内潰瘍、脱毛などの皮膚粘膜症状、多発性の関節炎や非特異的な筋肉痛などの関節・筋症状、腎障害、心肺障害などである。治療としてはステロイド剤を用いた免疫抑制療法が行われる。

■ 腎臓疾患

167 **急性腎不全**には、①腎臓への血流が低下する病態、②腎臓そのものの障害、③腎で生成された尿の排泄障害により起こる場合がある。

168 **慢性腎不全**は、進行性の腎障害により起こる不可逆的な腎機能低下状態であり、老廃物の蓄積や水・電解質の恒常性維持の破綻が起こる。

169 **ネフローゼ症候群**とは、糸球体障害により生じる大量の**尿たんぱく**とそれによる**低たんぱく血症**に伴う**浮腫**や**脂質異常症**（**高脂血症**）が起こる症候群である。

▶最も多い貧血のタイプは、鉄欠乏性貧血であり、消化管などからの出血により起こることが多い。治療としては鉄剤の補給が有効である。

▶治療は、病期に応じて食事療法や薬物療法を行う。最終的に腎機能が廃絶すると透析療法を行うことになる。

💡 **重要項目**

---

170 **痛風腎**とは、高尿酸血症や高尿酸尿症により、尿細管腔や間質に尿酸塩結晶が析出(せきしゅつ)するために腎障害が起こるものであり、尿の濃縮機能が低下する。痛風の腎障害は緩徐である。

> ▶早期に生活改善を含めた治療を行えば、腎不全を予防できる。

■ 泌尿器系疾患

171 **排尿障害**とは、「尿を溜め、尿を排泄(はいせつ)するまでの一連の機能障害」を意味し、その機能障害によって起こる症状は、下部尿路症状と呼ばれる。さらにこれらの症状は、①正常に尿を溜められない状態である蓄尿症状、②正常に尿を排泄できない排尿症状、③排尿後症状の3つに分類される。

172 **尿失禁**とは、自分の意志とは関係なく尿が漏れてしまう状態をいい、**腹圧性**尿失禁、**切迫性**尿失禁、**混合性**尿失禁、**溢流性(いつりゅう)**尿失禁、**機能性**尿失禁、**反射性**尿失禁などに分類される（表7参照）。

表7　尿失禁

分類	症状
腹圧性尿失禁	咳やくしゃみなど、腹圧がかかったときに生じる。
切迫性尿失禁	突然の激しい尿意と同時、あるいはその直後に起こる。
混合性尿失禁	腹圧性尿失禁と切迫性尿失禁がともにみられる。
溢流性尿失禁	膀胱に尿が充満して最も抵抗の弱い尿道から尿が漏れ出てくる。虚弱高齢者に多くみられる。
機能性尿失禁	認知症やADL障害により、トイレに行くのに時間がかかる、トイレの位置がわからないなどのために起こる。
反射性尿失禁	脊髄損傷などで膀胱に尿がたまっても大脳が感知できず自分の意志とは無関係に起こる失禁

出典：国立長寿医療センター編「一般内科医のための高齢者排尿障害診療マニュアル 改訂版」2007年、9〜11頁を一部改変

173 **尿路感染症**は、前立腺肥大や神経因性膀胱(ぼうこう)などの排尿異常をきたす疾患や、尿道留置カテーテルが誘因・原因となる。

> ▶尿路感染症は、高齢者で発症の頻度の高い疾患である。

174 **神経因性膀胱**とは、膀胱機能を支配している知覚神経や運動神経の障害により、排尿障害を呈する病態をいう。脳血管疾患、パーキンソン病、脳腫瘍(しゅよう)、脳挫傷(ざしょう)などの中枢性疾患や、直腸がん、子宮がんの根治術による末梢(まっしょう)神経障害、糖尿病性神経障害などで起こることが多い。

> ▶治療として、薬剤の投与または自己導尿や留置カテーテルによる持続導尿をする場合もある。

175 **前立腺**は、膀胱出口の尿道を取り囲んでいる。**前立腺肥大症**では、尿道を圧迫することにより、排尿障害が引き起こされる。高齢の男性に高頻度にみられる疾患で、夜間頻尿を初期症状とし、溢流性尿失禁を起こす。原因は性ホルモンのバランスが悪くなることや、食生活（肉食）・性生活が関連するといわれている。

5 疾病と障害の概要

疾病の概要

■骨・関節疾患

176 **骨粗鬆症**とは、骨が強度低下によって脆弱化し、骨折の危険性が増した状態である。発症は男性よりも女性、特に閉経後の女性に多く、**女性ホルモン**の減少が原因と考えられている。適度な運動、日光浴、栄養状態の改善等が骨粗鬆症の予防となる。

177 骨の強度低下が原因で起こる**脆弱性骨折**は、高齢者に多くみられる。部位別では、**腰椎圧迫**骨折、**大腿骨頸部**骨折、**橈骨遠位端**骨折、**上腕骨近位部**骨折が多い（表8参照）。

出 28-2-2

表8　骨折の部位および症状等

部位	症状等
腰椎圧迫骨折	腰椎の骨折であり、高齢者で最も多い骨折である。転倒による骨折が多い。症状に乏しく、レントゲンで発見されることも多い。基本的には安静治療が必要であり、コルセットを装着するなどで早めの離床が促されている。
大腿骨頸部骨折	足の付け根の股関節部の骨折である。最も寝たきりになりやすく、軽い転倒や、おむつの交換で起こることもある。安静臥床での廃用を防ぐため、受傷後早期に手術が行われる場合が多い。合併症によって手術後に心不全、肺炎などを併発することも多い。
橈骨遠位端骨折	転倒時に手をつくことで受傷することが多い。前腕骨の手首に近いところの骨折である。治療は整復した後にギプス固定を行うが、整復が困難な場合は手術が行われる。
上腕骨近位部骨折	肩に近い部分の上腕骨の骨折であり、転倒による受傷が多い。固定性がよければ三角巾、バストバンド固定で治療を行うが、固定性が悪ければ手術を行う。

出 28-2-2

178 **変形性脊椎症**は、**加齢**に伴う脊椎の変形により神経が圧迫され、症状が生じた状態をいう。圧迫は頸椎（首の脊椎）、腰椎（腰の脊椎）で生じやすい。頸椎で生じたものを**変形性頸髄症**（頸髄症）、腰椎で生じたものを**腰部脊柱管狭窄症**という。

▶症状は、肩こり、首の痛みから始まり、ひどくなると手のしびれ、動きにくさ、力の入りにくさ等がある。

179 **変形性関節症**は、加齢に伴い関節の**軟骨**が減少し、関節の痛み、腫脹、動かせる範囲の制限などの症状が出現する。最も多いのは**膝関節症**であり、男性11〜19％、女性20〜42％の割合で生じるといわれている。

出 28-5-4

180 **腰部脊柱管狭窄症**の症状は、腰痛、臀部痛から始まり、ひどくなると下肢のしびれ、痛み、筋力低下が認められる。

▶歩行や立位で痛みやしびれが出現し、休憩するとよくなる間欠性跛行が特徴である。

181 **関節リウマチ**は、全身の関節が慢性的に炎症を繰り返し破壊される疾患である。関節の障害は手に強く出ることが多く、**朝**のこわばりはよくみられる症状である。変形が加わり日常生活に不自由が生じる。

▶関節リウマチは、免疫異常に伴う疾患とされ、治療には抗炎症剤、免疫抑制剤が用いられる。

💡 **重要項目**

■ 目・耳の疾患

182 **白内障**は、**水晶体**が混濁した状態をいう。**まぶしさ**を強く感じる、視力が低下するなどの症状が多く、失明に至ることもある。治療方法としては、**水晶体**を取り出し人工レンズを挿入する手術が主流である。80代では大部分の人に白内障がある。

> ▶混濁の原因には、加齢によるもの、外傷性、放射線曝露、ステロイド剤長期内服、アトピー性皮膚炎などがある。

183 **緑内障**は、角膜と虹彩の間で形成される隅角で吸収される、毛様体で産生された眼房水の吸収が滞り、**眼房の圧**が高まり、視機能に障害を呈する状態をいう。緑内障には、隅角が狭くなり、吸収が滞る**閉塞隅角緑内障**と、隅角は狭くないにもかかわらず吸収が滞る**開放隅角緑内障**がある。

> ▶閉塞隅角緑内障の症状には、視力低下のほかに激しい眼痛、頭痛、悪心、嘔吐等があり、失明の危険もある。

184 外耳、中耳、内耳で受けた空気の振動は、電気信号に変換され、その電気信号が脳の聴覚中枢へ達し、音声として認識される。聴覚が低下し、音声が聞こえにくくなった状態を**難聴**という。**難聴**には、**伝音難聴**と**感音難聴**、**混合性難聴**がある。

185 **伝音難聴**の原因には、外耳に炎症が起こる**外耳道炎**、外耳に耳垢が詰まることで難聴になる**耳垢塞栓**、中耳に炎症が起こる**中耳炎**がある。

186 **感音難聴**には、突然発症する一側性の難聴、耳鳴り、めまいを呈する**突発性難聴**がある。感音難聴は、高い音から聞こえにくくなる。

> 出 28-5-3

> ▶内耳よりも中枢側で問題が生じる。

■ 感染症

187 **感染**とは、微生物が体の中に侵入して定着することをいう。感染によって生じる病気を**感染症**といい、**感染症の予防及び感染症の患者に対する医療に関する法律（感染症法）**の対象となる感染症は、一〜五類の感染症と、新型インフルエンザ等感染症、指定感染症、新感染症に分類される（表9参照）。

> 💡 **注目！**
> 新型インフルエンザの発生およびそのまん延により、2008（平成20）年に感染症法の改正が行われ、鳥インフルエンザが二類感染症に追加された。

> 出 29-4-1

188 **疥癬**は、**ヒゼンダニ**が皮膚に寄生して皮膚炎を起こし、**強いかゆみ**を生じる疾患である。皮膚に触れることで感染し、性行為や添寝のみならず寝具や肌着からも感染するため、共同生活者に感染を起こす可能性が高い。感染部位は、陰部・腋窩・四肢関節の屈側に多い。

> ▶治療は、硫黄剤やクロタミトン軟膏、γBHCローションの塗布、ストロメクトール内服などを行う。

189 **ノロウイルス**は、**カキ**、**アサリ**、**シジミ**などの二枚貝に生息する。**経口**摂取により感染性胃腸炎を引き起こす。**秋から冬**に多く発病する。感染後1〜2日で下痢、嘔吐、腹痛、**発熱**などの症状が現れる。**吐物**や**糞便**内にはウイルスが存在している。

> ▶感染の予防には、消毒用アルコールや逆性石けんは効果がなく、流水での手洗いや塩素系漂白洗剤、加熱などが有効とされている。

190 **ノロウイルス**により汚染された衣類等の消毒には、**次亜塩素酸ナトリウム**が有効である。

> 出 28-6-1

191 **腸管出血性大腸炎**は、症状として、下痢、嘔吐、腹痛、**血便**などがある。

> 出 28-6-3

表9　感染症法における分類

分　類	感　染　症　名　等
一類感染症（7種）	エボラ出血熱、クリミア・コンゴ出血熱、痘そう、南米出血熱、ペスト、マールブルグ病、ラッサ熱
二類感染症（6種）	急性灰白髄炎（ポリオ）、結核、ジフテリア、重症急性呼吸器症候群（SARS）、中東呼吸器症候群（MERS）、鳥インフルエンザ（特定鳥インフルエンザ）
三類感染症（5種）	コレラ、細菌性赤痢、腸管出血性大腸菌感染症、腸チフス、パラチフス
四類感染症	E型肝炎、A型肝炎、黄熱、Q熱、狂犬病、鳥インフルエンザ（特定鳥インフルエンザを除く）、デング熱など。そのほか、すでに知られている感染性の疾病であって、動物またはその死体、飲食物、衣類、寝具その他の物件を介して人に感染し、国民の健康に影響を与えるおそれがあるものとして政令で定めるもの。
五類感染症	インフルエンザ（鳥インフルエンザ、新型インフルエンザ等感染症を除く）、後天性免疫不全症候群、性器クラミジア感染症、梅毒、メチシリン耐性黄色ブドウ球菌（MRSA）感染症など。そのほか、すでに知られている感染性の疾病（四類感染症を除く）であって、国民の健康に影響を与えるおそれがあるものとして厚生労働省令で定めるもの。
新型インフルエンザ等感染症	新型インフルエンザ、再興型インフルエンザ
指定感染症	一類〜三類に分類されないものであって、一類〜三類に準じた対応の必要性の生じたものとして政令で定めるもの。
新感染症	ヒトからヒトに伝染すると認められる疾病であって、既知の感染症と病状等が明らかに異なり、当該疾病に罹患した場合の病状の程度が重篤であり、かつ、当該疾病のまん延により国民の生命および健康に重大な影響を与えるおそれがあると認められるもの。

出 29-4-4

病原性大腸菌 O157 の毒素（**ベロ毒素**）が腎臓に障害を起こしやすいため、急性腎不全と溶血を引き起こす**溶血性尿毒症症候群**（**HUS**）を合併し、痙攣や昏睡から死亡に至ることがある。

192 **エイズ（AIDS；後天性免疫不全症候群）** とは、**ヒト免疫不全ウイルス**（**HIV**）の感染により免疫不全となり、通常感染を起こさないような弱毒菌による感染（日和見感染）や悪性腫瘍を発症した状態をいう。

▶HIV に感染しても、免疫不全が起きていない状況はエイズ発症前の状態であり、HIV 感染症と呼ばれる。

193 **HIV** の**感染経路**は、①性行為、②血液や血液製剤、③母子感染の3つであり、日常の共同生活のみでは感染しない。「平成30（2018）年エイズ発生動向―概要―」（厚生労働省エイズ動向委員会）によると、感染経路は性的接触（全体の88.0％）によるものが多く、特に同性間の性的接触（全体の71.3％）が圧倒的である。

出 29-4-3

💡 **重要項目**

194 **結核**は、**結核菌**の浮遊する空気を吸い込むことにより感染する**空気感染**である。排菌（喀痰中に結核菌が存在すること）している結核患者との**接触**により感染の可能性がある。患者は**結核指定医療機関**で療養する。

195 **結核**は、**高齢者**や全身疾患の合併患者（糖尿病、腎不全、ステロイド治療患者など）、**免疫力の低下した者**が発病する可能性が高い。2週間以上続く咳、痰、微熱、全身倦怠感、寝汗、体重減少などの症状がある場合、胸部X線撮影や喀痰検査で診断する必要がある。

196 **黄色ブドウ球菌**は、化膿性疾患や敗血症、食中毒などの原因菌である。近年抗生剤の乱用により**MRSA（メチシリン耐性黄色ブドウ球菌）**が現れ病院内で発生するようになった。菌のついた手指や衣服により媒介され、菌を有する患者の気道吸引時に飛散し医療従事者に汚染することがある。健常者は通常発病することはない（表10参照）。

> 出 29-4-2

💡 **注目！**
結核は、2006（平成18）年に結核予防法が廃止され、感染症法による対策となった（2007（平成19）年4月施行）。

▶ 虚弱な高齢者や術後患者、新生児等は、肺炎、心内膜炎、敗血症、骨髄炎、膿胸、腸炎等を発症し重篤な状態になる場合がある。

表10　食中毒の分類と主な原因

種　類		菌　名	主な原因食品	予防法・その他
細菌性	感染型	腸炎ビブリオ	魚介類の生食（さしみ、寿司）	**真水で洗浄し、よく火を通す**
		サルモネラ	加熱不十分な食肉、鶏肉や卵	**熱に弱いので加熱する**
		カンピロバクター	鶏肉や飲料水	**加熱調理**、半熟卵などに注意する
		病原大腸菌（O157等）	飲料水、サラダ、和え物	**加熱調理**
	毒素型	黄色ブドウ球菌	おにぎり、シュークリーム	化膿性疾患のある人は調理しない
		ボツリヌス菌	いずし、自家製の瓶詰	**加熱調理**
		ウェルシュ菌	シチュー、カレー、肉	加熱調理済み食品の常温放置を避ける
ウイルス性		ノロウイルス	主に生カキなどの二枚貝	十分な加熱、手洗いの励行

> 出 28-6-2

資料：介護福祉士養成講座編集委員会編『新・介護福祉士養成講座⑥生活支援技術Ⅰ（第4版）』中央法規出版、2017年、229頁を一部改変

197 **緑膿菌**は、自然界に広く分布し、人の腸管内にも常在する菌である。**院内感染**の原因菌でもある。

198 食中毒は、**化学物質**（防腐剤・着色料など）で生じることがある。

199 **アニサキス（寄生虫）**による食中毒は、内臓を生で食べない、鮮度の確認、**加熱・冷凍**で予防する。

200 **日和見感染症**とは、体を微生物の感染から守っている**防御機構**が疾患や

> 出 28-6-4

> 出 28-6-5

▶ ニューモシスチス・カリニ感染症、サイトメガロウイルス感染症、カンジダ感染症などがある。

> 5 疾病と障害の概要

> 疾病の概要

治療（手術・放射線治療・抗がん剤など）によって機能低下した場合に、弱毒菌など通常感染を起こさない微生物が感染して病原性を現すことをいう。

■ 神経疾患と難病

201 **パーキンソン病**は、**振戦**、**固縮**、**無動（動作緩慢）・寡動**、**姿勢反射障害**を**四大主徴**とし、40〜65歳など中年以降に発症しやすい。原因は脳の黒質、線条体のドーパミン合成の低下である。

> ▶治療には主にドーパミン製剤の投与が行われる。

202 **パーキンソン病の症状**には、表情が乏しく顔面が仮面のような印象を受ける**仮面様顔貌**がある。安静時の両手の**ふるえ（振戦）**も全患者の4分の3にみられる。次の動作へ移るのに時間がかかり、体が固くこわばった歯車様抵抗が生じる（**すくみ現象、すくみ足**）。歩行時には両手を振らず、前屈でこきざみ歩行となる。症状には左右差がみられることが多い（**つぎ足歩行**）。

203 **多系統萎縮症（MSA）**は、かつて線条体黒質変性症、**シャイ・ドレーガー症候群**、オリーブ橋小脳萎縮症と呼ばれていたものを病理学的見地から統一した名称である。根本的治療法はなく、症状に応じた対症療法を行う。

> ▶症状は、小脳症状（歩行障害、言語障害など）、錐体外路症状（パーキンソン症候群など）、自律神経症状（排尿障害、起立性低血圧、便秘、インポテンツ）などがある。

204 **小脳変性症**は、原因不明の小脳の変性疾患である。症状は**運動失調**が中心であり、歩行障害から始まっていき、とんで歩く感じにみえる。つまずきやすい、後方へ倒れるなどの症状がみられる。症状は次第に上肢にも及ぶ。書字障害に続き、言語も緩除となる。

> 出 30-5-5

205 **クロイツフェルト・ヤコブ病**は、中年期以後に発症する**認知症性疾患**で、小脳症状、不随意運動（ミオクローヌスといわれる筋肉の不随意運動）など多彩な症状がみられる。

> ▶急速に進行して、寝たきり、無言無動状態となる疾患である。

206 **筋萎縮性側索硬化症（ALS）**は、脊髄前根（運動神経）の萎縮が起こり、四肢骨格筋が筋力低下し、次いで麻痺をきたす。脳に障害はきたさないので最後まで**意識**ははっきりしている。眼球運動障害は比較的生じにくい。**球麻痺**という食物を飲み込めない状態になり、やがては呼吸筋も麻痺して死亡に至る。

> 出 30-5-2

> ▶進行しても、感覚や知能は問題なく、失禁もみられにくい。現在、根治できる治療法は発見されていない。

207 **難病の患者に対する医療等に関する法律**（2015（平成27）年1月施行）により、**指定難病**について法律に基づく医療費助成が始まり、これに要する費用（**特定医療費**）の2分の1を国が負担する。2019（令和元）年7月からは、333疾病が**指定難病**に定められている。

208 **難病**は、難病の患者に対する医療等に関する法律で、「**発病の機構**が明ら

💡 **重要項目**

かでなく、かつ、治療方法が確立していない希少な疾病であって、当該疾病にかかることにより長期にわたり療養を必要とすることとなるもの」と定義されている。

■ 先天性疾患

209 先天性疾患は、遺伝障害、胎児障害、周産期障害に大別される。遺伝障害は、遺伝子または染色体の異常による（表11 参照）。

表11　先天性疾患の分類

分類	遺伝障害	胎児障害	周生（産）期障害
詳細	染色体異常 　ダウン症候群 　ターナー症候群 　クラインフェルター症候群 　5p－症候群 遺伝病 　優性遺伝病―軟骨形成不全 　劣性遺伝病―フェニールケトン尿 　　　　　　症などの先天性代謝 　　　　　　異常 　伴性劣性遺伝病―血友病 　デュシェンヌ型進行性筋ジストロ 　フィー	奇形 　風疹胎芽病 　サリドマイド 　胎芽病 変形 　股関節脱臼 破壊 　絞扼輪症候群 　末端低形成症	脳性麻痺（CP）

210 伴性劣性遺伝病には、血友病や進行性筋ジストロフィーがある。進行性筋ジストロフィーは、遺伝性・進行性の筋疾患であり、筋組織の進行性変性による筋脱力（筋力低下）と筋萎縮が主症状である。乳児期から幼児期にかけて筋力低下が進行し、日常運動の障害が徐々に進行する。

📖 30-5-1

▶ 進行性筋ジストロフィーは、X染色体劣性遺伝で重症型のデュシェンヌ型が最頻。通常は男児にのみ発症。

211 周産期障害とは、分娩・出産時に脳の酸素欠乏などにより、脳障害が起こることをいう。低酸素脳症などの脳性麻痺がある。

📖 30-5-4

■ 高齢者に多い疾患

212 老年症候群とは、高齢者に多くみられる、治療と同時に介護・ケアが重要な症状である。認知症、尿失禁、転倒・骨折が三大老年症候群とされている。

213 廃用症候群（生活不活発病）とは、生理的機能が減弱し、その結果生じる一連の症候をいう。主な症状に、骨格筋や骨の萎縮、関節拘縮、起立性低血圧、静脈血栓、尿路結石、沈下性肺炎、肺梗塞、無気肺、褥瘡、尿失禁、便秘、心理的荒廃、認知症化などがある。過度の安静や長期臥床による生理的機能の不活用が原因である。

📖 30-7-1, 2, 4

5 疾病と障害の概要

障害の概要

214 **褥瘡**は、寝たきりなどで**体位変換**が十分でないなど、体重などによる皮膚への圧迫による血流障害で皮膚のびらんや潰瘍をきたすことをいう。仰臥位での好発部位は、**仙骨部、臀部**、肩甲骨部、**踵部**などがある。要因には、**低栄養**状態や皮膚の**湿潤**、ずれがある。褥瘡では、体位変換、栄養改善、皮膚の乾燥状態の維持などの予防が重要となる。

出 28-2-4
28-5-1
30-4-4

▶治療は圧迫を除去し、消毒や薬物塗布を行う。

215 高齢者の生命や健康の維持の基本は、**栄養**と**水分**の摂取である。**低栄養**は食事摂取カロリーの低下、消化吸収力の低下などが原因であり、高齢者に起こりやすい。栄養の評価としては、血液生化学検査での総たんぱくのほか、血清アルブミンの測定が有用となる。

▶浮腫（むくみ）や抵抗力の低下、褥瘡につながる可能性がある。

216 **嚥下障害**は、食べ物をうまく飲み込めない、むせる、つかえるなどの症状をいう。高齢者や脳血管疾患等による口腔機能麻痺のある人に多く認められる。**誤嚥は肺炎**の発症に関与する。

217 **味覚障害**は、**亜鉛**の不足により生じる。

出 30-4-5

障害の概要

■視覚・聴覚障害

218 **音声機能、言語機能又はそしゃく機能の障害**は、身体障害者福祉法における**身体障害者障害程度等級表**において、３級または４級に分類されている。

219 **盲**とは、医学的には、光覚すら消失してしまった状態をいう。視力が全くなく、光を感じることができない。**弱視**とは、器質的な病変がないか、あってもそれでは説明できない視力低下を伴ったものをいう。

▶ベーチェット病をもつ視覚障害者は、視力が残存していても、発作時には全盲の状態に近くなる。

220 **ベーチェット病**は、**ぶどう膜炎、口内炎、陰部潰瘍を三主症状**とする全身性の疾患である。**ぶどう膜炎**の再発を繰り返すことにより視力低下がみられるようになる。

221 聴覚障害の最重度の状態を**ろう**という。聴覚障害の代表的なものには、音が聴こえにくい**難聴**がある。ほかには**補充現象**や耳鳴という症状も含まれる。

補充現象
音の強さの増大に伴い音の感覚が急激に増しわずかな音の強さの増加でも、音が非常に大きく感じられる現象。内耳性病変でみられる。

222 聴覚障害の原因には、先天性と後天性がある。

出 31-6-3

■平衡機能障害

223 **平衡機能障害**とは、体の**姿勢（バランス）**を調節する機能の障害である。四肢体幹の異常がないのに起立や歩行に異常をきたすことをいう。

▶何らかの原因で前庭機能に障害が生じたものが平衡機能障害といわれる。代表的な平衡機能障害は、めまい。

224 **平衡機能**を制御するのは、**脳幹**にある前庭神経核であり、**内耳**の前庭か

41

らの信号、眼からの視覚情報、頸部や四肢の筋肉や関節からの知覚情報を受けている。前庭神経核は、これらの情報を神経運動系に伝え自分の運動や姿勢を制御している。

225 **平衡機能障害**の原因には、内耳の疾患、視覚の異常、頸や腰の異常、脳の疾患がある。随伴症状として、聴覚症状（難聴、耳鳴、耳閉塞感）や神経症状（意識障害、頭痛、手足や顔のしびれ感、複視、言語障害、嚥下障害）がある。

▶その性質と状態には、回転性、動揺感、眼前暗黒、失神感、歩行障害のいずれかが多い。

226 **高齢者における平衡機能障害**は、薬剤の副作用や相互作用により増加傾向にある。治療方法には、服薬や理学療法などがある。

▶進行性の神経変性疾患である脊髄小脳変性症や多系統萎縮症においては、疾患そのものに対する有効な治療法がなく、病気の進行とともに自立歩行が不可能となる場合が多い。

■ 肢体不自由

227 **肢体不自由**の原因には、**脳性麻痺**、脳外傷性後遺症、脳血管疾患などの**脳性疾患**が多い。その他、脊髄損傷などの**脊椎・脊髄疾患**、進行性筋ジストロフィーなどの**神経・筋疾患**や、骨疾患、外傷性後遺症などがあり、障害としての肢体不自由を引き起こす病態は多岐にわたる。

出 31-6-4

228 **脳性麻痺**とは「受胎から新生児（生後4週以内）までの間に生じた、脳の**非進行性病変**に基づく、永続的なしかし変化しうる運動および姿勢の異常」とされている。筋緊張の異常による分類では、痙直型脳性麻痺、アテトーゼ型脳性麻痺などが多くみられる。

▶脳性麻痺の障害は、程度の差はあるが、骨格筋の緊張や痙攣、不随意運動、歩行や走行などの粗大運動の困難性等がある。

229 **脊髄損傷**では、中枢神経である脊髄の何らかの外傷によって、損傷した神経の領域に麻痺と**膀胱・直腸障害**が出現する。

出 30-5-3

■ 内部障害

230 **内部障害**とは、身体障害者福祉法における**心臓機能障害、じん臓機能障害、呼吸器機能障害、膀胱・直腸機能障害、小腸機能障害、ヒト免疫不全ウイルスによる免疫機能障害、肝臓機能障害**の7つの障害の総称である。

出 31-6-4

▶内部障害者数は93万人といわれ、全身体障害者数の約24％を占めている。内部障害は、ほかの身体障害と比べて、年々急増している。

■ 知的障害

231 米国知的・発達障害協会（AAIDD）の定義（第11版、2010年）では、「**知的障害**は、知的機能および適応行動（概念的、社会的および実用的な適応スキルで表される）の双方の明らかな制約によって特徴づけられる能力障害である。この能力障害は、**18**歳までに生じる」とされている。

232 **知的障害の原因**には、生理的遺伝的要因、化学的要因（有機水銀中毒など）、物理的要因（放射線、出産時（異常分娩）、出産後の高熱）、予防

5 疾病と障害の概要

障害の概要

接種後遺症、性染色体の異常などがある。

▶知的障害の原因は特定できない場合も多い。

人体の構造と機能及び疾病

■ 発達障害

233 発達障害には、医学、教育、法律などに独自の基準や定義が存在する。2013 年にアメリカ精神医学会による新たな診断基準として **DSM-5** が発表され、新たに**神経発達症群**というカテゴリーがつくられた。

234 神経発達症群とは、「日常生活、社会生活、学習、仕事上で支障をきたすほどの発達上の問題が、発達期に顕在化するもの」で、**知的能力障害群、自閉スペクトラム症（ASD）、コミュニケーション症群、注意欠如・多動症（ADHD）、限局性学習症、運動症群**などが含まれる。なお、障害の重症度も考慮されている。Disorder の訳語として、「症」と「障害」の両方が使えることになった。特に、児童青年期の疾患では、病名に「障害」とつくことは、児童や親に大きな衝撃を与えるとして、「障害」を「症」に変えることが行われている。

235 **自閉スペクトラム症（自閉症スペクトラム障害）**は、①**社会的なコミュニケーションおよび相互関係における持続的障害**、②**限定された反復する行動、興味、活動**の 2 つに特徴づけられる障害である（表 12 参照）。

表12　自閉スペクトラム症の主な特性

①社会的なコミュニケーションおよび相互関係における持続的障害	・人として求められる社会性や情緒的な交流に問題がある ・まなざしやジェスチャーなど言語を使わないコミュニケーションができにくい ・他者との年齢相応の関係がもてない　　　など
②限定された反復する行動、興味、活動	・同じことばかりを繰り返す ・日常生活で融通が利かない ・言語・非言語に現れる儀式的な行動パターン ・感覚の過敏性や鈍感性　　　など

236 自閉スペクトラム症のある人は、変化に対応することが苦手なため、予定の変更がある場合などは、**メモ**や**絵**等を使って予告することが必要である。

237 自閉スペクトラム症は、**発達初期**から症状が現れる。ただし、障害の程度によって、症状が現れる時期は異なる。

238 自閉スペクトラム症は、**知的障害とは区別される**ものである。自閉症スペクトラム障害と**知的障害**は、**併存することがある。**

239 **コミュニケーション症群**は、ことばの発達の問題を中心とする。社会的コミュニケーションに問題をもつ。ことばの理解はできるが表現ができな

43

💡 **重要項目**

い、理解も表現にも問題をもつ、などのタイプがある。

240 **注意欠如・多動症**（ADHD）（**注意欠陥多動性障害**）は、以下の診断基準を満たすものである。また、不注意、多動性・衝動性のいくつかは12歳になる前から存在し、それらが2つ以上の場所で現れることも考慮される。

> ① 不注意の症状が6つ以上、6か月以上持続。その程度は発達の水準に不相応で、社会的、学業的、職業的活動に直接、悪影響を及ぼすほどである。
> 細やかな注意ができずケアレスミスをしやすい、注意の持続が困難、注意散漫、指示に従えない、課題や活動を整理することができない、根気に欠ける、忘れ物が多い、外部刺激に気が散ること。青年期後期および成人（17歳以上）では、少なくとも5つ以上の症状。
> ② 多動性および衝動性の症状が6つ以上、6か月以上持続。その程度は発達の水準に不相応で、社会的、学業的、職業的活動に直接、悪影響を及ぼすほどである。
> 着席中手足をそわそわする、着席できない、走り回る、静かに遊べない、「突き動かされるように」じっとしていられない、多弁、質問を聞き終わる前に答える、順番待ちが苦手、ほかの人を攻撃したり割り込んだりすること。青年期後期および成人（17歳以上）では、少なくとも5つ以上の症状。

241 **限局性学習症**（**限局性学習障害**）とは、読み、書き、算数の特異的な障害をいう。**限局性学習症**では、全般的な知的障害は伴わない。

242 限局性学習症の診断基準には、①不的確または速度が遅く、努力を要する読字、②読んでいるものの意味を理解することの困難さ、③綴字の困難さ、④書字表出の困難さ、⑤数字の概念、数値または計算することの困難さの症状の少なくとも1つが存在し、6か月以上持続していることである。

243 **運動症群**には、発達性協調運動症、常同運動症、チック症がある。

244 **発達性協調運動症**とは、はっきりとした麻痺などはないにもかかわらず、日常の生活を営むうえで体の動きに問題がある場合をいう。中間姿勢が取れない、急に止まれない、鉄棒や縄跳びができない、バランスが悪い、左右差があることなどがあげられる。

245 **常同運動症**とは、反復し、駆り立てられるように見え、かつ外見上無目的な運動行為（頭を打ちつける、自分にかみつく、自分の体をたたくなど）によって、社会的、学業的または、他の活動が障害されたりするもので、**発達期早期**に発症する。

246 **チック症群**とは、多彩な運動チック、音声チックの両方がある時期に存在し、1年以上持続しているもので、**18**歳以前に発症したものをいう。

▶手先が不器用なこともあり、さまざまな活動に支障を来し、「わかってはいるけれどもできない」状態が続き、本人の意欲や自信を奪うことにつながりやすい。

チック
突発的、急速、反復性、非律動性の運動または発声を指す。

5 疾病と障害の概要

障害の概要

■ 認知症

247 **認知症**とは、いったん獲得した知的機能が、後天的な器質的要因により低下した状態をいう。認知症の診断には、意識障害がないことが前提とされる。

248 年相応の**もの忘れ**と認知症のもの忘れについては、鑑別が困難な場合があるが、年相応のもの忘れは基本的に悪化せず、行為のすべてを忘れることはない。認知症のもの忘れでは、体験そのもの（**エピソード記憶**）を忘れてしまう。

249 **認知症の原因疾患**としては、**アルツハイマー病**が最も多く、約半数を占める。その次に**脳血管疾患**が多い。近年では、**レビー小体型認知症**の頻度が高いこともわかってきている。**若年性認知症**の原因疾患として、**ピック病**（**前頭側頭型認知症**）も注目される（表13 参照）。

表13　認知症を呈する主な疾患

神経変性疾患	アルツハイマー型認知症、ピック病、レビー小体型認知症、大脳皮質基底核変性症、進行性核上性麻痺
脳血管障害 （血管性認知症）	ビンスワンガー病、脳アミロイドアンギオパシー、CADASIL
感染症	脳炎、進行麻痺、エイズ脳症、プリオン病
腫瘍	脳腫瘍
免疫性神経疾患	神経ベーチェット、多発性硬化症
外傷	慢性硬膜下血腫、外傷性脳出血
髄液循環障害	正常圧水頭症
内分泌障害	甲状腺機能低下症
中毒、栄養障害	アルコール依存症、ビタミン欠乏症

資料：社会福祉士養成講座編集委員会編『新・社会福祉士養成講座①人体の構造と機能及び疾病（第3版）』中央法規出版、2015年、157頁

■ 認知症類型

250 **アルツハイマー型認知症**の特徴としては、落ちつきがない、多弁、奇異な屈託のなさ（多幸性）などがあり、症状は確実に進行していく。現在、進行を抑制する薬剤がある。

251 **血管性認知症**（**脳血管性認知症**）の特徴としては、**感情失禁**、うつ状態など、症状がよくなったり悪くなったりすること（**まだら認知症**）があり、高血圧、糖尿病、心疾患、動脈硬化など合併疾患がある。

出 32-6-2, 4

252 **ピック病**（**前頭側頭型認知症**）の特徴としては、**前頭葉**と**側頭葉**に限定した脳の萎縮、**人格変化**、**反社会的行動**、常同行動などがある。

出 29-6-5
32-6-5

重要項目

253 **クロイツフェルト・ヤコブ病**の特徴としては、**プリオンたんぱく**が発症に関与し、急速に進行し初発症状から6〜12か月で死に至る。

254 **レビー小体型認知症**の特徴としては、**パーキンソン症状**、現実的で繰り返される**幻視体験**がある。

出 29-6-2, 3, 4
32-6-1, 3

▶レビー小体は中脳の黒質部にみられ、パーキンソン病の病理学的診断の根拠にもなる。

255 **認知症の症状**は、**中核症状**と**周辺症状**に分けられる。**中核症状**は、病気により脳の認知機能が障害されることによって引き起こされる症状で、具体的には**記憶障害**や**見当識障害**である。**周辺症状**は、せん妄、抑うつ、興奮、徘徊、睡眠障害、妄想などである（図16参照）。近年、周辺症状という語を、心理症状と行動障害を合わせた概念として、**BPSD**（Behavioral and Psychological Symptoms of Dementia；**行動・心理症状**）と表現する。

図16 認知症の中核症状と周辺症状

資料：社会福祉士養成講座編集委員会編『新・社会福祉士養成講座①人体の構造と機能及び疾病（第3版）』中央法規出版、2015年、158頁を一部改変

256 認知症と紛らわしい疾患（**仮性認知症**）として、**せん妄**と**うつ病**がある。**せん妄**は急に起こり、症状が変動する。**夕方から夜間**に起きやすい。**うつ病**は、認知症と間違われやすいが不安や抑うつを伴い、知的機能の低下はないことが識別のポイントである。

257 **正常圧水頭症**（NPH）の主な症状には、歩行障害、尿失禁、**認知症状**があり、外科手術で回復することがある。

■ 高次脳機能障害

258 **高次脳機能障害**とは、**脳損傷**に起因する認知障害全般をいう。交通事故によるけがなどのほかに、原因疾患は、脳血管疾患、外傷性脳損傷、炎症性疾患、脳症、脳腫瘍（原発性、転移性）、てんかんなどの発作性疾患

など で、脳損傷の原因となるほとんどの疾患が含まれる。診断基準では、先天性疾患や周産期における脳損傷は原因疾患には含まれない。

259 **高次脳機能障害の諸症状**には、**記憶障害**、**注意・情報処理障害**、**遂行機能障害**、**病識欠落**、**社会的行動障害**などがある（表14参照）。

▶その理由は、療育手帳を所持しているため福祉的サービスを受けることができるからとされる。

出 31-6-1

表14　高次脳機能障害の種類と症状

障害	症状
記憶障害	新しい知識が覚えられない「**意味記憶障害**」、ついさっき言ったこと、やったことが曖昧になる「**エピソード記憶障害**」などの陳述記憶障害がある。また、約束や予定を忘れる「**展望記憶障害**」などもある。
注意・情報処理障害	作業が遅くミスが多いのが特徴となる。1つのことが続けられない「**注意の持続障害**」、気が散りやすい「**注意の集中障害**」、同時に複数のことに注意できない「**注意の配分障害**」などの症状が現れる。
遂行機能障害	仕事面で優先順位がつけられない、やり方が途中で変わる、行動の計画が立てられない、効率よく処理することができない、仕事が成就できなかった理由を認識することができないなどの諸症状がある。
病識欠落	自分が高次脳機能障害であることを認識していないため、リハビリテーションの必要性を理解できない、何かの行為を行って失敗してもその責任を周囲や相手のせいにするなどの状態がみられる。
社会的行動障害	日常生活や社会生活を阻害する症状で、対人技能拙劣、依存性・退行、意欲・発動性の低下、固執性、感情コントロールの障害、欲求コントロールの障害などを総称している。

■ 精神障害

260 **統合失調症**は、主として**思春期**から**青年期**に発病し、再発を繰り返しながら慢性に経過する。精神科入院患者の約**60**％を占めており、生涯罹患率は0.3～2.0％であり、罹患率は人口の0.7％である。原因は明確ではない。

261 統合失調症の精神症状は、**陽性症状**と**陰性症状**に分けられる。陽性症状には、①**幻覚**、②**妄想**、③**顕著な思考障害**（思考減裂）、④**緊張病症状**などがある。陰性症状には、①**意欲**や**自発性**の低下、②ひきこもり、③表情や感情の動きが乏しくなることなどがある。

出 28-7-3

▶思考の障害にはまとまりのない会話や発語がある。

262 **統合失調症の治療**には、**抗精神病薬**が用いられる。また、本人や家族への心理教育、訪問型の**地域ケア**（**ACT**、訪問看護など）、**社会生活技能訓練**（**SST**）などの心理社会的治療も組み合わせて実施することで、社

▶抗精神病薬の服薬による統合失調症の再発防止効果は確立している。

> 重要項目

会適応水準の改善や再発・再入院防止の効果がある。

263 **気分障害**の代表には、**うつ病**と**双極性感情障害**（**躁うつ病**）がある。**うつ病**は注意力や集中力が減退し、自己評価が低下したり、自信の欠乏がみられる。**睡眠障害**が起きやすく、寝つきは比較的保たれているものの、睡眠中断が多く、夜中や明け方に目が覚め、その後眠れないことが多い。**日内変動**（午前中に調子が悪いことが多い）や**食欲不振**や過食の身体症状を伴うことも多い。

264 うつ病の症状に対して、**叱咤激励**は避ける。回復期の**自殺企図**には注意する。

265 重症うつ病では、**通電療法**（**電気けいれん療法**）を行う場合がある。

266 **躁病エピソード**は、**気分の高揚**が特徴である。気力や活動性の**亢進**があり、極端に睡眠時間が**短く**なることがある。社交性が高まり、行動の抑制がきかなくなることがある。**易怒的**症状がみられる。 出 28-7-1

267 **パニック障害**は、「死んでしまうのではないか」というような恐怖に突然襲われ、**動悸**、**胸痛**、**窒息感**、**めまい**や**非現実感**などが**発作的**に起きるものである。通常は数分から10分以内に治まる。

268 **強迫性障害**には、ある考えにとらわれてしまう**強迫観念**と、ある行動や儀式を反復してしまう**強迫行為**があり、自分では止められないという葛藤が特徴とされている。

269 **摂食障害**は、ICD-10では「生理的障害および身体的要因に関連した行動症候群」に分類されるもので、**神経性無食欲症**（極端な体重減少、肥満への恐怖、ボディイメージの障害など）と**神経性大食症**（短時間に大量の食物を食べ尽くすなど、食べることへの異常なこだわりや渇望）の2つがある。神経性無食欲症は、**思春**期から**青年**期の**女性**に多く、強いやせ願望や肥満恐怖のために摂食制限や摂食行動の異常を生じる。

270 **てんかん発作**は、確実な**服薬**によって抑制できる。

精神疾患の診断・統計マニュアル（DSM）の概要

271 **精神疾患**の診断基準を明確にして国際的な比較を可能にするために、国際的診断分類が用いられるようになった。診断分類には、**WHO**が作成した**ICD-10**（表15参照）と、**アメリカ精神医学会**（APA）が作成した**DSM**（最新版は**DSM-5**）がある（表16参照）。 出 29-7-1, 4

注目！
DSM-5

272 DSM-5における**神経性やせ症／神経性無食欲症**の原因には、確定的なものはない。診断基準には、標準体重以下であること、体重増加を防げ 出 31-7

6 リハビリテーションの概要

リハビリテーションの概念と範囲

表15　ICD-10の診断カテゴリー（大項目）

F0	症状性を含む器質性精神障害―認知症および脳の器質性障害など
F1	精神作用物質による精神および行動の障害―薬物依存症など
F2	統合失調症、統合失調型障害および妄想性障害
F3	気分（感情）障害
F4	神経症性障害、ストレス関連障害および身体表現性障害
F5	生理的障害および身体的要因に関連した行動症候群―摂食障害、睡眠障害、性機能不全など
F6	成人の人格および行動の障害―人格障害、衝動の障害、性同一性障害、性嗜好障害など
F7	精神遅滞（軽度、中度、重度、最重度）
F8	心理的発達の障害―広汎性発達障害（小児自閉症、アスペルガー症候群）、学習能力障害など
F9	小児期および青年期に通常発症する行動症候群・情緒の障害―多動性障害（ADHD）、行為障害、チック障害など

注：この下に多数の疾患分類が含まれる。例えばF3気分障害では、躁病エピソード、うつ病エピソード、双極性障害などがある。

表16　DSM-5の診断分類

1	神経発達症群／神経発達障害群
2	統合失調症スペクトラム障害および他の精神病性障害群
3	双極性障害および関連障害群
4	抑うつ障害群
5	不安症群／不安障害群
6	強迫症および関連症群／強迫性障害および関連障害群
7	心的外傷およびストレス因関連障害群
8	解離症群／解離性障害群
9	身体症状症および関連症群
10	食行動障害および摂食障害群
11	排泄症群
12	睡眠-覚醒障害群
13	性機能不全群
14	性別違和
15	秩序破壊的・衝動制御・素行症群
16	物質関連障害および嗜癖性障害群
17	神経認知障害群
18	パーソナリティ障害群
19	パラフィリア障害群
20	他の精神疾患群
21	医薬品誘発性運動症群および他の医薬品有害作用
22	臨床的関与の対象となることのある他の状態

る持続行動などがある。また食を制限する型と過食と排出行動（嘔吐、下痢などの誤用）を繰り返す型がある。

273 DSM-5における**統合失調症**の診断のための5つの症状として、①妄想、②幻覚、③まとまりのない思考（発語）、④ひどくまとまりのない、または緊張病性の行動、⑤陰性症状がある。　　出 30-6

274 **操作的診断基準**とは、原因不明なため、検査法がなく臨床症状に依存して診断せざるを得なかった精神疾患に対して、明確な基準を設けた診断基準をいう。　　出 29-7-5

6　リハビリテーションの概要

リハビリテーションの概念と範囲

275 **リハビリテーション**とは、「病気や外傷による身体の機能障害（生理的あるいは解剖学的な欠損や障害）および環境面での制約を有する人に対して、身体、精神、社会、職業、趣味、教育の諸側面の潜在能力や可能　　出 32-7-1, 2

主なリハビリテーション職種
理学療法士（PT）
作業療法士（OT）
言語聴覚士（ST）

性を十分に発展させるような指導、訓練、環境設定を行い、機能回復・社会復帰を図ること」である（リハビリテーションの理念）。

276 リハビリテーションには４つの側面があり、**医学的、教育的、職業的、社会的**に分類される。　　　　　　　　　　　　　出 32-7-4

277 **リハビリテーションの目的**は、人が病気になって万一後遺症が残っても、安心して生活できるように、その人自身およびその周囲を整えていくことであり、その対象者は、疾患（がんも含む）または障害（内部障害を含む）を有する小児から高齢者まであらゆる年齢層にわたる。　出 32-7-1, 2

278 脳卒中発症**直後**から**離床**までに行われるリハビリテーションを**急性期リハビリテーション**という。その開始は、症状安定後（**２〜３**日後）**ベッド上**で行う。意識障害がある場合でもリハビリテーションは行われる。

279 **包括的リハビリテーション**とは、**医学的評価、運動処方**と**運動療法、薬物療法、食事療法、患者教育、カウンセリング**が含まれる。

280 **医学的リハビリテーション**では、障害の発生と同時に障害の予防や再発予防に取り組む。急性期、回復期、生活期（維持期）に分類され、**多職種のかかわるチームアプローチ**で支援される。　　　　　出 32-7-3

281 電気や温熱を利用する**物理療法**は、**理学療法**に含まれる。

282 **作業療法**には、応用動作能力の回復、自助具の作製や紹介、職場復帰等の援助がある。対象は、**身体**または**精神**に障害のある者である。

283 **廃用症候群（生活不活発病）**は、体力のある人でも起こり得るものである。高齢者の場合、生活機能の低下が予測される場合は、リハビリテーションの対象となる。　　　　　　　　　　　　　　　　出 30-7-3, 5

284 廃用症候群（生活不活発病）の予防のためには、急性期リハビリテーションで**離床**を早期から行う。　　　　　　　　　　　　出 30-7-5

285 精神科デイケアの人員配置では、精神科医師、**作業療法士（OT）**、看護師等が規定されている。精神科デイケアでは、精神障害者の社会生活機能の回復を目的とし、個々に応じたプログラムにしたがってグループごとに治療が行われる。

実力チェック！　一問一答 ————

※解答の（　　）は重要項目（P.9～50）の番号です。

●解答

1 生後1歳半前後に自然に閉鎖する頭蓋骨の部位を何というか。
▶**大泉門**（ 2 ）

2 乳歯は生えそろうと20本となるが、何歳までには生えそろうか。
▶**3歳**（ 4 ）

3 心理・社会的側面の発達を8つの段階にまとめたのは誰か。
▶**エリクソン**（ 12 ）

4 老年症候群のなかでも頻度が高く、死亡率の上昇に直結する栄養状態を何というか。
▶**低栄養**（ 17 ）

5 老化に伴い、水分や細胞成分が減少するのは何が減少するからか。
▶**筋肉量**（ 20 ）

6 老人性難聴により聞き取りができにくくなる音域は何か。
▶**高音域**（ 27 ）

7 学習や経験の積み重ねを通して得られる知能は何か。
▶**結晶性知能**（ 29 ）

8 血液がつくられるのはどこか。
▶**骨髄**（ 43 ）

9 右心室から出る肺動脈内に流れる血液は何か。
▶**静脈血**（ 47 ）

10 尿生成に関する泌尿器は、尿細管と何か。
▶**糸球体**（ 54 ）

11 肺は左右において構造が異なるが、肺葉が3つに分かれているのはどちらか。
▶**右肺**（ 57 ）

12 呼吸回数は、血液中の何の量を感知することで調節されるか。
▶**二酸化炭素**（ 59 ）

13 気管の入り口にある軟骨で、食べ物が気管に入るのを防いでいるのは何か。
▶**喉頭蓋**（ 60 ）

14 消化・吸収（栄養素・水分）の90％以上を行う消化器は何か。
▶**小腸**（ 66 ）

15 中脳・橋・延髄を含む脳の部位を何というか。
▶**脳幹**（ 78 ）

16 筋力の微妙な調整や筋力のバランスなどに関係する脳の部位はどこか。
▶**小脳**（ 79 ）

17 内分泌器官としての膵臓のランゲルハンス島β（B）細胞から分泌されるホルモンは何か。
▶**インスリン**（ 80 （図12））

18 ICFでは、疾患を何に分類するか。
▶**健康状態**（ 97 ）

19 ICFにおいて、健康状態や習慣、生育歴等を何因子というか。
▶**個人因子**（ 103 ）

20 ICFにおいて、個人が生活や人生場面にかかわるときに経験する難しさのことを何というか。
▶**参加制約**（ 107 ）

21 受動喫煙防止を定めている法は何というか。
▶**健康増進法**（ 115 ）

22 平均寿命から病気や寝たきりの期間を差し引いたものを何というか。
▶**健康寿命**（ 122 ）

🔍 一問一答

●解答

23 失語において、理解面に障害をきたすのを何というか。

▶感覚性失語（ 133 （表4 ））

24 発作時の治療にニトログリセリンが有効な疾患は何か。

▶狭心症（ 139 ）

25 高血圧における分類で、本態性高血圧の占める割合は何割か。

▶9割（ 143 ）

26 糖尿病の三大合併症のうち、人工透析導入に至るものは何か。

▶糖尿病性腎症（ 145 ）

27 高齢者において、うつや認知症と誤診されやすい内分泌疾患は何か。

▶甲状腺機能低下症（ 150 ）

28 肺気腫と慢性気管支炎の両者を総称する慢性肺疾患は何か。

▶慢性閉塞性肺疾患（COPD）（ 153 ）

29 蝶形紅斑などを症状にもつ原因不明の慢性疾患は何か。

▶全身性エリテマトーデス（SLE）（ 165, 166 ）

30 加齢に伴い多くなる水晶体の混濁による目の疾患は何か。

▶白内障（ 182 ）

31 次亜塩素酸ナトリウムによる消毒を行う食中毒は何か。

▶ノロウイルス（ 190 ）

32 2週間以上続く咳や痰などの症状がある場合に注意すべき感染症は何か。

▶結核（ 194, 195 ）

33 振戦、固縮、無動（動作緩慢）・寡動、姿勢反射障害を四大主徴とする疾患は何か。

▶パーキンソン病（ 201 ）

34 四肢骨格筋の筋力低下から、球麻痺状態になる疾患は何か。

▶筋萎縮性側索硬化症（ALS）（ 206 ）

35 先天性疾患で、周生（産）期障害に分類される疾患は何か。

▶脳性麻痺（CP）（ 209 （表11））

36 体を動かさないことで生じる筋萎縮、関節拘縮、起立性低血圧を生じる状態を何というか。

▶廃用症候群（生活不活発病）（ 213 ）

37 わが国において最も多い認知症は何か。

▶アルツハイマー病（ 249 ）

38 歩行障害、尿失禁、認知症状がみられるが、外科手術で回復が可能な疾患は何か。

▶正常圧水頭症（ 257 ）

39 精神疾患の診断・統計マニュアル（DSM-5）において、まとまりのない思考（発語）、妄想、幻覚の症状がある疾患は何か。

▶統合失調症（ 273 ）

40 精神科デイケアに配置されるリハビリテーション職種は何か。

▶作業療法士（OT）（ 285 ）

2

心理学理論と
心理的支援

傾向と対策

出題基準と出題実績

出題基準			
大項目	中項目	小項目（例示）	
1 人の心理学的理解	1）心と脳		
	2）情動・情緒		
	3）欲求・動機づけと行動		
	4）感覚・知覚・認知		
	5）学習・記憶・思考		
	6）知能・創造性		
	7）人格・性格		
	8）集団		
	9）適応		
	10）人と環境		
2 人の成長・発達と心理	1）発達の概念	・発達の定義、発達段階、発達課題、生涯発達心理、アタッチメント、アイデンティティ ・喪失体験 ・その他	
3 日常生活と心の健康	1）ストレスとストレッサー	・ストレッサー ・コーピング ・ストレス症状（うつ症状、アルコール依存、燃え尽き症候群（バーンアウト）を含む。） ・ストレスマネジメント ・その他	
4 心理的支援の方法と実際	1）心理検査の概要	・人格検査、発達検査、知能検査、適性検査 ・その他	

※【 】内は国家試験に出題された番号です。

心理学理論と心理的支援

出題実績				
第 28 回 (2016 年)	第 29 回 (2017 年)	第 30 回 (2018 年)	第 31 回 (2019 年)	第 32 回 (2020 年)
	・大脳の前頭葉【8】			
	・気分【9】			
・達成動機【8】		・原因帰属【8】	・内発的動機づけによる行動【8】	
	・感覚・知覚【10】		・感覚・知覚【9】	
・洞察学習【9】	・エピソード記憶【11】	・オペラント条件づけ【9】	・記憶【10】	・馴化【8】
		・思考・知能【10】		
				・パーソナリティの理論【9】
・内集団バイアス【11】		・集団における行動【11】		
	・適応機制【12】		・防衛機制【11】	
・遺伝と環境に関する学説【12】		・ピアジェの認知発達理論【12】		・愛着理論【10】 ・前期高齢者の認知機能や知的機能の特徴【11】
・タイプＡ行動特性【10】		・バーンアウト（燃え尽き症候群）【13】	・ストレス対処法（コーピング）【12】	・ストレス【12】 ・バーンアウトの症状【13】
			・心理検査【13】	

55

大項目	中項目	小項目（例示）	
	2）カウンセリングの概念 と範囲	・カウンセリングの目的、対象、方法 ・ピアカウンセリングの目的、方法 ・その他	
	3）カウンセリングとソー シャルワークとの関係		
	4）心理療法の概要と実際 （心理専門職を含む。）	・精神分析、遊戯療法、行動療法、家族療 法、ブリーフ・サイコセラピー、心理劇、 動作療法、SST（社会生活技能訓練） ・公認心理師 ・その他	

傾向

　心理学は、心について研究する学問であるが、実際に心を観察したり直接的に測定することはできない。そのため、現在の心理学では、観察することのできる行動を通して、心の仕組み（構造）や働き（機能）を明らかにすることを目的としている。

　心理学は、私たちにとって身近な学問であり、さまざまな分野で広く応用されている。社会福祉の分野においても、効果的な援助を行ううえで心理学の知識が大いに役立つことは言うまでもない。特に、対人援助を行う現場においては、人間の心理学的側面に関する理解や臨床心理に関する知識とともに、心理学の研究成果を応用した心理的援助技術を身につけていることが必要である。

　第32回試験では7問が出題された。以下、出題基準の項目に沿って分析する。

1 人の心理学的理解

　「学習」と「欲求・動機づけと行動」に関する問題の出題頻度が高い。「学習」に関しては、第28回には学習の形成における洞察学習の例、第30回にはオペラント条件づけにおける正の強化の事例、第32回は馴化や条件づけによる行動が出題されている。「欲求・動機づけと行動」に関しては、第28回には達成動機の高い人の傾向、第30回には原因帰属の例、第31回には内発的動機づけによる行動が出題されている。

　近年では、「知覚」「感覚」に関する問題が繰り返し出題されている。第29回には順応、月の錯視、恒常性などに関する問題、第31回には体制化における閉合の要因、図と地、仮現運動、恒常性、適刺激などに関する問題が出題された。いずれも日常生活における知覚・感覚の働きを理解していることが求められる問題であった。

第28回(2016年)	第29回(2017年)	第30回(2018年)	第31回(2019年)	第32回(2020年)
・マイクロカウンセリング（開かれた質問）【13】	・来談者中心療法の「受容」【14】	・カウンセリング【14】		
・心理療法【14】	・系統的脱感作法【13】	・心理療法【14】	・心理療法【14】	・心理療法【14】

また、防衛機制（適応機制）に関する問題が第29回と第31回に出題された。フラストレーション事態における心の働きを理解するための基本的な知識を問う内容であり、今後も同様の問題が出題される可能性は高い。

人の心理学的理解からは、毎回3〜5問出題されており、出題基準をひととおり学習しておく必要がある。

2 人の成長・発達と心理

第28回には遺伝と環境に関する学説、第30回にはピアジェの認知発達理論が出題されている。第31回には「人体の構造と機能及び疾病」のなかで、エリクソンの発達段階に関する問題があった。第32回には愛着に関する問題と、前期高齢者の認知機能（主に記憶能力）や知的機能の特徴に関する問題の2問が出題された。

3 日常生活と心の健康

第28回にはタイプA行動特性、第31回にはストレス対処法（コーピング）が出題されている。第30回と第32回にはバーンアウト（燃え尽き症候群）の特徴や症状などの知識が求められる問題、第32回にはストレスに関連する用語や基礎知識に関する問題が出題された。

4 心理的支援の方法と実際

「心理療法」に関する問題では、精神分析療法、行動療法、家族療法、認知行動療法、箱庭療法などの概要を問う基本的な問題が毎回必ず出題されている。第30回には、さまざまなカウンセリングや心理療法に関する問題のなかで、動機づけ面接が初めて出題された。

「心理測定」については、第 31 回に P-F スタディ、TAT などの人格検査や、WAIS など
の知能検査に関する問題が出題された。

対策

　近年は、心理学の基本的な知識そのものを問う比較的シンプルな問題が多い。心理学の基
礎知識が習得できていれば容易に解答を導き出せる問題が増えている。本書の重要項目にあ
るキーワードを中心とした学習とともに、テキストや一般的な心理学の入門書などを使用して
丁寧に学習することが望ましい。

　特に出題頻度の高い学習、記憶、動機（欲求）・動機づけ、集団などの基礎知識、人格の諸
理論や感覚・知覚に関する用語、適応・防衛機制に関する概念、ストレスに関連する用語や
理論、心理療法、心理検査について、丁寧に学習しておきたい。近年注目されているストレ
ス・マネジメントの方法や、動機づけ面接などの心理的支援のアプローチにも関心を寄せてお
こう。

　また、2015（平成 27）年 9 月に公認心理師法が成立し、2018（平成 30）年 9 月に第 1 回
国家試験が実施された。公認心理師は、日本で初めて法律に明記された心理職の国家資格で
ある。資格の概要について確認しておきたい。

押さえておこう！ 重要項目

1 人の心理学的理解

心と脳

1. 脳は大きく分けて大脳、間脳、小脳、脳幹（中脳、橋、延髄）という部位から成り立っており、主として**大脳（大脳皮質、大脳辺縁系、大脳基底核）**が言語や思考、情動や行動の重要な役割を果たしている（「人体」図10（20頁）参照）。　出 31-2-2（人体）

2. **大脳皮質**は、前頭葉、側頭葉、頭頂葉、後頭葉に分けることができる。**側頭葉**は**音声**や**言語**の弁別・理解に関する機能、**後頭葉**は**視覚情報**を処理する機能、**頭頂葉**は**空間**を認知したり、道具を用いて手で作業したりする機能、**前頭葉**は意思決定や計画・実行、評価、創造などの**高次精神活動**に関係している（「人体」図11（21頁）参照）。　出 29-8-1, 2, 3, 4　31-2-3（人体）　32-1-1（人体）

3. 大脳皮質周辺には、**記憶**や**情動**の機能と関係が深いとされる**大脳辺縁系**や、**運動機能**と関連のある**大脳基底核**が存在している（図1参照）。　出 29-8-5

図1　大脳辺縁系と大脳基底核

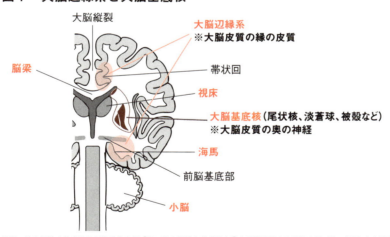

資料：社会福祉士養成講座編集委員会編『新・社会福祉士養成講座②心理学理論と心的支援（第3版）』中央法規出版、2015年、211頁

情動・情緒

4. **感情**とは、自分の内に生じた身体的変化や外界からの刺激に感じて起こる気持ちであり、喜怒哀楽や驚き、恐れ、嫌悪、興味などを**基本感情（一次感情）**と呼ぶ。

5. 感情のなかで、生理的な反応（動悸や血圧の上昇、発汗など）や、身体　出 29-9-2, 3, 4, 5

> 重要項目

的表出（表情の変化など）を伴い、瞬間的に強く発せられるものを**情動（情緒）**と呼ぶ。典型例は怒りや悲しみなどである。

6 感情のなかで、一定の状態で長時間持続するものを**気分**と呼ぶ。生起した原因は曖昧であることが多く、身体的状態や環境的条件によって影響される。　出 29-9-1

7 生得的に備わっている**基本感情（一次感情）**に対して、自己意識と自己評価にかかわる、照れや羨望（せんぼう）、共感、誇り（プライド）、恥、罪悪感などの社会的な感情は、**自己意識感情（二次感情）**と呼ばれる。

欲求・動機づけと行動

8 **欲求**とは、人の内部にあって行動を引き起こすものであり、先天的・生得的な**生理的欲求**あるいは**一次的欲求**（食物、水分、呼吸、睡眠などへの欲求）と後天的に学習される**社会的欲求**あるいは**二次的欲求**（達成、承認、優越、**親和**などへの欲求）とに、大きく分類することができる。

▶親和への欲求とは、人と一緒にいたい、仲良くしたいという欲求である。

9 **マズロー**（Maslow, A.）は、**人間**の欲求（動機）を、①**生理**的欲求、②**安全と安定**の欲求、③**所属と愛情**の欲求、④**承認**の欲求、⑤**自己実現**の欲求と階層序列化し、段階的に①から⑤へと、より高次の欲求充足に向けて動機づけがなされていくとした（図2参照）。

▶承認の欲求には、自尊と他者から受ける尊敬の2つの面がある。

10 マズローによる階層説の第一層から第四層までは、**欠乏欲求**（動機）と呼ばれる。第四層までの欲求が充足されると第五層の**自己実現の欲求**が出現するが、これは人間的成長を求め続けることから**成長欲求**（動機）と呼ばれる（図2参照）。

▶足りないものを補うことで満たされる欲求のことをいう。

図2　欲求（動機）の階層（マズロー）

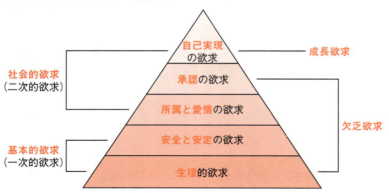

11 **動機づけ**とは、一定の目標に向かってある行動を起こし、方向づけ、それを維持する一連の心的過程（機能）のことである。

1　人の心理学的理解

感覚・知覚・認知

12 外部からの賞罰による動機づけを**外発的**動機づけといい、それに対して、目標や行為そのものへの興味・関心のように、内部からの知的好奇心などによる動機づけを**内発的**動機づけという。

出 31-8

13 行動の成功や失敗の原因をどこに求めるかということを**原因帰属**（因果帰属）という。一般に**達成動機**の高い人は**内的**要因（自己の能力や努力）に原因を帰属させ、達成動機の低い人は**外的**要因（運や課題の困難度）に帰属させる傾向がある（表1参照）。

出 28-8
　29-125-2（経営）
　30-8

▶達成動機の高い人は、高い目標を設定し、困難な課題に果敢に挑戦しようとする傾向がある。

表1　原因帰属の次元と要因

		安定性次元	
		安定的	不安定的
内在性次元	内的	能　力	努　力
	外的	課題の難しさ	運

資料：B・ワイナー、林保・宮本美沙子監訳『ヒューマン・モチベーション——動機づけの心理学』金子書房、1989年、259頁（Weiner, B., *Human Motivation*, Holt, Rinehart and Winston, 1980年）を一部改変

14 **自己効力感**とは、**バンデューラ**（Bandura, A.）が提唱した考え方で、ある目標を達成するために、自分自身で必要な行動を実行できるという期待のことであり、**効力期待**とも呼ばれる。これに対して、行動は目標とする結果をもたらすという期待については**結果期待**という。

15 **学習性無力感**とは、望まない結果を避けようと行動したあげくに、避けられなかった体験によって生じる、「自分が何をしても状況は何も変わらない」という「あきらめ」に似た行動様式のことである。

▶失敗の原因を内的で安定的な要因（例えば、能力の低さや性格の問題）に帰属させがちな人は、学習性無力感に陥りやすい傾向があるといわれている。

感覚・知覚・認知

16 **知覚**とは、対象からの刺激を感覚受容器で受け取り、それが何なのかを知る働きをいう。知覚の働きのなかで、刺激の受容に始まる神経・生理的な過程を**感覚**といい、さらに、本人の欲求、記憶、思考などが関与しながら、感覚による情報をさまざまに意味づけ、対象を理解する総合的な情報処理過程を**認知**という。

■ 感覚

17 感覚のうち、**視覚**、**聴覚**、**嗅**覚、**味覚**および**皮膚**感覚をまとめて**五感**という。その他に平衡感覚や内臓感覚などがある。

18 感覚を生じさせるエネルギーのことを**刺激**といい、それぞれの感覚器官が通常感受するもの（例えば眼に対する光線）のことを**適刺激**、感受で

出 31-9-5

心理学理論と心理的支援

61

> 重要項目

きないもの（例えば眼に対する音波）を**不適刺激**という。

19 刺激を感じる最小の量を**絶対閾**あるいは**刺激閾**、感覚の変化が生じる刺激の最小の変化量を**弁別閾**あるいは**丁度可知差異**という。

20 同じ刺激が続くと、その刺激に対する感受性が次第に減少することを**順応**という。暗い室内から急に明るい戸外に出た場合に、次第にまぶしさに目が慣れてくる現象を**明順応**、明るい戸外から暗い室内に入った場合、次第に暗さに目が慣れてくる現象を**暗順応**という。

▶弁別閾は刺激の物理量に依存して変化し、一般的には、刺激の物理量が大きければ大きいほど、閾値も大きくなる。

出 29-10-1

■ 知覚

21 人が利用する知覚情報の80％を占めるのが**視覚情報**である。視覚情報を処理する機能の基礎的な特性には、**体制化**、**群化**、**補完**、**恒常性**、**錯視・運動錯視**などがある。

22 **知覚の体制化**とは、無秩序に存在する刺激をまとまりある全体として秩序づけ、意味づける働きをいう。図3では、形あるものとして浮き出て見える部分（**図**）と背景となる部分（**地**）が見える。**図と地の分化（分離）**は**体制化**における基本現象であり、これにより知覚が成立する。

出 29-10-5
31-9-2

図3　ルビンの杯—図地反転図形（Rubin, E. 1921）

パターン1：図—白い杯、地—黒い背景
パターン2：図—向き合う2人の横顔、地—白い背景
※図と地の刺激値が等しいとき、図と地が入れ替わり、パターン1とパターン2の反転現象が知覚される。

23 一般に視野のなかでは、図と地の分化だけでなく、図が互いにまとまりをつくることにより知覚が成立する。このような知覚上のまとまりを**群化**という。群化の要因には、**近接**（同質なものの場合、距離の近いものがまとまる）、**類同**（距離が等間隔の場合、類似したものがまとまる）、**閉合**（閉じた領域をつくるものがまとまる）などがある。

出 29-10-4
31-9-1

24 **知覚の恒常性**とは、物理的刺激の変化にもかかわらず、そのものの性質（大きさ、形、色および明るさ）を同一に保とうとする働きである。遠くにいる人は小さく見えるが、実際の大きさが変化したとは考えずに同一性を知覚するのは、**大きさの恒常性**が働くためである。

出 29-10-3
31-9-4

25 **錯視**とは、実際の物理的状態と知覚とが一致せず、客観的には同じものが違って見える現象をいう。図4では、同じ大きさの円であっても、周囲に大きな円を配置するほうが、小さな円を配置するよりも小さく見え

出 29-10-2
31-9-1

る。同様に、中空にある月より地平線に近い月のほうが大きく見える。

▶この現象を月の錯視という。

図4　円環対比

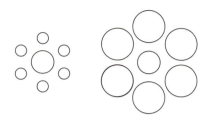

26 **運動錯視**には、滝を見続けた後に動いていない周囲の岩を見ると、岩が滝の流れと逆方向へ動いて知覚される滝の錯視のような**運動残効**や、1コマごとの静止画像を連続して提示すると、画像が動いているように知覚される**仮現運動**(かげん)などがある。

出 29-10-4
31-9-3

27 **知覚的補完**とは、物理的視覚情報が一部欠如していても、その欠如した情報が補われて知覚される機能あるいは現象のことである。補完された領域が実際に感覚されるものを感性的補完といい、図5の主観的輪郭、仮現運動、**盲点における充填知覚**(じゅうてん)が含まれる。

出 31-9-3

▶網膜から視神経が出ていく場所で、視覚情報は入力されない。

図5　主観的輪郭

カニッサ（Kanizsa, G. 1979）の三角形。周りにある図形とともに、白い正三角形が知覚されるが、この主観的三角形を主観的輪郭と呼ぶ。加えて、白い正三角形は、背景の白い部分よりも明るくみえ、また手前に知覚されるという特徴がある。
資料：社会福祉士養成講座編集委員会編『新・社会福祉士養成講座②心理学理論と心理的支援（第3版）』中央法規出版、2015年、57頁を一部改変

28 **盲点における充填知覚**とは、視野に穴があいているようには知覚せず、盲点周辺と同じような色、明るさ、模様を知覚して足りない情報を補完する働きである。

29 風景を眺めていると奥行きを感じる現象を**奥行き知覚**という。網膜像からの情報をもとに、経験的な手がかり（重なり合い、陰影、遠近法など）を用いて奥行きを知覚している。

出 29-10-5

重要項目

30 **選択的注意**とは、無秩序に存在する多くの刺激のなかから、ある特定の刺激（個人の経験、思考、欲求などに関係する刺激や、そのとき注意を向けている刺激）のみを選択抽出して知覚する働きをいう。この働きにより、**カクテルパーティー現象（効果）**がみられる。

> **カクテルパーティー現象（効果）**
> 雑踏のなかでも相手の話し声を聞きとり、会話を続けられる現象。

■ 認知

31 **認知**とは、感覚、知覚、記憶、思考、推論などに関する情報処理のことである。

学習・記憶・思考

■ 学習

32 **学習**とは、生活体の経験に基づいて生ずる比較的永続的な行動の変容である。

> ▶望ましい行動ばかりでなく、不適応行動も学習された行動と考えられる。

> 出 30-9-4

33 **パヴロフ**（Pavlov, I. P.）は、**イヌ**を使った実験において、餌（**無条件刺激**）で唾液が分泌（**無条件反応**）されるのと同様に、餌とともに提示され続けたメトロノームの音（**条件刺激**）にも唾液の分泌（**条件反応**）が生じることを発見した（図6参照）。このような**条件反射**のプロセスを**レスポンデント条件づけ**（あるいは**古典的条件づけ**）と呼ぶ。梅干しを見ただけで唾液が分泌されるのは、この条件づけによるものである。

> ▶その種が先天的にもつ反射行動を無条件反応といい、経験から形成された刺激と反応の結びつきを条件反射という。

> **レスポンデント条件づけとオペラント条件づけ**
> 刺激に反応する(respond)ことによる条件づけであるため、レスポンデント条件づけと呼ぶ。それに対して、自発的に行動する(operate)ことによる条件づけをオペラント条件づけと呼ぶ。

図6　レスポンデント（古典的）条件づけ

```
条件づけ前：餌 ──〈生得的な無条件反射〉──→ 唾液の分泌
         （無条件刺激）                （無条件反応）

条件づけ中：メトロノームの音　＋　餌 ──────→ 唾液の分泌

条件づけ後：メトロノームの音 ──〈学習された条件反射〉──→ 唾液の分泌
         （条件刺激）                    （条件反応）
```

34 嫌悪刺激を用いた条件づけによって、特定の対象への不快感を形成することを**嫌悪条件づけ**という。例えば、食あたりした後に、その食べ物を口にすることができなくなったり、見るだけで吐き気がしたりするのは、レスポンデント条件づけによって、その食べ物への嫌悪が学習されたためである。

> 出 32-8-4

35 **馴化**とは、同一刺激が反復して示されることで、最初にみられた反応が減弱する現象のことをいう。同じ大きな音が繰り返されるにつれて驚愕

> 出 32-8-1

1 人の心理学的理解

学習・記憶・思考

反応が小さくなるのは、**馴化**による行動である。

36 馴化が生じた後、異なった別の刺激を提示することにより馴化によって消えていた反応が回復する現象を**脱馴化**という。

37 **スキナー**（Skinner, B. F.）は、**ネズミ**がバー（棒）を押せば餌が出る仕掛けの**スキナー箱**と呼ばれる箱を考案し、**ネズミ**が餌を得るためにバー押し反応を頻繁にするようになることを発見した。このように**自発的な行動に対する報酬**あるいは、**罰が行動の促進や抑制をもたらすプロセス**を**オペラント条件づけ**（あるいは**道具的条件づけ**）と呼んだ。

出 28-9-2
32-8-5

▶ほめられた行動を繰り返し行うのは、オペラント条件づけによる。

38 オペラント条件づけにおける**強化**とは、その行動が促進されることをいう。**正の強化**とは褒美やほめ言葉、良い評価などの**報酬**の提示による強化であり、**負の強化**とはペナルティやしかられること、悪い評価などの**罰の除去**による強化である（表2参照）。

出 30-9

39 オペラント条件づけにおける**弱化**とは、その行動が抑制されることをいう。**正の弱化**とは罰の提示による弱化であり、**負の弱化**とは**報酬**の除去による弱化である（表2参照）。

出 30-9-1, 3, 5

表2　オペラント条件づけにおける行動の強化と行動の弱化

	正	負
行動の強化	報酬を提示する	罰を除去する
行動の弱化	罰を提示する	報酬を除去する

40 **ネコ**の問題箱実験により**ソーンダイク**（Thorndike, E. L.）が提唱した**試行錯誤学習**とは、新しい課題解決状況に適応するためにあれこれ試みて失敗しながら、次第に無駄な反応が排除され、満足をもたらす反応だけが生じるようになる学習様式のことである。**効果の法則**によって説明される学習行動である。

出 28-9-4

▶効果の法則とは、不快な結果をもたらす反応が弱められ、快をもたらす反応が強められるという法則である。

41 **ケーラー**（Köhler, W.）が強調した**洞察学習**とは、**チンパンジー**が棒などを使って手の届かないところにあるバナナを取るように、課題解決状況において「**目的と手段の関係の洞察**」あるいは「**解決のための見通し**」が働いていると考える学習様式である。

出 28-9-5

42 モデルの行動を観察するだけの学習様式を**観察学習**（**モデリング**）という。**バンデューラ**（Bandura, A.）は、子どもが観察によってモデルの攻撃行動を学習する実験を行い、子どもの発達における観察学習の重大性を指摘した。

出 28-9-3
29-13-4

▶観察学習は、社会的学習（社会的習慣や道徳の学習など）において特に効力を発揮する。また、技術向上に用いられるイメージ・トレーニングは、モデリング理論を応用したものである。

心理学理論と心理的支援

65

重要項目

■ 記憶

43 記憶は、①情報を入力する記銘（符号化）、②記銘された情報を蓄え続ける保持（貯蔵）、③保持された情報を検索して引き出す想起（検索）の3つの過程によって説明される。

44 短期記憶は、数秒から数分間の短い時間の記憶であり、リハーサル（音韻的な繰り返し）により、その情報は長期記憶に移される。　出29-11-4

45 長期記憶は、短期記憶よりも長い時間の記憶であり、成人は多くの知識を長期記憶に保持している。

46 感覚記憶とは、目に入った情報や耳に入った情報など、感覚を通して入ってきた情報を数秒保持する記憶である。　出31-10-2

47 作動（作業）記憶とは、短期記憶と似た性質をもつが、情報の記憶と処理を同時に行うことを求められる記憶である。ワーキングメモリーとも呼ばれる。特に計算途中の数値のように処理途中の情報や、長期記憶から取り出した情報を一時的に蓄えておくなどの情報処理機能を重視した概念である。　出29-11-5　32-11-1

48 エピソード記憶とは、個人が経験した事実に関する時間空間的情報（「いつ」「どこで」の情報）が伴う記憶である。　出29-11　31-10-4　32-11-2

49 意味記憶とは、日本の首都は東京であるなどの一般的な知識や概念に関する記憶である。　出29-11-1　31-10-5　32-11-3

50 手続き記憶とは、ピアノの演奏、自動車の運転、スキーやテニスなどのスポーツの技能などの運動を学習することに関する記憶である。　出29-11-2　31-10-1

51 展望的記憶とは、友人と会う約束や病院に通う日時などの将来の約束や予定に関する記憶である。　出31-10-3

■ 思考

52 拡散的思考（発散的思考）とは、問題解決の際に、さまざまな解決の可能性を広げて探る思考方法をいう。問題に対する敏感さ、思考の流暢性、思考の柔軟性、思考の綿密性、独創性などの能力が重要な要因になっている。　出30-10-1

53 収束的思考（集中的思考）とは、問題解決の際に、1つの解答を探索しようとする思考方法をいう。　出30-10-1

54 洞察とは、問題解決の際に、諸情報の統合によって一気に解決の見通しを立てる思考方法である。　出30-10-2

55 試行錯誤とは、問題解決のための方法を一つひとつ試して、成功する解決手段を探していく思考方法である。　出30-10-2

知能・創造性

56 **ウェクスラー**（Wechsler, D.）は、**知能**を「目的的に行動し、合理的に思考し、環境を効果的に処理する総合的、または全体的な能力」と定義した。

57 **創造性**とは課題に含まれる関係性を発見したり、新たな考えを生み出したりする、定型的な思考法にとらわれない能力のことである。

58 知能と創造性に関する多くの研究結果は、**知能**の高い者が必ずしも高い**創造性**を示すとは限らないとしており、二者間の相関性は低いと考えられている。

人格・性格

59 **人格**（パーソナリティ）とは、一貫性と持続性をもって個人の行動を特徴づける統一的な心身の体制のことである。しかも、その体制は個人の成長とともに、たえず変化・発展を繰り返していく。

60 **性格**とは、**キャラクター**（character）の訳語であり、個人の感情および意志の比較的恒常的な反応の総体と定義される。人格の情緒的・意志的な側面を強調する概念である。

61 **気質**とは、個人特有の行動様式の基礎となっている**遺伝的・生物学的特性**を意味し、感情や情動の強さ・現れ方など情動的反応の特徴を指す概念である。

62 **人格の形成**には、**遺伝的**要因、**個体的**要因（身体器官の構造や機能）、**環境的**要因があり、これらが**複雑に関与**していると考えられている。また、人格の発達は、社会的・文化的要因が大きく関与している。

63 **類型論**とは、性格を一定の原理に基づいて、いくつかのタイプに分類し理解しようとする方法である。代表的なものとして、**クレッチマー**（Kretschmer, E.）や**ユング**（Jung, C.）、**シュプランガー**（Spranger, E.）の理論がある。

出 32-9-1, 2

▶ 典型例が示され、パーソナリティを直感的・全体的に把握するのに役立つ。

64 **クレッチマー**は、精神疾患患者の体型を調べ、**体質**（体格）と**気質**（パーソナリティ）には関連があるとした（表3参照）。

出 32-9-1

65 **ユング**は、**リビドー**（心の中にあるエネルギー）の向かう方向によって、**外向型**と**内向型**の2類型を提唱した。

出 32-9-2

66 **シュプランガー**は、その人の主観的価値方向が何に向いているかによって、**理論型**、**経済型**、**審美型**、**社会型**、**政治型**（権力型）、**宗教型**の6

重要項目

表3　体格と気質（クレッチマー）

細長型	統合失調症	非社交的、きまじめ、臆病、神経質、従順、鈍感、無関心、など
肥満型	躁うつ病	社交的、善良、陽気、活発、激しやすい、物静か、鈍重、など
闘士型	てんかん	几帳面、執着性、粘り強い、怒りやすい、など

資料：社会福祉士養成講座編集委員会編『新・社会福祉士養成講座②心理学理論と心理的支援（第3版）』中央法規出版、2015年、13頁

類型を提唱した。

67 **特性論**とは、性格の違いは質の差ではなく、性格を構成している特性の量的な差によるものと考える方法である。代表的なものとして、**オールポート**（Allport, G. W.）や、**キャッテル**（Cattell, R. B.）の理論がある。　出 32-9-3, 4

68 **オールポート**は、人格特性を表す用語約1万8000語を辞典から取り出して、人格特性を14に整理した。14の特性は、心理的生物的基礎（体質・知能・気質）である**個人特性**と、一般的人格特性である**共通特性**に分類される。　出 32-9-3

69 **キャッテル**は、オールポートの研究に**因子分析**という統計技法を用いて、人格特性を16に整理した。　出 32-9-4

70 **ビッグファイブ（5因子説）**とは、全体的な性格を**5つの特性**で説明できるという考え方である（表4参照）。　出 32-9-5

表4　ビッグファイブ（5因子説）の5つの特性

英語名	日本語名（文献によって異なる）	特徴
Neuroticism	神経症傾向／情緒不安定性	・感情の不安定さ ・心配性である ・傷つきやすい
Extraversion	外向性	・ポジティブ思考 ・上昇志向が強い ・社交的である
Openness	経験への開放性／開放性	・頭の回転が速い ・変化や新奇を好む
Agreeableness	調和性／協調性	・社会や共同体への志向性をもつ ・穏和である
Conscientiousness	誠実性／勤勉性	・計画性がある ・几帳面である

集団

71 **集団凝集性**（ぎょうしゅう）とは、メンバーを**自発的**に集団に留まらせる力の総体、あるいは集団のもつ魅力のことをいう。高い集団凝集性はメンバーの**動機づけ**を高め、集団による課題遂行に正の効果をもつ一方で、他集団に対して**排他的**になりやすい。　出28-11-4

72 **集団規範**（きはん）とは、集団においてメンバーが共有する**行動の準拠枠**をいう。メンバーに期待される**行動基準**を意味する。　出28-11-5

73 特定の状況で、周囲の人が一致した行動や意見を示した場合、それが自分の信念や判断に反するものであってもそれに合わせてしまうことを**同調**という。集団凝集性が**高い**ほど、周囲が同調を働きかける直接的な圧力と、自発的に同調の必要性を感じる間接的な圧力が発生しやすくなる。　出28-11-1　30-11-2, 4

74 **社会的アイデンティティ**とは、社会との関係で**自己自身**を確認することである。

75 **内集団ひいき（内集団バイアス）**とは、自分が所属する集団（内集団）の成員のことを、それ以外の集団（外集団）の成員よりも好意的に評価することをいう。内集団ひいきは即席の集団間でも生じることがある。　出28-11-2

76 **社会的促進**とは、単純課題や機械的作業の場合に1人で行うより集団で行うほうが作業速度や作業量が**向上**することをいう。　出29-122-3（経営）　30-11-4

77 **社会的抑制**とは、複雑課題や未学習課題の場合に集団作業のほうが逆に生産量は**低下**することをいう。

78 **社会的手抜き**とは、集団で課題を遂行する場合に1人ひとりの成果が問われないならば、自分ひとりくらい手を抜いてもかまわないと考えるようになることをいう。集団の人数が**多く**なるほど発生しやすい。　出29-122-2（経営）

79 **社会的補償**とは、集団の成果が**個人**にとって重要な意味をもつとき、努力が期待できないメンバーの不足分を補うように遂行量・努力が**向上**することをいう。

80 **集団極性化**とは、集団討議によって意思決定がなされる場合、討議後の集団の反応が討議の前の個々人の反応に比べてより**極端**になって現れる現象をいう。危険性の高い決定がなされることを**リスキーシフト**、安全性の高い決定がなされることを**コーシャスシフト**という。　出28-11-3　30-11-1

81 **集団思考**とは、集団で合議を行う場合、不合理あるいは危険な意思決定が行われることをいう。**集団浅慮**（せんりょ）とも呼ばれる。集団凝集性が**高い**ほど、集団思考が生じやすい。　出29-122-1（経営）

82 **傍観者効果**（ぼうかん）とは、緊急事態において目撃している人が**多い**ほど、援助の　出30-11-3

重要項目

手が差し伸べられる割合が**少なく**なる現象のことをいう。自分より有能と思われる他者が存在するほど、介入が抑制される傾向がある。

83 **社会的ジレンマ**とは、個人的利益の追求と社会的利益の確保が**両立不可能**な事態を指す。例えば、自動車の排気ガスによる空気の汚染などの環境問題や資源問題のように、個人が利己的な自己利益を追求した結果、その弊害が集団全体に拡散することをいう。 出 30-11-1, 5

84 **三隅二不二**の **PM 理論**は、**目標達成**機能（**P：performance**）と、**集団維持**機能（**M：maintenance**）を組み合わせて **4** つのリーダーシップの行動型に区別している（図7参照）。両機能が高い **PM** 型リーダーが最も**生産的**である。 出 28-122-1, 3（経営）　31-120-3（経営）

図7　リーダーシップ行動の4類型

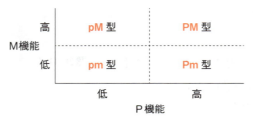

適応

85 **適応**とは、単に個人が環境に順応するのではなく、同時に環境を積極的に**変革**することを通して、個人と環境の調和が維持され、さらに個人の**心理的安定**が保たれている状態をいう。

86 **不適応**とは、欲求や願望が阻止され、精神的あるいは身体的に好ましくない状態をいう。心理的に不安定な徴候や胃痛等の身体症状を示す。

87 **コンフリクト（葛藤）**とは、同時に複数の**同程度**の欲求があるときに、欲求に応じた行動の選択ができない心理状態をいう。

▶望ましい対象が同時に存在する接近・接近型、避けたい対象が同時に存在する回避・回避型、1つの対象に対して接近したい欲求と回避したい欲求とが並存している接近・回避型がある。

88 **フラストレーション（欲求不満）**とは、何らかの**妨害要因**によって、欲求を満たすことが阻止されている状態のことをいう。

89 **フラストレーション耐性**は、フラストレーション事態において不適当な反応に訴えることなく、合理的な解決に向けて努力していける能力のことをいい、個人の生得的な**素質**よりも、後天的な**経験**と**学習**によって養われる。

▶攻撃的・破壊的反応、退行反応、固着反応などは、耐性の低い対処行動と、目標や手段の再設定などは、耐性の高い対処行動と評価される。

90 **フラストレーション、コンフリクト、不安**に直面したときに、自我が傷つくのを防ぎ、心理的な安定を維持しようとする無意識な心の働きを**防** 出 29-12　31-11

衛機制（表5参照）という。適切に機能すれば**適応機制**となるが、不適切な機制への固執や、過度の依存により神経症的症状が現れることもある。

表5　主な防衛機制（適応機制）

抑圧	容認しがたい欲求や感情を意識の表面に現れないように抑えつけ、意識にのぼらせないように（無意識のうちに忘れてしまう等）する機制
逃避	不安、緊張、葛藤などから（白昼夢・空想や疾病などに）逃げ出してしまうことによって、自己の安定を求める機制
退行	より以前の発達段階に逆戻りして、甘えるなどの未熟な行動をとる機制
代償	本来の目標が得られないとき、獲得しやすい代わりのものに欲求を移して我慢する機制
補償	ある一面での劣等感情を、他の面での優越感情で補おうとする機制
合理化	自分に都合のよい理屈づけ・いいわけをすることで、自分の失敗や欠点を正当化する機制
昇華	社会的に承認されない欲求や衝動（性的・攻撃的）を、社会的に認められる形で満たそうとする機制、「置き換え」の一形態
同一化 （同一視）	満たせない願望を実現している他者と自分とを同一化することにより、あたかも自分自身のことのように代理的に満足する機制
投射 （投影）	自分の容認しがたい欲求や感情を他者のなかにあると考えて、それを指摘・非難する機制
置き換え	ある対象に向けられた欲求・感情（愛情・憎しみなど）を、他の対象に向けて表現する機制
反動形成	知られたくない欲求・感情と正反対の行動をとることによって、本当の自分を隠そうとする機制
知性化	知的な思考をすることによって、不安などの感情をコントロールする機制

人と環境

91 **ハロー効果**とは、ある側面で望ましい（あるいは望ましくない）特徴をもっている人に対して**他の面**の特徴まで**高く**（あるいは**低く**）評価してしまうことをいう。

92 **ピグマリオン効果**とは、他者に対する**期待**が成就されるように機能することをいう。例えば、教師の肯定的な期待が生徒の学力向上に影響することがあげられるが、これは教師の期待がその生徒に対する行動を、意識しないうちに変化させているためと考えられている。

出 30-11-2

93 **説得的コミュニケーション**は、言語を巧みに用いて相手の意見や行動を特定の方向に変化させる意図的な働きかけである。メッセージの送り手

重要項目

の信憑性が高い場合や、相反する主張とを並べて提示する場合（**両面提示**）に説得効果が高くなる。

94 **スリーパー効果**とは、信憑性の低い送り手の**説得**は、**説得直後**より**一定時間経過後**のほうが効果的であることをいう。

95 **ブーメラン効果**とは、**説得**への積極的な**抵抗**であり、送り手の意図に反して、唱導された立場から**離れる**方向へ、受け手が意見や態度を変えることをいう。

▶好ましくない相手から自分と同じ意見を主張されると、相手とは違う立場をとるようになるなどがある。

2 人の成長・発達と心理

発達の概念

■ 発達

96 心理学における**発達**とは、心身の形態や機能の成長的変化を表し、成長、成熟、進歩などの意味を含んでいる。**成長**は主に、発育に伴う変化を系列的（時間の変化や加齢）に量的（大きさや重量）に増加する現象を表している。

97 **ゲゼル**（Gesell, A.）の**成熟優位説**では、発達における生得的要因として、**準備性（レディネス）**の重要さを強調し、早すぎる訓練より成熟を待ってからの訓練のほうが効果的であると考える。　　出 28-12-1

98 **ワトソン**（Watson, J. B.）らの**環境優位説**は、成熟の役割を一切認めず、**環境**からの働きかけを重視し、しつけや訓練が重要であると考える。　　出 28-12-2

99 **シュテルン**（Stern, W.）の**輻輳説**は、遺伝的要因と環境的要因の両方の加算的な影響によって発達は規定されると考える。　　出 28-12-3

100 **ジェンセン**（Jensen, A. R.）の**環境閾値説**は、遺伝的な特性が顕在化するには特性ごとに決まっている環境条件が一定値（**閾値**）に達する必要があると考える。　　出 28-12-4

101 **ローレンツ**（Lorenz, K.）は、ガンなどの大型鳥類が孵化後の一時期に見た動体に追随することに注目して**インプリンティング（刷り込み、刻印づけ）現象**を発見し、発達における**初期経験**の重要性を示した。　　出 28-9-1

102 **臨界期**とは、生物がある特性を獲得するために生物学的に備わった限られた期間のことをいう。「**学習の適時性**」を表す概念としても用いられる。

72

■ 発達段階と発達課題

103 **エリクソン**（Erikson, E.）の**発達段階説**では、発達概念を出生から成人に至る期間だけでなく**生涯発達（ライフサイクル）**へと拡張し、人間の生涯を**8つ**の段階に区分して、それぞれの段階における**発達課題**を心理・社会的側面からまとめた（表6参照）。

出 31-1（人体）

▶発達課題とは、発達段階に応じて課せられた達成すべき課題を指す。

表6　エリクソンの発達段階

発達段階	年齢の目安	発達課題	成功すると	失敗すると	段階の意味
乳児期	0〜1歳頃	信頼感の獲得	希望	不信	母親（養育者）との関係を通して、自分自身あるいは自分を取り巻く社会が信頼できるものであること（基本的信頼）を感じる段階
幼児期前期（幼児期早期）	1〜3歳頃	自律感の獲得	意志力	恥・疑惑	基本的なしつけを通して、自分自身の身体をコントロールすること（自律の感覚）を学習する段階
幼児期後期（遊戯期）	3〜6歳頃	自発性の獲得（積極性の獲得）	目的性	罪悪感	自発的に行動することを通して、それに伴う快の感覚を学習する段階
児童期（学齢期）	7〜11歳頃	勤勉性の獲得（生産性の獲得）	適格感	劣等感	学校や家庭でのさまざまな活動の課題を達成する努力を通して、勤勉性あるいは有能感を獲得する段階
青年期	12〜20歳頃	同一性の獲得	忠誠	同一性拡散	性的成熟に伴って生じる身体的変化をきっかけに身体的・精神的に自己を統合し、「自分とはこういう人間だ」というアイデンティティを確立する段階
成年期初期	20〜30歳頃	親密性の獲得	愛	孤立（孤独）	結婚や家族の形成に代表される親密な人間関係を築き、人と関わり愛する能力を育み連帯感を獲得する段階
成年期中期	30〜65歳頃	生殖性の獲得	世話	停滞	家庭での子育てや社会での仕事を通して、社会に意味や価値のあるものを生み出し、次の世代を育てていく段階
成年期後期（円熟期）	65歳頃〜	統合感の獲得（自我の統合）	英知	絶望	これまでの自分の人生の意味や価値、そして、新たな方向性を見出す段階

104 **アイデンティティ（自我同一性）**とは、**エリクソン**が提唱した「**自分とは何者であるか**」という自己定義である。エリクソンは、青年期を**心理・社会的モラトリアム**と位置づけた。

出 31-1（人体）

モラトリアム
大人になるための準備や修行を行う猶予期間。

105 **ピアジェ**（Piaget, J.）の**発達段階説（認知発達理論）**では、子どもの感覚運動から思考・認知の発達を、①**感覚運動期**、②**前操作期**、③**具体的操作期**、④**形式的操作期**の**4つ**の段階にまとめ、必ずこの順序を踏んで

出 30-12

重要項目

発達するとしている（表7参照）。

表7　ピアジェの発達段階

発達段階		年齢の目安	特　徴
感覚運動期		出生～2歳頃	感覚運動的知能 ：感覚と運動の協応によって外界を知り適応していく（見たり触れたりして知識を獲得する） 対象の永続性の獲得 ：ものが隠されて目の前から消えても、そのもの自体が消えてなくなるのではなく、どこかで存在し続けているととらえ始める
表象的思考段階	前操作期	2～7歳頃	＜2～4歳頃：象徴的（前概念的）思考段階＞ 記号的機能 ：ものごとを言葉やイメージ（心象）などの記号化されたもので認識するようになる 象徴機能 ：象徴遊び（ごっこ遊び）にみられるように、「まね」「ふり」などのイメージが使えるようになる ＜4～7歳頃：直感的思考段階＞ 自己中心的な思考 ：自分の現在の視点や経験を中心にものごとをとらえ、他者の立場から考えることができない アニミズム ：無生物にも意識や感情があると考える
	具体的操作期	7～11歳頃	保存の概念の獲得 ：外観が変化しても、本質そのものは変わらないことがわかり、見かけの変化に左右されなくなる 可逆的な操作 ：対象に何らかの操作を加えた後に、その操作を取り消して元の状態に戻すための操作を考え出せるようになる 自己中心的な考えから客観的な考えへ ：他者の視点や立場にたって考えることができるようになり、具体的なものに対しては論理的な思考も可能になる
	形式的操作期	11～15歳頃	論理的思考・抽象的な概念の理解 ：具体的な内容を離れて思考することができる ：仮説演繹的に推論し、仮説の真偽を検証するような思考も可能になる

106 **身体的発達**は、首→胸→腰→脚→足首→足指という**頭部から尾部へ**の方向性と、肩→腕→手首→指先という**中軸部から末梢部へ**の方向性をとる。

107 **移動運動の発達**は、一般的に生後3か月頃から首がすわり、7か月頃を過ぎる頃から一人で座れるようになる。9か月頃に**つかまり立ち**がみられるようになり、18か月頃までに**独り歩き**へ移行するが、歩行の開始時期は個人差が大きい。　出 30-1-1, 2, 5（人体）

108 **言語の発達**は、一般的に生後2か月頃から**喃語**（乳児期の発声）が目立

2 人の成長・発達と心理

発達の概念

つようになり、7〜8か月にピークに達する。6〜7か月から**音声の模倣**がみられるようになり、11か月前後に**初語**が出現する。1歳半ぐらいまでは目立った語彙の増加はみられないが、その後急速に増加する。

109 **社会的行動の発達**は、生後9か月より前では二項関係（自分と他者、自分とものなどの2者間の関係）でコミュニケーションをとるが、9か月以後は三項関係（自分と他者とものなどの3者間の関係）が可能になる。生後1年前後から、親や周囲の表情や反応を手がかりに、その感情状態を確かめながら行動する**社会的参照**がみられるようになる。

110 **自己・自我の発達**は、1歳を過ぎた頃から鏡に映った自分を認識している行動からみられるようになる。幼児期には**自我**が芽生え、自己主張がみられるようになり、**第一反抗期**を迎える。社会性の発達とともに自己制御・統制を学び、青年期の**第二反抗期**を経て**アイデンティティ（自己同一性）**を確立する。

111 **ボウルビィ**（Bowlby, J.）は、子どもと養育者との特別な心の結びつきを**愛着（アタッチメント）**と呼び、愛着を形成する生得的傾向を有して人間は生まれると考えた。

出 32-10-5

112 愛着の発達過程においてみられる**愛着行動**には、後追いなどの**接近行動**のほか、泣く、発声するなどで愛着対象を引き寄せる**信号行動**、愛着対象に常に視線を向ける**定位行動**がある。

出 32-10-4

113 乳幼児期に形成された愛着が内化され、**内的ワーキングモデル**として生涯にわたって存在し続け、対人関係パターンに影響する。**内的ワーキングモデル**とは、対人関係の基礎となるもので、他者の意図や動機を解釈したり、行動を予測したりする際に使われるモデルのことをいう。

出 32-10-1

114 **ストレンジ・シチュエーション法**とは、愛着行動の**有無**や**質**を測定するために、操作的に子どもにストレスを与えて愛着対象への愛着行動を引き出す方法である。子どもの反応に基づき、4つの愛着のタイプに分類される（表8参照）。

出 32-10-2

■ 高齢者の発達心理

115 高齢期では、**動作性知能（流動性知能）**には加齢による低下が認められるが、**言語性知能（結晶性知能）**はあまり低下しない。**流動性知能**は新しい場面への適応を必要とする際に働く能力であり、**結晶性知能**は過去の学習経験から得られた判断力などである。（**148**，**149** 参照）。

出 29-2-5（人体）
32-11-4, 5

116 **記憶能力**は加齢に伴い低下するが、すべての機能が同じように加齢の影響を受けるわけではない。一般的に、**意味記憶**と**手続き記憶**には加齢に

出 32-11-1, 2, 3

💡 重要項目

表8　愛着のタイプ

タイプ	子どもの反応	養育者の特徴
Aタイプ：回避型	養育者とかかわりなく行動する	・子どもからの働きかけを拒否する ・子どもへの身体接触が少ない ・子どもの行動を強制することが多い
Bタイプ：安定型	養育者を安全基地として、積極的に探索する	・子どもの欲求や状態に敏感で、過剰な働きかけや無理な働きかけをしない
Cタイプ：アンビバレント型	行動が不安定で、養育者のそばを離れない	・子どもの行動を適切に調節できない ・子どもに対する反応が一貫していない
Dタイプ：無秩序・無方向型	接近と回避行動が同時にみられる	・精神的に不安定 ・急に声の調子を変えたり、無反応だったりする

よる影響はほとんどないが、**作動記憶**と**エピソード記憶**には加齢の影響が顕著にみられる。

117 いったん形成された**パーソナリティ**の基本的部分は、加齢のみが原因で大きく変わることはない。高齢者のパーソナリティに影響を与えるのは、**加齢以外の要因**（脳障害、身体的健康度、環境的条件、元来のパーソナリティ特性など）であると考えられる。

118 高齢期では、感覚全般（視覚、聴覚、味覚、嗅覚、皮膚感覚など）において変化が現れ、それらの**鈍化**を特徴とする（表9参照）。

表9　感覚の加齢変化

視　　覚	視力・調節力が低下する、視野が狭くなる 奥行きや対象移動の知覚力が低下する 順応が遅くなる（明順応・暗順応が低下） 寒色系統・彩度明度の低い色が識別しにくい
聴　　覚	高音域から感度が低下する 音の識別力が低下する
味　　覚	甘・酸・辛・苦ともに感受性が低下する 味覚の変化がみられる
嗅　　覚	においの感覚が低下する
皮膚感覚	温度覚（温点、冷点）が減少する、痛覚が低下する

3 日常生活と心の健康

ストレスとストレッサー

■ ストレス

119 一般的に**ストレス**とは、身体的健康や心理的幸福感を脅かすと知覚される出来事を指す。そうした出来事を、心理学では**ストレッサー**と呼び、ストレッサーに対する反応を**ストレス反応**と呼ぶ。

出 32-12-1

120 ストレスは、**セリエ**（Selye, H.）によって「外界のあらゆる要求によってもたらされる身体の非特異的反応」を表す概念として提唱された。セリエはストレスを引き起こす要因・刺激（ストレッサー）による生理的反応を、身体の内部環境を安定させようとするための反応として、**汎（一般）適応症候群**と呼んでいる。

121 ラザルス（Lazarus, R. S.）とフォルクマン（Folkman, S.）による**心理社会的ストレスモデル（多変量的なシステム理論）**では、ある出来事がストレスになり得るかどうかは、個人の主観的な解釈による評価である**認知的評価**によって判断されるとした。

122 フリードマン（Freidman, M.）とローゼンマン（Rosenman, R. H.）が提唱した**タイプ A 行動パターン**は、ストレスと関連した行動様式である。タイプA行動パターンには、①自分が定めた目標を達成しようとする持続的で強い欲求、②競争を好みそれに熱中する傾向、③永続的な功名心、④時間に追われながらも常に多方面に自己を関与させようとする傾向、⑤身体的精神的な著しい過敏性、⑥強い敵意性や攻撃性、⑦大声で早口で話すことなどの特徴がある。

出 28-10

123 **ハーディネス**とは、ストレスに直面しても身体的・情緒的健康を損なうことが少ない性格特性のことをいう。

出 32-12-5

▶ハーディネスという言葉は、頑健さを意味する。

■ ストレス要因による心理的反応

124 **アパシー**とは、無感動、無感情、無関心、感情鈍麻を意味する。ストレッサーに対するストレス反応の1つであり、ストレス状態にうまく対処できない場合に陥る心理状態である。

出 32-12-4

125 **燃え尽き症候群（バーンアウト・シンドローム、バーンアウト）**とは、**フロイデンバーガー**（Freudenberger, H.）が提唱した概念である。仕事への気力を燃え尽きたかのように失って、心身ともに疲れ果てた不適応状態をいう。特に緊張の持続を強いられ、その努力の成果が現れにく

出 30-13-1, 4

重要項目

い仕事や職業についた人に多くみられる。バーンアウトの原因として、個人の能力やスキル不足のほか、職場環境も影響を及ぼす。

126 マスラック（Maslach, C.）の開発した**バーンアウト尺度**（Maslach Burnout Inventory；**MBI**）は、①**情緒的消耗感**：心身ともに疲れ果てたという感覚、②**個人的達成感の低下**：仕事へのやりがいの低下、③**脱人格化**（**非人格化**）：相手の人間性を軽視し、人間として大切に扱わなくなる感情や行動の程度を測定する。これらをバーンアウトの3大症状と呼ぶことがある。

> 出 30-13-2, 3, 5
> 32-13

127「**労働安全衛生法の一部を改正する法律**」において**ストレスチェック**制度が創設され、労働者が**50**名以上の全事業場で**ストレスチェック**の実施が**義務化**された。実施者は医師（産業医）、保健師、**歯科医師・看護師・精神保健福祉士・公認心理師**の資格者に限定されている。

> 💡 **注目！**
> ストレスチェック制度の主な目的は、労働者のメンタルヘルス不調の未然防止（一次予防）である。

> ▶歯科医師・看護師・精神保健福祉士・公認心理師については、検査を行うために必要な知識についての研修を受けた者である。

128 適応障害とは、単一（あるいは複数）の出来事がストレス因子となり、開始から**3か月**以内に出現する。抑うつ気分を伴うもの、不安を伴うもの、不安と抑うつ気分の混合、行為の障害（無断欠席、無謀運転）、情緒と行為の障害の混合などがある。

129 うつ状態とは、抑うつ気分を中核として、焦燥感（しょうそう）や悲哀感、興味・喜びの喪失、思考力・集中力の減退による精神運動制止や思考制止、罪責感・絶望的観念、自殺念慮・企図（きと）などの症状を示す。また、身体的訴えも多く、睡眠障害、食欲減退または増加、頭重、易疲労性（い）などがある。

> ▶うつ状態のみが現れ、日内変動（症状が午前に悪く、午後は比較的軽い）や自殺の危険性が特徴である気分障害をうつ病と呼ぶ。

130 心的外傷後ストレス障害（**PTSD**）とは、DSM-5（「精神疾患の診断・統計マニュアル第5版」）によると、**外傷体験**（死亡、重傷、性暴力への暴露（ばくろ））の直接体験、目撃、近親者や友人の体験の伝聞、さらに職業上で他者の**外傷体験**に暴露されつづけることによって、再体験、回避、否定的感情と認知、覚醒亢進の症状が生じることである。

> ▶外傷直後に出現する一過性のものは、急性ストレス障害と呼んでいる。

■ ストレスからの回復

131 コーピングとは、ストレスが脅威であると評価された場合、適切に処理して**ストレス反応**を少しでも減らそうとする**意識的な水準**の対処過程のことである。

> 出 32-12-1

132 問題焦点型コーピングとは、ストレスフルな環境そのものを**直接的に変革**していこうとする対処法である。

> 出 31-12

133 情動焦点型コーピングとは、ストレッサーによってもたらされるストレス反応を**統制、軽減**しようとする対処法である。

> 出 31-12

134 レジリエンス（**精神的回復力**）とは、ストレスフルな状況や逆境に陥っ

たときに回復していく力、あるいはその過程自体を指している。**PTSD**が発症するか否かには、**レジリエンス**が関係すると考えられている。

4 心理的支援の方法と実際

心理検査の概要

■ 人格検査

135 **質問紙法**による人格検査は、個人の人格や心理的状態についていくつかの特性を仮定し、その仮定に基づいてつくられた質問に答えるテストである。**個別**でも**集団**でも行うことができる。

136 **YGPI**（**矢田部ギルフォード性格検査**）は**12**の人格特性を調べる、各**10**項目、全**120**の質問項目から成っており、**5**つの類型で代表的なタイプの特徴を示す（表10 参照）。

表10　YGPIの5つの性格類型

A 型（Average Type）	平均型
B 型（Black list Type）	情緒不安定・不適応、活動積極型
C 型（Calm Type）	情緒安定・適応、活動消極型
D 型（Director Type）	情緒安定、活動積極型
E 型（Eccentric Type）	情緒不安定、活動消極型

137 **日本版 MMPI**（Minnesota Multiphasic Personality Inventory；**ミネソタ多面式人格検査目録**）は、質問項目が 550 項目と極めて多く、「**妥当性尺度**」によって、「**臨床尺度**」の結果についての信頼性や妥当性を検討できることが特徴である。

出 31-13-1

138 **日本版 CMI**（Cornell Medical Index；**コーネル・メディカル・インデックス**）は **CMI 健康調査票**と呼ばれ、身体自覚症から精神的自覚症の順で質問に回答する。

出 31-13-5

▶病院などでも初診時のスクリーニングテストとして活用される。

139 **東大式エゴグラム**（**新版 TEG3**）は、**交流分析理論**に基づき、親心（批判的な親心、養育的な親心）、大人心、子ども心（自由な子ども心、順応した子ども心）の強弱から性格分析を行う。

▶バーン（Berne, E.）が提唱した交流分析理論では、人間の自我状態は 3 つの心から成り立つと考える。

140 **投影法**による心理検査は、曖昧（あいまい）な視覚的あるいは言語的刺激や、表現的運動にその個人の**内的な世界**を投影させ、反応様式をみることによって個人の**内面**をとらえる検査方法である。

141 **ロールシャッハテスト**は、**ロールシャッハ**（Rorschach, H.）によって

考案されたテストであり、**投影法**の最も代表的なものである。**左右対称のインクのしみ図版**（10 枚）を被検査者に見せて、それが何に見えるかを尋ね、その反応内容などにより人格を評価する。

142 **TAT**（Thematic Apperception Test；**主題統覚検査**）は、**モルガン**（Morgan, C. D.）と**マレー**（Murray, H. A.）によって開発された**投影法**のテストであり、**絵画統覚検査**とも呼ばれる。絵画を被検査者に提示し、自由に空想の物語をつくるように求める。その内容から「**欲求**」「**圧力**」などを分析して人格の特徴を診断する。

出 31-13-3

▶ 幼児・児童用（5〜10 歳）には、CAT（Children Apperception Test）がある。

143 **P-F スタディ**（Picture-Frustration Study；**絵画欲求不満検査**）は、**ローゼンツァイク**（Rosenzweig, S.）によって考案された。被検査者に日常生活における**欲求不満**場面が描かれた絵を提示し、その反応を3つの**攻撃**の方向と3つの**反応型**により分析し、人格を評価する。

出 31-13-2

144 **作業検査法**は、被検査者に**簡単な作業を連続的**に行わせ、その結果により作業能力などの心理的特性を探ろうとするものである。

145 **内田クレペリン精神作業検査**では、**連続した単純な精神作業**（一行1分間の**一桁の足し算**を連続して **15** 分間行い、5分間の休憩を入れて後半も同様に **15** 分間行う）を行い、作業量の変化をもとにモチベーション度、緊張の持続度、注意集中度、疲労度、休憩の効果などの側面から人格を診断する。

■ 知能検査

146 **ウェクスラー式知能検査**では、**WAIS（成人用）**は対象が 16 歳から 90歳 11 か月まで、**WISC（児童用）**は5歳から 16 歳 11 か月まで、**WPPSI（低年齢児用）**は2歳6か月から7歳3か月までとなっている。

出 30-10-5
31-13-4

147 **WAIS** では、言語性 IQ、動作性 IQ、全検査の IQ がそれぞれに算出され、さらに集団のなかでの個人の知能水準の位置が**知能偏差値 IQ** として算出される。

148 **WAIS** の言語検査で、言葉や数を素材として測定される能力を**言語性知能**という。これまでの経験と知識に深く結びついており、学校教育や社会経験のなかで育てられる能力で、**結晶性知能**とも呼ばれる。

出 30-10-4
31-13-1
32-11-4, 5

149 **WAIS** の動作性検査で、符号や図形を素材として積木やカード等の道具を使って測定される能力を**動作性知能**という。新しいことを学習したり、新しい環境に適応する能力であり、**流動性知能**とも呼ばれる。

出 29-2-5（人体）

150 **ビネー式知能検査**では、知能程度を**精神年齢（MA）**と**生活年齢（CA）**の比で表す**知能指数（IQ）**が測定される。わが国でも**鈴木・ビネー式知**

出 30-10-3, 5

4 心理的支援の方法と実際

カウンセリングの概念と範囲

能検査や**田中・ビネー式知能検査**（2003（平成15）年からは田中ビネー知能検査Ⅴ）などがある。知能指数（IQ）は次のように計算される。

$$知能指数（IQ）=\frac{精神年齢（MA）}{生活年齢（CA）}×100$$

■ 発達検査

151 **発達検査**とは、子どもの心身発達の状態や程度を測定・診断するための標準化された検査法のことである。子どもに一定の課題を与えその行動を直接観察する**新版K式発達検査2001**や**日本版K-ABCⅡ**、一定項目について養育者や保育者に問診する**津守・稲毛式乳幼児精神発達診断**、発達上の障害の部位や程度を把握できる**遠城寺式乳幼児分析的発達診断検査**などがある。

カウンセリングの概念と範囲

152 **カウンセリング**は、クライエントの**自己表現と自己理解の促進**を中心に展開される技法である。福祉、医療、教育などの専門家による相談活動や、キャリア形成をサポートするキャリアカウンセリングも含まれる。

153 **パーソンセンタード・カウンセリング**は、**ロジャース**（Rogers, C. R.）の**来談者中心療法**の考え方のプロセスを通して展開してきたものである。クライエントを一人の人（パーソン）として尊重し、問題を解決できるのは**クライエント自身**と考える。

出 29-14
　 30-14-4

154 ロジャースは、カウンセラー（セラピスト）の態度条件として、①**自己一致**（自身の内界を受容していること）、②**無条件の肯定的関心**（クライエントの存在価値を認め、肯定的な関心を失わないこと）、③**共感的理解**（クライエントの内的世界を共有すること）が重要としている。

▶ 自己一致は純粋性とも訳される。

155 **マイクロカウンセリング**とは、**アイビイ**（Ivey, A.）によって開発されたカウンセリングの基本モデルである。面接時の技法を系統的に配列・階層化しており、基礎部分に位置づけられている基本的かかわり技法から、より上級の技法の習得へと発展させていく訓練プログラムである。

156 マイクロカウンセリングの基本的かかわり技法に含まれる**開かれた質問**とは、「どのように」「何が」「何を」で始まる質問や「～について話していただけますか？」などのように自由に回答できる質問のことをいう。

出 28-13

157 マイクロカウンセリングの基本的かかわり技法に含まれる**閉ざされた質**

問とは、名前、住所、性別など、求められている答えが決まっている質問や、「はい」か「いいえ」で回答する質問などである。

158 動機づけ面接（モチベーショナル・インタビューイング：MI）とは、ミラー（Miller, W. R.）とロルニック（Rollnick, S.）によって開発された、動機づけと行動変容を促すコミュニケーションスタイルである。行動変容に伴う**両価性**を引き出し、抵抗を探し出して、クライエントのなかにある**行動を変えたくなる動機（変化への動機）**を強めることが行動変容につながると考える。

▶両価性（アンビバレンス）とは、「変わりたいけど、変わりたくない」などのように相反する感情を同時にもったり、相反する態度を同時に示すことである。

159 **ピアカウンセリング**では、**仲間同士**や**同じ背景や特質をもつ者同士（ピア）**が、悩みを打ち明けたり、励まし合ったり、問題を乗り越えた体験を話し合ったりする。仲間のなかで支援のためのスキルを学んだ人が、当事者に対して、自分自身で問題解決できるように手助けも行う。

▶アルコール依存症回復者グループなどによって始められた。

カウンセリングとソーシャルワークとの関係

160 1995（平成7）年度より、文部科学省によって**臨床心理士**などが**スクールカウンセラー**として公立小・中学校に配置され、児童生徒への心理的援助や保護者への相談活動、教師へのコンサルテーションなどを行っている。

💡 **注目！**
臨床心理士は、公益財団法人日本臨床心理士資格認定協会が認定する指定大学院修士課程（臨床心理学）などを修了し、資格試験に合格した者である。教育、医療、福祉、司法・矯正などの領域で臨床心理の実践家として活躍している。

161 2008（平成20）年度からは、公立小・中学校に**スクールソーシャルワーカー**が配置され、学校と関係機関との仲介、福祉施設や警察などへの協力要請、生活保護や就学援助の申請手続きの支援などを行っている。

162 2015（平成27）年9月、**公認心理師法**が成立した。**公認心理師**は、日本で初めて法律に明記された心理職の国家資格である。保健医療、福祉、教育、その他の分野において、**心理的アセスメント**、心理相談、心理的支援、心の健康にかかわる知識の普及のための教育、情報提供を行う。

心理的アセスメント
その援助対象者の発達水準や心理的状態・特性などを評価することである。

心理療法の概要と実際（心理専門職を含む。）

163 **フロイト**（Freud, S.）によって創始された**精神分析理論**では、精神構造は**エス（イド）・自我（エゴ）・超自我（スーパーエゴ）**から成り立つと考える。**エス**は人間の**本能的**な部分で快楽原理に従い、**超自我**は道徳原理に従ってエスの直接的な行動を阻止し、良心および理想機能の役割をもつ。両者の間で**現実的な調整**を図るのが**自我**である。

164 **精神分析療法**は、精神分析理論に基づく心理療法である。**自由連想法**を

出 30-14-5

出 28-14-4, 5

4 心理的支援の方法と実際

心理療法の概要と実際（心理専門職を含む。）

使用し、**無意識下**に抑圧された葛藤（かっとう）の意識化が治療の焦点となる。　31-14-3

165 精神分析理論では、過去の体験が現在の人間関係のなかに反復強迫的に　出28-14-2
持ち越されることを**転移（感情転移）**と呼ぶ。**転移**という現象は、精神
分析療法中に必然的に生じると考えられ、その解釈と洞察が重要である。

166 **行動療法**では、さまざまな症状を「**学習**された行動」もしくは「**学習**の　出31-14
欠陥によるもの」としてとらえ、問題となっている行動の消去や、適応
行動の強化が**学習理論**に基づいて実施される。

167 **系統的脱感作法**（かんさ）は、不安障害の治療や恐怖症などの**神経症的**な症状の軽　出29-13
減に用いられる行動療法の技法である。不安や恐怖の対象となっている
刺激を、極めて弱い状態から段階を追って強めていき、リラックスした
精神状態を保たせることで不安や恐怖反応を消去する。

168 **暴露療法（エクスポージャー法）**は、**不安**や**恐怖**を感じる場面に、実際　出31-14-4
に、あるいはイメージで直面する体験を重ねることにより、徐々に慣れさ
せる行動療法の技法である。

169 **認知行動療法**は、不適切な行動や情動反応の原因を、クライエントの　出28-14-2, 5
もっている**不適切な認知**ととらえ、行動療法の技法を用いて適切な認知　　30-14-1
に**変容**させていこうとする療法である。　　　　　　　　　　　　　　　32-14-3

170 **ベック**（Beck, A. T.）が提唱した**認知療法**とは、不適応行動のもとと　出29-13-1
なっている非適応的な思考（自動思考や認知のゆがみ）を変える**認知的**
再体制化によって、行動を改善しようとする療法である。

> **認知的再体制化**
> 個人の認知を修正する
> ための治療的介入方
> 法。再構成法ともいう。

171 **エリス**（Ellis, A.）が提唱した**論理療法**では、**出来事**が考え方の基本と　出29-13-3
なる**信念や思い込み**に影響を与え、それによって**結果**がもたらされると
考える。したがって、**不合理な思考（非合理的な信念）**を**論破**すること
によって、考え方を合理的・現実的に変えていく療法である。

172 **遊戯療法（プレイセラピー）**（ゆうぎ）は、**子ども**と**治療者**が玩具や遊具を用いて、
プレイルームで遊びながら治療関係をつくりあげる療法である。

173 **箱庭療法**は、**ローエンフェルト**（Lowenfeld, M.）の開発した技法を、
カルフ（Kalff, D.）が発展・確立させたものである。保護された空間の
なかで、クライエントが自由に心の中のイメージを箱庭の中に形づくる
象徴的表現が可能であり、強い**情動体験**を伴う。

174 **動作法（動作療法）**では、課題動作を通じ、クライエントの**体験様式**の　出31-14-5
変容を図る。肢体不自由児（者）の動作改善を目的に開発されたが、現
在では精神障害者、自閉症児（者）、認知症高齢者にも適用されるように
なった。

175 **ブリーフ・セラピー（短期療法）**は、過去にではなく、**現在**と**未来**に焦　出30-14-3

重要項目

点を当てて介入する。問題解決に必要な**小さな変化**を目標とし、それが全体を変容させていくという考え方に基づく、治療期間の短い効率的かつ効果的な療法である。

32-14-5

176 **ソリューション・フォーカスト・アプローチ（SFA）**はブリーフ・セラピー（短期療法）の１つで、**解決志向アプローチ**とも呼ばれる。問題が起きなかった**例外的な状況**に関心を向けることで、クライエントの問題解決能力を向上させる。

出 31-14-2
31-103-1（相理）

177 **家族療法**は、家族を１つの**システム**とみなし、クライエントの症状を個人の問題としてではなく**家族全体の症状**としてとらえる。原因と結果の認識が直線的ではなく循環的・円環的になされ、家族間の関係性の悪循環を変化させようとする療法である。

出 28-14-3

178 **心理劇（サイコドラマ）**とは、**筋書きのない即興劇**を演じることによって、参加者の役割行為に変化をもたらし、自発性や創造性を高めようとする**集団療法**である。**モレノ**（Moreno, J. L.）によって始められた。対人関係の改善、社会性の発達および情動活性化を目的とする。

出 30-14-3
31-14-1

179 **森田正馬**の**森田療法**では、１週間の**絶対臥褥期**（個室でただひたすら寝ている）を経て、生の欲望や外界に働きかける意欲を起こさせ、自発的に作業をさせながら外界と自らの精神的現実を「**あるがまま**」に受け入れていく態度を体得させる。

出 32-14-4

▶心身の不調や症状がある状態のまま作業に取り組む。

180 **回想法**は、人生や過去の出来事を回想することで、記憶や思い出を呼び起こして、情緒の安定や認知機能の活性化を目的とする療法である。

出 32-14-1

▶一般の高齢者だけでなく、認知症高齢者にも適用される。

181 **内観療法**では、身近な人を対象として「してもらったこと」「して返したこと」「迷惑をかけたこと」を繰り返し思い出すことで、過去の対人関係における自身の態度や行動を**分析**し、価値観を転換させたり、自己の存在価値や責任などを**自覚**することを目的としている。

182 **自律訓練法**では、身体感覚への特有の**受動的注意集中**を通して、心身の状態は**緊張から弛緩へ**切り替えられ、外界の諸現象に対する受動的態度をつくっていく。

出 28-14-1
29-13-2

183 **漸進的筋弛緩法**は、ジェイコブソン（Jacobson, E.）により開発された技法である。**骨格筋を弛緩**させて緊張を和らげることによって、心理的緊張も減少させるリラクゼーション法である。

出 28-14-1

184 **社会生活技能訓練（SST）**は、**学習理論**を基盤とし、ロールプレイやモデリングなどの技法を用いて、**日常生活や対人関係で必要なスキル**を習得するための訓練のことである。

出 30-14-2

185 **応用行動分析**とは、環境要因と行動との相互関係から、行動が出現した

出 32-14-2

要因や背景を理解することで、行動の**予測**と**制御**を目的とする。

学習心理学に基づく受験勉強の進め方

COLUMN

順番を変えて覚えよう！

　多くの事柄を一定の順で覚える（系列学習）と、最初のほうと最後のほうの事柄はよく覚えているのに、真ん中あたりの事柄は忘れていることが多い（系列位置効果）。復習するときには、同じ順番でもう一度学習するのではなく、最初や最後に覚えた事柄は真ん中あたりで、また真ん中あたりで覚えた事柄は最初か最後でと、順番を変えて復習するほうが効果的である。順番を変えるためには、綴じてあるノートよりもルーズリーフのほうが好都合であり、また多くを書き込めるルーズリーフよりも少しずつしか書けないカードのほうが好都合である。

実力チェック！ 一問一答

※解答の（　）は重要項目（P. 59～85）の番号です。

●解答

1 意思決定や計画・実行、評価、創造などの高次精神活動に関係するのは、大脳のどの部位か。
▶ **大脳皮質の前頭葉**（ 2 ）

2 記憶や情動の機能と関係が深いとされているのは、大脳のどの部位か。
▶ **大脳辺縁系**（ 3 ）

3 感情のなかで、一定の状態で長時間持続するものを何と呼ぶか。
▶ **気分**（ 6 ）

4 マズローが提唱した欲求の階層において最も高次の欲求は何か。
▶ **自己実現の欲求**（ 9 ）（図 2 ）)

5 外部からの賞罰による動機づけを何というか。
▶ **外発的動機づけ**（ 12 ）

6 内部からの知的好奇心などによる動機づけを何というか。
▶ **内発的動機づけ**（ 12 ）

7 達成動機の高い人は、成功や失敗の原因を何に帰属させる傾向があるか。
▶ **内的要因（自己の能力や努力）**（ 13 ）

8 暗い室内から急に明るい戸外に出たときに、次第にまぶしさに目が慣れてくる現象を何というか。
▶ **明順応**（ 20 ）

9 物理的刺激の変化にもかかわらず、そのものの性質を同一に保とうとする知覚の働きを何というか。
▶ **知覚の恒常性**（ 24 ）

10 1 コマごとの静止画像を連続して提示すると、画像が動いているように知覚される現象を何と呼ぶか。
▶ **仮現運動**（ 26 ）

11 パヴロフのイヌの実験にみられる条件反射の学習を何というか。
▶ **レスポンデント条件づけ（古典的条件づけ）**（ 33 ）

12 同一刺激が反復して示されることで、最初にみられた反応が減弱する現象を何というか。
▶ **馴化**（ 35 ）

13 モデルの行動を観察するだけの学習様式を何というか。
▶ **観察学習（モデリング）**（ 42 ）

14 情報の記憶と処理を同時に行うことを求められる記憶を何というか。
▶ **作動（作業）記憶**（ 47 ）

15 ピアノの演奏やスポーツの技能などの運動を学習することに関する記憶を何というか。
▶ **手続き記憶**（ 50 ）

16 問題解決の際に、1 つの解答を探索しようとする思考方法を何というか。
▶ **収束的思考（集中的思考）**（ 53 ）

17 個人の性格をいくつかのタイプに分ける人格の理論を何というか。
▶ **類型論**（ 63 ）

18 集団規範から逸脱しないように意見や行動を合わせてしまうことを何というか。
▶ **同調**（ 73 ）

●解答

19 自分が所属する集団の成員のことを、それ以外の集団の成員よりも好意的に評価することを何というか。

▶内集団ひいき（内集団バイアス）（ 75 ）

20 緊急的な援助を必要とする場面であっても、周囲に多くの人がいることによって、援助行動が抑制されることを何というか。

▶傍観者効果（ 82 ）

21 同時に複数の同程度の欲求があるときに、欲求に応じた行動の選択ができない心理状態を何というか。

▶コンフリクト（葛藤）（ 87 ）

22 もっともらしい理屈をつけて自分を納得させようとする防衛機制を何というか。

▶合理化（ 90 （表5））

23 知られたくない欲求・感情と正反対の行動をとる防衛機制を何というか。

▶反動形成（ 90 （表5））

24 発達において、学習を成立させるために必要な準備性（レディネス）を重視したゲゼルの学説を何というか。

▶成熟優位説（ 97 ）

25 発達は遺伝的要因と環境的要因の加算的な影響によるとしたシュテルンの学説を何というか。

▶輻輳説（ 99 ）

26 生物がある特性を獲得するために生物学的に備わった限られた期間のことを何というか。

▶臨界期（ 102 ）

27 人間の生涯を8つの発達段階に分け、各段階での発達課題をあげたのは誰か。

▶エリクソン（ 103 （表6））

28 ピアジェの発達段階説によると、保存の概念が成立するのは何期か。

▶具体的操作期（ 105 （表7））

29 ストレス状態にうまく対処できない場合に陥る心理状態を何というか。

▶アパシー（ 124 ）

30 情緒的消耗感、個人的達成感の低下、脱人格化（非人格化）を症状とする、心身ともに疲れ果てた状態を何というか。

▶燃え尽き症候群（バーンアウト）（ 125, 126 ）

31 ストレッサーによってもたらされるストレス反応を統制・軽減しようとするコーピングを何というか。

▶情動焦点型コーピング（ 133 ）

32 心的外傷後ストレス障害（PTSD）の発症への関与が指摘されている精神的回復力のことを何というか。

▶レジリエンス（ 134 ）

33 欲求不満場面での反応を測定する人格検査を何というか。

▶P-Fスタディ（ 143 ）

34 言語性知能と動作性知能を測定し、知能偏差値IQを算出する知能検査を何というか。

▶ウェクスラー式知能検査（ 147〜149 ）

35 精神分析理論では、過去の体験が現在の人間関係のなかに反復強迫的に持ち越されることを何というか。

▶転移（感情転移）（ 165 ）

一問一答

●解答

㊱ 学習理論に基づいて、問題となっている行動の消去・適応行動の強化を行う心理療法を何というか。
▶行動療法（ 166 ）

㊲ 不安や恐怖の対象となっている刺激を、極めて弱い状態から段階を追って強めていき、リラックスした精神状態を保たせる行動療法の技法を何というか。
▶系統的脱感作法（ 167 ）

㊳ 問題が起きなかった例外的な状況に関心を向けることで、クライエントの問題解決能力を向上させる心理療法を何というか。
▶ソリューション・フォーカスト・アプローチ（SFA）（ 176 ）

㊴ 筋書きのない即興劇を演じることによって、自発性や創造性を高めようとする心理療法を何というか。
▶心理劇（サイコドラマ）（ 178 ）

㊵ ロールプレイやモデリングなどの技法を用いて、日常生活や対人関係で必要なスキルを習得するための訓練を何というか。
▶社会生活技能訓練（SST）（ 184 ）

欲求心理学に基づく学習意欲の高め方

COLUMN

「自分もやればできる」と思うこと

　劣等感や無力感を抱いている人は、「自分もやればできる」という自己効力感を抱いている人よりも、一般的に達成意欲が低い。「自分は何をやってもダメだ」と思い込んで、初めからあきらめてはいけない。努力して何かを成し遂げた過去の経験を思い出し、劣等感や無力感を一掃しよう。

3

社会理論と
社会システム

傾向と対策

出題基準と出題実績

出題基準			
大項目	中項目	小項目（例示）	
1 現代社会の理解	1）社会システム	・社会システムの概念、文化・規範、社会意識、産業と職業、社会階級と社会階層、社会指標 ・その他	
	2）法と社会システム	・法と社会規範 ・法と社会秩序 ・その他	
	3）経済と社会システム	・市場の概念 ・交換の概念 ・労働の概念 ・就業形態 ・その他	
	4）社会変動	・社会変動の概念、近代化、産業化、情報化 ・その他	
	5）人口	・人口の概念、人口構造、人口問題、少子高齢化 ・その他	
	6）地域	・地域の概念、コミュニティの概念、都市化と地域社会、過疎化と地域社会、地域社会の集団・組織 ・その他	
	7）社会集団及び組織	・社会集団の概念、第一次集団、第二次集団、ゲマインシャフト、ゲゼルシャフト、アソシエーション ・組織の概念、官僚制 ・その他	
2 生活の理解	1）家族	・家族の概念、家族の変容、家族の構造や形態、家族の機能 ・世帯の概念 ・その他	
	2）生活の捉え方	・ライフステージ ・生活時間 ・消費 ・生活様式、ライフスタイル ・生活の質 ・その他	

※【　】内は国家試験に出題された番号です。

社会理論と社会システム

出題実績				
第28回(2016年)	第29回(2017年)	第30回(2018年)	第31回(2019年)	第32回(2020年)
			・社会の福祉水準を測定する社会指標【15】 ・社会移動【17】	
		・日本の裁判員制度【15】		
・日本の就業構造【17】	・所得格差を示す指標【15】	・日本の労働市場【16】	・ジニ係数【16】	・日本の失業等の動向【16】
・消費社会に関する社会理論【16】				
・日本の人口動向【18】			・人口【18】	
	・日本におけるコミュニティ政策の展開【16】	・コミュニティ解放論【17】		・コンパクトシティ【17】
・ウェーバーの支配の諸類型【15】 ・社会集団【19】			・社会集団【19】	・ウェーバーの合法的支配【15】
		・65歳以上の者のいる世帯の世帯構造【18】		・直系家族制【18】
	・人間のライフサイクル【17】 ・一人暮らし高齢者の意識【18】			

大項目	中項目	小項目（例示）	
3 人と社会の関係	1）社会関係と社会的孤立		
	2）社会的行為		
	3）社会的役割		
	4）社会的ジレンマ		
4 社会問題の理解	1）社会問題の捉え方	・社会病理、逸脱 ・その他	
	2）具体的な社会問題	・差別、貧困、失業、自殺、犯罪、非行、公害、ソーシャルエクスクルージョン（社会的排除）、ハラスメント、DV、児童虐待、いじめ、環境破壊 ・その他	

傾向

　本科目は、社会福祉を支える学問である。特に、家族や地域社会などの社会集団やそのなかでの対人関係についての理解を深めることにより、福祉の対象者の抱えている諸問題を客観的に把握し、適切な援助関係を形成する力がつく。さらに、社会全体の動きのなかで社会的な問題を総合的に把握する力は、社会福祉士、精神保健福祉士にとって必須の要件といえよう。

　第32回試験では、社会学の基礎的な理論を中心に7問が出題された。以下、出題基準の項目に沿って分析する。

1 現代社会の理解

　本項目からの出題が最も多く、毎回3問から5問が出題されている。この項目からはまんべんなく出題されており、社会学の基礎的な知識が求められる。特に、社会変動、社会階層、社会集団、都市化に関する問題が繰り返し出題され、専門的な用語や概念、理論の理解を問う問題が多い。

　第32回には、日本の失業等の動向、コンパクトシティ、ウェーバーの合法的支配の説明を求める問題が出題された。

	第 28 回 (2016 年)	第 29 回 (2017 年)	第 30 回 (2018 年)	第 31 回 (2019 年)	第 32 回 (2020 年)
		・社会理論における行為【19】		・理解社会学【20】	・パーソンズの社会的行為論【19】
		・社会的役割【20】	・社会的役割【19】		
	・社会的ジレンマ【20】		・共有地の悲劇【20】	・フリーライダー【21】	・囚人のジレンマ【20】
	・構築主義的なアプローチ【21】	・ラベリング論【21】			・構築主義【21】
			・児童虐待に関する検挙状況【21】		

社会理論と社会システム

2 生活の理解

　本項目からは、家族・世帯やライフサイクルに関連した基本的な概念に関する問題や、世帯状況に関する問題が繰り返し出題されている。

　第 29 回には、『高齢社会白書』（内閣府）に基づく一人暮らし高齢者の意識に関する問題、第 30 回には、65 歳以上の者のいる世帯の世帯構造に関する問題、第 32 回には直系家族制とは何かを問う問題が出題された。

3 人と社会の関係

　社会的行為や社会的役割、社会的ジレンマに関する問題の出題頻度が高い。

　第 31 回には、理解社会学の考え方を選ぶ問題と、「フリーライダー」の用語の理解が求められる問題が出題された。第 32 回には、パーソンズの社会的行為論の名称を問う問題と、囚人のジレンマの説明を求める問題が出題されている。

4 社会問題の理解

　本項目から出題される内容は多岐にわたっており、第 28 回と第 32 回には構築主義的なアプローチに関する問題、第 29 回はラベリング論の考え方を問う基本的な内容の問題、第 30

傾向と対策

回は児童虐待に関する検挙状況について、近年の傾向を問う出題があった。

対策

　これまでの出題傾向と同様に、今後も広い範囲からの出題が予想されるため、科目全体を
まんべんなく学習しておくことが必要である。特に、出題頻度の高い社会階層、社会変動、
社会集団、都市化、家族・世帯、社会的行為、地位と役割については、基本的な用語や概念、
定義を丁寧に学習しておくことが大切である。出題実績のある理論とその提唱者（研究者）
名も整理しておこう。

　また、現代の社会の現状について、『厚生労働白書』や『労働経済白書』、人口問題・家族
問題に関する政府刊行物等に目を通して、どのような傾向や問題があるのかを知っておくこと
が望ましい。近年注目されている概念（用語）を見たり、聞いたりしたときは、その意味につ
いて調べ、理解を深めておくとよい。

押さえておこう！ 重要項目

1 現代社会の理解

社会システム

1 **パーソンズ**（Parsons, T.）は、社会学にシステム論を導入して、社会を**社会システム**としてとらえる**システム論的アプローチ**を確立した。

2 **社会システム**の活動は、**構造**と**機能**という概念によって説明される。**構造**とは、人間関係および社会的資源配分のパターンを生み出す原理のことである。**機能**とは、システムが存続・発展するために必要とされる働きを意味する。

3 **マートン**（Merton, R.）によれば、ある社会もしくは集団における活動の果たす機能が、成員に認知、意識されている場合、その機能を**顕在機能**と呼び、認知、意識されていない場合は**潜在機能**と呼ぶ。

出 29-21-1

4 マートンによれば、社会における活動が社会に貢献する（プラスの効果を及ぼす）場合、その機能を**順機能**と呼ぶ。逆に、人々の欲求充足や目標達成を妨げたり、システムの存続発展にとってマイナスに働く場合には**逆機能**と呼ぶ。

出 29-21-1

5 **タイラー**（Tylor, E.）の定義によると、**文化**とは「知識、信仰、道徳、芸術、法律、慣習のほか、人間が社会の構成員として修得したすべての能力と習慣の複合体」であり、**生活様式の体系（システム）**ととらえることができる。

▶文化に対する認識の仕方として、生活様式の体系（システム）以外にも、自然環境に対する適応の体系、観念体系、象徴体系などがある。

6 **社会指標**は、社会システムの**活動水準**の測定値のことであり、人々の福祉、生活の質に寄与する要因を数量化したものである。

7 社会システムの活動水準を客観的に測定したものを**客観指標**、社会システムの活動の状態に対する人々の意識（満足度やニーズなど）を測定しようとするものを**主観指標**という。

8 社会の福祉水準を測定する社会指標として、**幸福度指標**がある。

出 31-15-4

9 **社会資源**が不均等に配分され、格差が生じている状態を**社会階層**という。**階層構造**とも呼ばれる。

▶社会資源とは社会システムの活動に利用される財の総称である。

10 **社会階層を決定する社会的資源**には、①**富**（欲求を充足する手段としての財・物的資源）、②**権力**（資源を動員する能力・自分の意思をおし通す能力）、③**威信**（地位や役割、職業に対する他者の評価）、④**知識**（知識、情報、技能などの総称・文化的資源）がある。

11 社会階層間の人の移動を**社会移動**と呼ぶ。

出 31-17

12 社会移動のうち、自発的な意志で移動したと推定される移動を**純粋移動**

という。これに対して、職業構造の変化や経済的変動、人口動態などの社会状況の影響で生じた移動を**強制移動**という。

13 社会移動のうち、既成エリートがエリートの基準を設定し、その基準に合う次世代の者を早期に選抜して、**上昇移動**を保障することを**庇護移動**という。これに対して、個人の競争による上昇移動を**競争移動**という。

> ▶上昇移動とはより高い地位を獲得すること。より低い地位になることは、下降移動という。

14 **ブルジョアジー**とは、**資本家階級**と訳され、資本主義社会を構成する階級の１つである。**有産者階級**とも呼ばれ、**生産手段**を私有し、賃金労働者を雇って利潤を得る。

15 **プロレタリアート**とは、**労働者階級**と訳され、資本主義社会を構成する階級の１つである。**無産階級**とも呼ばれ、自らの**労働力**を**賃金**と引換えに売る以外に生活の手段をもたない。

16 **マルクス**（Marx, K.）は、生産手段の有無によって区別される人々を**階級**と呼び、**階級闘争**を社会変動の原動力として位置づけた。マルクスは資本主義を批判し、**社会主義**を実現することを目指す**マルクス主義**を提唱している。

17 マルクス主義における階級には、生産手段を所有する**資本家階級**、非所有の**労働者階級**、その**中間階級**がある。

18 公教育の普及、職業選択の自由の増大と機会の平等化によって、人々が生まれながらの身分階層に固定された**属性主義**社会から、教育達成や職業選択による**業績主義**社会へと変化するようになるとされている。

出 31-17-2

19 **属性主義**（帰属主義）とは、身分・家柄・性別・年齢など、本人の努力によって変更することが困難な属性によって地位が与えられることである。これに対して**業績主義**とは、個人の能力・実績によって地位が与えられることであり、実力主義といわれるものである。

出 31-17-2

法と社会システム

20 **法**は、公的権力によって規定され、全成員に対して普遍的に適用される社会秩序に関する規範である。個人の権利の保護・調整機能をもつ権利規範でもある。

21 **社会秩序**とは、社会を構成する諸要素が調和しており、個人の欲求充足と社会の存続とが実現されている状態をいう。人々がその社会の価値および規範の体系を正当なものとして受容しており、資源配分が妥当であって、人々が集団のなかでの役割を遂行していることが必要となる。

22 人々の私的利益の追求は、「**万人の万人に対する闘争**」状態になると予

1 現代社会の理解

経済と社会システム

想されるなかで、社会秩序がなぜ可能になるのかと問うことを**ホッブズ問題**という。

23 **社会規範**とは、社会や集団において個人が同調することを期待される行動や判断の基準のことをいい、**慣習・道徳**、**法**などが含まれる。

▶社会規範は、共通の価値や行動様式への同調を促す社会統制の有効な手段となる。

24 **ノネ**（Nonet, P.）と**セルズニック**（Selznick, P.）は、法のあり方を3つに分類している（表1参照）。

表1　法の3類型

	抑圧的法	自律的法	応答的法
法の目的	現行秩序の維持	公正な手続きの実行	実質的正義の実現
法の執行様式	その場限り。支配者の便宜に従う	手続き規則に従う。形式主義に傾く	正義と福祉という目的を追求する
政治との関係	法は政治権力に従属する	法は政治から独立する（権力分立）	法の目的と政治の目的が統合される
法への批判・不服従の扱い	あらゆる批判が反抗として処罰される	批判・不服従を実行するための手続きが定められる	批判・不服従の一部は、正義の実現を求める声として扱われる

資料：P・ノネ、P・セルズニック、六本佳平訳『法と社会の変動理論』岩波書店、1981年、21頁を参考に作成

25 前近代的社会における**抑圧的法**（よくあつ）は、支配者が被支配者を抑圧し黙らせるための手段であり、近代社会における**自律的法**は、社会のメンバーすべてが等しく従うべき普遍的なルールの体系である。現代社会では、普遍性を維持しつつも社会の要請に応える、より柔軟で可塑的な（かそてき）**応答的法**が求められている。

26 日本の**裁判員制度**は、司法に対する国民の理解の増進とその信頼の向上に資することを趣旨としている。

出 30-15-4

経済と社会システム

27 **経済**とは、人々が生活に必要な物資を手に入れようとする活動を意味する。経済活動における他者との協力には、一緒に働いて物を生産する**協業**と、別々に働いて生産物をやりとりする**交換**（経済的交換）がある。

▶現在では経済と同義語として用いられ、経済学は市場のメカニズムを明らかにする学問と考えられるようになった。

28 **市場**とは、特定の場所での活動も含んでいるが、現在では広く貨幣を通じたあらゆる交換の仕組み、ないしはシステムを意味している。

29 市場における**力の不均衡**（ふきんこう）とは、**需要**側と**供給**側に著しく量的な違いがある場合のように、市場における**アクター**（市場に参加する行為者）の間に対等な関係がないことをいう。

▶市場における力の不均衡において、いずれかのアクターが強い力をもつ結果、しばしば力の弱いアクターは不利益を被ることになる。

30 **労働**は生産物を生み出すことを意味していたが、現在では労働は**金銭**と

> 重要項目

交換されることが多いことから、労働という概念は経済学の**賃労働**とほぼ同じものとされている。

31 **労働市場**における不均衡は、労働力の供給量の多さ、労働組合と企業の力関係、政府の雇用政策などに左右される。

▶労働市場とは、企業と労働者との間にある労働力の売買関係を指す。

32 総務省による2015（平成27）年の「国勢調査」によると、雇用者の内訳は、「正規の職員・従業員」が就業者の53.6％、「労働者派遣事業所の派遣社員」が2.7％、「パート・アルバイト・その他」が26.0％であった。男性は「正規の職員・従業員」が最も多いが、女性は「パート・アルバイト・その他」が最も多くなっている。

出 28-17-4

図1 従業上の地位、男女別15歳以上雇用者数（役員を除く）―全国（2015（平成27）年）

資料：2015（平成27）年国勢調査「就業状態等基本集計結果」

33 総務省による2015（平成27）年の「国勢調査」によると、産業大分類別の15歳以上就業者の割合は、「**製造業**」が15歳以上就業者の**16.2**％と最も高く、次いで「**卸売業、小売業**」が**15.3**％、「**医療、福祉**」が**11.9**％などであった。「**農業、林業**」は**3.5**％で、低下が続いている（図2参照）。

出 28-17-1, 2

34 総務省による2015（平成27）年の「国勢調査」によると、15歳以上就業者について、職業大分類別の割合は、「**事務従事者**」が15歳以上就業者の**19.0**％と最も高く、次いで「**専門的・技術的職業従事者**」が**15.9**％、「**生産工程従事者**」が**13.5**％などであった。男性は「**生産工程従事者**」が**17.0**％と最も高く、女性は「**事務従事者**」が**26.0**％と最も高い。外国人就業者では「**生産工程従事者**」が**30.7**％と最も高い。

出 28-17-3, 5

35 「平成30年労働力調査年報」（総務省）によると、**完全失業率**（労働力人口に占める完全失業者の割合）は、2018（平成30）年平均で**2.4**％であり、男女共に完全失業率は低下している（図3参照）。

出 30-16-1
32-16

36 **均等処遇**とは、**雇用形態**にかかわらず、同じ仕事であれば時間当たりの

出 30-16-4

1 現代社会の理解

経済と社会システム

図2 産業（大分類）別15歳以上就業者の割合の推移―全国（2000（平成12）年～2015（平成27）年）

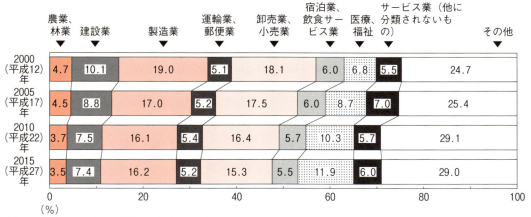

資料：2015（平成27）年国勢調査「就業状態等基本集計結果」

図3 完全失業率の推移

資料：総務省統計局「平成30年労働力調査」

賃金が同じになることをいう。非正規雇用は正規雇用と比べて賃金労働条件が低く、給与格差がみられることから、均等処遇の必要性が指摘されている。

37 **成果主義**とは、与えられた職務に対して、一定期間にどのような成果をあげたかが評価される仕組みのことである。

38 **ワーク・ライフ・バランス**とは、「仕事と生活の調和」と訳される。男性・女性ともに、仕事と家事、出産・育児や介護などとの両立を図って、多様な働き方・生き方を目指す考え方をいう。

31-16-3

重要項目

39 所得格差の指標とされる**ジニ係数**は、最も不平等で所得格差が大きいときに１に近づき、最も平等で所得格差が小さいときに０となる。0.5 を超えると政策による是正が必要とされる。

出 28-26-1, 2, 3（現社）
29-15
31-16
31-63-2（低生）

社会変動

40 社会学では、ミクロな人間関係からマクロな体制や制度まで、社会の諸部分の関係のパターンがある程度一定に保たれる場合に、それを**社会構造**と呼ぶ。また、**社会構造**に生じる一定の変化を**社会変動**と呼ぶ。

41 社会学における**社会変動**の研究は、前近代社会から近代社会への移行に伴う社会構造の変動や、その傾向、方向性を解明することを主たる目的としていた。代表的なものに、コント、スペンサー、テンニース、デュルケム、ルーマンの学説がある（表２参照）。

表2　前近代社会から近代社会へ

	前近代　　　　から　　　　近代へ		
コント	（人間精神）　神学的　➡　形而上学的　➡　実証的		
	（社会組織）　軍事型　➡　法律型　➡　産業型		
スペンサー	軍事型社会　➡　産業型社会		
テンニース	ゲマインシャフト　➡　ゲゼルシャフト		
デュルケム	機械的連帯　➡　有機的連帯		
ルーマン	環節的分化　➡　階層的分化　➡　機能的分化		

資料：社会福祉士養成講座編集委員会編『新・社会福祉士養成講座③社会理論と社会システム（第3版）』中央法規出版、2014年、60頁を一部改変

42 **コント**（Comte, A.）は、人間精神が**神学的**、**形而上学的**、**実証的**という段階を経て発展し、それに対応して社会組織が**軍事型**、**法律型**、**産業型**という段階を経て発展するという**三段階の法則**を唱え、近代社会は**実証的**段階の産業社会に到達しつつあるとした。

43 **スペンサー**（Spencer, H.）は、軍事的統制によって個人の社会に対する協力を強制する**軍事型社会**から、個人が自由な自発的協力によって産業に従事する**産業型社会**へ移行するという**社会進化論**を唱えた。

44 **デュルケム**（Durkheim, É.）は、社会的分業の進展に伴って、人々を結びつける連帯の形態が、同質的な人々の**機械的連帯**から異質的な人々の**有機的連帯**に移行すると考えた。現代社会では、社会的連帯の変化に伴って**アノミー**を生じ、焦燥や欲求不満が生じることから、自殺等の社会病理現象が増えることを説明した。

出 31-23-4（現社）

▶アノミーとは、社会的規範の弛緩や崩壊による行為の無規範状況のこと。

45 **ルーマン**（Luhmann, N.）は、３つの社会構造の分化パターン（**環節的**

分化、階層的分化、機能的分化）を考え、近代社会では**階層的分化**から**機能的分化**への移行に伴い、経済、政治、法、科学、芸術、教育、宗教などのサブシステムが分出するとした。

46 **近代化**において、経済の領域では**産業革命**における生産技術の発展により工業生産が行われ、政治の領域では**市民革命**を経て、近代国民国家への移行とともに**民主主義**への移行が起こる。文化の領域では**科学革命**を契機とする近代科学の発達により、さまざまな集団が機能的に特化する。地域社会については農村部から都市部への人口の移動と集中に伴い近代都市が発達し、人々の生活様式も都市的になる。

▶近代化とは、広義の社会の全領域にわたる社会変動を指す、1960年代につくられた概念である。

47 **産業化**とは、西洋における**産業革命**を契機として進行した、経済の領域における変動を指す概念である。工業化ともいわれ、農業社会から工業を中心とした産業構造の社会（産業社会）へと変動する過程をいう。

出 31-17-3

48 **情報化**とは、産業化（工業化）の次の段階として、情報の生産、処理、流通にかかわる第三次産業の発展を意味している。情報化した社会は、**情報社会**と呼ばれるようになった。

49 **トフラー**（Toffler, A.）によれば、現代は、**農業革命**に起因する「**第一の波**」、**産業革命**に起因する「**第二の波**」に次ぐ、**情報革命**等に起因する「**第三の波**」の時代とされる。

50 **ベル**（Bell, D.）は、工業社会の次の発展段階として、情報、知識、サービスなどに関する産業が重要な役割を果たす知識社会への移行を**脱工業社会**と呼んだ。近代では、左右のイデオロギー対立はなくなり、**プラグマティック**（実利的、実際的）な社会問題の解決が実現すると考えた。

51 **グローバル都市**（世界都市、グローバルシティ）とは、世界的にみて、政治的、経済的、文化的に重要性や影響力の高い都市をいう。

52 **消費社会**とは、生理的欲求を満たすための消費ばかりでなく、文化的・社会的要求を満たすための消費が広範に行われるような社会と定義される。産業化が十分に進展した後に現れると考えられている。

出 28-16

53 **ボードリヤール**（Baudrillard, J.）は、生理的・機能的欲求に基づくモノの消費から、モノが何かしら社会的意味をもつ**記号的意味の消費（記号の消費）**へと移っていくと考えた。

出 28-16-5

54 **ヴェブレン**（Veblen, T.）は、有閑階級特有の消費の仕方として、見せびらかしの消費としての**誇示的消費（衒示的消費）**を指摘し、そのモノへの欲求や必要性ではなく、浪費行為やそのモノの所有によって示されるステイタス・シンボルの機能や他者への優越が、消費の目的になっていると考えた。

出 28-16-4

重要項目

55 リースマン（Riesman, D.）は、他者からの期待や好みに敏感に反応する**他人指向型**の社会的性格に基づいて、**スタンダードパッケージ**としてのモノが大量生産され、人並みであることを社会的価値とする消費が生まれると考えた。リースマンは、社会の発展に応じて、慣習などの規定を受ける伝統指向型から、個人内部の理想や目標に動かされる内部指向型へ、さらに**他人指向型**へと社会的性格は推移すると考えた。

出 28-16-3

▶例えば、高度成長期における三種の神器（テレビ、冷蔵庫、洗濯機）や３Ｃ（カラーテレビ、自家用車、クーラー）など。

56 ガルブレイス（Galbraith, J. K.）は、消費者の欲望は**生産者**に依存しているとし、例えば、企業の広告や販売戦略により、それまで存在しなかった欲望が形成される状態を**依存効果**と呼んだ。

出 28-16-2

57 ロストウ（Rostow, W. W.）は、社会の関心は、**供給**から**需要**、**生産**から**消費**へと移っていくと考えた。ロストウは、経済成長を５段階に分けた**発展段階説**を提唱している。

出 28-16-1

▶経済成長の過程を、伝統的社会、離陸先行期、離陸、成熟化、高度大量消費の５段階に分けている。

人口

58 **人口**とは、一定の地域に居住する人間の数を表し、日本の人口とは、統計上、日本に在住する日本人と 91 日以上日本に滞在する外国人の合計を指す。一時点において観察された人口の規模、構造（属性別の人間の数）を**人口静態**といい、それに対して**人口動態**は、出生、死亡、結婚、離婚という事象から観察される。

59 **人口増加**は、**自然増加**と**社会増加**を合わせて算出したもので、**人口増加**＝（**出生－死亡**）＋（**流入－流出**）の人口学的方程式によって表される。

▶自然増加とは、出生と死亡の差をいい、出生が死亡を上回れば自然増加という。

60 **人口増加率**とは、人口の増減の割合のことである。特定のある時点の人口と比較して算出したもので、（**当該時点の人口－前時点の人口**）÷**前時点の人口**×100 で表される。

▶社会増加とは、就業や就学、婚姻などの社会的事情によって発生する流入と流出の差をいい、流入が流出を上回れば社会増加という。

61 **年少人口**とは、**0 ～14** 歳の人口をいい、**年少人口指数**は**年少人口の生産年齢人口**（15～64 歳の人口）に対する比率（**年少人口÷生産年齢人口**×100）で表される。

62 **老年人口**とは、**65** 歳以上の人口をいい、**老年人口指数**は**老年人口の生産年齢人口**（15～64 歳の人口）に対する比率（**老年人口÷生産年齢人口**×100）で表される。

63 **従属人口指数**は、扶養される側（**年少人口と老年人口**）の合計人数と、働き手（**生産年齢人口**）の比率（（**年少人口＋老年人口**）÷**生産年齢人口**×100）で表される。

64 **人口ボーナス**とは、人口の年齢構成が経済にとって**プラス**に作用するこ

出 31-18-5

1 現代社会の理解

人口

とであり、総人口に占める生産年齢人口が増え続ける、もしくは従属人口（14歳以下と65歳以上を合わせた人口）に対しての比率が多い状態を**人口ボーナス期**という。

65 **人口オーナス**とは、人口の年齢構成が経済にとって**マイナス**に作用することである。

66 日本の**人口性比**は、第二次世界大戦前は100を超えていたが、戦後の1945（昭和20）年以降、一貫して100を切っており、**女性**のほうが**男性**より多い。

67 **人口転換**とは、**多産多死**から**多産少死**を経て**少産少死**へと社会の自然増加の構図が大きく転換する遷移過程のことである。

68 日本では明治期初頭から多産少死の時代に入り、1920（大正9）年頃から出生率も低下し始め、1950年代半ばからは**少産少死**の時代に入った。1970年代に入ると出生数・出生率が低下する一方で、死亡数・死亡率が上昇し始め、2005（平成17）年前後には死亡が出生を上回った。従来の人口転換理論では想定されなかったこの段階を**第2の人口転換**と呼ぶ（図4参照）。

> 💡 **注目！**
> 2018（平成30）年10月1日現在の人口性比は、94.8である。
>
> ▶人口性比とは女性100人に対する男性の数のことである。

出 31-18-1

出 31-18-4

> 💡 **注目！**
> 多産多死の時代には、出生率は高いが、疫病、飢餓、戦争などにより死亡率も高く、長期的には人口が増加しない。多産少死の時代には、近代化に伴う栄養・食習慣の変化、衛生の改善、医療技術の進歩等を経て、乳児・若年死亡が減少するため人口が増加する。

図4 出生、死亡、自然増加

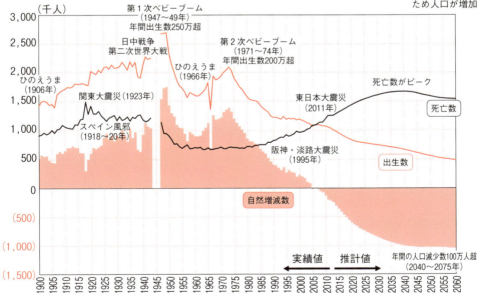

資料：厚生労働省統計情報部「人口動態統計」、国立社会保障・人口問題研究所「日本の将来推計人口（平成24年1月推計）」
出典：社会福祉士養成講座編集委員会編『新・社会福祉士養成講座③社会理論と社会システム（第3版）』中央法規出版、2014年、76頁

69 **自然淘汰**とは、自然環境のなかで生存に適するものが残り、適さないものは消える現象であり、それに対して**社会淘汰**とは、人間の寿命、出生率や死亡率が、その社会の制度、規範、職業、収入、生活様式などの社

重要項目

会的諸条件によって影響されることを意味する。

地域

70 **地域社会**とは、住むことを中心にして広がる社会関係の存在を前提にした、具体的な場所に関連づけられた社会のことであり、**コミュニティ**とも呼ばれる。

71 **町内会**とは、日本特有の地域住民組織であり、町、丁を単位として形成される。①加入単位は個人でなく世帯、②居住に伴い、加入は半強制的または自動的、③その機能は包括的、多目的的、④末端行政の補完的機能を果たす、⑤伝統的な保守主義の温存基盤となっている、などの特徴がある。

72 **都市化**とは、特定の社会のなかで都市的な集落に住む人口の割合が**増加**することにより、都市自体の規模が大きくなっていくことや、本来は都市的集落に特有の生活様式や社会関係、意識形態が、社会全体に**浸透**していくことと定義できる。

73 都市化の進展によってコミュニティは喪失もしくは解体されていると考える**コミュニティ衰退論**と、都市化が進展しても近隣を単位としたコミュニティは存続していると考える**コミュニティ存続論**がある。

74 **ワース**（Wirth, L.）は、**アーバニズム論**を提唱し、都市を人口量と人口密度と社会的異質性から定義した。**アーバニズム**（**都市的生活様式**）の特徴には、親族や近隣を基盤とした**結合の弱体化**、相互扶助から**専門処理システム**への依存、匿名性、無関心、個人主義、などがある。

75 **ウェルマン**（Wellman, B.）は、**コミュニティ解放論**を提唱し、交通通信手段の発達によって、コミュニティは地域という空間に限定されない形で新しく展開しているとした。

76 **コンパクトシティ**とは、**中心部**にさまざまな機能を集約し、市街地をコンパクトな規模に収めた都市形態をいう。拡散した都市機能を集約させ、生活圏の再構築を図る。

77 **テクノポリス**とは、**高度技術集積都市**を意味する。テクノポリス構想とは、先端技術産業や学術研究機関と住環境が一体となった都市を建設しようとするものをいう。

78 **過疎化**とは、①地域の人口（戸数）が**急減**し、②そのことで産業の**衰退**や生活環境の**悪化**がもたらされ、③住民意識が**低下**し、④最後には地域から**人がいなくなる**（集落が**消滅する**）こととととらえられる。

注目！

地域社会には、近隣、近所、地区、区域、地方、村、町内などでは表現できない地縁的共同性の新たな意味が込められている。

▶1991（平成3）年の地方自治法の改正により、法人格をもつことが可能になった。

出 30-17-2, 3

▶ワースはコミュニティ衰退論の立場をとっている。

出 28-32-5（地域）
30-17-4

出 32-17

1 現代社会の理解

社会集団及び組織

79 **過疎問題**とは、産業化や都市化などに伴う人口流出によって、それまでの生活水準または生活のパターンが維持できない状態になった**過疎地域**の問題をいう。過疎地域においては、若年層の人口流出により地域人口が高齢化し、高齢者問題が深刻になり、地域の生産機能も低下する。

出 29-16-2

過疎地域
2000（平成12）年の過疎地域自立促進特別措置法により、政府が国勢調査を基に市町村単位で指定する。

80 **限界集落**とは、過疎化と高齢化の進行により高齢化率が**50**％を超え、共同体機能の維持が困難になり、存在の限界に達している集落のことをいう。

限界集落
中山間地域や離島を中心に増加している。

81 **消滅可能性都市**とは、**地方自治体**としての基本的な機能が果たせなくなり、行政や社会保障の維持、雇用の確保などが困難になるとみられる**自治体**のことをいう。

社会集団及び組織

82 **集団**（社会集団）とは、特定の**共通目標**を掲げ、**共属感**をもち、**一定の仕方で相互作用**を行っている複数の人々の結合をいう。集団は、社会生活の維持に不可欠な存在として、人間と社会とを媒介する中間項として機能している。

83 **集団**は、自生的に存在するかのように観念される**基礎集団**と、特定の目標達成のために人為的に構成された**機能集団**の2つに大別される。

▶ 機能集団は、19世紀末から20世紀初頭にかけて著しい台頭を遂げてきた。

84 **高田保馬**によると、**基礎集団**（基礎社会）とは、血縁や地縁によって自然発生的に形成される社会集団であり、家族、部族、民族、村落、小都市などが含まれる。これに対して**派生集団**（派生社会）とは、基礎集団が担ってきた機能をより効果的とするために人為的・計画的に組織される社会集団をいい、学校、会社、政党などがある。

▶ 近代社会の傾向として、派生社会が、基礎社会で行われていた諸機能を吸収して分化・拡大すると考えられている。

85 **フォーマル・グループ**は、公式集団と訳される。**合理性**と**形式性**が明確な組織機能をもつ社会集団であり、会社、官庁などで組織図が示す集団のことである。

出 31-19-2

▶ 効率性が志向され、形式的・没人間的役割関係が支配する。

86 **インフォーマル・グループ**は、非公式集団と訳される。フォーマル・グループの内部で自然発生的に生まれる人間関係や、**相互の親密性**を基礎とする比較的小規模な集団をいう。家族、友人・仲間関係などがある。

出 28-19-2

▶ 形成の動機は、人格的交流や心理的安定を求める欲求である。

87 **クーリー**（Cooley, C. H.）らによれば、**第一次集団**（プライマリー・グループ）は、家族、近隣、仲間など、対面的・直接的な接触を基盤とした親密な結合、メンバーの連帯感、幼年期の道徳形成の社会的源泉などを特徴とする。

出 28-19-3
31-19-1

88 **クーリー**らは、近代化に伴い、企業、組合、政党など、非対面的・間接

出 28-19-3

重要項目

的な接触が中心となる**第二次集団（セカンダリー・グループ）**が急激に
台頭することによって、第一次集団の良さが失われ、人々が互いに孤立
しがちになるとした。

89 **テンニース**（Tönnies, F.）によれば、**ゲマインシャフト**とは、本質意志
に基づき、感情的な融合を特徴とする共同体的な社会のことで、家族や
村落などがあげられる。これに対して**ゲゼルシャフト**とは、選択意志に
基づき、目的、利害関係による結合を特徴とする利益社会のことで、企
業や大都市などがあげられる。

出 28-19-1
31-19-3

90 **テンニース**は、近代化の過程を**ゲマインシャフト**から**ゲゼルシャフト**へ
の推移とした。

91 **マッキーヴァー**（MacIver, R.）によれば、**コミュニティ**は一定の地域
性、共同生活、共属感情という3つの指標を満たす集団で、**アソシエー
ション**は、特定の限定された関心を充足することを目的として人為的に
構成される集団である。

出 28-19-4, 5
28-32-1（地域）
31-19-5

92 **マッキーヴァー**によれば、**コミュニティ**は、近隣集団、村落、都市を経
て国民社会へと同心円的な広がりをもつ。**アソシエーション**は、家族や
企業などが含まれ、**コミュニティ**から派生し、共同生活上の諸課題を分
担する機関と位置づけられる。

出 28-32-1（地域）
30-17-1

93 **ジンメル**（Simmel, G.）の社会分化論によれば、近代以前の共同体的生
活が解体し、社会的な分化が進むことによって、人々が相互に交流する
範囲は広まる。

94 **ハイマン**（Hyman, H.）が初めて使用し、**マートン**によって体系化され
たのが**準拠集団論**である。**準拠集団（リファレンス・グループ）**とは、
自分と関連づけることによって自分の態度や意見の変容に影響を与える
集団をいい、一般には、家族、友人集団、近隣集団等の所属集団からな
る。

出 31-19-4

▶ かつて所属した集
団、将来所属したい集
団等の非所属集団も準
拠集団になりうる。

95 **サムナー**（Sumner, W.）は、親族・隣人・取引先など、愛情や帰属感
をもつ「われわれ集団（we-group）」を**内集団**、結びつきの弱い関係、
対立関係にある「彼ら集団（they-group）」を**外集団**と呼んだ。

96 **近代的な組織**とは、目標達成のために支配（権力）関係ならびに協働
（分業）関係が高度に制度化された機能集団のことであり、組織の概念
には**支配システムと協働システム**という2つの側面が含まれる（表3参
照）。

97 **ウェーバー**（Weber, M.）は、**支配（権力・影響力）**を3つに類型化し
た。①伝統の神聖さに基づき、首長への恭 順によって維持される**伝統的**

出 28-15
32-15

1 現代社会の理解

社会集団及び組織

表3 組織の2つの側面

	ウェーバー (1921〜22)	バーナード (1938)
組織のイメージ	支配システム	協働システム
組織の中核的な要素	専門性・集権性・公式性	共通目的・コミュニケーション・貢献意欲
探究の焦点	目的達成のための手段としての官僚制＝スタティック（静的）な構造	目的達成活動それ自体としての協力関係＝ダイナミック（動的）な過程

資料：社会福祉士養成講座編集委員会編『新・社会福祉士養成講座③社会理論と社会システム（第3版）』中央法規出版、2014年、170頁

支配、②非日常的な資質の持ち主によって支えられる**カリスマ的支配**、③正当な手続きにより制定された法に従うことで成立する**合法的支配**である。

98 ウェーバーは、合法的支配の純粋型として**官僚制**を考えた（表3参照）。 **出** 28-15-2
官僚制とは、現実の行政組織そのもののことではなく、官公庁・会社・学校・病院などの機能集団に通底する近代組織の編成原理を意味する。

99 **ウェーバー**は、社会のあらゆる分野において目的合理的な行為と形式合 **出** 31-17-4
理的な制度が支配的になっていく**合理化**の過程を、近代社会への移行の本質だと考えた。

100 **近代官僚制**は、近代以前に行われてきた家父長制的な支配に基づく**非合** **出** 28-15-4
理的な結びつきとは異なり、規則に基づき能率を重視する**合理的**組織である。

101 **近代官僚制**は、体系的に配分された役割に従って、能率を重視する非人間的な結びつきによって成り立っており、表4のような特徴がある。

表4 近代官僚制の特徴

権限の原則	規則によって秩序づけられた職務の配分
階層の原則	上下関係のはっきりした官職階層制
文書主義	文書による事務処理
専門性の原則	専門的訓練、専門的知識を備えた専門職員の任用

102 **マートン**（Merton, R.）は、**官僚制の逆機能**として、目的実現のための合理的な手段（規則の遵守など）それ自体が神聖化されて目的となり、形式合理性を重視することで実質合理性を失い、非効率的・非合理的な行動様式がみられることを指摘している。

103 **ブラウ**（Blau,P.）は、マートンの指摘する規則への過剰同調について、組織のなかの重要な社会的関係が不安定になることから生じると指摘し

社会理論と社会システム

ている。

104 **リプスキー**（Lipsky, M.）は、市民一般が市役所などの役場の窓口で接する官僚制組織を**ストリート・レベルの官僚制**と呼んだ。**ストリート・レベルの官僚**は、広い裁量の余地をもって、対象者と直接的に接触しながら職務を遂行しており、上司の濃密な指揮監督を受けず、半ば独立的に執務しているという特徴がある。

105 **ミヘルス**（Michels, R.）は、一定規模以上の社会集団で、少数の指導者による支配が必然的に実現されることを**寡頭性の鉄則**と提唱した。

106 **バーナード**（Barnard, C.）は、**組織を協働システムとしてとらえた**。組織とは意識的に調整された人間の活動のシステムのことであり、①**共通目的**、②**コミュニケーション**、③**貢献意欲**の3つの要素から成り立ち（表3参照）、組織存続の条件として有効性（組織の共通目的の達成）と能率（参加者の動機の満足）の2つをあげている。

107 **ホワイト**（Whyte, W.）は、『組織のなかの人間』のなかで、**オーガニゼーション・マン**（大衆社会における組織人）とは、組織による人間疎外を嘆くのではなく、組織によって精神的、物質的安定を与えられ、それを恩義として忠誠を誓う人間であり、過剰な組織への帰属という面ももつとした。

2 生活の理解

家族

108 **家族**とは、夫婦関係を中心として、親子、兄弟姉妹、近親者によって構成される、第一次的な福祉追求の集団である。夫婦のみ、母子、父子、血縁関係を欠く養親子も**家族**であり、進学、単身赴任等の理由で**別居**している構成員も含む。

109 一般に人は、自分が生まれ育った家族で、そこで社会化される**定位家族**と、自分が結婚して創りあげる**生殖家族**の2つの核家族に所属する。

110 **夫婦家族制**とは、結婚によって成立し、夫婦の一方ないし双方の死によって消滅する一代限りの家族で、子どもがいる場合でもその子ども（またはその子どもの家族）とは同居しないことを原則とする。

111 戦前の日本の家族制度は**直系家族制**であり、跡継ぎとなる子の家族とだけ同居し、家族が何世代も直系的に存続することを原則とした。複数の子の家族と同居する**複合家族制**もある。　　　　　出32-18

2 生活の理解

家族

112 **マードック**（Murdock, G.）によれば、**核家族**とは夫婦と未婚の子どもたちで構成される基礎的なユニットであり、ユニットの組み合わせによって、**拡大家族**（結婚した子どもが親たちの家族と同居や隣居する場合で、親子関係によって2つ以上の核家族が複合した類型）や、**複婚家族**（一夫多妻など、1人の配偶者を共有することで核家族が結びついた類型）を示した。

113 マードックによれば、核家族はどのような社会においても**性的機能、経済的機能、生殖的機能、教育的機能**が遂行されている単位とされた。

114 **パーソンズ**（Parsons, T.）によれば、産業社会に適合的なのは親族家族から孤立・独立している核家族であるとされた。また、生産活動や教育的機能などが家族外のシステム（企業や学校など）に専門分化した結果、家族に残った本質的な機能として**子どもの社会化**と**成人のパーソナリティの安定化**の2つの機能をあげている。

▶パーソンズは、子どもの社会化とは幼児期から子ども期にしつけを通じてパーソナリティの核を形成する営みを意味し、成人のパーソナリティの安定化とは主に夫婦の相互作用によって満たされるとした。

115 **オグバーン**（Ogburn, W.）は、**家族機能縮小論**の立場から、産業化の進行に伴い家族の機能は縮小するとした。産業化以前の家族は、「経済・地位付与・教育・保護・宗教・娯楽・愛情」という7つの機能を果たしていたが、産業化の進展に伴い、愛情以外の6つの機能は、学校など専門的な制度体に吸収され、失われるか弱体化するとした。

116 夫婦のどちらか、もしくは両方が、以前のパートナーとの間にできた子どもを連れて結婚して形成される家族のことを**ステップファミリー**（血縁でない親子関係を含んだ家族を意味する）という。

117 **世帯**は、「**住居**と**家計**をともにする人々の集まり」と定義され、国勢調査、家計調査や住民登録（住民基本台帳への記載）などで用いられる行政上の概念である。同居して寝食をともにする非親族員（里子や使用人）は、世帯に含まれる。

▶家族の概念とは異なり、経済的扶養関係にあっても、進学や単身赴任のため一時的に別居している者は同一世帯とならない。

118 産業化、夫婦家族制の理念の浸透、出生率の低下などの要因により、集団としての家族は**小規模化**している（図5参照）。

119 **世帯数**は**増加**しており、2015（平成27）年の国勢調査によると、わが国の世帯数は5344万9000世帯である（図5参照）。

120 国勢調査では、一般世帯を、①**核家族世帯**、②核家族以外の世帯、③単独世帯、④非親族を含む世帯に分類している。

121 国勢調査における**核家族世帯**とは、①夫婦のみ、②夫婦と子ども、③ひとり親とその子どもからなる世帯のことである。

122 厚生労働省による2018（平成30）年の「国民生活基礎調査」によれば、65歳以上の者のいる世帯は、2018（平成30）年には全世帯の48.9％で

28-28-3, 4, 5（現社）
30-18

重要項目

図5　世帯数の増加と世帯規模の変化

資料：各年度国勢調査

ある。最も多いのが**夫婦のみの世帯**、次に多いのが**単独世帯**である（図6参照）。高齢者と未婚子が同居する世帯の増加には、晩婚化の影響が指摘されている。

123 厚生労働省による2018（平成30）年の「国民生活基礎調査」によれば、**18歳未満の児童のいる世帯**は、2018（平成30）年には全世帯の**22.1**％である。そのうち**核家族世帯**は**83.3**％（夫婦と未婚の子のみ**76.5**％、ひとり親と未婚の子のみ**6.8**％）であり、**ひとり親の世帯**では**父子**世帯より**母子**世帯が多い。

124 厚生労働省による2016（平成28）年の「国民生活基礎調査」によれば、**要介護者と同居**している主な介護者は**配偶者**が最も多く、次に、子、子の配偶者になり、その約7割は**女性**である（図7参照）。

125 **生涯未婚率**とは、**50**歳時の未婚率（結婚したことがない人の割合）を算出したものである。国立社会保障・人口問題研究所による「人口統計資料集（2019年）」によれば、2015（平成27）年の生涯未婚率は男性23.37％、女性14.06％である。

126 **人口置き換え水準（人口置換水準）**とは、人口が将来にわたって増えも減りもしないで、親の世代と同数で置き換わるための大きさを表す指標である。少子化は、合計特殊出生率がこの水準を長期的に**下回る**状態をいう。

出 28-18-1

2 生活の理解

家族

図6　世帯構造別にみた65歳以上の者のいる世帯の構成割合の年次推移

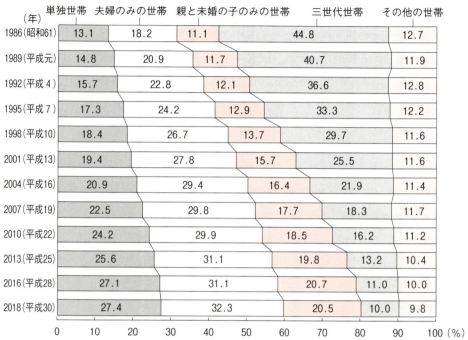

注1：1995（平成7）年の数値は、兵庫県を除いたものである。
2：2016（平成28）年の数値は、熊本県を除いたものである。
3：「親と未婚の子のみの世帯」とは、「夫婦と未婚の子のみの世帯」「ひとり親と未婚の子のみの世帯」をいう。
資料：厚生労働省統計情報部「国民生活基礎調査」

図7　要介護者等との続柄別主な介護者の構成割合 2016（平成28）年

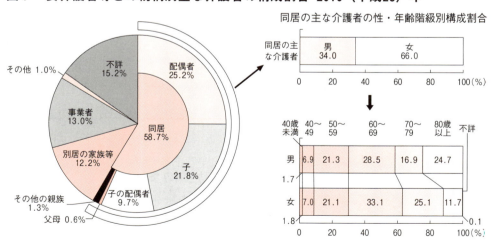

注：熊本県を除いたものである。
資料：厚生労働省「平成28年 国民生活基礎調査の概況」

注：熊本県を除いたものである。

社会理論と社会システム

111

生活の捉え方

127 **生活**は、自らと環境との相互作用によって成り立ち、社会システムのなかに位置づけられる。一般的に、意識、欲求、行為、生命からなる主体（生活者）が、財、エネルギー、情報を使用し、その環境と相互作用を行いながら、何らかの「場」でその営みを実現し、自らの生命を再生産する過程、と規定することができる。

128 **生活様式**は、社会変動、その時代の階層構造を常に反映する。また、ある時代、生活空間に内在する生活様式の体系が**文化**であり、個人の生活様式に対する選択性という視点が強調される概念が**ライフスタイル**である。

> **生活様式**
> 当該社会にみられる人々の物質、制度、価値、人間などに対する行為の様式、パターンを表し、人々の日常生活における行為のパターン。

129 **ライフサイクル**（生活周期、人生周期）の考え方は、人間の出生から死に至る時間的経過、プロセスに着目する。各**ライフステージ**（例えば、乳幼児期、児童期、青年期、成人期、高齢期など）において心理学的、社会学的、経済学的な現象が起き、それぞれ達成すべき**課題**、生活様式、ライフスタイルがあるといえる。

130 **家族周期**とは、ライフサイクルを応用したファミリーライフサイクルのことである。**結婚**をスタート地点として、子どもの出生・成長・自立、配偶者の死までの過程を指す。

出 29-17-4

131 **ライフコース**とは、個人がたどる**多様な人生のあり方**や、その発展の過程を表す概念である。個人の地位や役割の時間的経過のなかでの変遷、**ライフイベント**の時機、離婚・事故・大病などの特異な出来事の影響、歴史的な事件とのかかわりから、多様化した生活構造の展開を、個人や**コーホート**を単位として分析する。

出 29-17-1

> **ライフイベント**
> 人生において経験する出来事やイベントをライフイベントという。

> **コーホート**
> 共通の出来事を同時に経験した人々の集団。コホートとも表現される。

3 人と社会の関係

社会関係と社会的孤立

132 社会の部分的諸要素（諸個人）がそれぞれ自律的活動を営みながら、交換や相互行為によって互いに依存し合うことで、社会的な紐帯（人と人とを結びつける役割を果たす絆）は強くなる。このような諸個人の社会的に緊密な依存状態を**社会的連帯**という。

133 **社会関係資本（ソーシャルキャピタル）**は、社会構造が資本的に働くメカニズムに焦点を当てた概念である。経済資本、文化資本、象徴資本とともに、社会階級上の位置を特徴づけると考えられている。

出 31-33-1（地域）

3 人と社会の関係

社会的行為

134 ブルデュー（Bourdieu, P.）は、**職業再生産**のメカニズムのなかで**社会関係資本**の有効性を理論化した。

出 31-23-2（現社）

職業再生産
親と同じ職業に就き、階級や社会的地位が次世代に引き継がれることを意味する。

135 パットナム（Putnam, R.）は、**社会関係資本**の構成要素として、**社会ネットワーク**（隣近所、友人・知人、親戚とのつきあい等）、**信頼**（ネットワークの人々や一般的な人への信頼）、**互酬性の規範**（社会参加・ボランティア活動等）をあげている。

136 社会関係資本には、固い信頼に基づいて同一集団内の効用を高める**結束型**と開放的で穏やかに効用を高める**橋渡し型**がある。**結束型**は強固な特性がある分、閉鎖的で他の集団に対して排他的に作用することがある。

137 **社会的排除**（ソーシャルエクスクルージョン）とは、貧困が移民や少数民族、言語、宗教等さまざまな差異に結びつきながら人々を労働市場から**遠ざけ**、政治的・社会的にも**孤立・周縁化**させるような状況を指す。

138 **社会的包摂**（ソーシャルインクルージョン）は、第一義的には**報酬**のある仕事によって失業者が社会のなかに居場所を見つけることを助ける政策を指すが、広くは**社会的連帯**への包摂を意味する。

社会的行為

139 ウェーバー（Weber, M.）は、**行為**を行為者自身にとって意味のある振る舞いと考え、行為者にとって意味をもたない**行動**とは区別している。行為の主観的意味を理解することを通して、その過程および結果を説明しようとする**理解社会学**を提唱した。

出 29-19-1
31-20

140 ウェーバーは、**社会的行為**をその行為者の主観的な意味に従って、①**目的合理的行為**、②**価値合理的行為**、③**伝統的行為**、④**感情的行為**の4つに分類している。

出 29-19-2, 3

141 **目的合理的行為**とは、外界の事物の行動およびほかの人間の行動についてある**予想**をもち、この**予想**を自分の目的のために条件や手段として利用するような行為である。

142 最小のコストで最大の利益を得ようとする人間像を**ホモ・エコノミクス**（経済人）と呼び、その行為は目的合理的行為の典型的な例である。

143 **価値合理的行為**とは、ある行動の独自の**絶対的価値**そのものへの、結果を度外視した、意識的な**信仰**による行為である。人間は利害に駆られて行動するだけではなく、ある場合には理想が人間を突き動かすこともあると考える。

出 29-19-3

144 **伝統的行為**とは、**身についた習慣**による行為である。昔から家族や地域

出 29-19-2

社会理論と社会システム

113

共同体等で行われてきたもので、季節の行事や慣習的な行為等を意味する。

145 **感情的行為**とは、直接の感情や気分による行為である。

146 **行為の意図せざる結果**とは、ある意図によって行われた行為自体が思わぬ影響をもたらすことを意味する。

出29-19-5

147 **パーソンズ**（Parsons, T.）は、ウェーバーの目的合理的行為と価値合理的行為を継承して**主意主義的行為理論**を提唱した。合理性の規範と価値の規範の両方に基づいて、適切な手段を用いて、適切な目的を追求するという行為理論であり、共通価値という概念から個人の欲求や利益追求に制限を加えることで社会秩序を可能とする考えを示した。

出32-19

148 **ゴッフマン**（Goffman, E.）は、人間は目的を追求するだけでなく、同時に他者の前である役割を演じていると考え、社会的行為がもつ演技としての側面に注目した**演劇論的行為論**を提唱した。

149 **ブルデュー**（Bourdieu, P.）は、ウェーバーの伝統的行為を継承して、行為者が意識せず習慣に基づいて行う行為に注目した**ハビトゥス論**を提唱した。ハビトゥスとは、過去の経験によって形成され身についた知覚・思考・行為の図式のことであり、ハビトゥスによって自動的になされる振る舞いをプラティックと呼んだ。

150 **ハーバマス**（Habermas, J.）は、さまざまな行為理論を踏まえて、行為を①**目的論的行為**、②**戦略的行為**、③**規範に規制される行為**、④**演劇論的行為**、⑤**コミュニケーション的行為**に分類している（表5参照）。

出29-19-4
32-19-1

表5　ハーバマスの分類

	対応する行為理論
①目的論的行為	ウェーバーの目的合理的行為
②戦略的行為	**合理的選択理論**。①目的論的行為の一種
③規範に規制される行為	パーソンズの主意主義的行為理論
④演劇論的行為	ゴッフマンの演劇論的行為
⑤コミュニケーション的行為	ハーバマス独自の類型。言語を媒介として、自己と他者の間で相互了解を目指して行われる相互行為

▶合理的選択理論とは、自己の利益を最大化するために他者の出方を計算に入れつつ戦略的に手段を選択するという、功利主義を継承した考え方

社会的役割

151 **役割**とは、その人が占める社会的地位に付随して期待される行動様式のセットのことであり、**社会的役割**は、行為の社会性を強調した言葉であ

出29-20

3 人と社会の関係

社会的役割

る。

152 役割葛藤とは、保有する複数の役割間の**矛盾**や**対立**から心理的緊張を感じることをいう。役割は調和的に遂行されることもあるが、異なる行動様式が**同時**に要求される場合に葛藤が生じる。　出 29-20-4　30-19-2

153 役割期待とは、個人の行動パターンに対する他者の期待のことをいう。同じ社会のなかで、他者の役割期待を察知できるのは、共通の**社会規範**を内面化しているためである。　出 29-20-2　30-19-1

154 役割期待を実際に演ずる行為を**役割行動**と呼ぶ。

155 人は特定の位置（例えば父、母、教師等）にある人物から、自分が同じ位置についたときにどのように行動すべきかを学習する。このとき、特定の位置にある人の役割行動を**役割モデル**という。

156 役割取得とは、他者からの期待を認識し、それを取り入れることで**自分**の役割を形成することである。期待が地域社会、国民社会、国際社会において一般化されたものを**一般化された他者の期待**という。　出 30-19-5

157 役割形成とは、期待された役割を取得するだけでなく、**新たな**役割を形成することであり、一般にこれは、他者に働きかけ、他者の役割期待を変化させ、再構成することによって行われる。

158 役割距離とは、他者からの期待と**少しずらした**かたちで行動することをいう。他者の期待に拘束されない自由と、自己の主体性を表現する行為である。　出 29-20-5

159 役割交換とは、夫と妻など相互に相手の役割を演じ合うことによって、相手の立場や考え方を理解し合うことをいう。

160 役割演技とは、個人がさまざまな場面にふさわしい役割を意識的に演ずることをいう。　出 29-20-3　30-19-3

161 社会化とは、その社会の一員として生きていくために必要な、社会共通の価値・判断基準・知識・技能といった集団的価値（文化）を内面化して習得していく過程のことである。社会化される側に対して、社会化する側を**社会化の担い手**と呼ぶ。

162 第一次社会化（一次的社会化）とは、**幼児**期から**児童**期にかけて**言語**や**基本的な生活習慣**を習得するほか、その時期に習得した物事の善悪の区別、性差、情緒的関係などからパーソナリティの基盤を形成し、人格形成において重要な役割を担う。家族が重要な社会化の担い手となる。

163 第二次社会化（二次的社会化）では、**児童期後**期から**成熟**期にかけて**社会的役割**を習得する。社会化の担い手は、学校、同世代、職場等である。

164 **クーリー**（Cooley, C.H.）は、他者による認知、すなわち鏡としての他

社会理論と社会システム

重要項目

者に映し出される自己を「鏡に映った自己（自我）」と呼んだ。自己は他
者を通して得られるということを示した。

165 ミード（Mead, G.）は、クーリーの考えをさらに検討し、他者への自分
の反応である「I」と、自分自身への他者の反応である「me」とが分化
して自己意識が生じると考えた。

166 リントン（Linton, R.）は、役割と地位とを対概念として提示した。地位
とは、特定の諸個人が占める社会体系内の位置を、役割とはかかる地位
に属する形式化された期待を演ずることを意味し、役割は地位に対応す
る行為の次元を表している。

社会的ジレンマ

167 個人のレベルでの合理性と、集団・社会レベルでの合理性とが必ずしも
一致しないという現象を社会的ジレンマと呼ぶ。最小集団のジレンマの
例として囚人のジレンマ、大集団のジレンマの例として共有地の悲劇な
どがある。

168 囚人のジレンマとは、2人の人間にそれぞれ2つの選択肢が与えられた
ときに、個人にとっては非協力行動を選ぶほうが望ましい結果になるが、
2人が非協力行動を選ぶと両者にとって望ましくない結果になることを
いう。

出 28-20-2
30-20-2
32-20-3

169 共有地の悲劇（コモンズの悲劇）とは、個人が利己的に行動することに
よって、集団全体の利益総体が減少することをいう。

出 28-20-3
30-20-4

170 外部不経済とは、ある経済主体の行為が、他の経済主体や個人に対して
不利益や損失を及ぼすことをいう。典型的な例として、公害問題がある。

出 28-20-1

171 2人以上のプレーヤーが複数の選択肢をもち、お互いの選択肢がそれぞ
れの利得に影響を与えるという状況を分析する学問をゲーム理論という。
分析対象はゲームに限らず、市場取引、交渉、戦争における戦略などの
社会現象に及んでいる。

172 ゼロサム（ゼロ和）ゲームは、全員の得失の総和がゼロになることをい
い、非ゼロサム（非ゼロ和）ゲームとは、1人の利益が必ずしも他の誰
かの損失にならないことをいう。囚人のジレンマは、非ゼロサムゲーム
の代表例である。

173 フリーライダーとは、非協力を選択して自ら負担することなく、利益の
みを享受する人のことである。フリーライダーをいかになくすかという
問題をフリーライダー問題と呼ぶ。

出 28-20-4
30-20-1
31-21

116

174 **オルソン**（Olson, M.）は、社会的ジレンマの解決法として、非協力的行動に対し罰を、協力的行動に対して報酬を与えることにより、外的な要因から協力的行動を選択する方法を**選択的誘因**と呼んだ。それに対して**規範意識**は、内的な要因によって解決しようとするものである。

出 28-20-5

4 社会問題の理解

社会問題の捉え方

175 **構築主義的アプローチ**では、**社会問題**とは自明なものとして存在するのではなく、人々が主張すること（**クレイム申立て**）を通して認識される問題であると考える。構築主義とは、社会問題が認識されるプロセスを解明しようとするものである。

出 28-21-5
　32-21

176 **規範主義的アプローチ**では、社会がどうあるべきかについては、多くの人々に共有されている規範が存在するので、これに反するものが社会問題と認識されると考える。

出 28-21-1

177 **機能主義的アプローチ**では、社会は統一されたシステムをなしているので、その目標達成にとってマイナスに働く事象は、社会問題と認識されると考える。

出 28-21-2

178 **リスク社会論的アプローチ**では、社会問題とは専門家でなければ可視化できないような、現代社会におけるリスクのことであり、専門家が社会問題と定義する問題のことであると考える。

出 28-21-4

179 **文化学習理論**では、少年犯罪は大人の支配文化に対する反動的な副次文化（サブカルチャー）を学習した結果と考える。**コーエン**（Cohen, A.）の非行サブカルチャーの反動形成論、**サザーランド**（Sutherland, E. H.）と**クレッシー**（Cressey, D.）の**差異的接触論（分化的接触理論）**、**マッツァ**（Matza, D.）の**ドリフト（漂流）論**などがある。

出 32-21-3

▶副次文化を学習する機会の有無に焦点を当てる。

▶少年たちの多くは支配文化と副次文化の間を漂っているとする。

180 **ラベリング理論**では、周囲の人々や社会統制機関などが、ある人々の行為やその人々に対してレッテルを貼ることによって、**逸脱**は作り出されると考える。レッテルを貼られた人間が逸脱者らしいパーソナリティを身につけ、社会的に疎外され続けることによって、さらに犯罪などを行いやすい社会的状況におとしめられるとした。

出 29-21
　32-21-5

ラベリング
特定の行為者に対し権力者等が否定的なレッテルを貼ること。

181 **社会緊張理論**では、犯罪行動の背景には社会構造的なプレッシャーがあると考える。**マートン**（Merton, R.）は、金銭的な豊かさの実現を促す文化目標のみが強調され、その目標の達成手段（制度的手段）が開かれ

出 32-21-2

ていない社会状況では**アノミー**（**無規範状態**）が生じ、貧しい階層の人々を犯罪へと駆り立てる潜在的（せんざいてき）な要因になると主張した。

182 **司法取引**とは、犯罪行為を行った者が有罪を認める、共犯者を告発する、あるいは捜査に協力するなどの代わりに、司法関係者がその者の刑の軽減や罪状の取り下げを行う制度である。

183 **組織犯罪**とは、組織の構成員の大部分あるいは全員が一体となって行う犯罪のことをいう。企業における**組織犯罪**のことを**企業犯罪**とも呼ぶ。

184 サザーランドが提唱した**ホワイトカラー犯罪**とは、組織で働く社会的地位の高い中・上層の者が、その立場を利用して、職業的な課題を遂行するなかで行う犯罪のことをいう。

185 **被害者なき犯罪**とは、被害者のいない、あるいは、いないようにみえる犯罪行為のことをいう。売春、賭博（とばく）、薬物乱用、不法移民、武器の所持などがあげられる。

186 ケリング（Kelling, G. L.）が提唱した**割れ窓理論**は、軽微な犯罪を徹底的に取り締まることで、凶悪犯罪を含めた犯罪を抑止できるとする理論である。

> 💡 **注目！**
> 司法取引は、アメリカでは一般的であるが、日本では 2018（平成 30）年6月より施行されている。

具体的な社会問題

187 2000 年代半ばから**ワーキング・プア**（働く貧困層）などの用語で、日本社会における新しい**貧困**が問題とされつつある。これは、正規社員・非正規社員などの雇用形態、職務で求められるスキルの変容、賃金の隠蔽（いんぺい）された不払いなどの問題としてとらえるものである。

188 警察庁による「平成 30 年における少年非行、児童虐待及び子供の性被害の状況」によると、**児童虐待の加害者数**は養親・継親よりも**実親**のほうが多く、女性より**男性**のほうが多い（表6参照）。

出 30-21

表 6　被害児童と加害者との関係

	実父	養父継父	内縁（男）	その他（男）	計	構成比	実母	養母継母	内縁（女）	その他（女）	計	構成比	計	構成比
身体的虐待	532	162	97	13	804	56.7%	301	8	4	5	318	22.4%	1,122	79.1%
性的虐待	70	99	30	18	217	15.3%	12	0	0	0	12	0.8%	229	16.1%
怠慢又は拒否	8	1	0	1	10	0.7%	20	1	0	0	21	1.5%	31	2.2%
心理的虐待	12	4	0	1	17	1.2%	19	0	0	1	20	1.4%	37	2.6%
合計	622	266	127	33	1,048	73.9%	352	9	4	6	371	26.1%	1,419	100.0%

実力チェック！ 一問一答

※解答の（ ）は重要項目（P.95〜118）の番号です。

●解答

1. 社会システムの活動水準の測定値のことで、人々の福祉、生活の質に寄与する要因を数量化した指標を何と呼ぶか。
▶社会指標（ 6 ）

2. 社会階層間の人の移動を何というか。
▶社会移動（ 11 ）

3. 資本主義社会を構成する階級の1つで、資本家階級と訳される用語を何というか。
▶ブルジョアジー（ 14 ）

4. 個人の能力・実績によって地位が与えられることを何主義というか。
▶業績主義（ 19 ）

5. 普遍性を維持しつつも社会の要請に応える、より柔軟で可塑的な運用を可能にする法のあり方を何というか。
▶応答的法（ 24 （表1），25 ）

6. 雇用形態にかかわらず、同じ仕事であれば時間当たりの賃金が同じになることを何というか。
▶均等処遇（ 36 ）

7. 「仕事と生活の調和」を意味する、多様な働き方・生き方を目指す考え方を何というか。
▶ワーク・ライフ・バランス（ 38 ）

8. ジニ係数とは、何の指標か。
▶所得格差（ 39 ）

9. 社会は軍事型社会から産業型社会へ移行するとして社会進化論を唱えたのは誰か。
▶スペンサー（ 43 ）

10. 社会的連帯を有機的連帯と機械的連帯に分類し、社会の無規範状況をアノミーという用語で表現したのは誰か。
▶デュルケム（ 44 ）

11. 生理的・機能的欲求に基づくモノの消費から、記号的意味の消費（記号の消費）へと移ると考えたのは誰か。
▶ボードリヤール（ 53 ）

12. 人口の年齢構成が経済にとってプラスに作用することを何というか。
▶人口ボーナス（ 64 ）

13. コミュニティ解放論を提唱したのは誰か。
▶ウェルマン（ 75 ）

14. 拡散した都市機能を集約させ、生活圏の再構築を図る都市のことを何というか。
▶コンパクトシティ（ 76 ）

15. ゲマインシャフト（共同社会）とゲゼルシャフト（利益社会）を対比したのは誰か。
▶テンニース（ 89, 90 ）

16. マッキーヴァーが示した、特定の関心を充足することを目的として人為的に構成される集団を何というか。
▶アソシエーション（ 91 ）

17. ウェーバーは、非日常的な資質の持ち主によって支えられる支配体制を何と呼んだか。
▶カリスマ的支配（ 97 ）

18. ウェーバーは、正当な手続きにより制定された法に従うことで成立する支配を何と呼んだか。
▶合法的支配（ 97 ）

19. 行為を4つの類型に分け、目的合理的行為や価値合理的行為に注目して近代の合理性を論じたのは誰か。
▶ウェーバー（ 99, 140 ）

社会理論と社会システム

一問一答

●解答

⑳ 官僚制において、形式合理性を重視するがゆえに実質合理性を失うことを何というか。 ▶官僚制の逆機能（ 102 ）

㉑ 跡継ぎとなる子の家族とだけ同居し、家族が何世代も直系的に存続することを原則とした家族制度を何というか。 ▶直系家族制（ 111 ）

㉒ 住居と家計をともにする人々の集まりと定義される行政上の概念を何というか。 ▶世帯（ 117 ）

㉓ 国勢調査の調査単位は何か。 ▶世帯（ 117, 120 ）

㉔ 少子化は、合計特殊出生率が何の水準を長期的に下回る状態をいうか。 ▶人口置き換え水準（人口置換水準）（ 126 ）

㉕ ライフサイクルを応用したファミリーライフサイクルのことを何というか。 ▶家族周期（ 130 ）

㉖ 個人がたどる多様な人生のあり方や、その発展過程を表す概念を何というか。 ▶ライフコース（ 131 ）

㉗ 社会ネットワーク、信頼、互酬（ごしゅう）性の規範を構成要素とする資本を何というか。 ▶社会関係資本（ソーシャルキャピタル）（ 133, 135 ）

㉘ 社会的行為の主観的意味を理解することを通して、その過程および結果を説明しようとする考え方を何というか。 ▶理解社会学（ 139 ）

㉙ ウェーバーが分類した４つの行為のうち、身についた習慣による行為は何か。 ▶伝統的行為（ 140, 144 ）

㉚ パーソンズの社会的行為論を何というか。 ▶主意主義的行為理論（ 147 ）

㉛ 保有する複数の役割間の矛盾や対立から心理的緊張を感じることを何というか。 ▶役割葛藤（かっとう）（ 152 ）

㉜ 他者からの期待を認識し、それを取り入れることで自分の役割を形成することを何というか。 ▶役割取得（ 156 ）

㉝ 他者からの期待と少しずらしたかたちで行動することを何というか。 ▶役割距離（ 158 ）

㉞ 「鏡に映った自己（自我）」という概念を示したのは誰か。 ▶クーリー（ 164 ）

㉟ ある経済主体の行為が、他の経済主体や個人に対して不利益や損失を及ぼすことを何というか。 ▶外部不経済（ 170 ）

㊱ 社会的ジレンマの考え方において、非協力を選択して自ら負担することなく、利益のみを享受（きょうじゅ）する人を何というか。 ▶フリーライダー（ 173 ）

㊲ 非協力的行動に対し罰を、協力的行動に対して報酬を与えるとする、オルソンによる社会的ジレンマの解決法を何と ▶選択的誘因（ 174 ）

120

いうか。

●解答

38 社会問題を、人々が主張すること（クレイム申立て）を通して認識される問題と考えるアプローチは何か。

▶**構築主義的アプローチ**（ 175 ）

39 社会問題とは専門家でなければ可視化できないような、現代社会におけるリスクのことと考えるアプローチは何か。

▶**リスク社会論的アプローチ**（ 178 ）

40 周囲の人々や社会統制機関などがレッテルを貼ることによって逸脱は作り出されると考える理論は何か。

▶**ラベリング理論**（ 180 ）

社会理論と社会システム

合 格 体 験 記

苦手な科目を克服

　私は、社会人になってから福祉系大学のアフタヌーンコース（二部）に入学しました。そのため、日中は仕事を終日行い、夜、大学で講義を受けるというかたちで、社会福祉士試験に挑みました。一見、日中に仕事をしているということは試験にとってマイナスのように思われますが、逆にこのような状況のおかげで、モチベーションを下げずに試験勉強ができたと考えています。つまり、日中仕事をしていることを理由にして、自分自身に妥協を許さないように心掛けたのです。

　私の勉強方法は、試験の約1年前から過去問題を解くことと、模擬試験を受けることで、自分自身の弱点を見つけることによって優先順位をつけ、特に苦手な科目を重視して勉強していきました。過去問題を解いていくなかで、わからない語句などが出てきたときは受験ワークブックで調べ、ノートにまとめていきました。試験10日前からは、とにかく時間さえあれば、受験ワークブックの一問一答を暗記することに重点を置きました。

　試験というと大変なことが多いと思います。しかし、すべて自分自身のためと思えば、多少のつらいことは我慢できます。諦めてしまうことは簡単ですが、合格という目標に向かって全力を尽くせたことが、私にとっての一番の喜びです。

（医療法人メディライフ医療ソーシャルワーカー　藤田尚）

4

現代社会と福祉

傾向と対策

出題基準と出題実績

出題基準			
大項目	中項目	小項目（例示）	
1 現代社会における福祉制度と福祉政策	1）福祉制度の概念と理念		
	2）福祉政策の概念と理念		
	3）福祉制度と福祉政策の関係		
	4）福祉政策と政治の関係		
	5）福祉政策の主体と対象		
2 福祉の原理をめぐる理論と哲学	1）福祉の原理をめぐる理論		
	2）福祉の原理をめぐる哲学と倫理		
3 福祉制度の発達過程	1）前近代社会と福祉	・救貧法、慈善事業、博愛事業、相互扶助 ・その他	
	2）産業社会と福祉	・社会保険・社会保障の発達、福祉国家の成立 ・慈善救済事業、社会事業の発達 ・その他	
	3）現代社会と福祉	・第二次世界大戦後の生活困窮と福祉、経済成長と福祉 ・新自由主義、ポスト産業社会、グローバル化、リスク社会、福祉多元主義 ・その他	

※【 】内は国家試験に出題された番号です。

現代社会と福祉

	出題実績				
	第28回(2016年)	第29回(2017年)	第30回(2018年)	第31回(2019年)	第32回(2020年)
				・国連の「人間の安全保障」の内容【22】 ・「世界幸福度報告書」の内容【27】	
					・「ニッポン一億総活躍プラン」【23】
	・エスピン-アンデルセンのレジーム理論【22】				・1950年代から1970年代にかけての社会福祉の理論【24】
	・ロールズが『正義論』で主張した格差原理【23】	・センの「潜在能力」【22】	・ロールズが論じた正義【22】 ・人物と貧困概念【28】	・福祉社会づくりにかかわる人物と理論等【23】	
	・イギリスにおける貧困対策の歴史【24】 ・生活困窮者自立支援制度【31】	・ラウントリーのヨーク調査【25】	・日本の社会福祉制度に関する歴史【24】 ・戦前の方面委員等の仕組み【31】	・イギリスにおける福祉政策の歴史【24】	・ベヴァリッジ報告【25】
		・社会福祉事業法制定時における社会福祉法人創設の趣旨【24】	・社会的企業【25】	・社会福祉法【30】	・社会福祉法【22】 ・1973年に実施した福祉政策【26】 ・社会福祉法人の「地域における公益的な取組」【29】

125

大項目	中項目	小項目（例示）	
4 福祉政策における ニーズと資源	1）需要とニーズの概念	・需要の定義、ニーズの定義 ・その他	
	2）資源の概念	・資源の定義 ・その他	
5 福祉政策の課題	1）福祉政策と社会問題	・貧困、孤独、失業、要援護（児童、老齢、障害、寡婦）、偏見と差別、ソーシャルエクスクルージョン（社会的排除）、ヴァルネラビリティ、リスク ・その他	
	2）福祉政策の現代的課題	・ソーシャルインクルージョン（社会的包摂）、社会連帯、セーフティネット ・その他	
	3）福祉政策の課題と国際比較（国際動向を含む。）		
6 福祉政策の構成要素	1）福祉政策の論点	・効率性と公平性、必要と資源、普遍主義と選別主義、自立と依存、自己選択とパターナリズム、参加とエンパワメント、ジェンダー、福祉政策の視座 ・その他	
	2）福祉政策における政府の役割		
	3）福祉政策における市場の役割		
	4）福祉政策における国民の役割		
	5）福祉政策の手法と政策決定過程と政策評価	・福祉政策の方法・手段	
	6）福祉供給部門	・政府部門、民間（営利・非営利）部門、ボランタリー部門、インフォーマル部門 ・その他	
	7）福祉供給過程	・公私（民）関係、再分配、割当、行財政、計画 ・その他	

	第 28 回(2016 年)	第 29 回(2017 年)	第 30 回(2018 年)	第 31 回(2019 年)	第 32 回(2020 年)
	・福祉サービス利用者のニーズ【25】	・個人の福祉ニード【27】		・災害時の福祉ニーズへの対応【25】	
	・貧困・所得格差【26】 ・世帯や婚姻の動向【28】	・日本の人口動向【29】 ・「子供の貧困対策に関する大綱」【30】	・障害者差別解消法及び基本方針の社会的障壁の除去【23】		
	・健康や寿命【27】	・自殺対策基本法【28】	・世界保健機関による健康の社会的決定要因【26】 ・各国の福祉政策【27】	・ヘイトスピーチ解消法の内容【26】	・「外国人材の受け入れ・共生のための総合的対応策」【27】 ・国際連合が掲げている「持続可能な開発目標」（SDGs）【28】
		・OECD の「より良い暮らし指標」【23】 ・「社会保障制度改革国民会議報告書」における社会保障制度改革への提案【26】		・日本における性同一性障害や性的指向・性自認【28】	
	・福祉サービスにおける準市場【29】		・福祉サービスのプログラム評価の方法【29】		

現代社会と福祉

大項目	中項目	小項目（例示）	
	8）福祉利用過程	・スティグマ、情報の非対称性、受給資格とシティズンシップ ・その他	
7 福祉政策と関連政策	1）福祉政策と教育政策		
	2）福祉政策と住宅政策		
	3）福祉政策と労働政策		
8 相談援助活動と福祉政策の関係	1）福祉供給の政策過程と実施過程		

傾向

　「現代社会と福祉」は、第28回から第32回試験では、それぞれ10問が出題された。以下、出題基準の項目に沿って分析する。

1 現代社会における福祉制度と福祉政策

　第31回では、国連総会で採択された「人間の安全保障」に関する問題、「世界幸福度報告書」の内容に関する問題、第32回では、「ニッポン一億総活躍プラン」に関する問題が出題された。これらの内容は、じっくり読めば内容を知らなくても解けたであろう。この出題分野は総論にあたるので、「福祉制度」「福祉政策」の各概念と理念、両者の関係をまず押さえておくことが必要である。そして、「福祉政策」と政治や主体との関係について理解しておくことが必要であろう。特に古川孝順の「社会福祉のL字型構造」が科目全体を貫く考えとなっている。その全体像を念頭におきながらイメージ化すると理解が容易となるだろう。

2 福祉の原理をめぐる理論と哲学

　この出題範囲は、まず過去の問題を押さえておくことである。第28回では、エスピン-アンデルセンのレジーム理論、ロールズが『正義論』で主張した格差原理、第29回では、センの

第28回(2016年)	第29回(2017年)	第30回(2018年)	第31回(2019年)	第32回(2020年)
				・不登校児童への支援【30】
・高齢者の居住の安定確保に関する法律【30】		・住宅セーフティネット法の内容【30】		
	・仕事と介護の両立【31】		・「育児・介護休業法」の介護休業制度【29】 ・日本の最低賃金制度【31】	・ソーシャルワーク専門職である社会福祉士に求められる役割等について【31】

現代社会と福祉

「潜在能力」、第30回では、ロールズが論じた「正義」に関する問題、第31回では、福祉社会づくりにかかわる人物や理論等に関する問題、第32回では、1950年代から1970年代にかけての日本の社会福祉の理論に関する問題が出題された。このところ多様な人物が出題されている。外国人は、第28回では、エスピン-アンデルセン、ロールズ、ブース、第29回では、セン、ラウントリー、第30回では、ロールズ、ポーガム、タウンゼント、ピケティ、ラウントリー、リスター、第31回では、ポランニー、ブルデュー、ホネット、デュルケム、バージェス、日本人では、「相談援助の基盤と専門職」の科目で、岡村重夫が第30回と第32回に、竹内愛二、仲村優一、三浦文夫が第30回と第31回に出題され、第32回の「現代社会と福祉」に木田徹郎、三浦文夫、岡村重夫、孝橋正一、一番ケ瀬康子がそれぞれ出題された。なかにはテキストでふれられていない人名もあり、社会福祉でなじみのない人物ばかりでとまどった人も多かったであろう。特に、ロールズとセンの考え方を中心にまとめておくとよい。また、社会学関連の辞典で人物に目を通しておくと安心であろう。

3 福祉制度の発達過程

　この項目も過去の問題をよく押さえておくことが有効となる出題範囲である。第28回では、イギリスにおける貧困対策の歴史、第29回では、ラウントリーのヨーク調査、社会福祉事業法制定時における社会福祉法人創設の趣旨、第30回では、日本の社会福祉制度に関する歴史、社会的企業に関する問題、第31回では、イギリスにおける福祉政策の歴史に関する問題、社会福祉法に関する問題、第32回では、ベヴァリッジ報告、社会福祉法、1973年に実

施した福祉政策、社会福祉法人の「地域における公益的な取組」に関する問題が出題されている。

第28回の生活困窮者自立支援制度は、あえてこの分野の出題とした。また、社会的企業や民生委員制度は、「地域福祉の理論と方法」の科目と重なるので、そちらでまとめておこう。第31回、第32回では、社会福祉法が出題された。出題基準では、各科目の歴史の記述や社会福祉法、福祉の総論的な内容の位置づけが不明瞭となっているが、各科目の歴史の問題として出題される可能性が高いので、本科目で社会福祉の歴史をきちんと学び、系統的な理解や基礎的理解を押さえておいてほしい。第32回の内容は「地域福祉の理論と方法」の科目と重複した内容であったので、そちらでまとめておこう。また、第30回では、単なる暗記だけでは解けない内容が出題された。制度の背景を押さえる勉強が求められる。

4 福祉政策におけるニーズと資源

内容的には「需要とニーズの概念」「資源の概念」が含まれる。第28回では、福祉サービス利用者のニーズ、第29回では、個人の福祉ニード、第31回では、災害時の福祉ニーズへの対応に関する問題が出題された。過去の出題では、「ニーズ（必要）」という形であったが、最近の出題では、ニード、ニーズと表記された。テキストでは「社会福祉学におけるカタカナ語の氾濫」と指摘し、「ニード」を「必要」と訳している。

今後も、「必要と福祉政策」「福祉政策の資源」といった内容をきちんと押さえておくことが重要である。また、ラウントリーのように他科目に記述されている内容もあるので、それらと併せて学んでおきたい。

5 福祉政策の課題

第28回では、貧困・所得格差、世帯や婚姻の動向、健康や寿命、第29回では、自殺対策基本法、日本の人口動向、「子供の貧困対策に関する大綱」、第30回では、「障害者差別解消法」及び「基本方針」による社会的障壁の除去、人物と貧困概念、世界保健機関による健康の社会的決定要因、各国の福祉政策に関する問題、第31回では、ヘイトスピーチ解消法の内容に関する問題、第32回では、「外国人材の受け入れ・共生のための総合的対応策」、国際連合が掲げている「持続可能な開発目標」（SDGs）に関する問題が出題された。第28回に出題されたエスピン-アンデルセンや第28回、第30回のロールズ、第29回のセンは、理論としてだけではなく政策課題等幅広く、今後も出題される可能性が高い。第29回の自殺対策基本法、第30回の障害者差別解消法などの問題は、他科目の分野と重複しているので横断的にまとめておこう。「現代社会と福祉」は、科目の性格もあろうが、ほかの分野と重複する内容が多い。

今後も、「福祉政策と社会問題」「福祉政策の現代的課題」の項目は新しい内容として出題される可能性が高い。「貧困」「孤独」「失業」「社会的排除」「ヴァルネラビリティ」「社会的包摂」「セーフティネット」、世界的に注目されている「持続可能な開発目標」（SDGs）などの言葉とその具体的な課題を押さえておくことが重要である。

6 福祉政策の構成要素

この項目は、出題基準の他項目や他科目と重複する内容となっている。第28回では、福祉サービスにおける準市場、第29回では、OECDの「より良い暮らし指標」、「社会保障制度改革国民会議報告書」における社会保障制度改革への提案、第30回では、福祉サービスのプログラム評価の方法に関する問題、第31回では、日本における性同一性障害や性的指向・性自認に関する問題、第32回では、他の領域と関連する内容が出題された。この分野も重複する内容が多く、福祉サービスのプログラム評価は科目「福祉行財政と福祉計画」に記されている内容も併せて理解しておこう。

項目として中心となるのは、「福祉政策の論点」であり、効率性と公平性、必要と資源、普遍主義と選別主義、自立と依存、自己選択とパターナリズム、参加とエンパワメント、ジェンダー、福祉政策の視座といった小項目の内容を押さえておくとよい。また、ジェンダーは、「社会理論と社会システム」の科目とまとめておくとよい。

7 福祉政策と関連政策

福祉政策と教育・住宅・労働の各政策を問う出題範囲である。第28回では、高齢者の居住の安定確保に関する法律、第29回では、仕事と介護の両立に関する問題、第30回では、住宅セーフティネット法の内容に関する問題、第31回では、「育児・介護休業法」の介護休業制度、日本の最低賃金制度に関する問題、第32回では、不登校児童への支援、ソーシャルワーク専門職である社会福祉士に求められる役割等に関する問題が出題された。

この分野は、所得保障、保健医療政策、人権擁護政策といった項目も併せて理解しておこう。

8 相談援助活動と福祉政策の関係

第28回から第32回では出題がなかった。内容的には他分野と重複している。中項目には「福祉供給の政策過程と実施過程」とあり、「福祉政策の構成要素」に「福祉供給過程」の項目があるので、それらと関連づけて学んでおくことが重要である。

対策

　本科目のカリキュラムで目立つのが「福祉政策」という言葉で、より、「現代社会」ということを意識した学習が求められる。

　近年、テキストにも出ていないような人物や諸外国の細かな政策、あるいは、閣議決定や関係閣僚会議決定といった時事的な内容が出題されている。そのため、勉強方法に迷うことが多かろう。しかし、まずはテキストを1冊通読して科目の全容を理解しておくとわかりやすくなるだろう。また、各種の白書や報告書の動向を問う出題も多くなっている。これらの内容は、社会問題や現代的課題を意識して、「社会学」の分野と併せて学習したり、人口動向、子どもの貧困、自殺問題、介護と仕事の両立などの問題は、日頃から新聞等に目を通しておくとよい。そのほか、福祉制度の発達過程もこのところよく出題されている。単なる年号や人物の暗記ではなく、相互の出来事についての関連も問われているので、事実関係も押さえておこう。五肢択一形式の問題を解くにあたっては、きちんとした知識がないと解答するのに迷うことになるが、一方で正しいものを選ぶために、誤りの選択肢をじっくり読むと、日本語の読解力でわかるものもある。そのために数多くの過去問を解いて勘を養ったり、一問一答的な知識の確認を日頃から訓練しておくのも有効な対策である。

押さえておこう！　重要項目

1 現代社会における福祉制度と福祉政策

福祉制度の概念と理念

1 1950（昭和25）年の**社会保障制度審議会**は、「**社会保障制度に関する勧告**」（「**50年勧告**」）のなかで、「社会保障制度とは、**疾病、負傷、分娩、廃疾、死亡、老齢、失業、多子その他困窮の原因**に対し、保険的方法又は直接公の負担において経済保障の途を講じ、生活困窮に陥った者に対しては、国家扶助によって最低限度の生活を保障するとともに、公衆衛生及び社会福祉の向上を図り、もってすべての国民が文化的社会の成員たるに値する生活を営むことができるようにすることをいうのである」と定義している。

出 32-49-1（社保）

2 日本で制度上いまだに使われている**社会福祉概念**は、1950（昭和25）年の**社会保障制度審議会**の**50年勧告**における定義「社会福祉とは、国家扶助の適用をうけている者、身体障害者、児童、その他援護育成を要する者が、自立してその能力を発揮できるよう、必要な生活指導、更生補導、その他の援護育成を行うこと」である。

▶日本の社会福祉概念は、救貧対策であったかつての社会事業に近いものであり、社会福祉すなわち社会福祉事業を意味している。社会福祉は、社会保障の一分野であると考えられている。

3 **社会保障と社会福祉の関係**は、社会保障を**上位概念**とすると、社会福祉は、社会保険・社会手当とともに社会保障を構成する要素の1つとして位置づけられる。社会保障と社会福祉を**並列する概念**とすると、社会保障を構成する要素として社会保険と社会手当があるということになる。

4 社会保障制度審議会の「社会保障制度の総合調整に関する基本方策についての答申および社会保障制度の推進に関する勧告」（「**1962年の答申・勧告**」）では、社会保障に関する施策を所得階層別の観点から、「**貧困階層に対する施策**」「**低所得階層に対する施策**」「**一般所得階層に対する施策**」に区分し、社会福祉対策を「**低所得階層に対する施策**」として位置づけた。

5 わが国における**社会福祉の最近の動向**は、人権尊重や共存の思想が普及するにつれて、以下のように発展してきている。

- 恩恵 ──────────────→ **権利**
- 選別的・救貧的福祉 ──────→ **普遍的・一般的**福祉
- 残余的社会福祉 ────────→ **制度的**社会福祉
- 自発的社会福祉 ────────→ **法律**による社会福祉
- 開発的社会福祉 ────────→ **調整的**社会福祉
- 受動的措置の福祉 ───────→ **主体的選択利用**の福祉

現代社会と福祉

133

💡 **重要項目**

　　　・無料・低額負担の福祉 ————————→ **有料・応能負担**の福祉
　　　・公的行政による一元的なサービス供給→ **公私協働による多元的**供給
　　　・中央集権的社会福祉 ————————→ **地方分権的**社会福祉

6 福祉には、「しあわせ」や「さいわい」という意味があり、「人々の幸福」 出 31-27
という語源的な意味では、対象が限定されていないことから、**広義の福祉**ととらえられる。また、「社会的に弱い立場にある人々への援助や支援」という意味では、対象となる人々が限定されていることから、**狭義の福祉**ととらえられる。また、生活満足感のような**主観的意識**も考慮される。

福祉政策の概念と理念

7 社会政策・福祉政策・社会福祉政策それぞれの概念は、**社会政策（広義の福祉政策）＞福祉政策＞社会福祉政策（狭義の福祉政策）** という範域順で理解される。

8 **福祉政策の概念**は、社会福祉政策を機軸にそれを取り囲む人権擁護・後見制度、消費者保護、健康政策、教育、雇用・労働政策、所得保障、保健サービス、医療サービス、少年・家事審判制度、更生保護、住宅政策、まちづくりなど一般社会サービスとの**連絡・調整・連携**を通じて行われる施策展開に向けられるものとなる（図参照）。

9 **社会福祉政策（狭義の福祉政策）** とは、社会福祉事業や福祉サービスに関係する社会政策を指す。福祉サービスの供給体制は国によって異なり、北欧では財源・供給ともに公共部門が、ドイツや日本では財源はともかく供給は民間部門が、アメリカでは財源・供給ともに民間部門が中心となっている。

10 日本では、歴史的な理由から**社会政策**を労働政策に限定して用いていたが、今日は、広義の福祉政策を**社会政策**の意味で用いるようになっている。そして、イギリスやアメリカで用いられているソーシャルポリシーに**社会政策**、ソーシャルサービスに**社会サービス**を対応させ、**社会政策**を上位概念とし、構成要素として社会サービスを位置づけた。

11 古川孝順によれば、図のa〜lに示された人権擁護・後見制度や消費者保護など個々の項目にあたる縦棒の部分が伝統的な社会政策の体系のなかの社会福祉であり、**社会福祉政策（狭義の福祉政策）** にあたる。社会福祉から始まりa〜lの下部を横断するL字の形状を示す部分はほかの社会政策との関連で新たに福祉政策として浮上してきた部分で、社会福

社会政策
英米流の概念は包括的に用いられる。マーシャル（Marshall, T. H.）によれば、厳密な定義はなく、便宜的・慣例的に使われ、政治の活動のうち社会的なものが社会政策であるが、何が社会的とされるかは慣例による以外にないとする。

社会サービス
社会政策を構成する個別の施策。アメリカのカーン（Kahn, A.）は、教育、所得移転、保健、住宅政策、雇用訓練、パーソナルソーシャルサービスをあげている。

1 現代社会における福祉制度と福祉政策

福祉政策の概念と理念

図　社会福祉のL字型構造

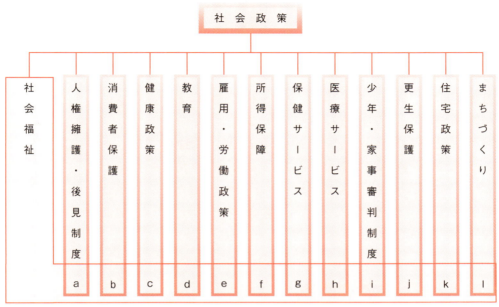

※社会福祉が一般社会サービスと交錯する部分に位置する事業の例示
　a　福祉サービス利用援助事業（日常生活自立支援事業）等
　b　サービス提供事業者による情報開示・誇大広告の禁止・苦情対応等
　c　障害者スポーツ・高齢者スポーツ・介護予防事業等
　d　各種障害児施設・学童保育・学校ソーシャルワーク
　e　就労支援・福祉雇用・作業所・授産施設等
　f　生活保護・各種の貸付制度等
　g　乳幼児・妊産婦・老人保健サービス、保健ソーシャルワーク等
　h　医療扶助・更生医療・育成医療・医療ソーシャルワーク等
　i　青少年保護サービス・家事調停サービス等
　j　更生保護相談・就労支援等
　k　低所得者住宅・高齢者住宅・母子生活支援施設等
　l　福祉のまちづくり事業等
資料：古川孝順『社会福祉の拡大と限定——社会福祉学は双頭の要請にどう応えるか』中央法規出版、2009年、61頁

祉政策以外の社会政策の領域に属する福祉政策ということができる。

12　**公共政策**とは、**政府**などが主体となって策定・実行する政策を指す。国、地方自治体（地方公共団体）、国際連合、国際労働機関も公共政策の担い手となり得る。

13　**公共政策**は、**社会秩序維持政策**、**経済政策**、**社会政策**に体系化できる。最も基底的なものは、警察・消防・軍隊・司法などの**社会秩序維持政策**であり、公共サービスと呼ばれ、政府が行うのが当然の仕事とみなされている。

▶先進社会では、公共政策の中心は、経済政策と社会政策に移ってきている。

14　**経済政策**は、経済システムの安定と成長を目的とした公共政策をいう。ケインズ革命以降の先進諸国は、金融政策・財政政策・産業政策などに

重要項目

よって、**経済システムの制御**を行っている。

15 **社会政策**は、市民生活の安定と向上を目的として策定・実施される公共政策をいう。第二次世界大戦後の福祉国家体制の成立以降、先進諸国は雇用・社会保障・住宅・教育など市民生活にかかわるさまざまな領域で社会政策を策定・実施してきた。

▶経済システムの制御により20世紀後半は、1930年代に世界が経験した大恐慌を回避することができたといえる。

16 **社会政策**には、無為、窮乏、疾病・依存、不潔、無知などの**マイナスの価値**を回避することを目的としているものがある。

17 社会政策と経済政策の区分は、機能的に考えた場合、**相対的**である。ある公共政策は、直接的には経済政策であっても、市民生活の安定と向上につながることもあり、社会政策としても機能する。また、ある公共政策は、直接的には社会政策であっても、経済システムの安定と成長に間接的に寄与することもあり、経済政策としても機能する。

▶社会保障領域の政策は、特に経済生活や身体生活においてマイナスの価値を回避するためのものである。

福祉制度と福祉政策の関係

18 **社会福祉に関する政策**では、社会福祉にかかわる国や自治体による一定の目的や目標の設定、それを達成するための権限、情報、要員、財源の動員、手順や手段についての計画の創出が行われる。次に**制度**という形で政策が運用され、さらに**援助**という形に実体化されていき、そこで初めて、利用者は社会福祉を利用することができるようになる。

19 施策の**有用的効果**は、政策が策定される過程で設定された目的や目標を基準にして評価測定される。

福祉政策と政治の関係

20 社会保障・福祉政策は、公的財源を投入することによる利用者の負担軽減が必要な財やサービスの特定、市場での経済活動を通じての生活維持が困難であると想定され公的財源を投入して援助していく必要のある人々のタイプの特定、公的財源の投入により保障すべき生活保障の内容と水準、などを**政治的な決定の対象**とする。

福祉政策の主体と対象

21 **福祉政策**は、国民の代表によって成り立つ国会と行政府である政府を中心とし、さらに地方自治体である都道府県、市町村によって展開されて

2 福祉の原理をめぐる理論と哲学

福祉の原理をめぐる理論

いる。地方分権により**市町村**の役割が増している。

22 **政策主体**とは、社会福祉に関連する政策を計画・策定し、実行する主体をいう。**国**（厚生労働省）が主に政策を立案し、**国会**が法律として定める形となる。

23 **福祉政策の対象者**は、現に社会福祉の支援・援助を受けている人々を指す。クライエント、利用者、要援護者といった呼び方をされる。

24 **福祉政策の対象**となるのは、社会福祉サービスを利用する必要性のある状態におかれている人々が抱えている**社会福祉問題・生活問題**である。

2 福祉の原理をめぐる理論と哲学

福祉の原理をめぐる理論

25 **社会福祉の拡大と変容**は、少子高齢化の進行、格差・不平等の拡大、ホームレス・ニート・ワーキングプアの出現、子どもや高齢者に対する虐待、家庭内暴力の増加などにみられる。

26 **社会福祉の限定**という考え方は、社会福祉の範囲をいわゆる**福祉六法体制に限定**することであり、社会福祉の独自性や固有性を理念・性格・構造・機能をもつ社会的施策の体系として把握するために、広義の社会福祉の概念のもつ包括性、抽象性との対比で、社会福祉を狭義に設定する必要性から起こったものである。

> **福祉六法**
> 生活保護法、児童福祉法、身体障害者福祉法、知的障害者福祉法、老人福祉法、母子及び父子並びに寡婦福祉法の6法をいう。

27 **岡村重夫**は、「一定の資本主義経済の発達段階における社会・経済的条件によって規定される社会福祉の典型は、『**法律による社会福祉**』である。わが国の現状でいえば福祉六法である」として、**法律による社会福祉**を強調する。

28 岡村重夫は、「**法律によらない民間の自発的な社会福祉**による社会福祉的活動の存在こそ、社会福祉全体の自己改造の原動力として評価されなければならない」として、社会福祉は単に2側面があるととらえるのみならず、すでに存在する制度とボランタリーな活動との関係で、その認識を深める必要を強調している。

29 岡村重夫は、社会生活の基本的要求を「**生理的要求**」と「**心理的または人格的要求**」としてとらえ、それと社会制度との社会関係を評価、調整、送致、開発、保護する機能をもつものとして、社会福祉をとらえている。

出 32-99（相理）

30 岡村重夫は、社会関係の客体的側面だけに着目する一般的な政策だけでは不十分であって、年金など多様な社会制度と個人の間に結ばれる**社会**

出 30-93-3（相基）
32-24-3, 4

重要項目

関係の主体的側面を問題とする個別化援助の方策がなくてはならないとした。岡村は、社会福祉を限定して固有の領域（役割）を確立しようとした。

31 社会福祉の固有の領域（役割）とは、３種類の生活困難である社会関係の不調和、社会関係の欠損、社会制度の欠如に介入し、個人が基本的な社会制度を主体的に利用できるように援助することである（岡村重夫の固有論）。

32 岡村重夫は、「救貧事業段階」の社会福祉事業は、「劣等処遇の原則」であり、救貧事業の対象者に対して、その生理的生存を維持し得る程度の生活しか保障しないという特色をもつとした。

33 岡村重夫は、「保護事業段階」は、救済を必要とする者が貧困に陥った直接的な原因を治療し、回復させるような処遇の方法を講じるという「回復的処遇の原則」（治療的措置）、生活困窮に陥った原因を見出すための診断的分類を行うという「分類保護の原則」、生活困窮者に対する医療、教育、職業、住宅などの提供を、一般国民のそれから区別して、単一の行政機関（救貧庁）で行うという「単一保護行政の原則」に特色があるとした。社会的弱者を対象とした事後措置といわれる。

34 大河内一男は、社会政策と社会事業とを区別した。社会政策は、資本主義経済の存立にとって必要不可欠な労働力を確保するために行われる社会的総資本の立場からの労働政策であるのに対して、社会事業は、資本主義経済との連携を断たれ、社会的分業の一環であることを止めた「経済秩序外的存在」が対象であるとした。

> ▶孝橋は、大河内を批判し、社会事業とは、資本主義制度の構造的必然の所産である社会的問題に向けられた合目的的補充的な公私の社会的方策施設の総称であるとした（政策論）。

35 孝橋正一▶は、社会政策と社会事業の関連を統一的に説明するために、「社会問題」と「社会的問題」を区別した。

36 孝橋正一は、社会問題は、資本主義体制が生み出す「基礎的・本質的課題」であるとした。社会事業の対象は、単なる消費者ではなく労働者階級であるが、ただ、その現れ方が社会問題でなく、社会生活上の障害である社会的問題として現れるとした点に特徴がある。それに対応する施策が社会事業である。

出 32-24-1, 4

37 竹内愛二は、社会福祉研究における技術論の系譜に属し、アメリカで発展したソーシャルワークを日本に紹介し、定着させようとした。竹内によれば、個人・集団・地域社会が有する社会（関係）的要求を、自ら発見・充足するために能力等の資源開発を側面から支援する専門的な援助過程として社会福祉をとらえる（技術論）。

出 30-93-5（相基）
31-94-2（相基）
32-24-5

38 仲村優一は、受動的措置福祉から主体的選択への福祉という公私共働の

出 31-94-1（相基）

2 福祉の原理をめぐる理論と哲学

福祉の原理をめぐる理論

多元供給論を展開した。また、機能主義ケースワーク論の立場から、公的扶助におけるケースワークの民主的機能の可能性を論じた（**技術論**）。

39 **木田徹郎**は、戦後の社会事業の理論にはマクロな政策論が多かったのに対し、中範囲的な志向によって、**制度体系と行動体系の統合**を図った（**中範囲論**）。

出 32-24-1

▶制度と専門行動（技術）は、楯の両面のようなものであるとし、制度や機構が役に立つには、現実の具体的な問題解決に有効性を発揮できるよう専門行動によって実践的に機能されなければならないとした。

40 **嶋田啓一郎**は、社会福祉体系論を経済的なもの（資本主義経済）に抗する社会的なもの（生活者の生活防衛）という視点から**力動的統合理論**を提唱した。高度経済成長期以後の社会状況を背景として、社会事業の体系は、社会体制論の矛盾から相互関連的に研究する必要があるとして人間行動科学との統一的理解を主張した（**中範囲論**）。

41 **一番ヶ瀬康子**は、社会福祉を**目的概念としての福祉**と**実体概念としての福祉**に区分し、**目的概念としての福祉**は、「社会の福祉」であり、社会福祉の理念・目的・目標、背景に位置する価値がそれにあたるとした。また、**実体概念としての福祉**は、社会福祉という目的を実現するための手段としての政策、制度、活動などであると指摘した。

出 32-24-5

42 **一番ヶ瀬康子**は、**生活権を基点に据えた実践論・運動論**を組み入れた社会福祉学が総合的に体系化されなければならないと論じた。革新自治体による独自の社会福祉施策、国の施策に影響力をもった（**運動論**）。

出 32-24-3

43 **三浦文夫**は、社会福祉の政策対象について、社会福祉の実践では、**要援護性**が具体的に体現された人間を実践対象とすると考える。社会福祉の政策対象は、**要援護性**を具体的に体現した人間ではなく、政策的視点からこの**要援護性**をもつ人間を何らかの形で集合的・範疇的に"切りとり"、その範囲内での集団を政策対象にするとしている。

出 29-32-4（地域）
32-24-2

44 **古川孝順**は、「社会福祉」は、2通りの方向性が考えられるとしている。1つは、社会福祉の限定をさらに推し進め、ソーシャルワークという範囲に限定し、社会福祉の範囲を福祉ニーズをもつ人々に対する社会的援助の知識や技術の体系に固有性を再確認するという方向性（「**社会福祉の限定**」）、もう1つは、限定されてきた社会福祉を新しい状況のなかに埋め戻し、そこから社会福祉を定義し直すという方向性（「**社会福祉の拡大**」）である。

45 社会福祉の**領域としての固有性**とは、独自性と代替・補充性にあり、社会福祉における**アプローチとしての固有性**とは、個別性と包括・総合性にあるとされる。社会福祉における代替性や補充性の例としては、無年金の貧困者に支給される公的扶助が、年金保険を代替し、かつ、補充していることがあげられる。また、貧困な家庭で生活する子どもに対する

▶古川は、これからの社会福祉は、「社会福祉の拡大」にあるとし、社会福祉の現実と将来を適切に把握するための視点と枠組みの再構築を図ることが重要であると指摘する。

現代社会と福祉

139

就学支援、医療ソーシャルワークやスクール（学校）ソーシャルワーク・就労支援、日常生活自立支援事業や苦情対応制度などにも補充性が認められる。

福祉の原理をめぐる哲学と倫理

46 利用者個々に着目するミクロ的視点からの社会福祉の機能として、**自立支援**があげられる。これは、単に経済的自立を意味するものではなく、「福祉サービスの利用者が心身ともに健やかに育成され、又はその有する能力に応じ自立した日常生活を営むことができるように支援するもの」（社会福祉法第3条：福祉サービスの基本的理念）を意味する。そのために提供されるのが福祉サービスということになる。

47 **市場的分配の論理**と**福祉の思想**は、完全に矛盾するものではなく、ほかに還元し得ない独自性をもっている。**福祉の思想**は、利益への配慮を離れ、市場とは別個の制度として確立することによって実現していくことも重要となる。

48 **目標指向的制度**とは、性・年齢・障害・国籍・就労状態・一人親・離婚・死別・単身などの特定の自然的・社会的属性を理由とする経済的給付を行う制度をいう。これらは、不当性の判断に基づく補償的性格をもつものである。また、社会的価値を根拠として経済的給付がなされる場合もある。

49 **ロールズ**（Rawls, J.）は、『正義論』を著し、「所与の制約条件下で、最も不遇な人々の期待を最大限に高める」ことを目的とする**格差原理**と呼ばれる分配原理を提案する。すべての人に無条件で一定額の基本所得を支給するという**ベーシック・インカム**構想は、格差原理を基礎哲学として展開されたものである。 _出 28-23 30-22

50 **セン**（Sen, A.）は1985年『財と潜在能力』を著した。**潜在能力（ケイパビリティ）理論**とは、「福祉的自由への権利」の保障を具体的に求めた考え方である。センのいう福祉は、よりよき暮らしを意味する富裕などと異なり、個々人が獲得する自立的な機能、個々人の行いやありようの豊かさをとらえる概念である。そのためロールズが指摘するように、個人の私的領域や個人的情報への社会的介入を招く危険がある。特定の行いやありように注目することによって、特定の価値や目的に特権的な位置を与えるおそれがあるからである。 _出 29-22 30-22-5

51 センは、人が善い生活や善い人生を生きるために、どのような状態にあ _出 29-22-1

りたいのか、そしてどのような行動をとりたいのかといった個人の意思とそこから生じる意思選択によって実際に選ぶことのできる選択肢の集合を**潜在能力（ケイパビリティ）**と定義している。そして、弱い立場の人々が**潜在能力**を生かして社会参加することを主張する。

52 センによる潜在能力理論の特徴は、実際に本人が達成した行いやありようの背後にある、実際に選ぶことのできる選択肢の集合である**選択機会**をとらえることにある。本人が達成しようと思ったら達成できる点（潜在能力内の点）と本人が達成しようと思っても達成できない点（潜在能力外の点）を区別し、達成しようと思ってもできない理由を追究することに特徴がある。

53 センは、自由を「本人が価値をおく理由のある生を生きられること」と定義し、**福祉的自由**と呼んでいる。本人の選択が外から妨げられないだけではなく、本人が実際に選択できること、選択するための条件を備えていることも自由の要件としている。

▶潜在能力は、福祉的自由をとらえるための操作的概念となる。

54 センによれば、個人の潜在能力を実現する**資源**には、所得や資産・余暇など個人に所属する資源、市場の成熟度、無料でアクセス可能な天然資源、公共的な財・サービス、人との関係性や私的能力を活用する場などがある。また、**資源の利用能力**には、生産や消費に関する能力、熟慮的な判断の基礎となる能力、習慣、他者への介助などがある。

出 29-22-2

▶各々の要素の特定化、複数の要素間の関係づけは、人々の判断に基づいて決定される。

55 **ジョンソン**（Johnson, N.）は、混合経済（政府と民間が協力して経済を運営することを目指したケインズ経済の概念）と**ニュー・パブリック・マネジメント（NPM）**（計画経済と市場原理を導入して「合理的政府」を目指す、行政管理に民間企業の経営原理や経営手法を導入する考え方）を提唱し、国家が担う役割の縮小を論じた。

56 **ルグラン**（LeGrand, J.）は、医療や教育の分野に市場原理を導入し、効率性と質の向上を目指すとともに、**準市場化**という概念を提唱した。

57 **ローズ**（Rose, R.）は、**福祉ミックス論**（インフォーマルな福祉供給を見直し、これらを適切に組み合わせてサービスを提供する考え方）を提唱し、社会における福祉の総量（TWS）は、H（家族福祉）とM（市場福祉）とS（国家福祉）の総量（TWS＝H＋M＋S）とした。

58 **リスター**（Lister, R.）は、貧困には、基本的な身体的ニーズを満たすのに十分な貨幣の欠如である**絶対的貧困**、その所属する社会で慣習になっているか広く奨励または是認されている類の食事をとったり、社会的諸活動に参加したり、生活の必要諸条件や快適さをもったりするために必要な資源を欠いている**相対的貧困**があると指摘する。

出 30-28-5

重要項目

59 **ルイス**（Lewis, O.）は、貧困者には共通した**貧困の文化**があるとした。絶対的困窮におかれた社会集団は、その階層的特質を意識しながら、貧しい状態を運命的に受け入れ、貧困から抜け出すような努力を減じるように考え行動すると主張した。

60 **スピッカー**（Spicker, P.）は、貧困の多様な意味を**物質的状態、経済的境遇、社会的地位**の3つの群に整理し、その真ん中に「容認できない困難」という共通項があるとした。それは、ある状態におかれた本人が容認できないという意味と社会がそれを認めないほうがいいと考える二面があり、価値判断であって、この価値判断に貧困の概念の共通点があると指摘する。

61 **ポーガム**（Paugam, S.）は、**社会的降格**という概念を通して、現代の貧困の特徴を論じた。社会的降格は、①脆弱になる。②依存する。③社会的な絆が断絶するというプロセスとして起こりハンディキャップが蓄積していくと指摘する。 　出 30-28-1

62 **ピケティ**（Piketty, T.）は、資本の収益率（R）は賃金等の成長率（G）より高い傾向にあり、一部の層が資産を独占し格差が生じているとし、**資産への課税を強化**しなければ格差社会は拡大すると指摘する。 　出 30-28-3

63 **ポランニー**（Polanyi, K.）は、ハンガリー生まれの経済学者。経済や交換に関する人類学を研究。物質の交換形態として、**互酬・再配分・交換**の3つのパターンをあげた。**互酬**は義務としての相互扶助関係など、**再配分**は権力の中心に対する義務的支払いと中心からの払い戻し、**交換**は市場における財の移動であるとした。 　出 31-23-1

64 **ブルデュー**（Bourdieu, P.）は、フランスの社会学哲学者。**文化資本**、社会関係資本、象徴資本などで知られる。**文化資本**とは、再生産される文化的所産の総称で、言葉使いなど身体化されたもの、書物など物として客体化されたもの、学歴など制度化された形態をもつとする。 　出 31-23-2

65 **ホネット**（Honneth, A.）は、ドイツの哲学者。社会哲学の分野で承認の観点から考察を加えた、人間の自己実現を**間主観性**を出発点として理解する理論、人間のよき生を実現するための社会的正義を論じる。 　出 31-23-3

66 **バージェス**（Burgess, E.）は、アメリカの都市経済学者。都市地域は都市の発展に連れて、中心を占める中心業務地区、住商複合地となる遷移地帯、低級な住宅地（インナーシティ）、比較的良質な中産階級の住宅地、通勤者地帯と**円環状**に広がっていくとする。 　出 31-23-5

3 福祉制度の発達過程

前近代社会と福祉

67 日本の慈善救済の始まりは、**聖徳太子**らによる 593 年創立といわれる**四箇院**（悲田院、敬田院、施薬院、療病院）からといわれている。

68 公的慈善制度の始まりは、718（養老 2）年の**戸令**に「鰥寡孤独貧窮老疾、不能自存者」が規定されたことといわれている。親族相救の相互扶助が中心で、天皇による賑給も行われた。

出 29-34-5（地域）

69 江戸時代の施設としては、加賀藩の貧民小屋、江戸の**小石川養生所**があり、江戸町方による**七分積金制度**は、明治期に東京市（府）養育院に引き継がれた。

出 29-34-2（地域）

70 江戸時代には、村落共同体を中心にして相互扶助組織が整備された。**ゆい**、**もやい**といった共同で 1 つのことをしたり農作業をする慣行、頼母子講といった金融目的の講、伊勢講といった宗教的な講が組織された。

出 29-34-1, 4（地域）

> **鰥寡孤独**
> 「鰥」は 61 歳以上で妻のないもの、「寡」は 50 歳以上で夫のないもの、「孤」は 16 歳以下で父のないもの、「独」は 61 歳以上で子のないもの。

> **ゆい（結）**
> 村落共同体のなかで、同族や親類、近隣などの間で、農作業、家事作業などにおける協同労働組織の一形態。

産業社会と福祉

■ 明治・大正・昭和戦前期

71 明治政府の公的救済制度は、1874（明治 7）年に制定された**恤救規則**である。前文で述べているように、「**人民相互ノ情誼**」（誠意をもって人と付き合おうとする気持ち）によって行われ、「**無告ノ窮民**」（自らの貧しさを告げる人がいない）に限ることを基調としていた。また、孤児に関して 13 歳以下とも規定している。

出 28-137-1（児童）
30-24-1
30-31-3

72 明治期の**民間慈善事業**ではキリスト教の信仰をもつ人々による事業が多く、**石井十次**らの**岡山孤児院**、**留岡幸助**らの**家庭学校**、**石井亮一**らの**滝乃川学園**、**野口幽香**らによる**二葉幼稚園**（保育園）、**山室軍平**らの**救世軍**、**岩永マキ**の**浦上養育院**などがある。

出 28-34-3（地域）
28-137-2（児童）
30-93-1, 4（相基）
30-137-1, 5（児童）

73 近代的貧困層を描いた著書に**横山源之助**の『**日本之下層社会**』（1899（明治 32）年）がある。

74 1899（明治 32）年、**行旅病人及行旅死亡人取扱法**が制定された。歩けないような病人の旅行者や旅行中に死亡した場合の取り扱いに関する法律で、**現在も適用**されている。病気や死亡した場合で引取りや助ける人もいない者などに対し、市町村に**救護義務**などを定めている。

出 30-24-2

75 1908（明治 41）年には**渋沢栄一**が**中央慈善協会**の初代会長となり、東

> **もやい（催合・最合）**
> 村落共同体において共同して生産労働に従事する組織で、例えば地引網漁などがこれにあたる。生産物を分配することも行われる。

重要項目

京市養育院長、東京感化院などの顧問も兼ねた。

76 1900（明治33）年に内務省官僚や慈善事業家たちが貧民研究会を結成した。また、**感化救済事業**が推進され、1900（明治33）年には、**感化法**が制定された。同法による**感化院**は、満8歳以上16歳未満を対象とし、日本で最初に法律上位置づけられた社会事業施設であり、**辛亥救済会**、**小野慈善院**などがある。

出 30-24-3

▶貧民研究会のメンバーは、井上友一、小河滋次郎、原胤昭（免囚保護所）、留岡幸助などである。

77 1908（明治41）年10月に慈善事業の活動を組織的、計画的に行う必要性から、調査・連絡機関として**中央慈善協会**が設立された。その後、社会事業という名称の一般化に伴って、1922（大正11）年に**中央社会事業協会**と改称された。また、1920（大正9）年には内務省に社会局ができ、「**社会事業**」が法令上に明記された。

出 28-34-2（地域）
30-32-1（地域）
32-32-2（地域）

78 日清戦争（1894-1895）と日露戦争（1904-1905）の勝利を境に、帝国主義、富国強兵政策が推し進められ、それに対して、**労働運動**が広がりをみせるようになった。

▶労働運動への対抗として、官民の大企業が共済組合などにより生活上の事故への扶助、日用品供給施設を設置するようになった。

79 日本で最初に「養老院」と名がついたのは、1895（明治28）年のソーントン（Thornton, E.）による**聖ヒルダ養老院**である。また、「老人ホーム」と名がついたのは1920（大正9）年の松江の**愛隣社老人ホーム**である。

80 1916（大正5）年、**河上肇**は大阪朝日新聞に『**貧乏物語**』を書き始めた。

出 28-34-5（地域）

81 1917（大正6）年、岡山県知事の**笠井信一**によって、岡山で**済世顧問制度**が創設された。また、同年**軍事救護法**（一般兵士の傷病や死亡による家族等への救済）が公布された。

出 30-31-4
32-32-4（地域）

82 1918（大正7）年の夏の**米騒動**は、全国に広がり、各地で軍隊が出動するほどであった。10月に、大阪府で、**林市蔵、小河滋次郎**によって**方面委員制度**（民生委員制度の前身、方面とは地域を指す）が登場し、全国に普及した。

出 30-31-4, 5
31-94-4（相基）

83 1921（大正10）年に**職業紹介所法**、1922（大正11）年に**健康保険法**が制定された。これは、第一次世界大戦後に表面化した労働問題と工場法の実施により、労働者の疾病対策が必要とされたことによるものである。

出 31-53-1（社保）

84 1918（大正7）年、内務省に**救済事業調査会**が設置され、**大原社会問題研究所**もこの頃設置された。社会事業研究の先駆者である生江孝之の名著『**社会事業綱要**』は、1923（大正12）年に書かれた。

85 大正末期から昭和初期は不況であり、貧困問題が顕在化し、恤救規則や民間の慈善事業ではこの問題に対処できず、防貧に重点をおいた社会

出 30-24-4

右上: **3 福祉制度の発達過程**

産業社会と福祉

事業が開始された。1929（昭和4）年には**救護法**が公布された。同法は、**公的扶助義務主義**に立つが、労働能力がある困 窮 （こんきゅう）者を排除する**制限扶助主義**をとっている。なお、実施されたのは1932（昭和7）年である。

86 わが国のセツルメントは、1891（明治24）年の**アダムス**（Adams, A. P.）による**岡山博愛会**、あるいは1897（明治30）年の**片山潜**による**キングスレー館**が最初といわれる。1911（明治44）年の渡辺海旭らの浄土宗労働共済会、1919（大正8）年の長谷川良信らのマハヤナ学園、1924（大正13）年の東京帝国大学セツルメントと続き、大正期、公営のセツルメントが誕生した。1926（昭和元）年には、**大林宗嗣**によって『**セツルメントの研究**』が著された。

出 28-34-1, 4（地域）

87 日本の社会保険の歴史は、1920年代までさかのぼることができる。1920年代は社会保険としての**医療保険**、第二次世界大戦中は**年金保険**、1945（昭和20）年以後**失業保険**、**労災保険**が制度化された。

出 30-52-1（社保）

88 1929（昭和4）年に制定されたわが国の**救護法**は、イギリスの新救貧法をモデルとしているといわれる。両者に共通するのは**劣等処遇**と**ミーンズ・テスト**（**資力調査**）である。

89 日中戦争・太平洋戦争下、戦争遂行のために人的資源の確保と健民健兵政策を強化し、1937（昭和12）年に母子保護法や軍事扶助法の整備が行われ、社会事業はこれまで通りに継続することは困難となり、**厚生事業**と呼ばれるようになった。

90 1933（昭和8）年、**児童 虐 待防止法**（ぎゃくたい）が制定された。14歳未満の家庭内虐待の禁止、こじきをさせることやかるわざ、曲馬をさせることの禁止が規定されていた。1947（昭和22）年の**児童福祉法**の制定に伴い、同法第34条に禁止行為と規定することによって**児童虐待防止法**は廃止された。

出 28-137-4（児童）
30-24-5

91 1938（昭和13）年に**厚生省**が設置され、**国民健康保険法**が制定された。1941（昭和16）年には**医療保護法**も制定された。**国民健康保険法**の制定により、医療保険制度も「銃後の守り」として拡充されていった。また、1938（昭和13）年に**社会事業法**が成立し、民間の社会事業への補助金が制度化されたが、政府の規制も強まった。

出 29-49-1（社保）

■ 昭和戦後期

92 1946（昭和21）年に、連合国軍最高司令官総司令部（GHQ）から「**社会救済に関する覚書**」（SCAPIN775）が示され、これに基づいて**旧生活保護法**が成立した。また、1947（昭和22）年に**児童福祉法**、1949（昭和24）年に**身体障害者福祉法**が成立し、いわゆる**福祉三法**が成立した。

出 28-58-1（障害）
29-49-5（社保）

▶国に身体障害者更生援護施設の設置が義務づけられた。

右側縦書き: **現代社会と福祉**

重要項目

93 1950（昭和25）年、旧生活保護法を廃止し、日本国憲法第25条の生存権に基づいた新生活保護法が制定された。保護請求権、保護の補足性を規定し、教育扶助と住宅扶助が加えられた。

94 1946（昭和21）年に成立した日本国憲法は、第89条では、公の支配に属しない慈善、教育もしくは博愛の事業に対し、公金等公の財産を支出してはならないとしている。そのため社会福祉法人は、厳しい公の監督・従属を条件にした公益法人とし、公の財政援助の道を開いた。

出 29-24
31-30-3

95 昭和30年代においても、貨幣的ニードへの対応は福祉政策の中心であり、施設福祉も国民の最低生活の保障の意味があった。1960（昭和35）年に精神薄弱者福祉法（現・知的障害者福祉法）、1963（昭和38）年に老人福祉法、1964（昭和39）年に母子福祉法（現・母子及び父子並びに寡婦福祉法）が成立し、福祉六法体制となる。

96 1961（昭和36）年に国民皆保険・皆年金体制が確立した。新しい福祉各法の制定があったものの、低所得者層への対応が課題であり、生活保護の比重は依然として大きかった。

出 29-49-4（社保）
31-53-2（社保）
32-49-2（社保）

■ 高度経済成長期以降

97 昭和40年代に入り、高齢化率が7％を超えた。国民生活の向上や価値観の変化などにより福祉ニードの多様化、高度化が起こり、非貨幣的ニードへの対応が課題となった。1970（昭和45）年には、社会福祉施設緊急整備5か年計画が策定され、施設の増設、老人医療費支給制度の創設や年金支給額の物価スライド制の導入などが行われた。

出 32-47-3（行財）

98 高度経済成長が国民生活に産業化・都市化・核家族化の影響をもたらし、1971（昭和46）年には児童手当法が制定された。1973（昭和48）年には経済社会基本計画が策定される一方、政府は同年を福祉元年にすると宣言した。そして、年金給付水準の引上げ（物価スライド・賃金スライド）、高額療養費支給制度、老人医療費支給制度（70歳以上の者と65歳以上の寝たきりの者への無料化）が行われた。

出 32-26

99 1979（昭和54）年に、「新経済社会7か年計画」で日本型福祉社会の創造が求められていることが示された。

100 高齢化に伴う在宅の要援護高齢者への介護サービスに対するニーズが増大し、その対応が重要な課題となり、1982（昭和57）年には老人保健法（現・高齢者の医療の確保に関する法律）が制定され、高齢者に定額の自己負担が課せられることとなった。

出 31-53-3, 4
32-49-4（社保）

101 1985（昭和60）年には、基礎年金制度が創設されたが、昭和60年代以

出 29-49-4（社保）

3 福祉制度の発達過程

産業社会と福祉

降は、大多数の者を対象とした社会福祉の普遍化、公的福祉サービスを中核としながらも、ボランティア活動や非営利団体による福祉サービス、さらに民間シルバーサービスを加えた多元的なサービス供給体制が求められている。また、**クオリティ・オブ・ライフ**（**QOL：quality of life**）を問う視点が入るようになった。

■ 平成期

102 1986（昭和61）年1月に設置された福祉関係三審議会合同企画分科会において、「人生80年」時代にふさわしい社会福祉制度「改革」の方向に関して検討が行われ、1989（平成元）年3月に「**今後の社会福祉のあり方について**」の意見具申がなされた。

103 「今後の社会福祉のあり方について」の意見具申によって市町村の役割の重視や在宅福祉サービスの充実等が提言され、「**高齢者保健福祉推進十か年戦略（ゴールドプラン）**」が策定された。

104 1990（平成2）年の**老人福祉法等の一部を改正する法律**（いわゆる**福祉関係八法の改正**）の改正趣旨は、21世紀の本格的な高齢化社会の到来に対応し、住民に最も身近な市町村で、福祉サービスと保健サービスがきめ細かく一元的かつ計画的に提供される体制づくりを進めるというものである。

105 1990（平成2）年の**福祉関係八法の改正**によって、高齢者および身体障害者の施設への入所決定等の事務が**都道府県**から**町村**（福祉事務所を設置しない**町村**）に移譲され、**在宅福祉サービスと施設福祉サービスの一元化**などの制度化が図られた。

106 1994（平成6）年に「**今後の子育て支援のための施策の基本的方向について（エンゼルプラン）**」が策定され、さらに「ゴールドプラン」が見直されて「**新・高齢者保健福祉推進十か年戦略（新ゴールドプラン）**」となり、**高齢者介護サービス**基盤の整備目標の引き上げ等が行われた。

107 1995（平成7）年には「**障害者プラン～ノーマライゼーション7か年戦略～**」が策定され、2002（平成14）年の「**障害者基本計画**」でバリアフリー社会の実現を目指す方向が示された。

108 1994（平成6）年の高齢社会福祉ビジョン懇談会「**21世紀福祉ビジョン**」では、少子、高齢社会の到来を控え、国民に関連の深い社会保障を中心に、雇用、住宅、まちづくり、教育政策等を含めた総合的な福祉ビジョンについてまとめたものである。目指すべき福祉社会像として、公的保障中心の高福祉・高負担型福祉社会、自助努力中心の低福祉・低負

▶これによって政策転換が行われ、市町村の役割重視による社会福祉の地方分権化、在宅福祉の全面的な政策化、民間事業者、ボランティア団体等の多様な福祉サービス供給主体の育成、福祉情報ネットワークの構築などが示された。

出 32-47-1, 4（行財）

現代社会と福祉

担型福祉社会、中間型の福祉社会のいずれを選択するかが重要な課題となった。

109 「21世紀福祉ビジョン」は、わが国としては、公民の適切な組み合わせによる**適正給付・適正負担**という独自の福祉社会の実現を目指すことを指摘し、従来の社会保障給付費の給付構造は、**年金5：医療4：福祉等1**の割合だったが、今後はおよそ**5：3：2**程度とすることを目指して、年金、医療、福祉等のバランスのとれた社会保障へと転換していくことが必要であると提言している。

110 社会福祉の基礎構造改革の検討がなされるなかで、1995（平成7）年には「**社会保障体制の再構築に関する勧告──安心して暮らせる21世紀の社会を目指して**」がとりまとめられ、社会保障制度の理念として「広く国民に健やかで安心できる生活を保障すること」を掲げ、社会保険方式による公的介護保障制度の導入が唱えられた。そして、1997（平成9）年12月には高齢社会における介護の社会化の影響により**介護保険法**が成立し、2000（平成12）年4月から施行となった。

出32-49-5（社保）

111 1999（平成11）年度には、「新ゴールドプラン」が終了し、2000（平成12）年には世界最高水準の高齢化率となるなかで、高齢者保健福祉施策のいっそうの充実を図るため、「**今後5か年間の高齢者保健福祉施策の方向（ゴールドプラン21）**」が策定された。また、1999（平成11）年には、少子化対策推進関係閣僚会議で決定された少子化対策推進基本方針に基づく重点施策の具体的実施計画として「**重点的に推進すべき少子化対策の具体的実施計画について（新エンゼルプラン）**」が策定された。

112 1990年代における福祉改革の総決算として1998（平成10）年に「**社会福祉基礎構造改革について（中間まとめ）**」が出され、戦後の社会福祉の変化に対応する改革が意図された。そして、2000（平成12）年に「社会福祉の増進のための社会福祉事業法等の一部を改正する等の法律」が成立し、社会福祉事業法は**社会福祉法**と改称された。

113 虐待などからの保護を必要とする**社会的弱者（ヴァルネラブルな人々）**に関する法律として、2000（平成12）年の**児童虐待の防止等に関する法律（児童虐待防止法）**、2001（平成13）年の**配偶者からの暴力の防止及び被害者の保護等に関する法律（DV防止法）**、2005（平成17）年の**高齢者虐待の防止、高齢者の養護者に対する支援等に関する法律（高齢者虐待防止法）**、2011（平成23）年の**障害者虐待の防止、障害者の養護者に対する支援等に関する法律（障害者虐待防止法）**があげられる。

114 2002（平成14）年には、分野横断的福祉政策としての**ホームレスの自**

3 福祉制度の発達過程

産業社会と福祉

立の支援等に関する特別措置法（ホームレス自立支援法）が成立。同年障害者基本計画が策定され、それに伴い「重点施策実施5か年計画（新障害者プラン）」が策定された。さらに、2003（平成15）年には、障害者施策が、従来の措置制度から支援費制度へと改められ、2005（平成17）年には、障害者自立支援法が成立した。

115 障害者自立支援法は、2012（平成24）年に障害者の定義への難病等の追加、重度訪問介護の対象者の拡大などを改正内容とする障害者の日常生活及び社会生活を総合的に支援するための法律（障害者総合支援法）に改正された。

出 32-58-1（障害）

現代社会と福祉

116 2003（平成15）年には、次世代育成支援対策推進法、少子化社会対策基本法といった少子化対策の法が成立し、2004（平成16）年には、「少子化社会対策大綱」「子ども・子育て応援プラン」が策定された（2010（平成22）年から「子ども・子育てビジョン」となっている）。

117 2004（平成16）年には、自閉症や学習障害（LD）、注意欠陥多動性障害（ADHD）の人々を支援する発達障害者支援法が成立した。また、介護保険法は、2005（平成17）年の改正で予防重視や地域密着型サービスが創設され、2011（平成23）年の改正で「地域包括ケアシステム」の実現に向けた取組みが進められることとなった。

118 2018（平成30）年3月に、2018（平成30）年度から2022（令和4）年度を対象とし国の方針を示す障害者基本計画（第4次）が策定された。これは、障害者基本法に基づき、政府が講ずる障害者の自立および社会参加の支援等のための施策の基本的な計画とされる。

出 32-57-5（障害）

119 2009（平成21）年に、子ども・若者育成支援推進法が成立した。子どもや若者が健やかに成長し、自立した個人としての自己を確立し、他者とともに次代の社会を担えるようになることを基本理念の1つとしている。

120 2013（平成25）年12月に、持続可能な社会保障制度の確立を図るための改革の推進に関する法律（社会保障改革プログラム法）が成立した。少子化対策について子ども・子育て関連法等の着実な実施、医療制度について国民健康保険の保険者・運営等のあり方の改革、介護保険制度について地域包括ケアの推進などが掲げられた。そして、円滑な実施と持続可能な制度に関する検討を行うために「社会保障制度改革推進会議」の設置が盛り込まれている。

💡 注目！
子どもの現在および将来に向けた政策、貧困解消に児童の権利条約の精神によって推進することを盛り込んだ。

121 2013（平成25）年6月、子どもの貧困対策の推進に関する法律が成立した。全ての子どもが健やかに育成される環境を整備するとともに、教

重要項目

育の機会均等が保障されるために、児童の権利に関する条約の精神にのっとり子どもの貧困対策を総合的に推進することを目的とし、子どもの現在および将来がその**生まれ育った環境**によって左右されることのない社会を実現することを主旨として、国や地方公共団体の関係機関相互の密接な連携のもとに、総合的な取組みが行われることとなった。

122 2013（平成25）年12月、**生活困窮者自立支援法**が成立した。**生活保護**に至る前の段階の自立支援の強化を図るため、**生活困窮者**に対する自立の支援に関する措置として、自立相談支援事業、住居確保給付金の支給、その他の事業などを行うこととなった。また、生活困窮者支援を通じた地域づくりが基本理念とされた。運営実施は、福祉事務所設置自治体（自治体直営）で行うほか、自立相談支援事業その他の事業は**社会福祉協議会**や**社会福祉法人**、**NPO 等**への委託も可能である。

出 28-31
31-32-2（地域）

生活困窮者
就労状況、心身状況、地域社会との関係性等により、現に経済的に困窮し、最低限度の生活を維持することができなくなるおそれのある者を指す。

123 2012（平成24）年8月に成立した**社会保障制度改革推進法**は、近年の急速な少子高齢化の進展等による社会保障給付に要する費用の増大および生産年齢人口の減少に伴い、社会保険料にかかる国民の負担の増大、国および地方公共団体の財政状況の悪化を踏まえて安定した財源を確保し持続可能な社会保障制度の確立を図るため、その基本的な考え方や基本となる事項を定め、社会保障制度改革国民会議を設置すること等により、21世紀の日本のモデルを目指し、これを総合的かつ集中的に推進することを目的としたものである。

124 社会保障制度改革推進法に基づいて**社会保障制度改革国民会議**が設置された。同会議報告書は、**「21世紀（2025年）日本モデル」**を目指し、切れ目のない「全世代型の社会保障」を提案している。

出 29-26-3

125 2012（平成24）年8月、いわゆる**子ども・子育て関連3法**が成立した。「子ども・子育て支援法」「就学前の子どもに関する教育、保育等の総合的な提供の推進に関する法律の一部を改正する法律」「子ども・子育て支援法及び就学前の子どもに関する教育、保育等の総合的な提供の推進に関する法律の一部を改正する法律の施行に伴う関係法律の整備等に関する法律」をいう。

126 子ども・子育て関連3法により、認定こども園、幼稚園、保育所を通じた共通の給付である**施設型給付**、小規模保育等への給付である**地域型保育給付**が創設された。その他認定こども園制度の改善、地域の実情に応じた子ども・子育て支援の充実などが盛り込まれた。

127 2014（平成26）年6月、**地域における医療及び介護の総合的な確保を推進するための関係法律の整備等に関する法律（医療介護総合確保推進**

法）が成立した。これに伴い、医療法などとともに介護保険法も改正された。介護保険制度の改正は、①地域包括ケアシステムの構築と、②費用負担の公平化に分かれ、2015（平成27）年4月以降順次施行されることとなった。

諸外国の福祉

128 1601年、イギリスでは、**エリザベス救貧法**が完成した。労働能力の有無を基準に、①有能貧民、②無能力貧民、③児童、の3種類に分け、就労を強制したり、教区徒弟として送り出した。その後、**労役場テスト法**（1722年、労役場への収容を救済の条件）、**ギルバート法**（1782年、労役場は労働能力のない貧民の救済施設、労働能力のある貧民は居宅救済）、**スピーナムランド制**（1795年、貧民への賃金補助）などが行われた。

出 31-24-1, 2, 3

129 **スミス**（Smith, A.）は、1776年に『**国富論**』を著し、古典経済学の基礎を確立した。重商主義政策の矛盾の打開と自由放任主義を経済学的に展開し、「見えざる手」による私利と公益の一致を説いた。

130 **チャドウィック**（Chadwick, E.）は、1832年に救貧法委員会に加わり、シーニア（Senior, N. W.）が、労働者の資質をそこなうとして救貧法の弊害を強調したのに対して、生存の危機に瀕（ひん）した際に**救済を受ける権利**を擁護（ようご）しようとした。

131 1834年、イギリスは**新救貧法**を成立させた。内容は、①救済水準を**全国均一**とする、②有能貧民の居宅保護を廃止して、救済をワークハウス（労役場）収容に限定する、③**劣等処遇の原則**による、と決めた。

出 28-24-1
　 31-24-4

劣等処遇の原則
救済を受ける貧民の生活水準は、最下層の独立・自立している労働者の労働、生活よりも劣るものとしなければならないとした原則をいう。

132 イギリスの新救貧法の思想的根拠は、**マルサス**（Malthus, T.）の『**人口の原理**』（1798年）におかれ、有効な貧困対策は、人口抑制策以外にはないとするものであった。

133 **ブース**（Booth, W. C.）は、『**ロンドン民衆の生活と労働**』全17巻を著した。1886年から行った3回にわたる調査結果の報告である。ブースはそのなかで、ロンドン市民の30.7%が貧困線以下の生活を送っており、貧困の原因は個人的習慣ではなく、雇用や環境の問題であると指摘した。

出 28-24-3

134 1899年に**ラウントリー**（Rowntree, B. S.）は、ヨーク市において**貧困調査**を行い、1901年に『**貧困——都市生活の研究**』を著した。さらに、1941年には第2回の結果を『貧困と進歩』に、第3回の結果を1951年

出 29-25
　 30-28-4

の『貧困と福祉国家』に著し、貧困を科学的に計測する方法を生み出している。

135 ラウントリーは、第1回のヨーク市調査において、所得の総収入が肉体的能率を維持するための最低限を示す水準を**第1次貧困線**、または**絶対的貧困線**といっている。

出 29-25-5

136 ラウントリーは、**第2次貧困線**として、収入が飲酒や賭博などのように平常とは異なったものに消費されない限り、第1次貧困線以上の生活を送ることのできる水準を設定している。

137 1869年、ロンドンに設立された**慈善組織協会（COS）**は、慈善団体の連絡、調整、協力の組織化と、慈善的救済の適正化を目的とした。特に個別の訪問指導活動は、**友愛訪問**として有名である。また、個別処遇方法は**ケースワーク**に、慈善組織化の方法は**コミュニティ・オーガニゼーション**に発展した。

出 28-24-2
29-93（相基）
30-31-1

138 都市を中心に発達した**ソーシャル・セツルメント運動**は、その指導理念を**デニスン**（Denison, E.）によって開拓された。知識と人格を兼備する有産階級の人々がスラム地域に住み込み、貧民と知的および人格的接触を通じて、福祉の向上を図ろうとするものである。

▶1884年、ロンドンでバーネット夫妻（Barnett, S. & H.）を中心に開始されたトインビー・ホールが、最初のセツルメントとなった。

139 **チャルマーズ**（Chalmers, T.）による**隣友運動**は、自助を図るための指導を重視し、"施与者であるよりも友人であれ"と主張し、**友愛訪問**の重要性を説いた。

140 アメリカの**セツルメント運動**は、1886年の**ネイバーフッド・ギルド**に始まり、1889年にはシカゴの**ハル・ハウス**が**アダムス**（Addams, J.）によって始められた。

141 **救世軍**は、ロンドンのメソジスト派牧師である**ブース**（Booth, W.）によって始められた。伝道と慈善に熱心に取り組み、産業革命下の生活苦にあえぐ貧民に救いの手をさしのべた。

▶日本では、1895（明治28）年に組織の派遣があり、山室軍平が救世軍に入信した。

142 イギリスの**国民保険法**（1911年）は、健康保険と失業保険からなり、適用を免税点以下の**低所得労働者**に限定、**均一拠出**、**均一給付**を採用した。

出 31-24-5

143 **マーシャル**（Marshall, T.）は、『シティズンシップと社会的階級』のなかで、**市民権**を「ある共同社会の完全な成員である人びとに与えられた地位身分」と定義し、その構成要素として、**市民的権利**、**政治的権利**、**社会的権利**をあげた。

144 **シティズンシップ**は、**市民としての資格**と訳される。それによって市民としての**諸権利**（**市民権**）が与えられる。**マーシャル**（Marshall, T.）

3 福祉制度の発達過程

諸外国の福祉

は、**市民権**について、18 世紀は**公民権**あるいは**市民的権利**、19 世紀は**参政権**あるいは**政治的権利**、20 世紀は**社会権**あるいは**社会的権利**が発達したとする。そして、**社会的権利**が市民資格に参入された段階を福祉国家とする。

145 1942 年に発表された**ベヴァリッジ報告**（「**社会保険及び関連サービス**」）は、イギリスの戦後社会保障制度を準備する設計図となった。そこでは、最低生活については国の責任、快適生活については私的責任とする。そして、**ベヴァリッジ報告**では、①リハビリテーションを含む包括的国営医療サービス、②多子家族の所得保障として第 2 子以降への児童手当、③失業率を一定限度以下とする完全雇用政策を前提とし、年収 75 ポンド以下には加入の選択権を認めつつ、強制的拠出原理に基づく総合的社会保険の加入を義務づけている。

出 32-25

現代社会と福祉

146 **ベヴァリッジ**（Beveridge, W.）は、福祉国家体制の中核をなす社会保険・公的扶助・社会福祉サービスの指導理念として、「広範な社会政策の一環」として相互連携的に運用されるべきことを強調した。「**窮乏**」をはじめとして、「**怠惰**」「**疾病**」「**無知**」「**不潔**」を人間社会を脅かす「**五巨人悪**」であるとした。これらに対する総合的な社会政策の取組みが必要であり、所得保障としての社会保障制度によって、福祉国家の機能の有効性が保障されると主張した。

147 1968 年には、イギリスの社会福祉制度の抜本的改革を目指して、地方自治体および統一的対人社会サービスに関する**シーボーム報告**が発表された。「堅実、かつ有効な家族サービス」の体系づくりと対人社会サービスの提供の主要な責任を担っていた地方自治体の再編成がなされた。特に、居住ならびに入所保護を統一的に行うよう配慮している。

出 29-33-1（地域）

▶在宅福祉にかかわるソーシャルワーカーの役割が複雑すぎると批判された。

148 1980 年代初頭にソーシャルワーカーの役割と課題が議論されたが、いっそう効果的な**コミュニティケアの推進**が課題になり、より高度なソーシャルワーカー教育の必要性とともに、**グリフィス報告**はその行動指針を提言した。

出 32-25-3

149 1982 年の**バークレイ報告**は、ソーシャルワーカーの役割と任務について検討し、政府に勧告を行ったものである。この報告書では、**コミュニティソーシャルワーカー**の重要性が指摘され、その任務は、社会的ケア活動とカウンセリングの 2 つの活動であるとされた。

出 29-33-4（地域）

150 1988 年の**グリフィス報告**は、コミュニティケアの行動のための指針を示し、コミュニティケアの財政責任とマネジメント責任を地方自治体社会サービス部に位置づけるように提言している。1990 年には**国民保健サー**

出 29-33-5（地域）
31-55-2（社保）

153

重要項目

ビス及びコミュニティケア法が成立している。

151 1990年代初期以降におけるイギリスのコミュニティケア改革の動向は、①ケアマネジメントシステムを導入すること、②地方自治体によるコミュニティ計画策定、③サービス購入者とサービス提供者を分離することと、民間サービスの積極的活用、④利用者などへの苦情処理システムの整備、監査システム強化によるサービスの質の確保、などがある。

152 アメリカにおいて、1935年に制定された連邦社会保障法は、社会保障という言葉を世界で最初に用いた法律といわれている。ニューディール政策の一環として実施された。

153 ドイツでは、1880年代に世界で最初の社会保険制度が実施され、他方においては社会主義運動が弾圧された。しばしば「飴と鞭」の政策と称される。1883年に疾病保険、1884年に災害保険、1889年に養老および廃疾保険が導入された。また、1994年に介護保険法が成立し、1995年4月から在宅介護関連給付、1996年7月から施設介護給付が実施されている。

現代社会と福祉

■社会福祉のパラダイム転換

154 社会福祉制度のパラダイムの転換の時代となり、福祉サービス分野に市場原理（競争原理）が導入されている。また、第三者による質の評価の導入、利用者の権利擁護、苦情解決の仕組みが整えられつつある。

■社会福祉基礎構造改革

155 1998（平成10）年に出された「社会福祉基礎構造改革について（中間まとめ）」によれば、社会福祉制度は「今、時代の大きな転換期を迎えている」とし、少子・高齢化や国際化の進展、低成長経済への移行をはじめとする構造変化に対応し、社会福祉の新たな枠組みをつくり上げていく必要があるとしている。

■社会福祉法の改正等

156 2000（平成12）年6月、**社会福祉の増進のための社会福祉事業法等の一部を改正する等の法律**の成立によって社会福祉事業法が改正され、法名称も社会福祉法となった。1951（昭和26）年の社会福祉事業法制定以来の大改正であり、社会福祉事業、社会福祉法人、措置制度など社会

出 31-30-2

福祉の共通基盤制度について、増大・多様化が見込まれる国民の福祉への要求に対応するための見直しが行われた。

157 社会福祉法第1条の法律の目的は、2000（平成12）年6月の改正で、「社会福祉を目的とする事業の**全分野における共通的基本事項**を定め、社会福祉を目的とする他の法律と相まって、福祉サービスの利用者の利益の保護及び地域における社会福祉（以下「地域福祉」という。）の推進を図るとともに、社会福祉事業の公明かつ適正な実施の確保及び社会福祉を目的とする事業の健全な発達を図り、もって社会福祉の増進に資すること」と改められた。

158 2018（平成30）年の社会福祉法の改正によって、**無料低額宿泊所等**を設置する**第二種社会福祉事業**の規制の強化がなされた（2020（令和2）年4月施行）。①無料低額宿泊所等を設置して、**第二種社会福祉事業**を開始する場合、市町村または社会福祉法人は、事業開始の日から1月以内に、国、都道府県、市町村および社会福祉法人以外の者は、事業の開始前に都道府県知事に、施設の名称等を届け出る。②都道府県は、無料低額宿泊所等の設備の規模および構造並びに福祉サービスの提供の方法、利用者等からの苦情への対応その他の社会福祉住居施設の運営について、条例で基準を定める。③無料低額宿泊所等には、**専任の管理者**を置かなければならない。

159 2000（平成12）年6月の社会福祉法の改正で第3条は、**福祉サービスの基本的理念**として「福祉サービスは、個人の尊厳の保持を旨とし、その内容は、福祉サービスの利用者が心身ともに健やかに育成され、又はその有する能力に応じ自立した日常生活を営むことができるように支援するものとして、良質かつ適切なものでなければならない」と改められた。

160 2000（平成12）年6月の改正で、第4条の経営主体に関する規定は第60条に移り、第4条は、**地域福祉の推進**として、「地域住民、社会福祉を目的とする事業を経営する者及び社会福祉に関する活動を行う者は、相互に協力し、福祉サービスを必要とする地域住民が地域社会を構成する一員として日常生活を営み、社会、経済、文化その他あらゆる分野の活動に参加する機会が**与えられる**ように、地域福祉の推進に努めなければならない」ことと規定されていたが、2017（平成29）年6月の改正で、「与えられる」ものではなく「**確保される**」べきものと改められた。

161 2017（平成29）年6月の改正は、地域福祉は、支え手側と受け手側に分かれるのではなく、福祉サービスを必要とする地域住民も含め地域の

▶さらに介護保険制度の円滑な実施、成年後見制度の補完、地方分権の推進などに資することを目的とし、改正対象の法律は8本に及んだ。

現代社会と福祉

💡 注目！
無料低額宿泊所等の規制の強化が行われた。

📖 28-33-3（地域）

💡 注目！
地域のあらゆる住民が役割をもち、支え合いながら自分らしく活躍できる地域共生社会の実現を目指していく必要があることから、「与えられるもの」ではなく、「確保されるべきもの」に改められた。

💡 注目！
地域共生社会の実現を目指すものとした。

重要項目

あらゆる住民が役割をもち、支え合いながら、自分らしく活躍できる**地域共生社会の実現**を目指していく必要があるとするものである。

162 2017（平成29）年6月の改正で、第4条に第2項が追加された。第2項は、地域福祉の推進にあたり、地域住民、社会福祉を目的とする事業を経営する者および社会福祉に関する活動を行う者（**地域住民等**）は、①本人のみならず、その者が属する世帯全体に着目し、②福祉、介護、保健医療に限らない、**地域生活課題**を把握するとともに、③**地域生活課題**の解決に資する支援を行う関係機関（**支援関係機関**）と連携し、課題の解決を図るよう特に留意する旨を定め、**地域福祉の推進の理念を明確化**するものとなった。

注目！
地域福祉推進の理念が明確化

163 2000（平成12）年6月の改正で、第5条は、**福祉サービスの提供の原則**を規定しているが、2017（平成29）年6月の改正で「社会福祉を目的とする事業を経営する者は、その提供する多様な福祉サービスについて、利用者の意向を十分に尊重し」の後に「地域福祉の推進に係る取組を行う他の地域住民等との連携を図り」が加えられた。

164 2017（平成29）年6月の改正時も、第5条の後半はそのまま「かつ、保健医療サービスその他の関連するサービスとの有機的な連携を図るよう創意工夫を行いつつ、これを総合的に提供することができるようにその事業の実施に努めなければならない」こととなっている。それ自体は福祉サービスにあたらない地域福祉の推進にかかる取組みとの連携にも配慮すべきであることを明らかにしている。

注目！
福祉サービスにあたらない地域の取組みにも配慮

165 2000（平成12）年6月の改正で、第6条が新たに加えられ、福祉サービスの提供体制の確保等に関する**国および地方公共団体の責務**として、「国及び地方公共団体は、社会福祉を目的とする事業を経営する者と協力して、社会福祉を目的とする事業の広範かつ計画的な実施が図られるよう、福祉サービスを提供する体制の確保に関する施策、福祉サービスの適切な利用の推進に関する施策その他の必要な各般の措置を講じなければならない」ことと規定された。

166 2017（平成29）年6月の改正で、第6条に第2項が追加された。第2項は、「地域住民等が地域生活課題を把握し、支援関係機関との連携等によりその解決を図ることを促進する施策その他地域福祉の推進のために必要な各般の措置を講ずるよう努めなければならない」と**国および地方公共団体の責務**を定めた。さらに、法第106条の3第1項で市町村の責務を具体化し、地域福祉を推進するうえでの公的責任を明確にし、地域の力と公的な支援体制とが相まって、地域生活課題を解決していくた

 32-36-5（地域）

注目！
国・地方公共団体の責務を規定

3 福祉制度の発達過程

現代社会と福祉

めの体制整備を行っていくこととなった。

167 2017（平成29）年6月の改正で、第106条の3が追加された。第1項は、①**住民に身近な圏域**において、地域住民等が主体的に地域生活課題を把握し解決を試みることができる環境の整備（第1号）、②住民に身近な圏域において、地域生活課題に関する相談を包括的に受け止める体制の整備（第2号）、③多機関の協働による市町村における包括的な相談支援体制の構築（第3号）等により包括的な支援体制を整備していくことを**市町村の努力義務**とした。

> 💡 **注目！**
> 住民に身近な圏域は、地域の実情に応じて異なると考えられ、地域で協議し、決定する。

168 2000（平成12）年6月の改正で、**事業経営の準則**は、第61条に改めて規定された。国、地方公共団体、社会福祉法人その他社会福祉事業を経営する者は、表1に示すとおり、それぞれの責任を明確にしなければならないとし、国または地方公共団体が、その経営する社会福祉事業について、福祉サービスを必要とする者を施設に入所させることその他の措置をほかの社会福祉事業を経営する者に委託することを妨げるものではないとしている。

📖 31-30-5

表1　事業経営の準則（社会福祉法第61条第1項）

①国及び地方公共団体は、法律に基づくその責任を他の社会福祉事業を経営する者に転嫁し、又はこれらの者の財政的援助を求めないこと。
②国及び地方公共団体は、他の社会福祉事業を経営する者に対し、その自主性を重んじ、不当な関与を行わないこと。
③社会福祉事業を経営する者は、不当に国及び地方公共団体の財政的、管理的援助を仰がないこと。

169 2011（平成23）年8月の改正で、都道府県は、**福祉サービスの提供の方法**、利用者等からの**苦情への対応**その他の社会福祉施設の運営について、**条例**で基準を定めなければならないこととされた。

> ▶施設の最低基準には、施設外の第三者を組み込んだ施設における苦情解決システムの導入が盛りこまれている。

170 2000（平成12）年6月の改正で、新たに**福祉サービスの適切な利用**に関する章（第75条〜第88条）が加えられた。第75条第1項では社会福祉事業の経営者は、福祉サービスを利用しようとする者が、適切かつ円滑にこれを利用することができるように、その経営する社会福祉事業に関し**情報の提供**を行うよう努めなければならないと規定している。

171 社会福祉法第76条は、利用契約の申込み時の説明に関して、社会福祉事業の経営者は、福祉サービスの利用を希望する者からの申込みがあった場合には、福祉サービスを利用するための**契約内容等を説明**するよう努めなければならないとしている。

172 社会福祉法第77条は、利用契約の成立時の**書面**の交付に関して、利用

契約が成立後遅滞なく、その利用者に対し、当該契約にかかる重要事項を記載した**書面**を交付しなければならないとしている。

173 利用契約の成立時の書面の交付に関して、利用者の承諾を得て、書面の交付に加え**電子メール**などの電子的手段を用いることも認められている。

174 社会福祉法第78条は、福祉サービスの質の向上のための措置に関して規定し、社会福祉事業の経営者は、自らその提供する福祉サービスの**質の評価**を行うことその他の措置を講ずるよう努めなければならないこととし、国は福祉サービスの質の公正かつ適切な評価の実施に資するための措置を講ずるよう努めなければならないとしている。

175 社会福祉法第79条では、社会福祉事業の経営者は、**誇大広告**をしてはならないと規定している。

176 2000（平成12）年6月の改正で、社会福祉法第82条において**苦情解決**の仕組みが導入され、社会福祉サービスに対する利用者の苦情や意見を幅広く汲み上げ、サービスの改善を図る観点から、①第三者が加わった施設内における苦情解決の仕組みの整備が社会福祉事業の経営者の義務とされ、②解決困難な事例に対応するため、**運営適正化委員会**が**都道府県社会福祉協議会**に設置されることとなった。

177 社会福祉法第92条において、国は**社会福祉事業従事者の確保**および国民の社会福祉に関する活動への参加を促進するために必要な財政上および金融上の措置、その他の措置を講ずるよう努めなければならないとしている。

出 32-22-3

178 2016（平成28）年3月、社会福祉法が改正された。その趣旨は、福祉サービスの供給体制の整備および充実を図るため、社会福祉法人の**経営組織**の見直し、**事業運営**の透明性の向上および**財務規律**の強化、**介護人材**の確保を推進するための取組みの拡充、**社会福祉施設職員等退職手当共済制度**の見直し等の措置を講ずることにある。

注目！
社会福祉法人の経営などの見直し

179 2016（平成28）年3月の社会福祉法改正によって、2016（平成28）年4月より、社会福祉法人は、**社会福祉事業**および**公益事業**を行うにあたっては、日常生活または社会生活上の支援を必要とする者に対して、**無料または低額な料金**で、福祉サービスを積極的に提供するよう努めなければならないものとされ、**地域における公益的な取組み**を実施する責務が規定された（社会福祉法第24条第2項）。

出 32-29-4

注目！
地域での公益的な取組みの実施

180 2016（平成28）年3月の社会福祉法改正によって、2017（平成29）年4月より、社会福祉法人は**評議員会**をおかなければならないものとし、**評議員会**において、理事、監事および会計監査人の選任等の重要事項の

出 32-122-2（経営）

決議を行うものとすることとなった（社会福祉法第36条第1項、第43条第1項、第45条の8等）。また、一定規模以上の社会福祉法人は、**会計監査人**をおかなければならないこととされ、組織経営のガバナンスの強化が規定された（同法第37条）。

181 2016（平成28）年3月の社会福祉法改正により、2017（平成29）年4月より、社会福祉法人の経営組織の見直しとして、**評議員、理事、監事**および**会計監査人**の資格、職務および責任並びに**評議員、評議員会、理事、理事会、監事**および**会計監査人**の権限に関する規定が整備された。**理事会**は、**理事**・理事長に対する牽制機能を働かせるよう位置づけられた。

表2　社会福祉法人の機関

評議員	評議員は、社会福祉法人の適正な運営に必要な識見を有する者のうちから、定款の定めるところにより、選任する。
評議員会	法人運営の基本ルール・体制の決定と事後的な監督を行う機関
理事会	○すべての理事で組織する業務執行に関する意思決定機関 ○理事会の職務 　①社会福祉法人の業務執行の決定 　②理事の職務の執行の監督 　③理事長の選定および解職
監事	理事の職務の執行の監査

182 2016（平成28）年3月の社会福祉法改正によって、社会福祉法人は、①**定款、計算書類、事業の概要を記載した書類等**の備え置きおよび国民一般に対する閲覧等にかかる規定を整備すること、②定款、計算書類、事業の概要を記載した書類等を公表しなければならないことが規定された。

183 2016（平成28）年3月の社会福祉法改正によって、第56条第4項で、所轄庁は、社会福祉法人が法令等に違反し、またはその運営が著しく適正を欠くと認めるときは、改善のために必要な**勧告**をすることができることとなった。

184 2016（平成28）年3月の社会福祉法改正によって、第59条の2第2項と第5項で、都道府県知事は、社会福祉法人の活動の状況等の調査および分析を行い、統計等を作成し、公表に努めるとともに、厚生労働大臣は、社会福祉法人に関する情報にかかる**データベースの整備**を図り、国民に迅速に当該情報を提供できるよう必要な施策を実施することとなった。

重要項目

185 2016（平成28）年3月の社会福祉法改正によって、第59条の3で、厚生労働大臣は都道府県知事および市長に対し、都道府県知事は市長に対し、社会福祉法人の指導および監督の実施に関し必要な**助言**、情報の提供その他の**支援**を行うよう努めなければならないこととなった。

186 2016（平成28）年3月の社会福祉法改正によって、表3のように社会福祉法人の**財務規律が強化**され、適正かつ公正な**支出管理**、**内部留保**の明確化、**社会福祉充実残額**の社会福祉事業等への計画的な再投資が図られることとなった。

注目！
財務規律の強化

表3　社会福祉法人の財務規律の強化等

① 評議員、理事、監事、職員等の関係者に対し特別の利益を与えてはならない（社会福祉法第27条）。
② 理事、監事および評議員に対する報酬等の支給の基準を定め、公表しなければならない（社会福祉法第45条の35第1項および第59条の2第1項）。
③ 毎会計年度、純資産の額が事業の継続に必要な額を超える社会福祉法人について、既存の社会福祉事業もしくは公益事業の充実または新規の社会福祉事業もしくは公益事業の実施に関する計画（社会福祉充実計画）を作成し、所轄庁の承認を受けなければならない（社会福祉法第55条の2第1項）。
④ 社会福祉充実計画の作成にあたっては、次に掲げる事業の順に検討し、記載しなければならない（社会福祉法第55条の2第4項）。
　ア　社会福祉事業または公益事業（小規模な事業に限る）
　イ　公益事業（小規模な事業を除き、日常生活または社会生活上の支援を必要とする事業区域の住民に対して、無料または低額な料金で、その需要に応じた福祉サービスを提供するもの（「地域公益事業」）に限る）
　ウ　その他の公益事業
⑤ 社会福祉充実計画の作成にあたっては、公認会計士、税理士等の財務に関する専門的な知識経験を有する者の意見を聴かなければならない（社会福祉法第55条の2第5項）。
⑥ 地域公益事業を行う社会福祉充実計画の作成にあたっては、事業区域の住民その他の関係者の意見を聴かなければならない（社会福祉法第55条の2第6項）。

187 2016（平成28）年3月の社会福祉法改正により、社会福祉法人は、理事を**6人**以上、監事を**2人**以上おかなければならないこととされた。

188 2016（平成28）年3月の社会福祉法改正によって、所轄庁は、社会福祉法人が法令等に違反し、またはその運営が著しく適正を欠くと認めるときは、改善のために必要な勧告をすることができるなど、**行政の関与のあり方**が見直された。

189 2016（平成28）年3月の社会福祉法改正によって、社会福祉事業に従事する者の確保等に関する基本指針を、社会福祉事業その他の政令で定める社会福祉を目的とする事業（**社会福祉事業等**）に従事する者の確保等に関する基本指針に改めることとし（社会福祉法第89条）、福祉人材の確保等に関する基本的な指針の**対象者の範囲**を拡大し、社会福祉事業

と密接に関連する介護サービス従事者が追加された。

190　2016（平成28）年3月の社会福祉法改正によって、社会福祉事業等に従事していた**介護福祉士等の資格を有する者が離職**した場合等には、**都道府県福祉人材センター**に住所、氏名等を届け出るよう努めなければならないものとなった（社会福祉法第95条の3）。これにより福祉人材センターの機能強化が図られた。

注目！
介護福祉士の離職対応

4　福祉政策におけるニーズと資源

需要とニーズの概念

■ 需要の概念

191　近年、ニードやニーズというカタカナ言葉ではなく、「必要」という言葉も用いられ、「必要」に対比して「需要」という言葉が用いられる（表4参照）。これは、ニードやニーズを用いると、福祉政策に関する議論を日常生活から切り離してしまったり、専門家支配に加担することにつながることや、発言者の意図とは異なった意味でとらえられるおそれがあるといった理由からである。

▶福祉政策を考える場合には、「必要」と「需要」を区別することが重要となる。例えば、「需要はあるが必要はない」というケースでは、両者は必ずしも一致しない。

表4　必要と需要の対比

	必　要	需　要
根拠	道徳・価値	欲望・欲求
根拠の性質	客観的・外在的	主観的・内在的
判断基準	善悪（正・不正）	利害（快・苦）

資料：社会福祉士養成講座編集委員会編『新・社会福祉士養成講座④現代社会と福祉（第4版）』中央法規出版、2014年、161頁

192　**行政需要**とは、国民から政府に対して寄せられる要求・要望・要請などの行政サービスに対する需要を指す。そして、**行政需要**に応えるのが政府の仕事であるとされている。

193　行政需要は、財政的理由と道徳的理由によって「国民の生の声」、つまり国民が直接表明した行政需要（**即自的な行政需要**）と、国民が表明した行政需要に何らかの検討が加えられた結果、行政が応える価値があると考えるようになった行政需要（**真の行政需要**、**対自的な行政需要**）に区分される。

▶即自的な行政需要を単に「行政需要」、真の行政需要、対自的な行政需要を「行政ニーズ」と呼ぶ場合もある。

194　市場経済では、人が必要とするものの多くは市場を介して充たされる。しかし、必要なものの市場が成立していない場合、貨幣をもっていても、

重要項目

生活に必要なものを市場から調達することはできない。その場合、家族・親族や民間非営利団体から入手することとなるが、それもできない場合、政府が社会政策としてそれらを提供する。福祉政策によって提供される福祉サービスは、**市場が成立しない領域**で政府によって供給されるものが多い。

195 個人あるいは消費者が貧困や低所得の状態にある場合は、自分が必要とするものを市場で購入することができないために、必要が充足されない。このような貧困や低所得の状態に陥ることの予防や、貧困や低所得の状態の救済のために、**生活保護制度**といった**公的扶助**、**所得保障**のための**社会政策**が制度化されている。

196 市場を通じて供給される財やサービスが**市場の側の要因**によって個人あるいは消費者に**供給されない場合**もある。価格が高価であるなど、貧困や低所得の状態の人や平均的な所得水準の人が必要な財・サービスを購入できない場合に、それが人間の生存にとって必要とみなされると、社会政策や福祉政策が行われる。

197 福祉政策によって福祉サービスが提供される場合、社会的に共有された価値判断によって人が何を必要としているかの判断が行われる。その必要の判定は、社会サービスを利用する者が自らの感じ方や考え方に基づいて行う場合（**主観的な必要**）と、第三者によって利用者の意思を超えた客観的な基準に基づいて行われる場合（**客観的な必要**）がある。

出 28-25-3, 5

198 客観的な必要は、専門家による**専門性**や**社会通念**（常識・共通感覚）に基づいて判定される。主観的な必要は、サービス利用者やその家族などが自らの感じ方や考え方に基づいて判定した必要であり、**フェルト・ニード**（感得された必要）、**表明されたニード**、**直感的必要**などと呼ばれる。

出 29-27-5

▶福祉サービスの利用を拒んでいる人の福祉ニードは、専門家の介入によって把握されることもある。

199 **ニーズに応じた分配**とは、人々の出身、能力、貢献などとは無関係に、各人が必要とする資源を分配することである。また、同じ量の資源を用いてもニーズの充足のされ方は個人の**健康状態**や**生活水準**などに応じて異なる。

出 29-27-2

200 災害時の福祉ニーズについては、**福祉避難所**での速やかな対応を実現するため、平常時から「**要配慮者**」（**高齢者**、**障害者**、**乳幼児その他の特に配慮を要する者**）に関する情報の管理や共有体制の整備があげられる。

出 31-25

■ ニーズの概念

201 **ニード論**は、三浦文夫が社会福祉政策論のなかで**貨幣的ニード**と**非貨幣**

的ニードを区分したことから論ぜられるようになった。一般的には、人間が社会生活を営むために欠かすことのできない基本的要件を欠く状態といった形で説明される（表5参照）。

表5　三浦文夫によるニード

貨幣的ニード	非貨幣的ニード
ニードそのものが経済的要件に規定され、貨幣的に測定されうるものであり、さらにそのニードの充足は主として金銭給付によって行われているというもの	ニードを貨幣的に測ることが困難であり、その充足に当たっては金銭（現金）給付では十分に効果をもちえず、非現金的対応を必要とするものであり、また貨幣的には表示しえない生活上の諸障害に基づいて現われる要援護性を意味し、したがってそのニードの充足に当たっては、現物または役務（人的）サービス等によらなければならないもの

出 29-27-3

202 **潜在的ニード**とは、ニードをもつ人々があるニードの存在を自覚あるいは感得していない場合をいう。表明された需要に転化しないでその状態が一定の基準から乖離しており、かつ、その状態の解決が必要であるとみなされる状態をいう。**顕在的ニード**とは、その状態の解決の必要性を、本人が自覚あるいは感得している場合をいう。サービス供給体制の整備に伴い、**潜在的ニード**が顕在化することもある。

出 28-25-4
29-27-4

203 **ブラッドショー**（Bradshaw, J.）は、ニード（必要）を表6のように分類している。

表6　ブラッドショーによるニードの分類

主観的ニード	感得されたニード（フェルト・ニード）	「〜してほしい」と感じているニード。それらが実際に表出されているとは限らない。
	表明されたニード（エクスプレスト・ニード）	感得されたニードを満たそうとして行動に表されたニード
規範的ニード（ノーマティブ・ニード）		何らかの価値基準や科学的判断に基づいて確認されているニード
比較ニード（コンパラティブ・ニード）		他人やほかの集合体の状態との比較に基づいて存在するニード

出 28-25-5
29-27-1
31-105（相理）

資源の概念

204 **資源（社会資源）**とは、人々の必要を満たすことのできるもので、希少性があって入手が**容易でない**ものをいう。

重要項目

205 **ラショニング**（**配当**、**割当**）とは、希少な資源を、市場メカニズムを用いずに、これを必要とする人々に供給するために、何らかの人為的な手段によって**必要**と**資源**の間の調整を行う過程を指す。

出 28-25-1

▶ラショニングは、財政におけるラショニング、サービスにおけるラショニングの2種類である。

206 **福祉政策の資源**は、**報酬**と**用具**に分類される。**報酬**とは、必要の充足にとって直接役立つ資源であり、雇用機会の提供や職業訓練といった「現物給付」として提供される。**用具**とは、現金給付、利用券といった必要の充足にとって間接的に役立つ資源をいう。また、現金給付と同様の機能をもつものとして税額控除がある。

207 福祉政策の資源は、**現物**か**貨幣**によって表示される。社会支出や社会保障給付費の総額といった、**貨幣**表示による資源総量と、従事者数・施設数・定員数などの**現物**表示による資源総量とがある。

208 社会政策のうち**社会福祉政策**（**狭義の福祉政策**）の分野の資源としては、①社会福祉施設、②社会福祉事業の従事者、③介護保険制度によるサービス、④地域福祉に関係する団体や人材、⑤家族や近隣などの非公式ネットワーク、⑥社会福祉に関係する現金や現物の給付などがあげられる。

5 福祉政策の課題

福祉政策と社会問題

209 日本では、「貧困や生活の不安定化」や「心身のストレス」に加え、1990年代以降、ホームレスの増加、精神障害者等の生活問題、滞日外国人家族の地域摩擦、高齢者の孤独死や自殺、少年犯罪の増加といった**新たな福祉問題群**が生じている。

210 近年は、家族が**相互扶助**（**共助**）機能や愛情などを発揮する基盤は弱く、過度な期待を寄せることはできない。家庭内暴力（DV）、育児や介護の放棄、殺人や心中などは、家族の相互扶助機能の限界を示し、それはまた市場が解決できない問題を家族に押し付けることの限界を示しているともいえる。

福祉政策の現代的課題

211 2016（平成28）年の「国民生活基礎調査」によると、子どもがいる現役世帯のうち、大人が1人の世帯では相対的貧困率は50％を超える。

出 28-26-4

5 福祉政策の課題

福祉政策の現代的課題

212 2013（平成25）年度から2022（令和4）年度までを期間とする「健康日本21（第二次）」によれば、「平均寿命の増加分を上回る健康寿命の増加」を目標としているが、具体的な数値目標は掲げていない。　出28-27-1

213 2016（平成28）年における平均寿命と健康寿命の差（日常生活に制限のある不健康な期間）は、男8.84年、女12.34年となっている。この差を短縮することが重要な政策目標となっている。2016（平成28）年は2013（平成25）年より、男女それぞれ0.18年、0.06年改善している。　出28-27-2,3

214 世界保健機関（WHO）による健康の社会的決定要因とは、集団間の健康における格差と社会経済的境遇との関連に着目する概念である。　出30-26

215 生活習慣病関連疾病（悪性新生物、高血圧性疾患、脳血管疾患、心疾患、糖尿病など）は、2018（平成30）年時点で死因の5割以上を占めている。　出28-27-5

216 「男女共同参画白書 令和元年版」によれば、「雇用者の共働き世帯」は、1997（平成9）年以降「男性雇用者と無業の妻から成る世帯」の数を上回っている。　出28-28-1

217 「令和元年版 少子化社会対策白書」によれば、2000（平成12）年以降における35〜39歳の男女別未婚率は、一貫して男性が女性を上回っている。　出28-28-2

218 現代社会の多様化・複雑化・高度化する生活上の困難や障害に対応するためには、社会福祉には一般社会サービスとの連絡・調整・連携を視野に入れた協働アプローチが必要となってきている。

219 これからの地域福祉は、地域の閉鎖性による社会的排除（ソーシャル・エクスクルージョン）ではなく、外に開かれた地域を創造することで社会的包摂（ソーシャル・インクルージョン）を実現する場にすることが求められている。1980年代のヨーロッパの移民排斥に対応する理念・思想である。

> **社会的包摂**
> 移民労働者排斥運動に対応し、多様な異質性をもつ人々が社会的つながりから阻害されているのに対して、社会的に包み支え合う施策。

220 社会的包摂（ソーシャル・インクルージョン）を進めるためには、社会のなかにセーフティネットが必要となる。社会的包摂とは網の目のように救済策を張ることで、何か危険が生じた場合に安全や安心を提供するための仕組みをいう。

221 社会環境のあり方が、人々のケイパビリティを制約したり、社会的排除による社会参加の機会の剥奪を生むことがある。

> **ケイパビリティ**
> 医療や教育などの機能によって保証される個人の能力。

222 社会連帯とは、諸個人の社会的に緊密な依存状態という意味である。新たな社会問題として社会的排除や長期的失業などが深刻化し、福祉国家の危機的状況を社会連帯の破壊であるとし、新たな社会連帯を模索する

165

重要項目

動きが始まっている。

223 **地域社会に対して共通する政策課題**は、地方政府の政策や施策（プログラム）としての対応であり、自治体が政策対象から排除していた問題を政策として包摂すること、窓口が対象別であったものを1か所に総合化する（**ワンストップ・サービス**）ことなどが求められる。また、市場のサービスが行き届かなかったりする地理的に不利な居住地への行政サービスのアクセス保障など公平化も求められる。

224 **地域社会の実践的課題**としては、**ホームレス**などの社会的排除、**障害者**に対する地域葛藤の克服、**外国人**の生活様式を理解する異文化間交流、交通弱者や災害弱者などの**社会的弱者**への支援プログラム、**マイノリティ**（少数派）、当事者の市民権の獲得への取組みが求められる。

225 2016（平成28）年に「本邦外出身者に対する不当な差別的言動の解消に向けた取組の推進に関する法律」（**ヘイトスピーチ解消法**）が成立した。

出 31-26

226 前文で本邦外出身者に対する**不当な差別的言動**は許されないことを宣言し、第2条で、「本邦外出身者に対する**不当な差別的言動**」を「専ら本邦の域外にある国若しくは地域の出身である者又はその子孫であって適法に居住するもの（本邦外出身者）に対する差別的意識を助長し又は誘発する目的で公然とその生命、身体、自由、名誉若しくは財産に危害を加える旨を告知し又は本邦外出身者を著しく侮蔑するなど、本邦の域外にある国又は地域の出身であることを理由として、本邦外出身者を地域社会から排除することを煽動する**不当な差別的言動**をいう」としている。

出 31-26-1

💡 **注目！**

ヘイトスピーチ解消法の制定。不当な差別的言動は許されないと宣言。

227 ヘイトスピーチ解消法は、**基本理念**（第3条）、**国および地方公共団体の責務**（第4条）を規定するとともに、**基本的施策**として、相談体制の整備、教育の充実、啓発活動などを規定している。インターネットによる不当な差別的言動などに対する解消の取組みは附帯決議にある。なお、**罰則規定**はない。

出 31-26-2, 4

228 **今後の福祉政策**は、①幅広い階層の社会的・心理的ニーズに応えられる**対人福祉サービス**の促進、②地方自治体の**分権化と財政的自立**、③福祉サービス提供**事業者の多元化**など協働関係を確立すること、④**予防的な施策**の促進、⑤福祉問題に立ち向かう主体形成の推進による**市民や住民の自律化**が求められている。

229 現代社会における福祉政策の展開には2つの方向性があり、第1に、**メゾ**（中間 ≒ 地域）領域としての「地域社会」を再生するための取組みがあげられる。第2に、国民国家によるナショナル・ミニマムとしてのセー

5 福祉政策の課題

福祉政策の現代的課題

フティネットの基盤形成と市民社会による役割と参加の場の創出といっ
た**マクロの視点**があげられる。

230 **新たな「公共」論**は、社会福祉制度の運営手続き面の欠陥を克服し、地
域社会の希少資源を有効に活用しつつ**新しい価値**（**公共**）を創造するこ
とである。新しい価値（公共）の創造のために、公共性の構成要件であ
る「公平」と「効率」を積極的に両立させることが求められ、その方法
理論として「ローカル・ガバナンス論」が注目されている。

231 家族機能の低下・地域共同性の衰退によって生じる個別福祉問題への対
処方法としては、**ソーシャルキャピタル**の蓄積と新しい共同の創出が考
えられる。**ソーシャルキャピタル**の蓄積と地域居住資源にかかわる項目
を抽出し社会指標とすることで、家族・地域社会の弱体化の相互補強を
目指す。

出 30-26-3
　31-33-1（地域）

232 **豊かな公共圏**（**市民社会**）を形成するためには、地域格差・地方財政危
機・社会的排除や摩擦といった地域の生活問題の解決が必要となる。そ
の手段はローカル・ガバナンスの政策化と実践化にあり、その指標とな
るものとしては、社会サービス、地方分権と財政、企業福利・市民団体・
社会教育などがあげられる。

233 2015年の国際連合による「**持続可能な開発目標**」（**SDGs**）は、「我々の
世界を変革する：持続可能な開発のための2030アジェンダ」と題する文
書で、人間、地球と繁栄のための行動計画とし、極度の貧困を含むあら
ゆる形態と側面の貧困を解消することが地球規模の最大の課題であると
し、貧困に終止符を打つとともに、気候変動や環境保護への取組みも求
めている。

出 32-28

234 2016（平成28）年3月、自殺対策基本法が改正され、第1条（目的）
に「誰も**自殺に追い込まれることのない社会の実現**を目指して、これに
対処していくことが重要な課題となっていること」が追加された。

出 29-28

235 2016（平成28）年3月の自殺対策基本法改正により、第2条（基本理
念）に、自殺対策は、**生きることの包括的な支援**として、すべての人が
かけがえのない個人として尊重されるとともに、生きる力を基礎として
生きがいや希望をもって暮らすことができるよう、にするための支援や環
境の整備充実の実施など、総合的に実施されなければならないことが追
加された。

236 2016（平成28）年3月の自殺対策基本法改正により、都道府県・市町
村は、それぞれ**都道府県自殺対策計画・市町村自殺対策計画**を**策定**する
ことが**義務**づけられた。また、国は、**都道府県自殺対策計画・市町村自**

💡 **注目！**

自殺対策を生きることの
包括的な支援と新たに位
置づけ、都道府県・市町
村に計画策定を義務づけ
た。

現代社会と福祉

167

殺対策計画に基づいて、地域の状況に応じた自殺対策のために必要な事業や取組み等を実施する都道府県または市町村に対して、交付金を交付することとなった。

237 2017（平成29）年7月、自殺総合対策大綱が見直され、次の①〜③が掲げられた。①**地域レベルの実践的な取組みのさらなる推進**、②**若者**の**自殺対策**、**勤務問題**による**自殺対策**のさらなる推進、③**自殺死亡率**を先進諸国の現在の水準まで減少させることを目指し、2026（令和8）年までに、2015（平成27）年比**30**％以上減少させることを目標とすること。

238 2018（平成30）年の「**外国人材の受け入れ・共生のための総合的対応策**」では、災害時に避難所等にいる外国人被災者への情報伝達を支援する「災害時外国人支援情報コーディネーター」の養成研修を実施することとしている。

出 32-27-2

福祉政策の課題と国際比較（国際動向を含む。）

■ 社会保障給付費等の国際比較

239 **スウェーデン**は、**大きな政府による高福祉高負担**で、社会保障給付費の支出は大きく（2013年度：対国内総生産比27.8％）、租税負担率も高い（2013年：対国民所得比49.9％）。**アメリカ**は、**小さな政府による低福祉低負担**で、社会保障給付費の支出は少なく（2013年度：対国内総生産比19.0％）、租税負担率も低い（2013年：対国民所得比24.2％）。**日本**は、社会保障給付費（2014年度：対国内総生産比23.9％）、租税負担率（2016年度：対国民所得比26.1％）となっている。

240 格差社会を表す指標として、**ジニ係数**（社会における所得分配の不平等さを測る指標）や**相対的貧困率**（等価可処分所得の中央値の50％未満の所得層が全人口に占める比率）が用いられる。近年のOECDレポートは、日本社会における格差の拡大を指摘している。2012（平成24）年頃の**相対的貧困率**をみてみると、日本（**16**％）は、メキシコ（21％）、トルコ（19％）、アメリカ（18％）などに続いて第**6**位であり、OECD諸国内の比較では最も高いグループに位置する。その一方で、デンマーク（5％）やスウェーデン（9％）などの北欧諸国の**相対的貧困率**は低い。

出 28-26-1, 2, 3
29-15（社会）
31-16（社会）

241 社会保障給付費と相対的貧困率の間には相関関係がある。社会保障給付は、各国の社会における格差是正に関係し、社会保障給付の規模が大きい**北欧諸国**では相対的貧困率が**低く**、給付の規模が小さい**アメリカ**や**日本**では相対的貧困率が**高い**。

5 福祉政策の課題

福祉政策の課題と国際比較（国際動向を含む。）

■ スウェーデンの福祉政策

242 **スウェーデン**は、1950年に、それまでの救貧制度をすべて**公的扶助制度**に切り替え、完全雇用や最低賃金制度を確立、年金・社会保障をよりいっそう充実させた。同国は、社会保険を中心に社会的扶助がそれを補い、社会生活の変化に伴う福祉要求には社会的サービスによって応えるという制度が確立した。

出 29-55-4（社保）

243 スウェーデンは、老齢年金、児童手当、傷病手当等が国の事業として行われ、**ランスティング**と呼ばれる広域自治体によって保健・医療サービスが供給される。また、**コミューン**と呼ばれる基礎的自治体によって高齢者サービス、障害者サービス等の社会サービスが行われる。

244 1992年には老人改革委員会の頭文字をとった**エーデル改革**によって高齢者福祉改革、1994年に障害施策改革、1995年に精神障害施策改革（サイコエーデル）の二大改革が行われた。

出 30-27-1

245 スウェーデンでは、エーデル改革以降、ナーシングホーム・サービスハウス・グループホームなどは**介護つき住宅**と総称される。

▶ 介護つき住宅の99%が個室でシャワー・トイレがあり、家賃は定額（低所得には補助手当）である。入居には介護サービス判定員による入居判定を必要とする。

246 スウェーデンは、2012年で高齢者の9.0%にあたる16万3500人がホームヘルプサービスを利用しながら自宅で生活し、5.0%にあたる8万6700人が**介護つき住宅**に入居している。子ども家族と同居することはほとんどない。

247 スウェーデンは、介護サービスの利用には自己負担を伴う。自己負担上限額は**マックスタクサ**と呼ばれ、社会サービス法に規定され、最高額は月額1780クローナ（2013年）（1クローナ＝約11.89円、2019年4月現在）と定められている。

248 後期高齢者が増えるなか、同居している配偶者やパートナーも同様に虚弱であることが多く、2000年の社会サービス法の改正で「（コミューンの）社会福祉委員会は、長期療養者、高齢者や近親者のために、支援や**レスパイト**（介護からの休息）を用意しなければならない」と**家族支援策**が盛り込まれた。家族に対する**介護手当**（現金給付）もある。

出 31-55-5（社保）

■ アメリカの福祉政策

249 アメリカでは、1960年代に貧困層への対策として食糧補助のための**フード・スタンプ制度**や就学前教育としての**ヘッド・スタート計画**などが導入された。

250 アメリカ民主党の**クリントン**（Clinton, B.）大統領は、1996年に貧困家庭が勤労・職業訓練へ参加しなければ給付を受けることができない「福

出 30-27-5

重要項目

祉から就労」への**貧困家庭一時扶助（TANF）**を取り入れ、個人責任・就労機会調停法により、**要扶養児童家庭扶助（AFDC）**を廃止した。

251 アメリカは、**市場原理**と**残余的福祉**（経済的な生活困窮者のみを対象とする福祉）を特徴とし、利用者本人の費用負担能力によって介護サービスの利用量が決まる。

252 **メディケア**は、主に**高齢者**を対象とした**公的医療保険**である。ナーシングホームや訪問看護は医療の一部とみなされ、**一定期間（100日）**のみ、利用にかかる費用がメディケアにより保障される。期間経過後の介護費用は完全な自己負担となる。

出 29-55-2（社保）

253 メディケアではナーシングホームでの長期入所がカバーできず、長期入所すると入所者が自己破産してしまい、**メディケイド**（低所得者を対象とした医療扶助）の対象となる。**メディケイド**支出総額のうち半分以上が、ナーシングホームなどの施設に対して使われる。

254 アメリカには、これまで全国民を対象とした包括的な公的医療保障制度は存在しなかった。2010年、オバマ（Obama, B.）大統領によって**医療保険制度改革**が行われ、医療保険改革法が成立し、国民の95％が対象となる見通しとなったものの、民間保険制度を中心としたものが依然多く、トランプ（Trump, D.）大統領によって廃案が試みられるなど、まだ問題があるといわれている。

出 31-55-1（社保）

255 アメリカの**在宅サービス**には、原則として**公的保障はない**。公的な在宅サービスは生活保護受給者のみを対象としているため、一般の利用者はサービス事業者と直接契約を結び、**市場価格**でサービスを購入する。

▶ホームヘルプサービスやデイサービスも、高価で利用率は低く、家族の介護負担は重い。

256 アメリカは、電力・通信分野では、消費者間の資源移転を積極的に導入する**ユニバーサルサービス**が私企業によって政府の援助を受けて推進されている。また、公共財とみなされてきた道路や公園、救急車、警察、軍隊に市場の論理が導入されている。費用負担と便益享受関係が個人別に明確化される傾向となっている。

■ドイツの福祉政策

257 ドイツの社会保障制度は、**補完性の原則**をとり、社会保障は国民の連帯によって成立し、国家の介入を避ける。公費は生活保護や障害者福祉などに限られる。介護保険制度は、保険料により運営されるため、公費投入は行われていない。

258 ドイツの**介護保険制度**においては、**利用者負担**はない。保険料率は所得の2.05％、被用者は労使折半、自営業者は全額負担、年金生活者は年

5 福祉政策の課題

福祉政策の課題と国際比較（国際動向を含む。）

金制度で半額負担となっている。

259 ドイツの介護保険制度は、障害者福祉のうち介護サービス部分については介護保険制度によっても対応され、在宅で生活する障害者のほとんどは、**介護手当（現金給付）**を受けている。ただし、この介護保険制度は、介護部分だけをカバーしているため、日常生活に要する費用は公費でまかなわれる。

出 30-27-4
　31-55-4（社保）

260 ドイツでは、在宅給付において**介護手当**（現金給付）か**サービス給付**（現物給付）のどちらか、あるいは両者の組み合わせを選べる。2011 年では、要介護者の 79.0％が現金給付である**介護手当**を選択している。

出 31-55-4（社保）

▶介護手当は、家族介護者に労災や年金などを保障し、家族による介護労働を社会的に評価しようとするものでもある。

261 ドイツでは、介護保険制度の財源を管理するのは、8 つの**疾病金庫**（日本の健康保険組合にほぼ相当）である。**疾病金庫**の被保険者は、加入する**疾病金庫**に設置された介護金庫の被保険者となる。介護金庫は、**疾病金庫**が州単位に共同設置する審査組織（MDK）を通じて要介護認定を行い、事業者と契約して、介護報酬を決定する。

■ イギリスの福祉政策

262 イギリスでは、**ヴァルネラブル**という言葉が用いられ、精神などの障害や、年齢、疾病などの理由でコミュニティケアサービスを必要とする者のなかで、自分自身の面倒をみることができない者、重大な侵害行為や搾取から自分自身を守ることのできない者に対して特別な保護を必要とする政策がとられている。

ヴァルネラブル
vulnerable。傷つきやすい、感じやすいなどと訳される。

■ 韓国の福祉政策

263 1999 年から 2008 年、韓国保健福祉部は「**第 1 次・第 2 次社会保障長期発展 5 か年計画**」によって、韓国の社会構造にふさわしい福祉政策のあり方を模索した。「第 1 次社会保障長期発展計画」（1999 年―2003 年）に示された**生産的福祉**という理念は、「生涯にわたって起こりうる社会的リスクから全ての国民を守り、人間らしい生活を保障する福祉制度」を指す。

▶生産的福祉は、生存権の保障、参加型民主主義、再分配政策の改善、国民生活の質の向上という 4 つの理論的支柱により成り立つ。

264 韓国では、2007 年 4 月に**老人長期療養保険法（介護保険法）**が成立し、東アジア地域において日本に次いで介護保険制度を導入した。これまで高齢者の介護は家族によって行われてきたが、介護保険制度の導入により、国家と社会が責任を担うことになった。

265 韓国の介護保険制度は、対象者を **65 歳以上の者**と**老人性疾患をもつ 65 歳未満の者**に限定している。離島地域で療養施設がないなど、やむを得

現代社会と福祉

171

ず家族が療養を受けもつ場合には現金給付を認めているが、現物給付および在宅給付の給付上限方式の採択など、日本の介護保険制度と類似している。

266 介護保険制度の財源は、**保険料**と**国庫支援**、**利用者の自己負担**からなる。**保険料**は、医療保険料額に長期療養保険料率をかけて算定され、医療保険料と一括徴収される。自己負担は、施設給付 20％、在宅給付 15％、国民基礎生活保障制度による受給者は無料。被保険者は、国民医療保険加入者全員で、財政的な基盤は日本に比べ安定しているとみられている。

267 韓国の**要介護者判定**は、I 等級からIII 等級の**3 段階判定**である。モデル事業では、利用者数は、2008 年で 15 万 8000 人であり、2010 年は 16 万 9000 人、2015 年には 20 万人と推計されている。

268 韓国の**合計特殊出生率**は、1970 年代は 4.5 であったが、1980 年に 2.7 まで減少し、2002 年には 1.17、2005 年は **1.08** と急落している。

▶合計特殊出生率の急落は、1997 年の IMF 経済危機以降、雇用不安と若者の失業率の増加、学歴社会と女性の経済活動率の増加などが与える価値観の変化と、残り続ける儒教的思想とのジレンマなどが原因といわれている。

■ 中国の福祉政策

269 中国では、1986 年に失業保険制度、1997 年に生活救助制度が創設された。1993 年の年金・医療保険制度の基礎改革では、保険料をすべて国・企業が負担するというこれまでの労働保険制度から、国・企業・個人の三者が負担する**社会保険制度への転換**がなされた。

270 中国では、2000 年代初頭、市場経済優位・開発主義によってもたらされた社会格差の拡大や、非正規労働者である**農民工**の生活保障問題などが浮上し、さらに**一人っ子政策**の実施で高齢化が急速に進み、少子高齢化に対して緊急に対応する必要性が出てきた。そのため**一人っ子政策**は廃止された。

271 2000 年代初期から、新自由主義の市場経済を利用する福祉政策の見直しや少子高齢化への対応のために、**和諧社会**の建設が国家戦略の根幹に位置づけられた。

▶「和」とは和睦、心を合わせて助け合うこと、「諧」とは協調、衝突のないことを意味する。

272 ソーシャルワーカーは、①社会政策の策定、実施にかかわる公務員など、②社会保障事務所、社会福祉各分野の関連施設にかかわる職員、③社会保障および社会福祉事業にかかわる諸団体の職員など、④地域福祉領域に従事する職員などを指す。国家資格として、**助理社会工作師・社会工作師・高級社会工作師**の 3 つのランクを規定している。

6 福祉政策の構成要素

福祉政策の論点

273 岡村重夫によれば、「福祉国家段階」は、国民生活上の困難に関連するすべての生活関連施策を整備し、それらをすべての国民に平等に利用させ、生活困難の早期発見と事前の予防を達成する**普遍的処遇**（普遍的対策）の原則に特色がある。

274 **選別主義**は、資力調査を伴うため、利用者にスティグマを与えやすいという問題点がある。これに対し、**普遍主義**は、利用者が拡大し、財政上の負担が大きくなりがちであるという問題点がある。

出 28-25-2

275 経済学で用いられる**パレート効率性**とは、イタリアの経済学者パレート（Pareto, V.）の考え方で資源配分に関する考え方であり、集団のなかで、誰かの満足度を犠牲にしなければ、ほかの誰かの満足度を高めることはできないという効率性の概念をいう。

276 ほかの個人の満足度を犠牲にすることなく、ある個人の満足度を高めるような資源配分が可能であるとすれば、それは、**パレート改善**として推奨されることとなる。個人を対象とする経済的給付である補償とは、仮想的に財の移転する可能性を考えることによって、パレート基準を拡張する試みであるということになる。

▶ 現実の経済政策では、誰かの満足度を犠牲にしてほかの誰かの満足度を改善するというケースが多い。パレート改善に基づくパレート基準からは、こうした政策の正否を判断することはできない。

277 個々人の貢献と報酬が個人別に釣り合っているという**衡平性の視点**は、それまで無償で行われてきた家事・育児労働を、ほかの市場的労働にならって有償的に評価する途を開いたといわれる。

278 **外部不経済**（経済活動がもたらす便益・負担を本人に完全に帰属させることが困難な場合）や**公共財**（人々が共通に恩恵を受ける財）が存在する経済においては、競争市場がパレート効率を達成することは難しく、そこでは**市場の失敗**（**市場の機能不全**）が問題にされ、政府による介入を正当化してきた。

出 28-20-1（社会）

279 経済分野からは、社会保障や福祉政策は、私的所有権が明確ではなく、便益と負担の関係が対応していないために、健康管理などによる費用節約努力の低下といった、**情報の非対称性**を利用した資源の浪費を人々に誘発するおそれがあると指摘される。また、保険料を納めようという個人の意欲あるいは就労意欲そのものを低下させるおそれがあるとも指摘されている。

情報の非対称性
経営学で用いられ、情報は、提供する側と受ける側の間に格差が生じるという意味で用いられる。

280 **公共的相互性**とは、日本の生活保護制度のように（誰であれ）余裕のあ

るときは資源を提供し、（誰であれ）困窮しているときは資源を受給する「お互いさま」という関係性が成立することを意味する。また、公正性と正義とを結ぶパイプともなる。

281 客観的に必要があると考えられており、本人はそのことを自覚しているがあえてそのことを望まないといった、必要と需要が対立する場合は、当事者の自由意思を尊重し、専門家といえどもその決定に従うという立場（**自己決定**）、必要なものは需要として表明されていなくても、サービスの提供者などの第三者が本人に代わって正しい判断をすべきであるという立場（**パターナリズム**）の2つの立場がある。

282 社会政策や福祉政策にとって**自己決定**の考え方を原則としつつ、ニーズをもつ者自身より第三者が本人に代わって判断する**パターナリズム**の領域をどこまで認めるかは難しい問題である。他者に危害を加える可能性のある場合や本人の生死に関係する場合には、**パターナリズム**の要素が認められることが多い。

283 市民的自由への権利を前提とし、私的利益の最大化を個人の行動動機として仮定すると、負担を伴うことなく便益が得られるならば、人々は費用削減のための自助努力を怠るといった**インセンティブ問題**が生じる。

284 社会福祉の機能は、利用者個々に着目すると**自立支援**が尊重される。利用者の主体性を尊重し、サービス提供者はその**自立支援**の側にまわることになる。社会福祉法第3条には、その理念が規定されている。

285 2003（平成15）年、**性同一性障害者の性別の取扱いの特例に関する法律**が成立した。同法によれば、「**性同一性障害者**」とは、「生物学的には性別が明らかであるにもかかわらず、心理的にはそれとは別の性別（他の性別）であるとの持続的な確信を持ち、かつ、自己を身体的及び社会的に他の性別に適合させようとする意思を有する者であって、そのことについてその診断を的確に行うために必要な知識及び経験を有する2人以上の医師の一般に認められている医学的知見に基づき行う診断が一致しているものをいう」と定義されている。 　出 31-28-3

286 **家庭裁判所**は、性同一性障害者であって次のすべてに該当するものについて、その者の請求により、性別の取扱いの変更の審判をすることができる。①20歳以上であること、②現に婚姻をしていないこと、③現に未成年の子がいないこと、④生殖腺がないこと、または生殖腺の機能を永続的に欠く状態にあること、⑤その身体について、ほかの性別にかかる身体の性器にかかる部分に近似する外観を備えていること。 　出 31-28-3

287 **同性婚**とは、男性と男性、女性と女性が結婚することをいう。日本では、 　出 31-28-5

6 福祉政策の構成要素

福祉政策における政府の役割

民法や戸籍法では同性婚の制度は設けられていない。

福祉政策における政府の役割

288 デンマークの政治経済学者**エスピン-アンデルセン**（Esping-Andersen, G.）は、『福祉資本主義の三つの世界』において、**脱商品化**と**社会的階層化**という2つの指標をもとに、福祉国家を3つに類型化した（表7参照）。**脱商品化**とは、市民が必要と判断した場合には、仕事や所得を失うことなく自由に労働から離脱できるか否かを指標としたものである。また、**社会的階層化**とは、福祉国家自体が階層化を生み出すシステムであることに注目した指標をいう。

出 28-22-1, 2, 4

表7　エスピン-アンデルセンの福祉国家の3類型

リベラル（自由主義）レジーム	給付は低所得層に重点的に支給されるが、その水準は低く、厳格なミーンズテストによって、スティグマを伴うような公的扶助（メディケイド、メディケア）の比率が高くなるため、社会の二極分化が強まる。社会保険などの割合が低く社会保障は不十分である。アメリカを典型とする。
保守的コーポラティズム（同業組合主義）レジーム	職業別・地位別の賃労働による社会保険制度が中心であるため、職業によって給付は不平等となり、階層間格差が維持される。スティグマは弱まるが、所得再分配システム機能は弱いとする。フランスとドイツに代表される。
普遍主義的・社会民主主義レジーム	高福祉・高負担で、高い税金による社会保護で平等な社会を目指し、高い給付、大きな福祉サービスを提供する点に特色がある。各階層が単一普遍的な社会保険制度に加入し、労働力の脱商品化が進み、完全雇用が促進されているとする。北欧諸国等にみられる。

出 28-22-2, 5

289 **ハイエク**（Hayek, F.）は、イギリスの理論経済学者・社会哲学者であり、**自由な市場経済**の優位性を強く主張した。経済に対する政府の干渉は有害であるとし、**福祉国家**を批判した。

290 ハイエクは、自由の価値を探求し、文明の進歩の源泉には自由があるとする**新自由主義**の代表的論者である。自由権といった市民的権利と社会的権利とは同時に達成できないとした。

291 **ギデンズ**（Giddens, A.）は、イギリスの社会学者であり、『第三の道』を著した。**第三の道**とは、社会民主主義や新自由主義とは別の道のことであり、公共の利益に配慮しつつ、市場の力を活用しようとする考え方である。ブレア政権の福祉政策のあり方に影響を与えた。

出 32-25-2

292 ギデンズは、新たな福祉国家の方向性として、金銭給付よりも、教育や職業訓練によって人的資本に投資することを重視し、**ポジティブ・ウェ**

ポジティブ・ウェルフェア
病気を健康に、無知を教育に、などとポジティブなものに置き換えようとする積極的福祉のこと。

現代社会と福祉

重要項目

ルフェアを提唱した。

293 **ティトマス**（Titmuss, R.）は、イギリスの社会福祉研究者である。論文「福祉の社会的分業」で福祉の供給体制を論じ、福祉制度を**財政福祉**、**社会福祉**、**企業福祉**の３類型に分類し、**スティグマを軽減**するための福祉供給の方法を模索している。

> ▶また、福祉システムを残余的福祉モデル、産業的業績達成モデル、制度的再分配モデルに分けている。

294 ティトマスは、普遍主義に基づくサービスを基盤にしながら、強いニーズをもつ集団や地域にスティグマを与えることなく積極的に区別し、**権利**としてサービスが提供されることが必要であるとした。

295 **ウィレンスキー**（Wilensky, H.）は、アメリカの社会福祉学者・社会学者である。『**福祉国家と平等**』において、福祉国家の発展に長期的に影響を与えるのは、**経済水準の上昇**であり、その国家がいかなる政治体制であるかには影響を受けないとする**福祉国家 収 斂説**を唱えている。**経済水準の上昇**は、少子高齢化社会とそれによる福祉ニーズの高まりをもたすため福祉国家形成の要因となるとする。

296 スウェーデンの**ペストフ**（Pestoff, V.）は、NPO・NGO を理解するための組織分類法として、社会経済システムを「**公共・民間部門**」「**営利・非営利部門**」「**公式・非公式部門**」の３軸で構想し、それによってできた福祉三角形における**第三セクター**の位置づけを明確にした。

> 出 28-32-2（地域）

297 ペストフは、**第三セクターである NPO・NGO** は、公的・非営利・公式な**政府**、私的・営利・公式な**私企業**、私的・非営利・非公式な**共同体**（血縁・地縁・文化）の３つの組織が交わる福祉三角形の中心にあって、政府・企業・共同体に学び、それぞれの欠点を補う組織であるとした。

> 出 28-32-2（地域）

298 **ケインズ的福祉国家**は、社会福祉施設・サービスの基盤整備については、地方分権化政策や施策によってその使命を果たしたが、所得再分配やソーシャル・セーフティネットの構築については使命を果たせなくなってきている。

> ▶福祉国家には、所得再分配、ソーシャル・セーフティネットの構築、社会福祉施設・サービスの基盤整備という使命がある。

299 ケインズ的福祉国家を代替するものとして、**分権型福祉社会**の考え方がある。これによれば、地方分権化に基づく「小さな政府」、経済システムにおいて生産機能を支える社会的インフラストラクチュアが情報・知識産業を基軸とする産業基盤へと転換すること、就労義務付雇用手当支給など働くための福祉を進めることといった特色を有している。

300 **福祉国家から福祉社会への移行**とは、さまざまな民間部門（非営利部門や営利部門）によって、個人の福祉の実現に主体的にかかわる福祉社会を実現することである。また、イギリスのジョンソン（Johnson, N.）による**福祉多元主義**という福祉の供給主体を多元化する考え方を受けて、

> 出 32-25-1

住民などによる地域福祉推進の期待が高まっている。

福祉政策における市場の役割

301 **市場**が有する反福祉的要素に対する規制としては、政府が最低賃金を定めたり、簡単に解雇できないように労働者の権利を定めていることなどがある。

302 市場が無規制に近い状態を理想とする**市場原理主義**、**新自由主義**と呼ばれる立場がある。近年、資源・環境・労働・南北問題などの視点から、これらの考え方の矛盾が顕在化してきている。

福祉政策における国民の役割

303 **家族**が有する反福祉的要素に対する規制としては、政府が**家族**に扶養義務を負わせたり、虐待を禁止することなどがある。そして、**家族**を私的空間として閉ざさずに、個人の福祉に反する行為がなされたときは、社会の責任で対処する。

304 **脱家族化**を可能にするサービスとは、家族によるケアを代替する社会サービスであり、これらのサービスは、家族に頼って生活する度合いを減らす。**脱家族化**は社会サービスだけがもたらすわけではなく、民間の育児サービスなど市場がもたらすこともある。

出 28-22-3

305 貧困・所得格差などの社会問題に政策や実践として対処し、中央政府と地方政府によって**セーフティネット**を**再構築**する必要がある。その指標としては、社会保険、社会保障制度、社会福祉などがあげられる。

306 地域コミュニティの新たなニーズに応えるために、伝統的な地縁組織をNPO法人として設立し運営することで、地縁組織とNPO法人が連携・融合した新たな**ソーシャルキャピタル**（**社会関係資本**）が形成される地域もある。これらの動きは、「互酬の制度化」でもある。

福祉政策の手法と政策決定過程と政策評価

307 福祉政策が実施されるまでの過程は、**課題設定→政策立案→政策決定→政策実施**の流れをたどる。

308 **福祉政策の課題設定**は、課題を集合的にとらえる**指標**や**社会調査**の影響、民間の自発的な福祉活動を主体とする**市民運動**の影響を受け、課題が社

重要項目

会的に解決すべきこと、実行可能な対策があることといった認識がされる必要がある。

309 **福祉政策の立案**で重要なのは、政策課題に関係する**市民の参加**である。**市町村地域福祉計画**は、その策定にあたり、住民や社会福祉活動を行う者の意見の反映の措置を市町村の努力義務として位置づけている（社会福祉法第107条）。　出 31-32-5（地域）

310 政策立案における市民の参加の方法の例としては、住民やサービス利用者を対象に行う**ニーズ調査**、政策案に意見を求める**パブリックコメント**があげられる。資料の公開や説明会の開催など、**情報公開**も行われる。

311 **福祉政策の規制**として社会福祉法に規定されているのは、第一種社会福祉事業における、都道府県が施設やサービスに関して条例で定める**基準（行政立法）**を**遵守**しなければならないこと（第65条（施設の基準））、都道府県知事はそれが守られているか**調査**を行うこと（第70条（調査））、そこで運営などに問題があれば**行政指導**を行うこと、明らかに基準に達していない場合は**改善命令（行政処分）**を出すこと（第71条（改善命令））といったものである。

312 市場メカニズムの活用方法には、公営事業の民営化・規制緩和、指定管理者制度の導入といった事業の民間委託、民間資金による公共施設の整備（**PFI：プライベート・ファイナンス・イニシアティヴ**）の導入、独立行政法人の導入などのエージェンシー化、擬似市場の導入があげられる。

313 イギリスの**ベスト・バリュー制度**は、地方の自主性を尊重し、住民とのパートナーシップや、サービスの質の向上などを重視したもので、**Economy**（経済性）、**Efficiency**（効率性）、**Effectiveness**（効果）の**3 E**に**Challenge**（従来の手法の根本的な再検討）、**Compare**（ほかの地方公共団体との比較）、**Consult**（住民との協議）、**Compete**（民間企業などとの競争）の**4 C**を加えることによって**政策評価**が行われている。

314 2001（平成13）年に**行政機関が行う政策の評価に関する法律（政策評価法）**が制定され、①国民に対する説明責任を果たすこと、②国民本位の質の高い行政を実現すること、③国民の視点に立ち、成果重視の行政を実施することが掲げられた。

315 「政策評価に関する標準的ガイドライン」では、**政策評価基準**として、①**必要性**、②**効率性**、③**有効性**があげられ、定量的に把握することが求められている。また、**政策評価の方式**は、政策の特性に応じて**事業評価・実績評価・総合評価**の3方式に分かれている。

6 福祉政策の構成要素

福祉供給部門

316 日本の**政策評価が抱える問題点**は、①政策評価の目的が複数あり、**相互に矛盾**する可能性がある点、②実績を評価する際に設定した成果指標の妥当性や、定量的な成果指標を**重視しすぎる**点などがあげられる。

福祉供給部門

317 **社会福祉事業**とは、社会福祉法第２条に規定された事業で、事業における利用者の権利性の保護や事業形態により、**第一種社会福祉事業**（国、地方公共団体、社会福祉法人が経営することが原則）と**第二種社会福祉事業**（事業を開始したときは、都道府県知事に届け出る）に分かれる。

出 31-30-1
32-128-3（高齢）

318 1990年代には、**福祉ミックス論**が展開され、市場セクターにも参入を認め、公的（政府）セクター・民間セクター・インフォーマルセクター・市場（民営）セクターによる供給体制となっていった。**デボリューション**（**権限下方委譲**いじょう）は、民間セクター、民営セクターに社会福祉の供給体制が委譲されることであるが、これは、規制緩和・参入機会の拡大として歓迎された。しかし、公的責任の低下を招いて、**ミルクスキミング**（クリームスキミング）などの弊害へいがいの温床となったと批判された。

▶ミルクスキミングとは、もともとはミルクなどの上澄みをすくいとることをいい、そこから転じていいとこ取りをすることをいう。

319 **民営福祉セクター**は、企業組織をもつ事業者・個人事業者などで、社会福祉の実施機関によって援助提供事業者として認可された事業者（指定事業者）やそれに準拠する指定を受けている事業者をいう。同じ指定事業者の提供する生活支援サービスでも、指定の範囲外で提供されている生活支援サービスは民営福祉サービスではなく、福祉関連サービス商品となる。

320 福祉サービス供給における**供給主体**とは、福祉サービスの供給に関する責任を負い必要な財の調達および配分を行う者で、公的福祉サービスの場合、政府（国）や地方自治体を指す。その役割は、調達・配分にかかわる規則の整備（制度化）、調達・配分の計画立案（政策化）実施、配分した財が適正に利用者のもとに届けられているかどうかの監視である。

321 福祉サービスの**供給組織**は、介護保険制度における指定介護保険サービス事業所のように、供給主体から配分された財を利用して、サービスを創出し利用者に提供する。

322 **中間支援組織**は、**特定非営利活動法人**（**NPO法人**）など市民や住民によって運営される供給組織内では対応しきれない運営・管理を側面から支援する役割を担うものである。

323 福祉サービスを供給するセクターは、表８のように分類される。

現代社会と福祉

重要項目

表8　福祉サービス供給の4セクター

政府セクター	国・地方自治体（都道府県・市町村）であり、分権化が推進されるなかで、市町村の役割は大きくなってきている。また、近年は、政府セクターは、ほかの部門がサービス供給をする際の条件整備や調整が主たる役割であるとする考え方もある。
ボランタリーセクター	社会福祉法人・NPO法人・生活協同組合・農業協同組合など、特定の目的のために自発的に組織された機能集団をいう。法人格をもたずに任意団体として活動している住民参加型の団体も含む。
民間（営利）セクター	株式会社などといった市場のシステムのなかで福祉サービスを供給するものをいう。なお、福祉サービスの供給を民間セクターに委ねることに慎重な立場もある。
インフォーマルセクター	例えば、町内会・自治会・老人クラブなどであり、集まることそれ自体を目的とした帰属集団である家族や近隣、地域コミュニティなどをいう。

324 2003（平成15）年に導入された**指定管理者制度**は、福祉分野に限らず、個別法でその管理者を規定している施設を除き、公共施設のすべてを対象として、民間にその管理を行わせる制度である。公共施設は、営利を目的とする民間組織やNPOなどによる管理・運営が可能となり、公立の福祉施設にもこの制度が導入された。

福祉供給過程

■ 福祉サービスの供給

325 福祉サービスの供給は、政府が必要な資源を調達し、調達した資源を必要な人に分配するという**再分配（再配分）**の作業から始まる。　出28-25-1

326 資源が必要量に対して不足し、かつ価格が配分機能を果たさない場合、市場を通さず公的機関による**割当（ラショニング）**、つまり、資源が必要とする一人ひとりに配分される。公的福祉サービスの供給には、公平性が求められ、政府はサービスが必要な人に対して、公平に資源の**割当**を行うことが要求されている。

327 **準市場（擬似市場）**とは、介護、医療、福祉、教育など公的サービスにおいて、部分的に市場原理を導入している場合の総称。現金給付の利点を活かし問題点を抑制する方策として、市場を規制して**準市場**を形成して、それを通した給付も行われる。また、利用者のサービス選択を支援する仕組みも必要とされる。　出28-29

328 現金提供が不向きか、現金提供では援助の目的が達成できないときは、施設保護、居宅における生活手段、生活サービスの現物給付が行われる。現金給付と現物給付の中間形態として**バウチャー（利用券）**がある。金券や利用券等の証票の形として、対象となる個人に交付する方法である。

6 福祉政策の構成要素

福祉利用過程

329 日本では、児童扶養手当・特別児童扶養手当・特別障害者手当は**所得調査（インカム・テスト）**を伴う現金提供の制度となっている。

330 利用者負担が低所得者層のサービス利用の阻害要因となるのを防ぐという観点からみると、一般的に、福祉サービスの利用者負担の方式として、**応益**負担より**応能**負担のほうが優れている。

331 社会的便益の提供は、優先的認可や料金の割引などによる低所得者や母子家庭・寡婦（かふ）・高齢者世帯などの**自立生活の側面的支援**である。

332 政府の予算編成において、**インクリメンタリズム**（漸増（ぜんぞう）主義あるいは増分主義ともいう）の原理が作用している場合には、合理主義的な予算編成の原理が作用している場合と比べて、行政分野ごとの予算額の構成比の変化が少なくなる傾向がある。

▶母子家庭の公共施設内の売店等の優先的認可、税制上の優遇措置、公営住宅の優先的割当て、交通機関の障害者等の運賃割引等。

現代社会と福祉

福祉利用過程

333 福祉サービスの情報収集は、利用の必要が自覚されて初めて開始される。また、サービスが存在するのはサービス提供者と利用者とが同一空間・時間に居合わせている場合に限られるため、実際にサービスを利用するまで、供給組織が提供しているサービスがどのようなものかを把握できないという面がある。このため、供給する側からの情報提供と情報の受け手の利用者の間の**情報の非対称性**という問題がある。

334 **契約**とは、利用者と供給組織の間でのサービスの提供にかかわる**約束**である。どのような組織と契約するかは**利用者の選択**によって決められる。提供するサービス内容や量、事故への対応のルールなどを確認して契約書を作成することとなる。

335 福祉サービスの利用における**申請主義の原則**は、福祉サービスの受給権を保障するという肯定的な面をもつが、一方で、福祉サービスに対するニーズ（必要）は、顕在（けんざい）化しにくい面があり、潜在（せんざい）的ニーズが申請に結びつきにくいという限界もある。

336 利用者は、自らが利用したサービスとほかの人が利用したサービスを比較しにくいため、利用者が福祉サービスを評価する視点・基準の明示は困難である。そのため、**苦情処理**の過程では利用者側の評価と供給者側の評価が一致しないこともある。

337 **第三者評価機関**は、供給されているサービスの**評価**を行い、結果を**公表**することによって、サービスの質の管理や利用者の選択のための情報提供を行う。ただし、第三者評価事業は、**各都道府県**ごとにガイドライン

181

重要項目

が定められているため、そのシステムは一様ではない。

338 **スティグマ**とは、社会福祉の分野では、**恥**とも称され、公的扶助の受給者が貧民として扱われることで、**否定的・差別的**感情をもつときに用いられる。福祉サービスに関しても、受けることは**恥**であるというイメージがあり、スティグマはサービス利用を敬遠する一因ともなった。

▶スティグマとは、犯罪者や奴隷に汚名の烙印を押すところから転じて用いられる用語。

7 福祉政策と関連政策

福祉政策と教育政策

339 **スクールソーシャルワーカー**は、文部科学省の学校・家庭・地域の連携協力推進事業のスクールソーシャルワーカー活用事業に位置づけられ、いじめや不登校など児童生徒本人が抱える問題だけでなく、学校や家庭、地域なども視野に入れ、安定した**学校生活**のための支援を行っている。

出 32-30-5

340 教育と福祉政策の視点からは、障害者の学習を支援する特別支援学校・学級や社会教育での支援、不登校などを支援する**フリースクール**、不登校児童生徒の意思を十分に尊重し、その状況によっては休養が必要な場合があることに留意して、不登校児童生徒の実態に配慮した教育を実施する「特例校」の設置促進、不利益層を支える教育といったものがあげられる。

出 32-30

341 学校教育法に基づく**就学援助制度**は、経済的理由により就学困難と認められる学齢児童生徒の保護者への援助である。対象者は生活保護法に規定する要保護者とそれに準ずる程度に困窮している準要保護者に分けられている。

福祉政策と住宅政策

342 **公営住宅法**は第二次世界大戦後、低額所得者向けに健康で文化的な生活を営むに足りる住宅を整備・賃貸し、国民生活の安定と社会福祉の増進に寄与することを目的として制定された。

343 日本の高齢者のための住宅政策としては、1995（平成7）年、建設省（現・国土交通省）により「長寿社会対応高齢者住宅設計指針」が作成され、1999（平成11）年に**住宅の品質確保の促進等に関する法律（住宅品確法）**が制定され、翌年**住宅性能表示制度**が始まった。

344 2001（平成13）年に、**高齢者の居住の安定確保に関する法律（高齢者**

出 28-30

7 福祉政策と関連政策

福祉政策と所得保障

住まい法）が制定された。国による基本的方針を定めている。2006（平成18）年に**住生活基本法**、そしてこれを受け2007（平成19）年には**住宅確保要配慮者に対する賃貸住宅の供給の促進に関する法律（住宅セーフティネット法）**が施行された。高齢者や障害者、子育て世帯、被災者など住宅確保の困難な人々に対する支援である。

30-30

345 2017（平成29）年4月、「住宅確保要配慮者に対する賃貸住宅の供給の促進に関する法律の一部を改正する法律」が成立した。改正の概要は表9のとおり。

出 30-30-4, 5

現代社会と福祉

表9　新しい住宅セーフティネット法の概要

①　住宅確保要配慮者の入居を拒まない賃貸住宅の登録制度 　　民間の空き家、空き室を活用して、**住宅確保要配慮者**（高齢者、低額所得者、子育て世帯、障害者、被災者等の住宅の確保に特に配慮を要する者）の入居を拒まない賃貸住宅の登録制度が創設された。 ②　登録住宅の改修や入居者への経済的支援 　　国や地方公共団体等による、登録住宅の**改修**への支援、入居者**負担**の**軽減**を行うことが可能となった。 ③　住宅確保要配慮者の居住支援 　　都道府県による**居住支援法人**の指定、居住支援法人や居住支援協議会による居住支援活動の充実、生活保護受給者の住宅扶助費等の代理納付の推進、適正に家賃債務保証を行う事業者の登録制度、居住支援活動に対する補助等が実施されることとなった。

346 **サービス付き高齢者向け住宅**の供給促進のため、所定の登録要件を満たした**サービス付き高齢者向け住宅**の建設や改修等に対しては、**国の補助制度**がある。

出 28-30-5

福祉政策と所得保障

347 貨幣経済のもとでは、収入が途絶えると人々の生活は解体するため、**社会保険・社会手当・公的扶助**などの手段を用いた**所得保障**のための社会政策が、人々の生活の安定にとって不可欠となる。

348 **所得保障**と**福祉政策**を、「公的責任で実施され、現実に発生している必要（ニーズ）を要件とし、便益に対応する拠出（負担）を要求せずに、資源を提供する仕組み」と定義すると、両者の対比は、現金給付か現物給付か、普遍的給付か属性別給付かという視点からなされる。

349 税を通じた低所得者政策（所得控除・課税控除）としては、アメリカの稼得所得が一定額未満である場合に定率（率は稼得所得区間ごとに異なる）給付を行う**稼得所得税額控除（EITC）**が注目されている。

183

350 福祉政策で提供される財・サービスは、**私的財**（便益を受ける個人を特定化できる財）、公共サービス（警察・防衛・救急医療・公営住宅など）で提供されるものは**公共財**（便益を受ける個人の特定化が困難である財）という違いはあるが、提供する財・サービスの品質・価格・数量は市場にまかせず公的責任で決定するという点で共通し、応益負担の原則をとらない。

351 **所得保障政策**には、「公的扶助はスティグマを生むため所得保障の効果を上げることができない」「はたらくよりも給付を受け取ったほうが得になる」（貧困の罠）といった批判がある。そこで、市民権をもった人全員に一定額の給付を無条件で定期的に支給する**ベーシック・インカム**の構想も打ち出されている。

▶これにより、現行制度への批判の多くを回避することができるが、財政的な批判や道徳的な反対論もある。

🈶 31-31

352 **市場を補完する**所得保障としては、雇用保険・労働者災害補償保険、公的年金保険、公的健康保険における傷病手当があり、その他生活福祉資金貸付制度や、資源の移転を伴わない所得保障である最低賃金政策も含まれる。福祉政策と所得保障は、それぞれ独自の意義と広がりをもち、相互に補完する関係にある。

🈶 31-31

353 日本の最低賃金制度は、1959（昭和34）年の**最低賃金法**によって導入された。最低賃金には、**地域別最低賃金**と**特定最低賃金**（特定の産業または職業について設定されている最低賃金）がある。地域別最低賃金の額の決定、変更は、中央最低賃金審議会が**厚生労働大臣**へ引上げ（引下げ）の目安について答申を行う。使用者は、労働者に最低賃金の概要を通知しなければならず、また正社員やパート・アルバイトを問わず適用されるが、都道府県労働局長の許可を得た場合に試用期間中や精神・身体の障害により著しく労働能力の低い者などは**適用除外**として減額できる。

福祉政策と労働政策

354 就業者の大部分が雇用者となっているため、**労働政策**では雇用労働の政策が重要となる。労働基準法や労働安全衛生法は、労働時間・賃金・安全衛生など、労働条件に関する規制を行っている。失業は、人々の生活を破壊しがちであるため、完全雇用を達成するための政策や、失業者の求職が容易となるように、職業紹介や職業訓練などの**積極的労働市場政策**が実施される。

355 **アクティベーション**は、活動的にすることと訳されるが、労働市場や教育機関のサービスを充実させながら、貧困者の被雇用意欲を促進させ自

> 7 福祉政策と関連政策

福祉政策と労働政策

主的な就労につなげる政策をいう。

356 雇用労働以外の仕事についても、社会的評価が必要となってきており、**アンペイド・ワーク**（無償労働）と呼ばれる、家事やケア、ボランティアのような稼得を伴わない仕事も注目されるようになってきている。

357 家族を介護する者の仕事と介護の両立のために勤務先に希望する支援として、「出社・退社時刻を自分の都合で変えられる仕組み」「残業をなくす・減らす仕組み」の要望が強くなっている。

出 29-31-3

358 **ワークフェア**とは、福祉の目的が就労の拡大におかれ、同時に受給要件として就労を求めるものである。経済のグローバル化、ポスト産業社会、リスク社会が進行するなかで、ウェルフェアではなくワークフェアを重視するというポスト福祉国家の考え方が提示されている。

359 ILO の提唱した**ディーセント・ワーク**とは、権利が保障され、十分な収入を得て、適切な社会的保護のある生産的な仕事に従事することを意味している。

360 **フレキシキュリティ**は、**柔軟な労働市場**と**失業保障の充実**を両立させる政策である。

361 **特定求職者雇用開発助成金**制度は、60 歳以上 65 歳未満の高年齢者、障害者、母子家庭の母親などを「継続して雇用する労働者として雇い入れる事業主」に対して、助成金を対象労働者の区分や企業規模に応じ一定期間支給するものである。

362 福祉的な雇用政策には、障害者と事業主・上司・同僚などとの間をつなぐ**ジョブコーチ**（**職場適応援助者**）、短期の試行雇用を行う**トライアル雇用**などを推進する助成金や奨励金がある。

363 **母子家庭等就業・自立支援事業**は、母子家庭の母、父子家庭の父、寡婦の自立のため、都道府県・指定都市・中核市により行われる母子家庭等就業・自立支援センター事業と身近な市等により行われる一般市等就業・自立支援事業からなる。就業をより効果的に促進するため、就業に関する専門的な知識や相談経験のある者による就業相談、就業支援講習会等、就業情報の提供など一貫した就業支援サービスを行う。その他、養育費の取決めなどに関する相談員等による相談体制の整備や、継続的生活指導を必要としている母子家庭の母等への支援を総合的に行う。

364 **母子家庭自立支援給付金及び父子家庭自立支援給付金事業**は、「自立支援教育訓練給付金事業」として、都道府県および市等の長が指定する教育訓練講座を受講した母子家庭の母または父子家庭の父に対して、講座修了後に受講料の一部を支給し、「高等職業訓練促進給付金等事業」と

現代社会と福祉

185

重要項目

して、介護福祉士等の経済的自立に効果的な資格を取得するために1年以上修業する場合で、就業（育児）と修学の両立が困難な場合に、生活費の負担軽減のための給付金および入学金の負担軽減のための一時金を給付する。

365 2018（平成30）年に出された福祉人材確保専門委員会の「**ソーシャルワーク専門職である社会福祉士に求められる役割等について**」によれば、社会福祉士には、地域課題の解決の拠点となる場づくり、ネットワーキングなどを通じて、地域住民の活動支援を行うことが求められている。 　出 32-31

8 相談援助活動と福祉政策の関係

福祉供給の政策過程と実施過程

366 **生活支援システム**とは、定型化された福祉サービス、インフォーマルサービス、また、サービス類型になじまない相互支援・共生の営みを生活支援手段の一部として位置づけ、生活者の必要に応じて組み合わせて提供することを指す。

367 **サービス供給過程への参加**とは、住民自らが必要とするサービスシステムを創出すること、サービス供給過程の一部を担う存在となることである。

学習心理学に基づく受験勉強の進め方　　　　　　　　　　　　　COLUMN

すぐに復習せよ！

　エビングハウスの忘却曲線によると、一度覚えた事柄の半分以上は、数時間以内に忘れてしまうという。つまり、忘却は時間の経過とともに徐々に進むのではなく、最初の短期間で急速に進み、その後は緩やかなのである。1つの学習を終えたら、復習を後回しにせずに、ただちに復習するほうが効果的である。

186

実力チェック！ 一問一答 ————

※解答の（ ）は重要項目（P.133～186）の番号です。

●解答

1 1950年の社会保障制度審議会の勧告は、社会保障制度に、疾病、負傷、分娩、廃疾、死亡、老齢、多子その他困窮の原因をあげているが、抜けているのは何か。

▶失業（ 1 ）

2 社会福祉の固有の役割について、岡村重夫は3種類の生活困難に介入し、個人が基本的な社会制度を主体的に利用できるように援助することとしたが、その3種類とは、「社会関係の不調和」「社会関係の欠損」と、もう1つは何か。

▶社会制度の欠如（ 31 ）

3 社会事業とは、資本主義制度の構造的必然の所産である社会的問題に向けられた合目的的補充的な公私の社会的方策施設の総称であるとして、社会政策と社会事業の関連を統一的に説明するために、社会問題と社会的問題を区別したのは誰か。

▶孝橋正一（ 35 ）

4 ロールズの、所与の制約条件下で、最も不遇な人々の期待を最大限に高めることを目的とした分配原理を何というか。

▶格差原理（ 49 ）

5 センが論じた、人が善い生活や善い人生を生きるために、どのような状態にありたいのか、どのような行動をとりたいのかを結びつけることから生じる機能の集合のことを何というか。

▶潜在能力（ケイパビリティ）（ 51 ）

6 リスターによる、基本的な身体的ニーズを満たすのに十分な貨幣の欠如する貧困を何というか。

▶絶対的貧困（ 58 ）

7 村落共同体で共同で1つのことをしたり、農作業をする慣行を何というか。

▶ゆい・もやい（ 70 ）

8 日中戦争・太平洋戦争下、戦争遂行のために人的資源の確保と健民健兵政策を強化し、母子保護法や軍事扶助法の整備が行われたが、その頃、社会事業は何と呼ばれるようになったか。

▶厚生事業（ 89 ）

9 貧困の原因は、個人的習慣ではなく、雇用や環境の問題であると指摘したのは誰か。

▶ブース（ 133 ）

10 イギリスの戦後社会保障制度を準備する設計図になったともいわれる、1942年に発表された報告を何というか。

▶ベヴァリッジ報告（「社会保険及び関連サービス」）（ 145 ）

11 アメリカにおいて、1935年に制定された、「社会保障」という言葉を世界で最初に用いた法律は何か。

▶連邦社会保障法（ 152 ）

12 無料低額宿泊所の規制強化によって設置の際に置かなければならないのは誰か。

▶専任の管理者（ 158 ）

一問一答

●解答

⑬ 2017（平成29）年6月の社会福祉法改正で、地域福祉は地域のあらゆる住民が役割をもつなど自分らしく活躍できる何を目指していくと意図したか。
▶地域共生社会の実現（ 161 ）

⑭ 社会福祉法人は、地域における公益的な取組みを実施し、日常生活または社会生活上の支援を必要とする者に対してどのような形で福祉サービスを提供するか。
▶無料または低額な料金で提供（ 179 ）

⑮ 2016（平成28）年3月の社会福祉法改正によって、従前は任意設置であったものがすべての社会福祉法人の議決機関として必ず設置されることとなったのは何か。
▶評議員会（ 180 ）

⑯ 福祉避難所での速やかな対応を実現するため平常時から誰に関する情報等の整備をすべきか。
▶要配慮者（ 200 ）

⑰ 三浦文夫が、社会福祉政策論のなかで、貨幣的ニードと非貨幣的ニードを区分したことから論ぜられるようになった考え方を何というか。
▶ニード論（ 201 ）

⑱ 何らかの価値基準や科学的判断に基づいて確認されている必要のことを何というか。
▶規範的ニード（ 203（表7））

⑲ 希少な資源を、市場メカニズムを用いずに必要とする人々に供給するために人為的に必要と資源の調整を行うことを何というか。
▶ラショニング（配当、割当）（ 205 ）

⑳ ヨーロッパの移民排斥の対応理念として出され、これからの地域福祉は、地域の閉鎖性による社会的排除ではなく、外に開かれた地域を創造することで、何を実現する場にすることが求められているか。
▶社会的包摂（ほうせつ）（ソーシャル・インクルージョン）（ 219 ）

㉑ 貧困に終止符を打ち、気候変動や環境保護への取組みを求めている国際連合の文書は何か。
▶「持続可能な開発目標」（SDGs）（ 233 ）

㉒ 老齢年金、児童手当、傷病手当等が国の事業として行われ、ランスティングと呼ばれる広域自治体によって保健・医療サービスが供給され、コミューンと呼ばれる基礎的自治体によって高齢者サービス、障害者サービス等の社会サービスが行われる国はどこか。
▶スウェーデン（ 243 ）

㉓ ドイツの社会保障制度は、国家の介入を避け、公費は生活保護や障害者福祉に限るという原則をとる。この原則を何というか。
▶補完性の原則（ 257 ）

㉔ 韓国で2007年4月に成立した介護保険法を何というか。
▶老人長期療養保険法（ 264 ）

188

●解答

㉕ 集団のなかで、誰かの満足度を犠牲にしなければほかの誰かの満足度を高めることができない効率性の概念のことを何というか。

▶パレート効率性（ 275 ）

㉖ ニーズをもつ者自身より、サービスの提供者など第三者が本人に代わって正しく判断するという考え方を何というか。

▶パターナリズム（ 281, 282 ）

㉗ 市民的自由への権利を前提とし、私的利益の最大化を個人の行動動機として仮定すると、人々は費用削減のための自助努力を怠るといった問題が生じるが、この問題を何というか。

▶インセンティブ問題（ 283 ）

㉘ 性同一性障害者で一定の要件に該当する者の請求により、性別の取扱いの変更の審判するのはどこか。

▶家庭裁判所（ 286 ）

㉙ エスピン-アンデルセンの福祉国家の３類型とは、「リベラル（自由主義）レジーム」「普遍主義的・社会民主主義レジーム」と、もう１つは何か。

▶保守的コーポラティズム（同業組合主義）レジーム（ 288 （表8））

㉚ イギリスの理論経済学者・社会哲学者であり、自由な市場経済の優位性を強く主張したのは誰か。

▶ハイエク（ 289 ）

㉛ イギリスの社会学者で、『第三の道』を著したのは誰か。

▶ギデンズ（ 291 ）

㉜ 「福祉の社会的分業」という論文で福祉の供給体制を論じ、福祉制度を３類型に分類したのは誰か。

▶ティトマス（ 293 ）

㉝ 福祉国家収斂説を唱えた、アメリカの社会福祉学者・社会学者であるウィレンスキーの著作は何か。

▶『福祉国家と平等』（ 295 ）

㉞ ペストフは、社会経済システムを３軸で構想し、それによってできた福祉三角形における何の位置づけを明確にしたか。

▶第三セクター（ 296 ）

㉟ 市場が無規制に近い状態を理想とする立場を何というか。

▶市場原理主義・新自由主義（ 302 ）

㊱ 地方の自主性を尊重し、住民とのパートナーシップやサービスの質の向上などを重視した、イギリスの制度を何というか。

▶ベスト・バリュー制度（ 313 ）

㊲ 企業組織をもつ事業者・個人事業者などで、社会福祉の実施機関によって援助提供事業者として認可された事業者や、それに準拠する指定を受けている事業者を何というか。

▶民営福祉セクター（ 319 ）

㊳ 特定非営利活動法人など、市民や住民によって運営される供給組織内では対応しきれない運営・管理を側面から支援する役割を担う組織を何というか。

▶中間支援組織（ 322 ）

現代社会と福祉

一問一答

39 福祉サービスの供給は、政府が必要な資源を調達し、調達した資源を必要な人に分配する何の作業から始まるか。

40 介護や医療、福祉などの公的サービスにおいて部分的に市場原理を導入している場合を何と称するか。

41 金券等の証票の形をとる個人を対象に補助金を交付する方法で、現金給付と現物給付の中間形態といわれるものは何か。

42 利用者負担が低所得者層のサービス利用の阻害要因となるのを防ぐという観点からみると、一般的に、福祉サービスの利用者負担方式は、応益負担と応能負担のどちらが優れているか。

43 供給されているサービスの評価を行い、結果を公表することによって、サービスの質の管理や利用者の選択のための情報提供を行う機関を何というか。

44 高齢者や障害者、子育て世帯など住宅確保の困難な人々に対する支援として2007（平成19）年に成立した法律は何か。

45 稼得所得が一定額未満である場合に定率給付を行う、アメリカの控除を何というか。

46 市民権をもった人全員に一定額の給付を無条件で定期的に支給することを何というか。

47 家事やケア、ボランティアのような、稼得を伴わない仕事のことを何というか。

48 福祉の目的が就労の拡大におかれ、同時に受給要件として就労を求める考え方を何というか。

49 柔軟な労働市場と失業保障の充実を両立させる政策を何というか。

50 定型化された福祉サービス、インフォーマルサービス、また、サービス類型になじまない相互支援・共生の営みを生活支援手段の一部として位置づけ、生活者の必要に応じて組み合わせて提供するシステムを何というか。

●解答

▶**再分配（再配分）**（ 325 ）

▶**準市場（擬似市場）**（ 327 ）

▶**バウチャー（利用券）**（ 328 ）

▶**応能負担**（ 330 ）

▶**第三者評価機関**（ 337 ）

▶**住宅確保要配慮者に対する賃貸住宅の供給の促進に関する法律（住宅セーフティネット法）**（ 344 ）

▶**稼得所得税額控除（EITC）**（ 349 ）

▶**ベーシック・インカム**（ 351 ）

▶**アンペイド・ワーク（無償労働）**（ 356 ）

▶**ワークフェア**（ 358 ）

▶**フレキシキュリティ**（ 360 ）

▶**生活支援システム**（ 366 ）

5

地域福祉の
理論と方法

傾向と対策

出題基準と出題実績

出題基準			
大項目	中項目	小項目（例示）	
1 地域福祉の基本的 考え方	1）概念と範囲	・定義 ・地域包括ケアと地域福祉の関係 ・その他	
	2）地域福祉の理念	・人権尊重、権利擁護、自立支援、地域生 活支援、地域移行、ソーシャルインク ルージョン（社会的包摂） ・その他	
	3）地域福祉の発展過程		
	4）地域福祉における住民 参加の意義		
	5）地域福祉におけるアウ トリーチの意義		
2 地域福祉の主体と 対象	1）地域福祉の主体		
	2）地域福祉の対象		
	3）社会福祉法	・地域福祉の推進 ・その他	
3 地域福祉に係る組 織、団体及び専門 職や地域住民	1）行政組織と民間組織の 役割と実際	・地方自治体、社会福祉法人、特定非営利 活動法人、社会福祉協議会、民生委員・ 児童委員、共同募金、自治会、ボランテ ィア組織、企業、生活協同組合、農業協 同組合 ・その他	

※【 】内は国家試験に出題された番号です。

出題実績				
第 28 回(2016 年)	第 29 回(2017 年)	第 30 回(2018 年)	第 31 回(2019 年)	第 32 回(2020 年)
・コミュニティや市民社会【32】	・地域福祉の学説【32】 ・福祉計画等における圏域【41】			
・地域福祉に関する理念や概念【33】			・「地域福祉のあり方研究会報告書」【32】 ・地域福祉に関する理念や概念【33】	
・セツルメント【34】	・イギリスの各種の報告書【33】 ・日本における地域福祉の前史【34】			・日本の地域福祉の歴史【32】
・地域に関係する主体【35】				
			・地域福祉の対象【36】	
		・社会福祉法の規定【35】		・社会福祉法の規定【36】
・地域住民の相談を受ける仕組み【39】 ・日常生活自立支援事業【41】	・民生委員・児童委員【38】 ・地域福祉に係る専門職及び組織【39】 ・災害時における支援【40】	・社会福祉協議会の歴史【32】 ・地域福祉への参加【33】 ・民生委員・児童委員【34】 ・地域福祉に係る組織・団体【38】	・市町村地域福祉計画【32】 ・社会福祉協議会の活動【35】 ・地域福祉の担い手や組織【37】	・地域福祉における住民の参加を促進する仕組みや制度【33】 ・ボランティア活動について法律で規定されている事項【35】 ・市町村社会福祉協議会【37】 ・民生委員・児童委員【38】

地域福祉の理論と方法

大項目	中項目	小項目（例示）	
	2）専門職や地域住民の役割と実際	・社会福祉士、社会福祉協議会の福祉活動専門員、介護相談員、認知症サポーター、その他の者の役割	
4 地域福祉の推進方法	1）ネットワーキング	・ネットワーキングの意義と方法及び実際 ・その他	
	2）地域における社会資源の活用・調整・開発	・地域における社会資源の活用・調整・開発の意義や目的と留意点及びその方法と実際 ・その他	
	3）地域における福祉ニーズの把握方法と実際	・質的な福祉ニーズの把握方法と実際 ・その他	
		・量的な福祉ニーズの把握方法と実際 ・その他	
	4）地域ケアシステムの構築方法と実際	・地域ケアシステムに必要な要素、構築方法と実際 ・その他	
	5）地域における福祉サービスの評価方法と実際	・ストラクチャー評価、プロセス評価、アウトカム評価 ・その他	
		・福祉サービスの第三者評価事業、ISO、QC活動、運営適正化委員会 ・その他	

傾向

　2000（平成 12）年の社会福祉法において、社会福祉を目的とする事業の全分野における共通的基本事項に「地域福祉の推進」が規定され、地域福祉は現在の社会福祉分野全般における基本的な展開方法および新しい福祉サービスシステムとして位置づけられた。そのため、高

第28回(2016年)	第29回(2017年)	第30回(2018年)	第31回(2019年)	第32回(2020年)
・地域に関係する主体【35】 ・市民後見推進事業【36】 ・ボランティアコーディネーターの取組～事例～【37】 ・福祉活動専門員の対応～事例～【40】	・地域福祉コーディネーターの対応～事例～【36】 ・地域福祉に係る専門職及び組織【39】	・認知症の人や家族の支援にかかわる専門職とボランティア【36】	・生活支援相談員の取組～事例～【34】 ・地域包括支援センターの相談員のかかわり～事例～【38】 ・社会福祉協議会の相談員の対応【40】	・福祉活動専門員から民生委員への提案～事例～【34】
			・地域福祉における連携【39】	
・情報の取扱い【38】	・ソーシャルアクション【35】	・住民による支え合いの地域づくりを目指した対策～事例～【40】		・地域福祉推進のための財源【39】
		・地域福祉ニーズの把握方法【39】		・社会福祉協議会が地域において行う福祉調査や分析活動【40】
	・介護保険制度と地域福祉【37】	・生活支援コーディネーター（地域支え合い推進員）の対応～事例～【37】	・地域包括ケアシステム【32】 ・高齢者保健福祉の領域における地域包括ケアの推進【41】	
				・アウトカム評価～事例～【41】
		・福祉サービス第三者評価事業【41】		

齢者や障害者に対する支援や諸制度に関する学習内容と重複する問題が多く出題されている。

第32回の試験では10問が出題され、そのうち事例問題が2問出題された。以下、出題基準の項目に沿って分析する。

傾向と対策

1 地域福祉の基本的考え方

　地域福祉の概念、理念、発展過程、圏域などに関する問題が出題されており、地域福祉について幅広い学習が求められる。

　発展過程に関する出題内容は、「現代社会と福祉」の学習範囲と重複している。第28回は日本におけるセツルメント運動、第29回はイギリスの各種の報告書、日本における地域福祉の前史、第32回は日本の地域福祉の歴史に関する問題が出題された。

　第31回は、地域福祉のあり方など地域福祉の政策に関する出題、ノーマライゼーション、ソーシャルインクルージョン、地域移行支援などの基本的な理念や概念の意味を問う出題があった。

2 地域福祉の主体と対象

　第28回に、地域福祉の主体に関する問題、第30回と第32回は、社会福祉法における地域福祉に関係する規定が出題されている。第31回は、地域福祉の対象に関する問題として、災害対策基本法における避難行動要支援者、「ホームレス自立支援法」におけるホームレス、生活困窮者自立支援法における生活困窮者などの定義を問う出題があった。

3 地域福祉に係る組織、団体及び専門職や地域住民

　近年では毎回5問程度が出題されている。

　地域福祉にかかる専門職および組織、民生委員・児童委員、ボランティアに関する問題が多く、基本的な知識から踏み込んだ内容を問う問題まで幅広く出題されている。

　第32回には、地域福祉における住民の参加を促進する仕組みや制度、ボランティア活動について法律で規定されている事項、市町村社会福祉協議会、民生委員・児童委員に関する問題が出題された。また、事例を読んで、福祉活動専門員が行う民生委員に対する適切な提案を選ぶ問題があった。

4 地域福祉の推進方法

　近年は、地域包括ケアシステムに関する問題がよく出題されている。

　地域福祉のネットワーク推進に関する報告書や白書（「地域福祉のあり方研究会報告書」「社協・生活支援活動強化方針」「地域包括ケア研究会報告書」など）の記述内容や、介護保険制度における動向を問う問題が目立つ。

　第32回では、地域福祉推進のための財源に関する問題と、社会福祉協議会が地域において

行う福祉調査や分析活動に関する問題が出題された。また、事例を読んで、プログラム評価の枠組みを用いたアウトカム評価において、社会福祉協議会の福祉活動専門員が行ったことを選ぶ実践的な問題が出題された。

事例

　毎回２問程度が出題されており、援助的なかかわりが理解できていれば解答できる基本的な内容が多い。

　正解の選択肢を導き出すうえで、近隣住民や民生委員、地域包括支援センターなどの関係者や関係機関と協力することがポイントとなる。専門的な支援を実施する前に、住民へのヒアリングや懇談会を通して、福祉ニーズや福祉課題の背景を把握すること、当事者や地元住民と話し合う機会をもつことが求められる事例が多い。

対策

　毎回、幅広い分野から出題されているが、特に地域福祉に係る組織、団体及び専門職に関する問題が多い。繰り返し出題されている民生委員・児童委員、ボランティア、社会福祉協議会、共同募金については、それぞれの歴史、条文、近年の動向などを丁寧に学習しておこう。また、地域包括ケアシステムに関連した内容の出題が、今後も続くことが予想される。介護保険制度などの地域福祉と密接にかかわる分野の動向と合わせて整理しておこう。

　なお、時事的問題や複数科目領域と重なる横断的な内容の問題への対策としては、日頃から厚生労働省のホームページや官報、福祉新聞などに目を通しておくことが望ましい。

押さえておこう！　重要項目

1 地域福祉の基本的考え方

概念と範囲

■ 概念

1 **地域福祉**とは、自立生活が困難な個人や家族が、地域において自立生活ができるよう必要なサービスを提供することであり、そのために必要な物理的・精神的環境醸成（じょうせい）を図るとともに、社会資源の活用、社会福祉制度の確立、福祉教育の展開を横断的、かつ総合的に行う活動とする新しい考え方・サービスシステムである。

2 **岡村重夫**は、一般的コミュニティづくりの組織化活動を**一般的地域組織化活動**と名づけ、福祉コミュニティづくりのための組織化活動である**福祉組織化活動**と区別している。 出29-32-1, 2

3 **岡村重夫**は、「社会的不利条件をもつ少数者の特殊条件に関心をもち、これらのひとびとを中心として同一性の感情をもって結ばれる下位集団が**福祉コミュニティ**である」と定義した。

4 **右田紀久惠**は、地方自治体における福祉政策の充実や住民自治を基底に据えた**自治型地域福祉**を重視した。 出29-32-5

5 **三浦文夫**は、社会福祉におけるニーズを**貨幣的ニード**と**非貨幣的ニード**の2つに分け、**非貨幣的ニード**に対応する地域福祉を基盤としたサービス供給システムの理論化を行った。 出29-32-1, 4

6 **永田幹夫**は、地域福祉の構成要素として、①**在宅福祉サービス**（対人福祉サービス）、②**環境改善サービス**（生活・居住条件の改善）、③**組織活動**（コミュニティワークの方法技術）を示した。 出29-32-2, 3

7 **牧里毎治**（つねじ）による地域福祉の2つのアプローチ論には、**構造的アプローチ**（構造的概念）と**機能的アプローチ**（機能的概念）がある。

> **構造的アプローチ**
> 地域福祉を貧困や生活問題への制度的対策とするもの

8 **大橋謙策**は、福祉サービス利用者の地域自立生活支援を中心軸に据え、福祉教育などによる地域福祉の主体形成論や住民参加論、地域福祉計画論など、新しい社会福祉サービスシステムとしての**地域福祉論**を展開し、あわせて**コミュニティソーシャルワーク理論**の導入を試みている。

> **機能的アプローチ**
> 地域福祉の対象を要援護者に絞り、構成要件によって地域福祉を体系化するもの

9 **岡本栄一**は、これまでの主要な地域福祉の理論の分析を通じて、それら理論の相違を志向性の相違ととらえ、**4つの志向軸**として類型的整理を試みた。

10 **4つの志向軸**とは、①福祉コミュニティ・地域主体志向（岡村重夫、阿部志郎）、②在宅福祉志向（永田幹夫、三浦文夫）、③政策制度（自治）

1 地域福祉の基本的考え方

地域福祉の理念

志向（右田紀久恵、真田是、井岡勉）、④住民の主体形成参加志向（大橋謙策）である。

■ 範囲

11 地域福祉領域における「地域」認識として、**岡村重夫**は、福祉サービス利用者をはじめとする住民の種々の問題が発生する場・主体としての地域と、住民の問題を解決する場・主体としての地域という2つの視点を示している。

12 2002（平成14）年に厚生労働省は、「**地域福祉計画策定の指針**」（社会保障審議会福祉部会による「**市町村地域福祉計画及び都道府県地域福祉支援計画策定指針の在り方について（一人ひとりの地域住民への訴え）**」）を提示し、特に市町村地域福祉計画の策定においては、必要に応じて、福祉サービスの供給範囲としての地域福祉圏域、住民参加の体制を組む単位として福祉区の設定を推奨している。

13 2008（平成20）年の「**地域福祉のあり方研究会報告書**」において、住民自身による生活課題の早期発見などの活動が小地域において効果を発揮していることを指摘し、福祉圏域の重層的な設定の重要性を強調している（図1参照）。

14 介護保険法の**日常生活圏域**とは、地理的条件、人口、交通事情その他の社会的条件、介護給付等対象サービスを提供するための施設の整備状況その他の条件を総合的に勘案して定めた区域である。

15 市町村は、日常生活圏域ごとに地域ニーズや課題の把握を踏まえた**介護保険事業計画**を策定することとされている。

地域福祉の理念

16 **ノーマライゼーション**（普遍化・通常化と訳される）とは、障害者を含む社会的弱者が可能な限り一般の人たちと**同様な権利**をもち、人生・生活を送ることを目指す考え方である。

17 **ソーシャル・インクルージョン**（**社会的包摂・社会的包含**と訳される）とは、ヨーロッパ諸国において、社会福祉の再編にあたって基調とされた理念であり、社会から疎外されがちな人々を排除せず、**社会の構成員**として包み込む、共生社会を目指す考え方である。

18 入所施設における脱施設化や入所者の退所援助としての地域移行が、障害者分野を中心に進められている。地域生活の質の保障の観点から、多

地域福祉の理論と方法

出 29-41-1

💡 **注目！**
「地域福祉のあり方研究会報告書」は、厚生労働省に設置された「これからの地域福祉のあり方に関する研究会」による「地域における『新たな支え合い』を求めて―住民と行政の協働による新しい福祉―」として公表された。

出 29-41-5

出 29-41-5

ノーマライゼーション
バンク-ミケルセン（Bank-Mikkelsen, N. E.）が提唱し、国際障害者年を契機として普及した理念である。

出 31-33-3

出 28-33-2
31-33-5

出 28-33-4
31-33-4

重要項目

図1　重層的な圏域設定のイメージ

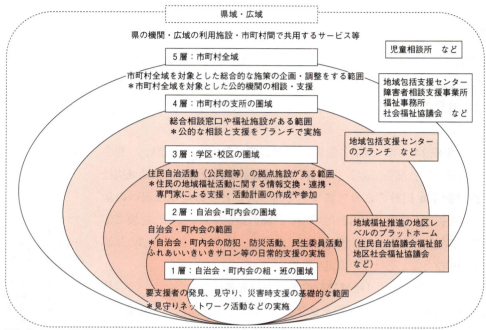

資料：『これからの地域福祉のあり方に関する研究会報告』全国社会福祉協議会、2008年、34頁

様な住まい方と良好な住環境の保障を目指す居住福祉、豊かな地域関係や社会関係の支援を目指すためのサービスの地域密着化と住民参加などを重要視している。

19 「**地域福祉のあり方研究会報告書**」は、①現行の仕組みでは対応しきれていない生活課題に対応する役割、②住民と行政の協働による「新たな支え合い」（共助）を確立する役割、③地域社会再生の軸としての役割という3点を、新たな**地域福祉**の役割として位置づけた。 　出 31-32-1

地域福祉の発展過程

20 **地域福祉政策**は、19世紀後半からはじまるイギリスやアメリカにおける**慈善組織協会**（COS）、**セツルメント運動**や各種報告に基づく福祉改革などによって大きく発展してきた（表1参照）。　出 29-33

21 **ロス**（Ross, M.）は、**コミュニティ・オーガニゼーション**を、コミュニティが自らニーズや目標を発見し、それらを実現する手法を自ら開発して行動する態度を養い育てる過程（プロセス）であるとし、日本の社会福祉協議会を中心とする地域福祉活動に多大な影響を与えた（図2参

1 地域福祉の基本的考え方

地域福祉の発展過程

表1　イギリス・アメリカにおける地域福祉政策の主な展開

年	名　称	概　要
1869 1877	慈善組織協会（COS） （英） 慈善組織協会（COS） （米）	慈善的救済の組織化と貧民の発生の抑制を目的とした救貧組織として、イギリスではロンドンに、アメリカではニューヨーク州バッファローに設立された。この源流となる運動は、1800年代初頭に行われたチャルマーズによる隣友運動である。
1884 1886 1889	トインビーホール（英） ネイバーフッド・ギルド （米） ハル・ハウス（米）	セツルメント運動（貧困問題の解決のために、大学生や教員、社会事業家等が集まって行われた地域の改良活動）の拠点として、イギリスではバーネット夫妻によってロンドン東地区にトインビーホール、アメリカではS.コイトによってニューヨークにネイバーフッド・ギルド（アメリカ初のセツルメント）、J.アダムスによってシカゴにハル・ハウスが設立された。
1939	レイン報告（米）	全米社会事業会議において採択された。コミュニティ・オーガニゼーションの基本的な体系をまとめ、その目標を「資源とニーズを調整すること」とした。
1968	シーボーム報告（英）	コミュニティを基盤として、福祉ニーズに対応できるソーシャルワーク体制を整えるために、地方自治体におけるソーシャルワークの関連部局を統合すべきであると提言した。
1969	エイブス報告（英）	ボランティアに専門家がなすべきことを押しつけてはならず、ボランティアの役割は専門家にはできない新しいサービスの可能性に挑戦する開発的役割があるとした。
1970	地方自治体社会サービス法 （英）	シーボーム報告の提言を受けて制定された。ソーシャルワークに関連した部局を統合した「地方自治体社会サービス部」が成立し、地方自治体を中心としたコミュニティケアを推進する体制が確立した。
1978	ウルフェンデン報告（英）	社会サービスのシステムを、インフォーマル部門、公的部門、民間営利部門、民間非営利部門の4つに分け、公的サービスの主要な役割を認めながらも、多様な供給主体の独自の役割を承認する福祉多元主義を打ち出した。
1982	バークレイ報告（英）	コミュニティを基盤としたケースワークや家族・近隣といったインフォーマルな社会資源を含めたネットワークの活用・開発・組織化を行うコミュニティソーシャルワークが提唱された。
1988	グリフィス報告（英）	自治体の役割には、マネジメントが必要であること、高齢者の施設入所財源を国から地方自治体へ移譲すること、市場原理を導入して企業・ボランタリー組織のサービスを促進すること等が提唱された。
1990	国民保健サービス及びコミュニティケア法（英）	権限や財源の地方自治体への一元化や計画策定の義務化、ケアマネジメントや苦情処理手続きの導入等が規定された。この法を基盤として、コミュニティケア改革が行われた。

照）。

22 **ロスマン**（Rothman, J.）は、ロスの理論を重視しながら、**小地域開発モデル**、**社会計画モデル**、**ソーシャルアクション・モデル**といった地域組織化活動の実践の枠組みとして3つのモデルを検討し、日本の地域組織化活動の研究にも大きな影響を与えた（図2参照）。

重要項目

図2　アメリカにおける地域を対象とした相談援助技術の変遷

～1960年代 （ロス, M.など）	1960年代～1990年代 （ロスマン, J.）	1990年代～ （ウェイル, M.）
コミュニティ・オーガニゼーション	小地域開発	住民組織化
		機能的コミュニティ組織化
		社会的・経済的開発
	社会計画	社会計画
		プログラム開発／コミュニティ連携
	ソーシャルアクション	ソーシャルアクション
		連合組織化
		社会運動

23　**ウェイル**（Weil, M.）は、ロスマンの3つの実践モデルでは十分に説明がつかない新たな志向の実践が出現したことから、ロスマンによる整理をさらに細分化してそれらを**8つの実践モデル**として整理した（図2参照）。

24　**日本における地域福祉政策**は、1890年代頃より展開されたセツルメント運動や慈善活動の実践・組織化に始まる。1970年代頃から取り組まれた研究者・各種研究会等による分析・理論化等を経て、1990（平成2）年の福祉関係八法の改正や2000（平成12）年の社会福祉法制定、その後の研究等により、社会福祉の中心的な政策として発展するに至っている。

地域福祉における住民参加の意義

25　地域福祉推進における**住民参加**の意義は、住民参加によって当事者や住民の生活者論理に基づいた社会福祉の展開が進められることを目指している。

26　**住民**の役割は、①当事者をエンパワメントし、地域ケアを進める、②生活者視点に基づいたネットワークを促進する、③生活に必要なサービスの質を高め創出する、④当事者を中核とした社会変革を進める、⑤住民自治と**ローカル・ガバナンス**（地方自治体と地域コミュニティの住民、NPO、NGOや民間企業などとの協働による統治）を促進させる、などがある。

出 28-33-1

> **ローカル・ガバナンス**
> 「よき政府」という意味に加え、公共的諸問題の解決に政府だけではなく、民間セクターや市民セクターがかかわることを意味する。

地域福祉におけるアウトリーチの意義

27 **アウトリーチ**とは、住民が生活する地域に**出向く**ことと広義にとらえられている。アウトリーチには、専門職の積極的な**個別訪問**、集会の場に赴いて**ニーズを発見する**方法、住民同士が気軽に顔を合わせコミュニケーションできる住民懇談会やサロンの活用などがある。

28 「社協・生活支援活動強化方針―地域における深刻な生活課題の解決や孤立防止に向けた社協活動の方向性―」（2012（平成24）年全国社会福祉協議会）における行動宣言に、**アウトリーチの徹底**があげられている。

2 地域福祉の主体と対象

地域福祉の主体

29 「**地域福祉のあり方研究会報告書**」によれば、市町村には**住民の福祉を最終的に担保する主体**として、「公的な福祉サービスを適切に運営」することが求められた。

30 大橋謙策は、**地域福祉の主体形成**を今日の地域福祉の構成要件の基軸として位置づけ、①地域福祉計画策定主体の形成、②地域福祉実践主体の形成、③社会福祉サービス利用主体の形成、④社会保険制度契約主体の形成の4つの側面から説明している。

31 住民主体の地域福祉活動は、専門機関の支援を求めながら進めることが望ましい。 　出 30-33-1

地域福祉の対象

32 「**地域福祉のあり方研究会報告書**」では、**今後より重点的に対応すべき対象**として、①制度では拾いきれないニーズや制度の谷間にある者への対応、②問題解決能力が不十分で、公的サービスがうまく使えない人への対応、③公的な福祉サービスの総合的な対応の不十分さから生まれる問題、④社会的排除や低所得の問題、⑤知的障害者や精神障害者の施設・病院からの**地域移行**要請への対応などを指摘している。

重要項目

社会福祉法

※社会福祉法については、「4　現代社会と福祉」（154～161頁）を参照。

③ 地域福祉に係る組織、団体及び専門職や地域住民

行政組織と民間組織の役割と実際

■ 社会福祉法人

33　**社会福祉法人**とは、**1951**（昭和**26**）年に制定された**社会福祉事業法**（現・**社会福祉法**）により創設された法人であり、「社会福祉事業を行うことを目的として、この法律の定めるところにより設立された法人」と規定されている（社会福祉法第22条）。

34　**社会福祉事業**は、第一種社会福祉事業と第二種社会福祉事業とに分類されている。**第一種社会福祉事業**は経営の安定を通じた利用者の保護の必要性が高い事業（主に入所施設サービス）であり、**第二種社会福祉事業**は**公的規制が低い事業**（主に在宅サービス）である（社会福祉法第2条）。

35　社会福祉法人は、社会福祉事業のほか、**公益事業**および**収益事業**を行うことができる。公益事業は、社会福祉に関係のある公益を目的とする。収益事業は、収益を社会福祉事業または一定の公益事業の経営に充てることを目的とする。ただし、**本来の社会福祉事業に支障のない範囲**に限られている（社会福祉法第26条第1項）。　出30-38-1

36　厚生労働省の「**社会保障審議会福祉部会報告書～社会福祉法人制度改革について～**」（2015（平成27）年）では、社会福祉法人の今日的意義は、ほかの事業主体ではできないさまざまな福祉ニーズを充足することにより、**地域社会に貢献**していくことにあるとした。　出31-37-1

■ 特定非営利活動法人

37　**特定非営利活動法人**（**NPO法人**）とは、特定非営利活動を行うことを主たる目的とし、**特定非営利活動促進法**（**NPO法**）の定める要件に基づき設立された法人をいう（表2参照）。　出30-38-5

38　**NPO法**は、1998（平成10）年に、ボランティア団体などの任意団体に対して、法人格を**比較的容易**に取得できるようにすることによって社会

③ 地域福祉に係る組織、団体及び専門職や地域住民

行政組織と民間組織の役割と実際

表2　特定非営利活動法人（NPO法人）の設立要件

項目	要件
役員	①役員のうち、報酬を受ける者の数が役員総数の**3分の1以下**であること ②理事**3**人以上、監事**1**人以上を置くこと（管理規定として）
総会	総会で議決権をもつ会員が**10人以上**いること
その他の事業	特定非営利活動以外の事業も行うことができるが、収益が生じた場合には、①これを**特定非営利活動**のために使用しなければならない、②会計は特別の会計として経理しなければならない
情報公開	毎年**情報公開**を義務づけられている

出 32-35-4

的な権利を認めていこうとすることを目的として成立した。

39 **NPO法人**は、不特定かつ多数のものの利益の増進に寄与することを目的とし、①組織化されていること、②民間であること、③利益分配をしないこと、④自己統治・自己決定していること、⑤自発的であること、⑥非宗教的であること、⑦非政治的であること、といった特徴がある。

40 **認定特定非営利活動法人（認定NPO法人）**とは、特定非営利活動法人のうち、より客観的な基準において**高い公益性**をもっていると判定され、所轄庁に要件を満たしていることを認定された法人をいう。

▶認定の有効期間は5年間であり、更新には手続きが必要である。

41 2016（平成28）年6月のNPO法の改正で、事業年度ごとに必要となっている「資産の総額」の登記が不要となり、**貸借対照表**を毎年度公告することとなった。

42 2016（平成28）年6月のNPO法の改正で、「仮認定NPO法人」という名称が**特例認定NPO法人**に改められた（2017（平成29）年4月1日施行）。変更となるのは名称のみで、認定の基準に変更はない。また、施行日にすでに旧法の仮認定を受けている法人は、特例認定を受けたものとみなされる。

▶公告の方法として、「官報に掲載」「日刊新聞紙に掲載」「電子広告（内閣府NPO法人ポータルサイトを含む）」「法人の主たる事務所の公衆の見やすい場所に掲示」のうちから、定款で定める方法によって公告しなければならない。

43 2011（平成23）年の税制改正法において、認定NPO法人への**寄附に伴う税制優遇措置**が拡大した（表3参照）。

44 2017（平成29）年度の「特定非営利活動法人に関する実態調査報告書」（内閣府）によると、最も多い活動分野は**保健、医療又は福祉の増進**であり、認定・特例認定を受けている特定非営利活動法人では全体の35.5％、認定を受けていない特定非営利活動法人では39.7％を占めている（図3参照）。

45 2017（平成29）年度の「特定非営利活動法人に関する実態調査報告書」（内閣府）によると、NPO法人の収入は**事業収益**が大半を占めており、

注目！
貸借対照表の公告は、2018（平成30）年10月1日に施行された。

出 30-33-4

出 32-39-4

地域福祉の理論と方法

205

💡 重要項目

表3 認定NPO法人の寄附に伴う税制優遇措置

優遇措置の対象	寄附者	優遇措置の概要
寄附者	個人	＜寄附金税制＞**所得税**上の寄附金控除の対象となる。
	法人	＜損金算入限度額の拡大＞一般寄附金の損金算入限度額に加え、別枠の損金算入限度額が認められる
	相続財産を寄附する場合	＜寄附額分の非課税＞相続税の課税対象から除かれる
認定NPO法人		＜みなし寄附金制度＞収益事業に属する資産のうちから、その収益事業以外の事業のために支出した場合、この支出を寄附金とみなし、一定の範囲内で損金算入できる

図3 主な活動分野（n=3,286）

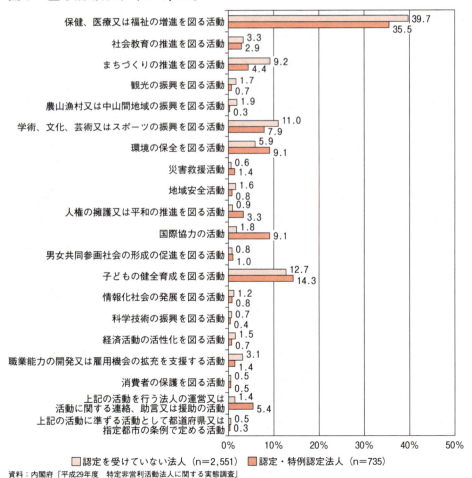

資料：内閣府「平成29年度 特定非営利活動法人に関する実態調査」

認定・特例認定を受けている特定非営利活動法人では全体の67.9%、認定を受けていない特定非営利活動法人では83.8%である（図4参照）。

図4　収益の内訳

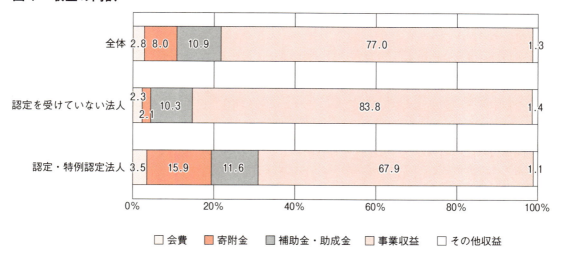

■社会福祉協議会

46 **全国社会福祉協議会**および**都道府県社会福祉協議会**は、**1951**（昭和**26**）年の**社会福祉事業法**（現・**社会福祉法**）の成立時に、**市町村社会福祉協議会**は、**1983**（昭和**58**）年の**社会福祉事業法**の一部改正時に規定された。

47 1990（平成2）年の福祉関係八法改正の際、社会福祉事業法の改正に伴って政令指定都市の**区の社会福祉協議会**が法制化された。

48 1962（昭和37）年の「**社会福祉協議会基本要項**」において、**社会福祉協議会**の基本的機能は、**コミュニティ・オーガニゼーション**の方法を地域社会に適用することであるとし、「一定の地域社会において、住民が主体となり、社会福祉、保健衛生、その他生活の改善向上に関連のある公私関係者の参加、協力を得て、地域の実情に応じ、住民の福祉を増進することを目的とする民間の自主的な組織」と規定された。

49 **社会福祉協議会**は、**社会福祉法**で地域福祉の推進を図ることを目的とする団体と規定されている。

▶地域福祉推進の中心的な担い手であり、社会福祉活動への住民参加を推進する事業、住民参加による社会福祉を目的とする事業等を行う。

50 **都道府県社会福祉協議会**は、都道府県の区域内において、市町村社会福祉協議会の過半数および**社会福祉事業**または**更生保護事業**を経営する者の過半数が参加するものと位置づけられている。

51 福祉サービスの利用に際して苦情があるとき、利用者は**都道府県社会福**

重要項目

祉協議会に設置された運営適正化委員会に申し立てることができる。

52 市町村社会福祉協議会は、1または同一都道府県内の2以上の市町村の区域内において、社会福祉を目的とする事業を経営する者および社会福祉に関する活動を行う者が参加するもの、かつ、その区域内における社会福祉事業または更生保護事業を経営する者の過半数が参加するものと位置づけられている。

出 30-35-4
31-35-2
32-37-5

▶指定都市の場合、これらに加えて区域内の地区社会福祉協議会の過半数参加も規定されている。

53 市町村社会福祉協議会は、「社会福祉を目的とする事業を経営する者」と「社会福祉に関する活動を行う者」を会員にすることができ、民間企業や特定非営利活動法人（NPO法人）、ボランティア団体、民生委員を含む幅広い構成となっている。

54 関係行政庁の職員は、市町村社会福祉協議会の役員になることができるが、役員総数の5分の1を超えてはならないとされている。

出 32-37-3

55 市町村社会福祉協議会の職員に対する国庫補助が1966（昭和41）年に始まり、福祉活動専門員が配置されるようになったが、1999（平成11）年に福祉活動専門員の経費が一般財源化された。

56 市町村社会福祉協議会の業務は、①社会福祉を目的とする事業の企画および実施、②社会福祉に関する活動への住民の参加のための援助、③社会福祉を目的とする事業に関する調査、普及、宣伝、連絡、調整および助成、④その他、社会福祉を目的とする事業の健全な発達を図るために必要な事業がある。

出 31-35-4
32-37-4

57 市町村社会福祉協議会の役割は、①地域福祉を進める公共的な組織として公民の協働の場を提供すること、②コミュニティワークなど地域福祉推進の専門性を提供すること、③諸団体・関係機関間を調整すること、である。

58 「社協・生活支援活動強化方針」に、サービス拒否や引きこもり、多問題世帯に対して、寄り添い型支援を行う生活支援員の配置があげられている。

社協・生活支援活動強化方針
地域における深刻な生活課題の解決や孤立防止に向けた行動宣言とアクションプランが示されている。

59 2002（平成14）年の「地域福祉計画の策定指針」では、行政が策定する計画を地域福祉計画、市町村社会福祉協議会が策定する計画を地域福祉活動計画とした（表4参照）。

出 30-38-2
31-35-1

60 地域福祉活動計画は、社会福祉協議会が呼びかけて、住民、地域において社会福祉に関する活動を行う者、社会福祉を目的とする事業（福祉サービス）を経営する者が、相互協力して策定するもので、地域福祉の推進を目的とした民間の活動・行動計画である。

出 30-38-2

61 市町村は、市町村地域福祉計画を策定、または変更するとき、あらかじ

出 30-35-1

③ 地域福祉に係る組織、団体及び専門職や地域住民

行政組織と民間組織の役割と実際

表4　地域福祉計画と地域福祉活動計画

	地域福祉計画	地域福祉活動計画
類型	社会福祉法が定める行政計画	民間の福祉活動推進のための自発的な計画
理念・方向性	公民協働で地域課題を把握・共有化、地域福祉の推進	
内容	各主体の役割分担のあり方（連携・協働のルールなど）	
	地域実情に応じたきめ細かな福祉基盤整備などの施策化・目標化	施策に基づくサービスの展開 施策化されたもの以外の独自のサービスの展開
策定主体	行政（都道府県・市町村）	市町村社会福祉協議会

　め、地域住民などの意見を反映させるように努め、その内容を公表する
よう努めるとされている。

62 　都道府県は、都道府県地域福祉支援計画を策定、または変更しようとす
るときは、あらかじめ、公聴会の開催等住民その他の者の意見を反映さ
せるよう努め、その内容を公表するよう努めることとしている。

■ 民生委員・児童委員

63 　**民生委員制度**は、1917（大正6）年に制度化された岡山県の<ruby>済世顧問制<rt>さいせい</rt></ruby>
度、翌年大阪府で制度化された**方面委員制度**が前身であるといわれる。　[出]32-32-4
方面委員制度は全国各地に波及し、1936（昭和11）年には**方面委員令**
により法制度化された。

64 　1946（昭和21）年、旧生活保護法下の民生委員令により方面委員は**民**　[出]30-31(現社)
生委員と改称され、市町村長の**補助機関**として公的扶助の実施体制の一
端を担った。

65 　1948（昭和23）年、**民生委員法**が制定され、1953（昭和28）年、従来
福祉事務所その他関係行政機関の**補助機関**とされていた民生委員を**協力**
機関とする改正が行われた。

66 　1947（昭和22）年に制定された児童福祉法により、民生委員は**児童委**　[出]29-38-1
員を兼務するようになった。本人の申出によって、兼務を辞退すること　　30-34-5
はできない。

67 　1993（平成5）年からは児童福祉問題を専門に担当する**主任児童委員制**　[出]30-34-4
度が設けられ、2001（平成13）年の児童福祉法の改正により法定化され　　32-38-2
た。**主任児童委員**は、児童委員の職務とともに、児童の福祉に関する機
関と児童委員との連絡調整、児童委員の活動に対する援助および協力を
行うことと規定されている。

68 　2000（平成12）年の民生委員法の改正により、民生委員は「社会奉仕

💡 重要項目

の精神をもって、常に住民の立場に立って**相談**に応じ、及び必要な**援助**を行い」とされ、**民生委員の職務の内容**が表5のとおり規定された。

表5　民生委員の職務の内容

①住民の生活状態を**必要に応じ**適切に把握する
②援助を必要とする者がその有する能力に応じ自立した日常生活を営むことができるように生活に関する**相談**に応じ、**助言**その他の援助を行う
③援助を必要とする者が福祉サービスを適切に利用するために必要な**情報の提供**その他の援助を行う
④社会福祉を目的とする事業を経営する者または社会福祉に関する活動を行う者と密接に**連携し**、その事業または活動を**支援する**
⑤社会福祉法に定める福祉に関する事務所（福祉事務所）その他の関係行政機関の業務に**協力する**
⑥必要に応じて住民の**福祉の増進**を図るための活動を行う

69 **民生委員**には、活動上知り得た情報について**守秘義務**が課せられている。個人の人格を尊重し、その身上に関する秘密を守り、差別的または優先的な取り扱いをすることなく、実情に即して合理的に職務を遂行しなければならないとされている。

出 28-39-2
32-38-4

70 民生委員・児童委員の候補者は、市町村に設置された**民生委員推薦会**で選考されて**都道府県知事**に**推薦**される。都道府県知事が、都道府県に設置された**地方社会福祉審議会**の意見を踏まえ、厚生労働大臣に推薦した後**厚生労働大臣**から**委嘱**される。任期は**3**年間である。

出 29-38-2, 3
30-34-1, 3, 5

▶補欠の民生委員の任期は前任者の残任期間である。

71 **民生委員**は、**無報酬のボランティア**である（活動費は支給される）。職務は民生委員法に定められた公務とされ、身分は**非常勤特別職の地方公務員**である。

出 30-96-1, 2, 4（相基）

72 民生委員・児童委員の職務に関する**指揮監督**は、**都道府県知事**、**指定都市市長**、**中核市市長**が実施する。職務に関する指導は、市町村長も行うことができる。

出 32-38-5

73 **民生委員の定数**は、厚生労働大臣の定める基準を参酌して、都道府県知事が市町村長の意見を聞いて、市町村の区域ごとに都道府県の**条例**で定める。

出 29-38-4

74 **民生委員**は、指定都市および東京都区部は**220〜440**世帯ごと、中核市および人口10万人以上の市は**170〜360**世帯ごと、人口10万人未満の市は**120〜280**世帯ごと、町村は**70〜200**世帯ごとに1人が配置される。

出 32-38-1

75 **民生委員**は、一定の地域ごとに**民生委員協議会**を組織しなければならず、その代表を**会長**と呼び、互選により1名選出される。民生委員協議会は、

出 29-38-5
30-34-2
30-96-5（相基）

民生委員の職務に関して必要と認める意見を関係各庁に**具申する権限**を有している。

32-38-3

76 **民生委員**の総数は、全国の市町村で23万2241人であり、2001（平成13）年度以降は**22万～23万人台**で推移している（2018（平成30）年度「福祉行政報告例」）。

💡 **注目！**
民生委員・児童委員の「相談支援件数」を分野別にみると、「高齢者に関すること」が最も多い（2018（平成30）年度「福祉行政報告例」）。

■ 共同募金・基金等

77 **共同募金**は、1913年アメリカのクリーブランド市での活動に始まり、その後、1918年アメリカのロチェスターで行われた地域住民主体の募金活動が**コミュニティ・チェスト**と名づけられ、わが国における共同募金の源流となった。

出 32-32-3

78 共同募金は、1951（昭和26）年の社会福祉事業法（現・社会福祉法）制定により制度化された募金活動で、第一種社会福祉事業である。

出 30-33-3

79 共同募金は、厚生労働大臣の告示により実施期間が定められる。都道府県共同募金会が**都道府県社会福祉協議会**の意見を聴き、配分委員会の承認を得て、目標額、受配者の範囲、配分方法などを定め、公告しなければならない。

出 29-42-3, 4, 5（行財）
30-35-5
30-38-3

80 社会福祉法の改正（2000（平成12）年）において、共同募金に関しては、①地域福祉の推進が目的に加わった、②過半数配分の規定の廃止、③都道府県共同募金会における**配分委員会**設置の義務づけ、④寄附金の積み立てが可能になった、⑤共同募金会の配分の期限が定められた、とされた。

81 都道府県共同募金会では、**災害支援制度**として、被災地で活動するNPOやボランティアグループなどの活動資金助成を行っており、災害等準備金の積み立てを行っている。被災地の募金会の積立金だけでは不足が生じた場合、他の都道府県の共同募金会から拠出することができる。

出 32-35-5

82 共同募金は、戸別、職域、法人、街頭、興行などで募集される。方法別で最も大きな割合を占めているのは戸別募金である（表6参照）。

83 共同募金実績額の推移をみると、年間の**募金総額**（一般募金と歳末たすけあい募金の合計）は、1995（平成7）年から2017（平成29）年までの20年間減少している。

出 32-39-5

84 集められた寄附金は配分委員会を通じて、**福祉施設配分、地域福祉活動配分、団体・グループ配分**に分けて配分される。事業種別配分でみると、住民全般を対象とする活動が最も多い（図5参照）。

85 共同募金の配分は、社会福祉を目的とする事業を経営する者以外に配分

💡 重要項目

表6　全国の募金実績額（2018（平成30）年度）

		2018（平成30）年度	
		金額（円）	構成率（%）
一般募金＋地域歳末たすけあい募金	総額	17,617,840,707	100
	戸別募金	12,736,337,162	72.3
	街頭募金	324,360,092	1.8
	法人募金	1,786,233,496	10.1
	職域募金	744,988,861	4.2
	学校募金	275,810,970	1.6
	イベント募金	155,844,406	0.9
	個人寄附	304,250,146	1.7
	その他	729,023,853	4.1
NHK歳末募金		560,991,721	3.2

注：上記は、47都道府県の募金実績額を合計した額である。

図5　共同募金分野別配分額構成比内訳（2018（平成30）年度）

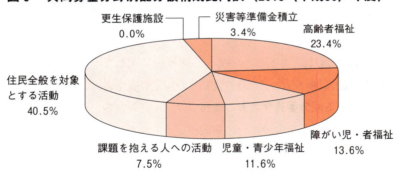

することは禁止されている。また、その配分を受けた後**1年間**は、その事業の経営に必要な資金を得るために寄附金を募集してはならない。

■ 自治会

86　**自治会**や**町内会**は、おおむね実際に生活する範囲を基盤につくられており、当該地区の生活を住民が管理・運営するための組織である。自治会や町内会を基盤に、地域のさまざまな課題（防犯や防災、子育て、高齢者介護など）に対応した関連組織がつくられている。

87　自治会や町内会などは、行政手続きを経て法人格を取得し、**地縁団体**として認可されると、不動産または不動産に関する権利等を登記することができる。ただし、地域の活動のためであっても収益事業を行った場合、法人税を支払う義務が生じる。

3 地域福祉に係る組織、団体及び専門職や地域住民

行政組織と民間組織の役割と実際

88 **老人クラブ**は、高齢者を会員とする**自主的**な組織であり、高齢者の生き
がいを高めることを目的に、教養講座やレクリエーション活動、趣味活
動などのほか、地域社会における諸活動も実施している。

■ ボランティア活動・組織

89 **ボランティアセンター**とは、ボランティア情報の収集・発信、ボラン
ティアコーディネート業務、ボランティアに関する教育・研修業務を行
い、ボランティアの活性化を図る組織である。**社会福祉協議会**や**NPO**
のほか、**自治体**、**職場**、**学校**などに設置されている。

出 28-37

90 **災害対策基本法**では、ボランティアによる防災活動が災害時において果
たす役割が重要であることから、国および地方公共団体は、その自主性
を尊重しつつ、ボランティアとの連携に努めなければならないとされてい
る。

出 32-35-1

■ 企業・ビジネス等

91 **メセナ**（文化や芸術に対する支援）と**フィランソロピー**（医療、福祉、
教育などに対する寄附や奉仕といった慈善活動）は、**企業における社会
貢献活動**である。

92 **社会的企業**とは、福祉、環境、教育などの社会的な困難や課題の解決を
目的とする事業体のことをいう。利潤を優先する一般企業とも、無償の
サービス提供を基本とするボランティア活動とも異なる特徴をもつ。

出 30-25（現社）

■ 住民参加型在宅福祉サービス

93 **住民参加型在宅福祉サービス**は、**有償・有料**を基本とした住民相互の助
け合いを目的に団体を結成して行われる**非営利活動**であり、サービスの
提供会員と利用会員という**会員制**をとっている。運営形態は、全体の約
5割を占める①**住民互助型**、②行政関与型、③社協運営型、④生協型、
⑤施設運営型等に分類されている。

出 30-33-2
　 32-33-3

▶在宅福祉領域での
サービス提供主体に
は、社会福祉協議会、
福祉公社、生協、農協
などがある。

94 **消費生活協同組合**（**COOP、生協**）とは、**市民**が主体となって生活に密
着したさまざまな分野における事業を行うために結成された組合組織で
ある。生活用品などの商品を共同で仕入れて購買する活動や医療・介護
サービス、住宅関係の事業など、多岐にわたる事業を展開している。

出 30-38-4

▶地域生協や職域生
協、学校生協、大学生
協などがある。

95 **農業協同組合**（**JA、農協**）とは、**農業者**が主体となって農業の振興や生
活の擁護（ようご）などに関するさまざまな事業を行うために結成された組合組織
である。近年では、地域社会づくりなどの活動も積極的に行われている。

▶農産物の販売・加
工・運搬、農業生産資
材の購買、農業用施設
や機械の共同利用、農
業技術指導や経営指
導、共済事業、医療事
業など多岐にわたる事
業を行っている。

地域福祉の理論と方法

213

重要項目

重要項目

専門職や地域住民の役割と実際

96 **福祉活動専門員**は、**厚生労働省の定めた設置要綱**によると「**市区町村社会福祉協議会**に置くもの」とされており、民間社会福祉活動の推進について調査・企画・連絡調整を行うとともに、広報、指導その他の実践活動の推進に従事する。**社会福祉士**または**社会福祉主事任用資格**を有することが任用条件となっている。

出 28-40

▶「厚生労働省の定めた設置要綱」とは、「社会福祉協議会活動の強化について」(平成 11 年 4 月 8 日社援発第 984 号)のことである。

97 **日常生活自立支援事業**における専門員は、原則として**社会福祉士**、**精神保健福祉士**であって、一定の研修を受けた者である。初期相談から支援計画の策定、契約締結に関する業務、援助開始後の利用者の状況把握等を行う。

出 30-36-2

98 **認知症地域支援推進員**は、市町村ごとに、**地域包括支援センター**、**市町村**、**認知症疾患医療センター**等に配置され、認知症疾患医療センターを含む医療機関や介護サービスおよび地域の支援機関の間の連携を図るための支援や、認知症の人やその家族を支援する相談業務等を行う。改訂前の「新オレンジプラン」では、認知症地域支援推進員を 2018(平成 30)年度からすべての市町村で実施することを目標にしていた。

出 30-36-3

注目！
認知症地域支援推進員

注目！
2017(平成 29)年 9 月に改訂された「新オレンジプラン」で、認知症地域支援推進員配置後においても、先進的な取組事例を全国に紹介すること等を通じて、地域の実情に応じた効果的な活動を推進することとされた。

99 認知症地域支援推進員は、認知症の医療や介護における専門的知識および経験を有する**有資格者**あるいは、認知症の介護や医療における専門的知識および経験を有する者として**市町村が認めた者**(認知症介護指導者養成研修修了者等)である。有資格者とは、社会福祉士や精神保健福祉士をはじめ、医師、歯科医師等の専門職をいう。

100 **介護相談員**とは、利用者から介護サービスに関する要望や苦情などを聞き、サービス提供者や行政等にはたらきかけを行うなど問題解決に向けた支援を行う**ボランティア**である。介護相談員派遣等事業に基づいて実施される都道府県、市町村、委託された事業者等による養成研修を修了し、市町村の登録を受けて活動を行う。

出 30-36-5

101 **認知症ケア専門士**は、日本認知症ケア学会が主催する**民間資格**である。「認知症ケアに対する優れた学識と高度の技能、および倫理観を備えた専門技術士を養成し、わが国における認知症ケア技術の向上ならびに保健・福祉に貢献することを目的」とする資格と定義されている。

出 30-36-4

102 **認知症サポーター**とは、厚生労働省の要請を受けて行われる自治体や企業等による**養成講座**を修了し、認知症に関する正しい知識や理解を身につけたうえで認知症患者や家族の支援を行う者である。

出 28-35-4
30-36-1

103 2019(令和元)年 12 月 31 日現在、認知症サポーター数は約 **1234** 万人

（キャラバン・メイト数約16万6000人を含む）を超えている。

104 **ボランティアコーディネーター**は、ボランティアに支援を求める人と、ボランティアとして活動したい人をつなぐ役割を担っている（図6参照）。

図6　ボランティアコーディネーター（専門職）と住民との関係

※コーディネーターにとって対象者もボランティアもいずれも支援の対象となる
資料：社会福祉士養成講座編集委員会編『新・社会福祉士養成講座⑨地域福祉の理論と方法（第3版）』中央法規出版、2015年、162頁

105 「ボランティア活動の中長期的な振興方策について（意見具申）」を受けて、ボランティアコーディネーターの養成と、ボランティアセンター等ボランティア活動の推進にあたる機関への配置が進められた。

106 **市民後見推進事業**とは、認知症の人の福祉を増進する観点から、**市町村**（特別区を含む）において市民後見人を確保できる体制を整備・強化し、地域における市民後見人の活動を推進する事業である。

107 **市民後見人**として活動することを希望する地域住民は、市民後見人候補者になるための養成研修を修了することが定められている。登録した後見人候補者名簿から、**家庭裁判所**が選任する。

4 地域福祉の推進方法

ネットワーキング

108 **地域ネットワーク**とは、地域を基盤に資源・技能・知識を有している人々ないし組織相互のインフォーマル、もしくはフォーマルな結びつきとそのはたらきであり、各種のサービス間の連携による網の目のようなきめ細かい活動を指す。

109 **ソーシャルサポートネットワーク**は、「社会的支援」もしくは「社会的ネットワーク」と呼ばれ、**フォーマル**および**インフォーマル**なネットワークを統合して援助活動を展開していく技術である。仲間同士のサポート集団は、**相互援助ネットワーク**と呼ばれるネットワークの方法の1つである（図7参照）。

図7　ソーシャルサポートネットワーク

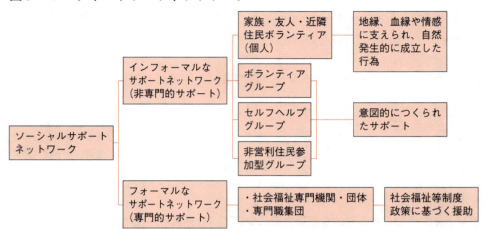

資料：社会福祉士養成講座編集委員会編『新・社会福祉士養成講座⑨地域福祉の理論と方法（第3版）』中央法規出版、2015年、198頁

地域における社会資源の活用・調整・開発

110 **社会資源**とは「利用者のニーズを充足させるために動員されるあらゆる**物的・人的資源**を総称したもの」とされ、地域住民の福祉ニーズを充足させるための各種の制度、施設やサービス、**人材**（サービスを利用する住民含む）、組織・機関、活動、資金、情報、拠点などが含まれる。

111 **地域福祉の推進**にあたっては、**フォーマルセクター**の参入とあわせて、家族・近隣・ボランティア・自治会などの**インフォーマルセクター**の連携が組織化の重要課題となってきている。**フォーマルセクター**には、社会福祉法人のほかに、医療法人、協同組合等の公益法人、NPOを含む参加型非営利組織、株式会社等の営利法人等がある。　出 30-40

112 地域福祉の推進には、個人支援レベル、機関・団体の活動者や実務者レベル、それらの代表者レベルの各種の**重層的な連携**が想定される。　出 31-39-1

113 厚生労働省の「**地域力強化検討会最終とりまとめ**」（2017年（平成29年））では、地域の課題を地域で解決していく財源として、**クラウドファンディング**や**SIB**（Social Impact Bond）等を取り入れていくことも有効であるとされている。　出 32-39-2

地域における福祉ニーズの把握方法と実際

114 地域住民の生活課題や福祉ニーズを把握し、実践につなげていくための**質的な調査方法**には**面接法**など、**量的に把握する方法**には**質問紙調査**　出 30-39　32-40

（質問票を用いた調査方法）や既存データを分析する方法など、その他アクションリサーチなどがある。

115 **面接法（インタビュー）**とは、質問と回答を通じて行われるデータの収集方法であり、あらかじめ決めておいた質問の形式や順序の通りに行う**構造化面接**、質問項目は決められているがある程度の自由度をもって行う**半構造化面接**、被面接者の反応や状況に応じて自由に行う**非構造化面接（自由面接）**がある。

出 31-89（調査）

116 **生活場面面接**とは、自宅などの日常生活空間で行う面接法である。生活の場で行うため、日常性を重視した面接に適している。

117 **個別インタビュー**とは、課題を抱えた住民や利用者等の声を、個別に直接的な会話によって把握する面接法である。**個々の課題や意見を把握**するのに適している。

出 30-39-2

118 **グループインタビュー**とは、住民座談会のように、異なる**意見を幅広く収集**する面接法である。特定のテーマについて、条件を満たす対象者のみを集めて情報収集するものを、**フォーカスグループインタビュー**という。

出 30-39-1, 3
32-40-2, 4

119 **アクションリサーチ**とは、実践課題の解決や目標の実現を重視し、課題や目標を共有する当事者と研究者とが**共同**で、調査や実践を進める方法である。

出 30-39-4

地域ケアシステムの構築方法と実際

120 2011（平成23）年の介護保険法の改正により、**介護予防・日常生活支援総合事業**が創設され、市町村の判断により、地域支援事業において、介護予防や生活支援サービス等を総合的に提供することとなった。

出 31-41-3

121 **地域包括支援センター**は、高齢者の地域生活を包括的に支援する中核的機関である。**包括的支援事業**として、①第1号介護予防支援業務、②総合相談支援業務、③権利擁護業務、④包括的・継続的ケアマネジメント支援業務を行う。包括的支援事業のなかには、地域包括支援センター以外にも委託できるものもある。

出 29-37-2

▶公益事業に位置づけられる。

122 地域包括支援センターの総合相談支援事業は、センターに配置された**社会福祉士、保健師、主任介護支援専門員**がチームとして連携して行うこととされている。

出 28-39-1

123 **地域包括支援センター運営協議会**は、地域包括支援センターの運営を地域の関係者全体で協議し、適切、公正かつ中立的な運営を確保している

重要項目

か評価する場として、**市町村**ごとに設置されている。

124 地域包括支援センター運営協議会の構成員については**市町村**の裁量に委ねられているが、介護サービスおよび介護予防サービスに関する**事業者・職能団体**、それらサービスの**利用者・介護保険の被保険者**、地域の社会的資源や権利擁護、相談事業等を担う**関係者**、地域ケアに関する**学識経験者**から選定する。
出 29-39-2

125 **2014（平成 26）年の介護保険法の改正**により、包括的支援事業の包括的・継続的ケアマネジメント支援業務を効果的に実施するため、**地域ケア会議**が設けられた。**地域ケア会議**とは、地域包括ケアシステムの実現に向けた手法である。
出 31-41-1

126 **地域ケア会議**は、介護支援専門員、保健医療および福祉に関する専門的知識を有する者、民生委員その他の関係者、関係機関および関係団体により構成される会議で、**地域包括支援センター**または**市町村**が主催する。
出 28-35-5
29-37-5

127 地域ケア会議は、**ケアマネジメント**の支援、**地域包括支援ネットワーク**の構築、**地域課題**の把握などを目的としている。
出 28-35-5
30-96-5（相基）

128 **2014（平成 26）年の介護保険法改正**により、比較的軽度である要支援者が利用するサービスのうち、訪問介護と通所介護について、市町村が地域の実情にあわせて独自の事業として実施する**介護予防・日常生活支援総合事業**へ移行することとなった。
出 28-35-3

129 **介護予防・日常生活支援総合事業**には、要支援者等に対して必要な支援を行う**介護予防・生活支援サービス事業**と、住民主体の介護予防活動の育成および支援等を行う**一般介護予防事業**がある。
出 29-37-4

▶「新しい総合事業」と呼ばれている。

130 **介護予防・日常生活支援総合事業**では、地域住民に身近な存在である市町村が中心となって、ボランティア、NPO、民間企業、社会福祉法人、協同組合等の多様な事業主体による重層的な生活支援・介護予防サービスの提供体制の構築を行う必要があるとしている。
出 28-35-3
29-37-4
31-41-3

131 **生活支援コーディネーター（地域支え合い推進員）**は、包括的支援事業のなかの生活支援体制整備事業において、**生活支援等サービスの基盤整備**を目的に配置された。2018（平成 30）年 4 月までに、**各市町村**に配置が義務づけられた。
出 28-35-1
29-37-1
30-37
31-41-2
32-37-2

132 生活支援コーディネーター（地域支え合い推進員）は、サービス提供主体の間の連携を推進するなどの**ネットワークの構築**、新たなサービスを創出するなどの**資源開発**、**ニーズと取組みのマッチング**の 3 つの役割が期待されている。
出 28-35-1
30-37

▶団塊の世代が 75 歳以上となる 2025（令和 7）年を目途に構築の実現を目指している。

133 **地域包括ケアシステム**とは、おおむね **30** 分以内に必要なサービスが提

> 4 地域福祉の推進方法

> 地域における福祉サービスの評価方法と実際

供される**日常生活圏域**で、地域の特性や個々人のニーズに応じて、医療・介護・予防・住まい・生活支援が一体的に提供される地域での体制である。

134 地域包括ケアシステムは、**市町村**や**都道府県**が、地域の自主性や主体性に基づき、地域の特性に応じてつくりあげていくことが必要とされている。

地域における福祉サービスの評価方法と実際

135 **社会福祉法第78条**では、「社会福祉事業の経営者は、自らその提供する**福祉サービスの質の評価**を行うことその他の措置を講ずることにより、常に福祉サービスを受ける者の立場に立って良質かつ適切な福祉サービスを提供するよう努めなければならない」とされている。

出 30-41-5

136 福祉サービス評価については、**福祉サービス第三者評価事業**、**介護保険地域密着型サービス外部評価**、**介護サービス情報の公表**の3つの評価制度がある。

137 「**福祉サービス第三者評価事業に関する指針**」によると、**評価機関**の要件には、法人格を有すること、都道府県推進組織が行う**評価調査者養成研修を修了**している等の要件を満たす評価調査者が設置されていることなどがある。

出 30-41-1, 4

138 福祉サービス第三者評価事業を行う評価機関は、必要となる要件を満たしたうえ**都道府県推進組織**における**第三者評価機関認証委員会**から認証を受ける必要がある。

出 30-41-2

139 「**福祉サービス第三者評価事業に関する指針**」に基づく「**福祉サービス第三者評価基準ガイドライン**」には、評価項目として、「**福祉サービスの基本方針と組織**」「**組織の運営管理**」「**適切な福祉サービスの実施**」が設けられている。

140 「**福祉サービス第三者評価基準ガイドライン**」の評価項目「**組織の運営管理**」のなかには「**地域との交流、地域貢献**」に関する評価が含まれ、地域との関係が適切に確保されているか、関係機関との連携が確保されているか、地域の福祉向上のための取組みを行っているかが評価される。

141 福祉サービス第三者評価事業は、社会福祉事業の事業者が任意で受ける仕組みであり、評価結果の公表は義務づけられていない。ただし、**社会的養護関係施設**においては実施および評価結果の公表が義務づけられている。

出 30-41-3, 5

▶児童養護施設、乳児院、児童心理治療施設、児童自立支援施設、母子生活支援施設をいう。

重要項目

142 事業を実施していくにあたっては、**ストラクチャー**評価（事業の実施体制）や**プロセス**評価（実施過程）、**アウトプット**評価（実施量）を実施していくことが必要になる（表7参照）。

表7　ストラクチャー評価・プロセス評価・アウトプット評価の内容

	評価項目
ストラクチャー（実施体制）	物的資源（施設、設備、資金等）、人的資源（職員数、職員の資質等）、組織的資源（スタッフ組織、相互検討の仕組み、償還制度等）
プロセス（実施過程）	情報収集、問題分析、目標設定、事業の実施状況およびサービス・事業に対する満足度、継続率、完遂等
アウトプット（実施量）	実施された事業におけるサービスの実施状況や業務量

143 **プログラム評価**とは、対人サービス事業や公共政策の評価で、広く使われている評価方法であり、**ニーズ評価**（プログラムによる社会的介入が必要か）、**セオリー評価**（プログラムが論理的な構造をもっているか）、**プロセス評価**（プログラムが意図されたとおりに実施されているか）、**アウトカム評価**あるいは**インパクト評価**（プログラムが効果・成果に貢献しているか）、**効率性評価**（プログラムが効率的に実施されているか）の5種類の評価がある。

出 32-41

▶プログラムとは特定のアウトカム（社会に起こる望ましい変化）を実現するための一連の活動群と、それらの活動を行うための仕組みや資源を含む取り組み全体のことである。

144 **運営適正化委員会**は、福祉サービス利用援助事業の**適正な運営**を確保するとともに、事業の透明性、公共性を担保し、かつ事業運営全般を監視する役割と、福祉サービスに関する利用者等からの**苦情解決**についての相談、助言、調査、解決のための斡旋を行う委員会である。

145 **QC活動**とは、**品質管理**（**QC；quality control**）の手法を用いて具体的な業務課題の解決に取り組み、その品質の適正保持・効率化・改善などの対策を考え、実践する活動のことである。

146 **ISO**（**国際標準化機構**）は、スイスに本部をもつ非政府組織・非営利法人で、工業分野（電気分野を除く）や品質管理・品質保証（ISO9000シリーズ）、環境管理システム・環境監査の規格（ISO14000シリーズ）などさまざまな分野の国際的な標準となる**国際規格**を策定している。

▶近年わが国の福祉分野でも、サービスの質の向上等を目的として、国際規格の認証を得る事業者が増えてきている。

実力チェック！　一問一答

※解答の（　　）は重要項目（P.198〜220）の番号です。

●解答

1. 岡村重夫が、「社会的不利条件をもつ少数者の特殊条件に関心をもち、これらのひとびとを中心として同一性の感情をもって結ばれる下位集団」と定義したものは何か。

▶福祉コミュニティ（ 3 ）

2. 地方自治体における福祉政策の充実や住民自治を基底に据えた自治型地域福祉を重視したのは誰か。

▶右田紀久恵（ 4 ）

3. 社会福祉におけるニーズを、貨幣的ニードと非貨幣的ニードに分けて理論化した日本の代表的な研究者は誰か。

▶三浦文夫（ 5 ）

4. 地域福祉を構造的側面と機能的側面から分けて、2つのアプローチ論を展開したのは誰か。

▶牧里毎治（ 7 ）

5. 2002（平成14）年の「地域福祉計画策定の指針」において示された、福祉サービスの供給範域を何というか。

▶地域福祉圏域（ 12 ）

6. 「地域福祉計画策定の指針」において、住民参加の体制を組む区域を何というか。

▶福祉区（ 12 ）

7. すべての人々を排除せず、包摂し、共に生きることができる社会を目指す考え方を何というか。

▶ソーシャル・インクルージョン（ 17 ）

8. 1884年ロンドンのトインビーホールから始まった、貧困問題解決のための地域の改良活動を何というか。

▶セツルメント運動（ 20 ）（表1））

9. 1982年イギリスにおいて、「コミュニティソーシャルワーク」が提唱された報告を何というか。

▶バークレイ報告（ 20 ）（表1））

10. 1990年に成立し、イギリスにおけるコミュニティケア改革を促進することとなった法律は何か。

▶国民保健サービス及びコミュニティケア法（ 20 ）（表1））

11. ロスが提唱した、コミュニティが自らニーズや目標を発見し、それらを実現する手法を自ら開発して行動する態度を養い育てる過程を何というか。

▶コミュニティ・オーガニゼーション（ 21 ）

12. ロスマンが提唱した地域組織化活動の実践枠組みの3つのモデルは、小地域開発モデル、社会計画モデルとあと1つは何か。

▶ソーシャルアクション・モデル（ 22 （図2））

13. 地方自治体と地域コミュニティの住民、NPO、NGOや民間企業などとの協働による統治を何というか。

▶ローカル・ガバナンス（ 26 ）

14. 専門職が地域に出向いて個別訪問を行ったり、集会の場に赴いてニーズを発見する方法を何というか。

▶アウトリーチ（ 27 ）

15. 社会福祉事業を行うことを目的として、1951（昭和26）年に制定された社会福祉事業法（現・社会福祉法）の定めるところにより創設された法人は何か。

▶社会福祉法人（ 33 ）

地域福祉の理論と方法

221

一問一答

⑯ 1998（平成10）年、営利を目的としない民間団体などに法人格を与え、活動を社会的に認知するためにつくられた法律は何か。

⑰ 特定非営利活動法人の活動分野で最も多いのは何か。

⑱ 「社会福祉協議会基本要項」において、社会福祉協議会の基本的機能は、地域社会に何の方法を適用することであるとしたか。

⑲ 運営適正化委員会が設置されているのはどこか。

⑳ 市町村社会福祉協議会には、その区域内において社会福祉事業または何の事業を経営する者の過半数が参加するものとされているか。

㉑ 1999（平成11）年、国庫補助で配置されていた経費が一般財源化された市町村社会福祉協議会の職員を何というか。

㉒ 民生委員が兼務している職は何か。

㉓ 児童委員の職務とともに、児童福祉の機関と児童委員との連絡調整や、児童委員の活動援助を行うのは誰か。

㉔ 民生委員・児童委員を委嘱するのは誰か。

㉕ 民生委員・児童委員の任期は何年か。

㉖ 民生委員・児童委員の職務に関する指揮監督を実施するのは誰か。

㉗ 共同募金は社会福祉法において、何種の社会福祉事業か。

㉘ 共同募金の実施期間を定めるのは誰か。

㉙ 2000（平成12）年の社会福祉法の改正によって、新たに加えられた共同募金の目的とは何か。

㉚ 高齢者を会員とする自主的な組織を何というか。

㉛ ボランティア情報の収集・発信などのボランティアの活性化を図る組織を何というか。

㉜ 住民参加型在宅福祉サービスにおいて近年最も多い組織形態は何型か。

㉝ 市民が主体となって生活に密着したさまざまな分野における事業を行うために結成された組合組織を何というか。

●解答

▶特定非営利活動促進法（NPO法）（ 37, 38 ）

▶保健、医療又は福祉の増進（ 44 （図3））

▶コミュニティ・オーガニゼーション（ 48 ）

▶都道府県社会福祉協議会（ 51 ）

▶更生保護事業（ 52 ）

▶福祉活動専門員（ 55 ）

▶児童委員（ 66 ）

▶主任児童委員（ 67 ）

▶厚生労働大臣（ 70 ）

▶3年間（ 70 ）

▶都道府県知事、指定都市市長、中核市市長（ 72 ）

▶第一種社会福祉事業（ 78 ）

▶厚生労働大臣（ 79 ）

▶地域福祉の推進（ 80 ）

▶老人クラブ（ 88 ）

▶ボランティアセンター（ 89 ）

▶住民互助型（ 93 ）

▶消費生活協同組合（COOP、生協）

34 福祉活動専門員の任用条件は何か。

35 介護サービス利用者の要望などを聞き、サービス提供者などに働きかけるボランティアを何というか。

36 認知症サポーターの資格要件は何か。

37 ボランティアに支援を求める人と、ボランティアとして活動したい人をつなぐ専門職を何というか。

38 市民後見人の選任はどこで行われるか。

39 被面接者の反応や状況に応じて自由に行う面接法を何というか。

40 自宅などの日常生活空間で行う面接法を何というか。

41 特定のテーマについて、条件を満たす対象者のみを集めて情報収集するための面接法を何というか。

42 地域包括支援センターの総合相談支援事業を行うのは誰か。

43 地域包括支援センター運営協議会が設置されているのはどこか。

44 地域ケア会議を主催する主体はどこか。

45 介護予防・日常生活支援総合事業において、住民主体の介護予防活動の育成および支援等を行う事業は何か。

46 包括的支援事業のなかの生活支援体制整備事業において、生活支援等サービスの基盤整備を目的に配置された者を何と呼ぶか。

47 生活支援コーディネーター（地域支え合い推進員）の3つの役割として、ネットワークの構築、資源開発と、あと1つは何か。

48 おおむね30分以内に必要なサービスが提供される日常生活圏域で、医療・介護・予防・住まい・生活支援などが一体的に提供される地域での体制を何と呼ぶか。

49 福祉サービス評価の3制度とは、福祉サービス第三者評価

●解答

（ 94 ）

▶社会福祉士または社会福祉主事任用資格を有すること（ 96 ）

▶介護相談員（ 100 ）

▶養成講座の修了（ 102 ）

▶ボランティアコーディネーター（ 104 ）

▶家庭裁判所（ 107 ）

▶非構造化面接（自由面接）（ 115 ）

▶生活場面面接（ 116 ）

▶フォーカスグループインタビュー（ 118 ）

▶配置されている社会福祉士、保健師、主任介護支援専門員がチームで行う。（ 122 ）

▶市町村（ 123 ）

▶地域包括支援センターまたは市町村（ 126 ）

▶一般介護予防事業（ 129 ）

▶生活支援コーディネーター（地域支え合い推進員）（ 131 ）

▶ニーズと取組みのマッチング（ 132 ）

▶地域包括ケアシステム（ 133 ）

▶介護サービス情報の公表

一問一答

事業、介護保険地域密着型サービス外部評価と、あと1つは何か。

●解答
（ 136 ）

50 福祉サービス第三者評価の評価機関を認証するのはどこか。

▶都道府県推進組織における第三者評価機関認証委員会（ 138 ）

合格体験記

たかが1点されど1点

　150点中、合格ラインの約90点からみてみれば、そのなかの1点はたかが1点と思っていた大学4年の私。その大切さをひしひしと思い知らされたのは合格発表の日。私はその年の合格点にたった1点足りなかったために落ちてしまいました。それを知った瞬間、悔しくとも悔やみきれず、気分的にも落ちつかないまま、4月には学生から社会人へと変わらなければなりませんでした。

　社会人となった私にとって、最初の半年間は次回への試験勉強をする余裕など全くなく、仕事に慣れるのに必死でした。ようやく勉強しようと思った頃にはもう時間はあまりなく、私は学生の頃のようにあれこれとたくさんの教材を使うのではなくて、このワークブックと過去問を中心に再勉強を始めました。ワークブックでは各ページにある出題実績を見ながらコンパクトにノートへまとめ、少しの時間があればいつもそれを見たり、法律の改正や新しい制度については必ず隅々まで確認しました。

　1月に入ると、必ず不安と焦りを感じてしまいます。でも決して違うものには手をつけないでください。1月からは、各教科の一問一答をきっちりやれば十分ですから。

　最後に、両方を体験した私からの一言です。

　学生さんへ。必ず学生時代に資格をとれるよう心がけてください。社会人となれば仕事を覚えたり慣れたりするまで時間がかかり、自ずと勉強時間は半分になるといってもよいほどです。時間に余裕がある学生時代に資格を取得してください。

　社会人の方へ。社会人となると、毎日の仕事が終了してから受験勉強をするには身体的・精神的にも大変なものがあり、ときには苦痛を感じたりもします。そのためにも1日の計画をきちんと立て、継続的に行えるよう努めてください。また、最低1回は模擬試験を受け、苦手分野や時間配分を確認することが大切です。

　試験まで体調管理には気をつけ、当日悔いが残らないようすべての力を出してください。そして、同じ資格の持ち主になりましょう。皆さんのご健闘を祈っています。

（ケアワーカー兼学童指導員　水谷広光）

6

福祉行財政と
福祉計画

傾向と対策

出題基準と出題実績

出題基準			
大項目	中項目	小項目（例示）	
1 福祉行政の実施体制	1）国の役割	・法定受託事務と自治事務 ・その他	
	2）都道府県の役割	・福祉行政の広域的調整、事業者の指導監督 ・その他	
	3）市町村の役割	・サービスの実施主体、介護保険制度における保険者 ・その他	
	4）国と地方の関係	・地方分権の推進 ・その他	
	5）福祉の財源	・国の財源 ・地方の財源 ・保険料財源 ・民間の財源 ・その他	
	6）福祉行政の組織及び団体の役割	・福祉事務所 ・児童相談所 ・身体障害者更生相談所 ・知的障害者更生相談所 ・婦人相談所 ・地域包括支援センター ・その他	
	7）福祉行政における専門職の役割	・福祉事務所の現業員、査察指導員 ・児童福祉司 ・身体障害者福祉司 ・知的障害者福祉司 ・その他	
2 福祉行財政の動向	1）福祉行財政の動向		
3 福祉計画の意義と目的	1）福祉計画の意義と目的		
	2）福祉計画における住民参加の意義		

※【 】内は国家試験に出題された番号です。

	出題実績				
	第28回(2016年)	第29回(2017年)	第30回(2018年)	第31回(2019年)	第32回(2020年)
			・法定受託事務と自治事務【42】		・法定受託事務と自治事務【42】
		・福祉制度の利用における都道府県の役割【44】	・法定の機関【45】	・福祉行政における都道府県の役割【42】	・福祉行政の広域的調整【42】
		・保険者【43】 ・福祉制度の利用における市町村の役割【44】	・法定の機関【45】		・法定の機関【42】
	・介護保険料【42】	・社会保険の財源【43】 ・共同募金【42】	・市町村が支弁した費用の、国による一部負担【44】		・社会福祉施設等の費用【43】
	・福祉事務所【44】 ・不服申立て制度【43】		・法定の機関【45】		
	・福祉事務所における専門職の配置【44】	・専門職の配置・役割【45】			
	・民生費の動向【45】	・福祉の法制度の展開【46】	・地方財政の動向【43】	・社会保障関係費【43】 ・医療と介護の改革【44】	・民生費の動向【44】
			・福祉計画の計画期間【47】		

福祉行財政と福祉計画

傾向と対策

大項目	中項目	小項目（例示）	
	3）福祉行財政と福祉計画の関係		
4　福祉計画の主体と方法	1）福祉計画の主体		
	2）福祉計画の種類	・地域福祉計画、老人福祉計画、介護保険事業計画、障害福祉計画 ・その他	
	3）福祉計画の策定過程	・問題分析と合意形成過程 ・その他	
	4）福祉計画の策定方法と留意点		
	5）福祉計画の評価方法		
5　福祉計画の実際	1）福祉計画の実際		

傾向

1　福祉行政の実施体制

　過去5回で、ほぼまんべんなく出題があった。第28回では不服申立て制度、第29回では後期高齢者医療制度、第30回からは各分野の法定の機関・事項が問われており、他科目との関連が強くなっている。また、複数の中項目をまたいでの出題もみられる。基礎的な知識の有無が得点を左右することを心得ておきたい。

　福祉の財源では、介護保険関連の保険料（第28回、第29回）、後期高齢者医療制度（第29回）、国が負担する措置費（第32回）など、広範囲にわたって基礎的な知識を問う出題があった。第29回では共同募金が取り上げられた。出題頻度は少ないが確実におさえておきたい。

　福祉行政機関と専門職に関しては第28回と第29回で出題があり、専門職の配置条件や業務内容が問われた。

	第28回(2016年)	第29回(2017年)	第30回(2018年)	第31回(2019年)	第32回(2020年)
	・地域福祉計画と地域福祉活動計画【46】				・福祉計画の歴史【47】
				・福祉計画の策定過程【46】	・福祉計画の策定過程【45】
	・福祉計画等の法定事項【47】	・福祉計画間の関係【47】 ・介護保険事業支援計画の法定事項【48】		・福祉計画間の関係【45】	
					・福祉計画の実績評価【46】
	・計画の策定状況（2014（平成26）年3月末現在）【48】		・厚生労働大臣の役割【46】 ・福祉計画の実際【48】	・福祉計画に定めるべき事項【47】 ・福祉計画の実際【48】	・福祉計画の実際【48】

2 福祉行財政の動向

　毎回「地方財政白書」を中心とした出題が多く、最新年度の概要版程度の知識を必要とする。民生費の都道府県と市町村（第28回）の歳出額など、財政を大きな視点でとらえる出題のほか、地方財政や民生費の目的別歳出の構成比や歳出金額（第28回、第30回、第32回）、性質別歳出（第28回、第32回）の動向、目的別扶助費の状況（第28回）、社会保障関係費の内訳（第31回）など、白書のデータの理解が求められた。

　ただし、第30回では地方公営事業会計の歳出額が、第29回と第31回では従来の数値データをもとにした出題ではなく、近年の歴史的な動向や医療と介護の改革が問われた。出題傾向に変化がみられた点に注意したい。

3 福祉計画の意義と目的

　福祉計画の意義と目的では、福祉計画の計画期間（第30回）が出題された。基礎的な理解度が問われる内容であり、確実におさえておきたい。

傾向と対策

福祉行財政と福祉計画の関係では、第30回で市町村の支弁と国の費用負担が出題された。他の科目で個別に学習する対象別の法律等を、計画や財源の視点から横断的に整理する力が問われているといえる。

4 福祉計画の主体と方法

福祉計画と他の福祉計画との関係性（第28回、第29回、第31回、第32回）は、基本問題といえる。福祉計画の策定過程に関しては、各福祉計画の策定・変更の際に取り組むべきことや法定事項、住民等の意見を反映させるための措置等に関する規定（第28回、第29回、第31回、第32回）も問われた。必須の学習項目であろう。

第32回では、福祉計画の実績の評価が出題された。難易度は高くないものの、丁寧な学習が求められる問いであった。

5 福祉計画の実際

第28回と第30回で地域福祉計画の基本項目が、第31回では福祉計画に定めるべき事項が問われた。福祉計画等の策定義務など福祉計画の実際は出題（第30回、第31回、第32回）が続いており、近年の法改正による変更内容を含めた制度の動向をつかんでおくことが求められる。第30回では、難易度は高くないものの、厚生労働大臣の役割を問われたことが特徴的であった。

対策

出題数が7問と限られるため、年によって中項目レベルで出題範囲は変わる。しかし、基本項目を確実に理解しておけば、対応は難しくない。本科目は、単独の科目として学習するよりは、「高齢者に対する支援と介護保険制度」や「障害者に対する支援と障害者自立支援制度」「地域福祉の理論と方法」等のほかの科目の学習内容を、行政の視点で横断的に整理することが有効である。各科目の出題項目と重複する項目などを意識して効率よく学習をすすめてほしい。

「1 福祉行政の実施体制」では、国と地方の関係を意識しながら、地方公共団体の組織、財源を確実に理解しよう。財源としての税（国税・地方税）や保険料の仕組みも注意しておきたい。また、福祉行政機関の設置の根拠法、設置主体、配置職員や任用資格の内容整理を通して、国、都道府県、市町村の役割を理解することも必要であろう。特に、近年の地方分権の推進による、国から都道府県、都道府県から市町村への権限移譲、国による規制の緩和

などに留意しておこう。

「[2] 福祉行財政の動向」に関しては、「地方財政白書」の理解がポイントとなる。地方公共団体の目的別・性質別歳出、民生費の目的別・性質別歳出の傾向のほか、各年における増減の要因等、近年の特徴的な動きの学習は必須である。地方交付税や国庫補助金など国との関係で理解しておくこと、さらに都道府県と市町村の財政構造を対比して理解しておくことが鍵を握る。

[3] [4] [5] の福祉計画に関しては、一般論としての計画のあり方や作成手順・手法を問うものではなく、法律に規定される各計画の目標や策定のプロセスにおける留意点等が、法律の条文や関連通知等をもとに出題されている。主要な計画について、根拠法、策定主体、計画の内容とともに、ほかの計画との関係、類似点・相違点、住民参加の仕組み、計画の評価等の仕組み、市町村計画と都道府県計画の比較などを整理しておこう。また、国の計画や指針については、概要でよいので目を通し、目的や項目を理解しておきたい。計画の根拠となる法律等が誕生した社会的背景と各計画の目的を意識しながら学習に取り組むことによって、理解はますます深まるだろう。

第二次分権改革となる、第1次から第9次にわたる「地域の自主性及び自立性を高めるための改革の推進を図るための関係法律の整備に関する法律」により、国と地方の関係の規定が大きく見直され、地方分権が進んでいる。その他、近年の法改正において、改正前後の違いだけでなく、改正に至った社会的背景を学習しておくことが理解を深めるポイントになるだろう。

押さえておこう！ 重要項目

1 福祉行政の実施体制

国の役割

1 1999（平成11）年に制定された**地方分権の推進を図るための関係法律の整備等に関する法律**（地方分権一括法）により、地方公共団体の長を国の出先機関とみなして代行させる機関委任事務が廃止され、地方公共団体の事務が**法定受託事務**と**自治事務**に再編された（図1参照）。

> 出 30-42
> 32-42-2

> ▶法定受託事務と自治事務の詳細は地方自治法に列挙されている。

図1　法定受託事務と自治事務

法定受託事務
・社会福祉法人の認可
・生活保護法による保護
・福祉関係手当の支給
・福祉施設の認可

自治事務
・児童福祉法による措置
・身体障害者福祉法による措置
・知的障害者福祉法による措置
・老人福祉法による措置
・母子及び寡婦福祉法による措置
・福祉施設・福祉サービス利用者からの費用徴収
・自治体独自事業

資料：厚生労働省資料をもとに作成

2 **法定受託事務**は、法令に定められた事務のうち、本来**国**が果たすべき事務を**地方公共団体**が受託する第**1**号法定受託事務と、本来**都道府県**が果たすべき事務を**市町村**が受託する第**2**号法定受託事務とがある。

> 出 29-46-3

3 **第1号法定受託事務**は、適正な処理を特に確保する必要から、助言・勧告、資料提出要求、協議・同意、許可・認可・承認、是正の指示、代執行、という**国**の強い関与が認められている。

4 **自治事務**は、地方公共団体の処理する事務のうち、**法定受託事務**を除いたものをいい、法令に定めがあるかないかを問わない。原則として、国の関与は是正の要求までとなる。

5 **厚生労働省**には、社会保障制度の横断的な基本事項や社会保障の各制度のあり方について厚生労働大臣の諮問に答え、関係行政庁に意見具申を行うことを目的とする**社会保障審議会**が設置されている。

> ▶内閣府、財務省、法務省、文部科学省、経済産業省、国土交通省なども社会福祉関連業務を担当している。

都道府県の役割

6 地方公共団体は**法人**であり、**普通地方公共団体**と**特別地方公共団体**に大別できる。

> 出 32-42-1, 3

①**普通地方公共団体**……広域的地方公共団体：都道府県

　　　　　　　　基礎的地方公共団体：**市**（政令指定都市および
　　　　　　　　中核市含む）町村

②**特別地方公共団体**……特別区（都の区）・地方公共団体の組合（一部
　　　　　　　事務組合・広域連合）・財産区・合併特例区

7 普通地方公共団体と特別区は、その事務の一部を共同して処理するための規約を定めて**一部事務組合**（消防や水道、施設運営など）や、広域計画を作成し、その事務の連絡、処理のために**広域連合**（介護保険事務など）を設立することができる。

8 **広域連合**は、複数の普通地方公共団体や特別区が、行政サービスに関する事務で広域で処理することが適切なものについて、広域計画を作成して設置する組織であり、**特別地方公共団体**の１つである。

9 2008（平成20）年４月から、**後期高齢者医療**に関する事務は、都道府県の区域ごとにすべての市町村で構成する**広域連合**が行っている。

10 地方自治法の規定により、**都道府県**は、地域住民の**基礎的自治体**である市町村を包括する**広域的地方公共団体**とされ、市町村間の連絡調整や広域的事務を行うこととされている。

11 政令指定都市を含む**都道府県の主な福祉行政の業務**には、社会福祉法人や社会福祉施設の**認可**や指導・監督、更生相談所、児童相談所などの**設置**、補助金の**配分**などがあり、**専門性**、**広域性**、**効率性**に配慮すべきものを主として担当している。

12 **都道府県**には、社会福祉関係法に基づき**福祉事務所**、**児童相談所**、**身体障害者更生相談所**、**知的障害者更生相談所**、**婦人相談所**、**精神保健福祉センター**の設置が義務づけられている（表1参照）。

13 **都道府県**に設置される各種相談機関は、市町村の福祉行政を専門的、技術的見地から支援し、利用者のニーズの判定や専門的相談・助言を行うだけでなく、児童相談所における**要保護児童の措置**や婦人相談所における要保護者への相談・指導など、現業機関としての機能も有している。

14 福祉行政では、社会福祉法人の設立認可および指導監督などがあり、その主たる事務所の所在地の**都道府県知事**が担う。ただし、主たる事務所が市の区域内にあり、その市の区域内でのみ事業を行う社会福祉法人の場合は**市長**、主たる事務所が指定都市の区域内にある社会福祉法人であって、その行う事業が１の都道府県の区域内において２以上の市町村の区域にわたるものおよび社会福祉法第109条第2項の地区社会福祉協議会である社会福祉法人の場合は**指定都市の長**が行う。

15 **都道府県**は、**福祉施設等の設備および運営に関する基準**を**条例**で定め

▶地方自治法の改正により、特例市制度が廃止され、中核市の要件が人口30万人以上から人口20万人以上に変更された。

田 29-43-4

▶設立には、都道府県が加入するものは総務大臣、その他のものは都道府県知事の許可が必要。

田 32-42-4

田 29-43-1

▶都道府県と市町村の間には、上級、下級という関係はない。

田 30-45-2, 3, 4
　 32-42-5

▶児童相談所や更生相談所などは、市町村の後方支援組織として、専門性を重視する。

▶民間組織に対する所轄庁の関与として、社会福祉施設への補助金の交付、介護保険における民間事業者の指定事務（介護保険の地域密着型サービス事業者の指定は市町村長の業務）も、主に都道府県知事が担う。

重要項目

表1　各種相談所一覧

児童相談所

根拠法	児童福祉法
設置目的	児童福祉の保障を目的とする相談・判定機関
設置者	都道府県・政令指定都市・児童相談所設置市（児童相談所を設置する市（特別区を含む）として政令で定める市）に設置義務
主な業務	①市町村が行う児童および妊産婦の福祉に関する業務の実施に関しての市町村相互間の連絡調整・情報提供 ②障害者総合支援法に基づく介護給付費等の支給要否決定にあたって意見を述べること ③児童やその家庭について必要な調査と医学的・教育学的・心理学的・社会学的判定　　など （巡回業務を行うことができる）

身体障害者更生相談所

根拠法	身体障害者福祉法
設置目的	身体障害者の更生援護の利便を図ることを目的とする相談・判定機関
設置者	都道府県に設置義務（政令指定都市は任意設置）
主な業務	①市町村が実施する更生援護に関しての市町村相互間の連絡調整・情報提供 ②専門的知識や技術を必要とする相談・指導 ③身体障害者の医学的・心理学的・職能的判定 ④補装具の処方と適合判定　　など　　　　　　　　　　　　（巡回業務を行うことができる）

知的障害者更生相談所

根拠法	知的障害者福祉法
設置目的	知的障害者の更生援護の利便を図ることを目的とする相談・判定機関
設置者	都道府県に設置義務（政令指定都市は任意設置）
主な業務	①市町村が実施する更生援護に関しての市町村相互間の連絡調整・情報提供 ②専門的知識や技術を必要とする相談・指導 ③18歳以上の知的障害者の医学的・心理学的・職能的判定　　など （巡回業務を行うことができる）

婦人相談所

根拠法	売春防止法
設置目的	性行または環境に照らして売春を行うおそれのある女子の更生保護を目的とする相談機関
設置者	都道府県に設置義務（政令指定都市は任意設置）
主な業務	①要保護女子に関する問題についての相談 ②要保護女子およびその家庭に対する必要な調査や医学的・心理学的・職能的判定　　など また、配偶者からの暴力の防止及び被害者の保護等に関する法律に基づく婦人保護事業（配偶者からの暴力被害女性の一時保護など）を行う

精神保健福祉センター

根拠法	精神保健及び精神障害者福祉に関する法律
設置目的	精神保健の向上と精神障害者の福祉の増進を図ることを目的とする総合的技術機関
設置者	都道府県・政令指定都市に設置義務
主な業務	①精神保健福祉に関する知識の普及と調査研究 ②相談・指導のうち複雑困難なものの実施 ③精神医療審査会の事務 ④自立支援医療費（精神通院医療）の支給認定申請および精神障害者保健福祉手帳の申請に関する決定に関する事務のうち、専門的知識・技術を必要とするもの ⑤障害者の日常生活及び社会生活を総合的に支援するための法律（障害者総合支援法）に基づく介護給付費等の支給決定にあたって意見を述べること ⑥市町村に対しての技術的事項についての協力　　など

る。内容により、厚生労働省令の「基準に従い定める」事項、「基準を標準として定める」事項、「基準を参酌する」事項、がある（表2参照）。

16 地域保健法に基づき、**都道府県、政令指定都市、中核市その他の政令で定める市**（保健所政令市）および**特別区**に**保健所**が設置される。都道府県の設置する**保健所**は、所管区域内の市町村の地域保健対策実施に関する**広域的調整、技術的助言**、研修等を行う。

田 30-45-5

17 **都道府県、政令指定都市**および**中核市**には、社会福祉法に基づく**地方社会福祉審議会**の設置が義務づけられており、都道府県知事や政令指定都市、中核市の長の諮問に答え、関係行政庁に意見具申を行う。

▶児童福祉および精神障害者福祉に関する事項を除く、社会福祉に関する事項を調査審議する。

18 **都道府県**には、児童福祉法に基づく**都道府県児童福祉審議会**の設置が義務づけられている。

▶地方社会福祉審議会で児童福祉に関する事項を調査審議させる都道府県を除く。

19 **都道府県**は、精神保健及び精神障害者福祉に関する法律（精神保健福祉法）に基づく**地方精神保健審議会**を置くことができる。

市町村の役割

20 専門性、広域性、効率性に配慮すべきものを除く福祉行政は、住民の福祉需要を最もよく把握している**市町村**が実施するという**市町村**主義がとられている。

▶市町村は第一線の相談機関に位置づけられる。

21 **児童福祉**に関しては、2004（平成16）年の児童福祉法改正により、**市町村**が児童福祉の実施にあたっての**第一義的機関**と位置づけられた。**市町村**は、児童や妊産婦の福祉に関する、①**実情の把握**、②**情報の提供**、③**調査・指導**やこれらに付随する業務、④**家庭等に対する支援**を行う。

▶専門的知識・技術を必要とするものについては、市町村長は児童相談所の技術的援助・助言を求めなければならない。

22 市町村は、**身体障害者福祉の更生援護**として、①身体障害者の発見と福祉に関する相談・指導、②身体障害者の福祉に関する情報の提供、③身体障害者の環境・実情の調査と更生援護の必要性の判断、の業務を行う。②と③のうち居宅生活者に対する更生援護は、障害者の日常生活及び社会生活を総合的に支援するための法律（障害者総合支援法）に定める相談支援事業者に委託することができる。

23 市町村は、**知的障害者福祉の更生援護**として、①知的障害者の実情の把握、②知的障害者の福祉に関する情報の提供、③知的障害者の福祉に関する相談と調査・指導やこれらに付随する業務を行う。

▶医学的・心理学的・職能的判定が必要な場合には、市町村長は知的障害者更生相談所の判定を求めなければならない。

24 **精神保健福祉**における市町村の業務は、①精神障害者やその家族に対する相談・指導、②障害福祉サービス事業の利用についての相談・助言、あっせん・調整を行い、必要に応じて事業者等への利用の要請を行うこ

💡 重要項目

表2　都道府県が条例で定める基準

		厚生労働省令の基準に従い定める事項	厚生労働省令の基準を標準として定める事項
生活保護法による保護施設		・職員およびその員数 ・居室の床面積 ・運営に関する事項で、利用者の適切な処遇・安全の確保、秘密の保持に密接に関連するものとして省令で定めるもの	利用定員
老人福祉法による養護老人ホームおよび特別養護老人ホーム		・職員およびその員数 ・居室の床面積 ・運営に関する事項で、入所する老人の適切な処遇・安全の確保、秘密の保持に密接に関連するものとして省令で定めるもの	入所定員
介護保険法	指定介護老人福祉施設	・従業者およびその員数 ・居室の床面積 ・運営に関する事項で、入所する要介護者のサービスの適切な利用、適切な処遇・安全の確保、秘密の保持に密接に関連するものとして省令で定めるもの	——
	介護老人保健施設	・介護支援専門員および介護その他の業務に従事する従業者とその員数 ・運営に関する事項で、入所する要介護者のサービスの適切な利用、適切な処遇・安全の確保、秘密の保持に密接に関連するものとして省令で定めるもの	——
	指定居宅サービス事業	・従業者に係る基準およびその員数 ・居室、療養室および病室の床面積 ・運営に関する事項で、利用する要介護者のサービスの適切な利用、適切な処遇・安全の確保、秘密の保持等に密接に関連するものとして省令で定めるもの	利用定員
障害者の日常生活及び社会生活を総合的に支援するための法律（障害者総合支援法）による指定障害福祉サービス事業		・従業者およびその員数 ・居室・病室の床面積 ・運営に関する事項で、障害者または障害児の保護者のサービスの適切な利用の確保、障害者等の適切な処遇および安全の確保、秘密の保持等に密接に関連するものとして省令で定めるもの	利用定員
児童福祉法による児童福祉施設		・従業者およびその員数 ・居室・病室の床面積その他施設の設備に関する事項で児童の健全な発達に密接に関連するものとして省令で定めるもの ・運営に関する事項で、児童の適切な処遇の確保および秘密の保持、妊産婦の安全の確保、児童の健全な発達に密接に関連するものとして省令で定めるもの	——

注：この表に掲げられている事項のほか、厚生労働省令の基準を参酌するものとされている事項が、それぞれ別に省令で定められている

と、などである。

25 **市町村**は**介護保険**の**保険者**となるとともに、各法の規定に基づき老人福祉施設や障害者支援施設等への**入所等**の**措置**を行う。障害児入所施設に入所させる権限は**都道府県**にある。

出 31-42-1, 2, 4, 5

26 地方分権や少子高齢化等の社会情勢の変化に対応し、市町村合併によって市町村が地域における行政を自主的かつ総合的に実施する役割を担うことを目的として、市町村の合併の特例に関する法律（2004（平成16）年制定）によるいわゆる「**平成の大合併**」が行われた。

出 29-46-4

▶2020（令和2）年4月現在の市町村数は、1724（市792、町743、村189）である。

27 市町村合併をしようとする市町村は、合併市町村基本計画の作成や合併に関する協議を行うための**合併協議会**を置くものとする。また、市町村の議会の議員および長の選挙権を有する者は、その総数の **50** 分の **1** の連署をもって、市町村合併協議会の設置を請求することができる。

28 合併後、合併前のまとまりや住民の生活の利便性など配慮すべき事情がある場合には、5年以内の期間を定めて、合併前の市町村を区域とする**合併特例区**を設けることができる。

▶合併特例区は、特別地方公共団体である。

29 **地域自治区**は、市町村長の権限に属する事務を分掌し、地域の住民の意見を反映させつつ処理するため、市町村の**条例**により設置することができるものである。

▶地域自治区には法人格はなく、期間の定めもない。

30 2014（平成26）年の地方自治法改正により、普通地方公共団体は、他の普通地方公共団体と連携して事務を処理するための**連携協約**を結ぶことや、事務の一部を他の普通地方公共団体の長等に管理・執行させること（**事務の代替執行**）ができるようになった。

国と地方の関係

31 国と地方公共団体の関係については、**地方分権の推進を図るための関係法律の整備等に関する法律**（**地方分権一括法**）（1999（平成11）年制定）に規定されており、国が上級、地方公共団体が下級という中央集権的な行財政モデルを転換し、国と地方を**対等な**関係に置くこととした。

▶同法成立に至る一連の取り組みを第一次分権改革と称する。

32 2002（平成14）年から、地方分権と連動して地方の財政主権を確立するための**三位一体改革**が推進された。三位一体とは、①国庫補助金の整理、②税財源の移譲、③地方交付税交付金の見直し、を指す。

出 29-46-5

33 大都市行政の円滑化、地方大都市の権限強化、権限委譲の促進等の観点から、大都市について特例的な扱いをする**大都市制度**が設けられている。**大都市制度**には特別区、政令指定都市、中核市がある。

重要項目

34 地域の自主性及び自立性を高めるための改革の推進を図るための関係法律の整備に関する法律（**第1次地方分権一括法**）(2011（平成23）年制定）により、児童福祉施設、特別養護老人ホーム、障害者支援施設等の設備および運営に関する基準が、厚生労働省令から**都道府県の条例**により定められることとなった。

> ▶ 同法成立に至る一連の取り組みと第9次にわたる改革を第二次分権改革と称する。

35 2016（平成28）年に成立した**第6次地方分権一括法**では、ハローワークの地方移管が進められ、地方公共団体が**地方版ハローワーク**を創設できることとなった。

> ▶ 知事が国のハローワークを都道府県の組織として活用できる枠組も創設された。

36 2017（平成29）年に成立した**第7次地方分権一括法**では、認定こども園の認定等の事務・権限が都道府県から指定都市へ、指定障害児通所支援事業者および指定障害福祉サービス事業者等の業務管理体制の整備に関する事務・権限が都道府県から中核市へ移譲された。

37 2018（平成30）年に成立した**第8次地方分権一括法**では、幼保連携型認定こども園以外の認定こども園（幼稚園型、保育所型及び地方裁量型）の認定等の事務・権限が都道府県から中核市に移譲された。

38 2019（令和元）年に成立した**第9次地方分権一括法**では、介護サービス事業者の業務管理体制の整備について、届出・立入検査等の事務・権限が都道府県から中核市に移譲された。

福祉の財源

39 **国の財政**は、国が国民の利益を行政制度を通じて実現する経済活動であり、主たる**財源**は、税金や社会保険料収入、公債発行によるものである。国民が、納税者として財政活動に意思を反映させ、コントロールする仕組みが**予算制度**である。

> ▶ サービスを供給するうえで必要な財源を調達、管理し、必要な費用を支出する営みを財政という。

40 **地方交付税**は、地方公共団体間の財政力不均衡（ふきんこう）の是正を主な目的として、国から地方公共団体に交付される、使途を特定しない交付金である。財源には、**国税**である**所得**税、**法人**税、**酒**税、**消費**税の一定割合および**地方法人**税の全額があてられている。

41 **消費税**は、**間接税**であり、価格の一部として転嫁されて消費者が負担した税を、事業者が申告・納付する義務を負う。課税売上高が1000万円以下の事業者は**免税事業者**となる。

42 消費税率は、**国税7.8**％、**地方消費税2.2**％の合計10％である。地方消費税は、国に国税分の消費税と併せて納付された後、都道府県に払い込まれる**都道府県税**である。

1 福祉行政の実施体制

福祉の財源

43 2019（令和元）年10月1日からの消費税率引き上げに伴い、**飲食料品**と**新聞**を対象に**軽減税率制度**が導入された。軽減税率は、国税6.24％、地方消費税1.76％の合計8％である。

44 市町村や都道府県の会計には、**一般会計**と**特別会計**があり、介護保険や国民健康保険に関しては、それぞれ**特別会計**が設けられている。

出 30-43-4, 5

45 **措置費**は、福祉施設への**入所**措置に係る費用であり、社会福祉施設の経常的な運営費である。人件費、管理費などの**事務費**と利用者の飲食物費などの**事業費**から構成され、国、都道府県、市町村が制度ごとに定められた分担割合で、施設に直接支払う（表4参照）。

出 30-44-1, 3, 5
　　32-43

46 **措置制度**においては、サービスにかかる費用について措置費の全額または一部を利用者から徴収するが、一定の所得基準を下回る場合を除いて、利用者本人または扶養義務者の負担能力に応じた支払い（**応能負担**）の仕組みをとっている。

▶費用徴収額は、措置権者が条例に基き徴収基準を設定している。

47 民間社会福祉事業の財源は、①**共同募金**およびその他の寄附金、②**独立行政法人福祉医療機構（WAM）**等による貸付金、③民間助成団体による助成金、④**公営競技**の益金による補助金、⑤社会福祉法人などの収益事業部門の収益などに大別することができる（表3参照）。

出 31-35-3（地域）

表3　社会福祉事業者に対する民間助成金

独立行政法人福祉医療機構（WAM）	福祉貸付事業	社会福祉施設の整備に必要な資金の融資
	医療貸付事業	医療関連施設の整備に必要な資金、長期運転資金の融資
	社会福祉振興助成事業	NPOやボランティア団体、社会福祉法人等への助成
日本郵便株式会社		お年玉付き郵便葉書等の寄附金を、社会福祉の増進を目的とする事業等を行う団体に配分する。配分先・配分額の決定には、総務大臣の認可が必要
公益財団法人車両競技公益資金記念財団		**競輪・オートレース**の公益資金による公募制の助成事業。社会福祉施設等の整備や高齢者・障害者等の支援を目的とするボランティア活動に対する助成。外部委員による審査
公益財団法人日本財団		**ボートレース**の収益の一部で運営し、福祉・文教・体育関係事業を行う社会福祉法人、NPO法人、ボランティア団体等に対する助成。国土交通大臣の認可が必要
公益財団法人中央競馬馬主社会福祉財団		**競馬**の収益の一部で施設整備等助成事業を運営し、社会福祉法人等に施設設置、拡充、改築、備品購入等の助成を行う。

48 **共同募金**は、**共同募金会**のみが行える、地域福祉の推進を図るため社会福祉を目的とする事業を経営する者に配分することを目的に行われる寄附金の募集である。配分にあたっては、**配分委員会**の承認が必要である。

出 29-42-3, 4, 5

▶第1種社会福祉事業である。

福祉行財政と福祉計画

239

💡 **重要項目**

表4　社会福祉施設の措置費（運営費・給付費）負担割合

施設種別	措置権者（※1）	入所先施設の区分	措置費支弁者（※1）	費用負担			
				国	都道府県 指定都市 中核市 児童相談所設置市	市	町村
保護施設	知事・指定都市市長・中核市市長	都道府県立施設 市町村立施設 私設施設	都道府県・指定都市・中核市	3/4	1/4	—	—
	市長（※2）		市	3/4	—	1/4	—
老人福祉施設	市町村長	都道府県立施設 市町村立施設 私設施設	市町村	—	—	10/10 （※4）	
婦人保護施設	知事	都道府県立施設 市町村立施設 私設施設	都道府県	5/10	5/10	—	—
児童福祉施設（※3）	知事・指定都市市長・児童相談所設置市長	都道府県立施設 市町村立施設 私設施設	都道府県・指定都市・児童相談所設置市	1/2	1/2	—	—
母子生活支援施設 助産施設	市長（※2）	都道府県立施設	都道府県	1/2	1/2	—	—
		市町村立施設 私設施設	市	1/2	1/4	1/4	—
	知事・指定都市市長・中核市市長 児童相談所設置市長	都道府県立施設 市町村立施設 私設施設	都道府県・指定都市・中核市 児童相談所設置市	1/2	1/2	—	—
保育所 幼保連携型認定こども園 小規模保育事業（所） （※6）	市町村長	私設施設	市町村	1/2	1/4 （※7）	1/4	
身体障害者社会参加支援施設（※5）	知事・指定都市市長・中核市市長	都道府県立施設 市町村立施設 私設施設	都道府県・指定都市・中核市	5/10	5/10	—	—
	市町村長		市町村	5/10	—	5/10	

※1：母子生活支援施設、助産施設及び保育所は、児童福祉法が一部改正されたことに伴い、従来の措置（行政処分）がそれぞれ母子保護の実施、助産の実施及び保育の実施（公法上の利用契約関係）に改められた。

※2：福祉事務所を設置している町村の長を含む。福祉事務所を設置している町村の長の場合、措置費支弁者及び費用負担は町村となり、負担割合は市の場合と同じ。

※3：小規模住居型児童養育事業所、児童自立生活援助事業所を含み、保育所、母子生活支援施設、助産施設を除いた児童福祉施設。

※4：老人福祉施設については、2005（平成17）年度より養護老人ホーム等保護費負担金が廃止・税源移譲されたことに伴い、措置費の費用負担は全て市町村（指定都市、中核市含む。）において行っている。

※5：改正前の身体障害者福祉法に基づく「身体障害者更生援護施設」は、障害者自立支援法（現・障害者の日常生活及び社会生活を総合的に支援するための法律（障害者総合支援法））の施行に伴い、2006（平成18）年10月より「身体障害者社会参加支援施設」となった。

※6：子ども子育て関連三法により、2015（平成27）年4月1日より、幼保連携型認定こども園及び小規模保育事業も対象とされた。また、私立保育所を除く施設・事業に対しては利用者への施設型給付及び地域型保育給付（個人給付）を法定代理受領する形に改められた。

※7：指定都市・中核市は除く。

資料：厚生労働省編『厚生労働白書平成30年版』資料編198頁を一部改変

1 福祉行政の実施体制

福祉行政における専門職の役割

49 共同募金は、**都道府県**を区域の単位とし、配分も区域内で行う。　　出 29-42-1

福祉行政の組織及び団体の役割

50 **福祉事務所**は、社会福祉法第14条の「福祉に関する事務所」を指し、**都道府県**と**市**（特別区を含む）には**設置義務**があり、**町村**は**任意設置**である。福祉事務所の設置者と事務の内容は表5のとおりである。

出 28-44-5
▶ 2019（平成31）年4月1日現在、都道府県と市（特別区含む）に設置されている福祉事務所はそれぞれ206か所と999か所、町村に任意設置されている福祉事務所は45か所である。

出 28-44-1

表5　福祉事務所の設置者および事務の内容

設置者	事務
都道府県	・**福祉六法**のうち、生活保護法、児童福祉法、母子及び父子並びに寡婦福祉法に定める援護、育成または更生の措置に関する事務
市町村	・**福祉六法**に定める援護、育成または更生の措置に関する事務

51 **地域包括支援センター**は、第1号介護予防支援事業および包括的支援事業等を行う機関である。介護保険法に基づいて**市町村**が設置し、老人介護支援センターの設置者、一部事務組合または広域連合を組織する市町村、医療法人、社会福祉法人、NPO法人等のほか、市町村が適当と認める者に包括的支援事業を委託できる。

52 **児童家庭支援センター**は、施設入所までは要しない、あるいは施設退所後すぐなど要保護性があり継続的な指導措置が必要な児童や家庭に助言や指導等を行い、児童相談所等との連絡調整を総合的に行う、児童福祉法に基づく施設である。設置・運営主体は地方公共団体、社会福祉法人等である。

53 **母子家庭等就業・自立支援センター**は、母子家庭の母や父子家庭の父などに、就業相談から就業支援講習会の実施、就業情報の提供等一貫した就業支援サービスの提供を行うとともに、弁護士等のアドバイスを受け養育費の取り決めなどの専門的な相談を行う、厚生労働省雇用均等・児童家庭局長通知に基づき行われている事業である。実施主体は都道府県・政令指定都市・中核市で、社会福祉法人等に委託できる。

福祉行政における専門職の役割

54 **福祉事務所**には、所長以下、指導監督を行う所員（**査察指導員**）、現業を行う所員（**現業員**）、**事務所員**をおかなければならず、**査察指導員**および**現業員**は**社会福祉主事**でなければならない。**現業員**の数は、社会福祉

出 28-44-2, 3, 4
29-45-5
31-67-3, 4, 5（低所）

福祉行財政と福祉計画

241

法に定める数を標準として**条例**で定めるものとされる。

55 **現業員**は、所長の指揮監督を受けて、**援護**、**育成**または**更生**の措置を要
する者等の家庭訪問、面接、調査、保護その他の措置の必要の有無およびその種類の判断、生活指導等を行い、**査察指導員**は、**現業員**の現業事務の**指導監督**（**スーパービジョン**）を行う。

出 31-67-1, 2（低所）

56 **児童福祉司**は、**児童福祉法**第 13 条により、都道府県の設置する**児童相談所**に必置とされ、児童の**保護**その他児童の福祉に関する事項についての相談、指導やそれに付随する業務を行う。児童福祉司の数は、各児童相談所の管轄区域内の人口、児童虐待の相談件数、要保護児童の里親への委託状況などを総合的に勘案して政令で定める基準を標準として、都道府県が定める。

出 29-45-2

57 **身体障害者福祉司**は、**身体障害者福祉法**第 11 条の 2 により、**身体障害者更生相談所**に必置とされ、市町村の**援護**の実施に関する市町村相互間の連絡調整、情報提供や、身体障害者に関する相談・指導のうち専門的知識および技術を必要とする業務を行う。

出 29-45-3

58 **知的障害者福祉司**は、**知的障害者福祉法**第 13 条により、**知的障害者更生相談所**に必置とされ、市町村の**更生援護**の実施に関する市町村相互間の連絡調整、情報提供や、知的障害者に関する相談・指導のうち専門的知識および技術を必要とする業務を行う。

出 29-45-1

59 市町村の設置する福祉事務所は、**身体障害者福祉司**および**知的障害者福祉司**をおくことができる。この**身体障害者福祉司**（**知的障害者福祉司**）は、福祉事務所の所員に対する技術的指導、身体障害者福祉（知的障害者福祉）に関する市町村業務のうち専門的知識および技術を必要とする業務を行う。

出 29-45-3

2 福祉行財政の動向

福祉行財政の動向

■ 社会福祉基礎構造改革

60 1998（平成 10）年の「**社会福祉基礎構造改革について（中間まとめ）**」では、社会福祉基礎構造改革の基本的方向として、①サービス利用者と提供者の対等な関係の確立、②地域での総合的な支援、③多様な主体の参入促進、④質と効率性の向上、⑤透明性の確保、⑥公平かつ公正な負担、⑦福祉の文化の創造をあげた。

2 福祉行財政の動向

福祉行財政の動向

61 社会福祉基礎構造改革により、多くのサービスが、行政処分によるサービス内容の決定という**措置制度**から、利用者が事業者との対等な関係に基づいてサービスを選択する**利用制度**に移行した（表6参照）。

▶養護老人ホームや救護施設への入所などの措置制度も残されている。

表6　主要な福祉サービスの利用方式

生活保護制度	**要保護者の申請**に基づく保護の実施。急迫した状況における職権による保護 ※利用者負担なし
措置制度	行政庁の措置によるサービス利用 ①措置期間は**行政処分**により決定→②社会福祉施設等は入所者にサービス提供→③措置委託費を施設に支弁→④利用者の**負担能力**に応じた費用徴収（**応能負担**） ※本人や扶養義務者の所得税額（または市町村民税額）により決定
母子生活支援施設・助産施設・保育所入所制度（行政との契約方式）	市町村と利用者間の公法上の利用関係による ①市町村による情報提供→②利用者は市町村に希望施設を申込み→③市町村は入所・保育要件の確認と入所応諾→④利用→⑤サービス提供→⑥市町村から施設に実施費用、保育費用を支弁→⑦利用者の**負担能力**に応じた費用徴収（**応能負担**） ※保育料は保護者の所得税額（または市町村民税額）と児童の年齢により決定
介護保険制度	介護保険の被保険者が要介護認定を受けてサービス利用 ①被保険者が保険者（市町村）に申請→②市町村による要介護認定、保険給付の上限額決定→③ケアプランの作成依頼とサービス利用の申込み→④利用者と事業者の契約→⑤サービス提供→⑥利用者の自己負担分の支払い→⑦事業者が介護報酬を保険者に請求→⑧保険者は事業者に介護報酬の支払い ※自己負担はサービス利用額の**1**割または**2**割（2018（平成30）年8月より、または3割）と**食費・居住費**（**応益負担**）
自立支援給付制度	障害者の日常生活及び社会生活を総合的に支援するための法律（障害者総合支援法）に基づくサービス利用 ①利用申請→②市町村による障害支援区分認定と支給決定→③利用者と事業者の契約→④サービス提供→⑤利用者負担分の支払い→⑥事業者が介護給付費等を市町村に請求→⑦市町村は事業者に介護給付費等の支払い ※自己負担は、原則**応能負担**（家計の負担能力その他の事情をしん酌して政令で定める額（負担上限月額）と、サービスに要する費用の**1**割相当額のうちの低いほうを負担）＋**食費・居住費**
事業費補助制度	自由契約・私的契約によるもの。利用者と事業者が契約を交わして利用するものと、契約を交わさず利用するものとがある ①利用者が事業者に直接交渉して契約→②サービス提供→③サービス料金の支払い→④事業者は市町村に事業経営に必要な費用の一部を請求→⑤市町村が費用を補助

▶ 2019（令和元）年10月より、満3歳になった後の4月1日から小学校就学前までの子どもの保育料が無償化された。

▶ 低所得者には、食費・居住費に対する補足給付がある。

▶ 低所得者には、食費・居住費に対する補足給付がある。

62 2012（平成24）年からの「**社会保障・税一体改革**」は、**消費税率**の引上げによる増収分を財源に、全世代対応型の社会保障制度の構築を目指

▶「社会保障・税一体改革」とは、「社会保障・税一体改革大綱」、「社会保障・税一体改革関連法」等による一連の改革をいう。

している。そのため、消費税（国分）の使途を高齢者3領域（基礎年金、老人医療、介護）から**社会保障4経費**（**子ども・子育て**、**医療**、**介護**、**年金**）に拡大し、基礎年金国庫負担2分の1の恒久化の財源等を確保するとしている。

■ 福祉財政の動向

63 国の一般会計歳出予算の歳出項目のなかで国債費と地方交付税交付金等を除く部分が**政策的経費**である。年金、社会福祉などの社会保障や教育等へ支出されており、国民生活と密接な関係をもった一般会計予算の実体的な部分であることから**一般歳出**とも呼ばれている。

64 国の一般歳出予算のなかで最も多い歳出項目は**社会保障関係費**であり、2020（令和2）年度は35兆8608億円（一般歳出のうちの56.5％）である。社会保障関係費の内訳は、**年金給付費**が12兆5232億円（34.9％）、**医療給付費**が12兆1546億円（33.9％）、**介護給付費**が3兆3838億円（9.4％）を占め、ほかに**少子化対策費**（3兆387億円（8.5％））、**生活扶助等社会福祉費**（4兆2027億円（11.7％））、**保健衛生対策費**、**雇用労災対策費**等で構成されている。

出 31-43

65 2018（平成30）年度の国と地方を通じた財政支出（最終支出）169兆2216億円を国と地方に分けてみると、国が71兆9488億円（**42.5％**）、地方が97兆2729億円（**57.5％**）である（「地方財政白書」（2020（令和2）年版））。

66 2018（平成30）年度における、国内総生産（支出側、名目）548兆3670億円に占める公的支出の割合は136兆7744億円（24.9％）であり、そのうち地方政府が59兆8129億円（10.9％）、中央政府が22兆2811億円（4.1％）を占め、地方が国の約**2.7**倍となっている（「地方財政白書」（2020（令和2）年版））。

67 2018（平成30）年度の租税収入総額に占める割合は、**国税61.2％**、**地方税38.8**％である（「地方財政白書」（2020（令和2）年版））。

68 2018（平成30）年度の地方公共団体の歳入の純計（一般財源と特定財源を含む）における**地方税**による歳入は**40.2％**、**地方交付税**は**16.3％**、**国庫支出金**は**14.7**％であり、**地方債**は**10.4**％を占めている（「地方財政白書」（2020（令和2）年版））。

69 地方公共団体の財政の仕組みは、**地方財政法**に規定されている。地方公共団体においては、福祉六法を中心とする社会福祉実施に要する費用は、**民生費**として区分されている。

福祉行財政の動向

70 2018（平成30）年度の**地方財政の目的別歳出割合**は、歳出額**98兆206億円**のうち、**民生費**が最も多く26.2％、次いで**教育費**が17.2％、**公債費**が12.6％の順となっている。2006（平成18）年度までは**教育費**が最多であったが、年々**民生費**の割合が増加し、逆転している（「地方財政白書」（2020（令和2）年版））。

71 2018（平成30）年度の**目的別歳出**の団体種類別の構成比は、都道府県においては**教育費**が20.4％で最も多く、市町村では**民生費**が36.3％で最も多い（「地方財政白書」（2020（令和2）年版））。

72 2018（平成30）年度の**民生費**の都道府県の合計額は**7兆7927億円**、市町村の合計額は**21兆756億円**であり、市町村は都道府県の約**2.7倍**の財政規模である（「地方財政白書」（2020（令和2）年版））。

73 2018（平成30）年度の民生費の**目的別内訳**では、**児童福祉費**が34.0％を占め最も多く、**社会福祉費**が25.6％、**老人福祉費**が24.3％、**生活保護費**が15.4％と続いている（図2参照）（「地方財政白書」（2020（令和2）年版））。

▶都道府県に限れば、老人福祉費が41.4％を占め最大である。

図2 民生費の目的別内訳

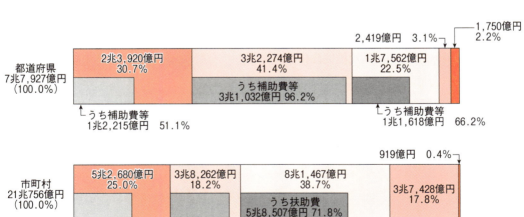

資料：総務省ホームページ「地方財政白書」（2020（令和2）年版）

重要項目

74 2018（平成30）年度の民生費の**性質別内訳**では、**扶助費**が52.6％を占め最も多く、繰出金が19.9％、補助費等が12.7％、人件費が7.1％と続いている（図3参照）（「地方財政白書」（2020（令和2）年版））。

出 28-45-4
32-44-3, 5

▶都道府県に限れば、補助費等が72.0％を占める。

図3 民生費の性質別内訳

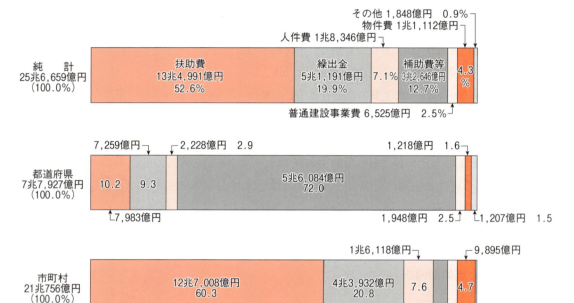

75 2018（平成30）年度の都道府県・市町村を通じた**民生費純計額**（25兆6659億円）の財源構成は、一般財源等が65.5％、**国庫支出金**が29.3％、その他が5.3％となっている（「地方財政白書」（2020（令和2）年版））。

76 2018（平成30）年度の団体規模別歳出決算において、歳出全体に占める**扶助費**の割合は、**市町村**（22.8％）が**都道府県**（2.2％）を上回っている。これは**市町村**における児童手当の支給、市における生活保護に関する事務等の社会福祉関係事務が行われていることによる（「地方財政白書」（2020（令和2）年版））。

出 32-44-3

77 2017（平成29）年度の民生費の**扶助費**について、補助事業と単独事業の割合をみると、地域の実情等に応じて実施される**単独事業分**は、都道府県が18.0％、市町村が14.8％で、大半を**補助事業分**が占める（「地方財政白書」（2020（令和2）年版））。

出 28-45-5

78 地方公営事業会計である**国民健康保険事業、後期高齢者医療事業、介護保険事業**は、それぞれ法律で**特別会計**とすることが決められている。

出 30-43-4, 5
31-44-1

2018（平成30）年度の歳出金額は、国民健康保険事業は都道府県11兆2464億円、市町村13兆2124億円、後期高齢者医療事業15兆5928億円、介護保険事業10兆7173億円であった（「地方財政白書」（2020（令和2）年版））。

> **注目！**
> 国民健康保険制度については、2018（平成30）年度から、都道府県が国民健康保険の財政運営の責任主体となり、市町村と同様に国民健康保険の保険者となり、新たに国民健康保険特別会計を設けることとなった。市町村は引き続き、保険給付、保険料の賦課・徴収等の被保険者に身近な保険者業務を担うこととなるが、医療給付等に必要な資金は都道府県から保険給付費等交付金の交付を受ける一方で、徴収した保険料（税）は、基本的に都道府県に国民健康保険事業費納付金として納付することとなった。

③ 福祉計画の意義と目的

福祉計画の意義と目的

79 福祉行政における主な**福祉計画**等の目的・計画期間は、表7のとおりである。

80 **市町村福祉計画**は、政策的な浸透において地域間における制度変更の漏れや、制度基準による福祉サービスの確保における地域間格差が生じないように、計画によって補完する目的をもっている。

81 都道府県は、市町村福祉計画の策定・実施の推進を支援するための**都道府県福祉計画**を策定するが、その計画には都道府県内の地域間格差を是正する目的もある。

82 国は、総合的な**基本計画**を策定するか、地方公共団体による計画策定に向けての**基本指針**を定める。

福祉計画における住民参加の意義

83 社会福祉における住民参加には、①**サービス利用過程**への参加、②**サービス提供過程**への参加、③**意思決定過程**への参加の3つの次元がある。

> ▶福祉計画における住民参加は、意思決定過程への参加である。

84 **社会福祉法第107条に定める市町村地域福祉計画**は、計画に盛り込む事項に地域福祉活動への**住民参加の促進**に関する事項をあげており、住民参加に基づく福祉計画を規定している。

85 **地域福祉計画における住民参加**は、**計画策定委員会等の委員**としての参加と、**ワークショップ**や**住民懇談会**などの技法による参加がある（表8参照）。

出 31-46-1

86 厚生労働省子ども家庭局長・社会・援護局長・老健局長連名通知「**地域共生社会の実現に向けた地域福祉の推進について**」（2017（平成29）年12月12日子発1212第1号・社援発1212第2号・老発1212第1号）では、「地域福祉計画策定の手順」のなかで、**地域住民等の主体的参加**について、表9のように整理している。

💡 重要項目

表7 主な福祉計画等の目的・計画期間

根拠法	計画名	計画の目的	計画期間	
社会福祉法	**市町村地域福祉計画**	地域福祉の推進に関する事項を一体的に定める計画	概ね **5** 年とし **3** 年で見直すことが適当 ※策定ガイドラインによる考え方	出 28-46-2, 4 29-46-1 30-47-5 30-48-1 31-32-5（地域）
	都道府県地域福祉支援計画	市町村地域福祉計画の達成に資するために、各市町村を通ずる広域的な見地から、市町村の地域福祉の支援に関する事項を一体的に定める計画		出 28-46-3 29-46-1
老人福祉法	**市町村老人福祉計画**	老人居宅生活支援事業および老人福祉施設による事業（老人福祉事業）の供給体制の確保に関する計画	規定なし ※介護保険事業（支援）計画と一体	出 30-47-2
	都道府県老人福祉計画	市町村老人福祉計画の達成に資するために、各市町村を通ずる広域的な見地から、老人福祉事業の供給体制の確保に関して定める計画		
介護保険法	**基本指針**	医療介護総合確保促進法に規定する総合確保方針に即して、介護保険事業に係る保険給付の円滑な実施を確保するために厚生労働大臣が定める基本的な指針	——	
	市町村介護保険事業計画	基本指針に即して、市町村が行う介護保険事業に係る保険給付の円滑な実施に関して定める計画	**3** 年を **1** 期	出 30-47-1 30-48-5
	都道府県介護保険事業支援計画	基本指針に即して、介護保険事業に係る保険給付の円滑な実施の支援に関して定める計画		
障害者基本法	**障害者基本計画**	障害者の自立および社会参加の支援等のための施策の総合的かつ計画的な推進を図るために国が策定する障害者のための施策に関する基本的な計画	2018（平成30）年度〜2022（令和4）年度〈第4次〉	出 30-48-2
	市町村障害者計画	障害者基本計画・都道府県障害者計画を基本とするとともに、市町村における障害者の状況等を踏まえて策定する、障害者のための施策に関する基本的な計画	規定なし	
	都道府県障害者計画	障害者基本計画を基本とするとともに、都道府県における障害者の状況等を踏まえて策定する、障害者のための施策に関する基本的な計画		
障害者の日常生活及び社会生活を総合的に支援するための法律（障害者総合支援法）	**基本指針**	障害福祉サービス等の提供体制を整備し、自立支援給付および地域生活支援事業の円滑な実施を確保するために厚生労働大臣が定める基本的な指針	——	
	市町村障害福祉計画	基本指針に即して定める、障害福祉サービスの提供体制の確保その他障害者総合支援法に基づく業務の円滑な実施に関する計画	**3** 年を **1** 期 ※基本指針による定め	出 30-47-3

福祉計画における住民参加の意義

	都道府県障害福祉計画	基本指針に即して、市町村障害福祉計画の達成に資するために、各市町村を通ずる広域的な見地から定める、障害福祉サービスの提供体制の確保その他障害者総合支援法に基づく業務の円滑な実施に関する計画	
児童福祉法	基本指針	障害児通所支援等の提供体制を整備し、障害児通所支援等の円滑な実施を確保するために厚生労働大臣が定める基本的な指針	──
	市町村障害児福祉計画	基本指針に即して定める、障害児通所支援等の提供体制の確保その他障害児通所支援等の円滑な実施に関する計画	3年を1期 ※基本指針による定め
	都道府県障害児福祉計画	基本指針に即して、市町村障害児福祉計画の達成に資するために、各市町村を通ずる広域的な見地から定める、障害児通所支援等の提供体制の確保その他障害児通所支援等の円滑な実施に関する計画	3年を1期 ※基本指針による定め
次世代育成支援対策推進法	行動計画策定指針	次世代育成支援対策の総合的かつ効果的な推進を図るため、法に定める基本理念にのっとり、主務大臣（厚生労働大臣等）が定める、市町村行動計画等の策定に関する指針	──
	市町村行動計画〈任意〉	行動計画策定指針に即して策定する、市町村における次世代育成支援対策の実施に関する計画	5年を1期
	都道府県行動計画〈任意〉	行動計画策定指針に即して策定する、都道府県における次世代育成支援対策の実施に関する計画	
	一般事業主行動計画	国および地方公共団体以外の常時雇用する労働者が**101人**を超える事業主（一般事業主）が、行動計画策定指針に即して策定する、次世代育成支援対策の実施に関する計画	計画に定める
	特定事業主行動計画	国および地方公共団体の機関等（特定事業主）が、行動計画策定指針に即して策定する、次世代育成支援対策の実施に関する計画	
子ども・子育て支援法	基本指針	教育・保育および地域子ども・子育て支援事業の提供体制を整備し、子ども・子育て支援給付等の円滑な実施の確保その他子ども・子育て支援のための施策を総合的に推進するために内閣総理大臣が定める基本的な指針	──
	市町村子ども・子育て支援事業計画	基本指針に即して策定する、教育・保育および地域子ども・子育て支援事業の提供体制の確保、その他業務の円滑な実施に関する計画	5年を1期

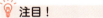

💡 注目！

2015（平成27）年4月から、市町村行動計画と都道府県行動計画は策定義務から任意規定に変更された。

💡 注目！

子ども・子育て支援法施行により、児童福祉法上の保育計画に関する条項が削除された。

 29-47-4
　　30-47-4
　　30-48-4

重要項目

	都道府県子ども・子育て支援事業支援計画	基本指針に即して策定する、教育・保育および地域子ども・子育て支援事業の提供体制の確保、その他業務の円滑な実施に関する計画	
健康増進法	基本方針	国民の健康の増進の総合的な推進を図るために厚生労働大臣が定める基本的な方針	——
	市町村健康増進計画	基本方針および都道府県健康増進計画を勘案して策定する、市町村の住民の健康の増進の推進に関する施策についての基本的な計画	規定なし
	都道府県健康増進計画	基本方針を勘案して策定する、都道府県の住民の健康の増進の推進に関する施策についての基本的な計画	
高齢者の医療の確保に関する法律	医療費適正化基本方針	国民の高齢期における適切な医療の確保を図る観点から、医療費適正化を総合的かつ計画的に推進するため、医療に要する費用の適正化に関する施策についての厚生労働大臣が定める基本的な方針	——
	都道府県医療費適正化計画	医療費適正化基本方針に即して都道府県が策定する、都道府県における医療費適正化を推進するための計画	6年ごとに 6年を1期
医療法	基本方針	医療介護総合確保促進法に規定する総合確保方針に即して、良質かつ適切な医療を効率的に提供する体制の確保を図るために厚生労働大臣が定める基本的な方針	——
	医療計画	都道府県が基本方針に即して、地域の実情に応じて策定する当該都道府県における医療提供体制の確保を図るための計画	6年ごとに 6年を1期
地域における医療及び介護の総合的な確保の促進に関する法律（医療介護総合確保促進法）	総合確保方針	地域において効率的かつ質の高い医療提供体制を構築するとともに地域包括ケアシステムを構築することを通じ、地域における医療および介護を総合的に確保するために厚生労働大臣が定める基本的な方針	——
	市町村計画	市町村が総合確保方針に即して、かつ、地域の実情に応じて策定する当該市町村における医療および介護の総合的な確保のための事業の実施に関する計画	計画に定める
	都道府県計画	都道府県が総合確保方針に即して、かつ、地域の実情に応じて策定する当該都道府県における医療および介護の総合的な確保のための事業の実施に関する計画	

出 30-48-3

💡 **注目！**

都道府県医療費適正化計画は、医療計画や介護保険事業支援計画との整合性を確保するため、第3期計画（2018（平成30）年度〜2023（令和5）年度）より6年ごとに6年を1期として実施（従来は5年を1期）。

出 31-44-2

💡 **注目！**

医療計画は、介護保険事業支援計画との整合性を確保するため、第7次医療計画（2018（平成30）年4月〜）より6年ごとに6年を1期として実施（従来は5年を1期）。

3 福祉計画の意義と目的

福祉計画における住民参加の意義

表8　住民参加の技法

ワークショップ	その場の目的に向かって、進行役が参加者と対話しながら、参加者同士が平等・対等な立場で行う共同作業。
住民懇談会	住民が地域の問題や課題について語り合う会合。提案型や参加型がある。
住民集会	地域住民が集まって行う集会。フォーラム、シンポジウム、パネルディスカッションなどの形態がある。
パブリックコメント	計画のある時点で利害関係者に素案を提示し、それに対する意見を集約するもの。
アンケート調査	利用者や地域住民などがアンケートを通じて計画の過程に参加することになる。ヒアリング調査も同様。

出 32-118-3（相理）

表9　住民等の主体的参加

○ 地域生活課題をきめ細かに発見することは、地域社会においてのみなし得ることであり、これを解決する方途を見いだし、実行することもまた地域社会でのみ可能である。そのためには、地域住民等の主体的参加が欠かせないものであることを、まず地域住民等に伝えることが重要である。

○ 地域住民等の参加を得るためには、情報の提供が極めて重要であり、情報を確実に伝えるための工夫が必要となる。例えば、地域の実情や必要に応じて外国語や点字、インターネット等の多様な媒体による情報提供も考えられる。また、地域住民のうち、より多くの支援を必要とする者ほど、情報が円滑に伝わらないことが考えられるため、特にこうした者に対する情報伝達に気を配る必要がある。

○ こうした活動によって、地域住民等や支援を必要とする者自身が地域生活課題に関する調査（いわゆる「ニーズ調査」）に参加したり、支援を要する者と他の住民等との交流会に参加したり、さらには、市町村内の地区ごとの現状をデータとして把握すること等により、地域生活課題を自ら明らかにし、解決に向けて活動する気持ちを醸成することが何よりも重要である。その際、介護保険法による生活支援体制整備事業で実施されている協議体、その他まちづくりのための協議会等の既存の仕組みを活用していくことも考えられる。

○ このような地域住民等による問題関心の共有化への動機付けを契機に、地域は自主的に動き始めることとなる。こうして地域住民等が、地域社会におけるより多くの地域生活課題にも視野を広げ、自ら主導的に活動し続けることが地域福祉の推進につながっていく。

87 厚生労働省社会・援護局長通知「**市町村地域福祉計画の策定について**」（平成19年8月10日社援発第0810001号）は、市町村地域福祉計画に、地域における**要援護者**に係る情報の把握・共有および安否確認方法等を盛り込むこととした。具体的には、**要援護者**の把握方法、**要援護者**情報の関係機関間の共有方法、情報の更新、日常的な見守り活動や助け合い活動の推進方策、緊急対応に備えた役割分担と連絡体制づくりである。

出 28-48-4

福祉行財政と福祉計画

重要項目

福祉行財政と福祉計画の関係

88 福祉計画は、国が包括的な計画や基本指針を策定し、地方公共団体がそれに対応する計画を策定し、提供すべき**サービス内容**や**量の目標**を定め、それに必要な財源や体制を計画的に整備する。

89 **市町村老人福祉計画**に定める老人福祉事業の実施に係る費用については、事業の対象者が介護保険法による保険給付を受けられる場合は、その費用を**市町村**が支弁する必要はない。

90 市町村は、**市町村介護保険事業計画**に定める介護給付等対象サービスの見込み量等に基づいて算定した保険給付に要する費用の予想額等に照らして、第1号被保険者の**介護保険料率**を算定する。

91 **市町村介護保険事業計画**に盛り込まれる**包括的支援事業**の財源は、国・都道府県・市町村の負担および介護保険第1号被保険者の保険料から支出される。介護保険第2号被保険者の保険料からの拠出はないが、介護支援事業には、第2号被保険者保険料もあてられる。

92 市町村障害福祉計画に基づいて市町村が支弁する**障害福祉サービス費**等の負担対象額については、**国**が**2分の1**、**都道府県**と**市町村**がそれぞれ**4分の1**を負担するものとされている。 出 30-44-4

93 **市町村健康増進計画**に基づく**健康増進事業**に係る費用は、**国**が**市町村**に対して、予算の範囲内において費用の一部を補助する。

94 **生活困窮者自立支援制度**における**国**による負担および補助は、自立相談支援事業と住居確保給付金の**4分の3**を負担し、就労準備支援事業と一時生活支援事業の**3分の2**以内および家計相談支援事業と学習支援事業その他生活困窮者の自立の促進に必要な事業の**2分の1**以内を補助する。 出 30-44-2

▶地域福祉計画に生活困窮者の自立支援方策を位置づけることが求められている。

4 福祉計画の主体と方法

福祉計画の種類

95 **福祉計画の類型**は、①福祉サービスの**提供**に関する計画（老人福祉計画・介護保険事業計画など）、②地域社会において福祉サービスが利用者や地域住民に対して的確に機能するように基盤を**整備**する計画（地域福祉計画）の2つに大別される。

福祉計画の策定過程

96 福祉計画の過程モデルとして、Plan（策定）→ Do（実施）→ Check（評価）→ Action（改善）の仮説・検証型プロセスを循環させる PDCA サイクルの考え方が取り入れられている。

97 法律に基づく福祉計画については、**策定・変更**にあたって「意見を聴かなければならない」「公表するよう努める」などの手続きが定められている場合がある（表10 参照）。

出 32-45

表10　福祉計画の策定・変更時に必要な住民等の意見の反映、公表等

計画名	住民等の意見の反映等に関する事項	提出や公表に関する事項
市町村地域福祉計画	あらかじめ、地域住民、社会福祉事業経営者その他社会福祉活動を行う者の意見を反映させるよう努める	その内容を公表するよう努める
都道府県地域福祉支援計画	あらかじめ、公聴会の開催等住民その他の者の意見を反映させるよう努める	その内容を公表するよう努める
市町村老人福祉計画	あらかじめ、都道府県の意見を聴かなければならない	遅滞なく、都道府県知事に提出しなければならない
都道府県老人福祉計画	——	遅滞なく、厚生労働大臣に提出しなければならない
市町村介護保険事業計画	あらかじめ、被保険者の意見を反映させるために必要な措置を講じるものとする あらかじめ、都道府県の意見を聴かなければならない	遅滞なく、都道府県知事に提出しなければならない
都道府県介護保険事業支援計画	——	遅滞なく、厚生労働大臣に提出しなければならない
市町村障害者計画	合議制の機関を設置している場合はその意見を、その他の場合は障害者その他の関係者の意見を聴かなければならない	市町村議会に報告するとともに、公表しなければならない
都道府県障害者計画	合議制の機関の意見を聴かなければならない	都道府県議会に報告するとともに、公表しなければならない
市町村障害福祉計画	あらかじめ、住民の意見を反映させるために必要な措置を講じるよう努める 協議会を設置したときは、あらかじめ、協議会の意見を聴くよう努める 合議制の機関を設置したときは、あらかじめ、その機関の意見を聴かなければならない あらかじめ、都道府県の意見を聴かなければならない	遅滞なく、都道府県知事に提出しなければならない
都道府県障害福祉計画	協議会を設置したときは、あらかじめ協議会の意見を聴くよう努める あらかじめ、合議制の機関の意見を聴かなければならない	遅滞なく、厚生労働大臣に提出しなければならない

出 29-47-2

協議会
関係機関・関係団体、障害者等と家族、障害者等の福祉・医療・教育・雇用に関連する職務に従事する者その他の関係機関で構成される。

💡 重要項目

市町村障害児福祉計画	あらかじめ、住民の意見を反映させるために必要な措置を講じるよう努める 協議会を設置したときは、あらかじめ、協議会の意見を聴くよう努める 合議制の機関を設置したときは、あらかじめ、その機関の意見を聴かなければならない あらかじめ、都道府県の意見を聴かなければならない	遅滞なく、都道府県知事に提出しなければならない
都道府県障害児福祉計画	協議会を設置したときは、あらかじめ、協議会の意見を聴くよう努める あらかじめ、合議制の機関の意見を聴かなければならない	遅滞なく、厚生労働大臣に提出しなければならない
市町村子ども・子育て支援事業計画	あらかじめ、審議会その他の合議制の機関を設置したときはその意見を、その他の場合は子どもの保護者その他子ども・子育て支援にかかる当事者の意見を聴かなければならない あらかじめ、インターネットの利用等の方法により広く住民の意見を求めること等住民の意見を反映させるために必要な措置を講じるよう努める あらかじめ、都道府県に協議しなければならない	遅滞なく、都道府県知事に提出しなければならない
都道府県子ども・子育て支援事業支援計画	あらかじめ、審議会その他の合議制の機関を設置したときはその意見を、その他の場合は子どもの保護者その他子ども・子育て支援に係る当事者の意見を聴かなければならない	遅滞なく、内閣総理大臣に提出しなければならない
市町村における子どもの貧困対策についての計画	——	遅滞なく、これを公表しなければならない
都道府県における子どもの貧困対策についての計画	——	遅滞なく、これを公表しなければならない

■ 問題分析と合意形成過程

98　地域福祉計画の準備段階にあたる第一段階では、計画策定の趣旨の確認と合意がなされる。小地域レベルにおいては、計画策定の意義を住民に周知し、住民等と共有する。また、地域の特性と生活課題の大要を把握するためのデータ収集と分析を行い、住民等が解決活動を起こすための必要性の理解を促したり、住民等が各々の立場からどのようなことができるのかの話し合いと合意を得るなどの取組みを行う。

99　地域福祉計画策定の第二段階では、地域住民の自主的協働活動を必要とする生活課題の存在や実態を把握するための調査を行い、調査結果を周知し、解決活動への動機付けを行う広報を行い、目的の共有を目指す。

100　地域福祉計画策定の第三段階では、問題解決のための具体的な援助とともに、活動の意欲を維持、発展させる広報を行い、協力を維持するよう

援助を実施する。また、活動に対する評価と見直しの提言も行う。

福祉計画の策定方法と留意点

101 法律に基づく福祉計画については、「**一体のもの**」「**調和が保たれたもの**」など、それぞれの計画と他の法律等に規定する**他の計画との連携**について定められている場合がある（表11 参照）。

福祉計画の評価方法

102 福祉計画の評価では、福祉サービスの**プログラム評価**の技法が重要である。**プログラム評価**には、投入資源、過程、産出、効果（結果・成果）、効率（効率性）の５つの構成要素がある（表12 参照）。

103 福祉計画の評価では、①計画（**プランニング**）と、②計画の実質的な内容（**プログラム**）を区別して検討する。

104 施策評価では、行政活動に投入された資源を表す**インプット指標**、事業の実施過程を表す**プロセス指標**、行政活動の結果を表す**アウトプット指標**、行政活動の結果として人々が受ける効果（成果）を表す**アウトカム指標**が用いられる。

105 業績指標の数値を達成目標の基準値と比較して評価する技法を**ベンチマーク法（ベンチマーキング）**と呼ぶ。

106 福祉計画の評価は、量的な評価方法だけではとらえきれない特性があり、質的な評価方法と組み合わせた**総合的な評価**が重要である。

107 市町村地域福祉計画を策定済みの市町村のうち、計画の評価委員体制を構築している市町村は39.4％にとどまる（2018（平成30）年４月１日時点）。

108 市町村（都道府県）は、定期的に、策定した**市町村地域福祉計画（都道府県地域福祉支援計画）**の**調査、分析、評価**に努め、必要に応じ計画を**変更**するものとする。

109 地域福祉計画の評価は、定量的な変化等だけでなく、地域住民等の**意識**や**行動**の変化といった、直接的な成果として得られてきたものやその広がり（影響）にも着目し、そこを伸ばしていくという視点も重要である。

110 **市町村**は、**市町村介護保険事業計画**に定められた施策の実施状況および目標の達成状況に関する**調査**および**分析**を行い、実績に関する**評価**を行うものとされている。

出 30-29（現社）

プランニング
福祉計画の策定・実施の過程と、それにかかわる行為主体、計画の策定・実施の過程で用いられる方法・技術の総体を意味する。

プログラム
計画に基づいて実施、もしくは新たに開発された具体的なサービス・プログラムを意味する。

▶社会福祉の組織の自己評価、利用者の利用者評価、評価機関や評価者による第三者評価などが行われる。

出 28-48-5

▶「地域共生社会の実現に向けた地域福祉の推進について」

出 32-46-2

💡 重要項目

表11　福祉計画と他の計画との関係

根拠法	計画名	他の計画との関係	
社会福祉法	市町村地域福祉計画	規定なし	出 31-45-1
	都道府県地域福祉支援計画		
老人福祉法	市町村老人福祉計画	・市町村介護保険事業計画と一体のものとして作成されなければならない ・社会福祉法の規定による市町村地域福祉計画その他の法律の規定による計画であって老人の福祉に関する事項を定めるものと調和が保たれたものでなければならない	出 28-47-1 29-47-3 31-45-3
	都道府県老人福祉計画	・都道府県介護保険事業支援計画と一体のものとして作成されなければならない ・社会福祉法の規定による都道府県地域福祉支援計画その他の法律の規定による計画であって老人の福祉に関する事項を定めるものと調和が保たれたものでなければならない	
介護保険法	市町村介護保険事業計画	・市町村老人福祉計画と一体のものとして作成されなければならない ・地域における医療及び介護の総合的な確保の促進に関する法律に規定する市町村計画との整合性の確保が図られたものでなければならない ・社会福祉法の規定による市町村地域福祉計画その他の法律の規定による計画であって要介護者等の保健、医療、福祉または居住に関する事項を定めるものと調和が保たれたものでなければならない	
	都道府県介護保険事業支援計画	・都道府県老人福祉計画と一体のものとして作成されなければならない ・地域における医療及び介護の総合的な確保の促進に関する法律に規定する都道府県計画、医療法の規定による医療計画との整合性の確保が図られたものでなければならない ・社会福祉法の規定による都道府県地域福祉支援計画、高齢者の居住の安定確保に関する法律の規定による高齢者居住安定確保計画その他の法律の規定による計画であって要介護者等の保健、医療、福祉または居住に関する事項を定めるものと調和が保たれたものでなければならない	出 29-47-5 31-45-5 32-48-4 ▶高齢者居住安定確保計画とは、賃貸住宅や老人ホームの供給の促進など、高齢者の居住の安定の確保に関して、都道府県が定めることができる計画をいう。
障害者基本法	市町村障害者計画	規定なし	
	都道府県障害者計画		
障害者の日常生活及び社会生活を総合的に支援するための法律（障害者総合支援法）	市町村障害福祉計画	・市町村障害児福祉計画と一体のものとして作成することができる ・障害者基本法の規定による市町村障害者計画、社会福祉法の規定による市町村地域福祉計画その他の法律の規定による計画であって障害者等の福祉に関する事項を定めるものと調和が保たれたものでなければならない	出 29-47-1 31-45-2 31-48-2
	都道府県障害福祉計画	・都道府県障害児福祉計画と一体のものとして作成することができる	

256

4 福祉計画の主体と方法

福祉計画の評価方法

		・障害者基本法の規定による**都道府県障害者計画**、社会福祉法の規定による**都道府県地域福祉支援計画**その他の法律の規定による計画であって障害者等の福祉に関する事項を定めるものと**調和が保たれたもの**でなければならない ・医療法の規定による**医療計画**と相まって、精神科病院に入院している精神障害者の退院の促進に資するものでなければならない	
児童福祉法	市町村障害児福祉計画	・市町村障害福祉計画と一体のものとして作成することができる ・障害者基本法の規定による**市町村障害者計画**、社会福祉法の規定による**市町村地域福祉計画**その他の法律の規定による計画であって障害児の福祉に関する事項を定めるものと**調和が保たれたもの**でなければならない	出 31-47-4
	都道府県障害児福祉計画	・都道府県障害福祉計画と一体のものとして作成することができる ・障害者基本法の規定による**都道府県障害者計画**、社会福祉法の規定による**都道府県地域福祉支援計画**その他の法律の規定による計画であって障害児の福祉に関する事項を定めるものと**調和が保たれたもの**でなければならない	
次世代育成支援対策推進法	市町村行動計画	規定なし	
	都道府県行動計画		
子ども・子育て支援法	市町村子ども・子育て支援事業計画	・**市町村地域福祉計画、市町村教育振興基本計画**その他の法律の規定による計画であって子どもの福祉または教育に関するものと**調和が保たれたもの**でなければならない	出 31-45-4
	都道府県子ども・子育て支援事業支援計画	・**都道府県地域福祉支援計画、都道府県教育振興基本計画**その他の法律の規定による計画であって子どもの福祉または教育に関するものと**調和が保たれたもの**でなければならない	▶教育基本法第17条第2項の規定により、市町村、都道府県に策定が義務づけられている。
健康増進法	市町村健康増進計画	規定なし	
	都道府県健康増進計画		
高齢者の医療の確保に関する法律	都道府県医療費適正化計画	・**医療計画、都道府県介護保険事業支援計画、都道府県健康増進計画**と**調和が保たれたもの**でなければならない	

表12 プログラム評価の構成要素

投入資源	サービス実施のために投入された物的・人的資源およびサービス活動量
過程	サービスの実施過程と利用者に対して用いられる方法・技術としてのソーシャルワーク実践
産出	サービスの利用者数などサービスの量や産出された物による評価
効果	サービスの目標として設定されたニーズの充足度、サービス実施の結果として利用者やその家族、地域社会にもたらした便益
効率	投入資源と効果の関連から、具体的な目標として設定された効果に対する資源投入が最も効率的であるものの選択

福祉行財政と福祉計画

重要項目

111 都道府県は、**都道府県介護保険事業支援計画**に定められた施策の実施状況および目標の達成状況に関する**調査**および**分析**を行い、**実績に関する評価**を行うものとされている。

112 障害者基本法に基づく**障害者基本計画**の実施状況については、**障害者政策委員会**（障害者基本法第 32 条第 1 項に基づき、内閣府に設置）が監視をし、必要があるときは、内閣総理大臣等に勧告を行う。

出 28-62-2（障害）

113 市町村は、**市町村障害者計画**について定期的な**調査、分析および評価**を行い、必要な計画の**変更**等の措置を講ずるものとされている。都道府県障害者計画に対しては、都道府県に同様の義務がある。

出 32-46-3

114 市町村は、**市町村障害福祉計画**に定められた項目に関して定期的に**調査、分析、評価**を行い、必要があると認めるときは、計画を**変更**することその他の必要な措置を講ずるものとされている。

115 都道府県は、**都道府県障害福祉計画**に定められた項目に関して定期的に**調査、分析、評価**を行い、必要があると認めるときは、計画を**変更**することその他の必要な措置を講ずるものとされている。

116 市町村は、次世代育成支援対策推進法の規定による**市町村行動計画**に基づく措置の実施状況に関する定期的な**評価**を行い、必要があると認めるときは、計画を**変更**することその他の必要な措置を講ずるよう努めるものとされている。都道府県行動計画に対しては、都道府県に同様の義務がある。

117 市町村および都道府県は、各年度において、**市町村子ども・子育て支援事業計画**および**都道府県子ども・子育て支援事業支援計画**に基づく施策の実施状況等について**点検、評価**し、この結果を公表するとともに、これに基づいて対策を実施する。

出 31-46-4
32-46-4

118 医療法に規定する**医療計画**は、**6** 年ごと（**居宅等医療等事項**については **3** 年ごと）に目標の達成状況等を、**都道府県**が調査、分析および評価を行うものとされている。

119 高齢者の医療の確保に関する法律に規定する**都道府県医療費適正化計画**は、計画期間終了の翌年度に目標の達成状況等を、都道府県が調査、分析および評価を行うものとされている。

120 高齢者の医療の確保に関する法律では、保険者と後期高齢者広域連合が都道府県ごとに共同で**保険者協議会**を組織するよう努めるものとし、医療費などに関する情報の調査および分析の業務を行うこと等が規定されている。

出 31-44-3

⑤ 福祉計画の実際

福祉計画の実際

121 社会福祉法に規定する地域福祉計画は、市町村が策定する市町村地域福祉計画と都道府県が策定する都道府県地域福祉支援計画の総称であり、地域福祉の推進に関する事項を一体的に定める計画である。

出 31-47-5

▶福祉分野の「上位計画」として位置づけられる。

122 市町村地域福祉計画には地域福祉の推進に関する事項を、都道府県地域福祉支援計画には広域的な見地から市町村の地域福祉の支援に関する事項を、それぞれ掲げることとされる（表13 参照）。

出 31-47-5

💡 注目！
2018（平成 30）年 4 月より、市町村福祉計画および都道府県地域福祉支援計画の策定が努力義務となった。

表13　各地域福祉計画に掲げる事項

計画	内　　容
市町村地域福祉計画	①　地域における高齢者の福祉、障害者の福祉、児童の福祉その他の福祉に関し、共通して取り組むべき事項 ②　地域における福祉サービスの適切な利用の推進に関する事項 ③　地域における社会福祉を目的とする事業の健全な発達に関する事項 ④　地域福祉に関する活動への住民の参加の促進に関する事項 ⑤　地域生活課題の解決に資する包括的な支援体制の整備に関する事業を実施する場合には、当該事業に関する事項
都道府県地域福祉支援計画	①　地域における高齢者の福祉、障害者の福祉、児童の福祉その他の福祉に関し、共通して取り組むべき事項 ②　市町村の地域福祉の推進を支援するための基本的方針に関する事項 ③　社会福祉を目的とする事業に従事する者の確保または資質の向上に関する事項 ④　福祉サービスの適切な利用の推進および社会福祉を目的とする事業の健全な発達のための基盤整備に関する事項 ⑤　市町村による地域生活課題の解決に資する包括的な支援体制の整備に関する事業の実施の支援に関する事項

123 「市町村地域福祉計画及び都道府県地域福祉支援計画策定指針の在り方について（一人ひとりの地域住民への訴え）」は、市町村地域福祉計画には、数値目標を設定し、進捗状況を適切に管理するうえで客観的な指標をあげることが望ましく、数値目標になじまない定性的な目標を設定する場合でも目標は具体的であることを旨とすべきとした。

出 30-46-4

124 市町村地域福祉計画、都道府県地域福祉支援計画は、地域住民や学識経験者、市町村職員（都道府県職員）からなる計画策定委員会が策定する。計画期間は、他の計画との調整が必要であるため、おおむね 5 年とし 3 年で見直しを行うことが適当とされる。

出 32-118-2（相理）

▶「地域共生社会の実現に向けた地域福祉の推進について」（**86**（247 頁）参照）による。

重要項目

125 **生活困窮者自立支援法**の施行により、**市町村地域福祉計画、都道府県地域福祉支援計画**には、地域福祉推進の理念や基本目標を含む適切な部分に**生活困窮者自立支援方策**を位置づけ、既存の地域福祉施策との連携に関する事項の明記が求められている。また、生活困窮者の把握に関する事項、生活困窮者の自立支援に関する事項の明記も求められている。

▶出 31-32-2（地域）

▶厚生労働省社会・援護局長通知「市町村地域福祉計画及び都道府県地域福祉支援計画の策定について」（平成26年3月27日社援発0327第13号）による。

126 **老人福祉計画**は、1990（平成2）年の老人福祉法改正により、老人福祉事業全般にわたる基盤整備を目的として、市町村には市町村老人福祉計画、都道府県には都道府県老人福祉計画の策定が**義務**づけられている（表14参照）。

出 30-46-2
32-46-5

▶厚生労働大臣は、老人福祉事業の量を定めるに当たっての標準を定める。

表14　各老人福祉計画の主な内容

計画	内　　　容
市町村老人福祉計画	①市町村の区域において確保すべき老人福祉事業の**量の目標** ②老人福祉事業の**量の確保**のための方策 ＊市町村内の要援護高齢者の数、障害の状況、養護の実態その他の事情を勘案して作成するよう努める。
都道府県老人福祉計画	①都道府県が定める区域ごとの養護老人ホーム・特別養護老人ホームの必要入所定員総数、その他老人福祉事業の**量の目標** ②老人福祉施設の整備・老人福祉施設相互間の連携のための措置 ③老人福祉事業に従事する者の確保、資質の向上のための措置

127 **介護保険法**に基づき、市町村には**市町村介護保険事業計画**、都道府県には**都道府県介護保険事業支援計画**の策定が**義務**づけられている。厚生労働大臣の定める基本指針に即して定められ、**3**年を**1**期として策定しなければならない（表15参照）。

出 30-46-1

128 第7期介護保険事業計画を作成するための基本指針では、データ分析に基づく課題分析等から始まる**PDCAサイクル**が重視されている。

出 31-46-3

129 **障害者基本計画**は、**障害者基本法**により**政府**に対して策定が**義務**づけられている行政計画であり、第4次計画は、2018（平成30）年度から2022（令和4）年度の5年間を対象とする。

出 30-46-3

130 **障害者基本計画（第4次）**は、各分野における障害者施策の基本的な方向として、①安全・安心な生活環境の整備、②**情報アクセシビリティ**の向上及び意思疎通支援の充実、③防災、防犯等の推進、④**差別の解消**、権利擁護の推進及び虐待の防止、⑤自立した生活の支援・意思決定支援の推進、⑥保健・医療の推進、⑦行政等における配慮の充実、⑧雇用・就業、経済的自立の支援、⑨教育の振興、⑩文化芸術活動・スポーツ等の振興、⑪国際社会での協力・連携の推進の11分野の施策の基本的方向を示している。

注目！

2016（平成28）年4月1日に「障害を理由とする差別の解消の推進に関する法律」が施行された。

260

表15　各介護保険事業計画の主な内容

計画	内　　容
市町村介護保険事業計画▶	①地域密着型サービスの必要利用定員総数その他の介護給付等対象サービスの種類ごとの量の見込み ②各年度における地域支援事業の量の見込み ③要介護状態の軽減や費用の適正化に関し取り組むべき事項 ④③の目標 （以下は定めるよう努めることとされているもの） ⑤地域密着型サービスの必要利用定員総数その他の介護給付等対象サービスの種類ごとの見込み量の確保のための方策 ⑥各年度における地域支援事業に要する費用の額および地域支援事業の見込み量の確保のための方策 ⑦介護給付等対象サービスの種類ごとの量、保険給付に要する費用の額、地域支援事業の量、地域支援事業に要する費用の額および保険料の水準に関する中長期的な推計 ⑧指定居宅サービス事業等を行う者相互間の連携の確保に関する事業その他の介護給付等対象サービスの円滑な提供を図るための事業に関する事項 ⑨指定介護予防サービス事業等を行う者相互間の連携の確保に関する事業その他の介護給付等対象サービスの円滑な提供および地域支援事業の円滑な実施を図るための事業に関する事項 ⑩認知症である被保険者の地域における自立した日常生活の支援に関する事項、地域支援事業と高齢者保健事業および国民健康保険保健事業の一体的な実施に関する事項、居宅要介護被保険者および居宅要支援被保険者にかかる医療その他の医療との連携に関する事項、高齢者の居住にかかる施策との連携に関する事項　など ＊被保険者の心身の状況、おかれている環境その他の事情を正確に把握したうえで、これらの事情を勘案して作成するよう努める。
都道府県介護保険事業支援計画	①介護専用型特定施設入居者生活介護、地域密着型特定施設入居者生活介護、地域密着型介護老人福祉施設入所者生活介護の必要利用定員総数、介護保険施設の種類ごとの必要入所定員総数その他の介護給付等対象サービスの量の見込み ②市町村の要介護状態の軽減や費用の適正化に関する取り組みへの支援に関し取り組むべき事項 ③②の目標 （以下は定めるよう努めることとされているもの） ④介護保険施設等における生活環境の改善を図るための事業に関する事項 ⑤介護サービス情報の公表に関する事項 ⑥介護支援専門員等の確保、資質向上に資する事業に関する事項 ⑦介護保険施設相互間の連携の確保に関する事業その他の介護給付等対象サービスの円滑な提供を図るための事業に関する事項 ⑧介護予防・日常生活支援総合事業および地域支援事業に関する市町村相互間の連絡調整を行う事業に関する事項

出 32-48-3

▶第6期介護保険事業計画の基本指針以降、地域包括ケア計画と位置づけられ、地域包括ケアシステムの特色を明確にすることが求められている。

出 29-48-1, 2, 3, 4, 5
31-47-1

福祉行財政と福祉計画

重要項目

131 障害者計画は、障害者基本法に基づく行政計画であり、市町村には市町村障害者計画、都道府県には都道府県障害者計画の策定が義務づけられている。それぞれ当該市町村、都道府県における障害者の状況等を踏まえ、障害者のための基本的な施策を計画するものである。

出 31-47-3

132 障害福祉計画は、障害者の日常生活及び社会生活を総合的に支援するための法律（障害者総合支援法）に基づく行政計画であり、市町村には市町村障害福祉計画、都道府県には都道府県障害福祉計画の策定が義務づけられている。各計画の主な内容は表16のとおりである。

表16　各障害福祉計画の主な内容

計画	内　　容
市町村障害福祉計画	①障害福祉サービス、相談支援および地域生活支援事業の提供体制の確保に係る目標に関する事項 ②各年度の指定障害福祉サービスや指定地域相談支援等の種類ごとの必要量の見込み ③地域生活支援事業の種類ごとの実施に関する事項 （以下は定めるよう努めることとされているもの） ④指定障害福祉サービスや指定地域相談支援等の種類ごとの必要な見込み量の確保のための方策 ⑤指定障害福祉サービスや指定地域相談支援等および地域生活支援事業の提供体制の確保に係る関係機関との連携に関する事項
都道府県障害福祉計画	①障害福祉サービス、相談支援および地域生活支援事業の提供体制の確保に係る目標に関する事項 ②都道府県が定める区域ごとの各年度の指定障害福祉サービスや指定地域相談支援等の種類ごとの必要量の見込み ③各年度の指定障害者支援施設の必要入所定員総数 ④地域生活支援事業の種類ごとの実施に関する事項 （以下は定めるよう努めることとされているもの） ⑤指定障害福祉サービス、指定地域相談支援の種類ごとの必要な見込み量の確保のための方策 ⑥指定障害福祉サービス等の従事者の確保、資質向上のための措置に関する事項 ⑦指定障害者支援施設のサービスの質の向上のための措置に関する事項 ⑧指定障害福祉サービスや指定地域相談支援等および地域生活支援事業の提供体制の確保に係る関係機関との連携に関する事項

出 28-47-3

出 31-47-2

133 市町村および都道府県が障害福祉計画を策定するにあたり即することになる国が定める基本指針は、地域生活移行の数値目標を明示したことが特徴である（表17参照）。また、アンケート、ヒアリング等によるニーズ調査等を行うことが適当とされる。

出 29-58-2（障害）
　31-46-2
　31-48

💡 注目！
市町村障害児福祉計画・都道府県障害児福祉計画策定の義務づけは、2018（平成30）年4月1日から施行された。

134 児童福祉法の改正（2016（平成28）年）により、厚生労働大臣が定める基本指針に即して、市町村には市町村障害児福祉計画、都道府県には

5 福祉計画の実際

福祉計画の実際

表17　第5期障害福祉計画の成果目標

福祉施設から地域生活への移行促進
①2016（平成28）年度末の施設入所者の9％以上を移行 ②2016（平成28）年度末の施設入所者の2％以上を削減
精神科病院から地域生活への移行促進
①2020（令和2）年度の入院後3か月時点の退院率を69％以上 ②2020（令和2）年度の入院後6か月時点の退院率を84％以上 ③2020（令和2）年度の入院後1年時点の退院率を90％以上
地域生活支援拠点等の整備
・2020（令和2）年度末までに各市町村または各圏域に1つ
福祉施設から一般就労への移行促進
①一般就労への移行：2016（平成28）年度実績の1.5倍以上 ②就労移行支援事業の利用者：2016（平成28）年度末から2割以上増加 ③就労移行支援事業の利用者のうち就労移行率3割以上の事業所を全体の5割以上

出 31-48-3, 4, 5

都道府県障害児福祉計画を策定することが義務づけられた。

135 **障害者の雇用の促進等に関する法律**の改正（2020（令和2）年4月1日施行）により、**厚生労働大臣**は、国および地方公共団体が障害者である職員の職業生活における活躍の推進に関する取組みを総合的かつ効果的に実施することができるよう、障害者雇用対策基本方針に基づき、**障害者活躍推進計画作成指針**を定めなければならない。

136 **障害者の雇用の促進等に関する法律**の改正（2020（令和2）年4月1日施行）により、**国および地方公共団体の任命権者**には、**障害者活躍推進計画**を策定することが**義務**づけられた。

137 **子ども・子育て支援法**の施行（2015（平成27）年4月1日）により、**内閣総理大臣**は、教育・保育および地域子ども支援事業の提供体制を整備し、子ども・子育て支援給付ならびに地域子ども・子育て支援事業および仕事・子育て両立支援事業の円滑な実施の確保その他の子ども・子育て支援のための施策を総合的に推進するための**基本指針**を定めなければならないこととなった。

出 30-46-5

138 **子ども・子育て支援法**の施行（2015（平成27）年4月1日）により、市町村には**市町村子ども・子育て支援事業計画**、都道府県には**都道府県子ども・子育て支援事業支援計画**を策定することが**義務**づけられた。内容は表18のとおりである。また、これにより児童福祉法に基づく市町村保育計画、都道府県保育計画の策定に関する規定が廃止された。

139 **次世代育成支援行動計画**は、次代の社会を担う子どもが健やかに生まれ、育成される社会の形成を目指す**次世代育成支援対策推進法**に基づいて策

福祉行財政と福祉計画

重要項目

表18 各子ども・子育て支援事業計画の主な内容

計画	内容
市町村子ども・子育て支援事業計画	①教育・保育提供区域ごとの各年度の特定教育・保育施設、特定地域型保育事業所の必要利用定員総数その他教育・保育の**量の見込み**、実施しようとする教育・保育の提供体制の確保の内容と実施時期 ②教育・保育提供区域ごとの各年度の地域子ども・子育て支援事業の**量の見込み**、実施しようとする事業の提供体制の確保の内容と実施時期 ③子どものための教育・保育給付に係る教育・保育の一体的提供および教育・保育の推進に関する体制の確保の内容 ④子育てのための施設等利用給付の円滑な実施の確保の内容 　その他、産後休業・育児休業後の特定教育・保育施設等の円滑な利用の確保に関する事項、都道府県施策との連携に関する事項、雇用環境の整備に関する施策との連携については、定めるよう努めることとされている。
都道府県子ども・子育て支援事業支援計画	①市町村が定める教育・保育提供区域を勘案して定める区域ごとの各年度の特定教育・保育施設の必要利用定員総数その他教育・保育の**量の見込み**、実施しようとする教育・保育の提供体制の確保の内容と実施時期 ②子どものための教育・保育給付に係る教育・保育の一体的提供および教育・保育の推進に関する体制の確保の内容 ③子育てのための施設等利用給付の円滑な実施の確保を図るために必要な市町村との連携に関する事項 ④特定教育・保育および特定地域型保育を行う者、地域子ども・子育て支援事業に従事する者の確保・資質向上のために構ずる措置に関する事項 ⑤保護を要する子どもの養育環境の整備、障害児に対する保護ならびに日常生活上の指導および知識技能の付与その他の子どもに関する専門的知識・技術を要する支援に関する施策の実施に関する事項 ⑥⑤の施策の円滑な実施を図るために必要な市町村との連携に関する事項 　その他、特定教育・保育施設の利用定員の設定に関する協議に係る調整その他広域的な見地から行う調整に関する事項、教育・保育情報の公表に関する事項、労働者の職業生活と家庭生活との両立が図られるようにするために必要な雇用環境整備に関する施策との連携に関する事項については、定めるよう努めることとされている。

定される計画である。市町村行動計画、都道府県行動計画については、**子ども・子育て支援法**の施行（2015（平成27）年4月1日）により、その策定が**義務**から**任意**に変更された。

140 **市町村行動計画**および**都道府県行動計画**の内容は、①地域における子育て支援、②母性・乳児・幼児等の健康の確保や増進、③子どもの心身の健やかな成長に資する教育環境の整備、④良質な住宅および居住環境等

の確保、⑤職業生活と家庭生活との両立の推進、⑥その他の次世代育成支援対策の実施、である。

141 従業員 **101** 人以上の一般事業主には、職業生活と家庭生活との両立を支援するための雇用環境の整備等について、**一般事業主行動計画**の策定と従業員への周知が**義務**づけられており、従業員 **100** 人以下の一般事業主は**努力義務**とされている。

▶ 2011（平成 23）年
4月から従業員 301 人以上から 101 人以上に変更された。

142 国および地方公共団体の機関等（**特定事業主**）は、**特定事業主行動計画**を策定し、公表しなければならない。

143 一般事業主行動計画および特定事業主行動計画では、①**計画期間**、②次世代育成支援対策の実施による**達成目標**、③実施しようとする次世代育成支援対策の**内容**と**実施時期**を定めることとされている。

144 市町村や都道府県の福祉計画の策定状況は、表 19 のとおりである。

出 28-48-1, 2

表19　福祉計画の策定状況

根拠法	計画名	策定率	策定率調査時点
社会福祉法	**市町村地域福祉計画**	**75.6**％（市区部90.9％）	2018（平成30）年4月1日現在
	都道府県地域福祉支援計画	**91.5**％（43都道府県）	
障害者基本法	**市町村障害者計画**	**94.7**％	2014（平成26）年3月31日現在
	都道府県障害者計画	**100**％	
次世代育成支援対策推進法	**市町村行動計画**	**98.6**％（公表済み93.5％）	2014（平成26）年4月1日現在
	都道府県行動計画	**100**％（公表済み100％）	

145 福祉の人材確保に関して、国の計画や指針には表 20 のようなものがあり、具体的に試算や目標値を掲げているものもある。

💡 重要項目

表20　福祉の人材確保

計画・指針	内容	試算・目標値
今後5か年間の高齢者保健福祉施策の方向～ゴールドプラン21（2000（平成12）年度から2004（平成16）年度）	①活力ある高齢者像の構築、②高齢者の尊厳の確保と自立支援、③支え合う地域社会の形成、④利用者から信頼される介護サービスの確立、を基本的な目標として介護サービス提供量の数値を示した。	訪問介護225百万時間（35万人）、介護老人福祉施設36万人分、認知症対応型共同生活介護3200か所、等
高齢社会対策大綱（2018（平成30）年2月）	基本的考え方 ①年齢による画一化を見直し、すべての年代の人々が希望に応じて意欲・能力をいかして活躍できるエイジレス社会を目指す。 ②地域における生活基盤を整備し、人生のどの段階でも高齢期の暮らしを具体的に描ける地域コミュニティをつくる。 ③技術革新の成果が可能にする新しい高齢社会対策を志向する。	介護職員数 183.1万人（2015（平成27）年度）→231万人（2020年代初頭）
社会福祉事業に従事する者の確保を図るための措置に関する基本的な指針（2007（平成19）年8月）	人材確保の方策 ①労働環境の整備の推進等 ②キャリアアップの仕組みの構築 ③福祉・介護サービスの周知・理解 ④潜在的有資格者等の参入の促進等 ⑤多様な人材の参入・参画の促進	介護保険サービスに従事する介護職員の数約100万人（2004（平成16）年）→140～160万人（2014（平成26）年）
障害者基本計画（第4次）（2018（平成30）年3月）	①地域社会における共生等、②差別の禁止、③国際的協調を基本原則に、11分野の施策の基本的方向と障害者基本計画関連成果目標を示した。	都道府県が開催する「サービス管理責任者研修」の修了者数 1万4919人（2016（平成28）年度）→前年度比増（～2020（令和2）年度） 都道府県が開催する「児童発達支援管理責任者研修」の修了者数 6340人（2016（平成28）年度）→前年度比増（～2020（令和2）年度） ジョブコーチの養成数 8613人（2016（平成28）年度）→（独立行政法人高齢・障害・求職者雇用支援機構の新たな中期目標の状況を踏まえ設定）
少子化社会対策大綱（2015（平成27）年3月）	基本的な考え方 ①結婚や子育てしやすい環境となるよう、社会全体を見直し、これまで以上に少子化対策の充実を図る。 ②個々人が結婚や子どもについての希望を実現できる社会をつくることを基本的な目標とする。 ③結婚、妊娠・出産、子育ての各段階に応じた切れ目のない取組と地域・企業など社会全体の取組を両輪として、きめ細かく対応する。 ④集中取組期間を設定し、政策を集中投入する。 ⑤長期展望に立って、継続的かつ総合的な少子化対策を推進する。	延長保育　81万人（2013（平成25）年度）→101万人（2019（平成31・令和元）年度）、地域子育て支援拠点事業6233か所（2013（平成25）年度）→8000か所（2019（平成31・令和元）年度末）、男性の育児休業取得率2.03%（2013（平成25）年度）→13%（2020（令和2）年）

実力チェック！ 一問一答 ————

※解答の（　）は重要項目（P. 232～266）の番号です。

●解答

1 本来国が果たすべき事務のうち、地方公共団体が受託し、国が処理基準などを定めているものを何というか。
▶ **第1号法定受託事務**（ 2 , 3 ）

2 地方公共団体の処理する事務のうち、法定受託事務を除いたものを何というか。
▶ **自治事務**（ 4 ）

3 特別地方公共団体に対し、広域的地方公共団体と基礎的地方公共団体で構成する地方公共団体は何か。
▶ **普通地方公共団体**（ 6 ）

4 後期高齢者医療に関する事務を行っている機関は何か。
▶ **広域連合**（ 9 ）

5 精神保健及び精神障害者福祉に関する法律に基づき都道府県および政令指定都市が設置する、精神保健の向上と精神障害者の福祉の増進を図ることを目的とする機関は何か。
▶ **精神保健福祉センター**（ 12 （表1））

6 児童福祉法に基づき都道府県、政令指定都市、児童相談所設置市が設置する、児童福祉の保障を目的とする相談・判定機関は何か。
▶ **児童相談所**（ 12 （表1））

7 地域保健法により保健所が設置されるのは、政令指定都市、中核市、保健所政令市、特別区とあと1つはどこか。
▶ **都道府県**（ 16 ）

8 都道府県、政令指定都市および中核市の長の諮問に答え、関係行政庁に意見具申を行うことができる、社会福祉法で設置が義務づけられている組織は何か。
▶ **地方社会福祉審議会**（ 17 ）

9 児童福祉法の規定により、障害児入所施設に入所させる権限をもつのはどこか。
▶ **都道府県**（ 25 ）

10 地方公共団体間の財政力の不均衡を是正する目的をもつ国からの交付金は何か。
▶ **地方交付税**（ 40 ）

11 消費税の軽減税率制度の対象は、飲食料品とあと1つは何か。
▶ **新聞**（ 43 ）

12 保護施設における措置費の国の負担割合はいくらか。
▶ **4分の3**（ 45 （表4））

13 共同募金を行うことができる機関は何か。
▶ **共同募金会**（ 48 ）

14 社会福祉法に基づき都道府県と市に設置が義務づけられている行政機関は何か。
▶ **福祉事務所**（ 50 ）

15 福祉事務所において、現業員の現業事務の指導監督（スーパービジョン）を行う所員を何というか。
▶ **査察指導員**（ 54 , 55 ）

16 知的障害者更生相談所に配置され、知的障害者に関する専門的知識や技術を必要とする相談を行う専門職は何か。
▶ **知的障害者福祉司**（ 58 ）

17 消費税率引上げにより、全世代対応型の社会保障制度の構築を目指す改革を何というか。
▶ **社会保障・税一体改革**（ 62 ）

18 国の一般歳出予算のうちの社会保障関係費のなかで、歳出
▶ **年金給付費と医療給付費**

福祉行財政と福祉計画

267

一問一答

問	解答
	(64)
⑲ 2018（平成30）年度における地方財政の目的別歳出割合のうち、最も多く割合を占めているものは何か。	▶民生費(70)
⑳ 2018（平成30）年度における民生費の目的別内訳において、最も歳出額の多いものは何か。	▶児童福祉費(73)
㉑ 2018（平成30）年度における民生費の性質別内訳において、最も多く割合を占めているものは何か。	▶扶助費(74)
㉒ 2018（平成30）年度における民生費純計額の財源構成のうち、約3割を占めるものは何か。	▶国庫支出金(75)
㉓ 次世代育成支援対策推進法に基づき、国（厚生労働大臣等）が策定主体となる指針は何か。	▶行動計画策定指針(79)（表7）)
㉔ 都道府県医療費適正化計画の計画期間は、何年を1期とするか。	▶6年(79 （表7）)
㉕ 市町村が支弁する障害福祉サービス費等について、国の負担割合はいくらか。	▶2分の1(92)
㉖ 市町村が市町村老人福祉計画を策定または変更しようとするとき、あらかじめ意見を聴かなければならないのはどこか。	▶都道府県(97 （表10）)
㉗ 都道府県が都道府県子ども・子育て支援事業支援計画を策定・変更した際に、遅滞なく提出しなければならない相手は誰か。	▶内閣総理大臣(97 （表10）)
㉘ 高齢者居住安定確保計画と調和が保たれたものでなければならない計画は何か。	▶都道府県介護保険事業支援計画(101 （表11）)
㉙ 市町村障害児福祉計画と一体のものとして作成することができる計画は何か。	▶市町村障害福祉計画(101 （表11）)
㉚ 市町村介護保険事業計画の実績について評価を行うのはどこか。	▶市町村(110)
㉛ 障害者基本計画の実施状況を監視する組織の名称は何か。	▶障害者政策委員会(112)
㉜ 社会福祉法に基づき、福祉分野の「上位計画」として位置づけられる計画は何か。	▶地域福祉計画(121)
㉝ 老人福祉法により地方公共団体に策定が義務づけられた行政計画は何か。	▶老人福祉計画(126 （表14）)
㉞ 障害者基本法に基づき策定される障害者基本計画の策定主体はどこか。	▶政府(129)

●解答

㉟ 各年度の指定障害者支援施設の必要入所定員総数を定める計画は何か。

▶ 都道府県障害福祉計画（ 132 （表16））

㊱ 地方公共団体に障害児福祉計画の策定を義務づけている法律は何か。

▶ 児童福祉法（ 134 ）

㊲ 地方公共団体が任意で策定する次世代育成支援行動計画の根拠法は何か。

▶ 次世代育成支援対策推進法（ 139 ）

㊳ 職業生活と家庭生活との両立を支援するための雇用環境の整備等について定める計画は何か。

▶ 一般事業主行動計画（ 141 ）

㊴ 都道府県地域福祉支援計画、都道府県障害者計画、都道府県行動計画のうち、策定率が100％でないものはどれか。

▶ 都道府県地域福祉支援計画（ 144 （表19））

㊵ 2020年代初頭において、231万人の介護職員の確保を数値目標とするものは何か。

▶ 高齢社会対策大綱（ 145 （表20））

福祉行財政と福祉計画

学習心理学に基づく受験勉強の進め方

COLUMN

覚えにくい数字や言葉はゴロ合わせで！

　数字のような無意味文字や外国人の名前は、覚えるのに苦労する。無意味文字などは有意味化（符号化）すると、印象に残って覚えやすくなる。例えば、ベヴァリッジ報告が発表された1942年を「イクヨニも語り継がれるベヴァリッジ」、問題箱実験のソーンダイクを「損をした大工」などと覚えると、記憶が助けられる。

7

社会保障

傾向と対策

出題基準と出題実績

出題基準			
大項目	中項目	小項目（例示）	
1 現代社会における社会保障制度の課題（少子高齢化と社会保障制度の関係を含む。）	1）人口動態の変化、少子高齢化		
	2）労働環境の変化	・正規雇用と非正規雇用 ・雇用の分野における男女の均等な機会及び待遇の確保等に関する法律（男女雇用機会均等法） ・ワーク・ライフ・バランス ・その他	
2 社会保障の概念や対象及びその理念	1）社会保障の概念と範囲		
	2）社会保障の役割と意義		
	3）社会保障の理念		
	4）社会保障の対象		
	5）社会保障制度の発達	・社会保障制度改革の概要 ・その他	
3 社会保障の財源と費用	1）社会保障の財源		
	2）社会保障給付費		
	3）国民負担率		

※【 】内は国家試験に出題された番号です。

	出題実績				
	第28回(2016年)	第29回(2017年)	第30回(2018年)	第31回(2019年)	第32回(2020年)
	・高齢人口、年少人口、生産年齢人口の割合【49】		・高齢社会への移行年数、総人口の減少、高齢人口と生産年齢人口の割合【49】		
		・制定・実施時期（健康保険法、国民健康保険法、後期高齢者医療制度、国民皆年金、生活保護法、児童福祉法、身体障害者福祉法）【49】	・制定・実施時期（厚生年金保険、国民皆年金の実施、物価スライド制の導入、厚生年金支給開始年齢の引上げ、基礎年金の受給資格期間の短縮）【52】	・制定・実施時期と内容（健康保険法、老人保健施設の創設、老人保健法、介護保険法、後期高齢者医療制度）【53】	・社会保障審議会勧告（1950年、1995年）、制定・実施（国民皆保険、児童手当法、老人保険制度）【49】
	・社会保険料の割合【51-5】	・財源の内訳（公費負担の割合）【50-5】	・財源の内訳（社会保険料・公費負担の割合）【50-2,3】		・財源の内訳（公費負担・社会保険料）【50-4】
	・社会保障給付費（国民総生産比、部門別割合、機能別割合、年金給付費の内訳）【51-1,2,3,4】	・社会保障給付費（国内総生産比、部門別内訳）、社会支出（政策分野別内訳）【50-1,2,3,4】			・社会保障給付費（総額、部門別割合、機能別割合）、社会支出（国際比較）【50-1,2,3,5】
			・国民負担率【50-1】		

大項目	中項目	小項目（例示）	
4 社会保険と社会扶助の関係	1）社会保険の概念と範囲		
	2）社会扶助の概念と範囲		
5 公的保険制度と民間保険制度の関係	1）公的施策と民間保険の現状	・民間年金保険、民間医療保険、民間介護保険 ・その他	
6 社会保障制度の体系	1）年金保険制度の概要	・制度の目的、対象、給付内容、財源構成 ・その他	
	2）医療保険制度の概要	・制度の目的、対象、給付内容、財源構成 ・その他	
	3）介護保険制度の概要	・制度の目的、対象、給付内容、財源構成 ・その他	
	4）労災保険制度の概要	・制度の目的、対象、給付内容、財源構成 ・その他	
	5）雇用保険制度の概要	・制度の目的、対象、給付内容、財源構成 ・その他	
	6）社会福祉制度の概要	・制度の目的、対象、給付内容、財源構成 ・その他	
	7）生活保護制度の概要	・制度の目的、対象、給付内容、財源構成 ・その他	

	第 28 回 (2016 年)	第 29 回 (2017 年)	第 30 回 (2018 年)	第 31 回 (2019 年)	第 32 回 (2020 年)
	・社会保険の機能・受給要件【50-1,5】 ・公的扶助の受給要件・支給方法【50-2,3,4】			・社会保険の強制加入、所得再分配【50-4,5】	
		・自損事故者の給付（自賠責保険の受給要件）～事例～【54-2】		・民間保険の保険料（給付・反対給付均等の原則、所得控除）【50-1,2,3】	
			・保険者【51-2】	・費用負担【49-2】 ・区分支給限度額、利用負担、高額介護サービス費～事例～【51-3,4,5】	
	・特別加入制度、通勤災害の認定、障害厚生年金との併給、保険料率、保険料負担【54】	・障害補償年金給付の要件【52-3】 ・自損事故者の給付（休業補償の受給要件）～事例～【54-1】	・保険者【51-5】 ・適用対象、受給要件、療養補償給付、休業補償給付～事例～【53】	・保険料の負担【49-4】 ・療養補償給付の受給要件～事例～【54-5】	・休業補償給付の受給要件【51-4】
		・保険者、受給要件（基本手当・教育訓練給付）、雇用継続給付の内容、保険料の負担【51】 ・自損事故者の給付（基本手当の受給要件）～事例～【54-3】	・育児休業（給付金の額、給付金支給期間）～事例～【54-2,4】	・費用負担【49-5】 ・介護休業給付金～事例～【51-1】	・育児休業給付金の支給期間【51-3】 ・育児休業給付金の受給要件～事例～【54-3】
	・生活扶助の給付（介護保険料加算）【53-5】				

社会保障

大項目	中項目	小項目（例示）	
	8）家族手当制度の概要	・制度の目的、対象、給付内容、財源構成 ・その他	
7 年金保険制度の具体的内容	1）国民年金		
	2）厚生年金		
	3）各種共済組合の年金		
8 医療保険制度の具体的内容	1）国民健康保険		

	第 28 回(2016 年)	第 29 回(2017 年)	第 30 回(2018 年)	第 31 回(2019 年)	第 32 回(2020 年)
			・育児休業者（児童扶養手当の受給要件）〜事例〜【54-5】 ・児童手当（対象年齢、物価スライド制、費用負担）、児童扶養手当（対象年齢、費用負担）【55】		・児童手当（支給期間と支給額）〜事例〜【54-5】
	・第 3 号被保険者の資格要件（第 2 号被保険者の被扶養配偶者、年齢）【52】 ・保険料（法的免除、学生納付特例制度、若年者納付猶予制度、第 3 号被保険者の保険料負担）【53】	・障害基礎年金受給者（在職者の所得制限、子の加算）〜事例〜【52-4,5】 ・保険料免除期間の年金額への算入、マクロ経済スライド方式、障害年金額、遺族基礎年金の支給対象【53-1,2,3,4】	・基礎年金の国庫負担割合 1/2 引き上げの財源【50-4】 ・保険者【51-1】	・老齢基礎年金の費用負担【49-3】 ・老齢基礎年金（満額支給、繰下げ支給）、障害年金の受給要件、付加年金【52-2,3,4,5】	・遺族基礎年金（受給要件、支給対象）【52-1,2,3】 ・老齢基礎年金の資格期間、保険料納付の必要性〜事例〜【55-2,3,4】
		・障害基礎年金受給者（厚生年金保険料、受給要件）〜事例〜【52-1,2】 ・遺族厚生年金（子のない妻）【53-5】	・育児休業者（保険料免除）〜事例〜【54-3】	・離婚による老齢厚生年金の分割【52-1】	・障害厚生年金の受給要件、育児休業期間中の保険料の免除【51-2,5】 ・遺族厚生年金（子のない妻、支給額）【52-4,5】 ・保険料、在職老齢年金〜事例〜【55-1,5】
			・後期高齢者医療制度の費用負担【50-5】 ・国民健康保険組合の保険者【51-3】		・後期高齢者医療制度（被保険者、費用負担、運営体制、保険料）【53-1,2,3,4】 ・国民健康保険（医療給付率、出産育児一時金、産前産後の保険料）〜事例〜【54-1,2,4】

大項目	中項目	小項目（例示）	
	2）健康保険		
	3）各種共済組合の医療保険		
9 諸外国における社会保障制度の概要	1）先進諸国における社会保障制度の概要		

傾向

2020（令和2）年の国家試験問題は、前年と同様に社会保険の運用の細部にわたる事項はなく、教科書の知識だけで全設問の正否が判断できる。また、事例問題も昨年同様に2問である。以下に出題基準の項目に沿って傾向を述べるが、詳細は出題実績を参照のこと。

1 現代社会における社会保障制度の課題

この項目は、少子高齢化や労働環境の変化など現代社会における社会保障制度の課題を取り上げている。第28回、第30回に高齢人口と年少人口の比較、日本の急速な高齢化が出題され、就労環境の変化については第27回の非正規雇用者の抱える課題以降は出題がない。社会保障制度の課題なので、出題がなくなることはない。人口動態は、高齢人口、年少人口、生産年齢人口の動向について最新の統計データを確認し、就労環境の変化は新聞等で働き方改革などの状況を把握しておく必要がある。

第28回(2016年)	第29回(2017年)	第30回(2018年)	第31回(2019年)	第32回(2020年)
・自傷の保険適用、出産手当金・家族療養費・保険外併用療養費の給付、後発医薬品の使用【55】	・自損事故者の給付（傷病手当金の受給要件）～事例～【54-4, 5】	・保険者【51-4】 ・育児休業者（出産育児一時金）～事例～【54-1】	・費用負担【49-1】 ・自損事故者（被保険者と被扶養者）の療養の給付、傷病手当金の受給要件～事例～【54-1,2,3,4】	・傷病手当金の給付額【51-1】 ・協会けんぽへの国庫補助【53-5】
	・アメリカ（メディケア）、イギリス（財政方式）、フランス（償還払）の医療制度、ドイツの介護保険（加入要件）、スウェーデンの老齢年金（財政方式）【55】		・アメリカ（公的医療制度）、イギリス（税方式）、フランス（制度の分立）の医療制度、ドイツ（介護手当）、スウェーデン（福祉サービス）の介護制度【55】	

社会保障

2 社会保障の概念や対象及びその理念

　出題は、社会保障制度の発達が主であるが、第32回に歴史の問題で、1950（昭和25）年・1995（平成7）年の社会保障制度審議会の勧告内容が出題されている。制度の発達は、日本の制度で第29回（制度の制定または実施時期）、第30回（公的年金の沿革）、第31回（医療保障制度）、第32回（制度の展開）に出題されている。出題頻度は高く、設問の内容は、制定・改正の時期だけでなく、制定または改正された制度の内容を問うものが多い。

3 社会保障の財源と費用

　社会保障の財源は社会保障費用と一緒に出題されることが多く、単独では第31回に社会保険の財源として出題されただけである。費用の問題の設問の選択肢の一つとして、社会保険料、公費負担（公費の内訳を含む）の割合が4回出題されていて、出題の頻度は高い。

　社会保障給付費（社会支出を含む）は第31回を除き出題されている。社会保障給付費では、費用総額が1問、対国民総生産比が3問、部門別の内訳が3問、機能別の内訳が2問である。また、国際比較ができる社会支出では、政策分野別の内訳が2問である。そのほか、国民負担率も第30回に1問出題されている。国立社会保障・社会保障統計人口問題研究所

の社会保障費用統計から財源と費用が4回出題されている。8月に発表される概要に目を通すと理解が深まる。

4 社会保険と社会扶助の関係

第28回に社会保険と公的扶助の機能、給付要件と支給内容が出題されただけである。出題の可能性がないとはいえないが、社会保険と社会扶助の役割、特徴を理解すれば対応可能である。

5 公的保険制度と民間保険制度の関係

第31回に社会保険と民間保険に関する基本知識を問う問題が出題された。この5年では、ほかに第29回に自動車事故の事例の設問に自動車賠償責任保険があるだけである。

6 社会保障制度の体系

ここでは、年金保険・医療保険制度を除いた社会保険と社会手当についてふれる。出題内容は事例を含め被保険者の資格要件（以下、資格要件という）、受給要件、支給内容と費用負担である。

介護保険では、第31回（事例）に保険料、利用者負担が出題され、第30回に設問の選択肢の一つとして保険者が出題されている。

労災保険では、第28回は特別加入制度、保険料で、第30回（事例）で支給対象・受給要件が出題されている。選択肢の一つとして第29回（事例）に休業補償給付、第30回に保険者、第31回（事例）に療養給付費の受給要件が出題されている。

雇用保険では、第29回（事例）で受給要件、支給内容が、事例問題の設問の選択肢の一つとして第30回、第32回に育児休業給付金、第31回は費用負担が出題されている。

社会手当では、第30回に児童手当と児童扶養手当が出題されている。内容は対象児童の年齢、手当、費用負担である。また、選択肢の一つとして、第30回（事例）に児童扶養手当の受給要件、第31回に特別障害者手当、第32回（事例）に児童手当の支給期間と支給額を問う出題がある。

労災保険は単独の出題が2問と選択肢の一つとして3問あり、毎年出題されている。雇用保険も単独は1問だが、選択肢の一つとしての設問は4つある。事例問題で出題しやすいので受給要件、支給内容は押さえておこう。

7 年金保険制度の具体的内容

第28回に第3号被保険者の資格要件、保険料の2問、第29回に年金の給付、事例で障害基礎年金・障害厚生年金の受給要件、第31回に基礎年金の支給・保険料、第32回に遺族基礎年金、遺族厚生年金と事例で老齢年金の出題がある。そのほか、選択肢の一つとして第30回に国民年金の保険者が、第31回に基礎年金の国庫負担増額の財源が出題されている。年金制度は、選択肢の一つを含めると毎年出題されている。

8 医療保険制度の具体的内容

第28回に健康保険の給付が、事例では、第31回に自損事故による健康保険給付が出題されている。選択肢の一つとして第29回に傷病手当金、自損事故の療養の給付、第30回に保険者と出産育児一時金が出題されている。過去5年で医療保険の問題は3問で、そのうち2問は事例である。また、設問の選択肢の一つを含めると年金制度と同様に毎年出題され、事例の設問も4問と多いので、受給要件、給付内容を確実に押さえておこう。

9 諸外国における社会保障制度の概要

第29回、第31回に出題され、アメリカは公的医療制度、イギリスは医療制度の費用負担、フランスは医療保険給付方式と制度の分立、ドイツは介護保険加入者、介護手当、スウェーデンは老齢年金の財政方式、介護サービスの提供方法が出題されている。頻度は高くないが、社会保障制度（医療・年金）の比較で出題される可能性もあるので、制度の仕組みの基本を押さえておく必要がある。

事例

以下に事例を分類し、設問の内容を述べる。

【出産を控えた夫婦】

夫婦とも会社員の事例と、会社員の夫と自営業の妻の事例の2事例が出題された。前者の内容は育児休業中の厚生年金の保険料、児童扶養手当、後者の内容は出生した子の療養給付、産前産後の国民健康保険の保険料、児童手当であり、2事例に共通の内容は、育児休業給付金および出産育児一時金であった（第30回、第32回）。

【業務上の負傷】

正社員とアルバイトの学生の事例で、内容は適用対象、療養補償給付の内容、休業補償給付の支給期間および事業主が保険料未納の場合の給付の有無である（第30回）。

傾向と対策

【健康保険の被保険者の自損事故】

　単身と夫婦の2事例で、内容は業務に関係ない交通事故の保険給付、健康保険の療養給付、傷病手当金、労災保険、雇用保険、自賠責保険と範囲は広い（第29回、第30回）。

【常時介護が必要な世帯】

　同居の父が脳梗塞で倒れ、常時介護が必要な状態（要介護4）になった事例で、内容は介護休業制度および介護保険の利用区分・利用者負担である（第31回）。

【厚生年金適用事業所に勤務した障害基礎年金受給者】

　先天性の視覚障害で障害基礎年金受給者が厚生年金適用事業所に勤務した事例で、内容は厚生年金の保険料、障害厚生年金・障害補償年金の受給要件、子の加算である（第29回）。

【自営事業収入のある女性】

　会社員で結婚退職をし、17年前から手芸店を開き、かなりの事業収入を得ている65歳の女性の事例で、内容は厚生年金、国民年金の保険料、事業収入による年金の増減の有無である（第32回）。

対策

　この5年間の出題は、おおむねテキストに準じたものであるが、テキストにふれられていない設問もある。例えば、第30回の65歳以上の労働力人口比率は教科書に記載はないが、正答は高齢化の基本知識である。問題は五者択一なので、テキストに記載された知識を理解していれば正答にたどり着ける。しかし、社会保障に影響する少子高齢化の進行や労働市場の状況、財政の実態は重要事項を覚えるだけでなく、統計資料で基本的なデータを確認することにより理解が深まるであろう。

　また、事例問題は、過去問題を見れば、社会保険の資格要件、受給要件、支給内容（基本給付だけでなく加算も）を理解していれば解けるので、あわてずに、テキストの知識を思い出し、取り組むとよい。落ち着いて選択肢を一つずつチェックすることである。

　制度間の調整規定や第三者行為による傷病と社会保険の関連は、重要項目 29 、78 、121 にふれたので参考にしてほしい。

　出題頻度が低くテキストではふれていない分野や注釈程度の扱いのものは、過去問題に取り組む際にあまり時間をかけない（できないことを気にしすぎない）ことも大切であろう。

　学習範囲が広いので、暗記も必要だが、まず制度を理解することが大切である。それには、制度がどのような背景で創設され、どのような経過をたどり、今日どのような役割を果たしているかを念頭におきながら、制度の目的、対象、具体的内容を理解することに努める必要がある。類似の制度が多いので、制度間の共通部分と相違点、特徴などについて、自分なりに表を作成して整理することは有効であろう。

最後に重ねて、統計データの確認が必要になるので、総務省や国立社会保障・人口問題研究所のホームページで「労働力調査」や「将来推計人口」、「社会保障費用統計」の概要に必ず目を通しておくとよい。

押さえておこう！　重要項目

1 現代社会における社会保障制度の課題

人口動態の変化、少子高齢化

1 日本の**高齢化率**（65歳以上人口が総人口に占める割合）は、1970（昭和45）年に7％を超え高齢化社会に、1994（平成6）年には14％を超え高齢社会に、2007（平成19）年には20％を超え超高齢社会に入った。高齢化率の上昇のスピードは欧米諸国に比べ速い。また、国立社会保障・人口問題研究所の将来推計（2017（平成29）年推計）によると、2065（令和47）年には出生中位推計で人口が**8808万**人に減少し、65歳以上人口は増加するが、14歳以下人口と15〜64歳人口は減少するため、高齢化率は**38.4**％になる。

2 総務省による人口推計（2019（令和元）年10月1日）によると、総人口は、**1億2617万**人で、**14歳以下人口1521万**人（**12.1**％）、**15〜64歳人口7507万**人（**59.5**％）、**65歳以上人口3588万**人（**28.4**％、75歳以上人口は14.7％）で高齢化率は世界で最高水準となっている。また、2018（平成30）年の平均寿命は、男性**81.25**歳、女性**87.32**歳で、世界最高である（厚生労働省「平成30年簡易生命表」）。

3 日本の**合計特殊出生率**は、2005（平成17）年に1.26まで下がり、その後は緩やかに回復し、**1.42**（「平成30年人口動態統計（確定数）」）で、先進国のなかでは低い。2017年の各国の数値を比較すると、アメリカ1.76、イギリス1.76、ドイツ1.57、フランス1.90、スウェーデン1.78である。出生率の低下は高齢化を加速的に進行させ、給付と負担のバランスが崩れ、将来の社会保障に深刻な影響を与える。

労働環境の変化

4 政府は、「仕事と生活の調和（**ワーク・ライフ・バランス**）」を目指して、長時間労働の抑制、有給休暇の取得促進の企業の取り組みと、**仕事と家庭の両立**の支援策を推進している。また、女性が差別されることがなく、やりたい仕事を続けられるための施策「**雇用の分野における男女の均等な機会及び待遇の確保等に関する法律（男女雇用機会均等法）**」も進め、セクシュアルハラスメントの防止や妊娠・出産のハラスメントの防止措置を雇用者に求めている。

5 共働きの世帯が増加し、1997（平成9）年以降は**共働き世帯数**が男性雇

出 28-18-4, 5（社会）
30-49-1

▶高齢化社会から高齢社会への移行にフランスは115年、ドイツは40年かかっている。

▶人口統計では14歳以下を年少人口、15〜64歳を生産年齢人口、65歳以上を老年人口と区分している。

出 28-49-1
30-49-1

合計特殊出生率
1人の女性が平均的にみて一生の間に生むと期待される子どもの数。

▶事業主は、女性労働者が婚姻し、妊娠し、又は出産したことを退職理由として予定する定めをしてはならない（第9条第1項）。

出 28-28-1（現社）

用者と無業の妻からなる世帯数を上回る現象が起き、両者の差は年々広がる傾向にある（2018（平成30）年、共働き世帯は**67.0**％）。これは、夫の可処分所得の減少を妻がパートで補うなどの要因が考えられる。

6 総務省の「労働力調査」によると完全失業率は低下しているが、非正規雇用（パート・派遣社員、契約社員など）は5697万人のうち**38.2**％を占めている（基本集計、2020（令和2）年1月平均速報）。その年間給与は正規職員に比較し著しく低い。また、被用者の社会保険の適用率も**低く**、能力開発の機会も**乏しく**、非正規雇用からなかなか抜け出せない状況が**ワーキング・プア**として社会問題化する背景である。

7 国が非正規雇用者の待遇改善、過労死などの雇用者の就労環境の改善を目指した「**働き方改革を推進するための関係法律の整備に関する法律（働き方改革関連法）**」は2018（平成30）年に公布され、2019（平成31）年4月から2021（令和3）年4月にかけて順次実施される。内容は、①正規雇用者と非正規雇用者の待遇に不合理な差をつけることの禁止、②残業時間の上限規制、③有給休暇の取得の義務付け、④産業医の機能の強化、⑤高度プロフェッショナル制度の制定などである。

出 28-143-4（就労）

注目！
働き方改革関連法が成立し、雇用者の就労環境の改善が図られた。

2 社会保障の概念や対象及びその理念

社会保障の概念と範囲

8 1950（昭和25）年の**社会保障制度審議会勧告**は、**困窮の原因**に対して、保険的方法（社会保険）または公の負担（社会扶助）における経済保障を講じ、国家扶助（公的扶助）によって最低生活の保障をする方法とあわせて、公衆衛生および社会福祉の向上を図り、国民が文化社会の成員たるに値する生活を営むことができるようにすること、とした。

出 32-49-1

▶疾病、負傷、分娩、廃疾、死亡、老齢、失業、多子などがあげられる。

9 社会保障制度審議会は、国民皆保険・皆年金実現後の**1962（昭和37）年**には最低生活の保障から**防貧**に視点を移し、低所得層に対する手当、福祉施策を提言している。少子高齢化が問題となっていた**1995（平成7）年**には「安心して暮らせる21世紀の社会」を目指し、**給付と負担のバランス**を、1995（平成7）年に要介護者への対策として公的介護保険制度を提言するなど社会保障制度の発展に寄与してきたが、2001（平成13）年省庁統合により同審議会は、廃止された。

出 32-49-5

重要項目

社会保障の役割と意義

10 社会保障は、所得保障、医療保障、社会福祉に区分され、その機能には、①社会的**セーフティネット機能**、②生活安定・向上機能、③**所得再分配機能**、④家族機能の支援機能、⑤社会の安定および経済の安定・成長への貢献があり、相互に重なり合って機能している。なお、所得再分配には、**垂直的所得再分配**（高所得者から低所得者）と**水平的所得再分配**（同一所得層）がある。

社会保障制度の発達

11 イギリスでは、1601年に**エリザベス救貧法**が制定され、貧民監督官が**救貧税**を徴収し、**救貧事業**（労働能力のない貧困者の収容保護、労働能力のある貧困者への就労支援など）を行った。救貧法は1834年に大改正（**新救貧法**）が行われ、救貧処遇が導入され（**院外救済の禁止、劣等処遇の原則**）、救貧行政が**中央集権化**された（1948年の国民扶助法制定まで存続）。

出 28-24-1（現社）
31-24-1（現社）

12 プロイセン（現ドイツ）では、**ビスマルク**（Bismarck, O.）**宰相**の下で**世界最初の社会保険制度**（1883年の**疾病保険**、1884年の**災害保険**、1889年の**養老および廃疾保険**）が導入された。他方、1878年社会主義取締法が制定され、社会民主主義運動が厳しく弾圧されたため、「**飴と鞭**」の政策と呼ばれた。

13 アメリカでは、世界的な大恐慌のなかで、**ルーズベルト**（Roosevelt, F.）**大統領**がニューディール政策に続き、1935年に**社会保障法**を制定した。**社会保障**という言葉が最初に用いられた法律である。しかし、この制度には、当初、医療保障は含まれていなかった。

14 イギリスでは、**ブース**（Booth, W. C.）（ロンドン市）、**ラウントリー**（Rowntree, B. S.）（ヨーク市）の調査で**貧困の実態**が明らかになり、1908年に**老齢年金**、1911年に**国民保険法**（医療給付と**失業給付**）が制定された。

出 29-25（現社）
30-28-4（現社）
31-24-5（現社）

15 イギリスにおける1942年の**ベヴァリッジ報告**（社会保険と関連サービスに関する報告）は、国民全体を対象とする普遍的な制度で、ナショナル・ミニマムの**所得保障**を行う社会保険（**均一拠出・均一給付**）を中心とする**社会保障計画**である。この報告をもとにして第二次世界大戦後に**社会保障制度**が整備された。そのシステムは「**ゆりかごから墓場まで**」

出 28-24-5（現社）
32-25-4（現社）

▶具体的目標に原則15歳以下の児童に児童手当の支給、包括的保健およびリハビリテーションサービスの提供、雇用の継続がある。

3 社会保障の財源と費用

社会保障の財源

と称された。

16 第二次世界大戦後の西欧の福祉国家成立に影響を与えた提言に、1942年にILO（**国際労働機関**）が発表した「**社会保障への途**」（**ニュージーランド**の総合的社会保障制度を推奨）、同年の**ベヴァリッジ報告**、1945年の**ラロック**（Laroque, P.）（フランス）による**社会保障プラン**などがある。

17 **ILO**は、**ベルサイユ条約**により1919年に設立され、労働条件や社会保障に関し、国際基準をつくり、加盟国に批准（ひじゅん）を求め、社会保障の国際的発展に多大な影響を及ぼした。社会保障の枠組みと最低基準を示した**社会保障の最低基準に関する条約（第102号条約）**（1952年採択・1976年批准）が有名である。

18 **OECD**（**経済協力開発機構**）は、西欧を中心とした先進国が加盟している国際機関で、1980年代後半から効果的・効率的な社会保障のあり方を論議するために、**社会保障担当大臣会議**を開催している。

■ 日本における社会保障の発達

19 1916（大正5）年に低所得者を対象とした簡易生命保険法が制定され、1922（大正11）年ドイツの影響を受けて**鉱工業労働者**を対象とした**健康保険法**（かいほけん）が制定された。**国民皆保険・皆年金**制度発足までの制度の展開は表1のとおりで、1958（昭和33）年には国民健康保険法が改正（市町村の義務設置・**強制加入**）され、1959（昭和34）年には非被用者を対象にした国民年金法が制定され、それぞれ1961（昭和36）年4月に実施され、国民皆保険・皆年金が実現した。

出 29-49-1, 2, 4
30-52-2
31-53-1
32-49-2

3 社会保障の財源と費用

社会保障の財源

20 **社会保障財源**は、総額**141**兆5693億円で、内訳は、**社会保険料**が**50.0**％、**公費負担**が**35.3**％（国庫負担**23.5**％）、**資産収入**などが14.8％で、社会保障給付費のほか管理費、施設整備費等の支出に充てている（2017（平成29）年度）。

出 29-50-5
30-50-2, 3
32-50-4

21 社会保険の給付財源は主に保険料であるが、国や都道府県が給付費の一部を負担している。詳細は表2のとおりである。

出 31-49

💡 重要項目

表1 日本の社会保障制度の展開

法・制度	制定時期	関連事項
簡易生命保険法	1916（大正5）	低所得者対象（小口・無審査・月掛け・集金制）
健康保険法	1922（大正11）	鉱工業労働者、被保険者本人に業務外と業務上の療養給付
国民健康保険法	1938（昭和13）	組合方式、任意設立→1958（昭和33）年全面改正（市町村義務設置、強制加入）
厚生年金法	1944（昭和19）	労働者年金法（1941（昭和16）年制定、男子肉体労働者が対象）を改称し、対象を事務・女子に拡大
労働者災害補償法	1947（昭和22）	→1973（昭和48）年通勤災害も対象
失業保険法	1947（昭和22）	→1974（昭和49）年全面改正、同年雇用保険法に
国民年金法	1959（昭和34）	非被用者年金創設、1961（昭和36）年国民皆年金法施行

出 30-52-1

※これ以降は各制度を参照のこと

表2 社会保険の国庫負担割合等

区分	国	備考
基礎年金	2分の1	
国民健康保険	41%	都道府県が9%
組合管掌健康保険	13〜32%	健康保険組合の所得水準により異なる
協会管掌健康保険	16.4%	
後期高齢者医療制度	3分の1	都道府県・市町村が6分の1ずつ
雇用保険・求職者給付	4分の1	2020（令和2）年度・2021（令和3）年度は暫定措置が継続し、負担額の10分の1となる
雇用保険・雇用継続給付育児休業給付	8分の1	
介護保険（居宅給付）	25%	都道府県、市町村12.5%ずつ
介護保険（施設等給付）	20%	都道府県17.5%、市町村12.5%

注1：厚生年金は、基礎年金分について国庫負担がある。組合管掌健康保険は原則として国庫負担なし。
　2：雇用保険の、高年齢求職者給付金、就職促進給付、教育訓練給付、高年齢雇用継続給付、雇用保険二事業（就職支援法事業を除く）に要する費用には、国庫負担はない。

社会保障給付費

22 社会保障の費用は**社会保障給付費**（ILO基準）と**社会支出**（OECD基準）があり、国際比較には社会支出が使われている。2017（平成29）年度は、社会保障給付費は120兆2443億円で、対国内総生産（GDP）比

出 28-51-1
29-50-1
32-50-1, 5

> **3** 社会保障の財源と費用

> 国民負担率

は **21.97**％である。社会支出は **124** 兆 1837 億円、社会支出の伸び率は
1.6％、対 GDP 比は 22.69％である。また、2020（令和 2）年度の国家
予算（一般会計）は 102 兆 6580 億円で、うち社会保障関係費は **35** 兆
8608 億円で、**34.9**％を占めている。社会保障の費用の国際比較は表 3
のとおりで、日本はイギリスとほぼ同じで、フランスなどより低い。

> **社会支出**
> 住宅や施設整備費も対象にしており社会保障給付費より範囲が広い。

表3　社会支出の国内総生産に占める割合（2015年）

日本	アメリカ	イギリス	ドイツ	スウェーデン	フランス
22.66％	24.50％	22.47％	27.04％	26.74％	32.16％

> 出 32-50-1, 2

23 「平成 29 年度社会保障費用統計」によると、**社会保障給付費は部門別**
では年金が **45.6**％、医療が **32.8**％、福祉その他が 21.6％（うち介護
対策 8.4％）であり、近年伸び率が高いのは、「福祉その他」である。ま
た、**機能別**では高齢 **47.0**％、保健医療 **31.4**％、家族 **6.9**％、遺族 5.4
％となっている。また、**社会支出**の**政策分野別**の支出構成は、高齢が
45.9％、保健 **33.7**％、家族 7.0％、遺族 5.3％の順で、高齢は最も高
く、保健はアメリカ、イギリスに次ぐが、傷害・業務災害・疾病、家族
は西欧に比べ低い。

> 出 28-51-2, 3
> 　 29-50-2, 3, 4
> 　 32-50-2, 3

> ▶政策分野別で割合が最も高い国
> 高齢：日本 45.9％
> 保健：米 57.0％
> 遺族：独 6.8％
> 家族：英 15.4％
> 失業：仏 5.0％

国民負担率

24 **日本の国民負担率**（税と社会保障の負担の合計を国民所得で割った率）
は **44.6**％で、租税負担は **26.5**％、社会保障負担は **18.1**％である
（2020（令和 2）年度見通し）。過去 10 年の推移をみると、租税負担は
4.1 ポイント、社会保障負担は 1.6 ポイント **増加** している。また、国民
負担率はアメリカより少し **高い** が、ヨーロッパ諸国よりは **低い**（表 4 参
照）。

> 出 30-50-1

表4　国民負担率の国際比較（2017年）

	日本	アメリカ	イギリス	ドイツ	スウェーデン	フランス
国民負担率	43.3％	34.5％	47.7％	54.1％	58.9％	68.2％
租税負担率	25.5％	26.1％	36.9％	31.5％	53.8％	41.7％
社会保障負担率	17.7％	8.5％	10.7％	22.6％	5.2％	26.5％

資料：財務省　国際比較に関する資料より一部改変

💡 重要項目

4 社会保険と社会扶助の関係

25 社会保険は保険技術を用い、主に保険料を財源に国・地方自治体や公的団体が保険事故発生により給付を行うという、**防貧的機能**がある。また、社会扶助の代表的制度である公的扶助は、国や地方自治体が税金を財源に、国民の最低生活を保障するための給付を行うという、**救貧的機能**がある。しかし、社会扶助の分野でも社会手当（ 58 参照）は公的扶助と異なっている。社会保険と公的扶助の給付要件と給付内容を比較すると表5のとおりとなる。

出 28-50-1

表5　社会保険と公的扶助の給付要件と給付内容

	社会保険	公的扶助
給付要件	保険事故の発生により自動的に給付が受けられるが、保険料の拠出が滞ると、受給できない。	公的扶助は、給付のための拠出はないが、資力調査により給付の内容が決まる。資力調査があるため、給付に関してスティグマが伴いやすい。
給付内容	給付は保険事故に限定され、給付内容は社会的に必要な額（定額または報酬比例給付）である。	個別の最低生活の保障に必要な現金や現物給付である。

出 28-50-3,4,5

出 28-50-2

5 公的保険制度と民間保険制度の関係

公的施策と民間保険の現状

■ 民間保険

26 **民間保険**は、社会保険（強制加入）と異なり任意加入で社会保険の給付に上乗せ給付（社会保険の補完部分）や、社会保険にない給付（社会保険の代替部分）を行っている。保険は、危険率の測定が正確に行われ、被保険者が支払う保険料が受けとる保険金の期待値と一致する（**給付・反対給付均等の原則**）。社会保険との相違は表6のとおりである。

出 31-50-1,4,5

27 日本の**民間保険**は、**生命保険**、**損害保険**のほかに**第三分野の保険**（私的医療保険、私的介護保険など）があり、損害保険会社だけでなく、生命保険会社も特約で扱っている。老後の生活保障における公的年金などの上乗せの役割を果たしている**民間年金保険（個人年金）**は、定期的、一時的に支払った保険料を原資としており、終身型と有期型があるが、基

5 公的保険制度と民間保険制度の関係

公的施策と民間保険の現状

表6　民間保険と社会保険の相違

	民間保険	社会保険
保険事故	人的事故と物的事故	生活不安の原因になりやすく、社会的な対応を必要とする傷病、失業、死亡などの人的事故
保険者	民間会社	国、地方自治体、それに準ずる公的団体
加入形態	任意加入（リスクが著しく高い者＝病人、高齢者などは加入できない可能性が高い）	強制加入
給付内容	個人のニーズと負担能力に応じて選択できる	社会的に必要とされる標準化・規格化されたもの
給付形態	現金給付	現金給付のほかに現物給付あり
給付の物価スライド	なし	あり
費用負担	加入者の保険料	加入者以外に事業主負担の保険料や国庫負担がある 加入者の保険料は所得に対応する場合が多い
拠出と給付の関係	保険料と給付は正比例する	所得再分配があるため、保険料と給付は必ずしも正比例しない
税制優遇措置	生命（損害）保険料控除	社会保険料控除

出 31-50-2

社会保障

本的性格は生命保険である。

28 自動車損害賠償責任保険（**自賠責保険**）は、自動車損害賠償保障法に基づく事故の被害者救済の強制の**対人賠償保険**（単独の自損事故は対象外）である。保険は**損害保険会社**が扱っているが、営利を目的としないノーロス・ノープロフィットを原則としている。

出 29-54-2

29 交通事故など**第三者行為**による疾病、負傷であっても社会保険（健康保険、労災保険、介護保険）の対象となるが、損害賠償と社会保険給付を重複して受けることはできず、調整されることになる。また、自動車事故の場合は、自動車損害賠償責任保険（自賠責保険）と労災保険の給付を選択でき、自賠責保険の給付の限度額を超える部分は労災保険により請求することも可能である。

▶保険者が第三者に給付分を求償するので二重には給付は受けられないが、被保険者は第三者に損害賠償を請求できる。

■ 企業年金

30 **企業年金**には、**厚生年金基金**、**自社年金**、確定給付企業年金、**確定拠出年金**がある。自社年金以外は税制上の優遇措置（生命保険料控除など）がある。企業年金の特徴は表7のとおりである。

重要項目

表7　企業年金の種類と特徴

種類	特徴
厚生年金基金	概要：老齢厚生年金の一部（物価スライドと賃金スライド以外の部分）を代行給付、各企業は独自の上乗せ給付を行う。基金のある事業所では従業員は厚生年金と厚生年金基金の両方に加入し、掛金は事業主と加入者が**折半**負担する。 運営困難な基金が増え、2014（平成26）年4月から基金の新設は認めず、制度の見直しを行うことになった。
確定給付企業年金	概要：厚生年金基金が行う代行部分を国に移行し、企業独自の上乗せ部分の給付を行う。将来の給付水準は定められていて、掛金は原則**事業主**が負担する。
確定拠出年金	概要：企業型と個人型があるが、ともに加入者が掛金の運用方法を選択する。給付は運用実績によるので加入者はリスクを負う。 企業型年金：設立は、厚生年金の適用事業所で、従業員（厚生年金被保険者）が加入し、掛金は原則事業主が拠出する。 個人型年金：国民年金基金連合会が実施し、掛金は**加入者**が拠出し、加入対象は、20歳以上60歳未満の全ての者が加入できる。加入手続きは管理運営機関である銀行、証券会社の窓口でできる。

> **注目！**
> 財政状態が基準以下の基金は厚生労働大臣が2019（平成31）年4月以降解散させ、代行部分を返還させることになった。

31　**個人年金**は、老後の所得確保策として公的年金に上乗せの役割を果たしている。生命保険会社や共済組合等が行っていて、終身年金（加入者が生きている間受給）、有期年金（加入者が定められた期間受給）、確定年金（加入者の生死にかかわらず、定められた期間受給）などがある。

■ 社会保険の特徴

32　社会保険は、私的（民間）保険と異なり非営利保険で、**保険者**が**国**または**公的団体**であり、一定の要件にある者は**強制加入**である。加入にあたっては、**国籍要件はない**。また、パートでも勤務形態（勤務時間が一定の時間以上ある）により加入できる。なお、労災保険は使用関係にあればよい（表8参照）。

33　日本の社会保険の体系は表9のとおりで、ドイツと同様に年金、医療、労災、雇用（失業）、介護の5分野に分かれている。

■ 社会保険の管理運営

34　社会保険の所管は主に厚生労働省で、その地方機関、窓口は表10のとおりである。また**不服申立制度**（**審査請求制度**）は、一審制と二審制があり、社会保険・労働保険は、都道府県の社会保険（労災・雇用）審査官が一審で、厚生労働省の合議制の社会保険（労働保険）審査会が二審

> 5 公的保険制度と民間保険制度の関係

公的施策と民間保険の現状

表8　短時間労働者の社会保険加入要件

区分	資格取得要件
健康保険・厚生年金	1週の所定労働時間と1月の所定労働日数が、事業所の同種の正規職員の**4分の3**以上あること。 2016（平成28）年10月以降は、①週所定労働時間が**20**時間以上、②雇用期間が1年以上見込まれる、③月額賃金が**8万8000円**以上（年収106万円以上）、④学生でない、⑤原則501人以上の事業所に勤務で加入ができるようになった。2017（平成29）年4月以降は、500人以下でも①〜④を満たし、労使で合意すれば対象となった。
失業保険	同一事業主に**31**日以上雇用の見込みがあり、所定労働時間が週**20**時間以上

表9　日本の社会保険制度

		年金給付	医療給付	労災給付	失業給付	介護給付
被用者	一般労働者	厚生年金保険	健康保険	労働者災害補償保険	雇用保険	介護保険
	船員	厚生年金保険	船員保険	労働者災害補償保険	雇用保険	介護保険
	公務員	厚生年金保険（国家公務員共済組合・地方公務員等共済組合）	国家公務員共済組合　地方公務員等共済組合	（国家公務員災害補償法）（地方公務員災害補償法）	（国家公務員退職手当法）（退職手当に関する条例）	介護保険
	私学教職員	厚生年金保険（日本私立学校振興・共済事業団）	日本私立学校振興・共済事業団	労働者災害補償保険	雇用保険	介護保険
非被用者		国民年金	国民健康保険			介護保険

注1：被用者年金制度の一元化で2015（平成27）年10月から公務員・私学教職員も厚生年金の被保険者となった。ただし、給付等の事務は各共済組合、私学振興・共済事業団が行う。また、3階部分は各組合等が給付する。

　　2：健康保険は協会管掌健康保険と組合管掌健康保険に、国民健康保険は市町村国民健康保険と組合国民健康保険に区分される。

　　3：公務員には労災、失業の保険給付はないが、法律、条例により類似の給付があるので、（　）で表示した。

である。国民健康保険、介護保険、後期高齢者医療制度は一審制で、審査会は都道府県に設けられている。

35 **日本年金機構**は、保険者（国）の委託を受け、国民年金・厚生年金の被保険者の適用、保険料の徴収、年金給付事務を行っている。窓口は、年金事務所（全国312か所）である。社会保険の管理運営を行っている主な機関は表11のとおりである。

出 30-51-1

重要項目

表10 社会保険の所管

制　　度	地方組織（窓口）
国民年金、厚生年金、健康保険（協会）、船員保険	地方厚生局 年金事務所
国民健康保険	市町村、国民健康保険組合
介護保険	市町村
労災保険	都道府県労働局、労働基準監督署
雇用保険	都道府県労働局、公共職業安定所
組合健保、共済組合短期給付	各組合
後期高齢者医療制度	後期高齢者医療広域連合（都道府県単位）

注：国家公務員共済組合は財務省、地方公務員共済組合は総務省、私立学校教職員共済組合は文部科学省が所管する。

表11 社会保険の管理運営機関

機関名	業務内容など
全国健康保険協会	性格：中小企業に勤務する者を対象とした健康保険（政府管掌健康保険を引き継いだ）の保険者 業務：健康保険の給付など。ただし被保険者の適用・保険料の徴収は日本年金機構が行う
社会保険診療報酬支払基金	業務：診療報酬（被用者医療保険・医療扶助）の審査・支払い、後期高齢者医療制度の拠出金の徴収、交付 設置：支部は都道府県ごと
国民健康保険団体連合会	業務：診療報酬（国民健康保険、後期高齢者医療制度）、介護保険の審査・支払い 設置：都道府県単位
中央社会保険医療協議会	性格：厚生労働大臣の諮問機関 業務：健康保険と船員保険の診療方針・診療報酬額の審議 構成：保険者側委員7人、医療側委員各7人、公益委員6人

6 社会保障制度の体系

※「年金保険制度」と「医療保険制度」については302～316頁を参照

介護保険制度の概要

※介護保険の出題が社会保険の概要に関する問題の1設問程度であるため、被保険者、保険料などに絞った。全体については、専門科目の「高齢者に対する支援と介護保険制度」を参照のこと。

6 社会保障制度の体系

労災保険制度の概要

36 第1号被保険者は、市町村の区域内に住所を有する **65** 歳以上の者であり、**第2号被保険者**は、市町村の区域内に住所を有する **40** 歳以上 **65** 歳未満の**医療保険加入者**である（表12参照）。保険給付は介護の程度により給付限度額があり、その9割（一定以上の所得を有する第1号被保険者は8割または7割）である。

表12　第1号被保険者と第2号被保険者

	第1号被保険者	第2号被保険者
対象者	65歳以上の者	40歳以上65歳未満の医療保険加入者
受給権者	要介護者 要支援者	加齢に起因する疾病（特殊疾病として16種類を指定）を原因とする要介護者および要支援者
介護報酬に対する利用者負担	年金および給与等の所得金の合算額に応じた負担（上限あり） 340万円以上　3割 280万円以上　2割 280万円未満　1割	1割
保険料	保険料率は所得段階別で市町村ごとに設定している。	被用者医療保険加入者は保険料率が毎年改定（事業主負担あり） 国民健康保険被保険者は市町村ごとに所得割、均等割、平等割を設定（国庫負担あり）
公費負担	給付費の50%（国25%、都道府県・市町村各12.5%） ただし、施設等給付は国20%、都道府県17.5%、市町村12.5%	

出 31-49-2

資料：社会福祉士養成講座編集委員会編『新・社会福祉士養成講座⑫社会保障（第6版）』中央法規出版、2019年、168頁を一部改変

労災保険制度の概要

■目的・対象

37 **労働者災害補償保険**（労災保険）と**雇用保険**を総称して**労働保険**という。労働保険の保険料の徴収等に関する法律により、保険料徴収は一体的に取り扱うが、保険給付等の運営はそれぞれの保険制度で行う。

38 **労働者災害補償保険**（労災保険）の目的は、業務上の災害、通勤による労働者の負傷、疾病、障害、死亡等に対して迅速、公正な保護をするため必要な**保険給付**を行うことと、その労働者の社会復帰の促進、遺族の援護、労働者の安全・衛生の確保等を図ることにより、労働者の福祉の増進に寄与することである。

出 31-54-5

▶労働者が故意に事故を生じさせた場合は使用者に賠償責任がないため、保険給付は行わない。

39 労災保険の保険者は国で、保険は労働者を使用する**すべての事業**に適用される（**適用事業**）が、国家公務員および地方公務員については、労災

出 30-51-5
30-53-1

保険と類似の制度があるため適用除外となっている。個人経営の農林、畜産、水産の事業で労働者が5人未満のものは**暫定任意適用事業**とされている。

40 **労災保険の適用を受ける労働者**は、適用事業所に使用され賃金を支払われる者であり、職業の種類、雇用形態（常用、臨時雇用など）、**雇用期間**を問われない。保険事故が発生したときには、例外なく保険給付を受けられる（事業主が保険料を滞納していても給付は受けることができる）。

出 28-67-5（低生）
30-53-2, 5

41 労災保険の適用を受けない者でも業務実態等から保護の必要が認められる者に対して、**特別加入制度**がある。特別加入ができる者は、①**中小事業主**とその家族従業者、②**一人親方とその他の自営業者等**（**職人**、**個人タクシーの運転手**など）、③**特定作業従事者**、④**海外派遣者**等、である。

出 28-54-1

■ 給付

42 保険給付は、業務上の事由による**業務災害**と通勤に起因する**通勤災害**を保険事故として行われ、内容は同じである。保険給付の種類は、表13のとおりである。また、給付内容は退職後も変更されず、外国人は帰国後も給付される。

出 29-52-3
29-54-1
31-54-5

43 **業務災害**は、「労働者が使用者の支配下にある状態」に起因する災害であり、その認定業務は、被災労働者の申請に基づいて、**労働基準監督署**が行っている。認定は、厚生労働省の通達や個々の認定事例の積み重ねのもとに行われる。

44 **通勤災害**は、被災労働者の申請を受けて、**労働基準監督署**が認定を行う。対象となる「**通勤**」は、労働者が就業に関し、合理的な経路・方法によって行う住居と就業の場所との間の往復（保育園への送迎は含まれる）などで、経路の逸脱、移動の中断は、その間およびその後の移動は除かれる。

出 28-54-2

■ 財源

45 労災保険の給付費用は保険料で賄われており、保険料負担は**事業主**のみである。**労災保険の保険料率**（**労災保険率**）は、厚生労働大臣が業種ごとに定めており、2019（平成31）年度は総賃金の1000分の2.5から1000分の88までの範囲になっている。一定規模以上の事業は**メリット制**を適用し、事業主の労災防止努力の促進を図っている。また、保険料未納期間中の事故は、保険給付に要した費用に相当する金額の全額または一部を事業主から徴収することができる。

出 28-54-3, 5
31-49-4

▶メリット制とは、過去3年間の業務災害による保険給付の状況に応じて労災保険率を上下させるもの。

6 社会保障制度の体系

雇用保険制度の概要

表13　労災保険の保険給付

傷病のため休業する場合	療養（補償）給付（医療費全額給付で、労災病院や指定病院は現物給付、指定以外の医療機関は現金給付（償還払い）である）
	休業（補償）給付（休業4日目から休業1日につき**給付基礎日額**▶の60％相当。なお、休業（補償）給付者には給付基礎日額の20％が**労働福祉事業**の休業特別支給金として支給される）
	傷病（補償）年金（療養開始後1年6か月経過しても治癒せず、第1級〜第3級の傷病が重い場合に支給）
障害が残った場合	障害（補償）年金（第1級〜第7級の障害が重い者に程度に応じて年金を支給）
	障害（補償）一時金（第8級〜第14級の障害が軽い者に程度に応じて一時金を支給）
介護を要する場合	介護（補償）給付（常時または随時介護を要する場合、その程度に応じて手当を支給）
死亡した場合	遺族（補償）年金（遺族数に応じて年金を支給）
	遺族（補償）一時金（受給資格者がいない場合、その他の遺族に支給）
	葬祭料（葬祭給付）
休業し所得給付を受ける場合	上記の休業給付等の所得保障には、社会復帰促進等事業から特別支給金が加算される。休業補償給付の場合は平均賃金相当額の20％。
定期検診で異常が認められた場合	事業主が行う定期検診（一次健康診断）で「過労死」などに関連する一定の項目に異常の所見があると、二次健康診断等給付（二次健康診断と医師等による特定保健指導）が受けられる。

注：業務災害の場合は療養補償給付というように「補償」の語が入る。通勤災害の場合には療養給付となる。給付内容は同一であるが、通勤災害の場合は療養給付を受ける場合に自己負担がある。

出 30-53-3, 4
　32-51-4

▶給付基礎日額：被災前3か月の総賃金÷被災前3か月の総日数

労働福祉事業
1957（昭和32）年から実施され、被災労働者の円滑な社会復帰や給付の充実などが行われている。

雇用保険制度の概要

■ 目的・体系

46 **雇用保険**は、労働者の失業、雇用の継続が困難となった場合に必要な給付を行うほか、職業に関する教育訓練を受けた場合および労働者が子を養育するための休業をした場合に必要な給付を行い、労働者の生活や雇用の安定を図り、あわせて、労働者の職業の安定に資するため雇用機会の増大や労働者の能力開発・向上を図ることを目的とする。

47 2020（令和2）年の法改正で、子を養育するために休業した労働者の生活と雇用の安定を図るため、育児休業給付を失業等給付から独立させ、その財源を明確にした。財源は、失業等給付にかかわる保険料収入の一定の割合と国庫負担（失業等給付と同じで8分の1）である。また、65

歳以上の労働者の雇用保険加入の特例を設けた（50 参照）。

48 わが国の雇用保険制度の体系は図1のとおりである。

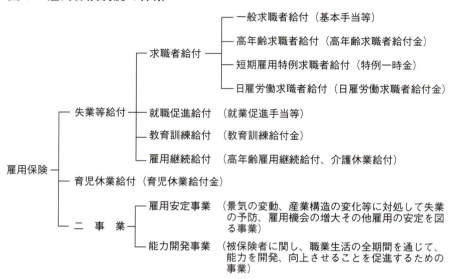

図1　雇用保険制度の体系

■ 給付

49 **雇用保険**の保険者は、国で、**失業等給付**および**育児休業給付**のほかに事業主の拠出による**雇用安定事業**（失業予防や雇用機会増大）、**能力開発事業**（労働者の能力開発）を行っている。農林水産業の零細事業（5人未満）は任意適用であるが、その他は全産業が適用事業となっている。ただし、公務員は適用除外である。

出 29-51-1
▶公共職業安定所が失業認定等の窓口業務を行う。

50 **雇用保険の被保険者**には、一般被保険者（65歳未満の常用労働者）、**高年齢被保険者**（**65歳以上の常用労働者**）、短期雇用特例被保険者、日雇労働被保険者の4種があり、短時間就労者（パート）の場合は31日以上の雇用の見込みがあれば週20時間以上勤務で取得できる。なお、複数の事業主に雇用され、合わせると週20時間以上になる65歳以上の労働者も2022（令和4）年1月から雇用保険の対象となる。また、雇用保険の資格取得・資格喪失の届出は事業者が行う。

出 28-67-4（低生）

51 **失業等給付**には、①求職活動期間中の生活保障の**求職者給付**（基本手当など）、②再就職を援助促進する**就職促進給付**、③職業訓練を受けた労働者に対して受講に要した費用の一部を援助する**教育訓練給付**、④労働者の職業生活の円滑な継続を援助する**雇用継続給付**（高年齢雇用継続給付・介護休業給付）がある。失業等給付および育児休業給付の給付内容

出 29-51-4

6 社会保障制度の体系

雇用保険制度の概要

表14　雇用保険の失業等給付・育児休業給付の内容

基本手当	**手当額** 被保険者期間とされた最後の6か月に支払われた賃金総額（賞与を除く）を180で除して算出した賃金日額の50〜80％の範囲で定められる（60歳以上65歳未満は45〜80％）。 **支給日数** 被保険者期間によって**90日**から**150日**となる。ただし、倒産・解雇等による離職者（特定受給者）は年齢と被保険者期間によって90日から330日（45歳以上60歳未満の場合）となる。 **受給できる期間** 離職日の翌日から**1年間**であるが、出産・育児・傷病等で30日以上連続して職業に就けない場合は、最長4年間まで延長できる。
就職促進手当	就職促進手当（再就職手当等）、移転費、広域求職活動費などがある。就職促進手当は基本手当の支給残日数が所定給付費の**3分の1**以上あることが必要で、残日数により支給率が変わる。
教育訓練給付	**一般教育訓練給付金** 受給要件：被保険者や被保険者であった者が、厚生労働大臣が指定する職業に関する教育訓練を受け、修了すること。 支給額：被保険者期間3年以上ある場合に**費用の20％**相当額（上限**10万円**）が支給される。なお、初回に限り被保険者期間が1年以上でも給付対象となる。 **特定一般教育訓練給付金** 2019（令和元）年10月から特定一般教育訓練給付金が実施された。給付金の内容は次のとおりである。 受給要件：被保険者または保険者であった者（資格喪失から1年以内）が、資格要件（受講開始日までに同一の事業者に3年以上雇用されている）を満たしていて、厚生労働大臣が指定する特定一般教育訓練（大型自動車免許取得など）を受講し、修了すること。なお、初回に限り被保険者期間が1年以上でも給付対象となる。 支給額：**受講費用の40％**（上限は**20万円**） 教育訓練支援給付金（2022（令和4）年3月31日までの時限措置） 受給要件：**45歳未満の離職者**が上記教育訓練を受講すること。 支給額：訓練中に基本手当の80％を給付する。 **専門実践教育訓練給付金** 受給要件：被保険者または元保険者（特定一般教育訓練と同じ）が、資格要件（特定一般教育訓練と同じ）を満たしていて、専門実践教育訓練（専門学校、大学院などでの）の対象となる講座を受講し、修了すること。 支給額：**受講費用の50％**（上限は最大3年間で**120万円**）が専門実践教育訓練給付金として支給される。受講後、資格取得等により就職に結びついた場合は、**受講費用の20％**が追加される。
育児休業給付	**育児休業給付金** 育児休業期間：**1歳**（保育所に入れないなど期間延長に該当すれば**1歳6か月**）未満の子を養育するために育児休業を取得した場合に育児休業給付金が支給される。なお、2017（平成29）年10月から法改正により、1歳6か月に延長しても保育所に入れない場合、6か月再延長できることになり、最大**2歳**まで給付を受けら

▶就職困難者（障害や社会的事情が就職を阻害している者）は被保険者期間により150日から360日と長い。

出 29-51-3

▶賃金と給付が休業前賃金の80％を超える場合は超えた額を減額される。

出 30-54-2, 4
　　32-51-3
　　32-54-3

💡 **重要項目**

	れる。また、母だけでなく父も取得すれば子が **1 歳 2 か月**に達する前日までに最大 1 年まで育児休業給付を受けられる。 支給額：開始後180日は休業前賃金の**67％**、それ以降は**50％**である。
介護休業給付	介護休業給付金 受給要件：配偶者・父母・子等の介護で休業すること。 支給期間：介護休業は**93日**が限度。同一の対象家族で介護を要する状態に至ったごとに給付。なお、2017（平成29）年 1 月からは対象家族 1 人について **3 回**まで分割して取得できる。 支給額：休業前賃金の**67％**

出 31-29-1, 2, 3, 4, 5
（現社）
31-51-1

は表 14 のとおりである。

52 **失業等給付の基本手当**の受給には、**公共職業安定所**に申し出て、**失業の認定**を受けることが必要である。受給要件は、離職の日以前 2 年間に通算して **12 か月以上**の被保険者期間があること（倒産・解雇などの場合は 1 年間に通算 6 か月以上）で、**失業状態**にあることである（失業の理由は問わない）。

出 29-51-2
29-54-3

失業
被保険者が離職し、労働の意思と能力を有するにもかかわらず、職業に就くことができない状態にあること。

53 雇用保険を受給できない求職者に、求職者支援訓練を原則無料で提供する**求職者支援制度**があり、窓口は公共職業安定所である。職業訓練は厚生労働省の認可を受けた民間訓練機関が行い、期間は 1 コース 3 か月から 6 か月で、一定の要件を満たすと職業訓練受講手当（月 10 万円）が支給される。

■ 財源

54 **雇用保険の財源**は保険料で、事業により国庫負担がある。国庫負担は求職者給付費の **4 分の 1**、雇用継続給付費の **8 分の 1**、育児休業給付金の **8 分の 1** である。しかし、積立金残額が一定水準を超えているため、従来の暫定措置がさらに 2021（令和 3）年度まで継続され、国庫負担額は本来給付額の 10 分の 1 に引き下げられたままである（ 21 表 2 参照）。

出 31-49-5

55 **雇用保険の保険料率**（**雇用保険率**）は、2019（令和元）年度と同様に失業等給付（育児休業給付も含む）にかかる保険料率は **1000 分の 6** で、事業主と労働者で折半し負担する。雇用保険二事業（雇用安定事業・能力開発事業）に対する料率は 1000 分の 3.0 で、事業主だけが負担する（農林水産業、清酒製造業、建設業は別の料率）。

出 29-51-5

社会福祉制度の概要

56 **社会福祉制度**で行われる給付は、人的なサービス給付が中心であるが、金銭給付によるものもある。社会福祉は、制度の利用者がこれらの給付を受けることにより、日常生活上の不便や困難を自ら克服して、**自立した生活**を営むことができるよう支援することを目的としている。

57 社会福祉制度の特徴の1つは、必要な費用の大半が税財源（公費）および利用者の自己負担によって賄われており、税財源を国、都道府県、市町村が、社会福祉各法の規定する負担割合に基づいて分担していることである。2000（平成12）年以前には、**利用者負担**は**応能負担**であったが、介護サービスは社会保険となり**応益負担**を採用して低所得者には軽減措置をとっている。

生活保護制度の概要

※生活保護制度に関しては、本書の「9　低所得者に対する支援と生活保護制度」（417頁）を参照。

家族手当制度の概要

58 **社会手当**は、一定の要件に該当する人々に現金給付をすることにより、生活支援等の政策目的を果たす制度で、公的扶助と異なり、防貧の役割をもち、資力調査もないが、所得調査や所得制限を伴うことが多い。**児童手当**、**児童扶養手当**、特別児童扶養手当、特別障害者手当、障害児福祉手当、老齢福祉年金、特別障害給付金が含まれる。制定の時期は表15のとおりである。

表15　家族手当制度の展開

1961（昭和36）年	**児童扶養手当法**制定
1964（昭和39）年	重度精神薄弱児扶養手当制度実施→1966（昭和41）年　特別児童扶養手当等の支給に関する法律に改正→1985（昭和60）年法改正（特別障害者手当創設、福祉手当を障害児福祉手当に）
1971（昭和46）年	**児童手当法**制定（施行は1972（昭和47）年）
2010（平成22）年	子ども手当制定
2012（平成24）年	子ども手当を**児童手当**に改正
	年金生活者支援給付金制定（施行は2019（令和元）年）

▶特別児童扶養手当等の支給に関する法律による現状の給付は、特別児童扶養手当、障害児福祉手当、特別障害者手当である。特別障害者手当は20歳以上であって著しく重度の障害の状態にあるため、日常生活において常時特別の介護を必要とする者が対象である。

32-49-3

重要項目

59 **児童手当**は、<u>中学校</u>修了までの児童を対象に、月額で 3 歳未満は **1 万 5000 円**、3 歳以上小学校修了前（第 1 子、第 2 子）は **1 万円**、同（第 3 子以降）は **1 万 5000 円**、中学生は **1 万円**である。<u>所得制限はある</u>が、それを超える者は月額 5000 円で支給される。

出 30-55-1
32-54-5

▶所得制限額は、夫婦と子ども 2 人で 960 万円（収入額）

60 **児童手当の費用負担**は、国が **3 分の 2** とし、都道府県・市町村は **6 分の 1** ずつとなる。3 歳未満の民間被用者の給付は **15 分の 7** を<u>事業主</u>が負担し、公費は **15 分の 8** となる。公務員は所属庁が全額負担する。

出 30-55-2

61 **特別障害者手当**は精神および身体に著しく重度の障害を有するため、日常生活に常時特別な介護を必要とする 20 歳以上の在宅の者に、月額 2 万 7350 円が支給される（2020（令和 2）年度）。本人、配偶者、扶養義務者の所得制限がある。

出 31-51-2

62 **特別障害給付金**は無年金者に対する給付で、対象は、任意加入していなかった期間に初診日があり、現に国民年金の障害等級に該当している被用者保険の<u>被扶養配偶者</u>や<u>学生</u>である。支給額は、1 級の障害の者が月額 5 万 2450 円（2 級の 1.25 倍）、2 級の障害の者が月額 4 万 1960 円である（2020（令和 2）年度）。給付財源は国が 4 分の 3、都道府県と市が 4 分の 1 を負担する。

63 **児童扶養手当**は、ひとり親家庭の生活の安定と自立の促進のために<u>父または母</u>と生計を同じくしていない児童（原則 18 歳未満、82 参照）の養育者に児童 1 人の場合月額 4 万 3160 円（2020（令和 2）年度）で、第 2 子以降の加算がある。支給にあたっては所得制限があり、受給開始から 5 年を経過し、就労困難でないにもかかわらず就労意欲がみられない場合は 2 分の 1 に減額される。給付財源は国が 3 分の 1 を負担し、都道府県と市が 3 分の 2 を負担する。

出 30-54-5
30-55-4

7 年金保険制度の具体的内容

■ 年金制度の沿革と概要

64 1961（昭和 36）年 4 月に国民皆年金制度が発足した。その後の制度の展開は表 16 のとおりである。

65 2012（平成 24）年 11 月、**年金生活者支援給付金の支給に関する法律**が制定され、住民税が家族全員非課税で、前年の年金を含めた収入が 77 万円以下の老齢基礎年金受給者に、**老齢年金生活者支援給付金**が支給される（実施は 2015（平成 27）年 10 月であったが消費税 10％引上げの

7 年金保険制度の具体的内容

表16　年金制度の展開

1973（昭和48）年	年金給付水準の引上げ、物価スライド制・標準報酬月額の再評価制の導入
1985（昭和60）年	年金改正、①基礎年金の導入による年金制度の一元化、②被用者の妻のすべてに国民年金加入の義務化
1998（平成10）年	ドイツと社会保障（年金）協定締結（2国間で海外勤務者の年金適用調整などを協定）　※18か国と協定を締結
2003（平成15）年	総報酬制の実施（ 103 参照）
2004（平成16）年	年金改正、保険料水準固定方式とマクロ経済スライド導入（ 74 参照）、保険料の多段階免除制度（ 86 参照）、基礎年金の国庫負担を2分の1に引上げ（消費税8％増額が財源）
2011（平成23）年	年金確保支援法制定（将来無年金者・低所得者の発生を防止する改正）
2012（平成24）年	年金改正（社会保障・税の一体改革に関連した改正）、基礎年金の受給資格期間を10年に短縮など（ 72 参照）、被用者年金の一元化（ 66 参照）
2013（平成25）年	年金改正：厚生年金基金の見直し（2014（平成26）年4月実施）
2016（平成28）年	年金改正、国民年金加入者の産前産後の保険料免除（ 89 参照）
2019（令和元）年	年金生活者支援給付金支給開始（ 65 参照）

出 30-52-3

▶厚生年金は男子の老齢厚生年金が現役加入者の平均標準報酬の60％程度、国民年金は付加年金を含め夫婦で月額5万円に引き上げた。

出 30-50-4

出 30-52-5

社会保障

2019（令和元）年10月に延期された）。支給額は国民年金の保険料納付済期間および保険料免除期間を基礎としていて、基準額（月5000円）で保険料納付・免除月数をもとに算出する。

66 被用者年金の**報酬比例部分の一元化**に向け、2012（平成24）年8月に制度が改正され、2015（平成27）年10月から共済年金の2階部分は厚生年金に統一された。共済年金の3階部分（職域年金部分）は廃止となり、**年金払い退職給付**が創設された。

67 2018（平成30）年度末の第1号被保険者は、1471万人であり、保険料の納付率は**68.1**％で微増したが、保険料免除者や納付猶予者を含めると、被保険者の保険料納付の割合は低く、**年金の空洞化**は解消していない。

68 日本の年金制度は、**厚生年金保険、国民年金**に分かれ、厚生年金保険は被用者保険で民間企業従業員、公務員、私立学校教職員が加入している。年金制度の体系は図2のとおりである。

69 2018（平成30）年度末の日本の**公的年金加入者**は、6746万人で、年金受給者（重複のない実受給者）が**4067**万人、国民年金が**3529**万人、厚生年金（民間企業従業員）が**3530**万人。公務員等は484万人。年金

出 28-51-4

303

重要項目

図2 わが国の年金制度の体系

	確定給付企業年金	厚生年金基金	年金払い退職給付 ※共済年金(報酬比例 ＝職域年金相当分)
国民年金基金（任意加入）	厚生年金保険 （報酬比例）	代行部分 厚生年金保険（報酬比例）	
国民年金（老齢・障害・遺族基礎年金＝定額）			
第1号被保険者	第2号被保険者		第3号被保険者
農業・自営業・学生など	民間企業従業員	公務員・教職員	第2号被保険者の被扶養配偶者
1471万人	3981万人	448万人	847万人

注1：国民年金は20歳以上の全国民に適用され、基礎年金が支給される。厚生年金保険の被保険者と共済組合の組合員は自動的に国民年金に加入することになる。
 2：2015（平成27）年10月から、厚生年金保険は被用者（公務員・教員を含む）が対象で、「基礎年金」に上乗せし、報酬比例の給付を行う。給付は2階建てになった。
 3：厚生年金の被保険者の3階部分は事業所単位で加入する確定給付企業年金と厚生年金基金となる。
 4：共済組合の組合員の3階部分は2015（平成27）年10月から年金払い退職金となった。
 5：第1号被保険者は、国民年金基金に任意加入できる（保険料免除者・猶予者と農業者年金基金加入者は除外）。
 6：第1号被保険者と第2号被保険者は、確定拠出型年金に加入できる。
資料：厚生労働省年金局「平成30年度厚生年金保険・国民年金事業の概況」を一部改変

総額は **55兆6000億** 円に達している。また、老齢年金月額の平均は厚生年金（民間企業従業員）が14万5865円、国民年金が5万5809円である。

国民年金

■ 対象

70 **国民年金の被保険者**は、**第1号被保険者、第2号被保険者、第3号被保険者**に分けられ、国籍要件はなく、資格要件は図3のとおりで、強制加入である。なお、任意加入制度があり、日本人で外国に居住している場合や老齢基礎年金の受給資格期間を満たせない場合（60歳以上70歳未満の間）、など任意に加入ができる。

▶任意加入被保険者は原則として第1号被保険者に準じて取り扱われる。

■ 給付

71 **帰国外国人**には、保険料納付済期間の月数と保険料半額免除期間の月数の2分の1に相当する月数を合算した月数が6か月以上あり、老齢基礎年金の受給資格のない場合は、**脱退一時金**が支給される。

7 年金保険制度の具体的内容

国民年金

図3　国民年金の被保険者

強制適用	第1号被保険者	日本国内に住所を有する20歳以上60歳未満の者 （第2号・第3号に非該当）
	第2号被保険者	被用者年金制度の被保険者
	第3号被保険者	第2号被保険者の被扶養配偶者であって20歳以上60歳未満の者 （第2号被保険者以外）

出 28-67-2（低生）

出 28-52

72 **老齢基礎年金**は、受給資格期間が **25** 年以上ある者に対して **65** 歳から支給されるが、2017（平成 29）年 8 月からは **10** 年に短縮された。年金額は、単身高齢者の基礎的消費支出に見合う水準に定められ、2020（令和 2）年度は、**満額**で 78 万 1700 円である。しかし、満額受給には加入可能年数の全期間保険料納付が必要となる。

出 30-52-5
31-52-2
32-55-2

注目！
2017（平成 29）年 8 月から受給資格期間が 10 年に短縮された。

73 **受給資格期間**は、65 歳に達した月前の①保険料納付済期間、②保険料免除期間、③合算対象期間を合算した期間である。また、**合算対象期間**は、**カラ期間**ともいわれ、老齢基礎年金の受給資格期間に反映するが、年金額には反映しない。

74 日本の年金の財政方式は当初積立方式であったが、今日では欧米と同様に賦課方式である。年金額については、政府が 5 年ごとに財政均衡の見通しを作成し、財政の均衡を保てない場合、給付額の調整を行う。年金額算出方式は**保険料水準固定方式**（将来の保険料を固定し、その収入の範囲内で給付水準を自動的に調整する仕組み）と**マクロ経済スライド方式**を採用している。

出 29-53-3

▶物価の上昇より賃金の上昇が低いと、賃金決定に合わせて年金額の改定を行う。

75 **老齢基礎年金の支給開始年齢**は、原則 65 歳であるが、本人の希望によって、60〜64 歳での**繰り上げ（減額）支給**、66 歳以降の**繰り下げ（増額）支給**を選択できる。**年金の受給権**は、死亡によって消滅する。なお、老齢厚生年金も 66 歳以降 70 歳までの繰り下げ支給ができる。

出 31-52-3

▶繰り上げ支給は、65 歳以降も減額のままで、寡婦年金の受給権を失う。

76 **障害基礎年金**は、被保険者または 60 歳以上 65 歳未満の被保険者であった者が、①**障害認定日**（初診日から 1 年 6 か月を経過した日、または、その間に治った場合は治った日）において障害等級（年金独自基準で、基礎・厚生年金とも同一）に定める障害の状態（**1・2 級**）にあり、②初診日前に保険料納付済期間と保険料免除期間を合わせた期間が被保険者期間の **3 分の 2 以上**ある場合に支給される。

出 31-52-4

77 障害認定日に障害等級 1 級または 2 級に該当しなかった場合でも、65 歳前に該当する状態になれば（**事後重症**）、請求により障害基礎年金が支給される。

社会保障

重要項目

78 **障害基礎年金**の年金額は、**定額**（**子がいる場合**は加算があり、加算の対象は現に生計維持関係にある者である）で、2級が老齢基礎年金と同額、1級がその**1.25**倍で所得制限はない。障害基礎年金と老齢厚生年金や遺族厚生年金は併給できるが、労災保険の障害補償年金との併給では労災の給付が減額調整される。

出 28-54-1
29-52-4,5
29-53-1

79 **20歳前の初診による障害基礎年金**は、初診日において20歳未満であった者が、障害の状態にあって20歳に達したとき、または20歳に達した後に障害の状態になったときから、**受給権者本人の所得制限**を条件に支給される障害基礎年金である。給付財源は、国庫負担と保険料である。

80 **遺族基礎年金**は、国民年金の被保険者等が死亡したとき、**子のある配偶者**または**子**（婚姻している子は除く）に定額（老齢基礎年金と同額で、**子がいる場合**は加算）を支給する。また、障害基礎年金と同様に保険料納付済期間等の受給要件がある。

出 29-53-4
32-52-3

81 国民年金には、第1号被保険者を対象とした**独自給付**として表17の給付がある。

表17 国民年金の独自給付

付加年金	老齢基礎年金に上乗せされる任意加入制の給付
寡婦年金	第1号被保険者として老齢基礎年金の受給資格を満たしていた夫が年金を受給せずに死亡した場合に、妻に給付（60歳～64歳の間、夫が受け取るはずの老齢基礎年金の3/4）
死亡一時金	第1号被保険者として3年以上保険料を納付した者が年金を受給せずに死亡した場合に、一定範囲の遺族に給付

出 31-52-5

▶寡婦年金と死亡一時金は併給できず、どちらかを選択しなければならない。

82 年金、手当でいう「**子**」とは、**18**歳に到達した年度の末日までにある子、または**20**歳未満で1・2級の障害をもつ子である。なお、児童扶養手当の児童も同じである。

■ 財源

83 公的年金給付費の財源は、**保険料**、**積立金運用収入**および**国庫負担金**である。基礎年金給付の国庫負担割合は、従来3分の1であったが、2014（平成26）年度からは**2分の1**に恒久化された。厚生年金・共済年金の保険者にも**基礎年金の拠出部分に国庫負担**がある。

出 31-49-3

84 **国民年金の保険料**は、均一拠出で、**2017（平成29）年度以降**は**1万6900**円（2004（平成16）年度価格）に固定された。保険料は国に納付するが、納付に当たり世帯主は連帯責任を負う。

出 32-55-4

▶実際には1万6900円にその年の改定率を掛けた額となる。

7 年金保険制度の具体的内容

国民年金

85 **第2号・第3号被保険者の保険料**は、被用者年金の保険者が被保険者の数に応じて国民年金拠出金として負担する。したがって、第3号被保険者は本人が保険料を拠出することはない。

出 28-53-3
32-55-3

86 国民年金の第1号被保険者には、**保険料免除制度**があり、生活扶助受給者、ハンセン病療養所などで療養している者、**障害基礎年金受給権者**などには**法定免除**、所得がない者などには**申請免除**（4区分ある）がある。**保険料免除期間**は、資格期間に算入され、減額されるが、国庫負担分は老齢基礎年金額に反映される（表18参照）。また、免除保険料は10年以内の期間分は追納できる。

出 28-53-4
29-52-1
29-53-2

表18　申請免除の区分と年金給付の関係

免除区分	全額免除	3／4免除	1／2免除	1／4免除
給付割合	1／2	5／8	6／8	7／8

87 **学生納付特例制度**は一定所得以下の学生が申請により保険料納付を猶予（ゆうよ）される制度であるが、**10年以内**に追納しないと、その期間は老齢基礎年金額に反映されない（障害基礎年金・遺族基礎年金は**満額給付**）。

出 28-53-2

88 **保険料納付猶予制度**は、2016（平成28）年7月から対象が30歳未満から**50歳未満の第1号被保険者**（配偶者がいる場合は配偶者も含まれる）に拡大された。保険料納付猶予制度は経済的に難しい者を救済する制度で、一定所得以下の場合に保険料納付を申請により猶予する。しかし、保険料を追納しないと保険料免除制度と異なり、資格期間には算入されるが年金額には反映されない。追納可能期間は**10**年間である。

出 28-53-5

89 2016（平成28）年12月に国民年金法が改正され、第1号被保険者は**産前産後期間**（出産日または出産予定日の属する前月から4か月間）の保険料が免除され、その期間は**満額**の基礎年金が支給される（2019（平成31）年4月から実施）。財源は2分の1が国庫負担で残りは保険料である。

出 32-54-1

■ 国民年金基金

90 **国民年金基金**は第1号被保険者を対象として、老齢基礎年金に上乗せする任意加入の制度で、都道府県単位に設立する地域型と全国単位に事業または業務ごとに設立する職能型がある。

91 国民年金基金は、**基本給付**（物価スライドしない）、**ボーナス給付**、各基金独自の給付で構成され、加入者は給付の型を選択できる。対象は日本国内に居住する**第1号被保険者**と60歳以上65歳未満の任意加入被保険者である。任意に脱退できず、掛金は社会保険料控除の対象となる。

▶第1号被保険者のうち、農業者年金基金加入者、保険料免除者・猶予者は加入できない。

社会保障

重要項目

厚生年金

■ 対象

92 **厚生年金保険の適用事業所**は、従業員を使用する一定の要件にある事業所または船舶をいう。適用事業所の在職者は**厚生年金保険の被保険者と**なるが、70歳に達すると資格を喪失する（国外に勤務していても資格は喪失しない）。また、短時間就労者（パート）でも被保険者となれる（ **32** 表8参照）。

> ▶70歳以上で適用事業所に勤務するときの年金額は、65歳以上と同様の調整をうける（ **95** 参照）。

93 被保険者は、第1号厚生年金被保険者（民間企業従業員）、第2号厚生年金被保険者（国家公務員）、第3号厚生年金被保険者（地方公務員）、第4号厚生年金被保険者（私立学校教職員）で、年金の決定、支払事務は種別に応じた実施機関が行う。

■ 給付

94 **老齢厚生年金**は、基礎年金の支給要件を満たした場合に上乗せする形で65歳から支給される。年金額は、**平均標準報酬額**（在職中の標準報酬月額と標準賞与額との総額を被保険者期間の月数で除した額）に被保険者期間と一定の給付乗率を掛けて算出される。ただし、65歳を超えて厚生年金適用事業所に勤務していると、在職老齢年金として年金額が調整される（70歳以上は被保険者ではないが、65歳以上と同様の調整をされる）。

> 出 32-55-5

95 **在職老齢年金**は、**総報酬月額**（賞与を含めて月収換算）と**基本月額**（報酬比例の老齢厚生年金の月額）の合算額によって年金額が調整される。65歳未満では合算額が28万円を超えると減額され、47万円を超えると超えた分が支給停止となる。また65歳以上では47万円を超えると、超えた分の2分の1が支給停止となる。

> **在職老齢年金**
> 年金支給年齢に到達しても厚生年金の適用事業所で働いている場合の年金

96 厚生年金を分割する理由が生じた場合（離婚など）、婚姻期間中の標準報酬については、扶養配偶者の同意か裁判所の決定があれば、**2分の1**を上限に分割できる。2008（平成20）年4月以降の第3号被保険者期間については、離婚以外の事由（長期不在など）も含め、被扶養配偶者の請求により厚生年金額が自動的に**2分の1**に分割される。

> 出 31-52-1

97 **特別支給の老齢厚生年金**（60歳台前半の老齢厚生年金）、3級の障害厚生年金、障害手当金および子のない妻、55歳以上の夫・父母・祖父母、孫に対する遺族厚生年金は、**厚生年金の独自給付**である。

98 **障害厚生年金（1・2級）**は、厚生年金保険の**被保険者期間中に初診日**

> 出 29-52-2

7　年金保険制度の具体的内容

厚生年金

のある傷病が原因で、障害基礎年金に該当する障害（1・2級）が生じ
たときに、障害基礎年金に上乗せする形で支給（被扶養配偶者がいる場
合は加算）される。遺族厚生年金も同じ。

32-51-2

▶被保険者期間300月
未満は、300月として
年金額を算出する。

99 障害基礎年金に該当しない程度の障害であっても、厚生年金保険の障害
等級に該当するときは、**3級の障害厚生年金**（配偶者の加算はない）ま
たは一時金として**障害手当金**が支給される。

100 **遺族厚生年金**は、①被保険者が死亡したとき、②被保険者であった間に
発生した傷病が原因で初診日から5年以内に死亡したときなどに遺族に
支給される。支給額は概ね死亡した被保険者の受給できる**老齢厚生年金**
（報酬比例の年金額）の**4分の3**に中高齢寡婦加算または経過的寡婦加
算が加わった額である。

101 **遺族の範囲**は、①遺族基礎年金の支給対象となる遺族、②子のない妻、
③被保険者が死亡したときに55歳以上の夫、父母、祖父母（60歳から
支給）、④孫（子と同じ要件。 **82** 参照）である。①は子のある配偶者ま
たは子で遺族基礎年金と遺族厚生年金が支給されるが、その他（②〜④）
は遺族厚生年金のみが支給される。

102 **遺族厚生年金**の受給者が65歳に達し、自らの老齢厚生年金の受給権が
発生すると、「遺族厚生年金」と「遺族厚生年金の3分の2＋老齢厚生
年金の2分の1」のいずれか高いほうの額から、自らの老齢厚生年金額
を差し引いた分が、遺族厚生年金として支給される。また、**30歳未満で
子のない妻**は、5年間で遺族厚生年金の**受給権を喪失**する。

出 29-53-5
32-52-4,5

■財源

103 **厚生年金保険の保険料**は、総報酬制で被保険者の**標準報酬月額**と**標準賞
与額**に保険料率を乗じた額となり、被保険者と事業主が折半するが、保
険料の納付義務者は事業主である。第4種被保険者（任意継続被保険
者）は被保険者が全額負担する。厚生年金保険の保険料率は2017（平
成29）年9月以降は**18.3**％（坑内員・船員の別）に固定されている。

出 32-55-1

104 **保険料の標準報酬分**は、厚生年金保険は第1級8万8000円から第31
級62万円、健康保険は第1級5万8000円〜第50級139万円である。
標準賞与額分は、厚生年金保険は賞与額から1000円未満を切り捨てた
額（1回の支給につき上限150万円）で、健康保険は、年間上限573万
円である。

105 育児休業法による**育児休業を取得期間中の者および事業者**は、育児休業
中の被用者年金の保険料が**免除**される。免除される期間の最長は子が**3**

出 30-54-3
32-51-3

社会保障

🔆 重要項目

歳に達するまでである。被用者医療保険（健康保険など）も同様である。

各種共済組合の年金

106 **退職共済年金**は、被用者年金の一元化で、**退職共済年金額**は、①老齢基礎年金、②老齢厚生年金、③**年金払い退職給付**となった。**年金払い退職給付**の保険料は労使あわせて1.5％が上限で、有期年金（20年または10年を選択）と終身年金半々で構成され、積立方式で運営される。

8 医療保険制度の具体的内容

■ 医療保険制度の沿革・概要

107 1961（昭和36）年4月に**国民皆保険制度**が発足したが、その後の制度の展開は表19のとおりである。

表19　医療保険制度の展開

1973（昭和48）年	法改正、老人医療費無料化、給付水準の大幅改善など
1982（昭和57）年	老人保健法制定（高齢者の一部負担の導入、老人医療費を各保険者間で按分負担）、施行は1983（昭和58）年2月
2001（平成13）年	法改正、老人医療の一部負担金に定率制導入
2002（平成14）年	法改正、給付水準の見直し（3歳以上70歳未満の加入者は一律3割負担）、老人医療受給対象年齢を引き上げ
2003（平成15）年	法改正、総報酬制を導入
2006（平成18）年	「医療制度改革大綱」（2005（平成17）年）に沿って健康保険法等を改正（①医療費適正化の総合的な推進、②後期高齢者医療制度の創設、③保険者の再編統合）
2008（平成20）年	後期高齢者医療制度発足（ 108 参照）
2015（平成27）年	法改正、持続可能な医療保険制度の構築　①国民健康保険の財政運営は都道府県（ 110 参照）、②国保組合の補助金見直し（ 140 参照）、③後期高齢者支援金の総報酬制導入（ 145 参照）、④入院時の食事代の引上げ（ 124 参照）、⑤患者申出療養制度の創設（ 126 参照）

出 31-53-2
32-49-4

出 31-53-5

108 2008（平成20）年4月から高齢者の医療給付が変わった。内容は、①**前期高齢者**（65〜74歳）は、国民健康保険、被用者保険に加入したままその給付を受け、前期高齢者の偏在による保険者間の負担の**不均衡**を、各保険の加入者数に応じて調整を行う、②**後期高齢者**（原則75歳以上）

出 29-43-3（行財）

|| **8** 医療保険制度の具体的内容

は、**後期高齢者医療制度**に加入し、そこから給付を受ける。

▶後期高齢者医療制度
の成立により老人保健
法による医療給付はな
くなった。

109 2008（平成20）年10月に**全国健康保険協会**（全国単位の公法人）が設立され、都道府県ごとに地域の医療費を反映した保険料率を、3〜12％の範囲で設定している。また、健康保険組合は従来どおりであるが、小規模・財政窮迫した健康保険組合の再編・統合の受け皿として都道府県単位の**地域健康保険組合**の設立が可能になった。

110 2015（平成27）年5月国民健康保険法等の改正で、2018（平成30）年4月から**都道府県**が**国民健康保険の財政運営**の責任主体となり、安定的な財政運営、市町村国保事業の効率的な実施の確保を目的として、市町村国保事業の健全運営に中心的役割を果たす。市町村は資格の取得・喪失、保険料の徴収、保険事業の実施に役割が変わった。

出 28-30-5（現社）
32-53-3

111 日本の医療保険制度は、基本的に**健康保険**（民間被用者）、**共済組合**（国家公務員など）、**船員保険、国民健康保険**および**後期高齢者医療制度**（原則75歳以上）の5つがある。加入者が最も多いのは健康保険で約6755万人（53.6％）である（表20参照）。

表20　医療保険制度

	一般被用者			日雇被用者	船員	公務員・教員等	農業・自営業者等（非被用者）		後期高齢者
加入制度	健康保険				船員保険	共済組合	国民健康保険		後期高齢者医療
保険者	協会	組合	協会		全国健康保険協会	共済組合・事業団	市町村	国保組合	広域連合
	全国健康保険協会	健保組合	全国健康保険協会						
加入者数（千人）	38,071	29,463	19		122	8,697	30,126	2,814	16,778

注1：国民健康保険の市町村の加入者数には、被用者保険の退職者が含まれている。
　2：加入者数は2018（平成30）年6月時点。
資料：厚生労働省編『厚生労働白書 平成30年版』2019年、資料編27頁

112 **健康保険制度**は、被用者を対象とした制度で、**全国健康保険協会管掌^{かんしょう}健康保険（協会けんぽ）**（**115**参照）と**組合管掌健康保険（組合健保）**があり、保険者は国と健康保険組合である。近年、長期にわたる経済低迷から組合健保は保険者、被保険者とも減少している。なお、船員保険は**全国健康保険協会**が保険者である。

113 **国民健康保険**は、他の公的医療保険に加入していない人を対象としており、**市町村**が保険者となるもの（**市町村国保**）と**国民健康保険組合**が保

出 30-51-3

311

険者となるもの（**組合国保**）がある。なお、2018（平成30）年度から都道府県が市町村とともに保険者となり、財政運営の責任主体となった。後期高齢者医療制度の発足で国保の加入人員は大幅に減った。市町村国保は、農業従事者や自営業者はあわせて2割弱と減少し、無職者や非正規雇用者が増え、低所得者や75歳未満の高齢者の医療保険制度に変わりつつある。

■ 適用

114 **健康保険組合**は、常時700人以上の従業員がいる場合、または同業種の複数の事業所で合計3000人以上の従業員がいる場合に厚生労働大臣の認可を得て設立される。法定給付のほかに独自の**付加給付**ができる。共済組合も同様に付加給付ができる。

115 **全国健康保険協会管掌健康保険**は、被用者であって健康保険組合の組合員でない者を対象とする。主として**中小企業**の事業所が適用される。強制適用事業所は、常時5人以上の従業員のいる業種（一部の業種を除く）および常時従業員がいる国、地方公共団体または法人の事業所である。強制適用の対象外でも申請すれば任意適用される。

116 被用者保険には、組合管掌健康保険、全国健康保険協会管掌健康保険、船員保険、共済組合があるが、被用者である被保険者（組合員）の被扶養者も保険給付を受けることができる。**被扶養者の要件**は、原則として被保険者と生計維持関係にある直系尊属、配偶者（内縁関係を含む）、子、孫、兄弟姉妹は、年収が**130万円**未満で、被保険者の年収の**2分の1**未満であることとされている（生計維持関係にあればよく、同居は必要としない）。

出 28-55-4
31-54-2

117 各種共済組合の医療保険は、国家公務員、地方公務員等および私立学校教職員の3つが**短期給付**として行っている。

118 **市町村**には国民健康保険を実施する法的義務が課せられており、国民健康保険の主な**実施主体**である。**国民健康保険組合**（国保組合）は、同種の事業または業務に従事する者300人以上を組合員とする公法人である。

119 市町村の行う**国民健康保険の被保険者**は、その区域内に住所を有する被用者保険未加入の者で、**強制加入**である（生活保護世帯は除外される）。

出 28-67-1（低生）

■ 医療給付

120 国民健康保険と健康保険・共済組合・船員保険の**医療給付**は、被保険者の疾病および負傷に対して現物給付の形で行われる。医療給付には、療

養の給付（家族療養費）、入院時食事療養費、入院時生活療養費、保険外併用療養費、訪問看護療養費（家族訪問看護療養費）、療養費、高額療養費、高額介護合算療養費等がある。

121 健康診断、予防注射、正常分娩（ぶんべん）、美容整形などは保険給付の**対象とはならない**。**自損の負傷**は犯罪行為による場合でなければ保険給付が受けられる。また、第三者行為による負傷も給付を受けられるが、保険者は費用の一部または全部を加害者に請求することになる。さらに、労働者の業務上による傷病は**労災保険**による給付が優先される。

> 出 28-55-1
> 31-54-1

> ▶ 労災保険で給付されない場合は対象。

122 **療養の給付割合**は各保険共通で、義務教育就学後から70歳未満の被保険者本人・被扶養者とも**7**割、0歳〜義務教育就学前の者は**8**割、70歳以上75歳未満の者は**8**割（1944（昭和19）年4月1日以前に生まれた者は9割、現役並み所得者は7割）である。

> 出 28-70-3（保医）
> 28-127-2（高齢）
> 31-70-1（保医）
> 32-54-4

社会保障

123 長期療養を必要とする医療療養病床に入院している医療の必要性が高い**65**歳以上の者には入院時生活療養費の居住費（平均的家計における光熱水費相当額）の負担はなかったが、在宅療養者の負担との公平化の視点から2017（平成29）年10月から負担が発生し、2018（平成30）年4月からは指定難病や老齢福祉年金受給者など一部を除き1日**370**円の負担となった。

124 入院中に食事の提供を受けたときは、費用のうち定額の標準負担額を支払い、残りが**入院時食事療養費**として支給（現物給付）される。標準負担額は1食単位となり、在宅療養との公平性の観点から2016（平成28）年4月から段階的に引き上げられ、2018（平成30）年4月に**460**円になった。ただし、低所得者と難病患者などの負担は従来のままである。

> 出 28-70-1（保医）
> 31-70-3（保医）

> ▶ 市町村民税の非課税者など低所得者は、90日まで1食210円、91日以降が1食160円。70歳以上は、1食100円。

125 **保険外併用療養費**は、先進医療、医薬品の治験、薬価基準に収載前の医薬品の使用など、将来的な保険導入のため評価を行う**評価療養**と、特別の病室の提供など快適性を患者が選択する**選定療養**とに分かれており、これらの療養が行われた場合は、保険対象となる通常の療養と共通の部分は保険外併用療養費として給付されるが、特別なサービスの部分は自費となる。

> 出 28-55-5
> 28-70-5（保医）

126 2016（平成28）年4月から困難な病気をもつ患者からの申出で、最新の医薬品等を迅速に保険外併用療養として使用する制度（**患者申出療養制度**）が発足した。

127 健康保険などの被保険者とその被扶養者は、医療費の自己負担限度額を超えると、その超えた分が**高額療養費**として支給される。自己負担限度額は、年齢や所得階層のほか、世帯合算、多数該当（1年間に4回以上

> ▶ 自己負担額の算出は同一保険者で行う。

┃ 重要項目

　　高額療養費が支給された場合、4回目以降の減額）および長期高額疾病（原則として限度額1万円）などにより異なる。

128 高額療養費は年齢、所得別階層別に自己負担限度額が設定され、2017（平成29）年に上限額が上がった。70歳未満では、住民税課税者（所得により4区分）と住民税非課税者の5区分である。70歳以上75歳未満では、現役並み所得、一般、低所得者Ⅱ、低所得者Ⅰの**4区分**で、2018（平成30）年8月から現役並み所得（課税所得145万円以上）が3区分され、さらに自己負担上限額が上がった。

出 31-70-2（保医）

129 同一世帯で医療保険の自己負担額と介護保険の利用者負担額がともにあり、その年間（8月から翌年7月）の合計額が一定の金額を超えると、超えた分が高額介護合算療養費として支給される。自己負担上限額の枠組みは高額療養費と同じく、現役並み所得は2018（平成30）年から3区分となった。

出 31-51-5

■ 医療給付以外の給付

130 **現金給付**として、**移送費**（家族移送費）、**傷病手当金**、**出産育児一時金**（家族出産育児一時金）、**出産手当金**、**埋葬料**（家族埋葬料）がある。

131 **傷病手当金**は、病気やけがの療養のため労務につけず、4日以上その状態が続き、報酬が支給されないときに休業中の所得保障として給付される。支給額は、1日につき**標準報酬日額**の**3分の2**であり、**支給期間**は**1年6か月**が限度である。退職しても被保険者期間が1年以上あれば、継続して受給期間満了まで受給できる。傷病手当金は健康保険では**法定給付**である。国民健康保険では任意給付で、市町村では実施していない。なお、同じ病気やけがで障害厚生年金・障害手当金を受けると傷病手当金は支給されない。また、労災保険の休業補償給付受給中に傷病手当受給権が発生しても、その期間は傷病手当金は支給されない。

出 29-54-4, 5
29-74-1（保医）
31-54-4, 5
31-70-5（保医）

▶標準報酬日額は、傷病手当の支給を開始する月以前の継続した12か月の平均標準報酬月額の30分の1である。出産手当金も同様。

132 被保険者が出産したときは、健康保険、国民健康保険とも**出産育児一時金**が、配偶者や家族が分娩したときは、**家族出産育児一時金**が支給される。給付は出産を行った保険医療機関等に直接支払われる。給付は健康保険では**42万円**（産科医療保険制度未加入の病院で出産の場合は2万円弱減額）である。国民健康保険は条例で定める。

出 30-54-1
31-70-4（保医）
32-51-1
32-54-2

133 **出産手当金**は、出産の日以前42日（多胎妊娠の場合は98日）、出産の日後56日以内、労務に服さず、賃金・給料が得られないときに支給される。1日について**標準報酬日額**の**3分の2**に相当する額が支給される。退職後の継続給付は、傷病手当金と同じである。

出 28-55-2

8 医療保険制度の具体的内容

134 健康保険では被保険者本人または被扶養者が死亡したときには、**埋葬料**
または**家族埋葬料**が5万円支給される。また、緊急時などに傷病で移動
が困難なため移送されたときは、実費または保険者が認めた額が**移送費**
（家族移送費）として支給される。

出 28-70-2（保医）

■ 財源

135 **協会けんぽの一般保険料率**は、総報酬制（賞与を含めた年収を対象）を
導入している。**標準報酬月額**および**標準賞与額**に保険料率を乗じ、被保
険者と事業主が折半負担する。保険料率は3〜13％の範囲で都道府県ご
とに設定され、2020（令和2）年度の保険料率は、最低は新潟県の9.63
％、最高は佐賀県の10.75％である。標準賞与額の上限は、年間をとお
して（4月〜翌年3月）573万円である。

136 **組合健保の保険料率**は、協会けんぽと同様に3〜13％の範囲で各組合ご
とに定められる（被保険者と事業主の負担は原則折半であるが、特例と
して事業主の負担を増加することができる）。

出 32-53-4

137 市町村は、**国民健康保険料（税）**を世帯主（組合国保は組合員）から徴
収する。保険料（税）の額は、当該世帯の各被保険者を対象にした**所得
割額**、資産割額、被保険者数に応じた均等割額、**世帯別平等割額**を合算
して得た額である。なお、組み合わせや比率は市町村ごとに決定する。

138 **給付費に対する国庫の補助**は、**協会管掌 健康保険**には1000分の164
で、組合管掌健康保険には原則としてない（一部の財政逼迫健康保険組
合に定額補助がある）。

出 31-49-1
32-53-5

139 市町村の国民健康保険は、給付費（前期高齢者納付金および後期高齢者
支援金分を含む）の50％以上を公費で賄っている。**国の負担は41％**
（定率負担32％、財政調整交付金9％）、**都道府県の負担は9％**（調整
交付金）である。

140 国保組合にも国は給付費の32％の定率負担をしているが、2016（平成
28）年度から被保険者の平均所得が高い組合は、2016（平成28）年度
から5年間に段階的に見直し、所得水準に応じて13％から32％になる。
また、所得水準の低い組合はその影響が生じないように、全給付費の
15.4％を上限に調整交付金を交付する。

141 国保財政の安定化のため、2018（平成30）年4月から著しく高額な医
療費（1件420万円超え）に都道府県からの拠出金を財源に全国で費用
負担を調整する**特別高額医療費共同事業**が発足した（国は予算の範囲で
一部を負担）。このほか、高額療養費（1件80万円超え）の発生による

💡注目！

高額医療給付費の国民健
康保険財政に対する影響
を緩和するため、特別高
額医療費共同事業が発足
した。

社会保障

315

重要項目

国保財政の影響を緩和するため国と都道府県が高額療養費の4分の1ずつを負担し、さらに低所得者の保険料軽減分を都道府県が4分の3支援する。

■ 後期高齢者医療制度

142 老人保健法が「高齢者の医療の確保に関する法律」に改正されたことにより、2008（平成20）年4月から後期高齢者医療制度が発足した。運営主体は、後期高齢者医療広域連合（都道府県単位ですべての市町村が加入する）であり、保険料の徴収および窓口業務は市町村が行う。

出 29-43-1（行財）

143 被保険者は、広域連合内に住所がある75歳以上の者（65歳以上75歳未満で一定の障害の状態にあると広域連合が認定した者を含む。老人保健法の老人医療対象者と同じ）で、75歳の誕生日から被保険者となる。なお、後期高齢者医療制度の被保険者は、健康保険等各医療保険制度の被保険者・被扶養者から除外される。

出 32-53-1

144 給付内容は、医療保険とほぼ同じ内容である。療養の給付は9割（現役並み所得者は7割）で、高額療養費の自己負担限度額も70歳以上75歳未満と同じ4区分だが、それより低く設定されている。所得の認定は世帯単位で行う。

出 28-70-4（保医）

145 後期高齢者医療制度の費用負担は、保険料が1割、各医療保険制度（現役世代の保険料＝後期高齢者支援金）が4割、公費が5割（国：都道府県：市町村＝4：1：1）である。なお、後期高齢者支援金は段階的に引き上げられ、2017（平成29）年度には全面総報酬割となった。

出 30-50-5
29-43-2（行財）
32-53-2

146 保険料は、被保険者一人ひとりに課され、応能負担（所得割）と応益負担（被保険者均等割）で構成されている。所得割額の軽減措置が2018（平成30）年度から廃止され、低所得者には均等割額の軽減基準（軽減率対象）が拡大された。低所得者には応益負担分の軽減措置がある。また、保険料は原則として年金（年額18万円以上）から天引き（特別徴収）されるが、口座振替等による納付を選択することもできる。

■ 公費負担医療

147 公費負担医療は、国や地方自治体が特定の目的のため公費を財源として医療費等を負担する制度で、性格により、①補償的医療、②社会防衛的医療、③福祉的医療、④治療研究的医療に分けられる。全額公費によるものもあるが、公的医療保険を優先し、保険負担分の残りの部分（患者負担部分）の全部または一部を負担する制度が多い。

9 諸外国における社会保障制度の概要

先進諸国における社会保障制度の概要

■スウェーデン

148 所得保障の給付制度（年金、児童手当、傷病手当等）は中央政府が担い、医療サービスは**ランスティング**（広域自治体）と呼ばれる広域の地方自治体、社会福祉サービスは**コミューン**（基礎自治体）が運営母体となる。

出 31-55-5

▶1992年に医療のうちナーシングホームなどをコミューンに移管した（エーデル改革）。

149 老齢年金は、所得比例年金は賦課方式で、積立年金（被保険者は投資ファンドを選択できる）は積立方式である。保険料率は18.5％（所得比例は16％）に固定され、給付は受給者数等で自動調整される。支給開始年齢は**61歳以降自ら選択**できる。また、年金額が最低保障より低いと、その差額が保証年金として支給される。**保証年金**は国内居住3年以上の65歳以上のすべての人が受給対象となり、財源は税である。

出 29-55-4

150 医療サービスは、現物給付で財源は**税金**である。自己負担額は、ランスティングが国の定めた上限額の範囲内で決めている。

151 介護サービスは、エーデル改革（1992年）でランスティングが行う医療サービスから分離され、**コミューン**が行っている。医療と同じで現物給付で財源は**税金**で、在宅サービスを中心に施設サービスも行っている。自己負担は国の定めた上限の範囲内で定めている。

出 31-55-5

■ドイツ

152 社会保障は保険原則を重視し、所得比例主義の保険料と保険給付の構造を確立して、**職域**を基礎に普及している。医療、年金、労災、介護保険を最初に導入した国としても知られている。また、介護保険は医療保険と連動し、医療保険被保険者は強制加入で、扶養家族も適用対象となる。財源は保険料だけである。

出 29-55-3

153 **一般年金保険**が最大で、被用者は強制加入であるが、**自営業者**は一部の職種（手工業者、芸術家、教師など）以外は任意加入である（**国民皆年金ではない**）。保険料は労使折半であり、賦課方式で運営され、国庫負担も23％ある（2017年）。受給要件は、5年間の被保険者期間を有する者で、支給開始年齢は段階的に67歳になる。

154 医療サービスは、**社会保険方式**で職域や地域の**疾病金庫**が運営し、総人口の87％が加入している。なお、一定収入を超える一般労働者、公務

員、自営業者（一部の職種）は任意加入であるが、加入しない場合は民間保険の加入を義務づけられている。給付は現物給付で原則自己負担はないが、入院と薬剤は一部負担がある。財源は主に保険料収入で、国庫負担はわずかである。

155 介護保険は医療保険と連動し、医療保険被保険者は**強制加入**で、扶養家族も適用対象となる。サービスの内容は日本と異なり、在宅での介護者への給付（介護手当）がある。財源は保険料だけである。

出 29-55-3
31-55-4

■ フランス

156 年金と医療は職域を基礎にしているが、**数多くの制度に分立**している。医療には、一般制度（**民間商工業職域の被用者**）、特別制度（公務員、鉄道など特定の職域）、農業制度（農業経営者など）などがある。

出 31-55-3

157 年金は所得比例であり、年金の財源は保険料である。上乗せ年金である補足年金は、労使協定に基づいて適用されている。また、無年金・低年金者には、無拠出で公的資金による最低所得保障として高齢者連帯手当がある。

158 医療は**社会保険方式**で国民の8割が一般制度に加入している。給付は、外来診療70％、入院診療80％、薬剤費65％が基本で、償還方式であるが、2017年から外来診療も含めて第三者支払方式が採用されることになった。医療保険（一般制度）は労使代表による自治管理の医療保険金庫が管理する。財源は保険料と目的税であり、国庫補助はわずかである。

出 29-55-5

▶ 法改正で日本と同様に窓口で自己負担分を支払うことが可能になった。

159 介護サービスは、県が実施主体で**税方式**を採用し、高齢者と障害者の介護サービスを一体化している。財源は県の一般財源と年金保険金庫の拠出金、国庫負担等である。

■ イギリス

160 **国民保険法**は、老齢、遺族、障害の年金制度と疾病、失業（労災は1990年より別の無拠出給付制度になった）のリスクを包括的に統合した所得保障制度であり、比較的低い水準の給付であるが、広くすべての人に適用している。

161 **国民保険の老齢年金**は、2014年に基礎年金と国家第二年金などを統合し、所得再分配機能を強化した定額の一層型の年金制度に改正が行われた（実施は2016年）。保険料は年金を含めたすべての給付制度の総額を所得に応じて一定比率で負担する。また、**財源は保険料収入のみ**である。支給開始は段階的に68歳となる。

9 諸外国における社会保障制度の概要

先進諸国における社会保障制度の概要

162 **国民保健サービス法**（1946年制定、1948年施行）により、国営の医療機関が全ての居住者を対象として予防、リハビリを含めた包括的な保健医療サービスを税財源により原則無料で提供していたが、近年は財政難から自己負担や供給面でも市場の原理が導入されつつある。財源は8割が国庫負担である。

出 29-55-2
31-55-2

163 介護サービスは地方自治体が実施主体で、財源は税金である。サービスは在宅が中心で、提供主体は民間事業者への移行が進んでいる。自己負担は地方自治体によって異なる。

■ アメリカ

164 アメリカは、国民の自己責任による生活防衛の考え方が強く、政府は国民の生活保障に対して最低限の役割しか果たさないため、**民間保険制度**の役割が大きい。生活に関するサービスは、州政府の管轄に属する認識が強く、制度内容が州ごとに異なることが多い。また、公的扶助も州政府管轄である。

165 **公的医療保障制度**は老齢年金受給者などを対象とする**メディケア**（連邦政府の健康保険）と、低所得者を対象とする**メディケイド**（州政府運営の医療扶助）で、**約6割の国民は民間保険**に加入している。しかし無保険者が多いため2010年**医療保険改革法**を制定し、加入条件の緩和と助成を行い、国民に民間保険加入を義務づけた。改革で無保険者は減少したが、公的助成費用の増大と保険料の増額などの課題を残している。

出 29-55-1
31-55-1

▶改革で病歴を理由に保険加入が拒否できなくなった。

166 年金は**公的年金制度**（**OASDI**）が最大で、**連邦政府**が運営している。OASDIはアメリカに居住する労働者と**一定所得以上の自営業者**に強制適用される（一定所得未満の者は年金に加入できない）。財源は、**社会保障税**が主である。支給は段階的に67歳になる。

実力チェック！ 一問一答

※解答の（　）は重要項目（P.284〜319）の番号です。

●解答

① 65歳以上人口の割合が7％を超えると高齢化社会といい、14％を超えると高齢社会というが、日本は欧米に比べその移行期間が短い。フランスは115年だが、日本は何年か。

▶ **24年（ 1 ）**

② 総務省の人口推計によると、2019（令和元）年10月の年少人口、就労人口はともに前年より減少し、高齢人口は増加している。高齢人口の占める割合は何％か。

▶ **28.4％（ 2 ）**

③ 1950（昭和25）年の社会保障審議会の勧告は日本の社会制度全体の基本骨格を提言したが、1995（平成7）年の勧告は何を提言したか。

▶ **介護保険制度（ 9 ）**

④ 国民健康保険は、農業従事者や自営業者を対象に任意加入制度として国民健康保険は創設され、1958（昭和33）年に強制加入制度に改正された。創設されたのは何年か。

▶ **1938（昭和13）年（ 19 （表1 ））**

⑤ 被用者を対象とした厚生年金は1944（昭和19）年に制定されたが、自営業者等を対象にした国民年金はいつ制定されたか。

▶ **1959（昭和34）年（ 19 （表1 ））**

⑥ 社会保障財源は、「社会保険料」「公費負担」「資産収入」に大別される。2017（平成29）年度の総額は約141.6兆円で、社会保険料は50.0％、公費は35.3％を占めているが、国庫負担は全体の何％か。

▶ **23.5％（ 20 ）**

⑦ 日本の社会支出は124兆円で、対国内総生産比は22.7％であるが、フランス、ドイツより低い。フランスの対国内総生産比はどのくらいか。

▶ **32.2％（ 22 ）**

⑧ 日本の社会保障給付費は、2017（平成29）年度は約120兆円で、対国民総生産比は21.97％である。給付費の機能別の構成割合は高齢、保健医療が80％弱を占めている。家族の割合はどのくらいか。

▶ **6.9％（ 23 ）**

⑨ 2017（平成29）年度の日本の社会支出をみると、政策分野別の構成割合は、高齢が最も高く、保健、家族、遺族と続く。高齢の占める割合は何％か。

▶ **45.9％（ 23 ）**

⑩ 日本の国民負担率は、アメリカよりは高いが西欧に比べ低いといわれているが、財務省が公表した2020（令和2）年度の日本の国民負担率の見通しは約何割か。

▶ **4割（44.6％（2020（令和2）年度見通し））（ 24 ）**

⑪ 民間保険は保険技術を用いて、保険料だけで運営されているが、保険料と給付の関係で社会保険には適用できない原則がある。その原則を何というか。

▶ **給付・反対給付均等の原則（ 26 ）**

●解答

⑫ 介護保険の第1号被保険者はサービスの提供を受けると介護報酬分で利用者負担を支払う。負担は所得により異なるが、合算年収が300万円だと負担は何割か。

▶ **2割**（ 36 （表12））

⑬ 労災保険の適用事業所に使用される労働者は雇用の形態に関係なく労災給付の対象となるが、自営業者でも業務実態等から労災保険に加入できる制度がある。それは何か。

▶ **特別加入制度**（ 40, 41 ）

⑭ 業務災害で負傷して労災認定されると、治療費は全額給付されるが、休業補償給付は労働者福祉事業の加算を含め、どの程度支給されるか。

▶ **給付基礎日額80％相当額（労働者福祉事業の加算は20％）**（ 42 （表13））

⑮ 労災保険の保険者は国であるが、業務災害や通勤災害の保険給付の認定を行うのはどこか。

▶ **労働基準監督署**（ 43, 44 ）

⑯ 育児休業は子が1歳6か月を超えても保育所に入れない場合は、2歳まで延長できる。この延長期間も育児休業給付金は給付されるが、給付は休業前賃金の何％か。

▶ **50％（180日未満は67％）**（ 51 （表14））

⑰ 配偶者、父母らの介護で介護休業を取得する場合、同一人の介護では93日を限度に3回に分割し取得できる。休業中の介護休業給付金はいくらか。

▶ **休業前の賃金の67％**（ 51 （表14））

⑱ 雇用保険の基本手当は公共職業安定所で失業の認定を受けなければ支給されない。受給要件は、失業状態にあることと、あと1つ何が必要か。

▶ **離職の日以前2年間に通算して12か月以上の被保険者期間があること**（ 52 ）

⑲ 児童手当は0歳から中学校修了までの児童を対象に、就学前、小学生、中学生及び第1子・第2子、第3子の2つの区分により給付金額が異なっている。第3子の小学生の給付額はいくらか。

▶ **1万5000円**（ 59 ）

⑳ 児童扶養手当は父または母と生計を同じくしていない児童の一定所得以下の養育者に支給されるが、対象児童が何歳まで支給されるか。

▶ **18歳に到達した年度の末日まで、1・2級の障害がある場合は20歳未満**（ 63, 82 ）

㉑ 福祉元年といわれた1973（昭和48）年に厚生年金の給付水準引上げのほか、過去の標準報酬額の再評価とあと1つ給付水準維持の改正がなされた。それは何か。

▶ **物価スライド制の導入**（ 64 （表16））

㉒ 老齢基礎年金の満額受給には加入可能期間の全期間の保険料納付が必要となる。また、保険料給付を繰り下げると給付額は増額するが、繰下げは何歳まで可能か。

▶ **70歳**（ 75 ）

㉓ 障害基礎年金の年金額は定額（老齢基礎年金の満額）であ

▶ **1.25倍**（ 78 ）

一問一答

るが、1級の障害基礎年金の額は2級の障害基礎年金の額の何倍か。

24 遺族基礎年金の受給権は子（婚姻している子は除く）にあるが、そのほかに受給権のある者がいる。それは、誰か。

25 国民年金の保険料免除期間は免除の割合に応じて基礎年金給付費の国庫負担分（2分の1）が老齢基礎年金額に反映されるが、保険料納付猶予期間の年金額への反映はどうなっているか。

26 国民年金の第1号被保険者が産前産後期間の保険料を免除され、その期間は満額年金が支給される制度が2019（平成31）年4月から実施されたが、保険料が免除される期間はどれくらいか。

27 育児休業法で、育児休業中の被用者年金の保険料が免除される期間は、最長で子が何歳に達するまでか。

28 2015（平成27）年の国民健康保険法の改正で2018（平成30）年4月から国民健康保険の運営が変わり、都道府県が加わることになった。都道府県の役割は何か。

29 健康保険の被扶養者の要件は、生計を一にしていて、年収130万円未満のほかに、何があるか。

30 公的医療保険の保険者は多いが、給付の内容はほぼ同じで、給付率も年齢により区分され共通である。3歳の子の自己負担は医療費の何割か。

31 同一世帯で医療保険と介護保険の利用負担額がともにあり、その年間（8月から翌年7月）合計額が一定金額を超えると支給される給付は何か。

32 健康保険の被保険者は、傷病により就労できない場合は、傷病手当金として標準報酬日額の3分の2が最長1年6か月支給されるが、休業何日目から支給されるか。

33 国民健康保険と異なり、健康保険では被保険者が出産したときは、出産前42日から出産後56日以内で出産手当金が給付される。国民健康保険で出産に関連する現金給付は何か。

34 後期高齢者医療制度は、高齢者だけを対象とした独立した強制加入の制度で、県単位の広域連合が運営し、給付内容は医療保険とほぼ同じである。対象となる国民は何歳以上

●解答

▶ **子のある配偶者**（ 80 ）

▶ **10年以内に追納しないと反映されない**（ 86, 88 ）

▶ **出産日または出産予定日の属する前月から4か月間**（ 89 ）

▶ **3歳**（ 105 ）

▶ **国民健康保険の財政運営**（ 110 ）

▶ **年収が被保険者の2分の1未満**（ 116 ）

▶ **2割**（ 122 ）

▶ **高額介護合算療養費**（ 129 ）

▶ **4日目**（ 131 ）

▶ **出産育児一時金**（ 132 ）

▶ **75歳以上の者（65歳以上75歳未満で一定の障害の状態にある者を含**

●解答

む）（ 144 ）

35 後期高齢者医療制度の財源は、公費が5割で高齢者の保険料が1割で、各医療保険の拠出金が4割である。この拠出金を何というか。

▶後期高齢者支援金
（ 145 ）

36 スウェーデンの介護サービスは医療保険と同様に税金を財源に提供し、利用者から利用負担を徴収しているが、制度の運営主体はどこか。

▶コミューン（ 151 ）

37 ドイツの介護保険は、日本と異なり在宅での介護に現金給付（介護者手当）がある。介護サービスの提供を受けられるのは被保険者とその被扶養者であるが、被保険者の資格要件は何か。

▶医療保険の被保険者
（ 152 ）

38 フランスの医療は一般制度、特別制度、農業制度に大別され、職域、地域ごとの医療保険金庫が運営している。入院の給付は80％であるが、外来の給付は何％か。

▶ 70%（ 156, 158 ）

39 イギリスは老齢年金、失業給付、傷病手当などの所得保障は社会保険（国民保険法）で行っている。保健医療サービスは税方式の制度で提供されている。それを何というか。

▶国民保健サービス
（ 162 ）

40 アメリカの医療保障は民間保険が中心であり、公的医療保障は、低所得者を対象としたもの（メディケイド）と老齢年金受給者などを対象とした連邦政府の健康保険しかない。この健康保険制度を何というか。

▶メディケア（ 165 ）

社会保障

学習心理学に基づく受験勉強の進め方

COLUMN

長い数字や言葉は、7文字前後に区切る

　記憶の入口での最大容量（直接記憶の限界）は、7±2といわれている（マジカルナンバー7）。つまり、一度に覚えることのできる文字数の限界は、5文字から9文字なのである。そうすると、長い数字や言葉も7文字前後に区切れば、容易に覚えられることになる。例えば、「社会福祉の増進に資することを目的とする」という長い文章も、「社会福祉の／増進に／資することを／目的とする」と区切れば、覚えやすくなるのである。

8

障害者に対する支援と障害者自立支援制度

傾向と対策

出題基準と出題実績

出題基準			
大項目	中項目	小項目（例示）	
1 障害者の生活実態とこれを取り巻く社会情勢、福祉・介護需要	1）障害者の生活実態とこれを取り巻く社会情勢	・国等による障害者就労施設等からの物品等の調達の推進 ・障害を理由とする差別の解消の推進 ・その他	
	2）障害者の福祉・介護需要（地域移行や就労の実態を含む。）	・障害者の福祉・介護需要の実態 ・障害者の地域移行や就労の実態 ・その他	
2 障害者福祉制度の発展過程	1）障害者福祉制度の発展過程		
3 障害者の日常生活及び社会生活を総合的に支援するための法律（障害者総合支援法）	1）障害者総合支援法の概要	・障害者総合支援法の目的、障害支援区分判定の仕組みとプロセス、支給決定の仕組みとプロセス、財源、障害福祉サービスの種類、障害者支援施設の種類、補装具・住宅改修の種類、自立支援医療、地域生活支援事業、苦情解決、審査請求、最近の動向 ・その他	
4 障害者総合支援法における組織及び団体の役割と実際	1）国の役割		
	2）市町村の役割		
	3）都道府県の役割		
	4）指定サービス事業者の役割		
	5）国民健康保険団体連合会の役割		

※【 】内は国家試験に出題された番号です。

出題実績				
第28回(2016年)	第29回(2017年)	第30回(2018年)	第31回(2019年)	第32回(2020年)
・障害者差別解消法の規定内容【56】 ・国際生活機能分類（ICF）の参加制約〜事例〜【57】		・障害者スポーツ【56】	・障害者の実態【56】	
				・障害児・者の実態【56】
・障害者福祉制度の発展過程【58】	・障害者自立支援法の歴史と内容【57】	・障害者福祉制度の発展過程【57】	・障害者福祉制度の発展過程【57】	・障害者福祉制度の発展過程【57】
・障害者総合支援法に基づく障害福祉サービス〜事例〜【59】	・相談支援専門員が提案するサービス〜事例〜【56】 ・障害者総合支援法に規定されている特定相談支援事業【59】 ・障害者の法律上の定義【61】	・障害者総合支援法で位置づけられている施設【58】 ・障害者総合支援法に基づく就労継続支援A型のサービス利用【59】	・障害者総合支援法の障害福祉サービス【58】	・障害者総合支援法に基づく障害福祉サービス〜事例〜【58】
	・障害者総合支援法における自治体の役割【58】		・各関係機関の役割〜事例〜【59】	・障害者総合支援法に定められている市町村の役割など【59】
・障害者総合支援法における都道府県の役割【60】	・障害者総合支援法における自治体の役割【58】		・各関係機関の役割〜事例〜【59】	
			・各関係機関の役割〜事例〜【59】	

障害者に対する支援と障害者自立支援制度

大項目	中項目	小項目（例示）	
	6）労働関係機関の役割	・ハローワーク ・その他	
	7）教育機関の役割	・特別支援学校 ・その他	
	8）公私の役割関係		
5 障害者総合支援法における専門職の役割と実際	1）相談支援専門員の役割		
	2）サービス管理責任者の役割		
	3）居宅介護従業者の役割		
6 障害者総合支援法における多職種連携、ネットワーキングと実際	1）医療関係者との連携	・連携の方法 ・連携の実際 ・その他	
	2）精神保健福祉士との連携	・連携の方法 ・連携の実際 ・その他	
	3）障害支援区分判定時における連携	・連携の方法 ・連携の実際 ・その他	
	4）サービス利用時における連携	・連携の方法 ・連携の実際 ・その他	
	5）労働関係機関関係者との連携	・連携の方法 ・連携の実際 ・その他	
	6）教育機関関係者との連携	・連携の方法 ・連携の実際 ・その他	
7 相談支援事業所の役割と実際	1）相談支援事業所の組織体系		
	2）相談支援事業所の活動の実際		

	第 28 回(2016 年)	第 29 回(2017 年)	第 30 回(2018 年)	第 31 回(2019 年)	第 32 回(2020 年)
				・各関係機関の役割～事例～【59】	
	・障害者総合支援法における基幹相談支援センター【61】		・相談支援事業所の相談支援専門員（社会福祉士）の対応～事例～【60】	・障害者総合支援法に基づく協議会の運営の中心的役割を担う機関【60】	
			・サービス管理責任者（社会福祉士）の対応～事例～【61】		
			・相談支援事業所の相談支援専門員（社会福祉士）の対応～事例～【60】	・相談支援事業所の活動～事例～【61】	

大項目	中項目	小項目（例示）	
8 身体障害者福祉法	1）身体障害者福祉法の概要	・身体障害者手帳、身体障害者福祉法に基づく措置 ・その他	
9 知的障害者福祉法	1）知的障害者福祉法の概要	・療育手帳、知的障害者福祉法に基づく措置 ・その他	
10 精神保健及び精神障害者福祉に関する法律（精神保健福祉法）	1）精神保健福祉法の概要	・精神障害者保健福祉手帳、精神保健福祉法に基づく措置入院 ・その他	
11 児童福祉法（障害児支援関係）	1）児童福祉法（障害児支援関係）の概要	・児童福祉法に基づく障害児支援 ・その他	
12 発達障害者支援法	1）発達障害者支援法の概要	・発達障害者支援センターの役割 ・その他	
13 障害者基本法	1）障害者基本法の概要		
14 障害者虐待の防止、障害者の養護者に対する支援等に関する法律（障害者虐待防止法）	1）障害者虐待防止法の概要		
15 心神喪失等の状態で重大な他害行為を行った者の医療及び観察等に関する法律（医療観察法）	1）医療観察法の概要		
16 高齢者、障害者等の移動等の円滑化の促進に関する法律（バリアフリー新法）	1）バリアフリー新法の概要		
17 障害者の雇用の促進等に関する法律（障害者雇用促進法）	1）障害者雇用促進法の概要		

	第 28 回 (2016 年)	第 29 回 (2017 年)	第 30 回 (2018 年)	第 31 回 (2019 年)	第 32 回 (2020 年)
		・障害者手帳【60】		・身体障害者更生相談所【62】 ・障害者手帳【62】	
		・障害者手帳【60】 ・障害者の法律上の定義【61】	・知的障害者更生相談所の業務など【62】	・療育手帳【62】 ・知的障害者更生相談所【62】	
		・障害者手帳【60】 ・障害者の法律上の定義【61】			
		・障害者の法律上の定義【61】		・発達障害者支援センター【62】	・発達障害者支援法の規定【60】
	・障害者基本法の規定内容【62】	・障害者の法律上の定義【61】			・障害者基本法の規定内容【61】
		・障害者虐待防止センターの対応～事例～【62】			
					・医療観察制度【62】

障害者に対する支援と障害者自立支援制度

傾向

　第28回から第32回試験では、それぞれ7問が出題された。第32回は、解答を2つ選ぶ問題は1問であった。以下、出題基準の項目に沿って分析する。

① 障害者の生活実態とこれを取り巻く社会情勢、福祉・介護需要

　第28回では、障害者差別解消法の規定内容に関する問題、国際生活機能分類（ICF）の参加制約に関する事例問題、第30回では、障害者スポーツに関する問題、第31回では、2016（平成28）年の「生活のしづらさに関する調査（全国在宅障害児・者等実態調査）」における障害者の実態に関する問題、第32回では、第31回と同じ調査の障害児・者の障害者手帳所持者等の実態に関する問題が出題された。2006（平成18）年12月の国連総会本会議において、「障害者の権利に関する条約」が採択され、日本政府も本条約に署名し、2008（平成20）年5月に発効した。障害者の権利に関する条約は、2013（平成25）年12月に国会で承認され、2014（平成26）年1月に批准され、同年2月19日から効力を生ずることとなった。2011（平成23）年8月には国内法の整備のために障害者基本法の改正が行われている。第28回では、障害者差別解消法も施行前であったが出題された（施行は2016（平成28）年4月から）。また、第30回では、「現代社会と福祉」に障害者差別解消法と基本方針が出題されている。今後、障害者の権利に関する条約の内容や差別解消について問う出題も多いと予想される。『厚生労働白書』（厚生労働省）や『障害者白書』（内閣府）などに目を通し、概要と特徴を頭に入れておくことが必要である。

② 障害者福祉制度の発展過程

　第28回では、障害者福祉制度の発展過程に関する問題、第29回では、2005（平成17）年に制定された障害者自立支援法の歴史と内容に関する問題、第30回では、障害者福祉制度の発展過程に関する問題、第31回では、障害者福祉制度の法や条約などの発展過程に関する問題、第32回では、障害者福祉制度の法・計画などの発展過程に関する問題が出題された。

　基礎的な内容として、歴史的な流れと障害者福祉の理念の発達を法律制定の変遷も含めて押さえておきたい。特に類似の制度と混乱させる問題も多くなっているので定義を押さえておこう。また、これからの障害者福祉のあり方なども含めて、日々、テキストや新聞、雑誌などに目を通しておくことで、自身の考え方を確立しておくことが大切である。

③ 障害者の日常生活及び社会生活を総合的に支援するための法律（障害者総合支援法）

　第28回では、障害者総合支援法に基づく障害福祉サービスに関する事例問題、第29回では、相談支援専門員（社会福祉士）が提案する福祉サービスに関する事例問題、障害者総合支援法に規定されている特定相談支援、障害者の法律上の定義に関する問題、第30回では、障害者総合支援法で位置づけられている施設、同法に基づく就労継続支援Ａ型のサービス利用に関する問題、第31回では、障害者総合支援法の障害福祉サービスに関する問題、第32回では、障害者総合支援法に基づく障害福祉サービスに関する事例問題が出題された。

　この項目では、障害者総合支援法の目的、障害支援区分の判定の仕組みとプロセス、支給決定の仕組みとプロセス、財源、障害福祉サービスの種類、障害者支援施設の種類、補装具の種類、自立支援医療、地域生活支援事業、苦情解決、審査請求、2010（平成22）年の障害者自立支援法の改正内容、2016（平成28）年6月の障害者総合支援法と児童福祉法の一部改正などについてまとめておく必要がある。相談支援専門員の対応といった形での実務的な細かい内容もあるが、まずは一連の手続きの流れを理解しておくとよい。

④ 障害者総合支援法における組織及び団体の役割と実際

　第28回では、障害者総合支援法における都道府県の役割に関する事例問題、第29回では、障害者総合支援法における自治体（市町村・都道府県）の役割に関する問題、第31回では、県・市・特別支援学校などの各関係機関の役割に関する事例問題、第32回では、障害者総合支援法に定められている市町村の役割に関する問題が出された。障害者支援制度の根幹にもかかわる内容なので、テキストレベルでもしっかりと内容を押さえておきたい。

⑤ 障害者総合支援法における専門職の役割と実際

　第28回では、障害者総合支援法における基幹相談支援センターに関する問題が出題された。第29回の相談支援専門員の提案する福祉サービスに関する問題もこの分野の内容の出題にも分類できる。第30回では、相談支援事業所の相談支援専門員（社会福祉士）の対応、サービス管理責任者（社会福祉士）の対応に関する事例問題、第31回では、障害者総合支援法に基づく協議会の運営の中心的な役割を担う機関に関する問題が出題された。

　本項目については、相談支援専門員、サービス管理責任者、居宅介護従業者の各役割について、介護保険制度と比較しながらまとめておくことが重要である。

6 障害者総合支援法における多職種連携、ネットワーキングと実際

第32回では、出題はなかった。

本項目については、障害者総合支援法における多職種との連携の実務的な内容をよく理解しておくことが大切である。

7 相談支援事業所の役割と実際

第30回では、相談支援専門員（社会福祉士）の対応に関する事例問題、第31回では、相談支援事業所の活動に関する事例問題が出題されている。大項目 5 と重なるが、実際の援助を理解するためには重要な項目であり、日頃から事例問題にあたっておくことが大切である。

8 身体障害者福祉法

第29回では、障害者手帳に関する問題、「福祉行財政と福祉計画」の科目で身体障害者更生相談所に関する問題が選択肢として出題された。第31回では、身体障害者福祉法の身体障害者更生相談所、身体障害者手帳に関する問題が選択肢として出題された。身体障害者福祉法の総則は読んでおく必要があり、また、第32回では、手帳所持の実態調査に関する問題が出題されているので、手帳制度については実務的な内容を中心に押さえておくとよい。

9 知的障害者福祉法

第29回では、療育手帳に関する問題、障害者の法律上の定義に関する問題、第30回では、知的障害者更生相談所の業務に関する問題、第31回では、療育手帳、知的障害者更生相談所に関する問題が選択肢として出題された。療育手帳と知的障害者福祉法に基づく措置、知的障害者更生相談所の業務については基本的な内容を押さえておこう。

10 精神保健及び精神障害者福祉に関する法律（精神保健福祉法）

第29回では、精神障害者保健福祉手帳に関する問題、障害者の法律上の定義に関する問題、第31回では、発達障害者支援センターに関する問題が精神保健福祉法とからめて出題された。精神障害者保健福祉手帳と精神保健福祉法に基づく措置入院についてはきちんと押さえておく必要がある。精神保健福祉士のカリキュラム再編に伴い、この科目は、共通科目に移行したため、精神保健の分野も多く出題される可能性が高い。

11 児童福祉法（障害児支援関係）

法改正により、2012（平成24）年から障害児のサービス体系が大きく変わり、その施策を児童福祉法に位置づけて実施することとなった。2016（平成28）年6月には、障害児支援のニーズの多様化へのきめ細やかな対応のために児童福祉法の改正がなされている。その他、障害児施設に関しては、障害児通所支援と障害児入所支援となったので、まとめておこう。また、障害児相談支援（事業）が児童福祉法に位置づけられたので、申請にあたっての障害児支援利用計画などもまとめておこう。

12 発達障害者支援法

第29回では、発達障害者支援法上の障害者の定義に関する問題、「福祉行財政と福祉計画」の科目で発達障害者支援センターに関する問題が選択肢として出題された。第32回では、発達障害者支援法の規定内容が出題された。2016（平成28）年の法改正部分を中心に、条文を通読しておく必要がある。

13 障害者基本法

第28回では、障害者基本法の規定内容に関する問題、第29回では、障害者の法律上の定義に関する問題、第32回では、障害者基本法の規定内容に関する問題が出題された。障害者基本法は重要な法律なので、2011（平成23）年8月の改正の内容を踏まえながら全文を読み、また他の法律との関連事項も理解しておくことが求められる。

14 障害者虐待の防止、障害者の養護者に対する支援等に関する法律（障害者虐待防止法）

2011（平成23）年6月に成立した法律であり、新たに追加された項目である。第29回では、障害者虐待防止センターの対応に関する事例問題、また、第29回では、「権利擁護と成年後見制度」の科目において、障害者虐待の定義に関する問題、第32回でも同科目で基幹相談支援センターの長の役割に関する問題が出題された。対象、障害者虐待、虐待の行為、障害者虐待防止等の仕組みを中心にまとめておこう。

傾向と対策

15 心神喪失等の状態で重大な他害行為を行った者の医療及び観察等に関する法律（医療観察法）

　本項目の出題基準の中項目は「医療観察法の概要」となっており、「更生保護制度」と一部重複する分野である。第32回では、医療観察制度に関する問題が出題された。医療観察法上の社会復帰調整官の業務が「更生保護制度」の科目で第30回、第31回と出題されたので、その問題も踏まえながらまとめておくとよい。

16 高齢者、障害者等の移動等の円滑化の促進に関する法律（バリアフリー新法）

　第32回では出題がなかったが、2018（平成30）年にオリンピック・パラリンピックを契機とした共生社会の実現に向けて法改正がなされ、今後の出題も予想されるので、条文に目を通しておくとよい。

17 障害者の雇用の促進等に関する法律（障害者雇用促進法）

　第28回では、障害者就業・生活支援センターに関する問題、第29回では、障害者の就労支援に関する問題、障害者就業・生活支援センターに関する事例問題、第30回では、障害者雇用率制度が出題されているので、「就労支援サービス」など他科目の問題も踏まえながら、2019（令和元）年に改正された障害者の雇用の促進等に関する法律とあわせてまとめておくとよい。

事例

　第28回から第31回では事例問題がそれぞれ2問、第32回では1問出題された。第30回の退院支援などの事例問題や第32回の障害福祉サービスに関する問題は、問題文を踏まえて、現場でどのように支援したらより効果的なものになるか、応用力を試す内容であった。日頃から問題をよく読んで、その問題の意図するところに素早く気づけるような訓練が必要である。

対策

　対策としては、制度や法令などについての最新の内容をしっかりと押さえておかなければな

らない。2004（平成16）年6月の障害者基本法の改正部分、同年12月公布の発達障害者支援法、「特定障害者に対する特別障害給付金の支給に関する法律」、2005（平成17）年7月の「障害者の雇用の促進等に関する法律」の改正、同年11月に公布された障害者自立支援法、2006（平成18）年12月に採択された障害者の権利に関する条約の内容、2011（平成23）年6月に成立した「障害者虐待の防止、障害者の養護者に対する支援等に関する法律」（障害者虐待防止法）、同年8月の障害者基本法の改正、2013（平成25）年6月の「障害を理由とする差別の解消の推進に関する法律（障害者差別解消法）」「精神保健及び精神障害者福祉に関する法律の一部を改正する法律」「第三次障害者基本計画」、2016（平成28）年6月の「障害者の日常生活及び社会生活を総合的に支援するための法律及び児童福祉法の一部を改正する法律」「発達障害者支援法の一部を改正する法律」なども、今後さらに出題される可能性が高い。また、これまで施行前の法律は出題されていなかったが、第28回、第30回の「現代社会と福祉」の科目で2016（平成28）年4月施行の障害者差別解消法に関する問題、また科目「就労支援サービス」では、第29回、第30回と2018（平成30）年4月施行部分の障害者雇用促進法に関する問題が出題されたので、条文に目を通しておこう。

なお、障害者自立支援法は、2010（平成22）年の一部改正で利用者負担等の見直しがなされ、また2012（平成24）年の改正により「障害者の日常生活及び社会生活を総合的に支援するための法律」（障害者総合支援法）となっている。障害保健福祉施策の中心となる法律であり、障害者自立支援法とどのように違うのかを中心にまとめておこう。

障害者福祉については、実務に際して当然知っておかなければならない知識が問われる。2018（平成30）年には、自立訓練の利用対象にかかる規則改正、重度訪問介護にかかる基準の改正、同行援護の利用対象にかかる告示の改正といった細かな内容の改正も行われている。ソーシャルワーカーとしてどのように援助していくのかが具体的に問われるので、日頃から基礎知識とともに援助相談場面を想定しつつ、考える力を身につけておくとよい。

押さえておこう！　重要項目

1　障害者の生活実態とこれを取り巻く社会情勢、福祉・介護需要

障害者の生活実態とこれを取り巻く社会情勢

1 第1次世界大戦を契機に、**リハビリテーション**という用語が英米で用いられるようになった。日本では、第2次世界大戦後、1949（昭和24）年制定の身体障害者福祉法において、リハビリテーションを更生と訳して法のなかに盛り込んだ。

2 **パラリンピック**は、イギリスの病院での脊髄損傷者が参加する競技会の開催がきっかけとなり、1960年のローマオリンピックの開催時から第1回パラリンピックと呼ばれる。**デフリンピック**（聴覚障害者）や**スペシャルオリンピックス**（知的障害者）と別の歴史をたどっている。 　出 30-56

3 1959年のデンマークの「1959年法」において、**ノーマライゼーション**の思想が導入された。これは**バンク-ミケルセン**（Bank-Mikkelsen, N. E.）の人間主義をもとにしたものといわれる。 　出 30-95-2（相基）

4 **1971（昭和46）**年の**知的障害者の権利宣言**は、「実際上可能な限りにおいて、他の人間と同等の権利を有する」と規定し、自らが自らの権利を守ることができない社会成員にこそ、社会正義と平等が貫かれるべきだとしている。

5 **1982（昭和57）**年の国連の**障害者に関する世界行動計画**は、障害者を権利・義務の主体として考えることが対応の原点だとしている。

6 **機会の均等化**とは、1982（昭和57）年の国連の**障害者に関する世界行動計画**によれば、「物理的環境、住宅と交通、社会サービスと保健サービス、教育や労働の機会、スポーツやレクリエーションの施設を含めた文化・社会生活という社会の全体的な機構を、すべての人が利用できるようにしていくプロセスである」とされている。

7 **自立生活運動（IL運動）**は、アメリカのカリフォルニア大学バークレー校に在学する重度障害をもつ学生によるキャンパス内での運動として始まった。これは障害者の権利回復を目指したもので、精神的な自立を放棄せず、日常生活で介助を受けていても、自分の判断で自分の生活を管理し、自分の人生の目的に向かって主体的に生きていこうとする考え方で、自立生活センターの活動に発展し、それまでの障害者観を根本から変えるものとなった。

8 自己決定する力を抑圧された人々の、主体性を回復するプロセスを**エン**

パワメントという。その力（パワー）を自覚して行動した結果が自立生活という姿になって結実すると考えられている。また、自己判断が十分でない知的障害者であっても、本人の意向は十分尊重されなければならない。

9 1975（昭和50）年の**障害者の権利宣言**は、「**障害者**」という言葉を、「先天的か否かにかかわらず、身体的又は精神的能力の不全のために、通常の個人生活又は社会生活に必要なことを確保することが、自分自身では完全に又は部分的にできない人のことを意味する」と定義している。

10 1980（昭和55）年の**WHO 国際障害分類試案**（ICIDH）では、障害を個人の特質である**機能障害**（インペアメント）、そのために生ずる機能面の制約である**能力低下・能力障害**（ディスアビリティ）、その能力障害の社会的結果である**社会的不利**（ハンディキャップ）の3つのレベルに区分した。

11 2001（平成13）年、新しい障害分類（**国際生活機能分類（ICF）**）が世界保健機関（WHO）で承認された。単に心身の障害による生活機能の障害を分類するのではなく、**活動**や**社会参加**に注目し、**環境**を含む背景因子と人間個人との相互関係が重視されている（表1、図1参照）。

出 28-57

表1　ICF 構成要素の概観

	第1部：生活機能と障害		第2部：背景因子	
構成要素	心身機能・身体構造	活動・参加	環境因子	個人因子
領域	1　心身機能 2　身体構造	生活領域（課題、行為）	生活機能と障害への外的影響	生活機能と障害への内的影響
構成概念	心身機能の変化（生理的） 身体構造の変化（解剖学的）	能力 標準的環境における課題の実行 実行状況 現在の環境における課題の遂行	物的環境や社会的環境、人々の社会的な態度による環境の特徴がもつ促進的あるいは阻害的な影響力	個人的な特徴の影響力
肯定的側面	機能的・構造的統合性	活動 参加	促進因子	非該当
	生活機能			
否定的側面	機能障害（構造障害を含む）	活動制限 参加制約	阻害因子	非該当
	障害			

重要項目

図1　ICF構成要素間の相互作用

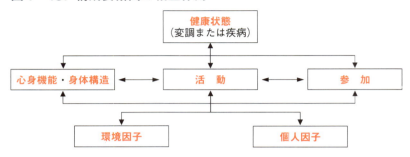

障害者の福祉・介護需要

12 障害者が入所施設・病院から退所・退院をした後の地域移行を進めるための支援方策が、図2のように行われている。

図2　障害者の地域移行を進めるための支援方策について（2012（平成24）年〜）

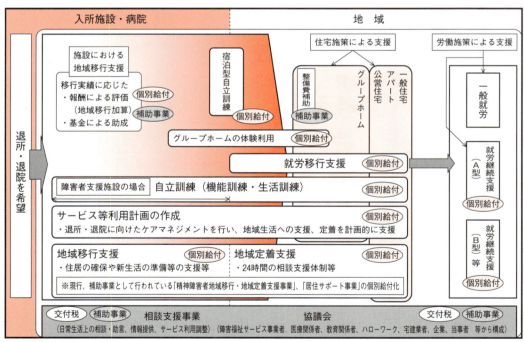

資料：厚生労働省資料を一部改変

13 在宅と施設入所を合わせた障害者数をみると、身体障害児・者は436万人、精神障害者は419万3000人、知的障害児・者は108万2000人と推計される（令和元年版『障害者白書』）。

14 2017（平成29）年の**患者調査**によれば、精神障害者のうち入院している

▶慢性疾患患者を含めれば、障害者数はさらに多くなる。人口の増加・高齢化などのなかで障害者の数は増加しつつあり、高齢化・重度化が進んでいる。

障害者の福祉・介護需要

者は約30万2000人と推計される。また、在宅で生活している者は、約389万1000人と推計されている。

15 2011（平成23）年の患者調査から厚生労働省社会・援護局障害保健福祉部が作成した資料では、入院中の精神障害者の53.9％が統合失調症、統合失調症型障害および妄想性障害であり、外来では気分（感情）障害（躁うつ病を含む）が最も多く、32.0％となっている。

16 2016（平成28）年の「生活のしづらさなどに関する調査」によれば、**精神障害者保健福祉手帳**所持者のうち、最も多い年齢階級は「40歳〜49歳」が17万9000人（21.3％）である。次いで「70歳以上」が15万5000人（18.4％）、「50歳〜59歳」が14万1000人（16.8％）、「30歳〜39歳」が11万8000人（14.0％）の順となっている。

出 31-56-4

17 2016（平成28）年の「生活のしづらさなどに関する調査」によれば、**療育手帳**を所持する在宅の知的障害者（児）は、96万2000人で、男58万7000人（61.0％）、女36万8000人（38.3％）、うち重度は37万3000人（38.8％）、他は58万9000人（61.2％）となっている。2011（平成23）年調査より増加している。

出 31-56-3

18 2016（平成28）年の「生活のしづらさなどに関する調査」によれば、在宅の**身体障害者手帳**所持者数は428万7000人と……の調査と比較すると42万3000……歳以上の者は**72.6％**で……デイケア

出 31-56-1, 2

19 2016（平成28）年の「生活……歳未満の在宅身体障害児……査の推計数と比較すると50……

20 2016（平成28）年の「生活……宅の身体障害者数を障害の……1000人で**全身体障害者**の45.……％）、**聴覚・言語障害者**は34……2000人（7.3）となっている……**肢体不自由**が最も多い。

…56-5
…6-1

21 2016（平成28）年の「生活のし……**体障害者の年齢階級別の構成比**は……も多く59.2％となっている。2011（平成23）年の57.3％から増加している。

22 2016（平成28）年の「生活のしづらさなどに関する調査」によれば、**1・2級の在宅の重度身体障害者**は、65歳未満では、57万4000人で全体の13.4％、65歳以上では143万人で全体の33.4％を占めている。

```
💡 重要項目
```

23 2016（平成 28）年の「生活のしづらさなどに関する調査」によれば、身体障害の種類ごとに占める 1・2 級の障害者の割合は、65 歳未満の**肢体不自由者**では 51.7％、**内部障害者**では 65.8％、**視覚障害者**では 66.3％、**聴覚・言語障害者**では 45.1％、65 歳以上の視覚障害者では 75.5％、内部障害者では 66.3％、肢体不自由者では 36.5％、聴覚・言語障害者では 26.2％となっている。

24 2016（平成 28）年の「生活のしづらさなどに関する調査」によれば、身体障害者に身体障害が生じた原因は、65 歳未満では、病気を原因とする者が 52.5％、事故・けがを原因とする者が 12.5％、65 歳以上では、病気を原因とする者が 59.5％、加齢を原因とする者が 22.9％、事故・けがを原因とする者が 13.2％となっている。

② 障害者福祉制度の発展過程

障害者福祉制度の発展過程

■ 障害者福祉制度の発展過程

25 日本と海外における主な障害者施策の流れについては、表 2 のとおりである。

26 1981（昭和 56）年の**国際障害者年のテーマ**は、「**完全参加と平等**」である。それに先立って 1979（昭和 54）年に「**国際障害者年行動計画**」が決議された。そこでは、障害者は「その社会の他の異なったニーズを持つ特別の集団と考えられるべきではなく、その通常の人間的なニーズを満たすのに特別の困難を持つ**普通の市民**と考えられるべきなのである」とされた。

出 31-57-1
32-57-2

27 1982（昭和 57）年、ノーマライゼーションの理念に基づき、「**障害者に関する世界行動計画**」が、障害者本人、家族会（親の会）などの代表を加えて策定され、あらゆる社会生活の分野において、障害者自身が中心となって参加する**主流化（本流化）教育**（メインストリーミング）が実践されている。

28 1982（昭和 57）年、国連は「障害者に関する世界行動計画」を決議し、障害者差別の完全撤廃と障害者福祉・リハビリテーションの完全実施を呼びかけ、その実行のため「**国連・障害者の十年**」（1983〜1992 年）を定めた。

29 1990（平成 2）年、アメリカで**障害をもつアメリカ人法（ADA）**が成

▶障害を「主たる生活活動を著しく制限する身体的・精神的機能障害」とし、あらゆる社会の活動や生活場面で、障害者に対する差別の禁止とアクセスの保障を行政・民間などに約束させた法律である。

表2　障害者施策等の主な歴史の流れ

	海外における主な障害者施策	日本における主な障害者施策
1948	世界人権宣言	
1949		・身体障害者福祉法制定
1950		・精神衛生法（現・精神保健福祉法）制定
1959	国連の児童権利宣言	
1960		・精神薄弱者福祉法（現・知的障害者福祉法）制定 ・身体障害者雇用促進法（現・障害者雇用促進法）制定
1970		・心身障害者対策基本法（現・障害者基本法）制定
1971	知的障害者の権利に関する宣言	
1975	障害者の権利に関する宣言	
1979	国際障害者年行動計画	
1981	国際障害者年	
1982	障害者に関する世界行動計画	・「障害者対策に関する長期計画」策定
1983	国連・障害者の十年（～1992年）	
1987		・障害者の雇用の促進等に関する法律に改称 ・精神保健法（現・精神保健福祉法）に改称
1993	・アジア・太平洋障害者の十年 　（～2002年） 　※2002年5月の国連アジア太平洋 　経済社会委員会総会において、 　さらに10年の延長が決定された。 ・障害者の機会均等化に関する標準 　規則採択	・障害者基本法に改称
1994		・高齢者、身体障害者等が円滑に利用できる特定建築物の建築の促進に関する法律（ハートビル法）制定
1995		・「障害者プラン」策定（1996年度～2002年度） ・精神保健及び精神障害者福祉に関する法律（精神保健福祉法）に改称
2000		・高齢者、身体障害者等の公共交通機関を利用した移動の円滑化の促進に関する法律（交通バリアフリー法）制定
2002		・障害者基本計画策定（2003年度～2012年度） ・「重点施策実施5か年計画（新障害者プラン）」策定（2003年度～2007年度）
2003		・心神喪失等の状態で重大な他害行為を行った者の医療及び観察等に関する法律（医療観察法）制定 ・支援費制度導入
2004		・障害者基本法改正 ・特定障害者に対する特別障害給付金の支給に関する法律（特別障害給付金制度）制定（2005年施行） ・発達障害者支援法制定（2005年施行）
2005		・障害者自立支援法（現・障害者総合支援法）制定（2006年施行）
2006	「障害者の権利に関する条約」採択	・高齢者、障害者等の移動等の円滑化の促進に関する法律（バリアフリー新法）制定（ハートビル法と交通バリアフリー法は廃止） ・学校教育法改正（特別支援教育の創設）
2007		・「障害者の権利に関する条約」に署名 ・新たな「重点施策実施5か年計画」策定（2008年度～2012年度）
2008	「障害者の権利に関する条約」発効	
2010		・連立政権合意において「障害者自立支援法」は廃止し、「制度の谷間」がなく、利用者の応能負担を基本とする新制度策定の方向を示す ・「障がい者制度改革推進本部等における検討を踏まえて障害保健福祉施策を見直すまでの間において障害者等の地域生活を支援するための関係法律の整備に関する法律」制定（障害者自立支援法、児童福祉法等の改正（2012年施行））
2011		・障害者虐待の防止、障害者の養護者に対する支援等に関する法律（障害者虐待防止法）制定（2012年施行） ・障害者基本法改正
2012		・「地域社会における共生の実現に向けて新たな障害保健福祉施策を講ずるための関係法律の整備に関する法律」制定（障害者自立支援法が障害者の日常生活及び社会生活を総合的に支援するための法律（障害者総合支援法）に改称、児童福祉法の改正等（2013年施行））
2013		・障害を理由とする差別の解消の推進に関する法律（障害者差別解消法）制定 ・障害者基本計画（第3次）策定（2013年度～2017年度）
2014		・「障害者の権利に関する条約」を批准 ・難病の患者に対する医療等に関する法律制定
2016		・「障害者の日常生活及び社会生活を総合的に支援するための法律及び児童福祉法の一部を改正する法律」成立 ・「発達障害者支援法の一部を改正する法律」成立
2018		・第4次障害者基本計画策定（2018年度～2022年度）

重要項目

30 1970（昭和45）年に制定された心身障害者対策基本法は、1993（平成5）年に法名称が障害者基本法に改められた。

31 1995（平成7）年12月に、障害者対策推進本部によって「障害者プラン〜ノーマライゼーション7か年戦略〜」が策定された。これは、障害者基本法に規定されている障害者基本計画の策定がきっかけとなっており、2002（平成14）年度に終了した。

32 2002（平成14）年12月に、新しい障害者基本計画（以下、基本計画）が策定された。この基本計画は、1993（平成5）年から2002（平成14）年を計画期間とする「障害者対策に関する新長期計画」（新長期計画）における「リハビリテーション」および「ノーマライゼーション」の理念を踏まえ、障害者の社会への参加、参画に向けた施策の推進を図るため、2003（平成15）年度から2012（平成24）年度までの10年間に講ずべき障害者施策の基本的方向について定められている。

33 基本計画の推進のため、具体的な目標とその達成期間を定めた重点施策実施計画として、2003（平成15）年度から2007（平成19）年度までの5か年計画としての重点施策実施5か年計画（新障害者プラン）が策定された。

34 2007（平成19）年12月には、基本計画の後期（2008（平成20）年度〜2012（平成24）年度）における、諸施策の着実な推進を図るため、重点的に取り組む課題について、施策項目や数値目標などについて定めた新たな「重点施策実施5か年計画」が策定された。

35 2013（平成25）年9月に、2013（平成25）年度から2017（平成29）年度を対象とし、国の方針を示す障害者基本計画（第3次）が策定された。これは、障害者基本法に基づき、政府が講ずる障害者の自立及び社会参加の支援等のための施策の基本的な計画とされる。

36 2018（平成30）年3月、2018（平成30）年度から2022（令和4）年度を計画期間とする障害者基本計画（第4次）が閣議決定された。**2020年東京オリンピック・パラリンピック競技大会**の開催も契機としつつ、障害者が、自らの決定に基づき社会活動に参加し、その能力を最大限発揮して自己実現できる共生社会の実現のために、政府が取り組むべき障害者施策の基本的な方向が定められている（図3参照）。

出 32-57-5

注目！
障害者基本計画（第4次）の策定

37 1949（昭和24）年に身体障害者福祉法が制定された。当初、法の対象となる障害者からは、精神障害や内部障害を除外し、視聴覚障害・言語障害・運動障害に限定された。また、身体障害者更生援護施設の設置が

出 28-58-1
　 30-57-1

2 障害者福祉制度の発展過程

障害者福祉制度の発展過程

図3　第4次障害者基本計画の概要

Ⅰ　第4次障害者基本計画とは

【位置付け】政府が講ずる障害者施策の最も基本的な計画（障害者基本法第11条に基づき策定）
【計画期間】平成30（2018）年度からの5年間
【検討経緯】障害者政策委員会（障害当事者等で構成される内閣府の法定審議会）での1年以上にわたる審議を経て、本年2月に取りまとめられた障害者政策委員会の意見に即して、政府で基本計画案を作成

Ⅱ　基本理念（計画の目的）

共生社会の実現に向け、障害者が、自らの決定に基づき社会のあらゆる活動に参加し、その能力を最大限発揮して自己実現できるよう支援

Ⅲ　基本的方向

1．2020東京パラリンピックも契機として、社会のバリア（社会的障壁）除去をより強力に推進
　○社会のあらゆる場面で、アクセシビリティ(※)向上の視点を取り入れていく
　　（※）アクセシビリティ：施設・設備、サービス、情報、制度等の利用しやすさのこと。
　○アクセシビリティに配慮したICT等の新技術を積極的に導入
2．障害者権利条約の理念を尊重し、整合性を確保
　　（※）障害者権利条約：我が国は平成26年に批准。障害当事者の主体的な参画等を理念とする。
　○障害者施策の意思決定過程における障害者の参画、障害者本人による意思決定の支援
3．障害者差別の解消に向けた取組を着実に推進
　○障害者差別解消法の実効性確保のため、各分野でハード・ソフト両面から差別解消に向けた環境整備を着実に推進
4．着実かつ効果的な実施のための成果目標を充実

Ⅳ　総論の主な内容

○当事者本位の総合的・分野横断的な支援
○障害のある女性、子供、高齢者の複合的な困難や障害特性等に配慮したきめ細かい支援
○障害者団体や経済団体とも連携した社会全体における取組の推進
○「命の大切さ」等に関する理解の促進、社会全体における「心のバリアフリー」の取組の推進

Ⅴ　各論の主な内容

1．安全・安心な生活環境の整備

○安全に安心して生活できる住環境の整備
○移動しやすい環境の整備
○障害者に配慮したまちづくりの推進

2．情報アクセシビリティの向上及び意思疎通支援の充実

○障害者に配慮した情報通信・放送・出版の普及
○意思疎通支援の人材育成やサービスの利用促進

3．防災、防犯等の推進

○災害発生時における障害特性に配慮した支援
○防犯対策や消費者トラブル防止の推進

4．差別の解消、権利擁護の推進及び虐待の防止

○社会のあらゆる場面における障害者差別の解消
○障害者虐待の防止、障害者の権利擁護

5．自立した生活の支援・意思決定支援の推進

○本人の決定を尊重する意思決定支援の実施
○身近な地域で相談支援を受けられる体制の構築
○地域生活への移行の支援
○障害のある子供への支援の充実
○身体障害者補助犬の普及促進、福祉用具等の普及促進・研究開発
○障害福祉サービスの質の向上、人材の育成・確保

6．保健・医療の推進

○精神障害者の早期退院と地域移行、社会的入院の解消
○地域医療体制
○研究開発等の推進

7．行政等における配慮の充実

○司法手続や選挙における合理的配慮の提供等
○アクセシビリティに配慮した行政情報の提供

8．雇用・就業、経済的自立の支援

○総合的な就労支援
○多様な就業機会の確保

9．教育の振興

○誰もが可能な限り共に教育を受けられる仕組みの整備
○障害のある学生の支援
○障害者の生涯を通じた多様な学習活動の充実

10．文化芸術活動・スポーツ等の振興

○障害者の芸術文化活動への参加
○障害者スポーツの普及及びアスリートの育成強化

11．国際社会での協力・連携の推進

○国際的協調の下での障害者施策の推進
○文化芸術・スポーツを含む障害者の国際交流の推進

障害者に対する支援と障害者自立支援制度

345

重要項目

国に義務づけられた。

38 1990（平成2）年の改正で、身体障害者福祉法第1条に「**身体障害者の自立と社会経済活動への参加を促進する**」という**理念**が明記された。

39 **1960**（昭和**35**）年に制定された精神薄弱者福祉法（現・**知的障害者福祉法**）は、**第1条**の目的で「その更生を援助するとともに必要な保護を行なう」ことを規定し、**入所施設**を法的に位置づけた。

出 32-57-1

40 **1950**（昭和**25**）年に**精神衛生法**（現・精神保健及び精神障害者福祉に関する法律（精神保健福祉法））が成立したが、精神障害者は主として医療保護の対象とされた。

41 **1987**（昭和**62**）年に精神衛生法が改正され、**1988**（昭和**63**）年7月から**精神保健法**として施行された。そこでは、宇都宮病院事件をきっかけに入院制度に人権上の配慮を加えることなどが規定された。

42 1995（平成7）年の精神保健法の改正で、**精神障害者の自立**と社会経済活動への参加の促進が法の目的に加えられ、また名称が**精神保健及び精神障害者福祉に関する法律**に改められた。また、1999（平成11）年の改正では、精神障害者の人権に配慮した適正な医療の確保、市町村を中心とした在宅の精神障害者に対する福祉事業の推進など、医療から福祉にわたる全面的な改正が行われた。

出 32-57-3

43 **2003**（平成**15**）年7月に、**心神喪失等の状態で重大な他害行為を行った者の医療及び観察等に関する法律（医療観察法）**が成立した。これは、心神喪失・心神耗弱者の病状改善や社会復帰の促進を図るための法律である。

44 2005（平成17）年10月に、**障害者自立支援法（現・障害者の日常生活及び社会生活を総合的に支援するための法律（障害者総合支援法））**が成立した。これは、**障害者基本法**の基本的理念にのっとり、障害者が地域社会で暮らせる自立と共生の社会の実現を目指すものである。既存の障害者施設サービスを日中活動の場と生活の場に分離するなどが行われた。

出 29-57-2

45 2009（平成21）年9月の連立政権合意において「障害者自立支援法」は廃止し、「制度の谷間」がなく、利用者の**応能**負担を基本とする新たな総合的な制度をつくることとなった。その後同年12月に、内閣に「障がい者制度改革推進本部」が設置され、**障害者権利条約**の締結に必要な国内法整備、障害者制度改革を行うこととなった。

出 30-57-4

▶ 2010（平成22）年1月から「障がい者制度改革推進会議」が開かれ、当面5年間で障害者制度の集中的改革が行われることとなった。

46 2004（平成16）年12月に、**発達障害者支援法**が成立した。これは、自閉症、アスペルガー症候群その他の広汎性発達障害、学習障害などを有

2 障害者福祉制度の発展過程

障害者福祉制度の発展過程

する発達障害者の自立や社会参加のために、生活全般の支援と福祉の増進を図るための法律である。

47 高次脳機能障害者に対する支援として、2007（平成19）年度から全国の都道府県で実施される地域生活支援事業のうち、専門性の高い相談支援事業として高次脳機能障害及びその関連障害に対する支援普及事業が制度化され、専門的な相談支援、関係機関との支援ネットワークの充実等が図られている。

48 2006（平成18）年12月に、第61回国連総会本会議で障害者の権利に関する条約（障害者権利条約）が採択された。この条約は、障害者の権利および尊厳を促進・保護するための、包括的・総合的な国際条約である。

49 障害者の権利に関する条約については、2007（平成19）年3月から署名と批准（ひじゅん）が始まり、2008（平成20）年4月3日に条件となる20か国が批准したため、5月3日に発効となった。日本政府は、2007（平成19）年9月28日、本条約に署名した。2009（平成21）年12月、内閣に「障がい者制度改革推進本部」が設けられ、2011（平成23）年8月の障害者基本法の改正、障害者差別解消法など国内法整備を進め、2013（平成25）年12月国会の承認によって2014（平成26）年1月20日に同条約の批准書（きたく）を寄託し、2月19日から効力を生ずることとなった。

50 障害者の権利に関する条約の第1条では、「この条約は、全ての障害者によるあらゆる人権及び基本的自由の完全かつ平等な享有を促進し、保護し、及び確保すること並びに障害者の固有の尊厳の尊重を促進すること」を目的としている。

51 障害者の権利に関する条約の第1条では、「障害者には、長期的な身体的、精神的、知的又は感覚的な機能障害であって、様々な障壁との相互作用により他の者との平等を基礎として社会に完全かつ効果的に参加することを妨げ得るものを有する者を含む」と定めている。

52 障害者の権利に関する条約の第2条で定められている定義と、第3条の一般原則は、表3のとおりである。

53 2014（平成26）年5月、難病の患者に対する医療等に関する法律が成立した。これまで難病に対する制度は法律として確立されていなかったが、これにより難病に関する調査研究の推進、療養環境の整備、医療費助成制度の整備が図られた。また、同時に児童福祉法の一部が改正され、小児慢性特定疾病についても患児の自立支援、医療費助成制度の整備が図られた。

▶交通事故などによって脳に損傷を受け、後遺症が残り、記憶障害や注意障害、見当識障害や感情障害などの高次脳機能障害を有する者が増加している。この障害によって日常生活または社会生活に制限を受ける場合は精神障害者保健福祉手帳の対象となり、また、失語症による音声・言語機能の障害がある場合は身体障害者手帳の対象となる可能性もある。

出 28-56-3
30-57-4

障害者に対する支援と障害者自立支援制度

💡 重要項目

表3　障害者の権利に関する条約の定義と一般原則

<table>
<tr><td rowspan="5">定義</td><td>①意思疎通</td><td>言語、文字の表示、点字、触覚を使った意思疎通、拡大文字、利用しやすいマルチメディア並びに筆記、音声、平易な言葉、朗読その他の補助的及び代替的な意思疎通の形態、手段及び様式（利用しやすい情報通信機器を含む。）をいう。</td></tr>
<tr><td>②言語</td><td>音声言語及び手話その他の形態の非音声言語をいう。</td></tr>
<tr><td>③障害に基づく差別</td><td>障害に基づくあらゆる区別、排除又は制限であって、政治的、経済的、社会的、文化的、市民的その他のあらゆる分野において、他の者との平等を基礎として全ての人権及び基本的自由を認識し、享有し、又は行使することを害し、又は妨げる目的又は効果を有するものをいう。障害に基づく差別には、あらゆる形態の差別（合理的配慮の否定を含む。）を含む。</td></tr>
<tr><td>④合理的配慮</td><td>障害者が他の者との平等を基礎として全ての人権及び基本的自由を享有し、又は行使することを確保するための必要かつ適当な変更及び調整であって、特定の場合において必要とされるものであり、かつ、均衡を失した又は過度の負担を課さないものをいう。</td></tr>
<tr><td>⑤ユニバーサルデザイン</td><td>調整又は特別な設計を必要とすることなく、最大限可能な範囲で全ての人が使用することのできる製品、環境、計画及びサービスの設計をいう。ユニバーサルデザインは、特定の障害者の集団のための補装具が必要な場合には、これを排除するものではない。</td></tr>
<tr><td rowspan="8">一般原則</td><td colspan="2">①固有の尊厳、個人の自律（自ら選択する自由を含む。）及び個人の自立の尊重</td></tr>
<tr><td colspan="2">②無差別</td></tr>
<tr><td colspan="2">③社会への完全かつ効果的な参加及び包容</td></tr>
<tr><td colspan="2">④差異の尊重並びに人間の多様性の一部及び人類の一員としての障害者の受入れ</td></tr>
<tr><td colspan="2">⑤機会の均等</td></tr>
<tr><td colspan="2">⑥施設及びサービス等の利用の容易さ</td></tr>
<tr><td colspan="2">⑦男女の平等</td></tr>
<tr><td colspan="2">⑧障害のある児童の発達しつつある能力の尊重及び障害のある児童がその同一性を保持する権利の尊重</td></tr>
</table>

出 31-57-5

54 2016（平成28）年6月、「障害者の日常生活及び社会生活を総合的に支援するための法律及び児童福祉法の一部を改正する法律」が成立した。この法律は、障害者が自らの望む地域生活を営むことができるよう、「生活」と「就労」に対する支援の一層の充実や高齢障害者による介護保険サービスの円滑な利用を促進するための見直しを行うとともに、障害児支援のニーズの多様化にきめ細かく対応するための支援の拡充を図るほか、サービスの質の確保・向上を図るための環境整備等を行うためのものである（一部を除き2018（平成30）年4月施行）。

💡 注目！
就労定着支援や自立生活援助の創設、障害児支援の充実、補装具費の支援範囲の拡大等サービスの質の向上など、一連の見直しが行われた。

55 2016（平成28）年6月「発達障害者支援法の一部を改正する法律」が成立した。発達障害者支援法施行後10年間におけるその施行状況、障害者権利条約の署名・批准、障害者基本法の改正等の国内外の動向をふまえた改正である。

56 2017（平成29）年6月「地域包括ケアシステムの強化のための介護保険法等の一部を改正する法律」により児童福祉法と障害者総合支援法が改正された。高齢者と障害児者が同一の事業所でサービスを受けやすくするための**共生型サービス**が位置づけられた。

💡 注目！
発達障害者支援法制定以来の初めての改正である。定義の改正、基本理念の新設などが行われた。

💡 注目！
共生型サービス

■ 障害者にかかわるその他の制度／租税関係の法

57 納税義務者が障害者であるとき、または納税義務者の控除対象者となる配偶者もしくは扶養されている親族が障害者である場合には、**障害者控除**として、**所得**税、**住民**税が控除される。この際、**同居**の有無は問わない。なお、相続税の控除にも特別な配慮がある。

58 **特別障害者控除**は、障害程度の重度な特別障害者（身体障害者手帳1・2級、知的障害者でおおむねIQ35以下の障害者、精神障害者保健福祉手帳1級等）を対象として、**住民**税、**所得**税が控除される。

59 **同居特別障害者控除**は、特別障害者と同居している場合に、所得税、住民税が控除される。

60 **地方税**（住民税（所得割および均等割））は、①前年中に所得がなかった者、②生活保護法による生活扶助を受けている者、③障害者等で前年の所得が125万円以下の者は非課税であるが、一定以上の所得があれば課税される。

61 生活保護法などに基づく支給金品、児童扶養手当法などに基づく各種手当、国民年金法などに基づく年金などの**社会福祉関係給付金**は、国税、地方税ともに課税の対象とされない。

62 身体障害者世帯、知的障害者世帯、精神障害者世帯が生活福祉資金貸付制度を利用する場合、低所得は要件とならない。

💡 重要項目

3 障害者の日常生活及び社会生活を総合的に支援するための法律（障害者総合支援法）

障害者総合支援法の概要

■ 障害者総合支援法の目的

63 2005（平成17）年11月に、**障害者自立支援法**が制定され、2012（平成24）年6月の改正で障害者の日常生活及び社会生活を総合的に支援するための法律（障害者総合支援法）に改められた（2013（平成25）年4月施行）。同法は、第1条で、障害者基本法の基本的な理念にのっとり、障害者および障害児が基本的人権を享有する個人としての尊厳にふさわしい日常生活または社会生活を営むことができるよう、必要な障害福祉サービスにかかる給付、地域生活支援事業その他の支援を総合的に行うものとしている。▶

▶ 2010（平成22）年12月の法改正で、「その有する能力及び適性に応じ」の文言が削除された。

64 障害者総合支援法は、障害者および障害児の福祉の増進を図るとともに、障害の有無にかかわらず国民が相互に人格と個性を尊重し、安心して暮らすことのできる地域社会の実現に寄与することを目的とし、障害者が地域社会で暮らせる自立と共生の社会の実現を目指すものである。

65 2003（平成15）年4月には、**措置制度**から**支援費制度**へと移行したが、精神障害者は支援費制度の対象ではなかった。また、地域によってサービス提供体制の格差があるなか、新規のサービス利用が増大し、その財政負担の問題が大きくなってきたことも障害者自立支援法成立の背景である。

📖 30-57-3

66 施設サービスも脱施設化が叫ばれているなかで、これまでの33種類に分かれた障害種別ごとの複雑な体系の再編が問題となった。また、養護学校の卒業者の約6割が福祉施設に入所するといった状況にある一方で、身近な地域にサービス基盤があっても、障害種別の違いにより、利用者のニーズに応えられるものとはなっていなかった。

67 障害者自立支援法は、①障害者施策を3障害一元化、②利用者本位のサービス体系に再編、③就労支援の抜本的強化、④支給決定の透明化、明確化、⑤安定的な財源の確保といった視点から制定され、2006（平成18）年4月から段階的に施行された。

68 2010（平成22）年12月に、「障がい者制度改革推進本部等における検討を踏まえて障害保健福祉施策を見直すまでの間において障害者等の地域生活を支援するための関係法律の整備に関する法律」が制定された。

350

③ 障害者の日常生活及び社会生活を総合的に支援するための法律（障害者総合支援法）

障害者総合支援法の概要

この法律は、障がい者制度改革推進本部等における検討を踏まえて障害保健福祉施策を見直すまでの間において、障害者および障害児の地域生活を支援するため、関係法律の整備を行う法律であり、その趣旨が第1条に明記されている。

69 **障害者総合支援法**でいう**障害者**とは、身体障害者、知的障害者のうち18歳以上である者、精神障害者（**発達障害者**を含み、知的障害者を除く）のうち18歳以上である者に加え、2013（平成25）年4月から、**治療方法が確立していない疾病その他の特殊の疾病であって政令で定めるもの**（いわゆる「**難病等**」）による障害の程度が厚生労働大臣が定める程度である者であって18歳以上であるものが追加された。

70 2016（平成28）年6月の法改正によって、障害者の望む地域生活の支援として、①障害者支援施設やグループホーム等を利用していた障害者で一人暮らしを希望する者に対して、定期的に居宅を訪問、相談要請に対する随時対応（訪問、電話、メール等）といった**自立生活援助**、②就労移行支援等の利用を経て一般就労へ移行した障害者に対し、就労に伴い生じている生活面の課題に対応できるよう**就労定着支援**、③重度訪問介護を利用している者に対する医療機関の入院時の訪問拡大、④65歳以上の障害者の所得の状況や障害の程度等の事情を勘案し、当該介護保険サービスの利用者負担を障害福祉制度により軽減（償還）できる仕組みを設け、円滑な利用の促進を図る、といった支援が加えられた（2018（平成30）年4月施行）。

71 2016（平成28）年の法改正によって、サービスの質の確保・向上に向けた環境整備として、①補装具費について、成長に伴い短期間で取り替える必要のある障害児の場合等に**貸与**の活用（例：歩行器、座位保持椅子）も可能とする、②都道府県がサービス事業所の事業内容等の情報を公表する制度を設けるとともに、自治体の事務の効率化を図るため、所要の規定の整備といった**情報公表制度**が創設された（2018（平成30）年4月施行）。

■障害支援区分

72 **障害支援区分**とは、障害者等の障害の多様な特性その他の心身の状態に応じて必要とされる標準的な支援の度合を総合的に示す区分をいい、区分**1**から区分**6**まで**6**段階ある。

73 障害支援区分では、認定が**知的障害者**および**精神障害者**の**特性**に応じて適切に行われるよう、区分の制定にあたっての適切な配慮その他の必要

出 28-58-4
　29-57-1
　29-61-3
　30-57-5

▶ 2010（平成22）年12月の障害者自立支援法（現・障害者総合支援法）の改正で、発達障害者が障害者自立支援法の対象となることが明確化された。

注目！
障害福祉サービスに就労定着支援や自立生活援助が新設された。

▶ 65歳に至るまで相当の長期間にわたり障害福祉サービスを利用してきた低所得の高齢障害者が、障害福祉サービスに相当する介護保険サービスを利用する場合、介護保険サービスが優先され、利用者負担（1割）が生じるなどの問題を解消するため。

注目！
補装具費の支給範囲の拡大などが行われた。

▶ 2014（平成26）年4月より、「障害程度区分」から改められた。「障害の程度」ではなく、「必要な支援の度合」に着目し、必要とされる支援の度合を示す区分に改められた。

障害者に対する支援と障害者自立支援制度

重要項目

な措置が講じられた。

74 障害支援区分では、調査項目の見直しがなされ、新規に6項目が追加され、さらに調査項目の統合・削除が行われ、旧調査項目106項目から**新調査項目80項目**となった。

75 障害支援区分では、知的障害、精神障害や発達障害の特性をより反映するため、①健康・栄養管理、②危険の認識、③読み書き、④感覚過敏・感覚鈍麻、⑤集団への不適応、⑥多飲水・過飲水の**6項目が追加**された。

76 障害支援区分では、既存の認定調査項目における**評価内容（評価範囲）の見直し**がなされた。例えば食事に関しては、食事開始前の食べやすくする支援も評価され、視力・聴力に関しては、全盲・全ろうも評価（選択肢の追加）、行動上の障害に関しては、行動上の障害が生じないように行っている支援や配慮、投薬等の頻度も含めて評価することとなった。

77 障害支援区分では、「できたりできなかったりする場合」は、「**できない状況（支援が必要な状況）**」に基づき判断する。この判断は、運動機能の低下に限らず、「知的・精神・発達障害による行動上の障害（意欲低下や多動等）」や「内部障害や難病等の筋力低下や易疲労感」等によって「できない場合」、「慣れていない状況や初めての場所」では「できない場合」を含めて判断し、これは一次判定（コンピュータ判定）で評価することとなった。また、できたりできなかったりする場合の頻度等は「**特記事項**」に記載し、二次判定（市町村審査会）で評価する。

78 障害支援区分では、**認定調査項目の選択肢**が統一され、身体介助関係では、見守りや声かけ等の支援によって行為・行動ができる場合も評価、日常生活関係では、普段過ごしている環境ではなく「自宅・単身」の生活を想定して評価、行動障害関係では、行動上の障害が生じないための支援や配慮、投薬の頻度も含めて評価することとなった。

79 障害支援区分では、コンピュータ判定式が導入され、二次判定の引き上げ要因を組み込んだ「**全国一律の新たな判定式（コンピュータ判定式）**」となった。これにより最も確率の高い区分（二次判定結果）を障害支援区分の一次判定結果とすることで、二次判定で引き上げる割合の地域差を解消することとなった。

■ 支給決定の仕組みとプロセス

80 介護給付費等の**支給決定**までの流れは、図4のようになる。

図4 介護給付費等の支給決定までの流れ

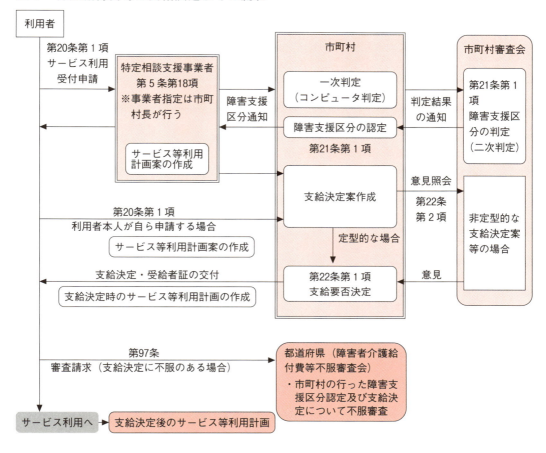

【支給決定プロセス】
○市町村は、必要と認められる場合として省令で定める場合には、指定を受けた特定相談支援事業者が作成するサービス等利用計画案の提出を求め、これを勘案して支給決定を行う。
　＊上記の計画案に代えて、省令で定める計画案（セルフケアプラン等）を提出することもできる。
　＊特定相談支援事業者の指定は、総合的に相談支援を行う者として省令で定める基準に該当する者について、市町村が指定する。
　＊サービス等利用計画作成対象者を拡大する。
　＊障害者または障害児の保護者の居住地が明らかでないとき、介護給付費の支給決定は、現在地の市町村が行う。
○支給決定時のサービス等利用計画の作成および支給決定後のサービス等利用計画の見直し（モニタリング）について、計画相談支援給付費を支給する。
○障害児についても、児童福祉法に基づき、市町村が指定する指定障害児相談支援事業者が、通所サービスの利用にかかる障害児支援利用計画（障害者のサービス等利用計画に相当）を作成する。
　＊障害児の居宅介護等の居宅サービスについては、障害者総合支援法に基づき、「指定特定相談支援事業者」がサービス等利用計画を作成。（障害児にかかる計画は、同一事業者が一体的（通所・居宅）に作成することを想定）
　＊障害児の入所サービスについては、児童相談所が専門的な判断を行うため、障害児支援利用計画の作成対象外。

重要項目

■ 障害福祉サービス（自立支援給付）の種類

81 障害者総合支援法では、従来の居宅サービス、施設サービスといった区分が改められ、同法第5条に定義されている**障害福祉サービス**という概念が導入された。また、夜間は施設に入所している場合でも、日中には居宅で暮らす障害者と同様の福祉サービスが提供されることになった。

82 **障害福祉サービス**とは、居宅介護、重度訪問介護、同行援護、行動援護、療養介護、生活介護、短期入所、重度障害者等包括支援、施設入所支援、自立訓練、就労移行支援、就労継続支援、就労定着支援、自立生活援助および共同生活援助をいう（図5参照）。

図5　総合的な自立支援システムの構築

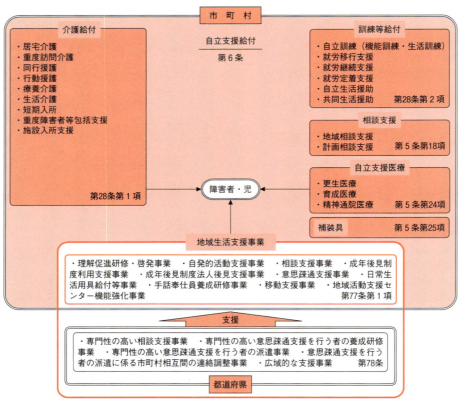

※自立支援医療のうち精神通院医療の実施主体は都道府県。

83 障害福祉サービスに要した費用に対し、自立支援給付として**介護給付費**と**訓練等給付費**が市町村から支給される。　　出 31-42-3, 5（行財）

84 同法第6条は、**自立支援給付**について規定している。給付は**15**種あり、介護給付費、特例介護給付費、訓練等給付費、特例訓練等給付費、特定障害者特別給付費、特例特定障害者特別給付費、地域相談支援給付費、

特例地域相談支援給付費、計画相談支援給付費、特例計画相談支援給付費、自立支援医療費、療養介護医療費、基準該当療養介護医療費、補装具費および高額障害福祉サービス等給付費の支給をいう。

85 自立支援給付または障害児通所給付費等の支給に関してサービスを利用する者やサービスを行う者等に対し市町村等が行う**質問**について、都道府県知事が指定する**指定事務受託法人**に委託できる。

注目！
2018（平成30）年4月からは、指定事務受託法人制度が創設された。

86 **介護給付費**の支給対象となる障害福祉サービスは、表4に掲げる9つのサービスである。これらの給付は利用者への個別給付となる。なお、申請から支給決定の効力が生じた日の前日までの間に、緊急その他やむを得ない理由により指定障害福祉サービス等を受けたときや、基準該当障害福祉サービスを受けたときなどには、**特例介護給付費**が支給される。

注目！
2018（平成30）年4月からは、これまで居宅において重度訪問介護を受けていた利用者が病院等に入院または入所した場合においても、以前から利用者の状態等を熟知しているヘルパーが、意思疎通の支援や利用者のニーズを医療従事者に伝達する等の支援を引き続き行うことができることとなった。また、盲ろう等の重複障害児・者に支援を行った場合の加算が設けられた。

87 **訓練等給付費**の支給対象となる障害福祉サービスは、表5に掲げる6つのサービスである。給付は、18歳以上の障害者を基本的に対象とする。なお、申請から支給決定の効力が生じた日の前日までの間に、緊急その他やむを得ない理由により指定障害福祉サービス等を受けたときや、基準該当障害福祉サービスを受けたときなどには、**特例訓練等給付費**が支給される。

88 **訓練等給付費**について**暫定支給**が行われる場合がある。これは、訓練等給付（就労継続支援B型、就労定着支援、自立生活援助および共同生活援助を除く）を利用しようとする障害者に対し、できる限り障害者本人の希望を尊重し、暫定的に支給決定を行い、実際にサービスを利用したのちに正式の支給決定を行う方法である。

注目！
2018（平成30）年4月から、訓練等給付に就労定着支援と自立生活援助が加わった。また、自立訓練の機能訓練、生活訓練は、障害種別にかかわらず利用できるようになった。

89 2010（平成22）年4月から、応能負担への第一歩として、低所得（市町村民税非課税世帯）の障害者等につき、障害福祉サービスおよび補装具費にかかる利用者負担は**無料**となった。

90 2010（平成22）年12月の法改正で、利用者負担についての見直しが行われた。支給決定障害者等が指定障害福祉サービス等を利用した場合の負担について、当該支給決定障害者等の家計の負担能力に応じた額（**応能負担**）を原則とすることとなった。

91 施設に入所している場合の食費や光熱水費、日用品費、通所施設を利用している場合の食費や創作的活動等に要する費用など（**特定費用**）は、自己負担となる。ただし、低所得者については、負担能力に応じた自己負担の軽減措置が講じられる。

92 施設入所支援、共同生活援助、その他の障害福祉サービスの支給決定を受けた障害者のうち低所得者に対して、食費・居住費（**特定入所等費用**）

💡 **重要項目**

表4　介護給付費の支給対象となる障害福祉サービス

出 29-56-3, 4, 5
32-58-1, 2, 3, 4

支給対象サービス	サービスの内容
①居宅介護（ホームヘルプサービス）	障害児・者に対して、入浴、排せつまたは食事の介護や家事援助など、居宅での生活全般にわたる援助サービスや通院等を行う際の介助
②重度訪問介護 ▶	重度の肢体不自由者、重度の知的・精神障害により行動上著しい困難を有する障害者を対象とした、居宅または医療機関への入院時における介護および外出時の移動支援を行う総合的なサービス
③同行援護	視覚障害により、移動に著しい困難を有する障害児・者に対して、外出時において、障害者等に同行し、移動に必要な情報を提供するとともに、移動の援護等を行う。
④行動援護	知的・精神障害により行動上著しい困難のある障害児・者を対象とした、行動の際に生じうる危険回避のための援護や、外出時の移動の支援
⑤療養介護	主として日中に病院などの施設で行われる機能訓練、療養上の管理、看護、医学的管理下での介護や日常生活上の援助など（18歳未満は児童福祉法に基づく障害児入所支援の対象）。療養介護のうち、医療にかかるものを療養介護医療という。
⑥生活介護	常時介護を要する障害者を対象とした、主として日中に障害者支援施設などで行われる、入浴、排せつ、食事の介護や、創作的活動または生産活動の機会の提供など（18歳未満は児童福祉法に基づく障害児入所支援の対象）
⑦短期入所（ショートステイ）	障害児・者の介護者が病気の場合などにおける、障害者支援施設などへの短期入所による入浴、排せつ、食事の介護など
⑧重度障害者等包括支援	常時介護を要する重度障害児・者を対象とした、居宅介護をはじめとする障害福祉サービスの包括的支援
⑨施設入所支援	施設入所者を対象とした、主として夜間に行われる、入浴、排せつ、食事の介護など（18歳未満は児童福祉法に基づく障害児入所支援の対象）

▶ 2014（平成26）年4月から重度の知的・精神障害者に対象が拡大、2018（平成30）年4月から居宅に相当する場所として医療機関への入院時も一定の支援ができるよう訪問先が拡大した。

出 31-58-2

出 31-58-1

の補足給付として**特定障害者特別給付費**が支給される。**特例特定障害者特別給付費**は、申請から支給決定の効力が生じた日の前日までの間に、緊急その他やむを得ない理由により障害福祉サービス等を受けたときに支給される。

93 2010（平成22）年12月の法改正で、高額障害福祉サービス費についての見直しが行われ、補装具にかかる費用も合算対象となった。障害福祉サービスおよび介護保険法に規定する介護給付等対象サービスのうち政令で定めるものならびに補装具の購入または修理に要した費用の負担の合計額が著しく高額である場合には、市町村より、支給決定障害者等に対し、**高額障害福祉サービス等給付費**が支給されることとなった（2012

▶ 2016（平成28）年の法改正で2018（平成30）年4月からは「補装具の借受け」に要した費用も加えられることとなった。

356

3 障害者の日常生活及び社会生活を総合的に支援するための法律（障害者総合支援法）

障害者総合支援法の概要

表5　訓練等給付費の支給対象となる障害福祉サービス

出 29-56-1, 2
30-59

支給対象サービス	サービスの内容
①自立訓練	自立した日常生活や社会生活を営むことを目的とした、身体機能や生活能力の向上のための有期の訓練など
②就労移行支援	職場実習など、就労に必要な知識・能力の向上のための有期の訓練など
③就労継続支援	通常の事業所に雇用されることが困難な障害者を対象とした、就労機会の提供および就労に必要な知識・能力の向上のための訓練など
④就労定着支援	就労移行支援等を利用し一般就労に移行した人を対象に就業に伴う生活面の課題に対応できるよう、事業所・家族との連絡調整等の支援
⑤自立生活援助	施設入所支援や共同生活援助を利用していた者等を対象とした、定期的な巡回訪問や随時の対応による、円滑な地域生活に向けた相談・助言等
⑥共同生活援助（グループホーム）	主として夜間に行われる、共同生活を営む住居における相談、入浴、排せつまたは食事の介護その他の日常生活上の援助

出 31-61-3

出 31-58-4

出 31-58-5

出 32-58-5

出 31-58-3

出 31-59-2, 4

▶ 2014（平成26）年4月より、共同生活介護（ケアホーム）はグループホームに統合された。

（平成24）年4月から施行）。

94 2016（平成28）年6月の法改正で、**高額障害福祉サービス等給付費**の支給対象が拡大された。65歳に至るまで相当の長期間にわたり障害福祉サービスを利用してきた低所得の高齢障害者が引き続き障害福祉サービスに相当する介護保険サービスを利用する場合、障害者の所得の状況や障害の程度等の事情を勘案し、当該介護保険サービスの利用者負担を障害福祉制度により軽減（償還）できることとなった。

95 2017（平成29）年の障害者総合支援法の改正により、**共生型サービス**が創設された。**共生型サービス**とは、①障害者が65歳以上になっても、使い慣れた事業所においてサービスを利用しやすくするという観点や、②福祉に携わる人材に限りがあるなかで、地域の実情に合わせて人材をうまく活用しながら適切にサービス提供を行うという観点から創設された、介護保険と障害福祉両方の制度に相互に共通するサービスのことである（表7参照）。

■障害者支援施設

96 障害者総合支援法に規定する障害者支援施設とは、障害者につき、施設入所支援を行うとともに、施設入所支援以外の施設障害福祉サービス（生活介護、自立訓練、就労移行支援および就労継続支援B型）を行う

出 30-58

障害者に対する支援と障害者自立支援制度

重要項目

表6　利用対象者と障害支援区分

出 29-57-4
32-58-1, 2, 3, 4

サービス	利用対象者と障害支援区分
①居宅介護	区分1以上の障害者またはこれに相当する心身の状態にある障害児。ただし、身体介護を伴う通院等介助は障害支援区分が区分2以上の者。
②重度訪問介護	(イ)　重度の肢体不自由者であって、常時介護を必要とする障害者は、障害支援区分が区分4以上で、二肢以上に麻痺等があり、障害支援区分の認定調査項目のうち「歩行」「移乗」「排尿」「排便」のいずれも「支援が不要」以外に認定されていること。 (ロ)　重度の知的障害者・精神障害者は、障害支援区分が区分4以上で、障害支援区分の認定調査項目のうち行動関連項目等（12項目）の合計点数が10点以上の者（いわゆる行動障害を有する者）。
③同行援護	同行援護アセスメント票による調査項目中、「視力障害」「視野障害」および「夜盲」のいずれかが1点以上、かつ、「移動障害」の点数が1点以上の視覚障害児・者。障害支援区分の認定は必要としない。
④行動援護	自閉症、てんかん等を有する重度の知的障害児・者や統合失調症等を有する重度の精神障害者であって、危険回避ができないために援護を必要とする者や、自傷、異食、徘徊等の行動障害に対し援護を必要とする者。障害支援区分が区分3以上で、障害支援区分の認定調査項目のうち行動関連項目等（12項目）の合計点数が10点以上（障害児にあっては、これに相当する支援の度合）の者。
⑤療養介護	医療および常時介護を必要とする障害者のうち、長期の入院による医療的ケアを要する者で、筋萎縮性側索硬化症（ALS）患者など気管切開を伴う人工呼吸器による呼吸管理を行っている障害支援区分が区分6の者、あるいは筋ジストロフィー患者・重症心身障害者で障害支援区分が区分5以上の者。
⑥生活介護	常時介護等の支援が必要な障害者で、障害支援区分が区分3（施設入所者は区分4）以上の者、50歳以上の障害者の場合、障害支援区分が区分2（施設入所者は区分3）以上の者。通常、施設入所支援とともにこのサービスを受ける障害者は、身体機能の状態から、在宅生活を送ることが困難であり、施設に入所して介護を受けながら安心した生活をしたいと考えている者や、病院は退院したが、介護者の支援が必要なため地域生活へ直接移行することには不安がある者、訓練施設を利用していたが障害の状態が悪化し介護が必要な状態になった者等。
⑦短期入所	福祉型短期入所は障害支援区分が区分1以上である障害者および障害児支援区分が区分1以上である障害児。医療型短期入所は、遷延性意識障害児・者、ALS等の運動ニューロン疾患を有する者および重症心身障害児・者等。
⑧重度障害者等包括支援	常時介護を必要とする障害児・者。障害支援区分が区分6（障害児にあっては、これに相当する支援の度合）に該当し、意思疎通に著しい困難を有する者で、❶重度訪問介護の対象者の支援の度合に相当する者であって、四肢すべてに麻痺等があり、寝たきり状態にある障害者のうち、人工呼吸器による呼吸管理を行っている身体障害者か、あるいは最重度知的障害者、❷障害支援区分の認定調査項目のうち行動関連項目等（12項目）の合計点数が10点以上である者。
⑨施設入所支援	生活介護の利用者のうち、障害支援区分が区分4以上（年齢が50歳以上の場合は区分3以上）の者または自立訓練や就労移行支援等（以下この項において「訓練等」）を受けている者であって、入所させながら訓練等を実施することが必要かつ効果的であると認められる者または地域における障害福祉サービスの提供体制の状況その他やむを得ない事情により、通所によって訓練等を受けることが困難な者。

出 28-58-5

🔍 注目！

同行援護の利用対象者について、従来「身体介護を伴う場合・伴わない場合」で分けられていた報酬区分が一本化されるとともに、障害支援区分の認定が必要なくなった。

出 30-60-5

③ 障害者の日常生活及び社会生活を総合的に支援するための法律（障害者総合支援法）

障害者総合支援法の概要

表7　共生型サービス

	介護保険サービス		障害福祉サービス等
ホームヘルプサービス	訪問介護	↔	居宅介護 重度訪問介護
デイサービス	通所介護 地域密着型通所介護	↔	生活介護（※1） 自立訓練（機能訓練・生活訓練）
	療養通所介護	↔	生活介護（※2）
ショートステイ	短期入所生活介護 （予防を含む）	↔	短期入所
「通い・訪問・泊まり」といったサービスの組み合わせを一体的に提供するサービス	（看護）小規模多機能型居宅介護 （予防を含む） ・通い	→	生活介護（※1） 自立訓練（機能訓練・生活訓練）　（通い）
	・泊まり	→	短期入所　（泊まり）
	・訪問	→	居宅介護 重度訪問介護　（訪問）

※1　主として重症心身障害者を通わせる事業所を除く。
※2　主として重症心身障害者を通わせる事業所に限る。
資料：厚生労働省資料

施設（のぞみの園等を除く）をいう。

■ 相談支援

97 2010（平成22）年12月の法改正で、相談支援の定義の見直しが行われ、**基本相談支援**、**地域相談支援**および**計画相談支援**の3つに分けられた。

98 2012（平成24）年4月から**地域相談支援給付費**が、自立支援給付として給付されている。**地域相談支援**は、**地域移行支援**と**地域定着支援**を指す。障害者の地域移行や地域定着をさらに強化するためである。

出 29-59-3, 4
31-61

99 **地域移行支援**は、障害者支援施設等に入所している障害者または精神科病院に入院している精神障害者等に対して、**住居**の確保や地域における生活に移行するための活動に関する**相談**等を行うものである。

出 31-33-4（地域）
31-61-1

100 2012（平成24）年の法改正により、**地域移行支援**の対象が、①救護施設または更生施設に入所している障害者、②刑事施設または少年院に収容されている障害者、③更生保護施設に収容されている障害者等に拡大された。

101 **地域定着支援**は、居宅において**単身**等で生活する障害者に対して、障害者と常時、連絡をとる体制を確保し、障害の特性に起因する**緊急の事態**等が生じた場合に相談等を行うものである。

出 30-60-1

障害者に対する支援と障害者自立支援制度

359

重要項目

102 2012（平成24）年4月から、**計画相談支援給付費**が、自立支援給付として給付されている。これまで、サービス等利用計画の作成対象者が限定されていたものを、計画作成対象者を大幅に拡大し、相談支援を強化していく。**計画相談支援**は、サービス利用支援および継続サービス利用支援を指す。

103 **サービス利用支援**は、介護給付費等の支給決定の申請やサービスの種類や支給量の変更の申請などをするときに、障害者の心身の状況、その置かれている環境等の事情を勘案し、利用する障害福祉サービス等の種類や内容、量などを定めた障害福祉サービス等利用計画案を作成する。そして、支給決定等の後に、障害福祉サービス事業者等との連絡調整等の便宜を供与するとともに、支給決定等に係る障害福祉サービス等の種類や内容、量などを記載したサービス等利用計画を作成することである。

104 **継続サービス利用支援**は、介護給付費等の支給決定を受けた障害者等に、介護給付費等の支給決定等の有効期間内に継続して障害福祉サービス等を適切に利用できるように、サービス等利用計画の見直しを行うものである。その結果に基づき、サービス等利用計画の変更や関係者との連絡調整等を行う。

105 **一般相談支援事業**とは、基本相談支援および地域相談支援のいずれも行う事業をいい、**特定相談支援事業**とは、基本相談支援および計画相談支援のいずれも行う事業をいう。

出 29-59-1, 5

106 2010（平成22）年12月の法改正で、市町村に基幹相談支援センターが設置された。基幹相談支援センターは、地域における相談支援の中核的な役割を担う機関として、相談支援に関する業務を総合的に行うことを目的とする施設である。

出 28-61
29-39-5（地域）
31-60-1

107 2010（平成22）年12月の法改正で、自立支援協議会の法律上の根拠が設けられ、また、2012（平成24）年の法改正では2013（平成25）年4月からは、「自立支援協議会」の名称は、地域の実情に応じて変更できるよう協議会と名称変更された。協議会の構成員には関係機関、関係団体および障害者等の福祉、医療、教育または雇用に関連する職務に従事する者その他の関係者、障害者等及びその家族が含まれる旨が明記された。地方公共団体が設置する。

108 2010（平成22）年12月の法改正で、市町村は、支給要否決定を行うに当たって必要と認められる場合には、支給決定の申請にかかる障害者または障害児の保護者に対し、サービス等利用計画案の提出を求めることとなった。また、当該サービス等利用計画案の提出があった場合には、

当該計画案を勘案して支給要否決定を行う。

■ 補装具

109 障害者総合支援法に規定する補装具とは、障害者または障害児の身体機能を補完し、または代替し、かつ、長期間にわたり継続して使用されるものをいう。

110 **補装具の種目**としては、義肢、装具、座位保持装置、盲人安全つえ、義眼、眼鏡、補聴器、車椅子、電動車椅子、座位保持椅子、起立保持具、歩行器、頭部保持具、排便補助具、歩行補助つえ、重度障害者用意思伝達装置がある。

▶座位保持椅子、起立保持具、頭部保持具、排便補助具は、児童のみである。

111 市町村民税課税世帯は、負担上限額が3万7200円で、市町村民税非課税世帯は利用者負担はない。また、2012（平成24）年4月から、高額障害福祉サービス等給付費の支給の対象に、補装具にかかる利用者負担が加えられ、障害福祉サービスおよび介護保険の介護給付等対象サービスの利用者負担額と補装具の利用者負担額を合算して一定の額を超える場合、高額障害福祉サービス等給付費の支給の対象となる。補装具費の支給申請は、市町村に行う。

112 一定所得以上の世帯に属する者は補装具費の支給の対象としないこととされ、本人または世帯員（本人が18歳以上の場合は、その配偶者に限る）のうち市町村民税所得割の最多納税者の納税額が46万円以上の場合がその基準とされている。

▶ 2018（平成30）年4月からは、成長に伴い短時間で取り替える必要のある障害児の場合等に貸与の活用も可能となった。

■ 自立支援医療

113 2005（平成17）年10月の障害者自立支援法の成立に伴い、**自立支援医療費制度**が設けられた。これにより、これまでの育成医療（児童福祉法）、更生医療（身体障害者福祉法）、精神保健及び精神障害者福祉に関する法律に基づく精神通院医療の規定は新たに障害者自立支援法におかれた。

114 障害者総合支援法に規定する**自立支援医療**とは、障害者等につき、その心身の障害の状態の軽減を図り、自立した日常生活または社会生活を営むために必要な医療であって政令で定めるもの（＝育成医療、更生医療、精神通院医療）をいう。

115 **自立支援医療**の給付の申請は、市町村に行う。

116 自立支援医療費は、市町村（精神通院医療に相当する部分は都道府県）から支給される。

出 28-60-1

重要項目

117 本人および他の世帯員の市町村民税所得割の合算額が23万5000円以上の場合は、認定は受けられず**医療保険**による給付となり、3割の自己負担（ただし、重度かつ継続的に相当額の負担がある場合は、2021（令和3）年3月31日までの間は支給される）となる。

118 自立支援医療（**更生医療**）の対象となる者は、身体障害者福祉法第4条に規定する身体上の障害を有すると認められる者であって、確実なる治療効果が期待しうるものと規定されている。

119 **自立支援医療**の患者の医療機関窓口での自己負担は、所得等に応じて1月当たりの自己負担額が設定されている。この額に満たない場合は、原則として医療費の**1**割負担となる。

120 **更生医療の対象となる疾患**を障害区分によって示すと、①肢体不自由によるもの、②視覚障害によるもの、③聴覚、平衡（へいこう）機能障害によるもの、④音声機能、言語機能、そしゃく機能障害によるもの、⑤心臓、腎臓（じんぞう）、小腸、肝臓機能障害によるもの（日常生活が著しい制限を受ける程度であると認められるもの）、⑥ヒト免疫不全ウイルスによる免疫の機能の障害によるもの（日常生活が著しい制限を受ける程度であると認められるもの）である。

121 **療養介護医療費**は、医療を必要とするとともに、常時介護を必要とすると認められた障害者が、主として昼間、**病院**や**施設**等で行われる機能訓練、療養上の管理、看護、医学的管理のもとでの介護や日常生活上の世話を受ける場合に、医療に限ってそれに要した費用として支給される。基準該当療養介護医療費は、基準該当施設から療養介護医療を受けた場合に支給される。

■ 地域生活支援事業

122 障害者等が自立した日常生活または社会生活を営むことができるように支援する事業として、2006（平成18）年10月より**地域生活支援事業**が法定化された。

123 **市町村**が行う**地域生活支援事業**としては、理解促進研修・啓発事業、自発的活動支援事業、相談支援事業、**成年後見制度利用支援事業**、成年後見制度法人後見支援事業、意思疎通支援事業、日常生活用具給付等事業、手話奉仕員養成研修事業、移動支援事業および地域活動支援センター機能強化事業を必須事業とする。

124 成年後見に伴う鑑定料、登記料、成年後見人への報酬等については、障害者総合支援法第77条に基づく市町村地域生活支援事業の**成年後見制**

▶ 2010（平成22）年12月の法改正で、自立支援医療についての費用は、月額上限付きの負担から、利用者の負担能力に応じたもの（応能負担）を原則とすることとなった。

▶対象となる障害は、臨床症状が消退し、その障害が永続するものに限られる。

▶高額な治療を長期にわたり継続しなければならない（重度かつ継続）者、育成医療の中間所得層については、さらに軽減措置が実施される。

出 28-62-3

▶ 2010（平成22）年12月の法改正で、成年後見制度利用支援事業は、市町村の地域生活支援事業の必須事業に格上げされた。

▶その他市町村の判断により、自立した日常生活または社会生活を営むために必要な事業および社会福祉法人、特例民法法人、特定非営利活動法人等の団体が行う同事業に対し補助する事業を行うことができる。

3 障害者の日常生活及び社会生活を総合的に支援するための法律（障害者総合支援法）

障害者総合支援法の概要

度利用支援事業により、国庫補助が行われる。

125 成年後見制度利用支援事業については、市町村長による申立てがあった 出 31-59-3
者に限定されていたが、2008（平成20）年4月の対象者の拡大を経て、
2012（平成24）年4月から知的障害者・精神障害者で補助を受けなけ
れば制度利用が困難であると認められる者が対象とされている。

126 日常生活用具給付等事業は、市町村地域生活支援事業の1つとして、身
体障害者（児）、知的障害者（児）、精神障害者、難病患者等に対し、自
立生活支援用具等の日常生活用具を給付または貸与する事業である（表
8参照）。

表8　日常生活用具給付等事業により給付等される用具

①介護・訓練支援用具	特殊寝台、特殊マットなど
②自立生活支援用具	入浴補助用具、聴覚障害者用屋内信号装置等
③在宅療養等支援用具	電気式たん吸引器、盲人用体温計等
④情報・意思疎通支援用具	点字器、人工喉頭等
⑤排泄管理支援用具	ストーマ装具等
⑥居宅生活動作補助用具	居宅生活動作等を円滑にする用具であって設置に小規模な住宅改修を伴うもの

127 移動支援事業とは、障害者等が円滑に外出することができるよう、障害
者等の移動を支援する事業をいい、市町村による地域生活支援事業とし
て行われるサービスである。

128 地域活動支援センターとは、障害者等を通わせ、創作的活動または生産 出 30-58-1
活動の機会の提供、社会との交流の促進その他の厚生労働省令で定める
便宜を供与する施設をいい、市町村による地域生活支援事業として行わ
れるサービスである。

129 福祉ホームとは、現に住居を求めている障害者につき、低額な料金で、 ▶福祉ホームは必須事業ではなく任意事業である。
居室その他の設備を利用させるとともに、日常生活に必要な便宜を供与
する施設をいい、市町村による地域生活支援事業として行われるサービ
スである。

130 地域生活支援事業のうち都道府県が行う事業として、特に専門性の高い 出 32-59-5
相談支援事業（発達障害者支援センター運営事業、高次脳機能障害及び
その関連障害に対する支援普及事業）、意思疎通支援を行う者のうち、特
に専門性の高い者を養成し、または派遣する事業、意思疎通支援を行う
者の派遣にかかる市町村相互間の連絡調整その他の広域的な対応が必要
な事業、サービス管理責任者研修事業等が定められた。

363

💡 重要項目

■ 障害福祉計画、費用

131 厚生労働大臣の定める基本指針に即して、**市町村**および**都道府県**は、障害福祉サービスや地域生活支援事業などの提供体制の確保に関する計画（**障害福祉計画**）を定めることとなった。

出 28-60-5

132 障害福祉計画は、**3**年を1期とし、2012（平成24）年度から2014（平成26）年度までを第3期、2015（平成27）年度から2017（平成29）年度を第4期、2018（平成30）年度から2020（令和2）年度を第5期とする。これは、障害者基本法における市町村障害者計画や都道府県障害者計画と**調和**がとれるよう計画される。また、都道府県障害福祉計画は、医療法に基づく医療計画と相まって、精神障害者の退院の促進を図るものでなければならないとされている。

▶基本指針による定め

133 2017（平成29）年3月**「障害福祉サービス等及び障害児通所支援等の円滑な実施を確保するための基本的な指針」**が告示された。この基本指針に即し、2018（平成30）年度から2020（令和2）年度までの3年間を対象とする**第5期障害福祉計画**、**第1期障害児福祉計画**が市町村、都道府県によって作成されることとなった。成果目標として、計画期間が終了する2020（令和2）年度末までの目標値が図のように規定されている（図6参照）。

図6 基本指針で示された2020（令和2）年度末までの成果目標

① 施設入所者の地域生活への移行
・地域移行者数：2016（平成28）年度末施設入所者の9％以上
・施設入所者数：2016（平成28）年度末の2％以上削減
　※高齢化・重症化を背景とした目標設定

② 精神障害にも対応した地域包括ケアシステムの構築【項目の見直し】
・保健・医療・福祉関係者による協議の場（各圏域、各市町村）の設置
・精神病床の1年以上入院患者数：14.6万人〜15.7万人に（2014（平成26）年度末の18.5万人と比べて3.9万人〜2.8万人減）
・退院率：入院後3か月69％、入院後6か月84％、入院後1年90％（2015（平成27）年時点の上位10％の都道府県の水準）

③ 地域生活支援拠点等の整備
・各市町村または各圏域に少なくとも1つ整備

④ 福祉施設から一般就労への移行
・一般就労への移行者数：2016（平成28）年度の1.5倍
・就労移行支援事業利用者：2016（平成28）年度の2割増
・移行率3割以上の就労移行支援事業所：5割以上
　※実績を踏まえた目標設定
・就労定着支援1年後の就労定着率：80％以上（新）

⑤ 障害児支援の提供体制の整備等【新たな項目】
・児童発達支援センターを各市町村に少なくとも1か所設置
・保育所等訪問支援を利用できる体制を各市町村で構築
・主に重症心身障害児を支援する児童発達支援事業所、放課後等デイサービスを各市町村に少なくとも1か所確保
・医療的ケア児支援の協議の場（各都道府県、各圏域、各市町村）の設置（2018（平成30）年度末まで）

資料：厚生労働省「第5期障害福祉計画等に係る国の基本指針の見直しについて」を一部改変

③ 障害者の日常生活及び社会生活を総合的に支援するための法律（障害者総合支援法）

障害者総合支援法の概要

134 自立支援給付は、市町村によって給付されるが、都道府県および国の負担および補助については、表9のように規定された。

表9　都道府県および国の負担および補助

都道府県の負担および補助	①都道府県は、障害福祉サービス費等負担対象額、自立支援医療費等および補装具費の100分の25を負担する。 ②都道府県は、予算の範囲内において、市町村の地域生活支援事業に要する費用の100分の25以内を補助することができる。
国の負担および補助	①国は、障害福祉サービス費等負担対象額、自立支援医療費等および補装具費の100分の50を負担する。 ②国は、予算の範囲内において、地域生活支援事業に要する費用等の100分の50以内を補助することができる。

▶その他、国は、都道府県が実施主体となる精神通院医療に要する費用の100分の50を負担し、都道府県の地域生活支援事業に要する費用の100分の50以内を補助することができる。

■ 障害児に対する施策

135 障害者総合支援法第4条第2項でいう**障害児**とは、「児童福祉法第4条第2項に規定する障害児をいう」とされる。児童福祉法第4条第2項には、「障害児とは、**身体**に障害のある児童、**知的**障害のある児童、**精神**に障害のある児童（発達障害者支援法第2条第2項に規定する**発達障害児**を含む。）又は治療方法が確立していない疾病その他の特殊の疾病であって障害者の日常生活及び社会生活を総合的に支援するための法律第4条第1項の政令で定めるものによる障害の程度が同項の厚生労働大臣が定める程度である児童をいう」と規定されている。

136 2005（平成17）年11月の障害者自立支援法の制定に伴い、障害福祉サービスを利用した障害児に対しては、市町村（特別区を含む）から、**自立支援給付**として**介護給付費**が支給されることとなった。なお、自立支援給付のうち、**訓練等給付費**については、基本的に障害児を対象としていない。障害児を対象とする介護給付費対象サービスについては表10のとおりである。

137 介護給付費の支給を受けようとする障害児の保護者が、市町村に申請して支給決定を受け、その有効期間内に、都道府県知事の指定する指定障害福祉サービス事業者から障害福祉サービスを受けたときに介護給付費が市町村から支給される。利用者負担は、2010（平成22）年12月の法改正により、負担能力に応じたもの（**応能負担**）を原則とし、障害児の保護者が負担する。

138 障害児施設への入所に関しては、2005（平成17）年の児童福祉法の改正により、保護者と事業者との契約による「契約制度」が導入されているが、その判断にばらつきが生じていることから、2009（平成21）年11

障害者に対する支援と障害者自立支援制度

365

重要項目

表10　障害児を対象とする介護給付費対象サービス　出28-59

支給対象	対象内容
①居宅介護	入浴、排せつ、食事の介護等生活全般
②同行援護	視覚障害により移動に著しい困難を有する者に同行して行う移動の援護、排せつおよび食事の介護等
③行動援護	常時介護を要する者で行動時の危険回避、外出時の移動の介護
④短期入所（ショートステイ）	介護者の病気等の場合における施設への短期入所による入浴、排せつ、食事の介護等
⑤重度障害者等包括支援	常時介護を要し、介護度の著しく高い重度障害者の居宅介護をはじめ福祉サービスの包括的支援

月に措置か契約かの判断に関する**技術的助言の通知**が示されている。

139 **自立支援医療費（育成医療）**は、障害児の世帯の所得状況が一定以上の場合は支給認定は受けられず、**医療保険**による給付となり、3割の自己負担となる（重度かつ継続的に相当額の負担がある場合は、2021（令和3）年3月31日までの間は支給される）。

140 自立支援医療費（育成医療）は、支給認定を受けた**障害児**がその有効期間内に、指定自立支援医療機関から自立支援医療を受けたときに**市町村**から支給される。

141 自立支援医療費（育成医療）の対象は、①肢体不自由によるもの、②視覚障害、③聴覚・平衡機能障害、④音声・言語、そしゃく機能障害、⑤心臓、腎臓、呼吸器、膀胱、直腸、小腸および肝臓機能障害、⑥⑤に掲げるものを除く、先天性の内臓機能障害、⑦ヒト免疫不全ウイルスによる免疫機能の障害である。

■ 苦情解決、審査請求

142 指定障害福祉サービス事業者等は、利用者またはその家族からの苦情に迅速かつ適切に対応するために、**苦情を受け付けるための窓口**を設置しなければならない。また、苦情を受け付けた場合には、当該苦情の内容等を**記録**しなければならない（図7参照）。

143 障害者総合支援法第97条は、「市町村の介護給付費等又は地域相談支援給付費等に係る処分に不服がある障害者又は障害児の保護者は、**都道府県知事**に対して**審査請求**をすることができる」と規定している。　出28-43-4（行財）29-58-4

144 審査請求の対象となる処分は「介護給付費等または地域相談支援給付費等にかかる処分」であり、具体的には障害支援区分に関する処分、支給

図7 福祉サービスに関する苦情解決の仕組みの概要図

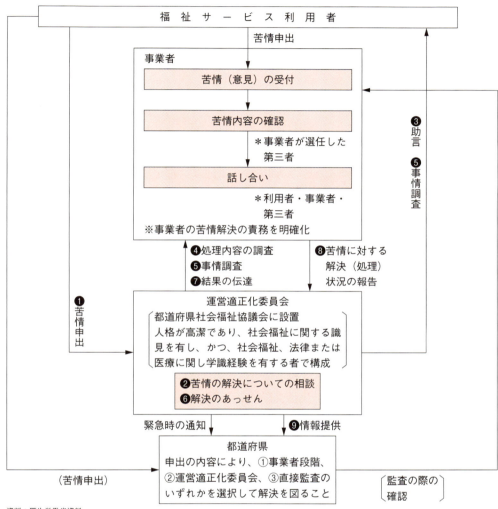

資料：厚生労働省資料

決定・支払決定にかかる処分、利用者負担にかかる処分が対象となる。

145 障害者総合支援法第98条では、都道府県知事は、市町村が行う介護給付費等にかかるさまざまな行政処分に関する審査請求の審理を公正かつ適正に行うために、障害者等の保健または福祉に関する学識経験者で構成する**障害者介護給付費等不服審査会**を置くことができるとされている。

146 障害者介護給付費等不服審査会は、法律上は、設置は任意となっている。同審査会には必要な数の**合議体**を設置し、委員の定数は5人を標準として都道府県が条例で定めることとなる。

147 訴訟は、当該処分の審査請求に対する裁決を経た後でなければ提起できない。

▶ 2012（平成24）年4月1日以降は、地域相談支援給付費等に関する行政処分についても、審理の対象となった。

重要項目

4 障害者総合支援法における組織及び団体の役割と実際

国の役割

148 厚生労働大臣は、**障害福祉計画**の策定のために、障害福祉サービス、相談支援および地域生活支援事業の提供体制を整備し、自立支援給付および地域生活支援事業の円滑な実施を確保するための**基本指針**を定め、公表することとなっている。また、その基本指針に則して、都道府県、市町村は**障害福祉計画**を作成する。　　出 29-58-2

149 **基本指針**では、障害者等の**自己決定の尊重**と**意思決定の支援**が、基本理念として掲げられている。　　出 31-48-1（行財）

150 **基本指針**は、児童福祉法に規定する**障害児福祉計画**を策定するための**基本指針**と**一体のものとして**作成することができる。　　出 31-48-2（行財）

151 **基本指針**において定められる主な事項は、①障害福祉サービスおよび相談支援の提供体制の確保に関する基本的事項、②障害福祉サービス、相談支援ならびに市町村および都道府県の地域生活支援事業の提供体制の確保にかかる**目標**に関する事項、③障害福祉計画の作成に関する事項、④その他自立支援給付および地域生活支援事業の円滑な実施を確保するために必要な事項である。また、国は、障害福祉計画に定められた事業を市町村または都道府県が、円滑に実施できるように、必要な助言などの援助に努めるものとされている。

152 国は、市町村が**支弁**する自立支援給付に要する費用のうち、**2分の1**を**負担**する。

> **支弁**
> 「支払う」という意味の漢語的表現で、法律用語でも用いられる。

153 国は、都道府県が支弁する自立支援医療費（精神通院医療にかかるものに限る）の支給に要する費用のうち、**2分の1**を**負担**する。

154 国は、市町村および都道府県がそれぞれ支弁する地域生活支援事業の費用について、**2分の1**以内を予算の範囲内で**補助**することができる。

市町村の役割

155 障害者の日常生活及び社会生活を総合的に支援するための法律（障害者総合支援法）における**市町村の主な役割**は表11のとおりである。　　出 29-58-1, 2, 5　32-59-4

156 **政令指定都市**は、一般の市町村とほぼ同様の扱いとなっており、費用負担についても特別な扱いはされていない。ただし、政令指定都市は自立　　出 29-58-1

4 障害者総合支援法における組織及び団体の役割と実際

市町村の役割

表11 市町村の主な役割

① 介護給付費、訓練等給付費、地域相談支援給付費、自立支援医療費および補装具費等の支給決定等
② 支給決定等に伴う障害支援区分の認定
③ 市町村地域生活支援事業の実施
④ 市町村障害福祉計画の策定
⑤ 支給決定障害者等および指定事業者に対する調査
⑥ 指定特定相談支援事業者の指定等

支援医療のうち**精神通院医療**について、都道府県と同様に支給認定等や指定自立支援医療機関の指定等の業務を行う。

157 **市町村**は、**介護給付**費、**訓練等給付**費、**地域相談支援給付**費、**自立支援医療**費および**補装具**費等についての**支給決定**等を行う。支給は、障害者等の居住地の市町村が決定し、障害者等が居住地を有していないか明らかでないときは、**現在地**の市町村が行う。精神通院医療に関する自立支援医療は、市町村を経由して都道府県に申請し都道府県が支給認定する。

出 31-42-3（行財）

158 障害者等から介護給付費等の申請があったときは、**市町村**は障害者等の心身の状況や環境について調査し、**支給要否決定**を行う。ただし、介護給付費の申請があった場合は、**障害支援区分**の認定をしてから支給要否決定する。

出 29-57-4
32-59-1

▶市町村は、調査を、指定相談支援事業者等に委託することができる。

159 市町村は、**更生医療**に関する支給認定および補装具費のうち、義肢・装具など一定の種目に関するものの支給認定を行うにあたっては、身体障害者更生相談所の**判定**を求めることができるとされている。

出 28-60-1

160 **障害支援区分の認定**は、**市町村審査会**の審査および判定に基づいて行う。支給決定を行うにあたって、必要があるときは**市町村審査会**、身体障害者更生相談所、知的障害者更生相談所、精神保健福祉センター、児童相談所の意見を聴くことができる。

出 32-59-2

161 **市町村障害福祉計画**に定められる事項は、表12のとおりである。

162 **市町村障害福祉計画**は、策定が義務づけられ、児童福祉法に規定する**障害児福祉計画**と**一体のものとして**作成することができる。

出 31-48-2（行財）
32-59-3

163 市町村は、自立支援給付に関して、障害者等に対し、**報告**もしくは**文書などの提出**や**提示**を命じ、または**質問**することができる。また、2016（平成28）年の法改正で、指定事務受託法人に質問を委託できるようになった。

164 市町村は、指定障害福祉サービス事業者等が、各事業の設備および運営に関する基準等に従って適正な運営をしていないときは、その旨を都道府県知事に**通知**しなければならない。また、指定自立支援医療機関が良

重要項目

表12　市町村障害福祉計画に定められる事項　　　出 32-59-5

義務	① 障害福祉サービス、相談支援および地域生活支援事業の提供体制の確保にかかる目標に関する事項 ② 各年度における指定障害福祉サービス、指定地域相談支援又は指定計画相談支援の種類ごとの必要な量の見込み ③ 地域生活支援事業の種類ごとの実施に関する事項
努力義務	① 指定障害福祉サービス、指定地域相談支援又は指定計画相談支援の種類ごとの必要な見込量の確保のための方策 ② 指定障害福祉サービス、指定地域相談支援又は指定計画相談支援および地域生活支援事業の提供体制の確保にかかる医療機関、教育機関、公共職業安定所その他の職業リハビリテーションの措置を実施する機関その他の関係機関との連携に関する事項

質かつ適切な自立支援医療を行っていないときについても、その旨を所在地の都道府県知事に通知しなければならない。

165 市町村は、自立支援給付に要する費用（自立支援医療費のうち、精神通院医療にかかるものを除く）を**支弁**する。

都道府県の役割

166 障害者総合支援法における**都道府県の主な役割**は表13のとおりである。

表13　都道府県の主な役割　　　出 28-60
29-58-1, 3, 4, 5

① 精神通院医療についての支給認定等
② 都道府県障害福祉計画の策定
③ 審査請求の審査および障害者介護給付費等不服審査会の設置
④ 障害福祉サービス事業者等の指定
⑤ 市町村への支援
⑥ 都道府県地域生活支援事業の実施

167 都道府県知事は、障害福祉サービス事業者、障害者支援施設および一般相談支援事業者からの申請により、各事業や施設の指定を行う。これらの指定は、**6**年ごとに更新を受けなければ効力を失う。また、**都道府県知事**は、医療機関からの申請により自立支援医療機関の指定も行う。

出 32-59-4

▶特定相談支援事業者の指定は、市町村長が行う。

168 国および都道府県以外の者が、障害福祉サービス事業、一般相談支援事業および特定相談支援事業、移動支援事業、地域活動支援センターまたは福祉ホームを経営する事業を行う場合は、あらかじめ、**都道府県知事**に届け出る必要がある。

▶届け出た内容を変更する場合は変更の日から1か月以内に、事業を廃止または休止しようとするときは事前に、都道府県知事に届け出なければならない。

169 都道府県知事は、指定障害福祉サービス事業者、指定障害者支援施設等

4 障害者総合支援法における組織及び団体の役割と実際

指定サービス事業者の役割

の設置者、指定相談支援事業者等に対し、**報告**もしくは**帳簿書類などの提出**や**提示**を命じ、**出頭**を求め、または関係者に対して質問し、事業所に立ち入り、その設備や帳簿書類などを検査することができる。

170 都道府県は、市町村が支弁する自立支援給付に要する費用のうち、**4分の1**を負担する。

171 都道府県は、市町村が行う地域生活支援事業の費用について、**4分の1**以内を予算の範囲内で補助することができる。

172 都道府県は、厚生労働大臣の定めた基本指針に即して、市町村障害福祉計画の達成に資するため、各市町村を通ずる広域的な見地から、障害福祉サービス、相談支援および地域生活支援事業の提供体制の確保に関する**都道府県障害福祉計画**を定める。

出 28-60-5

173 都道府県知事は、市町村に対し、市町村障害福祉計画の作成上の技術的事項について必要な**助言**をすることができる。

174 2011（平成23）年5月、「**地域の自主性及び自立性を高めるための改革の推進を図るための関係法律の整備に関する法律**」が公布されたことに伴い、障害者自立支援法の改正も行われた。従来、障害福祉サービス事業や地域活動支援センター、福祉ホーム等の設備、運営に関する基準は、国が定める基準（厚生労働省令）にて決められていたが、今後は厚生労働省令で定める基準に従い、**都道府県の条例**で定めることとなった。▶

▶一部の規定については厚生労働省令で定める基準を参考に、都道府県が基準を決めることができるようになった。

指定サービス事業者の役割

175 指定障害福祉サービス事業者および指定障害者支援施設は、利用者の**意思**および**人格**を尊重して、常に当該利用者の立場に立ったサービスの提供に努めることとされている。

176 指定障害福祉サービス事業者等は、**正当な理由**がなく障害福祉サービスの**提供を拒んでは**ならない。▶

▶正当な理由とは、利用定員を超える場合や、主に対象とする障害の種別に該当しない場合、また入院治療が必要な場合などをいう。

177 事業者は、指定申請を行う段階でサービスの類型や主に対象とする障害種別を特定することが認められている。

178 指定障害福祉サービス事業者等は、利用者の意向、適性および障害の特性などを踏まえた**個別支援計画**を作成する。そして、これに基づいて利用者に対してサービスを提供し、その効果について継続的な評価を実施し、適切かつ効果的にサービスを提供しなければならない。

179 指定障害福祉サービス事業者等は、サービスの提供にあたっては、**身体的拘束**その他の利用者の**行動を制限**する行為を行ってはならない。▶

▶利用者または他の利用者の生命または身体を保護するために緊急やむを得ない場合は除かれる。

障害者に対する支援と障害者自立支援制度

371

180 指定自立訓練（機能訓練および生活訓練）事業者は、利用者が地域において安心した日常生活または社会生活を営むことができるよう、退所後も、一定期間、定期的な連絡、相談等を行わなければならない。

181 指定就労移行支援事業者は、利用者の職場への定着を促進するため、障害者就業・生活支援センターなどの関係機関と連携して、利用者が就職した日から6か月以上、職業生活における相談等の支援を継続しなければならない。

182 指定就労継続支援A型、B型事業者については、利用者が就職した日から6か月以上、職業生活における相談等の支援の継続に努めなければならない。

183 2017（平成29）年6月2日の「地域包括ケアシステムの強化のための介護保険法等の一部を改正する法律」で、高齢者と障害児者が同一の事業所でサービスを受けやすくするための共生型サービスが創設された（2018（平成30）年4月1日施行）。介護保険事業所が共生型サービスを実施する場合、障害児通所支援事業所、障害福祉サービス事業所の指定を受けやすくする特例が設けられた。介護保険法に定める通所介護サービスは、障害者総合支援法に定める生活介護サービスにも適用されることとなった。

国民健康保険団体連合会の役割

184 2010（平成22）年12月の法改正で、国民健康保険団体連合会（国保連）が市町村から委託を受けて行う支払い業務についての見直しが行われ、介護給付費、訓練等給付費、特定障害者特別給付費、地域相談支援給付費および計画相談支援給付費の支払い業務を行うこととなった。また、2016（平成28）年の改正で、2018（平成30）年4月より、市町村は支払いだけでなく審査についても国保連に委託できることとなった。

労働関係機関の役割

185 ハローワーク（公共職業安定所）は、労働行政機関であり、雇用の安定を図るための中枢的機能を果たしている。ハローワークにおける支援は、障害者や福祉関係機関に対する支援と、企業への支援・指導の2つに分かれている。

▶ハローワークは、全国に544か所設置されている。

186 福祉施設や特別支援学校を利用する障害者の雇用への移行を促進するた

め、**地域障害者就労支援事業**により、**ハローワークが中心となって**、地域の関係支援機関と連携し、障害者一人ひとりに応じたきめ細やかな個別支援を行うための**障害者就労支援チーム**を結成し、就職の準備段階から職場定着までの一貫した支援を行っている。

187 **独立行政法人高齢・障害・求職者雇用支援機構**は、障害のある人に対して就職前と就職後の支援を行っており、**障害者職業総合センター、広域障害者職業センター、地域障害者職業センター**を運営している。

〔出〕30-58-4

188 **障害者職業能力開発校**は、職業能力開発促進法に基づいて設置されたもので、障害の種別・程度などに対応して職業訓練を実施する施設である（国立13校、府県立6校）。国または都道府県が設置し、訓練科目は機械加工や経理事務、CAD、DTP など多岐にわたる。

〔出〕31-145-2（就労）

189 **高齢・障害者雇用支援センター**は、障害者や高齢者の雇用を円滑(えんかつ)に進めるための啓発事業、雇用納付金制度に基づく業務（雇用調整金・報奨金および各種助成金の説明、納付金の徴収、受付、支給）、雇用管理指導に関する研修、相談、援助を行っている。

教育機関の役割

190 2006（平成18）年6月、学校教育法等の一部を改正する法律が制定された。これによって、**特別支援教育のシステム**が制度化された。

191 **特別支援教育**は、一人ひとりの教育的ニーズに応じた適切な教育の実施や、学校と福祉、医療、労働等の関係機関との連携がこれまで以上に求められている状況にかんがみ、児童生徒等の個々のニーズに柔軟に対応し、適切な指導および支援を行うものである。

▶特別支援教育では、従来の特殊教育の対象者に加え、学習障害（LD）、注意欠陥多動性障害（AD/HD）、高機能自閉症などが新たな対象となった。

192 学校教育法の改正において、これまでの盲(もう)・ろう・養護学校制度が見直され、障害種別を越えた**特別支援学校**が創設された。これにより、**教員免許制度**も総合化され、特別支援学校教諭免許状となった。また、**特別支援学校**は、地域の特別支援教育の**センター的機能**を担うものと位置づけられた。

193 特別支援学校は、視覚障害者、聴覚障害者、知的障害者、肢体不自由者または病弱者（身体虚弱者を含む）に対して、幼稚園、小学校、中学校または高等学校に準ずる教育を施すとともに、障害による学習上または生活上の困難を克服し、自立を図るために必要な**知識技能**を授けることを目的とする。

194 特別支援教育と福祉の協働に向けて、個別の教育支援計画（暮らしの

〔出〕31-59-1

重要項目

トータルプラン)、特別支援教育コーディネーター（幼小中高の校内委員会の立上げと運営、外部の支援者との調整、特別支援学校での在校生に対するコーディネーションなど）、特別支援連携協議会が導入された。

195 2016（平成28）年4月から小中学校の9年間を共通の教育課程で学ぶ、新しい学校の種類「**義務教育学校**」の制度が始まった。中学校に入るといじめや不登校が増える「**中1ギャップ**」の軽減が狙いである。

公私の役割関係

196 **指定障害福祉サービス事業者**および**指定障害者支援施設**（指定障害福祉サービス事業者等）は、障害者等が自立した日常生活または社会生活を営むことができるよう、市町村、ハローワーク、教育機関など関係機関との緊密な連携を図り、障害者等の意向、適性、障害の特性その他の事情に応じ、効果的にサービス提供を行うように努めなければならない、とされている。

197 **指定障害福祉サービス事業者等**は、提供拒否の禁止、運営規程の定め、個別支援計画の策定、苦情解決、身体拘束の禁止、秘密保持、利用終了に際しての支援などに留意し、関係機関と連携を図ることが求められる。

5 障害者総合支援法における専門職の役割と実際

相談支援専門員の役割

198 **指定特定相談支援事業者**は、指定特定相談支援事業所ごとに必ず1人以上の**相談支援専門員**を置かなければならず、原則としてサービス提供時間帯を通じて当該サービス以外の職務に従事させてはならない。ただし、指定計画相談支援の業務に支障がない場合は、当該指定特定相談支援事業所の他の職務や他の事業所、施設等の職務に従事することができる。 出 30-60

199 **相談支援専門員**は、障害者が自立した地域生活を営むために、そのニーズを把握し、**サービス等利用計画**を作成し、総合的かつ効果的にサービスを提供できるように調整を図る。

200 **相談支援専門員**は、障害特性や障害者の生活実態に関する専門的な知識と経験が必要であり、①障害者の保健、医療、福祉の分野における相談支援の業務および介護の直接支援業務、②障害者の就労、教育の分野における相談支援の業務に携わっていた者で一定の期間の実務経験があり、

5 障害者総合支援法における専門職の役割と実際

サービス管理責任者の役割

都道府県知事が行う**相談支援従事者初任者研修**を受講したものを指す。

201 **指定地域移行支援事業者**は、指定地域移行支援事業所ごとに専らその職務に従事する**指定地域移行支援従事者**を置かなければならない。ただし、指定地域移行支援の業務に支障がない場合は、当該指定地域移行支援事業所の他の職務に従事させ、または他の事業所、施設等の職務に従事させることができるものとする。なお、指定地域移行支援従事者のうち1人以上は、**相談支援専門員**（指定地域相談支援の提供に当たる者として厚生労働大臣が定めるものをいう）でなければならない。

▶さらに相談支援専門員は、相談支援従事者現任研修を5年に1回以上受講しなければならない。

サービス管理責任者の役割

202 **サービス管理責任者**は、「障害者の日常生活及び社会生活を総合的に支援するための法律に基づく指定障害福祉サービスの事業等の人員、設備及び運営に関する基準」によれば、療養介護、生活介護、共同生活援助、自立訓練（機能訓練、生活訓練）、就労移行支援、就労継続支援（A型、B型）、就労定着支援、自立生活援助のそれぞれの人員に関する基準のなかで利用者数に応じて配置されることとされている。

出 30-61

203 **サービス管理責任者の要件**は、「指定障害福祉サービスの提供に係るサービス管理を行う者として厚生労働大臣が定めるもの等」に規定されている。各サービスごとにそれぞれの実務経験の範囲が明記されており、これらの実務経験を満たすとともに、**都道府県**が行う一定の研修を修了することが必要である。

出 28-60-3

204 **サービス提供責任者**は、「障害者の日常生活及び社会生活を総合的に支援するための法律に基づく指定障害福祉サービスの事業等の人員、設備及び運営に関する基準」において規定され、都道府県知事から指定を受けた居宅介護事業所、重度訪問介護事業所、同行援護事業所、行動援護事業所、重度障害者等包括支援事業所に配置され、事業所に1人以上置かなければならない。

205 居宅介護事業所の**サービス提供責任者**は、①利用者または障害児の保護者の日常生活全般の状況および希望等を踏まえて、具体的なサービスの内容等を記載した**居宅介護計画**を作成しなければならない、②**居宅介護計画**を作成した際は、利用者およびその同居の家族にその内容を説明するとともに、当該**居宅介護計画**を交付しなければならない、③**居宅介護計画**作成後においても、当該**居宅介護計画**の実施状況の把握を行い、必要に応じて当該**居宅介護計画**の変更を行う、④指定居宅介護事業所に対

障害者に対する支援と障害者自立支援制度

375

🔆 重要項目

する指定居宅介護の利用の申込みにかかる調整、従業者に対する技術指導等のサービスの内容の管理等を行うと規定されている。

206 **生活支援員**とは、**食事**、入浴および排泄などの介護、日常生活上の相談支援などを行う者をいう。療養介護、生活介護、共同生活援助、自立訓練（機能訓練、生活訓練）、就労移行支援、就労継続支援（Ａ型、Ｂ型）のそれぞれに配置されている。

207 **療養介護**と**生活介護**には、**医師**、**看護職員**が配置されている。**看護職員**とは、看護師、准看護師または看護補助者を指す。

208 就労関係の事業所には**職業指導員**が配置されており、さらに就労移行支援事業では、就労を推進する観点から**就労支援員**も配置されている。

209 知的障害者と精神障害者の宿泊型自立訓練（生活訓練）の事業所には、地域移行を推進する観点から**地域移行支援員**が配置されている。

居宅介護従業者の役割

210 身体介護や家事援助など、実際に支援を行うヘルパーは、サービスの類型によって、**居宅介護従業者**、**重度訪問介護従業者**、**同行援護従業者**、**行動援護従業者**と称される。それぞれに養成研修が設けられている。

6 障害者総合支援法における多職種連携、ネットワーキングと実際

多職種連携（医療関係者・精神保健福祉士などとの連携）

211 **多職種連携**は、質の高いサービスの提供を目的とするものであり、障害者の日常生活及び社会生活を総合的に支援するための法律（障害者総合支援法）第 42 条第 1 項および第 51 条の 22 第 1 項において、**指定障害福祉サービス事業者**、指定障害者支援施設等の設置者および**指定相談支援事業者**の責務として掲げられている。

212 2008（平成 20）年 4 月から、退院可能な精神障害者の地域生活への移行支援を推進するため、**精神障害者地域移行支援特別対策事業**が行われてきたが、2010（平成 22）年 4 月からは、**精神障害者地域移行・地域定着支援事業**と改正された。さらに、2014（平成 26）年 4 月からは、**精神障害者地域生活支援広域調整等事業**として支援体制が構築されている。

213 **障害保健福祉圏域**とは、市町村だけでは対応困難な各種のサービスを整備し、広域的なサービス提供網を築くためのものである。都道府県医療計画における二次医療圏や高齢者保健福祉圏域を参考に、広域市町村圏、福祉事務所、保健所等の都道府県の行政機関の管轄区域などを考慮した広域圏域のことである。

214 2013（平成 25）年 4 月から自立支援協議会は、地域の実情に応じて変更できるよう**協議会**と名称変更された。**協議会**は、地域における相談支援の中立・公平性を担保し、地域の障害福祉に関するシステムづくりに関し、中核的な役割を果たす。また、障害福祉計画の達成に向けて、福祉、保健、医療の各関係者、雇用する企業等の地域の関係者、学識経験者や関係機関が協働するための組織をいう。

215 知的障害者の自立生活の場合は、生活の知恵を補う後見人としての指導員つきで、自立生活の場の開拓が始められ、欧米では一般地域の中の住宅に、常時 2 人以上のカウンセラーとともに生活させる**ファミリーグループ方式**を採用しているところもある。

労働関係機関関係者との連携

216 福祉と雇用の連携としては、**地域障害者就労支援事業**があげられる。**公共職業安定所（ハローワーク）**が中心となり、地域の関係支援機関と連携して、障害者一人ひとりに応じたきめ細やかな個別支援を行うための障害者就労支援チームが作られる。

教育機関関係者との連携

217 福祉と教育の連携としては、**都道府県地域生活支援促進事業**として行われている**発達障害者支援体制整備事業**があげられる。これは、発達障害者の乳幼児期から成人期までの各ライフステージに対応する一貫した支援を行うため、発達障害者支援センターを中核として、家族支援体制、地域支援体制サポートが構築されている。

重要項目

[7] 相談支援事業所の役割と実際

相談支援事業所の組織体系

218 2012（平成24）年4月から、相談支援体制の充実・変更に伴い、相談支援事業者は、**指定特定相談支援事業者、指定一般相談支援事業者、指定障害児相談支援事業者**等の事業者となった。

相談支援事業所の活動の実際

219 2010（平成22）年12月の法改正で、相談支援の充実を図ることを目的に、次の事項の改正が行われた。①市町村に**基幹相談支援センター**の設置（図8参照）、②協議会の法律上の根拠付け、③地域移行支援・地域定着支援の個別給付化、④支給決定プロセスの見直し（サービス等利用計画案の勘案、サービス等利用計画作成対象者の拡大）、⑤成年後見制度利用支援事業の市町村地域生活支援事業への格上げ。

出 28-61
31-60-1

[8] 身体障害者福祉法

身体障害者福祉法の概要

■ 身体障害者手帳、身体障害者福祉法に基づく措置

220 **身体障害者福祉法第4条**では、身体障害者の定義について、「「**身体障害者**」とは、別表に掲げる身体上の障害がある18歳以上の者であって、都道府県知事から**身体障害者手帳**の交付を受けたものをいう」と規定している。

221 **身体障害者手帳**は、居住地または現在地の**都道府県知事**（指定都市市長・中核市市長）に、指定された医師の診断書を添えて申請する。申請は、市または福祉事務所を設置する町村内に居住地を有する者にあっては**福祉事務所長**、福祉事務所を設置しない町村内に居住地を有する者にあっては**町村長**を経由して行う。

▶偽りやその他不正な手段により手帳の交付を受けた者、または受けさせた者は、懲役または罰金に処せられる。

222 身体障害者手帳には、障害の程度により1級から6級の**等級**が記載され、それぞれの障害種類ごとに、視覚障害は1～6級、聴覚障害は2、3、4、6級、平衡機能障害は3、5級、音声機能・言語機能またはそしゃく機能の障害は3、4級、肢体不自由は1～7級（ただし、体幹は1、

出 29-60-4
29-74-4（保医）
31-62-2

378

図8 基幹相談支援センターの役割

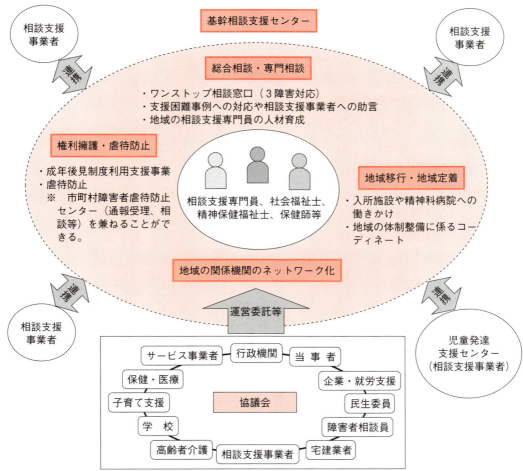

○ 基幹相談支援センターは、地域の相談支援の拠点として、**総合的・専門的な相談業務**（身体障害・知的障害・精神障害）及び成年後見制度利用支援事業を実施し、地域の実情に応じて上記の業務を行う。
○ 現在の相談支援事業に係る交付税措置に加え、地域生活支援事業費補助金による以下の補助や社会福祉施設整備費補助金による施設整備費への補助を概算要求。
　①専門職の配置　②地域の体制整備のコーディネーターの配置（地域移行のための安心生活支援事業の活用）

資料：厚生労働省を一部改変

2、3、5級）、心臓・じん臓・呼吸器・ぼうこうまたは直腸・小腸の各機能障害は1、3、4級、**ヒト免疫不全ウイルス**による免疫機能障害は1〜4級、**肝臓機能障害**は1〜4級となっている。障害の状態が**永続的**と認められれば**再認定**を受ける必要はない。

223 同一の等級について2つの重複する障害がある場合は**1級上**の級となり、肢体不自由（体幹を除く）においては、7級に該当する障害が2つ以上重複する場合は**6級**となる。

▶ 1998（平成10）年4月1日から「ヒト免疫不全ウイルス（HIV）感染による免疫機能の障害」が加えられ、2010（平成22）年4月1日から「肝臓機能障害」が加えられた。

重要項目

224 身体障害者福祉法第3条では、国および地方公共団体の責務として、「身体障害者の自立と社会経済活動への参加を促進するための援助と必要な保護を総合的に実施するように努めなければならない」と規定している。

225 身体障害者福祉法は、18歳未満の身体障害児に対するサービス規定は設けていないが、身体障害者手帳は一貫した相談等のため同法に基づいて児童にも交付され、具体的な福祉サービスは障害者の日常生活及び社会生活を総合的に支援するための法律（障害者総合支援法）や児童福祉法などのもとで行われる。

出 29-60-3

226 身体障害者更生相談所は、身体障害者福祉法第11条に規定され、身体障害者の更生援護の利便のため、および市町村の援護の適切な実施の支援のため都道府県に設けなければならない（指定都市は任意設置）。また、身体障害者福祉司、医師、理学療法士、作業療法士、義肢装具士、言語聴覚士、心理判定員、職能判定員、ケースワーカー、保健師または看護師等が配置される。

出 30-45-2（行財）
31-62-1

227 身体障害者福祉司は、身体障害者福祉法第11条の2に規定され、都道府県の身体障害者更生相談所に置かれ、所長の命を受けて、①市町村の援護の実施に関し、市町村相互間の連絡調整、市町村に対する情報の提供その他必要な援助およびこれらに付随する業務のうち、専門的な知識および技術を必要とするもの、②身体障害者に関する相談および指導のうち、専門的な知識および技術を必要とするものを行う。

出 29-45-3（行財）

228 市町村の設置する福祉事務所には身体障害者福祉司は任意で置かれ、所長の命を受けて、身体障害者の福祉に関し、①福祉事務所の所員に対する技術的指導、②身体障害者の相談に応じ、更生援護の必要の有無およびその種類を判断し、社会的更生の方途を指導することおよびこれに付随する業務のうち、専門的な知識および技術を必要とするものを行う。

出 29-45-3（行財）

229 障害者自立支援法（現・障害者総合支援法）の成立に伴い、身体障害者福祉法第5条が改正され、身体障害者社会参加支援施設として、身体障害者福祉法第31条の身体障害者福祉センター、第32条の補装具製作施設、第33条の盲導犬訓練施設、第34条の視聴覚障害者情報提供施設の4種類が規定され、それぞれ無料または低額な料金で関係事業を行うこととされている。

出 30-58-2

230 介護給付費等の支給を受けて障害者支援施設等に入所している身体障害者（特定施設入所身体障害者）については、その者が障害者支援施設への入所前に居住地を有した者であるときは、その居住地の市町村が、身

380

体障害者福祉法に定める援護を行うものとされている。

231 障害福祉サービスを必要とする身体障害者が、やむを得ない事由により介護給付費等の支給を受けることが著しく困難であると認めるときは、市町村は、居宅介護等の障害福祉サービス利用の**措置**を採ることができる。

232 障害者支援施設への入所を必要とする身体障害者が、やむを得ない事由により介護給付費等（療養介護および施設入所支援にかかるものに限る）の支給を受けることが著しく困難であると認めるときは、市町村は、施設入所等の**措置**を採らなければならない。

233 **身体障害者福祉センター**は、無料または低額な料金で身体障害者の各種相談に応じ、機能訓練、教養の向上、社会との交流促進、レクリエーション等のための便宜を総合的に供与する施設である。

234 **身体障害者福祉センター**には、更生相談、機能訓練、スポーツおよびレクリエーションの指導、ボランティアの養成、身体障害者社会参加支援施設の職員に対する研修その他身体障害者の福祉の増進を図る事業を総合的に行う**A型**、創作的活動または生産活動の機会の提供、社会との交流の促進、ボランティアの養成その他身体障害者が自立した日常生活および社会生活を営むために必要な事業を行う**B型**、身体障害者またはその家族に対し、宿泊、レクリエーションその他休養のための便宜を供与する**障害者更生センター**がある。

出 30-58-2

235 **盲導犬訓練施設**は、無料または低額な料金で盲導犬の訓練を行うとともに、視覚障害のある身体障害者に対し、盲導犬の利用に必要な訓練を行う施設である。

■その他

236 身体障害者補助犬法において、身体障害者補助犬とは**盲導犬**、**介助犬**、**聴導犬**とされ、国または独立行政法人などの施設や公共交通事業者、不特定多数の者が利用する施設の管理者等は、身体障害者がその施設等を利用する場合、身体障害者補助犬の同伴を拒否してはならないこととされている。

237 2007（平成19）年に身体障害者補助犬法が改正され、障害者雇用事業主（従業員50人以上）は、その事業所に勤務する身体障害者が補助犬を使用することを**原則拒めない**こととなった。

▶都道府県は、補助犬使用者または受け入れ施設の管理者などからの苦情や相談の窓口を設置する。

重要項目

9 知的障害者福祉法

知的障害者福祉法の概要

238 **知的障害者福祉法**は、知的障害者の定義を**設けておらず**、「社会通念上知的障害者と考えられるもの」と解釈されている。

出 29-61-4

239 1973（昭和48）年の厚生事務次官通知「**療育手帳制度について（療育手帳制度要綱）**」によって、療育手帳制度が始められた。本人またはその保護者が**福祉事務所**に申請し、**児童相談所**または**知的障害者更生相談所**の判定に基づいて**都道府県知事**および**指定都市の長**、児童相談所を設置する中核市の長が交付することとされ、Aを**重度**、Bを**その他**としている。

出 29-60-1, 2
31-62-3

▶地方自治体によって分類や判定の方法は異なっている。

240 療育手帳の認定は、原則**2**年の**有期認定**である。

241 知的障害者福祉法第1条は、2000（平成12）年6月の改正で、**知的障害者**の**自立**と**社会経済活動**への**参加の促進**を法律の目的として明示した。また、新たに第1条の2が追加され、第1項で、「すべての知的障害者は、その有する能力を活用することにより、進んで社会経済活動に参加するよう努めなければならない」と規定し、第2項で「すべての知的障害者は、社会を構成する一員として、社会、経済、文化その他あらゆる分野の活動に参加する機会を与えられるものとする」と規定された。

242 **知的障害者更生相談所**は、知的障害者福祉法第12条に規定され、都道府県に**必ず置かれ**、障害者の日常生活及び社会生活を総合的に支援するための法律（障害者総合支援法）に規定する**介護給付費等**の**支給要否決定**を行うに当たって**市町村**に意見を述べたり、18歳以上の知的障害者の医学的、心理学的、職能的判定などを行う特別地方機関である。**知的障害者福祉司**の設置が義務づけられている。

出 29-45-1（行財）
30-62
31-62-4

▶障害者自立支援法の成立に伴い、2006（平成18）年10月以降、知的障害者福祉法に基づく事業であって第二種社会福祉事業に属するものは、知的障害者の更生相談に応ずる事業のみとなった。

243 **都道府県の知的障害者福祉司**は、**知的障害者更生相談所長**の命を受け、①市町村相互間の連絡調整、市町村に対する情報の提供その他必要な援助等の業務のうち、専門的な知識および技術を必要とするもの、②相談および指導のうち、**専門的な知識および技術**を必要とするものを行う。

244 **市町村の知的障害者福祉司**は、**福祉事務所長**の命を受けて、①福祉事務所の所員に対し、技術的指導を行う、②福祉事務所が行う業務のうち、専門的技術を必要とするものを行う。

▶市町村は知的障害者福祉司をその設置する福祉事務所に置くことができる。

245 **18歳以上の知的障害者**が、やむを得ない事由により介護給付費等（療養介護および施設入所支援にかかるものに限る）の支給を受けることが

出 31-42-5

著しく困難であると認めるときは、市町村は、施設入所等の措置を採らなければならない。

10 精神保健及び精神障害者福祉に関する法律

精神保健福祉法の概要

246 精神保健法は、1995（平成7）年から法の名称が精神保健及び精神障害者福祉に関する法律（精神保健福祉法）と改められ、これまでの保健医療対策に加え、福祉施策が盛り込まれた。

247 1999（平成11）年6月の精神保健福祉法改正により、第5条では精神障害者の定義について、「「精神障害者」とは、統合失調症、精神作用物質による急性中毒又はその依存症、知的障害、精神病質その他の精神疾患を有する者をいう」と規定している。

出 29-61-5

248 1995（平成7）年の精神保健福祉法改正により、精神障害者保健福祉手帳の制度が設けられた。精神障害者（知的障害者を除く）は、市町村を窓口として都道府県知事（指定都市にあっては市長）に手帳の交付を申請することができる。

249 精神障害者保健福祉手帳は、障害の程度に応じ1級から3級までの等級が定められており、1級は、日常生活の用を弁ずることを不能ならしめる程度、2級は、日常生活が著しい制限を受けるか、または日常生活に著しい制限を加えることを必要とする程度、3級は、日常生活もしくは社会生活が制限を受けるか、または日常生活もしくは社会生活に制限を加えることを必要とする程度となっている。

▶手帳には、医療機関名や疾患名の記載欄はないが、2006（平成18）年の省令改正により、写真貼付欄が追加されている。

250 精神障害者保健福祉手帳の交付を受けた者は、2年ごとに、その精神障害の状態について都道府県知事（指定都市においては市長）の認定を受けなければならない。

出 29-60-5

251 精神障害者保健福祉手帳の所持者は、税制の優遇措置が受けられる。

252 精神保健福祉相談員は、精神保健福祉センターおよび保健所等に置かれ、都道府県知事または市町村長が任命し、精神保健および精神障害者の福祉に関する相談に応じ、ならびに精神障害者およびその家族等を訪問して必要な指導を行う。都道府県と市町村は、任意に置くことができる。

▶精神保健福祉センターは、2001（平成13）年より、ひきこもりの問題に悩む家族に対する相談窓口と指定された。

253 精神保健福祉センターは、精神保健福祉に関する知識の普及、調査研究、相談および指導のうち複雑・困難なものを担う機関である。

障害者に対する支援と障害者自立支援制度

重要項目

254 1999（平成11）年の改正により、2002（平成14）年4月から、都道府県・指定都市に**精神保健福祉センター**の機能を有する機関の設置が**義務**づけられた。

255 **精神保健福祉センター**は、2005（平成17）年の改正で、**自立支援医療費（精神通院医療）**の**支給認定**にかかる専門的審査を行うこととなった。その他、精神医療審査会の事務、**精神障害者保健福祉手帳**の申請にかかる専門的業務を行っている。

256 精神医療に要する費用の負担に関して、**措置入院**に要する費用は**公費負担**であるが、1995（平成7）年の法改正によって、その精神障害者が医療保険各法、高齢者の医療の確保に関する法律または介護保険法の規定により医療に関する給付を受けることができる者であるときは、都道府県は、その限度において負担を要しないこととなった。

257 **精神科の通院医療に要する費用**については、障害者自立支援法（現・障害者の日常生活及び社会生活を総合的に支援するための法律（障害者総合支援法））の成立に伴い、**自立支援医療費**の支給対象となり、精神保健福祉法の規定は削除された。自立支援医療のうち、**精神通院医療**として、必要な医療の給付が行われる。

258 2010（平成22）年12月の精神保健福祉法の改正で都道府県は、**夜間または休日**において精神障害の救急医療を必要とする精神障害者等からの相談に応ずる等、地域の実情に応じた体制の整備を図るよう努めることとなり、都道府県知事は、体制の整備に当たって、医療施設の管理者、精神保健指定医等に対し、必要な協力を求めることができるものとなった（2012（平成24）年4月施行）。

259 2006（平成18）年の改正により精神病院は、**精神科病院**と改称された。

260 2005（平成17）年の精神科病院に対する指導管理体制の見直しにより、精神科病院の管理者が改善命令などに従わなかったときは、**都道府県知事**がその旨を公表できることとなった。

261 1997（平成9）年に、**精神保健福祉士法**が成立した。この法律は、**精神保健福祉士（PSW）**の資格を定めて、その業務の適正を図り、精神保健の向上および精神障害者の福祉の増進に寄与することを目的とする。

262 2013（平成25）年6月に**精神保健福祉法**が改正され、①精神障害者の医療の提供を確保するための指針の策定、②家族の高齢化等のため**保護者制度の廃止**、③医療保護入院の見直し、④精神医療審査会の見直しなどが行われた。精神障害者の地域生活への移行を促進するためである。 〔32-57-3〕

263 2013（平成25）年6月の**医療保護入院**の見直しに関しては、①入院に

おける**保護者**の同意要件を外し、**家族等**のうちのいずれかのものの同意
でよいこと、②退院後生活環境相談員（精神保健福祉士等）の設置、③
入院者や家族の相談に応じる地域援助事業者（一般相談支援事業者、特
定相談支援事業者等）の紹介、④医療保護入院者退院支援委員会の開催
などが行われた。

264 2018（平成30）年3月に厚生労働省社会・援護局障害保健福祉部長通
知によって「**地方公共団体による精神障害者の退院後支援に関するガイ
ドライン**」（**退院後支援ガイドライン**）と「**措置入院の運用に関するガ
イドライン**」（**措置入院運用ガイドライン**）が示された。退院後支援ガ
イドラインは、精神障害者の退院後の支援について具体的な手順を整理
し、退院後にどこの地域で生活することになっても医療福祉、介護、就
労支援などの包括的な支援を継続的かつ確実に受けられるようになった。
また、措置入院運用ガイドラインは、措置入院の運用が適切に行われる
ため、警察官通報からの措置入院に関する標準的な手続が整理されるこ
ととなった。

⑪ 児童福祉法（障害児支援関係）

児童福祉法（障害児支援関係）の概要

265 2010（平成22）年12月の児童福祉法の改正で、これまでの通所支援、
児童デイサービスについて、障害種別による区分をなくし、障害児通所
支援として、**児童発達支援**、**医療型児童発達支援**に一元化されるととも
に、新たに学齢期における支援の充実を図るための**放課後等デイサービ
ス**、保育所等を訪問し専門的な支援を行うための**保育所等訪問支援**が創
設された。また、2016（平成28）年の法改正により、**居宅訪問型児童発
達支援**が追加された（2018（平成30）年4月施行）（表14参照）。

出 29-58-3

266 2010（平成22）年12月の児童福祉法の改正で、知的障害児施設や、盲
ろうあ児施設などの入所サービスが、**障害児入所支援**（福祉型・医療型）
として再編された。都道府県の管轄である。

出 31-42-4（行財）
31-136（児童）

267 2010（平成22）年12月の児童福祉法改正で、障害児が受けるサービス
の利用計画を作成するため、障害児支援利用援助および継続障害児支援
利用援助からなる**障害児相談支援事業**が創設された。

出 29-59-2

268 2014（平成26）年5月の児童福祉法改正で、**小児慢性特定疾病**の医療
費助成に要する費用の2分の1を**国**が負担することとなり、対象となる

💡 **重要項目**

表14　障害児通所支援の種類（市町村）

種類	行われる支援
児童発達支援 （第6条の2の2第2項）	障害児につき、児童発達支援センター等の施設に通わせ、日常生活における基本的な動作の指導、知識技能の付与、集団生活への適応訓練その他の便宜を供与する。
医療型児童発達支援 （第6条の2の2第3項）	上肢、下肢または体幹の機能の障害のある児童につき、医療型児童発達支援センター等に通わせ、児童発達支援および治療を行う。
放課後等デイサービス （第6条の2の2第4項）	就学している障害児につき、授業の終了後または休業日に児童発達支援センター等の施設に通わせ、生活能力の向上のために必要な訓練、社会との交流の促進その他の便宜を供与する。
居宅訪問型児童発達支援 （第6条の2の2第5項）	重度の障害の状態その他これに準ずるものにある障害児であって、児童発達支援、医療型児童発達支援または放課後等デイサービスを受けるために外出することが著しく困難なものにつき、当該障害児の居宅を訪問し、日常生活における基本的な動作の指導、知識技能の付与、生活能力の向上のために必要な訓練その他の便宜を供与する。
保育所等訪問支援 （第6条の2の2第6項）	保育所その他の児童が集団生活を営む施設等に通う障害児につき、その施設を訪問し、その施設における障害児以外の児童との集団生活への適応のための専門的な支援その他の便宜を供与する。

出 30-58-3
31-48-5（行財）

出 30-58-3

病気は722疾病に拡大された（2017（平成29）年1月施行）。医療費の自己負担割合も従来の3割から2割に引き下げられた。

269 2016（平成28）年の児童福祉法改正によって、障害児支援のニーズの多様化へのきめ細やかな対応として、①重度の障害等により外出が著しく困難な障害児に対し、居宅を訪問して、日常生活における基本的動作指導、知識技能の付与等、発達支援を提供するサービスである居宅訪問型児童発達支援の新設、②保育所等の障害児に発達支援を提供する保育所等訪問支援について、乳児院・児童養護施設の障害児への対象の拡大、③医療的ケアを要する障害児が適切な支援を受けられるよう、自治体において保健・医療・福祉等の連携促進に努める、④障害児のサービスにかかる提供体制の計画的な構築を推進するため、自治体において障害児福祉計画を策定するといった支援が拡充された（③は2016（平成28）年6月施行。他は2018（平成30）年4月施行）。

270 障害児支援利用援助は、児童福祉法第6条の2の2第8項に規定され、障害児の心身の状況、そのおかれている環境、障害児またはその保護者の障害児通所支援の利用に関する意向その他の事情を勘案し、利用する障害児通所支援の種類および内容その他の厚生労働省令で定める事項を

💡 **注目！**

障害児福祉計画の策定、障害児の医療的ケアの支援の促進などの見直しが行われた。

定めた障害児支援利用計画案を作成し、通所給付決定等が行われた後に、指定障害児通所支援事業者等その他の者との連絡調整その他の便宜を供与するとともに、当該給付決定等にかかる障害児通所支援の種類および内容、これを担当する者その他の厚生労働省令で定める事項を記載した障害児支援利用計画を作成することをいう。

271 継続障害児支援利用援助は、児童福祉法第6条の2の2第9項に規定され、通所給付決定にかかる障害児の保護者（通所給付決定保護者）が、通所給付決定の有効期間内において、継続して障害児通所支援を適切に利用することができるよう、当該通所給付決定にかかる障害児支援利用計画が適切であるかどうかにつき、厚生労働省令で定める期間ごとに、当該通所給付決定保護者の障害児通所支援の利用状況を検証する。

272 継続障害児支援利用援助は、検証の結果および当該通所給付決定にかかる障害児の心身の状況、そのおかれている環境、当該障害児またはその保護者の障害児通所支援の利用に関する意向その他の事情を勘案し、障害児支援利用計画の見直しを行う。

273 継続障害児支援利用援助は、見直しの結果に基づき、①障害児支援利用計画を変更するとともに、関係者との連絡調整その他の便宜の供与を行うこと、②新たな通所給付決定または通所給付決定の変更の決定が必要であると認められる場合において、当該給付決定等にかかる障害児の保護者に対し、給付決定等にかかる申請の推奨を行うこと、のいずれかの便宜の供与を行うことをいう。

12 発達障害者支援法

発達障害者支援法の概要

274 2004（平成16）年12月、**発達障害者支援法**が成立した。2016（平成28）年の改正により、同法第1条には、法の目的として「この法律は、発達障害者の心理機能の適正な発達及び円滑な社会生活の促進のために発達障害の症状の発現後できるだけ早期に発達支援を行うとともに、切れ目なく発達障害者の支援を行うことが特に重要であることに鑑み、障害者基本法の基本的な理念にのっとり、発達障害者が基本的人権を享有する個人としての尊厳にふさわしい日常生活又は社会生活を営むことができるよう、発達障害を早期に発見し、発達支援を行うことに関する国及び地方公共団体の責務を明らかにするとともに、学校教育における発

達障害者への支援、発達障害者の就労の支援、発達障害者支援センターの指定等について定めることにより、**発達障害者の自立及び社会参加のためのその生活全般にわたる支援を図り**、もって全ての国民が、障害の有無によって分け隔てられることなく、相互に人格と個性を尊重し合いながら共生する社会の実現に資することを目的とする」と規定された。

275 発達障害者支援法第2条第1項では、「この法律において「**発達障害**」とは、**自閉症**、**アスペルガー症候群**その他の**広汎性発達障害**、**学習障害**、**注意欠陥多動性障害**その他これに類する**脳機能**の障害であってその症状が**通常低年齢**において発現するものとして政令で定めるものをいう」と定義している。

276 2016（平成28）年の改正により、発達障害者支援法第2条第2項は、「この法律において「**発達障害者**」とは、発達障害がある者であって発達障害及び**社会的障壁**により**日常生活**又は**社会生活**に制限を受けるものをいい、「**発達障害児**」とは、発達障害者のうち**18歳未満**のものをいう」と定義している。

出 29-61-2
　 32-60-3

277 2016（平成28）年6月の発達障害者支援法の改正で、第2条第3項が追加され、「この法律において「**社会的障壁**」とは、発達障害がある者にとって日常生活又は社会生活を営む上で障壁となるような社会における事物、制度、慣行、観念その他一切のものをいう」と規定している。

278 発達障害者支援法第2条第4項では、「この法律において「**発達支援**」とは、発達障害者に対し、その心理機能の適正な発達を支援し、及び円滑な社会生活を促進するため行う個々の発達障害者の特性に対応した**医療的**、**福祉的**及び**教育的援助**をいう」と規定している。

出 32-60-5

▶発達障害者には手帳制度はないが、交付基準に該当する場合、精神保健福祉手帳や療育手帳が交付される。

279 2016（平成28）年6月の発達障害者支援法の改正で、第2条の2が追加され、「**基本理念**」として、①「発達障害者の支援は、全ての発達障害者が社会参加の機会が確保されること及びどこで誰と生活するかについての選択の機会が確保され、地域社会において他の人々と共生することを妨げられないことを旨として、行われなければならない」こと、②「発達障害者の支援は、**社会的障壁の除去**に資することを旨として、行われなければならない」こと、③「発達障害者の支援は、個々の発達障害者の性別、年齢、障害の状態及び生活の実態に応じて、かつ、医療、保健、福祉、教育、労働等に関する業務を行う関係機関及び民間団体相互の緊密な連携の下に、その意思決定の支援に配慮しつつ、切れ目なく行われなければならない」ことが定められた。

注目！
基本理念が新設された。

280 発達障害者支援法第3条第1項では、「国及び地方公共団体は、発達障

害者の心理機能の適正な発達及び円滑な社会生活の促進のために発達障害の症状の発現後できるだけ早期に発達支援を行うことが特に重要であることに鑑み、前条の基本理念にのっとり、発達障害の**早期発見**のため必要な措置を講じるものとする」と規定している。

281 発達障害者支援法第3条第2項では、「国及び地方公共団体は、基本理念にのっとり、発達障害児に対し、発達障害の症状の発現後できるだけ早期に、その者の状況に応じて適切に、就学前の発達支援、学校における発達支援その他の発達支援が行われるとともに、発達障害者に対する就労、地域における生活等に関する支援及び**発達障害者の家族**その他の関係者に対する支援が行われるよう、必要な措置を講じるものとする」と規定している。

▶家族支援を明記したところに特色がある。

282 2016（平成28）年の改正で第3条に第3項が追加され、国および地方公共団体の責務として、相談に総合的に応じられるよう、関係機関との有機的な連携のもとに相談体制を整備することが明記された。

283 発達障害者支援法（第5条以下）は、児童の発達障害の**早期発見**および発達障害者の**支援**のための施策について規定し、児童の発達障害の早期発見等、早期の発達支援、保育、教育、放課後児童健全育成事業の利用、情報の共有の促進、就労の支援、地域での生活支援、権利擁護、司法手続における配慮、発達障害者の家族への支援について定めている。

284 2016（平成28）年の法改正で、発達障害者の支援のための施策に、**情報の共有の促進**や**司法手続きにおける配慮**が新設された。その他、①発達障害の疑いのある場合の支援、②発達障害児でない児童との教育、③就労の支援、④地域での生活支援、⑤権利利益の擁護、⑥家族等への支援が追加された。

285 **発達障害者支援センター**の実施主体は、**都道府県**、または**指定都市**（ただし、事業の全部または一部を、**社会福祉法人**等に委託することができる）で、利用対象は、発達障害を有する**障害児**（者）およびその**家族**となっている。2016（平成28）年の改正で、発達障害者支援センターは、地域の実情を踏まえ、センター等の業務を行うにあたって可能な限り身近な場所で必要な支援が受けられるよう配慮しなければならなくなった。

出 30-45-1（行財）
31-62-5

286 **発達障害者支援センター**の具体的な業務としては、①発達障害の**早期発見**等に資するよう、発達障害者およびその家族に対し、専門的にその相談に応じ、または助言を行うとともに、発達支援および**就労支援**を行うこと、②医療、保健、福祉、教育等に関する業務を行う関係機関等への情報提供、研修および連絡調整を行うことなどがあげられている。

出 32-60-1, 4

💡 **重要項目**

287 発達障害者支援法第19条では、都道府県は専門的に発達障害の診断および発達支援を行う **病院等を確保** しなければならないと規定している。

288 2016（平成28）年の改正で、発達障害者の支援体制の課題共有・連携緊密化・体制整備協議のため都道府県・指定都市に **発達障害者支援地域協議会** が設置されることとなった。

出 32-60-2

289 **発達障害者支援開発事業** は、国に発達障害者施策検討会、地方公共団体に企画・推進委員会および発達障害者支援マネージャーを設置し、発達障害者支援について先駆的な支援の取組みをモデル的に実践し、発達障害者への有効な支援手法を確立することを目的とした事業である。▶

▶ 得られた情報は国立障害者リハビリテーションセンターに設置されている発達障害情報・支援センターを通して全国に順次発信されている。

13 障害者基本法

障害者基本法の概要

290 2011（平成23）年8月、障害者基本法の一部を改正する法律が公布され、「全ての国民が、障害の有無にかかわらず、等しく基本的人権を享有するかけがえのない個人として尊重されるものであるとの理念にのっとり、全ての国民が、障害の有無によって分け隔てられることなく、相互に人格と個性を尊重し合いながら共生する社会を実現する」（第1条（目的）▶）ための3つの **基本原則** が加えられた。

出 32-61-1

▶ 3つの基本原則とは、①地域社会における共生等（第3条）、②差別の禁止（第4条）、③国際的協調（第5条）を指す。

291 2011（平成23）年8月の障害者基本法改正によって、第2条の定義が見直され、第1号で「身体障害」「知的障害」「精神障害」のうち、「精神障害」については「 **発達障害** 」を含むこととされたほか、さらに「 **その他の心身の機能の障害** 」が加えられた。また、障害者を「障害及び **社会的障壁** により継続的に日常生活又は社会生活に相当な制限を受ける状態にあるもの」と定義した。

出 29-61-1
30-57-4

292 2011（平成23）年8月の障害者基本法改正によって、同法第2条第2号で「 **社会的障壁** 」を定義し、「障害がある者にとって日常生活又は社会生活を営む上で障壁となるような社会における事物、制度、慣行、観念その他一切のものをいう」と規定した。

出 28-62-1
32-61-4

293 2011（平成23）年8月の障害者基本法改正によって、第3条に **地域社会における共生等** が規定された。すべての障害者について、これまでの①社会を構成する一員として社会、経済、文化その他あらゆる分野の活動に参加する機会が確保されることに加え、②可能な限り、どこで誰と生活するかについての選択の機会が確保され、地域社会において他の

出 28-62-4

13 障害者基本法

障害者基本法の概要

人々と共生することを妨げられないこと、③可能な限り、言語（**手話を含む**）その他の意思疎通のための手段についての選択の機会が確保されるとともに、情報の取得または利用のための手段についての選択の機会の拡大が図られること等により、法の目的に規定する「社会」の実現が図られなければならないこととなった。

▶障害者基本法第3条の規定は、国際障害者年のメインテーマである「完全参加と平等」の考え方に基づくものである。

294 2011（平成23）年の障害者基本法改正により、**差別の禁止**に関して、同法第4条にまとめられ、第1項は「何人も、障害者に対して、障害を理由として、差別することその他の権利利益を侵害する行為をしてはならない」と従来と同内容だが、第2項に**社会的障壁の除去**の実施について、それを怠ることによって障害者を差別することその他の権利利益を侵害することとならないよう、その実施について「必要かつ合理的な配慮」がされなければならないこととなった。

出 28-56-1

295 2011（平成23）年の障害者基本法改正により、同法第6条の**国及び地方公共団体の責務**が改められ、「国及び地方公共団体は、第1条に規定する社会の実現を図るため、前3条に定める基本原則にのっとり、障害者の自立及び社会参加の支援等のための施策を総合的かつ計画的に実施する責務を有する」こととなった。

出 32-61-3

296 2011（平成23）年の障害者基本法改正により、同法第7条に**国民の理解**が規定され、「国及び地方公共団体は、基本原則に関する**国民の理解**を深めるよう必要な施策を講じなければならない」こととなった。これは、国民に対し社会連帯のもとに障害のある人々への差別や偏見などをなくし、障害者の福祉増進に協力することを求めるものである。

297 2011（平成23）年の障害者基本法改正により、同法第8条の**国民の責務**の規定が、「国民は、基本原則にのっとり、第1条に規定する社会の実現に寄与するよう努めなければならない」こととなった。

298 2004（平成16）年の障害者基本法改正により、障害者の日は**障害者週間**に改められており、**12月3日から12月9日までの1週間が障害者週間**となっている。

299 2004（平成16）年の障害者基本法改正により、**都道府県障害者計画**と**市町村障害者計画**は策定が**義務化**されている。また、「内閣総理大臣は、関係行政機関の長に協議するとともに、障害者政策委員会の意見を聴いて、障害者基本計画の案を作成し、閣議の決定を求めなければならない」こととなっている。

出 28-62-5
32-61-2

300 障害者基本法第14条では、医療、介護等に関し、国および地方公共団体は、「障害者が生活機能を回復し、取得し、又は維持するために必要な

障害者に対する支援と障害者自立支援制度

重要項目

医療の給付及びリハビリテーションの提供を行うよう必要な施策を講じなければならない」こととなっている。また、福祉用具、身体障害者補助犬の給付または貸与等の施策を講じなければならない。

301 2011（平成23）年の障害者基本法改正により、障害者基本法第16条は、教育に関し、国および地方公共団体は、障害者である児童および生徒が、可能な限り障害者でない児童および生徒とともに教育を受けられるよう配慮しなければならないこととされた。

302 2011（平成23）年の障害者基本法改正により、これまで内閣府に置かれていた中央障害者施策推進協議会が廃止され、障害者政策委員会が障害者基本計画の実施状況を監視し、必要があると認めるときは、内閣総理大臣または関係各大臣に勧告すること等の事務をつかさどることとなった。

出 28-62-2
32-61-5

▶委員は、障害者、障害者の自立および社会参加に関する事業に従事する者、学識経験のある者のうちから、内閣総理大臣が任命する。

303 2011（平成23）年の障害者基本法改正により、障害者の自立および社会参加の支援等のための基本的施策として、「防災及び防犯」「消費者としての障害者の保護」「選挙等における配慮」「司法手続における配慮等」「国際協力」について規定する条文を追加する等の改正が行われた。

障害者差別解消法

304 2013（平成25）年6月、障害を理由とする差別の解消の推進に関する法律（障害者差別解消法）が成立した。障害を理由とする差別の解消を推進することにより、すべての国民が障害の有無によって分け隔てられることなく、相互に人格と個性を尊重し合いながら共生する社会の実現を目指すことを目的とし、差別の解消の推進に関する基本的事項、行政機関や事業主における障害を理由とする差別解消措置などを定めている（2016（平成28）年4月施行）。

出 28-56
30-23（現社）
32-57-4

▶障害者基本法第4条の基本原則を具体化する法律で、障害者の定義も同様となっている。

305 障害者差別解消法第3条は、国および地方公共団体の責務を定め、国および地方公共団体は、この法律の趣旨にのっとり、障害を理由とする差別の解消の推進に関して必要な施策を策定し、これを実施しなければならないとする。

306 障害者差別解消法第4条は、国民の責務を定め、国民は、障害の有無によって分け隔てられることなく、相互に人格と個性を尊重し合いながら共生する社会を実現するうえで障害を理由とする差別の解消が重要であることに鑑み、障害を理由とする差別の解消の推進に寄与するよう努めなければならないとする。

13 障害者基本法

障害者差別解消法

307 障害者差別解消法第5条は、**社会的障壁**の除去の実施についての必要かつ合理的な配慮に関する環境の整備を定め、行政機関等および事業者は、**社会的障壁**の除去の実施についての必要かつ合理的な配慮を的確に行うため、自ら設置する施設の構造の改善および設備の整備、関係職員に対する研修その他の必要な環境の整備に努めなければならないとする。

出 30-23-3（現社）

308 障害者差別解消法第6条は、政府は、障害を理由とする差別の解消の推進に関する施策を総合的かつ一体的に実施するため、障害を理由とする差別の解消の推進に関する**基本方針**を定めなければならないとする。

出 28-56-4

309 障害者差別解消法では、**国の行政機関**や**地方公共団体**などに不当な差別的取り扱いを禁止し、社会的障壁の除去について**必要かつ合理的な配慮**を求めている。また、**民間事業者**にも、不当な差別的取り扱いを禁止し、社会的障壁の除去については**必要かつ合理的な配慮**をするように**努める**ことを求めている（表15参照）。

出 30-23（現社）
31-57-4

表15 障害を理由とする差別の禁止

	国の行政機関および地方公共団体など	民間事業者
不当な差別的取り扱い	禁止	禁止
社会的障壁の除去についての必要かつ合理的な配慮	義務	努力義務

310 障害者差別解消法第14条は、相談および紛争の防止等のための体制の整備を定め、**国**および**地方公共団体**は、障害者およびその家族その他の関係者からの障害を理由とする差別に関する相談に的確に応ずるとともに、障害を理由とする差別に関する紛争の防止または解決を図ることができるよう必要な体制の整備を図るものとする。

出 28-56-5

311 障害者差別解消法第17条は、**障害者差別解消支援地域協議会**について定め、国および地方公共団体の機関であって、医療、介護、教育その他の障害者の自立と社会参加に関連する分野の事務に従事するものは、当該地方公共団体の区域において関係機関が行う障害を理由とする差別に関する相談および当該相談にかかる事例を踏まえた障害を理由とする差別を解消するための取組を効果的かつ円滑に行うため、関係機関により構成される**障害者差別解消支援地域協議会**を組織することができるとする。

障害者に対する支援と障害者自立支援制度

393

重要項目

14 障害者虐待の防止、障害者の養護者に対する支援等に関する法律（障害者虐待防止法）

障害者虐待防止法の概要

312 2011（平成23）年6月、**障害者虐待の防止、障害者の養護者に対する支援等に関する法律（障害者虐待防止法）**が成立した。同法は、障害者に対する虐待は障害者の尊厳を害し、障害者の自立および社会参加にとって障害者に対する虐待を防止することが重要であることから、障害者に対する虐待の禁止、国等の責務、障害者虐待を受けた障害者に対する保護および自立の支援のための措置、養護者に対する支援のための措置等を定め、障害者虐待の防止、養護者に対する支援等の施策を促進し、障害者の権利利益の擁護に資することを目的としたものである。

313 障害者虐待防止法の**障害者虐待**とは、①**養護者**による障害者虐待、②**障害者福祉施設従事者等**による障害者虐待、③**使用者**による障害者虐待をいう。

出 29-77-2（権利）
31-36-5（地域）
31-57-2

314 **養護者**による**障害者虐待**の場合、養護者による障害者虐待を受けたと思われる障害者を発見した者は、速やかに、**市町村**に通報する義務がある。また、障害者虐待を受けた障害者自身が**市町村**に届け出ることもできる。

315 **障害者福祉施設従事者等**による**障害者虐待**の場合、障害者虐待を受けたと思われる障害者を発見した者は、速やかに、**市町村**に通報する義務がある。また、虐待を受けた障害者自身が**市町村**に届け出ることもできる。通報・届出を受けた**市町村**は、**都道府県**に報告する義務がある。

316 **使用者**による**障害者虐待**の場合、使用者による虐待を受けたと思われる障害者を発見した者は、速やかに、**市町村**または**都道府県**に通報する義務がある。また、虐待を受けた障害者自身が**市町村**または**都道府県**に届け出ることができる。通報・届出を受けた**市町村**は**都道府県**に通知し、また通報・届出・通知を受けた**都道府県**は、**都道府県労働局**に報告する義務がある。

317 市町村は、障害者福祉の事務を所掌する部局か市町村が設置する施設において、**市町村障害者虐待防止センター**の機能を果たすことが求められる。市町村は、市町村障害者虐待対応協力者のうち適当と認められるものに、同センターの業務の全部または一部を委託することができる。

318 **市町村障害者虐待防止センター**は、養護者・障害者福祉施設従事者等・使用者による障害者虐待にかかる**通報の受理**、養護者・障害者福祉施設

出 29-62

従事者等・使用者による虐待にかかる障害者からの**届出の受理**、障害者および養護者に対する**相談**、**指導**および**助言**、障害者虐待の防止および養護者に対する支援に関する**広報**その他の**啓発活動**、専門的に従事する職員の確保等を行う。

319 都道府県は、障害者福祉の事務を所掌する部局か都道府県が設置する施設において、**都道府県障害者権利擁護センター**の機能を果たすことが求められる。

320 **都道府県障害者権利擁護センター**は、使用者による虐待にかかる**通報の受理**、使用者による虐待にかかる障害者からの**届出の受理**、市町村相互間の**連絡調整**、市町村への**情報の提供・助言**等、障害者や養護者に対する支援に関する相談や相談機関の紹介、障害者や養護者に対する支援に関する情報の提供・助言、関係機関との連絡調整、虐待の防止および養護者に対する支援に関する情報収集・分析・提供、虐待の防止および養護者に対する支援に関する広報・啓発活動、その他必要な支援等を行う。

▶都道府県は、都道府県障害者虐待対応協力者のうち適当と認められるものに、都道府県障害者権利擁護センターの業務の全部または一部を委託することができる。

321 **学校**、**保育所**、**医療機関**は、障害および障害者に関する理解を深める研修の実施および普及啓発、相談にかかる体制整備、虐待に対処するための措置等、虐待の防止に必要な措置等が求められている。なお、これらに関しては、**通報義務**は課されていない。

322 障害者虐待防止等の仕組みは、「養護者」「障害者福祉施設従事者等」「使用者」とそれぞれ異なっている（図9参照）。

323 2018（平成30）年度都道府県・市区町村における障害者虐待事例への対応状況等調査結果は表16のようになっている。

表16　調査結果（全体像）

	養護者による障害者虐待	障害者福祉施設従事者等による障害者虐待	使用者による障害者虐待		
				(参考)都道府県労働局の対応	
市区町村等への相談・通報件数	5,331件	2,605件	641件	虐待判断件数	541件
市区町村等による虐待判断件数	1,612件	592件			
被虐待者数	1,626人	777人		被虐待者数	900人

（注1）上記は、2018（平成30）年4月1日から2019（平成31）年3月31日までに虐待と判断された事例を集計したもの。

（注2）都道府県労働局の対応については、2019（令和元）年8月28日雇用環境・均等局総務課労働紛争処理業務室のデータを引用（「虐待判断件数」は「虐待が認められた事業所数」と同義）。

324 **養護者**による**虐待**の種別・類型別（複数回答）では、**身体**的虐待61.2

重要項目

図9 障害者虐待防止の仕組み

養護者による障害者虐待の防止等

市町村の措置および対応（第9～14条関係）
① 障害者の安全の確認
② 通報および届出の事実確認
③ 市町村障害者虐待対応協力者と対応の協議
④ 障害者支援施設等への入所等の措置
⑤ 精神障害者・知的障害者に対する後見開始等の審判の請求
⑥ 障害者支援施設等の居室の確保
⑦ 障害者の生命または身体に重大な危険が生じているおそれがあると認められたとき、障害者の住所または居所への立ち入り調査
⑧ 立ち入り調査等で必要のある場合、管轄する警察署長に援助要請等
⑨ 障害者支援施設等への入所等の措置が採られた場合、市町村長または障害者支援施設等の長等による面会の制限
⑩ 障害者（18歳未満の障害者を含む）の養護者の負担の軽減のため、養護者に対する相談、指導および助言等

障害者福祉施設従事者等による障害者虐待の防止等

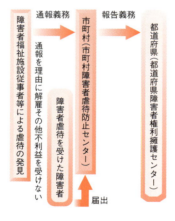

① 市町村長または都道府県知事は、監督権限等の適切な行使（社会福祉法および障害者総合支援法、その他の関係法律）
② 都道府県知事は、毎年度、障害者福祉施設従事者等による障害者虐待の状況、採用した措置等の公表

使用者による障害者虐待の防止等

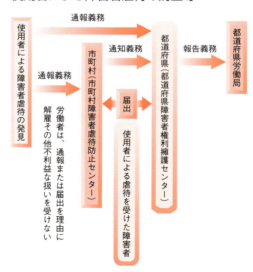

① 障害者を雇用する事業主は、労働者の研修の実施、障害者および家族からの苦情の処理体制の整備、虐待防止の措置
② 都道府県労働局長等は、労働基準法、障害者の雇用の促進等に関する法律、個別労働関係紛争の解決の促進に関する法律、その他の関係法による適切な権限の行使
③ 厚生労働大臣は、毎年度、使用者による障害者虐待の状況、使用者による障害者虐待があった場合に採用した措置等の公表

%、**心理**的虐待 32.9％、**経済**的虐待 22.9％、放棄・放置 16.2％、性的虐待 3.7％となっている。虐待者の年齢は、60 歳以上 36.7％、50〜59 歳 24.8％、40〜49 歳 19.9％で、続柄は父 24.4％、母 23.3％、兄弟 13.3％、夫 12.9％、姉妹 5.7％となっている。被虐待者の性別は、**女**性 64.1％、**男**性 35.9％、年齢は 20〜29 歳 23.2％、40〜49 歳 22.5％、50〜59 歳 19.2％、30〜39 歳 16.7％、障害種類別では**知的**障害 55.0％、**精神**障害 34.3％、**身体**障害 19.1％、発達障害 2.8％、難病等 2.3％となっている。

325 **障害者福祉施設従事者等による虐待**の種別・類型別（複数回答）では、**身体**的虐待 56.5％、**心理**的虐待 42.2％、**性的**虐待 14.2％、放棄・放置 6.9％、経済的虐待 5.8％となっている。虐待者の年齢は、40〜49 歳 19.1％、50〜59 歳 15.8％、30〜39 歳 15.6％、60 歳以上 13.3％、29 歳以下 11.6％、職種では、**生活支援員** 44.2％、**管理者** 9.7％、**その他従事者** 7.1％、サービス管理責任者 5.4％、設置者・経営者 4.4％、世話人 4.4％、指導員 4.2％、職業指導員 3.9％、事業所別では障害者支援施設 25.0％、共同生活援助 18.8％、放課後等デイサービス 12.3％、生活介護 11.6％、就労継続支援Ｂ型 9.3％などとなっている。被虐待者の性別は、**男**性 66.1％、**女**性 33.9％、年齢は 30〜39 歳 18.8％、20〜29 歳 18.5％、19 歳以下 17.7％、40〜49 歳 16.7％などで、障害種別では、**知的**障害 71.0％、**身体**障害 22.2％、**精神**障害 16.7％、発達障害 5.1％となっている。

15 心神喪失等の状態で重大な他害行為を行った者の医療及び観察等に関する法律

医療観察法の概要

326 心神喪失等の状態で重大な他害行為を行った者の医療及び観察等に関する法律（**医療観察法**）は、**心神喪失等**の状態で重大な**他害行為**を行った者に対し、その適切な処遇を決定するための手続等を定め、継続的かつ適切な医療の実施を確保するとともに、そのために必要な観察および指導を行うことによって、その病状の改善とこれに伴う同様の行為の再発の防止を図り、対象者の社会復帰を促進するものである。

32-62-3

▶重大な他害行為とは、殺人、放火、強盗、傷害、強姦などを指す。

327 医療観察法では、対象となる者の入院や通院を**地方裁判所**で行われる審判で決定する。心神喪失等の状態で重大な他害行為を行い、不起訴や無

32-62-1

罪になった者等については検察官から**地方裁判所**に適切な処遇の決定を求める申立てがなされる。申立てを受けた**地方裁判所**では、裁判官1名と**精神保健審判員**（精神保健判定医）1名からなる合議体を構成し、両者がそれぞれの専門性を活かして審判を行う。

328 審判の過程では、合議体の精神保健審判員とは別の精神科医による鑑定が行われる。地方裁判所ではその鑑定の結果を基礎とし、生活環境を考慮する。必要に応じ**精神保健参与員**（精神保健福祉士等の専門家）の意見を聴いたうえで、処遇を決定する。

▶鑑定入院期間は原則2か月、最長3か月である。

329 保護観察所の**社会復帰調整官**（精神保健福祉士のほか、専門的知識を有する者）は、必要な医療を受けているかどうかや、本人の生活状況を見守り、必要な指導や助言（精神保健観察）を行う。

出 32-62-2

16 高齢者、障害者等の移動等の円滑化の促進に関する法律

バリアフリー新法の概要

330 1994（平成6）年に制定された**高齢者、身体障害者等が円滑に利用できる特定建築物の建築の促進に関する法律（ハートビル法）**と、2000（平成12）年に成立した**高齢者、身体障害者等の公共交通機関を利用した移動の円滑化の促進に関する法律（交通バリアフリー法）**は、2006（平成18）年、高齢者、障害者等の移動等の円滑化の促進に関する法律（バリアフリー新法）に統廃合された。

331 **バリアフリー新法**は、高齢者、障害者等の自立した日常生活および社会生活を確保することの重要性にかんがみ、**公共交通機関**の旅客施設および車両等、道路、路外駐車場、公園施設並びに建築物の構造および設備を改善するための措置、一定の地区における旅客施設、建築物等およびこれらの間の経路を構成する道路、駅前広場、通路その他の施設の一体的な整備を推進するための措置その他の措置を講ずることにより、高齢者、障害者等の移動上および施設の利用上の利便性および安全性の向上の促進を図り、もって**公共の福祉**の増進に資することを目的とするものである。

332 2018（平成30）年の法改正で第1条の2に基本理念が新たに加わり、「この法律に基づく措置は、高齢者、障害者等にとって日常生活又は社会生活を営む上で障壁となるような社会における事物、制度、慣行、観

念その他一切のものの除去に資すること及び全ての国民が年齢、障害の有無その他の事情によって分け隔てられることなく共生する社会の実現に資することを旨として、行われなければならない」こととなった。

17 障害者の雇用の促進等に関する法律

障害者雇用促進法の概要

333 **障害者雇用率制度**とは、イギリス、フランス、ドイツなどの割当雇用制度にならって、事業主に雇用されている労働者のうち、障害者が一定の割合を占めるよう**障害者の雇用の促進等に関する法律**（**障害者雇用促進法**）において、義務づけられた制度である。

334 2017（平成29）年6月30日の「障害者の雇用の促進等に関する法律施行令及び身体障害者補助犬法施行令の一部を改正する政令」により、2018（平成30）年4月より、障害者の法定雇用率が引き上げられることとなった（表17参照）。なお、障害者雇用率の算出方法は図10のとおりである。

📕 30-143（就労）

335 2013（平成25）年6月に、**雇用の分野**における障害者に対する**差別の禁止**および障害者が職場で働くにあたっての支障を改善するための措置を定めるとともに（2016（平成28）年4月1日施行）（表18参照）、障害者の雇用に関する状況にかんがみ、**精神障害者**を法定雇用率の算定基礎に加える等の措置を講じること（2018（平成30）年4月1日施行）を目的とした改正が行われた。

📕 31-57-3

336 2008（平成20）年の法改正により、2010（平成22）年7月から、障害者雇用率制度における実雇用障害者数や実雇用率のカウントの際に、身体障害者または知的障害者である**短時間労働者**（週20時間以上30時間未満）を、**0.5**人分としてカウントすることとなった。

337 2018（平成30）年1月19日の「障害者の雇用の促進等に関する法律施行規則の一部を改正する省令」により、**精神障害者である短時間労働者**であって、新規雇入れから3年以内の者または、精神障害者保健福祉手帳取得から3年以内の者にかかる雇用率のカウントにおいて、2023（令和5）年3月31日までに雇い入れられた者等については、**1人をもって1人**とみなすこととする改正がなされた（2018（平成30）年4月1日施行）。

338 2008（平成20）年の法改正により、中小企業が事業協同組合等を活用

障害者に対する支援と障害者自立支援制度

重要項目

表17 障害者の法定雇用率

事業主区分	法定雇用率 2018（平成30）年3月31日まで	法定雇用率 2018（平成30）年4月1日以降	法定雇用率 2018（平成30）年4月1日から3年を経過する日より前
民間企業	2.0%	2.2%	2.3%
国、地方公共団体等	2.3%	2.5%	2.6%
都道府県等の教育委員会	2.2%	2.4%	2.5%

注1：今回の法定雇用率の変更にともない、2018（平成30）年4月1日以降、障害者を雇用しなければならない民間企業の事業主の範囲が従業員50人以上から45.5人以上に広がる。
注2：2018（平成30）年4月1日から3年を経過する日以降、対象となる事業主の範囲は、従業員43.5人とさらに広がる。

図10 法定雇用率の算定基礎の見直しについて

> ◎ 法定雇用率の**算定基礎の対象**に、新たに**精神障害者を追加**（施行期日：2018（平成30）年4月1日）。
> ◎ 法定雇用率は原則5年ごとに見直し。
>   ⇒ 施行後当分の間は猶予期間とし、精神障害者の追加に係る法定雇用率の引き上げ分は、計算式どおりに引き上げないことも可能。
>   ※ 具体的な引上げ幅は、障害者の雇用状況や行政の支援状況等を踏まえ、労働政策審議会障害者雇用分科会で議論。

【法定雇用率の算定式】

$$法定雇用率 = \frac{身体障害者、知的障害者及び\textbf{精神障害者}である常用労働者の数 + 失業している身体障害者、知的障害者及び\textbf{精神障害者}の数}{常用労働者数 - 除外率相当労働者数 + 失業者数}$$

（追加：精神障害者部分）

【激変緩和措置の内容】
- 〜2018（平成30）年3月31日
  身体障害者・知的障害者を算定基礎として計算した率（2.0％）
- 2018（平成30）年4月1日から3年を経過する日より前
  身体障害者・知的障害者を算定基礎として計算した率と
  身体障害者・知的障害者・精神障害者を算定基礎として計算した率との間で政令で定める率（2.2％）
- 2023（令和5）年4月1日以降
  身体障害者・知的障害者・精神障害者を算定基礎として計算した率（2.3％）

表18 2013（平成25）年の障害者雇用促進法の改正

> ① 労働者の採用の機会、賃金の決定など障害を理由とする差別的取扱いを禁止する
> ② 事業主に障害者が職場で働くにあたっての支障を改善するための措置を講じることを義務づける（ただし、事業主に対して過重な負担を及ぼす場合を除く）
> ③ 事業主は、①②について障害者である労働者から苦情の申出を受けた時は、その自主的な解決を図るように努める

して、**共同で障害者を雇用する仕組み**が創設された。事業協同組合などが、共同事業として障害者を雇用した場合、当該組合等と組合員企業とをまとめて雇用率を算定することとなった。

339 障害者雇用率制度における**特例子会社制度**は、親会社が障害者の雇用に特別の配慮をした子会社（**特例子会社**）を設立し、一定の要件を満たす場合には、その子会社に雇用されている労働者を親会社に合算して実雇用率を算定できることとしている。

▶ 2009（平成21）年4月から、特例子会社がない場合であっても、企業グループ全体で雇用率を算定するグループ適用制度が創設された。

340 障害者の法定雇用率未達成の事業主は、法律上雇用しなければならない障害者数とすでに雇用している障害者数の差の人数に基づいて**障害者雇用納付金**が徴収される。雇用率達成企業には、**障害者雇用調整金**または**報奨金**が支給される。

▶障害者雇用納付金制度（納付金の徴収・調整金の支給）の対象範囲は、常用雇用労働者101人以上の企業である。

341 2002（平成14）年5月の改正により、**障害者就業・生活支援センターにおける支援事業**が創設された。身近な地域での雇用、福祉、教育などの関係機関が連携して、障害者に対して日常生活上の相談と併せて就業面での相談等を一体的に行うとされている。

出 28-145（就労）
　29-146（就労）
　32-60-4

342 2002（平成14）年5月の改正により、身体障害者、知的障害者、精神障害者、発達障害者などが職場に適応することを容易にするために援助を行う者として、「**職場適応援助者（ジョブコーチ）**」が創設され、独立行政法人高齢・障害・求職者雇用支援機構や厚生労働大臣が指定する民間機関が養成研修を実施している。

出 31-59-5

💡 **注目！**
2005（平成17）年の障害者雇用促進法の改正により、職場適応援助者による援助を行うことに対する助成金が創設された。

343 2013（平成25）年の改正によって、**精神障害者**を身体障害者や知的障害者と同様に、各事業主の雇用率の算定基礎の対象とすることとなった（2018（平成30）年4月1日施行）（図10参照）。精神障害者であることの把握・確認は、**精神障害者保健福祉手帳**で行う。

344 2019（令和元）年6月「障害者の雇用の促進等に関する法律の一部を改正する法律」が成立した。これは障害者の雇用をいっそう促進するためである。障害者の活躍の場に関する措置として、国および地方公共団体の責務が改正され、自ら率先して障害者を雇用するよう努めなければならなくなった（公布日より施行）。

345 2019（令和元）年の法改正により、国および地方公共団体の任命権者は、障害者である職員を免職する場合には、**公共職業安定所長**に届け出なければならなくなった（2019（令和元）年9月6日施行）。

346 2019（令和元）年の法改正により、厚生労働大臣は、障害者雇用対策基本方針に基づき、障害者活躍推進計画作成指針を定めることとなった。また、国および地方公共団体の任命権者は、障害者活躍推進計画作成指

針に即して、**障害者活躍推進計画**を作成しなければならない（2020（令和2）年4月施行）。

347 2019（令和元）年の法改正により、厚生労働大臣は、特に短い労働時間以外での就労が困難な状態にある障害者を雇用する事業主に対して、雇用の継続の促進を図るための**特例給付金**を支給することとなった（2020（令和2）年4月施行）。

348 2019（令和元）年の法改正により、厚生労働大臣は、労働者が常時300人以下の事業主からの申請に基づき、障害者の雇用の促進および雇用の安定に関する取組みに関し、取組みの実施状況が優良なものであることなどの認定を行うことができることとなった（2020（令和2）年4月施行）。

> ▶認定を受けた事業主は、商品等に厚生労働大臣の定める表示を付することができる。

349 2019（令和元）年の法改正により、国および地方公共団体の任命権者は、**障害者雇用推進者**および**障害者職業生活相談員**を選任しなければならないこととなった（2019（令和元）年9月6日施行）。

350 2019（令和元）年の法改正により、国および地方公共団体における障害者の雇用状況についての的確な把握等のために対象障害者の確認に関する書類を保存しなければならなくなった（2019（令和元）年9月6日施行）。

欲求心理学に基づく学習意欲の高め方

COLUMN

初めから運に任せるな！

　成功・失敗の原因を自分自身に求める人は、自分以外に求める人よりも、一般的に達成意欲が高い。試験は水ものといわれるが、初めから運任せや神頼みでは、いつまで経っても合格しないであろう。合格するか否かは、基本的に自分自身の努力にかかっているのだと、はっきり認識することが大切。

実力チェック！ 一問一答 ————

※解答の（　　）は重要項目（P.338〜402）の番号です。

●解答

❶ 2016（平成28）年の「生活のしづらさなどに関する調査」において、在宅の身体障害者手帳所持者数は、2011（平成23）年の調査と比較して増加しているか、減少しているか。

▶増加している（42万3000人（10.9％）の増加）（ 18 ）

❷ 2006（平成18）年12月に開催された第61回国連総会本会議において採択された、障害者の権利および尊厳を促進・保護するための包括的・総合的な国際条約は何か。

▶障害者の権利に関する条約（障害者権利条約）（ 48 ）

❸ 障害者の権利に関する条約で定められている定義には、意思疎通、言語、障害に基づく差別、ユニバーサルデザインのほかに何があるか。

▶合理的配慮（ 52 （表3））

❹ 2014（平成26）年に成立し、療養環境や医療費助成制度の整備が図られた法律は何か。

▶難病の患者に対する医療等に関する法律（ 53 ）

❺ 高齢者と障害児者が同一の事業所でサービスを受けやすくするために設けられたサービスは何か。

▶共生型サービス（ 56 ）

❻ 2013（平成25）年4月より障害者の日常生活及び社会生活を総合的に支援するための法律（障害者総合支援法）の障害者の定義に新たに加わったのは何か。

▶治療方法が確立していない疾病その他の特殊の疾病であって政令で定めるもの（いわゆる「難病等」）による障害の程度が厚生労働大臣が定める程度である者であって18歳以上であるもの（ 69 ）

❼ 2016（平成28）年6月の障害者総合支援法の改正で、訓練等給付に新たに創設されたのは何か。

▶自立生活援助、就労定着支援（ 70 , 87 （表5））

❽ 障害者総合支援法において、市町村が支給要否決定とともに行う認定は何か。

▶障害支援区分の認定（ 72 , 80 （図4））

❾ 障害者総合支援法で、従来の居宅サービス、施設サービスといった区分が改められ、同法第5条で新たに導入されたサービスの総称は何か。

▶障害福祉サービス（ 81 ）

❿ 介護給付費や自立支援医療費、高額障害福祉サービス等給付費などの給付を総称して何というか。

▶自立支援給付（ 84 ）

⓫ 自立支援給付等の支給に関してサービスを利用する者等に対して市町村等が行う質問についてどこに委託できるようになったか。

▶指定事務受託法人（ 85 ）

⓬ 訓練等給付を利用しようとする障害者に対し、できる限り本人の希望を尊重して支給決定を暫定的に行い、のちに正

▶暫定支給（ 88 ）

障害者に対する支援と障害者自立支援制度

403

🔍 一問一答

●解答

式の支給決定が行われる方法を何というか。

⑬ 2010（平成22）年4月から、低所得（市町村民税非課税世帯）の障害者等について、障害福祉サービスおよび補装具の利用者負担はどうなったか。

▶無料（ 89 ）

⑭ 居宅において単身等で生活する障害者に対して、緊急の事態が生じた場合に相談等を行う支援は何か。

▶地域定着支援（ 101 ）

⑮ 地域における相談支援の中核的な役割を担い、相談支援を総合的に行うのはどこか。

▶基幹相談支援センター（ 106 ）

⑯ 障害者等の心身の障害の状態の軽減を図り、自立した日常生活などを営むために提供される必要な医療を何というか。

▶自立支援医療（ 114 ）

⑰ 障害者等が自立した日常生活や社会生活を営むことができるように、地域の実情に応じて支援する事業を何というか。

▶地域生活支援事業（ 122 ）

⑱ 成年後見に伴う鑑定料や登記料、成年後見人への報酬等について、国庫補助を行う制度を何というか。

▶成年後見制度利用支援事業（ 124 ）

⑲ 障害者等を通わせ、創作的活動や生産活動の機会の提供、社会との交流の促進などを行う施設を何というか。

▶地域活動支援センター（ 128 ）

⑳ 障害福祉サービスを利用した障害児に対して市町村から自立支援給付として支給されるのは何か。

▶介護給付費（ 136 （表10））

㉑ 市町村の介護給付費等の処分に不服がある障害者や障害児の保護者は、どこに対して審査請求をするのか。

▶都道府県知事（ 143 ）

㉒ 障害支援区分の認定は、どこの審査や判定に基づいて行われるか。

▶市町村審査会（ 160 ）

㉓ 精神通院医療に関する自立支援医療は、どこが支給認定するのか。

▶都道府県（ 166 （表13））

㉔ 利用者の職場への定着を促進するため、障害者就業・生活支援センターなどの関係機関と連携して、支援を継続しなければならない事業者を何というか。

▶指定就労移行支援事業者（ 181 ）

㉕ 指定特定相談支援事業所および指定地域移行支援事業所ごとに置かなければならないとされる、その職務に従事する専門員を何というか。

▶相談支援専門員（ 198, 201 ）

㉖ 療養介護や共同生活援助などのサービスを行う事業所に、サービス管理を行う者として配置されているのは何か。

▶サービス管理責任者（ 202, 203 ）

㉗ 市町村だけでは対応困難な各種のサービスを整備し、広域的なサービス提供網を築くための圏域を何というか。

▶障害保健福祉圏域（ 213 ）

㉘ 地域における相談支援の中立・公平性を担保し、中核的な

▶協議会（ 214 ）

役割を果たす組織を何というか。

29 肝臓機能障害がある者が、指定された医師の診断書を添えて都道府県知事に申請することで交付される手帳を何というか。

30 知的障害者福祉法で、都道府県に必ず置かれると規定され、障害者総合支援法の介護給付費等の支給要否決定を行うに当たって市町村に意見を述べたり、18歳以上の知的障害者の医学的、職能的判定などを行う特別地方機関を何というか。

31 障害児につき、児童発達支援センター等に通わせ、日常生活における基本的動作の指導などを行うことを何というか。

32 重度の障害等により外出が著しく困難な障害児に対して、居宅を訪問して日常生活における基本的動作指導などを行うサービスを何というか。

33 自閉症、アスペルガー症候群その他の広汎性発達障害や学習障害、注意欠陥多動性障害などの脳機能の障害であって、その症状が通常低年齢において発現するものを、総称して何というか。

34 発達障害者への相談支援、就労支援、発達支援等を行うために、都道府県等が運営している施設は何か。

35 障害者基本法において、「日常生活又は社会生活を営む上で障壁となるような社会における事物、制度、慣行、観念その他一切のもの」を総称する言葉は何か。

36 2013（平成25）年に成立し、行政機関や事業主における障害を理由とする差別解消措置を規定した法律は何か。

37 障害者差別解消法で社会的障壁の除去について必要かつ合理的な配慮をするよう努力義務が課されている者は何か。

38 障害者虐待の通報の受理などを行う機関はどこか。

39 2013（平成25）年の障害者の雇用の促進等に関する法律の改正によって、障害者の雇用に関して、法定雇用率の算定基礎の対象に加えられたのは誰か。

40 国および地方公共団体の任命権者が、障害者である職員を

●解答

▶**身体障害者手帳**（ 221, 222 ）

▶**知的障害者更生相談所** （ 242 ）

▶**児童発達支援**（ 265 （表14）)

▶**居宅訪問型児童発達支援** （ 269 ）

▶**発達障害**（ 275 ）

▶**発達障害者支援センター** （ 285, 286 ）

▶**社会的障壁**（ 292 ）

▶**障害を理由とする差別の解消の推進に関する法律（障害者差別解消法）** （ 304 ）

▶**民間事業者**（ 309 （表15）)

▶**市町村障害者虐待防止センター**（ 318 ）

▶**精神障害者**（ 343 ）

▶**公共職業安定所長**

🔍 一問一答

●解答

免職する場合、どこに届け出なければならなくなったか。 　　　（ 345 ）

合 格 体 験 記

合格のカギは「環境」

　大学の通信課程で受験資格を取り、大学付属の専門学校に通いながら勉強に取り組みました。受験勉強という形で自宅の机にかじりついて勉強を始めたのは、試験の約3か月前の10月後半くらいからです。

　参考書や問題集は絞って勉強しました。いくつも買うと、買ったことで満足してしまいそうだったので、ほとんど買いませんでした。専門学校の講義のなかで、講師が過去問のコピーを配ってくれていたので、それも利用し、過去問や参考書を読みながらキーワードをチェックして、テキストに戻りながら何度も読み返しました。

　専門学校での勉強以外に平均3〜4時間の勉強時間を確保し、自宅では、専門学校の講義を復習し、参考書などを読み込んでいきました。受験には、遊びの誘いも断ることができる精神力が重要です。

　専門学校では、約1か月間にわたる受験対策集中講座も開かれました。勉強は基本的に一人で取り組むことが多いのですが、この集中講座で、独学で勉強してきた科目のポイントをうまく押さえることができ、苦手科目もなんとか補うことができました。

　時間、体力、精神的にも余裕がない状況のなか、親の援助や、状況を汲んでくれる友人の支えがあったことで、短期に集中して勉強に取り組むことができました。こういった環境が整えられなければ、合格はできなかったと思います。これから社会福祉士を目指して勉強を始めようとなさっている方にも、自分のペースで勉強できる環境が整えられることを願っています。

（地域包括支援センター社会福祉士　北森雪絵）

9

低所得者に
対する支援と
生活保護制度

傾向と対策

出題基準と出題実績

出題基準			
大項目	中項目	小項目（例示）	
1 低所得階層の生活実態とこれを取り巻く社会情勢、福祉需要と実際	1）低所得者層の生活実態とこれを取り巻く社会情勢、福祉需要	・低所得者層の生活実態とこれを取り巻く社会情勢、福祉需要の実態 ・生活困窮者の支援 ・その他	
	2）生活保護費と保護率の動向	・生活扶助、医療扶助、その他の扶助等の動向	
2 生活保護制度	1）生活保護法の概要	・生活保護法の目的、基本原理、保護の原則、保護の種類と内容、保護の実施機関と実施体制、保護の財源、保護施設の種類、被保護者の権利及び義務、生活保護の最近の動向 ・その他	
3 生活保護制度における組織及び団体の役割と実際	1）国の役割		
	2）都道府県の役割		
	3）市町村の役割		
	4）ハローワークの役割		
4 生活保護制度における専門職の役割と実際	1）現業員の役割		
	2）査察指導員の役割		

※【　】内は国家試験に出題された番号です。

出題実績				
第 28 回（2016 年）	第 29 回（2017 年）	第 30 回（2018 年）	第 31 回（2019 年）	第 32 回（2020 年）
		・生活困窮者自立支援法【63】	・低所得者の状況等（行政統計）【63】	
	・生活保護の動向【64】	・生活保護の動向【64】	・医療扶助の動向【63】	・生活保護の動向【63】
・恤救規則、救護法、旧生活保護法【63】 ・生活保護の基本原理・原則【64】 ・扶養義務者【65】 ・保護の実施機関〜事例〜【66】 ・生活保護と社会保険の適用〜事例〜【67】 ・被保護者の権利・義務【68】	・保護の内容【65】 ・保護の実施機関【65】 ・生活保護の決定と実施【65】 ・生活保護基準【66】【69】 ・公的扶助と公的年金保険の特質【67】	・生活保護法の目的【65】 ・生活保護の基本原理・原則【65】 ・要保護者の定義【65】	・生活保護の基準【64】 ・保護の種類と内容【65】 ・扶養義務者〜事例〜【66】	・生活保護の基本原理・原則【64】 ・保護の種類と内容【65】 ・保護申請時になされる説明〜事例〜【68】
	・国、都道府県、市町村の役割【63】			
	・国、都道府県、市町村の役割【63】			
	・国、都道府県、市町村の役割【63】	・福祉事務所を設置していない町村の役割【66】		
			・現業員の任用要件と業務【67】	・現業員の業務〜事例〜【66】
			・査察指導員の任用要件と業務【67】	

低所得者に対する支援と生活保護制度

傾向と対策

大項目	中項目	小項目（例示）	
5 生活保護制度における多職種連携、ネットワーキングと実際	1）保健医療との連携	・連携の方法 ・連携の実際 ・その他	
	2）労働施策との連携	・連携の方法 ・連携の実際 ・その他	
	3）その他の施策との連携	・連携の方法 ・連携の実際 ・その他	
6 福祉事務所の役割と実際	1）福祉事務所の組織体系		
	2）福祉事務所の活動の実際		
7 自立支援プログラムの意義と実際	1）自立支援プログラムの目的		
	2）自立支援プログラムの作成過程と方法		
	3）自立支援プログラムの実際		
8 低所得者対策	1）生活福祉資金の概要		
	2）低所得者に対する自立支援の実際		
	3）無料低額診療制度		
	4）低所得者支援を行う組織		
9 低所得者への住宅政策	1）公営住宅		
10 ホームレス対策	1）ホームレスの自立の支援等に関する特別措置法の概要		

	第 28 回(2016 年)	第 29 回(2017 年)	第 30 回(2018 年)	第 31 回(2019 年)	第 32 回(2020 年)
			・生活保護制度における多職種連携〜事例〜【67】		
				・福祉事務所の組織【67】	・福祉事務所の組織・設置【67】
			・自立支援プログラムの「基本方針」【68】		
			・自立支援プログラムの「基本方針」【68】		
		・生活保護制度における自立支援〜事例〜【68】	・自立支援プログラムの「基本方針」【68】		
			・生活困窮者自立支援法【63】	・生活困窮者自立相談支援事業における支援〜事例〜【68】	・生活困窮者自立相談支援事業【69】 ・生活困窮者一時生活支援事業【69】
			・公営住宅の居住に対する相談対応〜事例〜【69】	・無料低額宿泊所【69】	・無料低額宿泊所【69】
	・ホームレスの実態と支援【69】				

低所得者に対する支援と生活保護制度

傾向と対策

傾向

　本科目は7問が出題され、そのうち第32回、第31回、第30回、第28回では2問、第29回では1問が事例問題であった。以下、出題基準の項目に沿って分析する。

1 低所得階層の生活実態とこれを取り巻く社会情勢、福祉需要と実際

　生活保護の動向がよく出題される（第32回・第30回・第29回）。受給期間や受給者の年齢階層、世帯人員、世帯類型、市部・郡部の保護人員、保護の開始・廃止理由、入院・入院外別の医療扶助人員など、近年の傾向をつかんでおけば対応できるレベルである。

　第32回では、2000（平成12）年度以降の保護の動向として、住宅扶助費の割合、世帯類型別被保護世帯の構成比、保護の開始理由、介護扶助人員の増減傾向が問われた。長期的な傾向をつかんでおくことが求められた。

　第31回では、低所得者の状況に関する行政の統計が出題された。包括的な設問であったが、近年の社会の動きをとらえていれば、消去法でも解答できるものであった。

　また、第30回では、生活困窮者自立支援法に基づく事業の概要が問われたが、基本的な内容であった。

2 生活保護制度

　本項目は、日本における公的扶助制度の沿革と現在の生活保護法の内容に大別される。

　沿革は、第28回で、恤救規則、救護法、保護の実施体制、原則的な考え方が問われた。また、旧生活保護法の内容が問われた。

　第29回は、公的扶助と公的年金保険の特質が出題されたが、「社会保障」でも出題歴があり、出題頻度が高い。

　生活保護の基本原理・原則は、出題頻度が高く、第32回と第30回から第28回まで、いずれも基本的な理解が問われた。第32回では、法の理念、世帯単位の原則、最低生活の原理、無差別平等の原理、基準及び程度の原則について、基礎的な理解が問われた。第30回は、法の目的、受給資格、保護の基準、世帯単位の原則などが問われた。第31回と第28回で、扶養義務者に関するやや細かい出題があり、2013（平成25）年の法改正をふまえた解答が求められた。第31回の生活保護基準に関する設問は、他施策との関連にまでふみこんでおり、近年にない出題で、難しく感じた人も多かったと思われる。

　保護の種類と内容は、ほぼ毎回出題され、扶助の種類と内容、給付方法など、基本的知識

の範囲である。第32回と第31回は扶助の内容を問う、過去にもよく出題されたものであり、第29回の生活扶助基準の第一類、第二類の出題も基礎的なものであった。第32回の給付方法も易しい出題であった。保護の実施機関について、第29回では、実施機関と実施機関の実施内容が問われたが、生活保護法の条文の理解で対応できるものであった。また第28回では、野宿者の現在地保護の事例が出題された。第28回の被保護者の権利と義務も過去に繰り返し出題されており、条文の理解で対応できるものであった。

第32回は、保護申請時の現業員による説明場面の事例を通じて、保護の補足性、被保護者の義務、申請手続についての知識を問う総合問題であった。

他法他施策優先の原則に関連し、生活保護と他法サービスの関係の出題がある。第30回と第28回の事例問題などでも出題されており、他科目にわたる総合的な理解を問う出題にも注意しておきたい。

3 生活保護制度における組織及び団体の役割と実際

第29回で、国、都道府県および市町村の役割について出題された。現在地保護の費用負担、医療機関の指定、福祉事務所の設置が問われたが、難しい問題ではなかった。第30回は、福祉事務所を設置していない町村の長の役割が出題され、生活保護法第19条の条文の範囲で解答できるものであった。

4 生活保護制度における専門職の役割と実際

第32回は、高齢の生活保護受給者に対する福祉事務所の現業員が行う業務の内容を問う事例問題であった。高齢者であることに配慮した就労や自立の考え方、扶養照会の方法が問われるもので、出題方式としては目新しいもので、総合問題といえるだろう。

第31回では、福祉事務所の査察指導員と現業員の任用要件と業務内容が出題され、社会福祉主事の知識も問われた。「相談援助の基盤と専門職」と関連の深いものである。

5 生活保護制度における多職種連携、ネットワーキングと実際

生活保護は他法他施策優先の制度であるため、多職種連携の前提として、社会資源として活用できる他法他施策を理解しておくことが求められ、その意味で実践的な出題がみられるようになってきた。第30回では、夫の暴力から逃れて保護申請の相談に来た母子に対する支援のために連携する機関等が問われ、科目「児童や家庭に対する支援と児童・家庭福祉制度」との複合問題であった。

今後も、生活保護現業員とほかの職種の連携やネットワークに関する事例の出題が予測さ

れる。特に生活困窮者自立支援法、就労支援との関連で学習しておきたい。

6 福祉事務所の役割と実際

第32回と第31回で、福祉事務所の設置義務や配置される職員に関する社会福祉法の規定が出題された。「福祉行財政と福祉計画」「相談援助の基盤と専門職」にも共通する基本問題であった。社会福祉主事の位置づけについても理解が求められた。

7 自立支援プログラムの意義と実際

第30回は、「平成17年度における自立支援プログラムの基本方針について」（平成17年3月31日社援発第0331003号厚生労働省社会・援護局長通知）の内容が出題された。自立の定義、自立支援プログラム導入の目的、プログラム策定のプロセスなど、これまでにもたびたび出題されてきた内容であった。

第29回（事例問題）では、アルコール依存症の被保護者に対する自立支援計画の出題があり、制度の理解ではなく、相談援助としての基本的な考え方が問われるものであった。

8 低所得者対策

生活福祉資金貸付制度は、第26回以降出題がないが、過去の出題では制度の内容について基本的な知識が問われた。第28回「地域福祉の理論と方法」では、同制度および生活困窮者自立支援法について出題されており、今後、こうした複合的な理解を問う出題が増えるものと考えられる。

第32回は、低所得者支援の組織や制度が出題された。生活困窮者自立相談支援事業の利用勧奨、相談支援員の要件、生活困窮者一時生活支援事業の利用者、民生委員の位置づけ等が問われた。

第31回は、生活困窮者自立相談事業における相談支援員による支援が問われた。支援に活用できる社会資源や制度の理解が求められるものであった。また第30回では、生活困窮者自立支援法に関する出題があり、法に基づく事業の概要が問われた。条文を理解していれば平易な内容であった。

9 低所得者への住宅政策

第30回がこの大項目でははじめての本格的な出題となった。公営住宅法の条文から正答は導かれるものの、転居の際の敷金や入居契約者の死亡の場合など細かい点にふれており、実

践的な事例とはいえ、難問に感じた人も多いだろう。

　第32回と第31回で、無料低額宿泊所が出題された。生活保護法に基づく宿所提供施設と混同せず、社会福祉法の規定を解答することがポイントとなった。

10 ホームレス対策

　「ホームレス自立支援法」「ホームレス自立支援基本方針」に関して、第28回では、国や都道府県の役割が問われたが、法の条文、基本方針の概要をつかんでおけば難しくはない出題といえる。また、「ホームレスの実態に関する全国調査」結果の概要の理解が問われた。

事例

　第32回は、2問出題されたが、生活保護法の内容に関する総合問題であり、良問といえる。高齢の被保護者に対する生活保護現業員の行う業務（問題66）では、年齢を考慮して就労指導に関する選択肢が消去できるため、社会生活自立や日常生活自立に向けた支援を選ぶことが容易だったと思われる。また、生活保護現業員による保護申請時の説明（問題68）では、保護の補足性に関して、保護の要件と他法他施策優先の意味を正しく理解していることがポイントであり、申請書に関する選択肢は、やや細かい印象であった。

　第31回は、生活困窮者自立相談支援事業における支援内容が問われたが、短い事例の中から解決すべき課題を読み取り、他機関や関連制度を選択することが求められた。

　第30回は、多職種連携の実際として、夫からの暴力（DV）や離婚等に関する相談支援の連携先とその内容が問われた。また、公営住宅居住者に対する相談では、公営住宅法の理解が問われた。これらの問題では、他法と生活保護制度との関係を正しく知っておくことが鍵を握っている。

　第29回は、アルコール依存症の被保護者に対する自立支援計画に関する出題があり、必ずしも生活保護制度の理解を要するものではなかった。自立が就労によるものに限定されないことを念頭におけば、支援の方向性としての優先順位が明らかであり、実践場面に即した判断が問われたといえる。

　第28回では、保護の実施機関（問題66）や不適切問題の扱いとなったが、被保護者に対する社会保険の適用（問題67）について出題があった。いずれも、ケースワーカーの対応が問われるものではなく、制度に関する知識が確かめられるものであった。

対策

　生活保護法に関しては、頻出条文を理解しておくことが必須である。テキスト『新・社会福祉士養成講座⑯低所得者に対する支援と生活保護制度（第5版）』を基本に、生活保護法の条文を確認しながら学習を進めよう。生活保護法の条文に基づく出題は、基本的な理解を問うものが多く、確実な得点につながるものである。同法は、2013（平成25）年と2018（平成30）年に一部改正されており、改正前後の変更点を整理しておくことがポイントとなるだろう。特に、就労自立給付金や進学準備給付金などは要注意である。細かすぎる部分に踏み込んだ難問への対策に時間を費やすより、基本的な部分を確実に理解しておこう。

　保護の動向は出題率が高いので、保護率をはじめとする動向について、「被保護者調査」等で過去10年間の推移を大まかにつかんでおきたい。

　自立支援プログラムにおいては、「就労支援サービス」との重複を考慮して、本科目では、日常生活自立支援プログラムや社会生活自立支援プログラム、プログラムの策定・実施のプロセス、実施にあたっての関係機関の連携などが焦点化されると考えられる。今後も事例問題としての出題の可能性が高く、生活保護受給者等就労自立促進事業や生活困窮者自立支援法との関連、地域の社会資源、連携する専門職について整理しておく必要があるだろう。

　低所得者の支援に関しては、出題基準には明記されてはいないが、生活困窮者自立支援法の出題が続いており、今後も出題の可能性が高い。2018（平成30）年に法の一部改正が行われており、改正のねらいと概要を整理しておくことが必要であろう。

　失業による生活困窮者や生活保護受給者の急増、「子どもの貧困」解消など、社会の動きに連動して、制度改定が繰り返されている。どのような時代・社会がどのような制度を必要としてきたのかという観点で貧困の概念や制度の沿革を理解することと合わせ、新しい制度の動きへの目配りも必要である。2019（令和元）年に改正された子どもの貧困対策の推進に関する法律は関連法規として出題される可能性が高いため、概要を押さえておきたい。保護の動向や低所得者の生活実態については、『社会福祉の動向2020』（中央法規出版）などで最新のデータをつかんでおこう。

　また、近年、ほかの科目において生活保護制度に関連する事例問題が出題されている。保護の補足性の原理による他法他施策との優先関係の理解、生活保護現業員の相談援助活動としての社会資源の活用、他機関等との連携についての理解を深めておく必要があるだろう。

押さえておこう！　重要項目 ——

1 低所得階層の生活実態とこれを取り巻く 社会情勢、福祉需要と実際

低所得者層の生活実態とこれを取り巻く社会情勢、福祉需要

1 「平成 30 年国民生活基礎調査」によると、1 世帯当たりの**平均所得金額**は **551** 万 6000 円、高齢者世帯は **334** 万 9000 円、児童のいる世帯は **743** 万 6000 円である。平均所得金額（**551** 万 6000 円）以下の割合は、全世帯で **62.4**％である。

▶ 2018（平成 30）年 の同調査の所得の中央 値は 423 万円である。

2 **高齢者世帯の平均所得金額**の **334** 万 9000 円のうち約 6 割は**公的年金・恩給**による収入であり、次いで**就業**による収入が約 2 割である（「平成 30 年国民生活基礎調査」）。

出 29-126-5（高齢）

3 2015（平成 27）年の日本の**相対的貧困率**は **15.7**％、2012（平成 24）年は **16.1**％、2009（平成 21）年は **16.0**％である。また、17 歳以下の**子どもの貧困率**は **13.9**％となり、約 **7.2** 人に 1 人が貧困の状況にあることになる（「平成 28 年国民生活基礎調査」）。

出 28-26-1（現社）

4 **相対的貧困率**は 1 人当たりの可処分所得を**低い**順に並べ、**中央値の半分**（**貧困線**）に満たない人の割合をいう。日本は、OECD 加盟国のなかでも相対的貧困率が**高い**グループに入る。貧困線の実質値は、直近 10 年間、低下している。

出 28-26-1（現社）
31-63-1

5 2015（平成 27）年の 17 歳以下の**子どもがいる現役世帯の貧困率**は、**12.9**％で、そのうち「大人が 2 人以上」の世帯が **10.7**％であるのに対し、「大人が 1 人」の世帯は **50.8**％と非常に高い率となる（「平成 28 年国民生活基礎調査」）。

出 28-26-4（現社）

6 **母子世帯**の平均年間収入は約 **348** 万円で、父子世帯の平均年間収入 573 万円に比べて**低く**なっている。母子世帯の収入に占める**就労収入**の割合は約 **6** 割である（「平成 28 年度全国ひとり親世帯等調査」）。

💡 注目！
2016（平成 28）年現在 で、母子世帯の母の 81.8％が就労している が、正規の職員・従業員 は 44.2％、パート・ア ルバイト等が 43.8％で ある。

■ 貧困の理解

7 **ウェッブ夫妻**（Webb, S. & B.）は、「救貧法および失業救済に関する勅命委員会報告書」において、救貧法の拡張・強化を目指す慈善組織協会の系統に属する多数派を批判し、少数派として救貧法の廃止を主張した。そのなかで、**ナショナル・ミニマム**の用語を初めて公式に使用した。

出 28-24-5（現社）

8 **タウンゼント**（Townsend, P.）は、所属する社会で標準的とされる生活様式や習慣、活動に参加できない状態を貧困ととらえ、当たり前とされ

出 29-25-2（現社）
30-28-2（現社）

低所得者に対する支援と生活保護制度

417

━━━ 重要項目

る生活から外れることを**相対的剥奪**として、新しい貧困観を提示した。

9 　**ギデンズ**（Giddens, A.）は、人々が社会への十分な関与から遮断されている状態を指して**社会的排除**という概念を提唱した。**社会的排除**は貧困そのものとは異なるとし、**経済的排除、政治的排除、社会的排除**の３つの観点を示した。

10 　社会における**所得分配の不平等**を計る指標の一つが、**ジニ係数**である。０から１の数値で示され、その数値が大きく１に近づくほど、所得分布が**不平等**であることを表す。日本のジニ係数は、当初所得で0.5594、再分配後で0.3721となっている（「平成29年所得再分配調査」）。

出 28-26-1, 2, 3（現社）
29-15（社会）
31-16（社会）
31-63-2

11 　生活保護世帯で育った子どもが成長し、再び生活保護世帯になる**貧困の連鎖**が、近年の日本においても社会的な問題となり、**子どもの貧困対策の推進に関する法律**の制定等につながった。

▶生活保護世帯の４分の１が親世代も生活保護世帯であったという調査結果もある。

生活保護費と保護率の動向

12 　「平成29年度被保護者調査」等における生活保護の最近の動向は、表1のとおりである。

表1　生活保護費と保護率の動向

	2017（平成29）年度の状況 〈平成29年度被保護者調査〉	近年の動向	
保護率	**1.68**％	過去最低 1995（平成7）年度 0.7% 過去最高 1947（昭和22）年度 3.77% 1995（平成7）年度を底に増加に転じ、2013（平成25）年度まで毎年増加した（2016（平成28）年度以降微減）。	出 30-64-1
被保護人員	約**212**万5千人（1か月平均）	1995（平成7）年を底に増加を続け、2011（平成23）年には1951（昭和26）年以来の過去最高となり、2014（平成26）年まで更新。2015（平成27）年度以降減少傾向。	出 29-64-2 30-64-2 32-63-2
	保護の種類別扶助人員（1か月平均） ①生活扶助約188万6千人（88.7%） ②住宅扶助約181万6千人（85.5%） ③医療扶助約176万5千人（83.1%） 　の順	2006（平成18）年度から、**医療**扶助と**住宅**扶助の順位が逆転した。	出 30-64-5
	年齢階層別被保護人員（2017（平成29）年7月末現在） ①70歳以上（**35.7%**）　②60～69歳（**22.1%**）　③50～59歳（**12.6%**）	60歳以上（高年齢層）の構成比が高く、**5**割超える。 被保護者の**高年齢化**の傾向。	

	生活保護費と保護率の動向		
	市部・郡部別被保護実人員（1か月平均） 　市部　約200万9千人 　郡部　約11万5千人	一貫して**市部**のほうが多く、市町村合併等の影響で、その差が拡大。	
	保護開始人員 　約26万4千人	2004（平成16）年度から減少し、2008（平成20）年度、2009（平成21）年度と増加、その後減少に転じている。	
	保護廃止人員 　約25万8千人	直近5年間は26万人前後で推移。	
被保護世帯	約164万世帯（1か月平均）（過去最高） 世帯類型別世帯数の構成割合 　① 高齢者世帯（**53.0**%）、② 障害者・傷病者世帯（**25.7**%）、③ その他世帯（**15.7**%）、④ 母子世帯（**5.7**%）の順	1997（平成9）年度以降、すべての類型で増加を続けてきたが、2012（平成24）年度を境に、**高齢者**世帯以外は減少傾向にある。	出 29-64-1 32-63-2 出 31-63-3 32-63-3
	世帯人員別構成割合（2017（平成29）年7月末現在） 　① 1人世帯（80.8%）、② 2人世帯（13.8%）、平均世帯人員は1.31人（2016（平成28）年）	一般世帯に比べ平均世帯人員が少なく、直近10年は単身世帯が**7**割を超えている。	出 29-64-3
	保護の種類別扶助世帯数（1か月平均） 　①**生活**扶助約144万7千世帯 　②**医療**扶助約144万世帯 　③**住宅**扶助約139万5千世帯	2007（平成19）年度までは、①**医療**、②**生活**、③**住宅**、の順。	
	保護受給期間（2017（平成29）年7月末現在） 　① **5**年～**10**年未満　約50万3千世帯 　② **1**年～**3**年未満　約25万4千世帯 　③ **3**年～**5**年未満　約21万9千世帯	2011（平成23）年度以降は、短期化と長期化の二極化傾向にあったが、2017（平成29）年度では**1**年～**10**年未満に全体の約**6**割が集中している。	
	世帯業態別被保護世帯数 　働いている者がいない世帯　84.2%	直近10年間は、世帯の中に働いている者がいる稼働世帯が約**1**割にとどまっている。	
	開始世帯数 　約20万4千世帯	2004（平成16）年度から減少し、2008（平成20）年度と2009（平成21）年度は増加したが、2010（平成22）年度以降は減少している。	
	廃止世帯数 　約20万5千世帯	2005（平成17）年度から減少し、2009（平成21）年度は増加に転じ、2014（平成26）年度から減少している。	
	保護の開始理由別 　①**貯金等の減少・喪失**（36.6%）、②**傷病**（24.9%）、③**働きによる収入の減少・喪失**（20.2%）	2008（平成20）年までは「**傷病**」、2009（平成21）～2011（平成23）年は「**働きによる収入の減少・喪失**」が最	出 30-64-3 32-63-4

重要項目

	保護の廃止理由別 ① 死亡（39.8%）、② その他（23.9%）、③働きによる収入の増加（18.1%）	多であった。 2000（平成12）年に比べ、「死亡」の割合が増加し、一貫して最多となっている。	出 30-64-4
医療扶助	入院・入院外別医療扶助人員（1か月平均） 　　入院約11万2千人 　　入院外約165万3千人	直近10年間、一貫して入院外が多い。	
	病類別医療扶助人員（1か月平均） 　　入院に占める精神疾患 42.2%	1970（昭和45）年以降、精神疾患が入院の半数を超えていたが、1998（平成10）年度に半数を割った。	出 31-63-5
	生活保護費のうち医療扶助費の占める割合 48.6%	2004（平成16）年（51.9%）以降、微減傾向にある。	
介護扶助	介護扶助人員　約36万6千人（1か月平均） 介護扶助率　17.2%（1か月平均）	2000（平成12）年度の創設以来、扶助人員、扶助率とも増加してきており、扶助率は2011（平成23）年（12.0%）以降、微増傾向にある。扶助人員は増加を続けている。	出 32-63-5

13 2020（令和2）年度における**国の生活保護費予算額**は、2兆8471億円で、社会保障関係費予算額35兆8608億円のうちの7.9％を占めている。

14 2017（平成29）年度の生活保護費扶助別内訳では、**医療扶助費**の占める割合が5割弱で最も高く、**生活扶助費**、**住宅扶助費**、**介護扶助費**の順である。直近10年間では住宅扶助費の割合が増加を続けている。

出 29-64-4, 5
32-63-1

② 生活保護制度

生活保護法の概要

■ 公的扶助の特質

15 **公的扶助の特質**は、救済対象は法的には全国民が対象であるが、実質的には低所得者等で貧困な生活状態にあり、独力で自立した生活ができない要保護状態にある生活困窮者が対象となっていることであり、社会保険制度との相違点は、表2のとおりである。

■ 生活保護制度の沿革

16 1874（明治7）年施行の**恤救規則**は、人民相互の情誼に基づき親族扶

出 30-24-1（現社）

表2 公的扶助制度と社会保険制度の相違点

項　目	公的扶助制度	社会保険制度
貧困に対する機能	救貧的機能（事後的）	防貧的機能（事前的）
資力調査（ミーンズ・テスト）	前提条件とし、困窮状態にあることを確認	前提条件とせず、拠出に対する反対給付
適用（給付）の条件	申請・費用無拠出	強制加入・費用拠出
適用（給付）の内容	最低生活基準の不足分	賃金比例額または均一額
適用（給付）の水準	国が定めた最低生活基準	公的扶助の同等以上
適用（給付）の開始	困窮の事実	事故の発生時
適用（給付）の期間	無期	おおむね有期
実施機関の裁量	一定限度内で余地がある	画一的でほとんど余地なし
財源	国・地方自治体の一般財源（本人負担なし）	被保険者・事業主の保険料および国の一部負担

出 28-50（社保）
29-67

養や隣保的救済を原則とし、規則による救済の対象を「**無告ノ窮民**」に厳しく限定した。対象者には、米代相当の**現金給付**を行った。

17 **無告ノ窮民**とは、親族扶養や隣保的救済ができない、①単身の障害者・**70**歳以上で働けない者、②単身の疾病者、③単身の**13**歳以下の年少者である。

出 28-63-1

18 **救護法**は、1929（昭和4）年に制定、1932（昭和7）年に施行された。生活困窮者を原則として**居宅保護**により救護するものであったが、労働能力を有している者を除外する**制限扶助主義**をとった。また、扶養義務者が扶養できる場合は、急迫の場合を除き救護しないとされた。

出 28-63-2

▶ 市町村長を救護機関、方面委員を補助機関とした。

19 **救護法**による扶助の種類は、**生活・医療・生業・助産**の4種で、また埋葬費も支給した。経費は原則、市町村の負担とし、国が2分の1、道府県が4分の1を補助した。

出 28-63-3

20 1945（昭和20）年の**生活困窮者緊急生活援護要綱**は、戦災者・引揚者・復員者のみならず**失業者**をも対象として、宿泊・給食・医療・衣料等にかかる現物給付を行うものであった。

21 1946（昭和21）年に連合国軍最高司令官総司令部（GHQ）は、「**社会救済に関する覚書**」（SCAPIN775）において、公的扶助に関し、「**無差別平等**」「**国家責任**」「**公私分離**」「**最低生活保障**」「必要な救済費用に制限を加えない」などの原則を示し、これに基づいて旧生活保護法が立案された。

22 1946（昭和21）年の**旧生活保護法**は、法第1条で、要保護状態にある者の生活を差別的または優先的な取扱いをすることなく**平等**に保護する

出 28-63-4

重要項目

こと（**無差別平等**）を定めるとともに、要保護者に対する**国家責任**による保護を明文化した。ただし、怠惰者および素行不良の者には保護を行わないという**欠格条項**を設けていた。

23 **旧生活保護法**は、救護法と同様に、保護の**実施機関**を**市町村長**とし、**補助機関**を**民生委員（方面委員）**とした。

24 **旧生活保護法**による扶助は、**医療・助産・生活・生業・葬祭扶助**の**5**つであり、保護にかかる経費の**8**割を国が負担した。

25 **旧生活保護法**は、保護請求権や不服申立てに関する規定をもっていなかった。

出 28-63-5

■ 生活保護法の目的、基本原理

26 わが国の最終的な生活保障制度である生活保護は、国民の**最低生活保障**および**自立の助長**を国家の責務として、**国家責任**、**無差別平等**、**最低生活**、**保護の補足性**の**4**つの**基本原理**、および**申請保護の原則**、**基準及び程度の原則**、**必要即応の原則**、**世帯単位の原則**という**4つの原則**により、厳格な**資力調査（ミーンズ・テスト）**を要件として実施されている。

27 生活保護は、日本国憲法第 10 条に定める日本国民を対象とした生活保障制度であるため、原則として**外国人**には適用されない。しかし、人道的立場等から行政措置として一般国民に対する取扱いに準じて必要な保護を行っている。

▶ ただし、外国人が不服申立てをする権利は認められていない。

28 **生活保護法第 1 条**は、日本国憲法第 25 条に規定する理念に基づき、**国**が生活に困窮（こんきゅう）するすべての**国民**に対し、その困窮の程度に応じ、必要な保護を行い、その**最低限度の生活**を保障するとともに、その**自立を助長**するという法の目的を規定し、国民の最低生活保障および自立助長に対する**国家責任の原理**を定めている。

出 28-64-3
30-65-5
32-64-1

29 **生活保護法第 2 条**は、法律の定める要件を満たす限り、**無差別平等**に保護を受けることができるという**無差別平等の原理**を定め、本人の信条、性別、社会的身分または門地等により優先的または差別的な取扱いをせず、生活困窮に陥った原因による差別を否定している。

出 28-64-1, 5
30-65-2
32-64-4

▶ 素行不良等による場合でも、保護の要否の決定には関係しない。

30 **生活保護法第 3 条**は、「この法律により保障される最低限度の生活は、**健康で文化的な生活水準**を維持することができるものでなければならない」という**最低生活の原理**を定めている。

出 32-64-3

31 **生活保護法第 4 条**は、**保護の補足性の原理**を定め、①保護は、生活に困窮する者が、その利用し得る資産、能力その他あらゆるものを、その最低限度の生活の維持のために活用することを要件として行われる、②民

出 29-65-4
29-69-1

422

法に定める扶養義務者の扶養および他の法律に定める扶助は、すべて保護に**優先**して行われるとしている。

32 保護の補足性にかかわらず、処分しなくてもよい**資産**として以下の①②がある。①現実に、最低生活の維持のために活用されており、かつ、処分するよりも保有しているほうが生活維持および自立の助長に実効が上がっていると認められる**資産**、②現在活用されていないが、近い将来において活用されることがほぼ確実であって、かつ、処分するよりも保有しているほうが生活維持に実効があると認められる**資産**。

出 32-68-3

▶土地、家屋、生活用品等である。

▶自動車は、原則として保有は認められないが、通勤、障害者の通院・通学等に必要な場合に認められることがある。

33 現に**労働能力**があり、適当な職場があるにもかかわらず、働こうとしない者は、保護の補足性の要件を欠くものとして保護を受けることはできない。

出 32-68-1

▶医師の就労可能の判断だけで保護が受けられないのではない。

34 **扶養義務者の範囲**は、民法第877条に基づき、**絶対的扶養義務者**（**直系血族**および**兄弟姉妹**）および**相対的扶養義務者**（特別な事情がある**三親等内の親族**で**家庭裁判所**から扶養義務を負わされた者）である。扶養義務者による扶養は、保護に**優先**するものであるが、保護受給の**要件**ではない。

出 28-65-2, 4
31-66-1, 2, 4
32-68-2

▶夫婦間または親の未成熟の子に対する関係は、より強い扶養義務がある。

35 保護の要否を決める際、扶養義務者への**扶養照会**を行うが、20年音信不通であるなど、明らかに扶養の履行が期待できない場合や、DVから逃げてきたなどの場合は、照会しない。

出 32-66-5

36 2013（平成25）年12月の**生活保護法**の改正により、**扶養義務者**による義務の履行が強化された。具体的には①保護開始の決定時に、扶養義務を履行していない扶養義務者に対して**書面**による通知をすること（生活保護法第24条第8項）、②保護の決定・実施にあたり必要なときに、申請書の内容について扶養義務者等に**報告**を求めることができること（同法第28条第2項）などである。

出 28-65-1
31-66-3

37 被保護者に対して扶養義務者が扶養義務を履行しないとき、保護費を支弁した**都道府県**または**市町村**の長は、その費用の全部または一部を、その扶養義務者から**徴収**することができる。

出 28-65-5

38 **被保護者**とは、現に保護を受けている者をいい、**要保護者**とは、現に保護を受けているといないとにかかわらず、保護を必要とする状態にある者をいう。

出 30-65-4

■ 保護の原則

39 **生活保護法第7条**は、「保護は、**要保護者**、その**扶養義務者**又はその他の**同居の親族**の申請に基いて開始するものとする」という**申請保護の原則**

出 28-65-3
29-69-4

重要項目

を定め、同条ただし書で「要保護者が急迫した状況にあるときは、保護の申請がなくても、必要な保護を行うことができる」と規定して**職権による保護**（急迫保護）を定めている。

40 **生活保護法第8条**の**基準及び程度の原則**により、保護は、**厚生労働大臣**の定める基準により測定した要保護者の需要のうち、その者の金銭または物品で満たすことのできない**不足分**を補う程度において行われる。その基準は、要保護者の年齢別、性別、世帯構成別、所在地域別その他保護の種類に応じて必要な事情を考慮した最低限度の生活の需要を満たすに十分かつ、これを**超えない**ものでなければならない。

出 28-64-4
31-64-1, 2
32-64-5

▶原則として毎年度、厚生労働省告示として発表される。

41 **生活保護法第9条**の**必要即応の原則**により、保護は、要保護者の年齢別、性別、健康状態等その個人または世帯の実際の必要の相違を考慮して、有効かつ適切に行われる。

出 28-64-2

42 **生活保護法第10条**の**世帯単位の原則**により、保護は、**世帯**を単位としてその要否および程度が決定される。ただし、これによりがたいときは、**個人**単位で決定するなど、例外的な**世帯分離**が行われる。

出 30-65-1
32-64-2

世帯
同一の住居に居住し、生計を一にしている者の集まりで、他人も含まれる。

■ 保護の種類と内容

43 生活保護法による**扶助の種類**は、①**生活扶助**、②**教育扶助**、③**住宅扶助**、④**医療扶助**、⑤**介護扶助**、⑥**出産扶助**、⑦**生業扶助**、⑧**葬祭扶助**の8種類である。必要に応じ、**単給**または併給される（図1参照）。

出 31-65

単給
その扶助だけを単独で給付するもの。

44 **生活扶助**は、被保護者の居宅における**金銭給付**が原則であり、**1か月分以内**を限度に**世帯主**またはこれに準ずる者に**前渡し**することを原則としている（表3参照）。居宅では保護の目的が達しがたいとき、または被保護者が希望したとき等は、**現物給付**として適当な施設に入所させ、またはこれらの施設に入所を委託しもしくは私人の家庭に養護を委託できる。

出 29-69-5

現物給付
物品の給与・貸与、医療の給付、労務の提供その他金銭給付以外の方法で保護を行うこと。

45 **教育扶助**は、**義務教育**に伴って必要となる学用品費、実習見学費、通学用品費などの費用が小・中学校別に定めた基準額によって支給される。教科書に準ずる副読本的な図書、ワークブック・辞書、楽器の購入費、学校給食費および通学のための交通費、児童・生徒が学校または教育委員会の行う校外活動に参加するための費用、課外のクラブ活動に要する費用が支給される。**被保護者**、その**親権者**もしくは**未成年後見人**または**学校長**に対して**金銭給付**することが原則である（表3参照）。

出 31-65-4
32-65-2

▶原則によりがたい場合は、現物給付および一括支給（数か月分）もできる。

46 **住宅扶助**は、最低生活に必要な借家・借間の場合の家賃、間代等または自己所有の住居に対する土地の地代等および現に居住する家屋の補修または建具・水道設備等の従属物の修理のための住宅維持費ならびに敷金

出 32-65-3

2 生活保護制度

生活保護法の概要

図1 生活保護基準等体系図（2019（令和元）年10月現在）

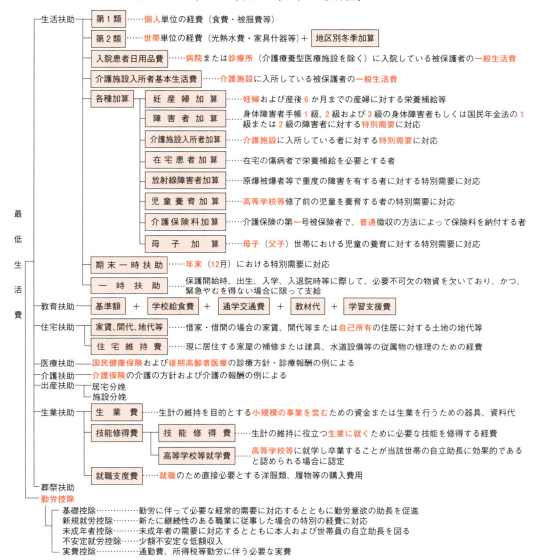

注：このほか、救護施設、更生施設入所者についての入所保護基準がある。
出典：社会福祉士養成講座編集委員会編『新・社会福祉士養成講座⑯低所得者に対する支援と生活保護制度（第5版）』中央法規出版、2019年、75頁を一部改変

等に対応する。**金銭給付**が原則である（表3参照）。

47 **医療扶助**は、最低生活に必要な診察、薬剤、治療材料、医学的処置・手術等の治療、施術、看護および移送を被保護者に対して医療券および給付券により**現物給付**（**医療保護施設**および**指定医療機関**の利用等）することが原則である（表3参照）。 出32-65-4

48 **指定医療機関**は、開設者の申請により**厚生労働大臣**、**都道府県知事**が指定する。**6**年ごとの更新制である。 出29-63-2

💡 **重要項目**

表3　保護金品の給付方法

扶助の種類	給付方法	原則以外の給付方法の内容	その他の事項
生活扶助	金銭給付	移送費、救護施設・更生施設入所等	居宅、前払いを原則
教育扶助	金銭給付		生活扶助と同時支給を原則
住宅扶助	金銭給付	宿所提供施設利用等	生活扶助と同時支給を原則
医療扶助	現物給付	保護遡及時の被保護者負担額	指定医療機関の利用が原則
介護扶助	現物給付	保護遡及時の被保護者負担額	指定介護機関の利用が原則
出産扶助	金銭給付	異常分娩による入院等	
生業扶助	金銭給付	授産施設利用等	
葬祭扶助	金銭給付		葬祭を行う者に支給する

出 32-65-4

出 32-65-5

49 医療扶助による医療の給付のうち医師等が医学的知見等に基づいて後発医薬品の使用を認めたものについては、**後発医薬品**により給付を行うことが原則である。

> **後発医薬品**
> 新薬の特許が切れ、それと同等のものとして発売される医薬品。ジェネリック医薬品とも呼ばれる。

50 **介護扶助**は、最低生活に必要な居宅介護（居宅介護支援計画による）、介護予防（介護予防支援計画による）、福祉用具、介護予防福祉用具、住宅改修、介護予防住宅改修、施設介護および移送を給付するものである。介護保険法に規定する要介護状態または要支援状態にある被保護者に対して、**現物給付**することを原則とする（表3参照）。

> ▶介護扶助の現物給付は、厚生労働大臣、都道府県知事が指定する指定介護機関に委託して行う。

51 補足性の原理により、介護保険法は生活保護法に**優先**するため、介護保険によるサービスを利用した場合の費用は9割が**介護保険**から給付され、1割の利用者負担分を**介護扶助**が対応する。

52 **出産扶助**は、要保護者の最低生活における出産に必要な分娩費（前後の処置料を含む）および脱脂綿・ガーゼ等の衛生材料費を**金銭給付**することが原則である（表3参照）。

出 32-65-5

> ▶原則によりがたい場合は、助産の給付等の現物給付もできる。

53 **生業扶助**は、生計の維持または自立助長を目的に、**生業費**（小規模の事業を営むための資金または生業のための器具、資料代）、**技能修得費**（生業に就くために必要な技能を修得する経費）、**就職支度費**（就職のために直接必要な洋服類・履物等の購入費用）を困窮のため最低限度の生活が維持できない者またはそのおそれがある者に対して**金銭給付**することが原則である（表3参照）。

出 31-65-2

54 被保護有子世帯の自立支援の観点から、2005（平成17）年度から**生業扶助**で**高等学校等就学費**が支給されることになった。授業料（公立高校の授業料相当）、教材代、入学料・入学考査料、交通費、学習支援費などが認められている（図1参照）。

出 29-65-5
32-65-2

426

2 生活保護制度

生活保護法の概要

55 **葬祭扶助**は、遺体の検案、運搬、火葬、埋葬などに必要な経費を葬祭を行う者に**金銭給付**することが原則である（表3参照）。級地別および大人と小人の別に基準額が設定される。

出 31-65-3

56 **生活扶助基準**は、経常的最低生活費である**基準生活費**、**各種加算**、**入院患者日用品費**、**介護施設入所者基本生活費**、**期末一時扶助費**および**一時扶助費**（臨時的最低生活費）から構成されている。現在は**水準均衡方式**によって算定された**3級地6区分**の基準額が示されている。

出 31-64-3

57 **基準生活費**の基本とされる居宅基準は、要保護者が居宅において保護を受ける場合の生活扶助基準で、**第1類**および**第2類**から構成される。なお、12月には**第1類**、**第2類**の合計額に期末一時扶助費が加算される。

58 **第1類**の経費は、食費、被服費など**個人**的な需要を満たすための費用で**年齢別**および**所在地域別**（市町村を単位とする3級地6区分）に定められている。世帯人員により、基準額に対して逓減率を乗じる仕組みになっている。

出 29-66-1, 2, 3
32-65-1

▶年齢別の区分は、2018（平成30）年10月より従来の8区分から11区分となった。

59 **第2類**の経費は、光熱水費や家具什器など**世帯**の共通的な需要を満たすための経費で、**世帯人員別**に定められており、暖房が必要となる冬季には、**冬季加算**が地区別（都道府県を単位として全国をⅠ区からⅥ区までの6つに区分）に加算される。

出 29-66-4, 5

▶Ⅰ～Ⅱ区は10月～4月、Ⅲ～Ⅳ区は11月～4月、Ⅴ～Ⅵ区は11月～3月に加算される。

60 **入院患者日用品費**は、1か月以上**病院**または**診療所**（介護療養型医療施設を除く）に入院している要保護者の基準生活費であり、第1類、第2類に代わって支給される。

61 **介護施設入所者基本生活費**は、要保護者が**介護保険法による介護施設**において保護を受ける場合の基準生活費であり、第1類、第2類に代わって支給される。

62 **生活扶助の各種加算**は、特別の状態にある者の特別需要に対応して、基準生活費のほかに特別需要分を補填して最低生活の維持を図るものであり、①**妊産婦**加算、②**障害者**加算、③**介護施設入所者**加算、④**在宅患者**加算、⑤**放射線障害者**加算、⑥**児童養育**加算、⑦**介護保険料**加算、⑧**母子**加算の8種類（図1参照）がある。

63 **障害者加算**は、身体障害者障害程度等級表**1～3級**の者、障害基礎年金**1級**または**2級**の受給者、それに準ずる者の特別需要に対応する費用として支給される。

▶また、障害者加算に付属した扶助費として、日常生活において常時介護を必要とする者に対する重度障害者加算および介護人を付けるための費用（家族介護料および他人介護料）がある。

64 **介護施設入所者加算**は、**介護施設入所者基本生活費**が算定されている者で、**障害者**加算または**母子**加算が算定されていない者の特別需要に対応する費用として支給される。

🔆 重要項目

65 **介護保険料加算**は、介護保険の第1号被保険者で、**普通**徴収の方法によって介護保険料を納付する義務を負う被保護者に、保険者へ納付すべき**介護保険料**に対応する費用として支給される。

📖 31-65-1

66 **母子加算**は、父母の一方もしくは両方が欠けているかこれに準ずる状態にある場合に、父母の他方または祖父母・兄・姉など、児童（18歳に達する日以後の最初の3月31日までの間にある者または20歳未満の障害者）の養育にあたる者に支給される。

▶母子加算という名称だが、父子世帯も対象である。

67 **期末一時扶助費**は、**年末**の特別需要に対する費用である。12月から1月にかけて保護を継続する被保護世帯に対し、基準生活費に加算される。級地別に**6**つの区分（救護施設等では3区分）に従い、**世帯人員分**を**生活扶助費**として支給する。

68 生活扶助の**一時扶助費**（**臨時的最低生活費**）は、新規保護開始時における最低生活の基盤となる物資購入、出生、入学、入退院時等による臨時的な特別需要のある被保護者等に、真にやむを得ないと認められる場合に支給される。

69 **入学準備金**は、小学校、中学校への入学にあたり、ランドセル、学生服、通学用カバン、靴等の購入費として支給されるものである。

📖 31-65-5

▶一時扶助として支給される。

70 要保護者の収入認定に際して、収入からの認定除外や実費控除のほかに就労に伴う必要経費として、一定の**勤労控除**が認められている（図1参照）。

71 **就労自立給付金**は、被保護者の就労のインセンティブを高めるため、保護受給中の就労収入の一定額を積み立て、安定した職業に就いたこと等の理由で保護廃止に至ったときに支給する制度である。

■ 保護の実施機関と実施体制

72 保護の決定、実施に関する事務は、都道府県、市および福祉事務所を設置する町村の**法定受託事務**である。

📖 30-42-1（行財）

73 **都道府県**および**市**（**特別区を含む**）は、条例により生活保護法実施のための現業機関（保護の実施機関）として、社会福祉法に基づく**福祉事務所（福祉に関する事務所）を設置しなければならない**（社会福祉法第14条第1項）。**町村**については**任意設置**である。

📖 29-63-4
　29-65-1

▶人口規模にかかわらず、設置義務がある。

74 **民生委員**は、生活保護法の運営実施にあたって、市町村長、福祉事務所長または社会福祉主事の事務の執行に**協力**することとされている。

📖 30-31-3（現社）

75 要保護者の保護を決定・実施しなければならない機関は表4のとおり。

📖 28-66

76 **保護の開始の申請**は、**要保護者等**が、保護を受けようとする理由、資

📖 32-68-5

428

2 生活保護制度

生活保護法の概要

表4　保護の実施責任

居住地区分	実施責任
市または福祉事務所を設置している町村内居住者	居住地の市町村福祉事務所
福祉事務所を設置していない町村内居住者	居住地を管轄する都道府県の福祉事務所
居住地の明らかでない者	現在地を管轄する福祉事務所 （現在地保護）
救護施設・更生施設、介護老人福祉施設等入所者	入所前の居住地または現在地を管轄する福祉事務所

現在地保護
居住地がないか明らかでない要保護者を現在地で保護すること。

▶野宿者等は、起居の場が現在地となる。

産・収入の状況（扶養義務者による扶養の状況を含む）等、保護の要否、種類、程度および方法を決定するために必要な事項などを記載した申請書を提出しなければならない。ただし、これにより難いときは、その限りではない。

要保護者等
生活保護法第7条に定める要保護者、その扶養義務者またはその他の同居の親族をいう。

77 保護の実施機関は、保護開始または保護変更の申請があったときは、保護の要否、種類、程度および方法を決定し、その決定の理由を附した書面で通知しなければならない。

▶申請書等を受理した日から1週間以内に訪問し、実地に調査する。

78 **決定通知**は、申請のあった日から **14** 日以内に行うことが原則である。扶養義務者の資産および収入の状況の調査に日時を要する等の場合は、**30** 日まで延長できるが、決定通知書に理由を明記しなければならない。30 日以内に通知がないときは、申請が却下されたものとみなすことができる。

出 29-69-3
　　29-44-3（行財）

79 **福祉事務所を設置していない町村の長**が、保護開始または保護変更の申請を受け取ったときは、**5** 日以内に、要保護者の保護決定に参考となる事項を記載した書面を添えて保護の実施機関に送付しなければならない。

出 30-66-5

80 **保護の実施機関**または**福祉事務所を設置していない町村の長**は、要保護者が急迫した状況にあるときは、速やかに、職権をもって保護を開始しなければならない。

出 29-63-5

81 **保護の実施機関**は、被保護者に対して、生活の維持、向上その他保護の目的達成に必要な最少限度の指導または指示を行うことができるが、その指導または指示は、被保護者の意に反して、強制し得るものと解釈してはならないとされている。

出 29-65-2

82 **保護の実施機関**は、要保護者から求めがあったときは、要保護者の自立を助長するために、要保護者からの相談に応じ、必要な助言をすることができる。

▶ 2000（平成 12）年に自治事務として法定化された。要保護者の求めに応じて行うものであり、要保護者に対する強制力はない。

重要項目

83 保護の決定実施上の指導指示は、保護の実施要領にその定めがある。概要は、表5のとおりである。

表5 指導指示の概要

保護申請時	①保護の開始申請が行われた場合、保護の受給要件、保護を受ける権利とそれに伴い生じる義務について十分に説明し、適切な指導を行う。 ②要保護者が利用し得る資源の活用を忌避していると認められる場合、適切な助言指導を行い、従わないときは保護の要件を欠くものとして申請を却下する。
保護受給中	法第27条による指導指示は、口頭により行うことを原則とするが、これによりがたいときは、文書による指導指示を行うこととする。文書による指導指示に従わない場合は、法第62条により保護の変更、停止または廃止を行う。
保護停止中	保護停止中の被保護者についても、生活状況の経過を把握し、必要と認められる場合は、生活の維持向上に関し適切な助言指導を行う等の措置を講ずる。

出 32-68

84 **保護の実施機関**は、保護の決定または実施のため必要があるときは、要保護者の資産および収入の状況、健康状態その他の事項を調査するために、当該職員に**立入調査**させ、または要保護者に**検診命令**をすることができる。

▶これらの事項につき要保護者に報告を求めることができる。

85 **保護の実施機関**および**福祉事務所長**は、保護の決定または実施のため必要があるときは、要保護者または被保護者であった者、その**扶養義務者**の資産および収入の状況等について、**官公署**、日本年金機構、共済組合等に必要な**書類の閲覧・資料の提供**を求めること、または銀行、信託会社、**雇用主**その他関係人に**報告**を求めることができる。

出 29-65-3
31-66-3

86 保護の実施機関が行う訪問調査等には、**訪問調査**、**関係機関調査**、**課税調査**の3つがある。

87 **訪問調査**は、要保護者の生活状況等を把握し、処遇に反映させることや自立助長のための指導を行うことを目的として行うものである。訪問調査の目的を明確にして、年間訪問計画を策定して行う。訪問調査には、①申請時等の訪問、②訪問計画に基づく訪問、③臨時訪問がある。

▶世帯の状況に変化がある等の場合は、随時訪問を行う。

88 **訪問計画に基づく訪問**は、①少なくとも1年に2回以上の**家庭訪問**と、②**入院入所者訪問**がある。入院患者については少なくとも1年に1回以上、本人および担当主治医等に面接して、病状等を確認する。生活扶助を目的とする施設や介護施設に入所している者、保護施設の通所利用者についても1年に1回以上訪問する。

■ 保護の財源

89 国は、都道府県および市町村が支弁した保護費、保護施設事務費、委託事務費、就労自立給付金費、進学準備給付金費等の**4**分の**3**を負担しなければならない（表6参照）。

出 29-63-1
　30-44-1（行財）

表6　費用負担区分

経費	区分	国	都道府県または指定都市・中核市	市町村
保護費（施設事務費・委託事務費・就労自立給付金費・進学準備給付金費等を含む）	市または福祉事務所を設置している町村内居住者	$\frac{3}{4}$	―	$\frac{1}{4}$
	福祉事務所を設置していない町村内居住者	$\frac{3}{4}$	$\frac{1}{4}$	―
	指定都市・中核市内居住者	$\frac{3}{4}$	$\frac{1}{4}$	
	居住地の明らかでない者	$\frac{3}{4}$	$\frac{1}{4}$	

90 **都道府県、市**および**福祉事務所を設置する町村**は、保護費、保護施設事務費、委託事務費、就労自立給付金費、進学準備給付金費等の**4**分の**1**を負担しなければならない。

91 **都道府県**は、現在地保護をした被保護者につき市町村が一時繰替支弁した保護費、保護施設事務費、委託事務費、就労自立給付金費、進学準備給付金費等の**4**分の**1**を負担しなければならない。

92 急迫の場合等で資力があるにもかかわらず保護を受けた者は、保護の実施機関が定める額を返還しなければならない。また、保護費を支弁した**都道府県**および**市町村**の長は保護の実施機関の定める額の全部または一部を**徴収**することができる。

93 被保護者に対して扶養の義務を履行しなければならない者があるときは、その義務の範囲内において、保護費を支弁した都道府県又は市町村の長は、その費用の全部又は一部を、その者から徴収することができる。

出 28-65-5

94 保護費を支弁した**都道府県**および**市町村**の長は、**不実の申請その他不正な手段**により保護を受け、または他人をして受けさせた者から支弁した費用の額の全部または一部を**徴収**する（費用徴収）。

▶ さらに、徴収する額の40％以下の金額を上乗せできる。

■ 保護施設の種類

95 **保護施設**は、居宅において生活を営むことが困難な要保護者を入所また

▶ 入所は本人の意思を尊重するのが原則である。

低所得者に対する支援と生活保護制度

431

💡 **重要項目**

は利用させる生活保護法に基づく施設であり、**救護施設**、**更生施設**、**医療保護施設**、**授産施設**および**宿所提供施設**の5種類がある（表7参照）。

表7　保護施設の種類と目的

施設名	対　　　象	扶助の種類	備　　　考
救護施設	身体上または精神上著しい障害があるために日常生活を営むことが困難な要保護者	**生活**扶助	入所または通所により、**生活指導・生活訓練**等を行う。また、退所者に対する通所・訪問による**生活指導**等を行う。
更生施設	身体上または精神上の理由により養護および生活指導を必要とする要保護者	**生活**扶助	入所または通所により、**就労指導・職業訓練**等を行う。
医療保護施設	医療を必要とする要保護者	**医療**扶助	
授産施設	身体上もしくは精神上の理由または世帯の事情により就業能力の限られている要保護者	**生業**扶助	**就労**または**技能の修得**のために必要な機会および便宜を与えて、**自立**を助長する。施設授産と家庭授産がある。
宿所提供施設	住居のない要保護者の世帯	**住宅**扶助	宿所提供施設を利用することにより住宅扶助の**現物給付**を行う。

▶保護施設のうち、最も施設数が多いのは、救護施設である。

96 社会福祉法で**第一種社会福祉事業**とされている**保護施設の設置主体**は、**都道府県**、**市町村**、**地方独立行政法人**、**社会福祉法人**および**日本赤十字社**に限られ、設備運営、配置職員と数、利用定員などについては、都道府県が定める条例による基準を遵守しなければならない。

■被保護者の権利及び義務

97 **不利益変更の禁止**とは、被保護者は、**正当な理由**がなければすでに決定された保護を保護の実施機関の裁量によって、**不利益**に変更されることがないという被保護者の**権利**である（生活保護法第56条）。

▶地方公共団体の予算不足は該当しない。

98 **公課禁止**とは、被保護者は、**保護金品**および**進学準備給付金**を標準として租税その他の公課を課せられることがないという被保護者の**権利**であり（生活保護法第57条）、主として**公権力**との関係における保護金品等の保障といえる。

99 **差押禁止**とは、被保護者はすでに給与を受けた**保護金品**および**進学準備給付金**またはこれらを受ける**権利**を差し押さえられることがないという**権利**である（生活保護法第58条）。主として民事上の債権債務関係にお

出 28-68-3

ける保護金品等の保障ということができる。

100 **譲渡禁止**とは、被保護者は、**保護**または**就労自立給付金**もしくは**進学準備給付金**の支給を受ける**権利**を譲り渡すことができないという被保護者に課せられた**義務**（生活保護法第 59 条）であると同時に、第三者への譲渡は**無効**であることを明らかにしたものである。

出 28-68-1

101 **生活上の義務**とは、被保護者は、常に能力に応じて**勤労**に励み、自ら**健康の保持・増進**に努め、**生計の状況**を適切に把握するとともに**支出の節約**を図り、その他生活の維持、向上に努めなければならないという被保護者に課せられた**義務**である（生活保護法第 60 条）。

102 **届出の義務**とは、被保護者は、収入・支出その他生計の状況について変動があったとき、または居住地もしくは世帯の構成に異動があったときは、すみやかに**保護の実施機関**または**福祉事務所長**にその旨を届け出なければならないという被保護者に課せられた**義務**である（生活保護法第 61 条）。

出 28-68-5
　32-68-4

103 **指示等に従う義務**とは、被保護者は、保護の実施機関が行う保護の目的達成に必要な**指導**または**指示**を受けたときは、これに従わなければならないという被保護者に課せられた**義務**である。被保護者が従わない場合、保護の**変更**、**停止**または**廃止**が行われることがある（生活保護法第 62 条）。

出 28-68-4

▶この場合、その被保護者には弁明の機会が与えられる。

104 **費用返還義務**とは、被保護者は、急迫した場合等において**資力**があるにもかかわらず、保護を受けたときは、その受けた**保護金品に相当する金額**の範囲内において保護の実施機関の定める額を返還しなければならないという被保護者に課せられた**義務**である（生活保護法第 63 条）。

出 28-68-2

▶費用返還義務は、同法第 77 条の 2 第 1 項による費用徴収とは異なる。

■ 不服申立て

105 保護の実施機関が行った保護の申請却下、保護の変更、保護の停止・廃止、就労自立給付金または進学準備給付金の支給に関する処分などの**処分に不服のある者**は、**処分があったことを知った日の翌日から 3 か月以内に都道府県知事**に対して**審査請求**を行うことができる（図 2 参照）。

出 28-43-3（行財）

▶審査請求にかかる費用は、審査請求人からは徴収しない。

106 審査請求を受けた**都道府県知事**は、処分が違法または不当でないかにつき審査したうえ、**50** 日（第三者機関による諮問の場合 **70** 日）以内に**裁決**を行う。なお、審査請求を行ってから **50** 日以内に**都道府県知事**の裁決がなかったときは、審査請求人は、その審査請求が棄 却されたとみなすことができる（図 2 参照）。

107 **都道府県知事**の行った裁決に不服のある者は、**裁決があったことを知っ**

低所得者に対する支援と生活保護制度

433

> 重要項目

図2 不服申立ての流れ

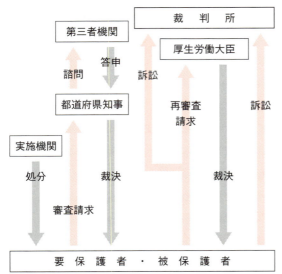

※2016（平成28）年4月より、審理員による審理手続、第三者機関による諮問手続が導入された。

た日の翌日から**1か月以内に厚生労働大臣**に対し、**再審査請求**を行うことができる（図2参照）。

▶厚生労働大臣は70日以内に裁決をしなければならない。

108 生活保護法に関する**処分取消の行政訴訟**は、例外を除きその処分についての審査請求に対する都道府県知事の裁決を経た**後**でなければ提起することができない**審査請求前置主義**を採っている。

■生活保護基準と最低生活保障水準

109 **生活扶助基準の算定方法**は、**マーケット・バスケット方式**（1948（昭和23）年〜1960（昭和35）年）、**エンゲル方式**（1961（昭和36）年〜1964（昭和39）年）、**格差縮小方式**（1965（昭和40）年〜1983（昭和58）年）、**水準均衡方式**（1984（昭和59）年〜）と変遷している。

出 31-64-4

110 **マーケット・バスケット方式**は、**ラウントリー**（Rowntree, B.S.）がヨーク市貧困調査に用いた理論生計費方式である。最低生活の必需品を一つずつ積み上げて金額を算出するものである。

111 **エンゲル方式**は、ドイツの**エンゲル**（Engel, C.L.E.）が、労働者家庭の家計構造分析をして発見した、貧困世帯であるほど、総支出に占める飲食物費の割合（エンゲル係数）が上昇するという法則を用いたものである。

112 **格差縮小方式**は、予算編成時に公表される政府経済見通しにおける国民の消費水準（民間最終消費支出）の伸びを基礎とし、これに格差縮小分

を加味して生活扶助基準を算定するものである。一般国民と生活保護階層との消費水準格差を縮小させていく方式である。

113 **水準均衡方式**は、生活扶助基準額は、一般国民の消費実態と対比してすでに妥当な水準に到達しているという認識のもと、当該年度の政府経済見通しにより見込まれる民間最終消費支出の伸び率を基礎とし、前年度の同支出の実績等を勘案して所要の調整を行い生活扶助基準を算定するものである。

114 **生活保護基準**は、**保護の要否**を判定するとともに、**保護費の支給の程度**を決定するという2つの機能を有している。

■ 生活保護の最近の動向

115 2018（平成30）年の**生活保護法**の改正により、**進学準備給付金**が創設された。これは、大学や専修学校等に進学する被保護者の新生活立ち上げの準備に役立てるためのものである。

> 注目！
> 進学準備給付金制度の創設

116 2018（平成30）年10月から、生活扶助の**児童養育加算**の対象となる児童が**中学校修了**（15歳に達した3月31日）までから、**高等学校修了**（**18**歳に達した3月31日）までに拡大した。子どもの健全育成費用（学校外活動費用）を補填するものという考え方が示された。

3 生活保護制度における組織及び団体の役割と実際

国の役割

117 **厚生労働省**は、国民生活の保障および向上を図り、社会福祉、社会保障等の増進を図ることを任務とする国の行政機関である。生活保護事務は、社会・援護局が担当している。

118 **厚生労働大臣**は、**生活保護基準**を定める。具体的な基準額は、法律で定められるのではなく、厚生労働省告示のかたちで示される。

出 30-65-3
31-64-2

119 **厚生労働大臣**は、国の開設した医療機関について、生活保護法に基づく**指定医療機関**の**指定**および**指定取消し**の権限を有している。

出 29-63-2

120 **厚生労働大臣**は都道府県に対して、都道府県知事は市町村および地方独立行政法人に対して、一定の事由があるときは、その運営する保護施設の**設備もしくは運営の改善**、**事業の停止**、**施設の廃止**を命ずることができる。

重要項目

都道府県の役割

121 **都道府県知事**は、社会福祉法人または日本赤十字社に対して、一定の事由がある場合は、その運営する保護施設の設備もしくは運営の**改善命令**、**事業の停止**、**施設の認可取消し**ができる。

122 **都道府県知事**は、①市町村長の行う生活保護法の施行に関する事務についての**監査**、②生活保護法による医療扶助のための**医療機関の指定**および**指定取消し**（国開設以外の医療機関）、立入検査、③介護扶助のための**介護機関の指定**、立入検査、④保護施設の設備・運営の基準の制定、**運営指導**、立入検査、⑤審査請求に対する**裁決**、などを行う。

出 29-63-2

123 都道府県は、福祉事務所を設置していない町村内居住者、居住地の明らかでない者の保護にかかる経費（**保護費**）の**4分の1**を負担しなければならない（表6参照）。

出 29-63-1

市町村の役割

124 **市**は、社会福祉法第14条第1項の規定により、条例で、**福祉事務所を設置しなければならない**が、**町村**の福祉事務所設置は**任意**である。町村が福祉事務所を設置しない場合は、**都道府県**の設置する福祉事務所がその業務を行う。

出 29-63-4

125 **福祉事務所を設置していない町村の長**は、①要保護者の発見、被保護者の生活状態等の変動についての保護の実施機関または福祉事務所長への通報、②保護の開始または変更の申請を受理した場合の保護の実施機関への申請書の送付、③保護の実施機関または福祉事務所長から求めがあった場合の被保護者への保護金品の交付、④保護の実施機関または福祉事務所長から求めがあった場合の要保護者に関する調査を行う（生活保護法第19条第7項）。

出 29-63-5
30-66

▶ 5日以内に保護決定の参考事項を記載した書面を添えて送付する。

ハローワークの役割

126 **ハローワーク**（**公共職業安定所**）は、**厚生労働省設置法**に基づき国が設置する機関であり、**職業紹介**、**職業指導**などを行う。

出 29-145（就労）

127 ハローワークでは、**福祉事務所**と連携して、児童扶養手当受給者や生活保護受給者、住居確保給付金受給者に加え、生活保護の相談・申請段階にある人も含め、広く生活困窮者を対象とする**生活保護受給者等就労**

自立促進事業のなかで、福祉事務所等へのアウトリーチ等を実施している。

4 生活保護制度における専門職の役割と実際

現業員の役割

128 生活保護法の施行に関する事務をつかさどる福祉事務所の**現業員**は、社会福祉法第15条第4項に示すように、要保護者の**家庭訪問**や面接、各種の調査や保護の要否の判断等を行い、本人に対する**生活指導**を行う等の事務を担当する。

出 31-67-2

▶生活保護法第27条に規定する指導及び指示に該当するものである。

129 **生活保護現業員**は、要保護者が保護開始の申請をしたときは、保護の要件、保護を受ける権利、被保護者の生活上の義務及び届出の義務等について説明し、指導を行う。

出 32-68-4

査察指導員の役割

130 **査察指導員**は、社会福祉法第15条第3項の規定により、**福祉事務所長**の指揮監督を受けて、現業事務の指導監督を行う。生活保護における査察指導は、生活保護の運営・実施にあたって、指揮下にある職員に対して、**スーパーバイザー**として「教育的機能」「管理的機能」「支持（援助）的機能」を果たすことである。

出 28-44-2（行財）

5 生活保護制度における多職種連携、ネットワーキングと実際

保健医療との連携

131 傷病を理由とする保護の開始が全体の4分の1を占めており、医療機関から、病状確認や療養上の助言を受けて、被保護者に対する支援計画を立てるなどの連携が欠かせない。医師の診断により治療が優先と判断されれば、就労指導より治療に専念するなどの方針をとる。

出 29-68-2,3

132 **現業員**は、病気療養中の被保護者について、**病状調査**を行い、医師による就労可の診断があった場合には、医師との連携を保ちながら、就労を含めた総合的な観点から相談・助言を行う。

低所得者に対する支援と生活保護制度

💡 重要項目

労働施策との連携

133 被保護者の就労支援に関しては、福祉的就労、社会参加としての就労など幅広く考えるだけでなく、職業能力開発にかかわる機関としての**職業能力開発校**、労働条件を確保する機関としての**労働基準監督署**などとの連携の機会がある。

134 **生活保護受給者等就労自立促進事業**は、**地方自治体（福祉事務所等）**と**ハローワーク**の間で、支援の対象者、対象者数、目標、支援手法、両者の役割分担等に関する**協定**を締結するなどの連携体制を整備し、綿密な支援を行い、就労による自立の実現を目指すものである。概要は表8、図3のとおりである。

出 32-66-3

▶「福祉から就労」支援事業が、2013（平成25）年度に本事業に移行した。

135 **被保護者就労支援事業**は、個別支援により就労等が可能と判断される被保護者からの就労支援に関する相談に応じ、必要な情報提供、助言を行うものである。

136 就労可能な被保護者（現に就労している者も含む）に対しては、保護開始直後から、**本人の同意**を得たうえで、一定の活動期間内に行う就労自立に向けた活動内容等を確認し、**自立活動確認書**を作成し、保護脱却まで切れ目なく集中的な支援を行う。

▶要件を満たし、就職活動に取り組む者に対して就労活動促進費が支給される。

出 31-144（就労）

137 **被保護者就労準備支援事業**は、就労に向けた課題をより多く抱える者に対して、就労意欲の喚起や日常生活習慣の改善を計画的に行うことをねらいとしている。

▶準備が整うと、被保護者就労支援事業等に移行する。

その他の施策との連携

138 高齢や障害のある矯正施設退所者等（予定者を含む）の**地域生活定着促進事業**等が推進されることにより、地域生活定着支援センターをはじめとする更生事業との連携が求められるようになっている。

6 福祉事務所の役割と実際

福祉事務所の組織体系

139 **市町村**が設置する福祉事務所は、**生活保護法、児童福祉法、母子及び父子並びに寡婦福祉法、老人福祉法、身体障害者福祉法**および**知的障害者福祉法**に関する事務を行う。一般的に生活保護法を担当する保護課など

出 28-44-1（行財）

表8　生活保護受給者等就労自立促進事業の概要

支援対象	生活保護受給者、児童扶養手当受給者、住居確保給付金受給者および生活困窮者自立支援法に基づく自立相談支援事業による支援を受けている生活困窮者等のうち、次の①～④をすべて満たす者 ①**稼働能力**を有する者、②**就労意欲**が一定程度ある者、③就労にあたって**著しい阻害要因**がない者、④事業への参加等に**同意**している者
実施体制	支援対象者ごとに**就労支援チーム**を設置して実施 ①**事業担当責任者**：ハローワークに設置。管轄区域内の支援状況の把握や事業全体の管理を担当 ②**就職支援ナビゲーター**：ハローワークに設置。支援プランの策定、メニューの選定・実施、就労支援、就労後のフォローアップ等を担当 ③**福祉部門担当コーディネーター**：福祉事務所等に設置。支援候補者の選定、準備としての働きかけ、ナビゲーターに対する支援要請等を担当
支援の実施	支援候補者の選定（就労支援チームによる）⇒就労支援チームによる個別面談⇒就労支援プラン策定⇒職業準備プログラムメニューの選定⇒就労支援メニュー選定等の支援方針の決定⇒就労支援の実施

出 32-66-3

▶生活保護においては、15歳から64歳を稼働年齢層としている。

図3　生活保護受給者等就労自立促進事業

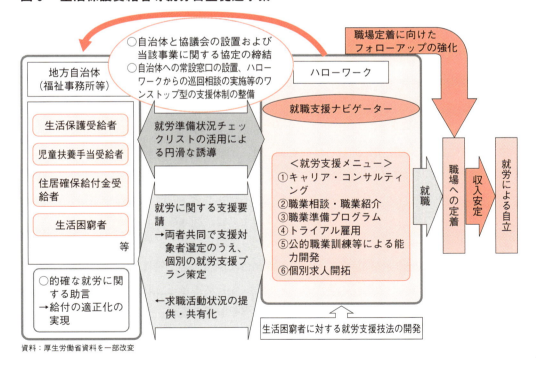

資料：厚生労働省資料を一部改変

の部署と、生活保護法以外のいわゆる福祉5法を担当する部署が置かれている。**都道府県**が設置する福祉事務所は、**生活保護法、児童福祉法、母子及び父子並びに寡婦福祉法**に関する事務を行う。

重要項目

---

140 福祉事務所には、社会福祉法に基づき、長および少なくとも、指導監督を行う所員（査察指導員）、現業を行う所員（現業員）、事務を行う所員をおかなければならない。その定数は、条例で定めることとされ、現業を行う所員の定数は社会福祉法第16条に掲げる数を標準として定める。

出 28-44-3（行財）
32-67-1

141 福祉事務所の現業員の配置人員は、社会福祉法に標準が規定されている。都道府県の設置する福祉事務所は被保護世帯が390以下のときは6人、65世帯増すごとに1人、市の設置する福祉事務所は被保護世帯が240以下で3人、町村の設置する福祉事務所は160世帯以下で2人、それぞれ80世帯増すごとに1人増やす。

142 都道府県の設置する福祉事務所の長は都道府県知事の、市町村の設置する福祉事務所の長は市町村長の指揮監督を受けて、所務を掌理する。所長の任用要件はとくに定めがない。

出 31-67-4
32-67-4

143 指導監督を行う所員および現業を行う所員は、社会福祉主事でなければならず、20歳以上の者で、一定の要件を満たすもののうちから任用される。社会福祉主事は、生活保護法の施行について、都道府県知事または市町村長の事務の執行を補助するものとされる。

出 31-67-1, 5
32-67-2, 3, 5

福祉事務所の活動の実際

144 生活保護における相談援助活動は、生活保護法の2つの目的である、最低生活保障と自立助長を目指すものであり、福祉事務所の生活保護を担当する現業員（ケースワーカー）によって直接的に実施される。

145 生活保護における相談援助活動のプロセスには、①要保護者の発見、②インテーク、③アセスメントとプランニング、④インターベンション、⑤モニタリングとエバリュエーション、⑥ターミネーション、の段階がある。生活保護の相談・申請から決定までのプロセスは、図4のとおりである。

146 生活保護における相談援助活動における記録には、保護台帳、保護決定調書、経過記録（ケース記録）等があり、いずれも公文書として取り扱われる。これらの記録は、業務報告書、査察指導や監査の資料、援助の質の向上のための資料として用いられる。

図4　生活保護の相談・申請から決定まで

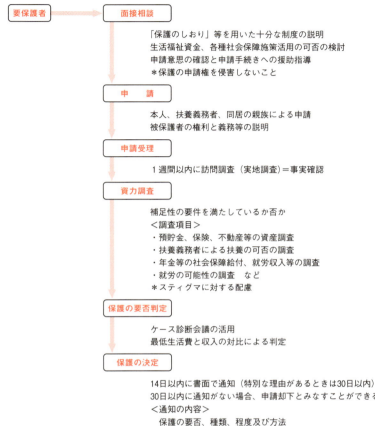

資料：厚生労働省資料を一部改変

7 自立支援プログラムの意義と実際

自立支援プログラムの目的

147 社会保障制度審議会福祉部会の**生活保護制度の在り方に関する専門委員会**の報告書を受けて、生活保護制度を利用しやすく自立しやすい制度に転換することを重視し、実施機関による多様な対応、早期の対応、システム的な対応が可能となるように経済的給付に加えて**自立支援プログラム**が導入された。

▶経済的な給付のみでは被保護者の抱える多様な問題への対応に限界があるという認識に基づいている。

148「平成17年度における自立支援プログラムの基本方針について」では、「**自立**」の定義を行った。「**自立支援**」を、就労による経済的自立を図る**就労自立支援**のみならず、自分で自らの健康・生活管理を行う**日常生活**

出 30-68-4
　 32-66-4

重要項目

自立支援、社会的なつながりを回復・維持する社会生活自立支援を含むものとしている。

自立支援プログラムの作成過程と方法

149　2005（平成17）年度から導入された**自立支援プログラム**とは、保護の実施機関が管内の被保護世帯全体の状況を把握したうえで、被保護者の状況や**自立阻害要因**について類型化を図り、それぞれの類型ごとに取り組むべき自立支援の具体的内容および実施手順等を定め、これに基づき個々の被保護者に必要な支援（**個別支援プログラム**）を組織的に実施するものである（図5参照）。

出 30-68-5

図5　自立支援プログラム策定の流れ

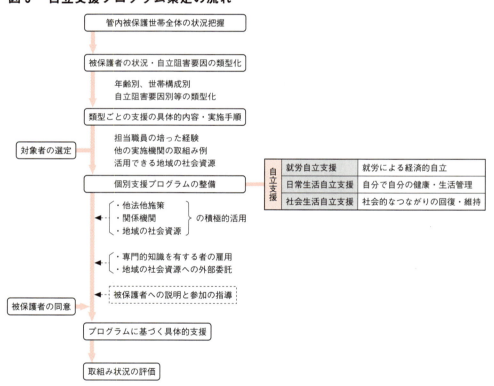

自立支援プログラムの実際

150　**個別支援プログラム**整備にあたっては、自立支援プログラムとして活用できる他法他施策、関係機関、その他の**地域の社会資源**を積極的に活用し、こうした社会資源が存在しない場合には、実施機関等において必要

出 30-68-1

な事業を企画し、実施することとされている。

151 個別支援プログラムの整備にあたっては、専門的知識を有する者の雇用、民生委員、社会福祉協議会、社会福祉法人、民間事業者等の地域の適切な社会資源への**外部委託（アウトソーシング）**等により、実施体制の充実を積極的に図ることとされている。

出 30-68-2

152 実施機関は、管内の被保護者全体の状況を概観し、**優先的**な対応が必要な事項や**早期に実施可能**な事項から順に**個別支援プログラム**を整備し、準備が整った**個別支援プログラム**から順次、支援対象者を選定し、その被保護者に対して意向を確認しながら必要な説明を行い、**本人の意思と選択**に基づくプログラムを選定する。

出 30-68-3

▶自立支援プログラムは、地域の実情に応じて設定する。

153 **自立支援プログラム**は、生活保護法第27条の2に規定する「**相談及び助言**」に基づくものであり、同法第27条の「**指導及び指示**」とは性格が異なっている。

出 32-66-1, 2

▶第27条の2は自治事務、第27条は法定受託事務である。

154 自立支援プログラムへの参加は、福祉事務所長による措置や強制によるものではなく、**被保護者の同意**によるものである。

出 32-66-2

155 **就労自立**に関する個別支援プログラムには、就労支援チームによる就労支援、就労支援専門員等による就労支援、**職場適応訓練**、**試行雇用**の機会の提供や児童・生徒等に対する**進学**等の支援などがある。

156 **就労支援**には、**就労意欲の低い**者に対する動機づけや意欲喚起のための支援、基礎的なスキルを修得するための訓練等も含まれる。

157 自立支援プログラムにおいては、就労自立支援のみならず必要な場合には、**日常生活自立**や**社会生活自立**のための支援、就労意欲喚起のための支援なども行われる。

出 32-66-4

158 **日常生活自立**に関する個別支援プログラムには、精神障害者等の退院促進支援、傷病者の在宅療養支援、健康管理などの日常生活支援、多重債務者の債務整理等の支援などがある。

159 **社会生活自立**に関する個別支援プログラムには、ボランティア活動への参加、ひきこもり・不登校児への支援、元ホームレスへの支援などがある。

8 低所得者対策

生活福祉資金の概要

160 **生活福祉資金貸付制度**は、**低所得世帯**、**障害者世帯**、**高齢者世帯**を対象

💡 **重要項目**

として、資金の貸付けと**民生委員**による必要な援助指導を行うことにより、その経済的自立と生活意欲の助長促進等を図り、安定した生活を営むことができるようにすることを目的とした資金貸付制度である（表9参照）。

▶生活福祉資金は、民生委員による世帯更生運動から誕生した世帯更生資金が前身である。

表9　貸付対象世帯

低所得世帯		資金貸付にあわせて必要な支援を受けることにより独立して自活でき、必要な資金を他から受けることが困難な世帯
障害者世帯	身体障害者世帯	**身体障害者手帳**の交付を受けた人の属する世帯
	知的障害者世帯	**療育手帳**（名称は自治体によって異なる）の交付を受けている人の属する世帯
	精神障害者世帯	**精神障害者保健福祉手帳**の交付を受けている人の属する世帯
	その他	障害者総合支援法によるサービスを利用している等障害者と同等と認められる人の属する世帯
高齢者世帯		**65**歳以上の高齢者の属する世帯

注：これらの対象世帯については、「生活福祉資金貸付制度要綱」第3に規定されている。

出典：社会福祉士養成講座編集委員会編『新・社会福祉士養成講座⑯低所得者に対する支援と生活保護制度（第5版）』中央法規出版、2019年、177頁を一部改変

161 生活福祉資金の実施主体は**都道府県社会福祉協議会**であり、借入れの相談や申請書類の受付など直接利用者にかかわる業務は、市町村社会福祉協議会に委託して実施している。

162 生活福祉資金の申込みは、**市町村社会福祉協議会**を経由して、**都道府県社会福祉協議会会長**に提出する。同会長は、**生活福祉資金運営委員会**の意見を聞いて貸付を決定する。

163 **市町村社会福祉協議会**は、借入申込者が要保護世帯であったときは、当該世帯の居住地を所管する**福祉事務所長**の**意見**を聞かなければならない。また、特に必要と認められる場合には、身体障害者世帯と知的障害者世帯については福祉事務所長または町村長、精神障害者世帯については保健所長の意見を聞くことができる。

164 **生活福祉資金**は、**総合支援資金、福祉資金、教育支援資金、不動産担保型生活資金**を低利または無利子で貸付けるものである。一定の条件のもとであれば、同一世帯で複数の資金の貸付を**重複**して受けることもできる。概要は表10のとおりである。

165 **総合支援資金**と**緊急小口資金**の貸付けにあたっては、原則として生活困窮者自立支援法に基づく**生活困窮者自立相談支援事業**の利用を要件とする。

出 28-31-5（現社）

166 **生活困窮者自立支援法**の施行に伴い、同法の自立相談支援と生活福祉資

表10　生活福祉資金貸付条件等一覧

資金の種類			貸付条件	
			貸付利子	保証人
総合支援資金	生活支援費	・生活再建までの間に必要な生活費用	保証人あり 無利子 保証人なし 年1.5%	原則必要 ただし、保証人なしでも貸付可
	住宅入居費	・敷金、礼金等住宅の賃貸契約を結ぶために必要な費用		
	一時生活再建費	・生活を再建するために一時的に必要かつ日常生活費で賄うことが困難である費用 　就職・転職を前提とした技能習得に要する経費 　滞納している公共料金等の立て替え費用 　債務整理をするために必要な経費等		
福祉資金	福祉費	・生業を営むために必要な経費 ・技能習得に必要な経費およびその期間中の生計を維持するために必要な経費 ・住宅の増改築、補修等および公営住宅の譲り受けに必要な経費 ・福祉用具等の購入に必要な経費 ・障害者用の自動車の購入に必要な経費 ・中国残留邦人等に係る国民年金保険料の追納に必要な経費 ・負傷または疾病の療養に必要な経費およびその療養期間中の生計を維持するために必要な経費 ・介護サービス、障害者サービス等を受けるのに必要な経費およびその期間中の生計を維持するために必要な経費 ・災害を受けたことにより臨時に必要となる経費 ・冠婚葬祭に必要な経費 ・住居の移転等、給排水設備等の設置に必要な経費 ・就職、技能習得等の支度に必要な経費 ・その他日常生活上一時的に必要な経費	保証人あり 無利子 保証人なし 年1.5%	原則必要 ただし、保証人なしでも貸付可
	緊急小口資金	・緊急かつ一時的に生計の維持が困難となった場合に貸し付ける少額の費用	無利子	不要
教育支援資金	教育支援費	・低所得世帯に属する者が高等学校、大学または高等専門学校に修学するために必要な経費	無利子	不要 ※世帯内で連帯借受人が必要
	就学支度費	・低所得世帯に属する者が高等学校、大学または高等専門学校への入学に際し必要な経費		
不動産担保型生活資金	不動産担保型生活資金	・低所得の高齢者世帯に対し、一定の居住用不動産を担保として生活資金を貸し付ける資金	年３％、または長期プライムレートのいずれか低い利率	必要 ※推定相続人の中から選任
	要保護世帯向け不動産担保型生活資金	・要保護の高齢者世帯に対し、一定の居住用不動産を担保として生活資金を貸し付ける資金		不要

重要項目

金の双方の担当者が連携を図り、相談者の状況やアセスメントの結果を共有するなどの体制を整えることが求められるようになった。

167 貸付金の償還方法は、年賦・半年賦・月賦のいずれかの方法で、原則として**元金均等償還**であるが、繰上げ償還をすることもできる。償還期限までに償還しなかった場合は、**延滞利子**を付して返済しなければならない。

▶生活福祉資金貸付事業の相談の担当者には資格要件はない。

▶償還期限までに償還できない場合は、届出により猶予や免除が行われる場合がある。

低所得者に対する自立支援の実際

168 **子どもの貧困対策の推進に関する法律**は、生まれた環境で子どもの現在および将来が左右されないよう**教育の機会均等**が保障され、子ども一人ひとりが夢や希望をもつことができるようにするため、児童の権利に関する条約の精神にのっとり、子どもの貧困対策を総合的に推進することを目的としている。

169 **子どもの貧困対策の推進に関する法律**に基づき、政府は子どもの貧困対策に関する大綱を定めなければならない。子どもの貧困対策について、**都道府県**は都道府県計画、**市町村**は市町村計画を、それぞれ定めることが**努力義務**とされている。

▶2019（令和元）年6月の改正により、児童の権利に関する条約の精神にのっとることが明示された。

170 **生活困窮者自立支援法**は、生活困窮者の自立支援に関する措置を講じて生活困窮者の**自立の促進**を図ることを目的としている。同法は、**生活困窮者**が生活保護に至る前の段階で早期に対応し、自立支援の強化を図るものである。

出 31-32-2（地域）

171 **生活困窮者自立支援法**は、**生活困窮者**を「就労の状況、心身の状況、地域社会との関係性その他の事情により、現に経済的に困窮し、最低限度の生活を維持することができなくなるおそれのある者」と定義している。

▶このなかには現に生活保護を受給中の者は含まれない。

172 **生活困窮者自立支援法**による事業の実施主体は、**都道府県、市、福祉事務所を設置する町村**であり、事業内容は表11のとおりである。

出 30-63
30-144-2（就労）

173 **生活困窮者自立相談支援事業**では、相談支援業務のマネジメントや地域の社会資源開発等を行う**主任相談支援員**、相談支援を担当する**相談支援員**、就労支援に関する知識・技術を有する**就労支援員**の3職種の配置を基本とする。

出 28-39-4（地域）
32-69-2

▶とくに任用要件の定めはない。

174 生活困窮者に対する包括的な支援体制の強化として、**自立相談支援事業**と**就労準備支援事業、家計改善支援事業**の一体的実施が促進されている。

175 生活困窮者自立支援事業の実施自治体は、自治体職員、自立相談支援事

8 低所得者対策

低所得者支援を行う組織

表11　生活困窮者自立支援法による事業

必須事業	生活困窮者自立相談支援事業	・就労支援等の自立に関する相談、情報提供、助言 ・認定生活困窮者就労訓練事業の利用あっせん ・自立支援計画の作成および自立支援のための援助	
	生活困窮者住居確保給付金	離職により住居を失ったか家賃の支払いが困難になった者に、就職を容易にするため住居確保のための給付金を支給	出 31-68-5
努力義務	生活困窮者就労準備支援事業	雇用による就業が著しく困難な生活困窮者に、就労に必要な知識・能力の向上のために必要な訓練を実施	
	生活困窮者家計改善支援事業	・家計の状況を適切に把握することの支援 ・家計の改善の意欲を高めることの支援 ・生活に必要な資金の貸付けのあっせん	
任意事業	生活困窮者一時生活支援事業	・ホームレス等に対し、宿泊場所の供与、食事の提供等を行う ・シェルター等の退所者や、地域社会から孤立している者に対して、訪問による情報提供等を行う。	出 28-69-5 32-69-5
	子どもの学習・生活支援事業	・生活困窮者である子ども▶に対する学習の援助 ・子ども、保護者に対する生活習慣および育成環境に関する助言 ・進路選択や就労に関する問題についての相談、情報提供、連絡調整	▶この事業のみ、生活保護受給世帯の子どもも利用することができる。
	その他	その他生活困窮者の自立の促進を図るために必要な事業	

業の相談員、就労準備支援事業・家計改善支援事業等法定事業の支援員、各相談機関、民生委員等を構成員とする、生活困窮者に対する支援の情報交換や支援体制の検討のための**支援会議**を組織することができる。

176 福祉事務所を設置していない町村は、生活困窮者やその家族等からの相談に応じ、**生活困窮者自立相談支援事業の利用勧奨等を行う事業**を行うことができる。

出 32-69-1

無料低額診療制度

177 **無料低額診療制度**は、第二種社会福祉事業であり、生活に困窮している人々に対して、無料または低額な料金で診療を行うものである。低所得者や生活保護受給者、DV被害者、ホームレス等が対象となる。

低所得者支援を行う組織

178 低所得者に対して就労による自立を支援する組織には、ハローワークのほか、母子家庭等就業・自立支援センターや障害者就業・生活支援セン

重要項目

ター等がある。

179 **生活困窮者・ホームレス自立支援センター**は、ホームレス自立支援事業において設置されていたホームレス自立支援施設を改めたものであり、宿泊場所の提供、健康診断、生活相談・指導を行い、就労による自立を促す事業を実施する。

▶ 2018（平成30）年の「ホームレスの自立の支援等に関する基本方針」の策定に伴うものである。

出 32-69-5

180 **生活困窮者一時宿泊施設**は、ホームレス緊急一時宿泊施設を移行したもので、生活困窮者とホームレスがシェルターとして利用できる施設である。

9 低所得者への住宅政策

公営住宅

181 **公営住宅制度**は、国民生活の安定と社会福祉の増進に寄与するため、地方公共団体が健康で文化的な生活を営むに足りる住宅を整備し、これを住宅に困窮する低所得者に対して低廉な家賃で賃貸する制度であり、1951（昭和26）年に**公営住宅法**が制定された。

出 30-69-2, 3

▶生活保護受給世帯でも入居できる。

182 **公営住宅**の**家賃**は、入居者の収入や立地条件、規模、築年数その他の事項に応じ、近隣同種の住宅の家賃以下で、**毎年**決定される。また、病気など特別の事情がある場合には、**敷金**を減免することができる。

出 30-69-1, 4

183 公営住宅の入居者が死亡または退去した場合、同居していた者は事業主体の承認を受けて、引き続き**その住宅に居住**することができる。

出 30-69-5

184 **特定目的公営住宅**は、公営住宅のなかで、**高齢者**世帯、**心身障害者**等、特に居住の安定を図る必要のある**住宅困窮者**に限定して入居できるように建設しているものであり、優先的入居措置や家賃の減免措置がとられている。

▶母子世帯向、高齢者世帯向、心身障害者世帯向住宅が代表的である。

■ 無料低額宿泊所

185 **無料低額宿泊所**は、**第二種社会福祉事業**であり、生計困難者のために、無料または低額な料金で簡易住宅の貸付や宿泊所その他の施設を利用させるものである。運営主体に制限がなく、7割強がNPO法人である。

出 31-69-4, 5
32-69-4

186 **無料低額宿泊所**は、宿泊所の提供のほか、食事の提供や生活支援、就労指導等を行うこともできる。事業開始にあたっては、都道府県知事への**届出**が必要である。

出 31-69-1, 3

▶2020（令和2）年4月から、国・都道府県・市町村・社会福祉法人以外は、事前届出となる。

187 国が定める最低基準を満たす**無料低額宿泊所**等（**日常生活支援住居施**

448

設）に対して、福祉事務所は、単独での居住が困難な生活保護受給者への日常生活上の支援の実施を**委託**することができる。

10 ホームレス対策

ホームレスの自立の支援等に関する特別措置法の概要

188 **ホームレスの自立の支援等に関する特別措置法**は、ホームレスの状態にある者に対し、自立支援を行うとともに、国の責務を明らかにし、ホームレスの人権への配慮と地域社会の理解と協力を得て必要な施策を行うことによりホームレス問題の解決を目的とするものである。

▶ 2002（平成14）年8月の施行から10年間の時限立法であったが、2027（令和9）年まで延長された。

189 同法第2条は、**ホームレス**を「**都市公園、河川、道路、駅舎その他の施設を故なく起居の場所とし、日常生活を営んでいる者**」と定義している。

出 31-36-2（地域）

190 同法第8条により、**厚生労働大臣**および**国土交通大臣**は、地方公共団体の協力を得た**全国調査**（表12参照）を踏まえ、**ホームレスの自立の支援等に関する基本方針**（以下「基本方針」という）を策定しなければならない。

出 28-69-4

▶ 2007（平成19）年から毎年概数調査、5年ごとに生活実態調査を実施。

191 **都道府県**または**市町村**は、必要があると認められるときは、基本方針や地域の実情に応じ、**実施計画**を策定しなければならない。計画策定にあたっては、地域住民およびホームレスの自立支援等を行う**民間団体**の意見を聴くよう努めるものとされる（同法第9条）。

出 28-69-4

192 基本方針では**ホームレス対策の基本**を、ホームレスが自らの意思で安定した生活を営めるように支援することとし、そのためには**就業機会の確保**が最重要であるが、同時に**安定した居住の場所の確保**が必要であるとしている。

▶ 地域で自立した日常生活が継続可能となる環境づくりも必要である。

193 基本方針は、**ホームレスに対する生活保護の適用**について、**単にホームレスである**ことを理由に当然に保護の対象となるものではないとする一方で、**居住の場所がない**ことや**稼働能力がある**ことだけを理由に保護の要件に欠けるということではないとしている。

重要項目

表12 ホームレスの実態に関する全国調査

	2016（平成28）年、2018（平成30）年調査
ホームレス数	**4977人**
都道府県上位	①**東京都** ②**大阪府** ③**神奈川県**
生活の場所	①**河川**（31.0%）、②**その他施設**（23.4%）、③**都市公園**（22.7%）、④**道路**（18.0%）
年齢層	平均61.5歳　**60歳以上が半数超**
路上生活期間	①10年以上（**34.6**%） ②5～10年未満（**20.5**%） ③3～5年未満（**10.5**%） ④1～3年未満（**12.2**%） ⑤1年未満（**22.2**%） ＊5年以上は約**55**%
仕事と収入	55.6%が**仕事**をし、その70.8%は**廃品回収** 月収：①1万円未満（**9.6**%） 　　　②1～3万円未満（**30.7**%） 　　　③3～5万円未満（**33.6**%） 　　　④5万円以上（**25.9**%） ＊平均収入は約**3.8万円**
路上生活直前の雇用形態	①常勤職員・従業員（正社員）（**40.4**%） ②日雇（**26.7**%）
路上生活の理由	①仕事減（**26.8**%） ②倒産・失業（**26.1**%） ③人間関係悪く、辞職（**17.1**%）
健康状態	不調の訴え**27.1**%（うち治療なし60.9%）
生活保護受給歴	**32.9**%
今後の生活	今のままでいい　**35.3**% アパートに住み、就職して自活したい　**21.7**%
求職活動状況	求職活動をしている　**11.4**% していないし、予定はない　**72.6**%

出 28-69-2

出 28-69-1

実力チェック！ 一問一答 ————

※解答の（　）は重要項目（P.417〜450）の番号です。

●解答

1 保護の種類別扶助人員が最も多い扶助は何か。

▶生活扶助（ 12 （表1））

2 被保護世帯の保護の開始の理由で最も多いものは何か。

▶貯金等の減少・喪失
（ 12 （表1））

3 生活保護費扶助別内訳に占める割合が最も高いのは何費か。

▶医療扶助費（ 14 ）

4 公的扶助適用の前提条件とされ、貧困状態にあることの確認のために行われる調査は何か。

▶資力調査（ミーンズ・テスト）（ 15 （表2），26 ）

5 1945（昭和20）年に施行された、失業者を含む生活困窮者に対する救済を定めたものは何か。

▶生活困窮者緊急生活援護要綱（ 20 ）

6 生活保護法の基本原理は、国家責任、最低生活、保護の補足性ともう1つは何か。

▶無差別平等（ 26 ， 29 ）

7 生活保護法の4原則は、申請保護の原則、基準及び程度の原則、必要即応の原則ともう1つは何か。

▶世帯単位の原則（ 26 ，42 ）

8 保護は、生活に困窮する者が利用し得る資産、能力その他あらゆるものを最低限度の生活の維持のために活用することを要件として行われるとする原理は何か。

▶保護の補足性の原理
（ 31 ）

9 申請保護の原則にいう申請権者は、要保護者本人、その扶養義務者と誰か。

▶その他の同居の親族
（ 39 ）

10 保護は、要保護者の年齢別、性別、健康状態等その個人または世帯の実際の必要の相違を考慮して有効かつ適切に行うとする原則は何か。

▶必要即応の原則（ 41 ）

11 教育扶助のための保護金品は、被保護者、その親権者もしくは未成年後見人以外には誰に給付されるか。

▶学校長（ 45 ）

12 医療扶助と介護扶助の給付方法（原則）は何か。

▶現物給付（ 47 （表3），50 （表3））

13 生活扶助において、光熱水費、家具什器など世帯の共通的な需要を満たすための経費は何と呼ぶか。

▶第2類の経費（ 59 ）

14 介護保険第1号被保険者で普通徴収により介護保険料を納付する義務のある被保護者に対して支給される加算は何か。

▶介護保険料加算（ 65 ）

15 被保護者の就労収入の一定額を積み立て、就業等で保護廃止に至ったときに支給される給付金は何か。

▶就労自立給付金（ 71 ）

16 保護の実施機関が行う保護の決定および実施に関する事務の性格をあげよ。

▶法定受託事務（ 72 ）

17 生活保護法の運営実施にあたって、市町村長、福祉事務所

▶民生委員（ 74 ）

低所得者に対する支援と生活保護制度

451

一問一答

長または社会福祉主事の協力機関とされている者の名称を
あげよ。

⑱ 保護の申請者に対して、原則として何日以内に保護の決定
の通知をしなければならないか。

⑲ 保護に係る費用（保護費）について、国が負担しなければ
ならない経費の割合を答えよ。

⑳ 生活保護法による保護施設は、救護施設、更生施設、医療
保護施設、授産施設ともう1つは何か。

㉑ 被保護者に最低生活を保障する特別な権利として認められ
ているものは、公課禁止、差押禁止ともう1つは何か。

㉒ 被保護者の義務とされるものは、譲渡禁止、届出の義務、
指示等に従う義務、費用返還義務ともう1つは何か。

㉓ 保護の実施機関が行った処分に対する審査請求の相手先は
どこか。

㉔ 生活保護法に関する処分取消の行政訴訟は、審査請求に対
する裁決を経た後でなければ提起できない。この仕組みを
何というか。

㉕ 現在のわが国の生活扶助基準の算定方法は何か。

㉖ 生活保護受給世帯の子どもが、大学等に進学するための新
生活の準備に役立てるために創設された仕組みは何か。

㉗ 高等学校修了までの児童を対象として支給される生活扶助
の加算は何か。

㉘ 条例で福祉事務所を設置しなければならない義務があるの
は、都道府県とどこか。

㉙ 福祉事務所において、生活保護における現業事務の指導監
督を行う職種は何か。

㉚ 2013（平成25）年に創設された、ハローワークと福祉事務
所等が協定を締結し、就労支援チームが被保護者等の就労
支援を行う事業の名称は何か。

㉛ 福祉事務所の指導監督を行う所員および現業を行う所員に
求められている資格要件は何か。

㉜ 被保護世帯の抱える問題に対して、実施機関による多様な
対応、早期の対応、システム的な対応が可能となるよう導
入されたものは何か。

●解答

▶申請のあった日から14
日以内（ 78 ）

▶4分の3（ 89 （表6））

▶宿所提供施設（ 95 （表
7））

▶不利益変更の禁止（ 97
〜 99 ）

▶生活上の義務（ 100 〜
104 ）

▶都道府県知事（ 105 （図
2））

▶審査請求前置主義
（ 108 ）

▶水準均衡方式（ 109 ,
113 ）

▶進学準備給付金（ 115 ）

▶児童養育加算（ 116 ）

▶市（ 124 ）

▶査察指導員（ 130 ）

▶生活保護受給者等就労自
立促進事業（ 134 （表8）
（図3））

▶社会福祉主事（ 143 ）

▶自立支援プログラム
（ 147 ）

●解答

㉝「平成17年度における自立支援プログラムの基本方針について」でいう自立支援は、就労自立支援、社会生活自立支援ともう1つは何か。

▶日常生活自立支援（148）

㉞生活福祉資金貸付制度の実施主体はどこか。

▶都道府県社会福祉協議会（161）

㉟失業者世帯等に対して、生活再建までの間に必要な経費を貸付ける生活支援費などからなる生活福祉資金の種類は何か。

▶総合支援資金（164（表10））

㊱子どもの貧困対策の推進に関する法律により、子どもの貧困対策についての計画を定めることが努力義務とされているのはどこか。

▶都道府県と市町村（169）

㊲生活困窮者自立支援法による事業のうち、実施主体の必須事業とされるのは、自立相談支援事業ともう1つは何か。

▶住居確保給付金（172（表11））

㊳生活困窮者に対して無料または低額な料金で診療を行う第二種社会福祉事業として制度化されているものは何か。

▶無料低額診療制度（177）

㊴公営住宅のなかで、高齢者世帯や心身障害者等、特に居住の安定を図る必要のある住宅困窮者の入居に限定したものは何か。

▶特定目的公営住宅（184）

㊵2002（平成14）年に成立した、ホームレス問題の解決を目的とする法律の名称をあげよ。

▶ホームレスの自立の支援等に関する特別措置法（188）

欲求心理学に基づく学習意欲の高め方　COLUMN

目標（資格取得）の意義・価値を明確に！

ただ単に「資格取得！」ではなく、自分の仕事や人生における資格の意義、もしくは価値を、しっかりと理解しておくことが大切。つまり、資格を取得したうえで何をやりたいのかを、明確にしておくとよい。そうすれば、簡単にはあきらめない粘り強さが生まれる。

10

保健医療
サービス

傾向と対策

出題基準と出題実績

	出題基準		
大項目	中項目	小項目（例示）	
1 医療保険制度	1）医療保険制度の概要	・高額療養費制度の概要 ・その他	
	2）医療費に関する政策動向		
2 診療報酬	1）診療報酬制度の概要	・多様な居住の場における在宅療養 ・ターミナルケアを支援する診療報酬制度 ・その他	
3 保健医療サービスの概要	1）医療施設の概要	・病院、特定機能病院、回復期リハビリテーション病棟、地域医療支援病院、診療所 ・その他	
	2）保健医療対策の概要		
4 保健医療サービスにおける専門職の役割と実際	1）医師の役割		
	2）インフォームドコンセントの意義と実際		
	3）保健師、看護師等の役割		

※【 】内は国家試験に出題された番号です。

出題実績				
第 28 回（2016 年）	第 29 回（2017 年）	第 30 回（2018 年）	第 31 回（2019 年）	第 32 回（2020 年）
・高齢者の医療保険制度【70】			・医療保険の給付内容（高額療養費・出産育児一時金・傷病手当金）【70】	・医療保険の自己負担限度額（高額療養費・介護保険との合算・高額長期疾病等）【70】
・国民医療費の内訳【71】	・国民医療費の内訳【70】	・国民医療費の内訳・動向【70】	・国民医療費内訳・動向【71】	
・診療報酬制度（DPC 制度、出来高払い方式、退院調整加算）【72】		・診療報酬制度（入院基本料で算定される施設）【71】	・診療報酬制度（支払いの仕組み）【72】 ・診療報酬制度（DPC／PDPS）【73】	
	・医療機関の基準【71】	・医療機関の定義【72】 ・医療提供体制の役割【73】		・医療施設の利用目的（介護医療院、療養病棟、地域ケア病棟、介護老人保健施設、回復期リハビリテーション）【71】
・医療法における医療計画等に関する事項【73】	・保健所の機能【72】	・医療法の内容【74】	・へき地医療【74】	・特定健康診査・特定保健指導【72】
	・医師の業務内容【73】	・医師法に規定された医師の業務内容【75】		
	・看護師の業務内容（義務）【73】	・緩和ケアチームにおける専門職の視点と役割～事例～【76】		・地域における保健師の保健活動に関する指針【73】

保健医療サービス

457

📖 傾向と対策

大項目		中項目	小項目（例示）	
		4）作業療法士、理学療法士、言語聴覚士等の役割		
		5）医療ソーシャルワーカーの役割	・医療ソーシャルワーカーの業務指針 ・その他	
5	保健医療サービス関係者との連携と実際	1）医師、保健師、看護師等との連携	・連携の方法 ・連携の実際 ・医療チームアプローチの実際 ・その他	
		2）地域の社会資源との連携	・連携の方法 ・連携の実際 ・その他	

傾向

　第32回は7問の出題で、全問5者択一の形式で出題され、事例問題は2問あった。全体的には、テキストをよく読み、過去問題を一通り押さえていれば、平易な問題が多かった。医療保険制度の仕組み、医療施設、医療・保健・福祉の専門職の業務内容、医療ソーシャルワーカーの役割といった定番の内容の出題があった反面、毎年出題されてきた国民医療費の概況は出題されなかった。さらに、診療報酬制度、チームケアといった、これまで出題頻度が高い問題が出題されなかった。今回の出題の特徴としては、医療ソーシャルワーカーおよび関連する専門職の業務内容や役割についての理解を問う問題が多く、事例を含めて4問あったことである。しかしながら、社会保障制度のあり方が変化するなかで、保健医療サービスの動向を把握しておくことは重要課題であり、国民医療費の動向、医療保険制度と診療報酬制度、医

第28回(2016年)	第29回(2017年)	第30回(2018年)	第31回(2019年)	第32回(2020年)
・理学療法士、作業療法士、言語聴覚士の業務（対象）と資格【74】【76】	・理学療法士、言語聴覚士、社会福祉士の業務内容（義務）【73】	・理学療法士の業務【73】	・理学療法士、作業療法士、言語聴覚士、臨床工学技士、義肢装具士の業務内容【75】	・訪問リハビリテーションを行う理学療法士の業務内容【74】
・医療ソーシャルワーカーの業務指針【75】	・就業継続希望の相談に対する医療ソーシャルワーカーの支援～事例～【74】 ・医療ソーシャルワーカーの業務指針に沿った援助計画～事例～【75】	・医療ソーシャルワーカー（MSW）の役割と視点～事例～【76】	・医療ソーシャルワーカーの対応（受療援助と経済問題への援助）～事例～【76】	・医療ソーシャルワーカーの役割（家族への対応）～事例～【75】 ・医療ソーシャルワーカーの退院支援（医療的ケア児の家族への対応・他機関との連携）～事例～【76】
	・地域連携クリティカルパス【76】			
・回復期リハビリテーション病棟における復職支援チーム～事例～【76】				・退院支援における訪問看護ステーション、医療的ケア児等コーディネーターとの連携～事例～【76】

療法・医師法に関する問題が頻出であることが予測される。事例問題においては、医療ソーシャルワーカーの対応や役割について問う傾向は続くであろうが、同時に、チームケア、多職種連携、地域資源との連携を絡める総合的な出題も予想される。

　以下、出題基準の大項目に沿って分析する。

1 医療保険制度

　第31回、第32回では、医療保険制度における費用負担について出題された。特に第32回については、自己負担限度額に焦点を当てた出題であった。第24回から第31回まで毎年出題されてきた国民医療費の内訳や近年の動向については、第32回では出題されなかったが、非常に出題頻度が高い定番であるので、テキストや「国民医療費の概況」（厚生労働省ホームページ内）を読んでおくことを勧める。保険給付の内容、対象年齢、費用負担について、今

傾向と対策

後も制度改正に連動してやや詳しい内容が出題される可能性がある。

2 診療報酬

診療報酬については、頻出問題であり、第30回では1題、第31回では2題が出題されていたが、第32回では出題されなかった。診療報酬は2年に1回改定され、改定は医療事情や経済情勢などを考慮して決められるので、今後においても出題の可能性は高い。最新の改定事項を押さえておく必要がある。

3 保健医療サービスの概要

例年、医療提供施設について、またその管理者の業務内容や義務等に関する、いわゆる医療法に基づく出題が多い。第30回では診療所または病院の管理者の義務等、第31回ではへき地保健医療対策事業やへき地医療拠点病院等、第32回では医療施設の利用目的について出題されている。第29回と第30回で地域医療の拠点となる医療施設である地域医療支援病院や在宅療養支援診療所について、連続して出題された。医療法における施設の定義のみならず、施設の設置基準について確認するとよい。また、第32回においては、特定健康診査・特定保健指導に関する出題がされたが、目的や対象等、テキストを読んでおけばカバーできる基本的な事項についての内容であった。

4 保健医療サービスにおける専門職の役割と実際

毎年出題される分野であり、第30回では3題、第31回では2題、第32回では事例問題も入れると4題も出題された。近年、医療ソーシャルワーカーに関する出題が増加傾向にあり、第30回から第32回では医療ソーシャルワーカー（MSW）の役割や対応、視点について事例形式で出題されている。また、第29回から第32回と連続して保健医療サービスに関わる幅広い専門職（医師、看護師、社会福祉士、理学療法士、作業療法士、義肢装具士、臨床工学技士等）の役割や業務内容について出題されている。チーム医療の重要性が高まるなかで、専門職の業務内容を理解することは重要である。

5 保健医療サービス関係者との連携と実際

第30回から第32回では連携そのものに踏み込んだ出題はなかったが、保健医療サービスの専門職のチームのなかでの医療ソーシャルワーカーの役割と他職種との連携、退院後の社会資源に関する内容が事例問題で問われた。今後も他職種および地域連携のチームケアに関す

る出題の可能性は高い。地域連携クリティカルパス、チームアプローチについてテキストで学習しておくことが重要である。

■ 事例

　第30回、第31回では1題、第32回では2題出題された。今後も1〜2題の出題であろう。第30回では緩和ケアチームの各専門職の視点と役割、第31回では医療ソーシャルワーカーの治療を拒否する患者への対応、第32回では医療ソーシャルワーカーの家族（終末期患者・医療的ケア児）への対応について出題された。事例問題では、医療ソーシャルワーカーをはじめとする各専門職の役割や状況に応じた判断・対応について問う問題が多く、問題文を丁寧に読み込むことが大切である。

対策

　この科目を学ぶにあたっては、「社会保障」、「高齢者に対する支援と介護保険制度」と内容が重複する部分があることに留意しつつ、学習することが望ましい。

　まず、医療保険制度を中心とした保健医療サービスの仕組みと、医療提供施設・医療ソーシャルワーカーを中心とする専門職の業務内容・役割、地域における社会資源、在宅療養を支援するための地域医療連携システムについて理解しておく必要がある。

　頻出問題である国民医療費の実態と動向、診療報酬・診療報酬の改定事項等などに関しては、詳細なデータが出る可能性があり、『厚生労働白書』、『国民衛生の動向』（厚生労働統計協会）および厚生労働省のホームページ等で、常に最新のデータをチェックし、また、基本事項である医療提供施設の種類や要件、医療計画の概要については、医療法や医師法の条文を読んで理解しておくことが重要である。

　また、事例対策としては、今後、より複合的なテーマの出題が予想される。法制度の理解とともに、地域連携やチーム医療、多職種連携システムにおける専門職の業務内容を確認し、特に、近年出題頻度が高くなっている医療ソーシャルワーカーの役割・対応のあり方について、「医療ソーシャルワーカー業務指針」等について繰り返し読んで理解を深めておくことが重要である。

押さえておこう！　重要項目

1 医療保険制度

医療保険制度の概要

■ 被用者保険

1 被用者保険の保険料は**総報酬制**であり、その額は、①月々の保険料＝標準報酬月額×保険料、②賞与の保険料＝標準賞与額×保険料として決定される。

2 標準報酬の決定方法には、**定時決定**と**随時改定**の２つがある。

3 **定時決定**とは、毎年７月１日に使用される事業所において、４月から６月の報酬額の平均をもとに、同年９月から翌年８月までの**標準報酬月額**を決定するものである。

4 **保険料**は、被保険者（＝従業員）と事業主（＝企業）が**折半**で負担する。▶

▶ ただし組合健保は健康保険組合規約に定めることで事業主の負担割合を大きくすることができる。

■ 国民健康保険

5 国民健康保険の保険料は、**世帯**単位で算定される。

6 保険料は、受益者均等負担の**応益割**と所得再分配的な**応能割**を合算して決定される。さらに応益割は**世帯割**と**人員割**に、応能割は**所得割**と**資産割**に分割されていることが典型例である。

7 保険料は、被用者保険のような事業主負担がないため、全額**被保険者**が負担することとなる。

8 **任意継続被保険者制度**とは、退職しても、勤務していた時の健康保険を継続でき、最長で**2**年間そのまま加入できる制度である。任意継続被保険者になった際の保険料は、事業主分の負担がなくなるので、**全額自己負担**になる。

9 **任意継続被保険者**の加入要件は、①退職前まで、**2**か月以上継続して勤務先の健康保険に加入しており（公務員が加入する共済組合では、**1**年以上）、②資格喪失の日（退職日の翌日）より**20**日以内に加入申請をすること、である。

10 2015（平成27）年の「持続可能な医療保険制度を構築するための国民健康保険法等の一部を改正する法律」により、国民健康保険は、2018（平成30）年度から**都道府県**が財政運営の責任主体となり、運営の中心的な役割を負うことになった。

> **1 医療保険制度**
>
> **医療保険制度の概要**

■ 保険給付

表1　医療保険の保険給付

区　分		健康保険の給付の種類		国民健康保険の給付の種類
		被保険者	被扶養者	
医療給付（病気やけがの治療に対する給付）	現物給付（患者は原則として患者負担金のみ医療機関の窓口で支払う）	療養の給付 訪問看護療養費 入院時食事療養費 入院時生活療養費 保険外併用療養費	家族療養費（入院時食事療養費、入院時生活療養費、保険外併用療養費を含む） 家族訪問看護療養費	療養の給付 訪問看護療養費 入院時食事療養費 入院時生活療養費 保険外併用療養費
	現金給付（患者が医療費全額をいったん支払い、後日保険者から現金が還付される）	療養費 高額療養費 高額介護合算療養費	家族療養費 高額療養費 高額介護合算療養費	療養費 特別療養費 高額療養費 高額介護合算療養費
	治療のための患者移送	移送費	家族移送費	移送費
医療以外の給付（休業補償給付または慶弔に伴う給付）	傷病の治療のための休業	傷病手当金		傷病手当金（一部の保険者で実施）
	出産のための休業	出産手当金		
	出産費用の補てん	出産育児一時金	家族出産育児一時金	出産育児一時金（一部の保険者で実施）
	死　亡	埋葬料（費）	家族埋葬料	葬祭費（一部の保険者で実施）
継続給付（退職後一定期間保証された給付）		傷病手当金、出産手当金、出産育児一時金、埋葬料（費）		

資料：社会福祉士養成講座編集委員会編『新・社会福祉士養成講座⑰保健医療サービス（第5版）』中央法規出版、2017年、169頁

11 医療給付を大別すると、**療養の給付**（現物給付）と**療養費**（療養の給付が受けられない場合の給付）の2種類がある。

▶療養費とされても現物給付として運用されている給付がある。

12 入院中に食事の提供を受けたときは、食事の費用のうち定額の標準負担額を支払い、残りが**入院時食事療養費**として支給（現物給付）される。

出 31-70-3

▶1食460円。低所得者は軽減措置がある。

13 医療療養病床に入院する65歳以上の被保険者は、生活療養の費用（食費、居住費）のうち定額の**標準負担額**を支払い、残りが**入院時生活療養費**として支給（現物給付）される。

出 28-70-1

▶食費1食460円、居住費1日370円。低所得者は軽減措置がある。

14 **混合診療**とは、公的医療保険給付の対象となる保険診療と、保険給付の対象ではない保険外診療（自由診療）を併用する仕組みである。日本では原則混合診療は禁止されており、厚生労働大臣が定める例外として認められる場合を除き、**混合診療**を受けた場合は、保険診療部分も含めて、原則として全額**自己負担**となる。

15 **保険外併用療養費**として認められているのは、①**評価療養**、②**選定療養**、③**患者申出療養**の3つである。

保健医療サービス

463

重要項目

16 保険外診療を受ける場合でも、例外として、厚生労働大臣の定める**評価療養**と**選定療養**については、保険診療との併用が認められている。この場合、通常の治療と共通する部分（診察・検査・投薬・入院料等）の費用は、一般の保険診療と同様に扱われ、その部分については一部負担金を支払うこととなり、残りの額は**保険外併用療養費**として医療保険から給付が行われる。

出 28-55-5（社保）
28-70-5

▶評価療養とは、保険導入のための評価を行うものであり、先進医療、治験に係る診療などが含まれる。選定療養とは、保険導入を前提としないものであり、差額ベッド代や予約診療などが含まれる。

17 **患者申出療養**は、厚生労働大臣が定めた**保険外併用療養**の1つであり、まだ保険適用となっていないような高度な医療技術を用いた治療を患者からの申し出に基づき行う新たな仕組みとして2016（平成28）年4月から実施されている。

18 **現金給付**には、慶弔一時金的な給付と休業中の所得補償給付がある。

19 慶弔一時金給付には、被保険者が出産した場合の**出産育児一時金**（1子につき**42**万円（一定の要件を満たす病院等における出産の場合））、被扶養者が出産した場合の**家族出産育児一時金**（出産育児一時金と同額）、被保険者が死亡した場合の**埋葬料**または**埋葬費**（5万円）、被扶養者が死亡した場合の**家族埋葬料**（5万円）がある。

出 31-70-4

20 所得補償給付は、**傷病手当金**と**出産手当金**の2つがある。

21 **傷病手当金**は、業務外の事由による病気やけがの療養のため就労不能となり、給料を支給されない被保険者とその家族の生活を保障するために設けられた所得補償である。傷病手当金の額は、支給開始日以前の継続した12か月間の各月の標準報酬月額を平均した額の30分の1相当額の3分の2相当額で、支給開始日から同一傷病について最長1年6か月間支給される。

出 31-70-5

▶老齢退職年金や障害厚生年金等の受給者の場合、調整される。

22 **出産手当金**は、出産日以前**42**日、出産後**56**日の休暇を取得し、この間給料を支給されない被保険者とその家族の生活を保障するために設けられた所得補償である。支給開始日以前の継続した12か月間の各月の標準報酬月額を平均した額の30分の1相当額の3分の2相当額が支給される。

出 28-55-2（社保）

23 2015（平成27）年に成立した「持続可能な医療保険制度を構築するための国民健康保険法等の一部を改正する法律」により、持続可能な医療保険制度を構築するために、国民健康保険をはじめとする医療保険制度の**財政基盤**の安定化、**負担**の公平化、**医療費適正化**の推進、**患者申出療養**の創設等の措置が講じられることになった。

24 **後期高齢者支援金**は、後期高齢者医療制度の財源のうち、国民健康保険や健康保険組合など現役世代の医療保険から拠出される支援金であり、

1 医療保険制度

医療保険制度の概要

全面総報酬制割が実施されている。

■ 後期高齢者医療制度

25 2008（平成20）年4月から、74歳以下の前期高齢者は、健康保険等従来の医療保険の給付の対象となり、75歳以上の後期高齢者は、高齢者の医療の確保に関する法律（高齢者医療確保法）に基づく**後期高齢者医療制度**の対象となっている。また、給付率は表2のとおりである。

出 28-70-3, 4
31-70-1

表2　医療保険制度の年齢別給付率

年齢	給付率
75歳以上	9割（現役並み所得者7割）
70歳以上75歳未満	8割▶（現役並み所得者7割）
就学後〜70歳未満	7割
誕生〜就学直前	8割

▶ ただし、2014（平成26）年4月1日以前に70歳になった被保険者については、引き続き一部負担金等の軽減特例措置の対象のため、9割給付となっている。

26 **後期高齢者医療広域連合**は、後期高齢者医療制度の運営主体であり、**特別地方公共団体**である。

■ 高額療養費、高額介護合算療養費

27 **高額療養費制度**は、重度の疾病等による長期入院や長引く治療の場合に医療費の自己負担額が高額となるため、一定の金額（自己負担限度額）を超えた部分が払い戻される制度である。

出 32-70-1

28 厚生労働大臣が指定する**高額長期疾病**（特定疾病）には、慢性腎不全による人工透析、血友病、抗ウイルス剤投与の後天性免疫不全症候群があり、自己負担限度額は医療機関ごと、入院・通院ごとに月額**1万円**（慢性腎不全のうち70歳未満で上位所得者は月額2万円）である。

出 32-70-5

29 **高額療養費**は、現金給付が原則であるが、現物給付も可能である。保険者から高額療養費自己負担について**限度額適用認定証**の交付を受け、保険医療機関に提示すれば外来・入院ともに窓口支払いは自己負担限度額にとどめられる。

30 **高額療養費**は、医療保険上の世帯の所得により自己負担限度額が設定されている（表3参照）。

出 31-70-2
32-70-4

31 **高額療養費**の申請期間は、医療サービスを受けた日の翌月の初日から**2**年以内である。

32 70歳未満の人の**高額療養費**においては、自己負担限度額に達しない場合であっても、**同一月**内に**同一世帯**で**2万1000**円以上の自己負担が複数

出 32-70-2

保健医療サービス

465

表3　高額療養費の自己負担限度額

一般（70歳未満）（国民健康保険、被用者保険）		
	一般（70歳未満）	多数該当
標準報酬月額83万円以上	252,600円＋（医療費−842,000円）×1％	140,100円
標準報酬月額53万〜79万円	167,400円＋（医療費−558,000円）×1％	93,000円
標準報酬月額28万〜50万円	80,100円＋（医療費−267,000円）×1％	44,400円
標準報酬月額26万円以下の方	57,600円	44,400円
低所得者 （被保険者が市区町村民税の非課税者等）	35,400円	24,600円

70歳以上（国民保険、被用者保険）				
		外来	外来・入院	
		外来（個人単位）	世帯単位	多数該当
現役並み	課税所得690万円以上	252,600円＋（医療費−842,000円）×1％		140,100円
	課税所得380万円以上	167,400円＋（医療費−558,000円）×1％		93,000円
	課税所得145万円以上	80,100円＋（医療費−267,000円）×1％		44,400円
一般	課税所得145万円未満	18,000円 （年間上限14.4万円）	57,600円	44,400円
低所得者	住民税非課税世帯	8,000円	24,600円	
	住民税非課税世帯 （年金収入80万円以下等）		15,000円	

注：高額長期疾病は月額1万円（上位所得者2万円）
資料：社会福祉士養成講座編集委員会編『新・社会福祉士養成講座⑰保健医療サービス（第5版）』中央法規出版、2017年、171頁を一部改変

> ▶ 多数該当とは、高額療養費の支給が直近の12か月の間に4回以上となるケースをいう。この場合、自己負担限度額が引き下げられる。

📖 32-70-4

💡 **注目！**
2018（平成30）年8月より、70歳以上の限度額の区分は、従来の4区分から、6区分となった。

あるとき、また、同一人が同一月内に2つ以上の医療機関にかかり、それぞれの自己負担額が**2万1000**円以上ある場合に、これらを合算して自己負担限度額を超えた金額が支給される**世帯合算**という仕組みがある。

33 同一世帯で医療保険の自己負担額と介護保険の利用者負担額を合算した額が一定の金額を超えると、超えた分が**高額介護合算療養費**として支給される。ただし、保険外併用療養費の差額部分や**入院時食事療養費、入院時生活療養費**の自己負担額は対象とならない。

34 2015（平成27）年1月診療分より、**70歳未満の高額療養費**の自己負担限度額について、負担能力に応じた負担を求める観点から、所得区分が3区分から**5**区分に細分化された（表3参照）。

35 2018（平成30）年度から開始された**特別高額医療費共同事業**は、都道府県からの拠出金を財源（全国で費用負担を調整）に、著しく高額な医療（1件420万円超）に関する給付に要する費用に掛かる交付金を保険者（都道府県）に交付する事業であり、公益社団法人国民健康保険中央会が実施主体である。

> ▶ 70歳以上の人は自己負担額をすべて合算できる。

📖 32-70-3

📖 31-70-2

💡 **注目！**
特別高額医療費共同事業の発足

医療費に関する政策動向

■ 国民医療費

36 **国民医療費**とは、当該年度内の医療機関等における**保険診療**の対象となり得る傷病の治療に要した費用を推計したものである。保険診療の対象とならない**評価療養**（先進医療（高度医療を含む）等）、**選定療養**（入院時室料差額分、歯科差額分等）および**不妊治療における生殖補助医療**などに要した費用は含まない。

37 **国民医療費**の対象は、傷病の治療費に限っているため、①正常な**妊娠・分娩**に要する費用、②健康の維持・増進を目的とした**健康診断・予防接種**等に要する費用、③固定した身体障害のために必要とする**義眼**や**義肢**等の費用は含まない。　出 28-71-1, 3

38 2017（平成29）年度の**国民医療費**は、**43兆710億**円である。前年度の**42兆1381億**円に比べて、**9329億**円、**2.2**％の増加となっている。　出 29-70-5

39 2017（平成29）年度の人口**1人当たりの国民医療費**は、**33万9900**円である。前年度の**33万2000**円に比べて、**2.4**％増加している。　出 31-71-5

40 2017（平成29）年度の国民医療費の**国内総生産（GDP）**に対する比率は、**7.87**％（前年度**7.85**％）である。

41 2017（平成29）年度の国民医療費の**国民所得（NI）**に対する比率は、**10.66**％（前年度**10.77**％）となっている。　出 30-70-2

42 2017（平成29）年度の国民医療費を制度区分別にみると、**公費負担医療給付分**は3兆2040億円（7.4％）、**医療保険等給付分**は19兆7402億円（45.8％）、**後期高齢者医療給付分**は14兆7805億円（34.3％）、**患者等負担分**は5兆2750億円（12.2％）となっている。　出 31-71-4

43 2011（平成23）年度から2017（平成29）年度の間、国民医療費に占める**後期高齢者医療費**の割合は**増加**（31.8％（12兆2533億円）→34.3％（14兆7805億円））してきた。　出 30-70-1

44 2017（平成29）年度の国民医療費の財源別構成割合を大きい順に並べると、①**保険料**、②**公費**、③**その他（患者負担等）**となる（表4参照）。　出 28-71-4

45 2017（平成29）年度の国民医療費を診療種類別にみると、**医科診療医療費**は30兆8335億円、そのうち**入院医療費**は16兆2116億円、**入院外医療費**は14兆6219億円となっている。また、**歯科診療医療費**は2兆9003億円、**薬局調剤医療費**は7兆8108億円、**入院時食事・生活医療費**は7954億円となっている。対前年度増減率をみると、医科診療医療費は2.1％の**増加**、歯科診療医療費は1.5％の**増加**、薬局調剤医療費は　出 29-70-4, 30-70-5, 31-71-1

重要項目

表4　財源別国民医療費

財源	平成29年度 国民医療費(億円)	構成割合(%)	平成28年度 国民医療費(億円)	構成割合(%)	対前年度 増減額(億円)	増減率(%)
国民医療費	430,710	100.0	421,381	100.0	9,329	2.2
公費	165,181	38.4	162,840	38.6	2,341	1.4
国庫[1]	108,972	25.3	107,180	25.4	1,792	1.7
地方	56,209	13.1	55,659	13.2	550	1.0
保険料	212,650	49.4	206,971	49.1	5,679	2.7
事業主	90,744	21.1	87,783	20.8	2,961	3.4
被保険者	121,906	28.3	119,189	28.3	2,717	2.3
その他[2]	52,881	12.3	51,570	12.2	1,311	2.5
患者負担(再掲)	49,948	11.6	48,603	11.5	1,345	2.8

出 30-70-4
31-71-2

注：1）軽減特例措置は、国庫に含む。
　　2）患者負担及び原因者負担（公害健康被害の補償等に関する法律及び健康被害救済制度による救済給付等）である。
資料：厚生労働省「平成29年度国民医療費の概況」

3.0％の**増加**となっている（図1参照）。

図1　2017（平成29）年度診療種類別国民医療費構成割合

出 30-70-5

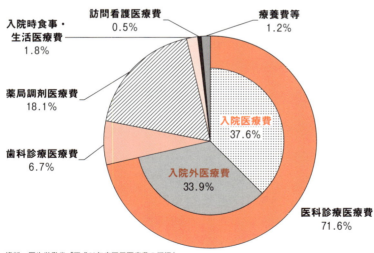

資料：厚生労働省「平成29年度国民医療費の概況」

46　2017（平成29）年度の国民医療費を年齢階級別にみると、**0～14歳**は2兆5392億円（**5.9**％）、**15～44歳**は5兆2690億円（**12.2**％）、**45～64歳**は9兆3112億円（**21.6**％）、**65歳**以上は25兆9515億円（**60.3**％）となっている。また、人口1人当たり国民医療費をみると、65歳未満は**18万7000**円、65歳以上は**73万8300**円、75歳以上は**92万1500**円であった。

出 28-71-5
29-70-1
31-71-3

47 2017（平成29）年度の国民医療費の医科診療医療費を主傷病による傷病分類別にみると、**循環器系の疾患**（19.7％）が最も多く、次いで**新生物〈腫瘍〉**（14.2％）、**筋骨格系及び結合組織の疾患**（7.9％）、**損傷、中毒及びその他の外因の影響**（7.7％）、**呼吸器系の疾患**（7.4％）となっている。

出 29-70-3

② 診療報酬

診療報酬制度の概要

■ 診療報酬制度の全体像

48 **診療報酬**には、**医科**診療報酬、**歯科**診療報酬、**調剤**報酬がある（表5参照）。

出 31-73-4

表5　近年の診療報酬改定の動向

改定時期	改定に当たっての主な視点	改定率
2008（平成20）年4月	・病院勤務医の負担軽減 ・産科・小児科への重点評価 ・診療科・病院の役割分担等 ・救急医療対策	△0.82％ （本体 ＋0.38％ 薬価等 △1.2％）
2010（平成22）年4月	・救急、産科、小児、外科等の医療の再建 ・病院勤務医の負担軽減 ・後期高齢者という年齢に着目した診療報酬体系の廃止	＋0.19％ （本体 ＋1.55％ 薬価等 △1.36％）
2012（平成24）年4月	・負担の大きな医療従事者の負担軽減・処遇改善の一層の推進 ・医療と介護の機能分化、在宅医療の充実 ・がん治療等の医療、技術の進歩の促進と導入のための評価の充実	＋0.004％ （本体 ＋1.38％ 薬価等 △1.38％）
2014（平成26）年4月	・医療機関の機能分化、強化と連携 ・在宅医療の充実 ・負担の大きな医療従事者の負担軽減・処遇改善の一層の推進	＋0.10％ （本体 ＋0.73％ 薬価等 △0.63％）
2016（平成28）年4月	・地域包括ケアシステム推進と医療機能分化 ・在宅医療の充実 ・後発医薬品の使用促進等	本体 ＋0.49％ 薬価等 △1.22％ 材料価格 △0.11％
2018（平成30）年4月	・地域包括ケアシステムの構築と医療機能の分化・強化、連携の推進 ・新しいニーズにも対応でき、安心・安全で納得できる質の高い医療の実現・充実 ・医療従事者の負担軽減、働き方改革の推進 ・効率化・適正化を通じた制度の安定性・持続可能性の向上	本体 ＋0.55％ 薬価等 △1.65％ 材料価格 △0.09％
2019（令和元）年10月	・消費税引き上げに伴う診療報酬改定	本体 ＋0.41％ 薬価 ＋0.42％ 材料価格 ＋0.06％
2020（令和2）年4月	・医療従事者の負担軽減、医師等の働き方改革の推進 ・患者・国民にとって身近であって、安心・安全で質の高い医療の実現 ・医療機能の分化・強化、連携と地域包括ケアシステムの推進 ・効率化・適正化を通じた制度の安定性・持続可能性の向上	本体 ＋0.55％ （＋0.47％＊） 薬価 △0.99％ 材料価格 △0.02％

＊消費税財源を活用した救急病院における勤務医の働き方改革の特例的な対応＋0.08％を除いた％表示
出典：厚生労働統計協会編『国民衛生の動向2019／2020年』2019年、239頁を一部改変

重要項目

49 社会保険における**診療報酬**は、**全国同一**で「診療報酬の算定方法」（厚生労働省告示）によって診療行為ごとに定められている（通称「**点数表**」といわれている）。

▶ 1点は10円である。

50 **中央社会保険医療協議会（中医協）**は、**厚生労働大臣**の諮問機関であり、**2**年に1度改定される診療報酬について審議し、文書をもって答申する。

出 31-73-1, 2

レセプト
診療報酬請求書および診療報酬明細書ならびに調剤報酬請求書および調剤報酬明細書。

51 診療報酬と介護報酬の同時改定は、**6**年に1回行われてきている。

52 診療報酬の審査・支払権限は、**保険者**にある。

出 31-72-1

53 保険診療の**審査支払い機関**は、**レセプト**が「保険医療機関及び保険医療養担当規則」等に合致しているか、また、医学的に妥当かなどを審査して、その療養の給付に関する費用を保険医療機関等に支払う。

54 **社会保険診療報酬支払基金**は、都道府県に社会保険診療報酬支払基金法の規定に基づいて設立された民間法人であり、各医療機関からの診療報酬を審査し、支払いをする。また、後期高齢者医療制度と退職者医療制度に係る拠出金の徴収と交付金の事務も行う。

出 31-72-3

💡 **注目！**
健康保険や共済組合の場合は「社会保険診療報酬支払基金」、国民健康保険の場合は「国民健康保険団体連合会」が審査支払い機関となる。

55 2010（平成22）年度の診療報酬改定により、診療内容や薬の種類などが分かる明細付き領収書（診療報酬）が無料で発行されることになった。

56 保険適用医療（保険診療）の料金表には、点数表のほかに、保険適用医薬品の銘柄と単価を定めた**薬価基準**、心臓ペースメーカーその他の機材の価格を定めた**保険医療材料価格**または**特定保険医療材料価格**がある。

▶ 薬価基準は、保険診療に使用できる医薬品銘柄とその価格を掲載しており、過度に高額な医薬品や大衆薬などは除外されている。

57 健康保険等の受給の方法は、保険医療機関等の窓口に加入者である患者が被保険者証を提出し、**一部負担金**を支払うことによって行う（**現物給付**）。

▶ 高額療養費など現金給付（医療費償還払）のものもある。

■ 点数表と薬価基準

58 医療機関が医療費計算をする方法には、**出来高払い方式**と**包括評価払い方式（DPC／PDPS）**の2つの方式がある。

59 **出来高払い方式**とは、入院や検査、手術、投薬、注射など、実施した診療行為ごとに点数を積み上げて計算する方法である。

60 **DPC 制度（DPC／PDPS）**は、**特定機能病院**（大学病院）などに適用されている。入院期間中に治療した病気のなかで最も医療資源を投入した一疾患のみに**1日**当たりの定額の点数からなる包括評価部分（入院基本料、検査、投薬、注射、画像診断等）と、従来どおりの出来高評価部分（手術、麻酔、放射線治療、カテーテル検査、リハビリテーション等）を組み合わせて計算する方式である。

出 28-72-1, 2
31-73-3, 5

2 診療報酬

診療報酬制度の概要

61 診療報酬上の加算を受けることができる**退院支援計画**は、退院調整部門の看護師や社会福祉士および関係職種がカンファレンス等を行って作成する。

62 末期の悪性腫瘍や医療機器を使用している患者が退院する場合、訪問看護ステーションの看護師等が退院日に行った在宅療養指導について、退院日の翌日以降初日の訪問看護が行われた際に、**退院支援指導加算**が算定できる。

63 2018（平成30）年度の診療報酬改定により、外来の機能分化をより進める観点から、紹介状なしで大病院を受診する際に定額負担を徴収する対象の医療機関が拡大され、**特定機能病院**および一般病床500床以上の地域医療支援病院とされた。

出 29-71-2

64 2018（平成30）年度の診療報酬改定により、かかりつけ医機能に係る診療報酬を届け出ている200床未満の医療機関において、専門医療機関への受診の要否の判断等を含めた、初診時における診療機能を評価する観点から、**機能強化加算**が創設された。

65 2018（平成30）年度の診療報酬改定により、住み慣れた地域で継続して生活できるよう、患者の状態に応じた支援体制や地域との連携、外来部門と入院部門（病棟）との連携等を推進するため、退院支援加算の評価が見直され、**入退院支援加算**に名称変更され、上乗せの入院時支援加算が創設された（表15参照）。

66 **地域包括ケア病棟入院料**は、地域包括ケアを支援する病棟の評価であるが、2020（令和2）年度の診療報酬改定により、施設基準・算定要件はより厳しいものとなった。当該保険医療機関内に入退院支援および地域連携業務を担う部門が設置されていること、当該部門に入退院支援および地域連携に係る業務に関する十分な経験を有する専従の**看護師**または専従の**社会福祉士**が配置されていることなどが要件となった。

出 30-71-3
　32-71-3

67 2020（令和2）年度の診療報酬改定では、2018（平成30）年改定で導入された**オンライン診療**のほか、カンファレンスでの情報通信機器の使用などの業務の効率化、**遠隔モニタリング**、遠隔服薬、遠隔栄養指導など、**ICT（情報通信技術）** を利用した医療の評価が実施されるようになった。

▶2020（令和2）年度の診療報酬改定により、オンライン診療の実施要件について事前の対面診療の期間が6月から3月に見直された。また、対象疾患について、定期的に通院の必要な頭痛患者が追加された。

68 2020（令和2）年度の診療報酬改定により、希少性の高い疾患等、専門性の観点から近隣の医療機関では診断が困難な疾患に対して、かかりつけ医のもとで、事前の十分な情報共有のうえで遠隔地の医師が情報通信機器を用いた診療を行う場合の**遠隔連携診療料**が新設された。

重要項目

69 2020（令和2）年度の診療報酬改定により、医療的ケア児が通う学校の学校医または医療的ケアに知見のある医師に対して、児が学校生活を送るにあたって必要な情報を主治医が提供した場合の**診療情報提供料（Ⅰ）**が新設された。

70 2020（令和2）年度の診療報酬改定により、かかりつけ医機能を有する医療機関等から紹介された患者に対して継続的な診療を行っている場合に、紹介元のかかりつけ医機能を有する医療機関等からの求めに応じて、診療情報の提供を行った場合の**診療情報提供料（Ⅲ）**が新設された。

71 2020（令和2）年度の診療報酬改定においては、医師等の医療従事者の柔軟な働き方に対応する観点から、常勤配置に係る要件および専従要件が見直され、一定の領域の診療報酬について、常勤配置に係る要件の緩和が行われることになった。

▶例えば、入退院支援加算および入院時支援加算について、入退院支援部門における職員は非常勤職員でも可能となった。

72 2020（令和2）年度の診療報酬改定により、**療養・就労両立支援指導料**の対象患者等の要件および評価が見直され、**がん**の他に、**脳卒中、肝疾患**および**指定難病**が対象疾患となり、対象者は従来の産業医の他、総括安全衛生管理者、衛生管理者、安全衛生推進者または保健師が選任されている事業場に勤務する者が追加された。

▶相談体制充実加算は、廃止された。

出32-71-5

73 **回復期リハビリテーション病棟**は、回復期リハビリテーションの必要性の高い患者（脳血管疾患や大腿骨頸部骨折などにより身体機能の低下を来した患者）を**8**割以上入院させ、集中的かつ効果的にリハビリテーションを行い、日常生活動作（ADL）の向上による寝たきりの防止と家庭復帰を目的とする病棟である（一般病棟または療養病棟の病棟単位で行う）。

▶退院患者のうち他の保険医療機関に転院した者等を除く者の割合が、入院料1～4では7割以上であることが要件。

74 **障害者施設等一般病棟**は、①児童福祉法に規定する医療型障害児入所施設または指定発達支援医療機関に係る一般病棟、②重度の肢体不自由児（者）、脊髄損傷等の重度障害者、重度の意識障害者、筋ジストロフィー患者、難病患者等をおおむね**7**割以上入院させており、かつ1日に看護を行う看護職員および看護補助を行う看護補助者の数は、常時、当該病棟の入院患者の数が10またはその端数を増すごとに1以上である病棟である。

出30-71-4

■ 多様な居住の場における在宅療養

75 保険診療上、**在宅医療**の対象は「在宅で療養を行っている患者であって、疾病、傷病のために通院による療養が困難な者」であり、対象となる患者の居場所としては、自宅だけでなく、**高齢者住宅**や**介護保険施設・事**

出30-73-4

② 診療報酬

診療報酬制度の概要

業所の入所者、利用者も含まれる。

76 **在宅療養支援診療所・在宅療養支援病院**は、在宅医療を提供している患者からの連絡を **24時間**体制で受けることができ、いつでも**往診・訪問看護**を提供できる診療所・病院である（表6・表7参照）。

出 29-71-5
30-72-3, 4

表6　在宅療養支援診療所の主な要件

出 30-73-3

① 保険医療機関である診療所であること
② **24時間**連絡を受ける**保険医**や**看護職員**をあらかじめ指定し、その連絡先を**文書**で患家に提供していること
③ 当該診療所において、患家の求めに応じて、**24時間**往診が可能な体制を確保し、往診担当医の氏名、担当日等を**文書**で患家に提供していること
④ 当該診療所において、または別の保険医療機関、**訪問看護ステーション等との連携**により、患家の求めに応じて、当該診療所の保険医の指示に基づき、**24時間訪問看護**の提供が可能な体制を確保し、訪問看護の担当者の氏名、担当日等を**文書**で患家に提供していること
⑤ 連携する保険医療機関または**訪問看護ステーション**において緊急時に円滑な対応ができるよう、あらかじめ患家の同意を得て、その療養等に必要な情報を**文書**で当該保険医療機関または**訪問看護ステーション**に提供できる体制をとっていること
⑥ 当該地域において、他の保健医療サービスや福祉サービスとの**連携調整**を担当する者と連携していること
⑦ 定期的に、**在宅看取り数**等を地方厚生局長等に報告していること

表7　在宅療養支援病院の主な要件

① 許可病床数が**200床未満**の病院であることまたは当該病院を中心とした半径**4**km以内に診療所が存在しないこと（半径**4**km以内に他の病院があっても差し支えない）
② 在宅医療を担当する常勤の医師が**3**名以上配置されていること
③ 当該病院において、**24時間**連絡を受ける担当者をあらかじめ指定し、その連絡先を文書で患家に提供していること
④ 当該病院において、患家の求めに応じて、**24時間**往診が可能な体制を確保し、往診担当医の氏名、担当日等を**文書**により患家に提供していること
⑤ 当該病院において、または**訪問看護ステーション**との連携により、患家の求めに応じて、当該病院の保険医の指示に基づき、**24時間訪問看護**の提供が可能な体制を確保し、訪問看護の担当者の氏名、担当日等を**文書**により患家に提供していること
⑥ 訪問看護ステーションと連携する場合にあっては、当該訪問看護ステーションが緊急時に円滑な対応ができるよう、あらかじめ患家の同意を得て、その療養等に必要な情報を**文書**で当該訪問看護ステーションに提供できる体制をとっていること
⑦ 当該地域において、他の保健医療サービスおよび福祉サービスとの連携調整を担当する者と連携していること
⑧ 定期的に、**在宅看取り数**等を地方厚生局長等に報告していること

出 29-71-4

77 **機能強化型の在宅療養支援診療所・病院**の主な施設基準は、常勤医師**3**人以上、過去1年間の緊急の往診実績**10**件以上、過去1年間の看取り

保健医療サービス

実績 **4** 件以上有していることである。複数の医療機関との連携で要件を満たしてもよいが、その場合、①患者の緊急連絡先の一元化、②月 1 回以上、定期的なカンファレンスの開催による患者情報の共有化、③連携する医療機関は 10 施設未満、病院は 200 床未満、の要件をそれぞれクリアする必要がある。また、それぞれの医療機関が❶過去 1 年間の緊急往診の実績 4 件以上、❷過去 1 年間の看取りの実績 2 件以上の要件を満たしていることが必要である。

78 在宅療養後方支援病院とは、在宅医療を提供している医療機関と連携し、あらかじめ緊急時の入院先とする希望を届け出ていた患者の急変時などに 24 時間体制で対応し、必要があれば入院を受け入れる病院である。

> ▶施設基準として、①許可病床数 200 床以上の病院、②入院希望患者について、緊急時にいつでも対応し、必要があれば入院を受け入れること、③入院希望患者に対して在宅医療を提供している医療機関と連携し、3 か月に 1 回以上、診療情報の交換をしていることなどがあげられる。

■ ターミナルケアを支援する診療報酬制度

79 ターミナルケア（終末期ケア）とは、末期がん患者など死が避けられない終末期の患者に対して行う、死を迎えるまでのケアのことを指す。

80 緩和ケアとは、進行したがんやエイズなど治療的医療に反応しない患者に対する積極的な全人的医療を指す。その目的は、死に至るまでの期間、痛みや苦しみなどを除き、患者の生活の質（QOL）を向上させることである。

> ▶身体的疼痛のコントロールだけでなく、死と直面していることによる恐怖、不安、家族への人格的援助も含まれる。

81 緩和ケア病棟は、主に苦痛の緩和を必要とする悪性腫瘍患者や後天性免疫不全症候群の患者を入院させ、緩和ケアを行うとともに、外来や在宅への円滑な移行も支援する病棟である。人員については、緩和ケアを担当する常勤の医師が **1** 名以上配置されていることが条件とされる。

82 緩和ケア診療加算は、緩和ケアを要する患者に対して、患者の同意に基づき、症状緩和にかかる緩和ケアチームによる診療が行われた場合に算定される。また、がん緩和ケアに携わる医師に対し、緩和ケアに関する研修を受けることを要件としている。

> ▶ただし後天性免疫不全症候群（エイズ）の患者に対して緩和ケアにかかる診療を行う場合には、研修を修了していなくても、要件を満たしているとするため、加算できる。

■ 介護保険と介護報酬

83 介護報酬は、1 単位 **10** 円が基準とされ、保険者（市区町村）ごとに地域格差がある。

84 2018（平成 30）年度より、介護保険サービスを利用する際の利用者自己負担は、これまで年金収入等 **280** 万円未満の人は 1 割、**280** 万円以上の人は 2 割だったが、年金収入等が **340** 万円以上（夫婦世帯の場合は **463** 万円以上の人）などの人たちの負担割合が **3** 割となり、所得に応じて 3 段階の自己負担となった。

2 診療報酬

診療報酬制度の概要

85 2018（平成30）年度介護報酬改定により、グループホーム職員として、または病院、診療所、訪問看護ステーションと連携した場合の従来の医療連携体制加算に加えて、看護職員や看護師をより手厚く配置したり、痰の吸引などの医療ケアを提供したりする施設に対して、新たに**医療連携体制加算**Ⅱ・Ⅲが創設された。

86 大腿骨頸部骨折および脳卒中にかかる地域連携診療計画に基づき、介護老人保健施設が入所者を受け入れ、治療等を行うとともに入所者の同意を得たうえで、計画管理病院に文書で情報提供した場合の評価として、**地域連携診療計画情報提供加算**が算定できる。

87 終末期の介護に関して、医療系サービス（老人保健施設等）で実施された場合は**ターミナルケア加算**、福祉系サービス（特別養護老人ホーム、グループホーム等）で実施された場合は**看取り介護加算**（Ⅰ）、（Ⅱ）として加算される。

88 特定施設入居者生活介護については、看取りの対応を強化する観点から、特定施設で看取り介護を行った場合に**看取り介護加算**（Ⅰ）、（Ⅱ）が算定できる。

89 訪問看護における在宅での看取りの対応を強化する観点から、死亡日および死亡日前14日以内に2日以上（死亡日および死亡日前14日以内に医療保険による訪問看護の提供を受けている場合、1日以上）ターミナルケアを行った場合に**ターミナルケア加算**が算定できる。

90 **退院・退所加算**は、病院等に入院または介護保険施設等に入所していた利用者が退院、退所するにあたり、病院または施設等の職員と面談を行い、**居宅サービス計画**を作成し、サービスに関する調整を行った場合、入院または入所期間中に3回まで算定できる。

91 訪問看護事業所の看護職員が訪問介護事業所と連携し、痰の吸引等が必要な利用者に係る計画の作成や訪問介護員に対する助言等の支援を行った場合等、**看護・介護職員連携強化加算**が算定できる。

92 2018（平成30）年度介護報酬改定により、医療的なニーズを満たし入居者が安心して生活を継続できるように、痰の吸引などの医療的ケアの提供を行う特定施設入居者生活介護において、**入居継続支援加算**が創設された。

93 2018（平成30）年度の介護報酬改定により、居宅介護支援では、末期の悪性腫瘍と診断された利用者に対して、ターミナル期において通常より頻回に訪問したり、利用者の状態を医師や事業者へ提供した場合に対して、**ターミナルケアマネジメント加算**が創設された。

注目！
医療連携体制加算Ⅱ・Ⅲの創設

▶医療連携体制加算Ⅰ
（看護師1名以上）
医療連携体制加算Ⅱ
（看護職員常勤換算で1名以上、痰の吸引などの医療実績）
医療連携体制加算Ⅲ
（看護師常勤換算1名以上、痰の吸引などの医療実績）

注目！
2018（平成30）年の診療報酬改定により、施設で実際に看取った場合、より手厚く評価することになり、看取り介護加算（Ⅱ）が創設された。

注目！
入居継続支援加算は、介護福祉士の数が利用者の数が6またはその端数を増すごとに1以上であること、痰の吸引等を必要とする者の占める割合が利用者の15％以上であることにより加算される。

保健医療サービス

475

💡 重要項目

3 保健医療サービスの概要

94 **医療法**は、**保健医療サービス**の目標を、「医療は、生命の尊重と個人の尊厳の保持を旨とし、医師、歯科医師、薬剤師、看護師その他の医療の担い手と医療を受ける者との信頼関係に基づき、及び医療を受ける者の心身の状況に応じて行われるとともに、その内容は、単に治療のみならず、疾病の予防のための措置及びリハビリテーションを含む良質かつ適切なものでなければならない。」と規定している（第1条の2第1項）。

95 医療法は、**保健医療サービスが提供される場**について「医療は、国民自らの健康の保持増進のための努力を基礎として、医療を受ける者の意向を十分に尊重し、病院、診療所、**介護老人保健施設、介護医療院、調剤を実施する薬局**その他の医療を提供する施設（**医療提供施設**）、医療を受ける者の居宅等において、医療提供施設の機能に応じ効率的に、かつ、福祉サービスその他の関連するサービスとの有機的な連携を図りつつ提供されなければならない。」と規定している（第1条の2第2項）。

96 医療法上、入院時には、**診療計画**の作成・交付、適切な説明を行うことが義務づけられている。その際、医療従事者の知見を反映させ、有機的連携を図ることが努力義務とされている。このような医療情報提供の充実により、**インフォームドコンセント**（**説明と同意**）の充実や退院調整機能の発揮・強化、**根拠に基づく医療**（**EBM**）の推進が期待されている。

出 30-74-1

97 医療法上、退院時の**療養計画書**については、退院後に必要な保健、医療、福祉サービスに関する事項を記載した計画書を作成・交付し、適切な説明を行うこと、退院後の保健、医療、福祉サービスを提供する者と連携を図ることが努力義務とされている。

98 医療法第6条の10により、病院、診療所または助産所の管理者は、医療事故が発生した場合には、遅滞なく、当該医療事故の日時、場所および状況その他厚生労働省令で定める事項を**医療事故調査・支援センター**に報告しなければならない。

出 30-74-5

99 2014（平成26）年6月に成立した**地域における医療及び介護の総合的な確保を推進するための関係法律の整備等に関する法律（医療介護総合確保推進法）**によって、医療法が改正され、同年10月より**病床機能報告制度**が導入された。また、2015（平成27）年4月から、**地域医療構想**（**地域医療ビジョン**）が策定されている。

▶同法は持続可能な社会保障制度の実現のために、医療提供体制の構築や地域包括ケアシステムの構築などを行い、地域における医療と介護の総合的な確保を推進するものである。

100 **病床機能報告制度**とは、一般病床・療養病床を有する病院・診療所が、

出 30-74-3, 4

3 保健医療サービスの概要

当該病床において担っている医療機能の現状と今後の方向について、病棟単位で、医療機能の現状を**高度急性期機能**、**急性期機能**、**回復期機能**および**慢性期機能**の４区分から１つを選択し、その他の具体的な報告事項とあわせて、**毎年**１回都道府県に報告して、医療機能の分化・連携を推進していく仕組みである（表8参照）。

表8　医療機能の分類

医療機能の名称	医療機能の内容
高度急性期機能	急性期の患者に対し、状態の早期安定化に向けて、診療密度が特に高い医療を提供する機能
急性期機能	急性期の患者に対し、状態の早期安定化に向けて、医療を提供する機能
回復期機能	・急性期を経過した患者への在宅復帰に向けた医療や、リハビリテーションを提供する機能 ・特に、急性期を経過した脳血管疾患や大腿骨頸部骨折等の患者に対し、ADL の向上や在宅復帰を目的としたリハビリテーションを集中的に提供する機能（回復期リハビリテーション機能）
慢性期機能	・長期にわたり療養が必要な患者を入院させる機能 ・長期にわたり療養が必要な重度の障害者（重度の意識障害者を含む）、筋ジストロフィー患者または難病患者等を入院させる機能

出 30-74-3

101 **地域医療構想**は、医療計画のなかで**都道府県**が病床機能報告制度による情報を活用して、2025（令和７）年に向け、病床の機能分化・連携を進めるために、医療機能ごとに2025（令和７）年の医療需要と病床の必要量を推計し、原則として**二次医療圏**単位で策定される。

出 30-74-2

102 **地域医療構想**の内容は、① 2025（令和７）年の医療需要と病床の必要量、②目指すべき医療提供体制を実現するための施策などであり、その機能分化・連携については、「地域医療構想調整会議」で議論・調整することになっている。

103 2017（平成29）年６月に成立した「地域包括ケアシステムの強化のための介護保険法等の一部を改正する法律」において、①「日常的な医学管理」や「看取り・ターミナルケア」等の医療機能と、②「生活施設」としての機能とを兼ね備えた、主として長期にわたり療養が必要な要介護者を対象とする**介護医療院**が新設された（2018（平成30）年４月１日施行）。

出 32-71-1

104 2018（平成30）年７月に成立した「医療法及び医師法の一部を改正する法律」の趣旨は、地域間の医師偏在の解消等を通じ、地域における医

💡 **注目！**
地域における医療提供体制の確保のための法改正

477

💡 **重要項目**

表9　医療法改正の変遷

第一次改正 1985（昭和60）年	①医療圏の設定　②地域医療計画策定の義務化　③医療法人の運営の適正化と指導体制の整備 →1人医療法人制度の導入（医療施設の量的整備から質的整備）　④老人保健施設の創設
第二次改正 1992（平成4）年	①医療施設機能の体系化（特定機能病院・療養型病床群の制度化）　②医療に関する適切な情報提供（広告の規制の緩和、院内掲示の義務づけ）　③医療の目指すべき方向の明示　④医療機関の業務委託の水準確保　⑤医療法人の付帯業務の規定
第三次改正 1997（平成9）年	①医療提供の際に医療提供者が適切な説明を行い、医療の受け手の理解を得るよう努める旨を規定　②療養型病床群制度の診療所への拡大　③地域医療支援病院（コミュニティホスピタル）の創設（200床以上、ネットワーク機能、救急救命機能、臨床研究機能等）　④医療計画制度の必要的記録事項の追加　⑤医療法人の業務範囲の拡大　⑥医療機関の広告可能事項の追加
第四次改正 2000（平成12）年	①病院の病床を療養病床と一般病床に区分　②病院等の必要施設（臨床検査、消毒、給食、給水、暖房、洗濯、汚物処理の各施設）について規制を緩和　③人員配置基準違反に対する改善措置を講じる　④医業等に関して広告できる事項（診療録その他の診療に関する諸記録に係る情報を提供することができる旨、医師または歯科医師の略歴・年齢・性別、日本医療機能評価機構が行う医療機能評価の結果、費用の支払い方法または領収に関する事項ほか）を追加
第五次改正 2006（平成18）年	①医療計画制度の見直し等を通じた医療機能の分化・連携の推進　②地域や診療科による医師不足問題への対応　③医療安全の確保　④医療従事者の資質の向上　⑤医療法人制度改革　⑥患者等への医療に関する情報提供の推進
第六次改正 2014（平成26）年	①病床の機能分化・連携の推進（病床機能報告制度と地域医療構想の策定）　②在宅医療の推進　③特定機能病院の承認の更新制の導入　④医師・看護職員確保対策　⑤医療機関の勤務環境の改善　⑥医療事故に係る調査の仕組み等の整備　⑦臨床研究の推進　⑧医療法人制度の見直し
第七次改正 2015（平成27）年	①地域医療連携推進法人制度の創設　②医療法人制度の見直し
第八次改正 2017（平成29）年	①検体検査の精度の確保　②特定機能病院におけるガバナンス体制の強化　③医療に関する広告規制の見直し
第九次改正 2018（平成30）年	①医療少数区域で勤務した医師を評価する制度の創設、②都道府県における医師確保対策の実施体制の強化、③医師養成過程を通じた医師確保対策の充実

出典：厚生労働統計協会編『国民衛生の動向 2019/2020』2019年、185頁をもとに一部加筆

療提供体制を確保するため、都道府県の医療計画における医師の確保に関する事項の策定、臨床研修病院の指定権限および研修医定員の決定権限の都道府県への移譲等の措置を講ずることである。

105 2018（平成30）年7月に成立した「医療法及び医師法の一部を改正する法律」では、①医師少数区域等で勤務した医師を評価する制度の創設、②都道府県における医師確保対策の実施体制の強化（**医師確保計画**の都道府県による策定、**地域医療対策協議会**の機能強化、地域医療支援事務の見直し等）、③医師養成過程を通じた医師確保対策の充実等、④地域の外来医療機能の偏在・不足等への対応、⑤地域医療構想の達成を図るための、医療機関の開設や増床に係る都道府県知事の権限の追加、健康保険法等の所要の規定の整備等が行われる（一部を除き、2019（平成31）年4月1日施行）。

478

3 保健医療サービスの概要

医療施設の概要

医療施設の概要

106 **病院**は、医療法において医師または歯科医師が、公衆または特定多数人のために医業・歯科医業を行う場所であって、**20** 人以上の患者を入院させるための施設を有するものと規定されている（医療法第1条の5第1項）。

107 病院の配置は、都道府県の医療計画に基づいて行われ、開設には**都道府県知事**の許可を必要とする。また、管理者は原則として**医師・歯科医師**でなければならない。

▶診療所の開設は、開設地が保健所を設置する市の区域にあるときは市長の許可でもよい。

108 **病院**には、専門の診察室、手術室、処置室、臨床検査施設、エックス線装置、調剤所、給食施設を有し、診療に関する諸記録を備えておかなければならない。また、診療科名中に産婦人科、産科を標榜する病院は、分娩室および新生児の入浴施設が必要となる（医療法第21条）。

109 **病院**は、**精神科病院、結核療養所、一般病院**から構成される。日本の病院の約**1**割は精神病床（精神疾患を有する者を入院させるための病床）のみの**精神科病院**である。病床種別では、一般病床が最も多い（図2参照）。

▶詳細は厚生労働省「医療施設調査」を参照。

出 30-72-2

110 **地域医療支援病院**は、医療法第4条に規定されている病院であり、地域の他の医療機関を**支援する**ことを目的としている。第一線の地域医療を担う**かかりつけ医**、**かかりつけ歯科医**等を支援する能力を備え、地域医療の**中核を担う**病院として、ふさわしい設備を有する。

111 **地域医療支援病院**の役割は、①**紹介患者**に対する医療の提供（かかりつけ医等への逆紹介も含む）、②**医療機器の共同利用**の実施、③**救急医療**の提供、④**地域の医療従事者に対する研修**の実施、等である。**都道府県知事**により承認されている。

▶ 2018（平成30）年9月現在586病院が承認。

112 **地域医療支援病院**の管理者の義務は、医療提供施設、訪問看護事業者等の居宅等医療の提供者間の連携の緊密化のための支援、患者または地域の医療提供施設に対する居宅等医療の提供者に関する情報提供等、居宅等医療の提供の推進に関し必要な支援を行うことである。

113 **特定機能病院**は、医療法第4条の2に規定されている病院であり、①**高度の医療を提供する**能力、②**高度の医療技術の開発および評価を行う**能力、③**高度の医療に関する研修を行わせる**能力、④医療の高度の安全を確保する能力があり、集中治療室や無菌病室などの高度医療を行う設備をもち、**400**人以上の患者を入院させるための施設を有する。**厚生労働大臣**により承認されている。

出 29-71-1
30-72-1

▶ 2019（平成31）年4月1日現在86病院が承認。

重要項目

図2 医療制度の改革に応じた医療施設の変化

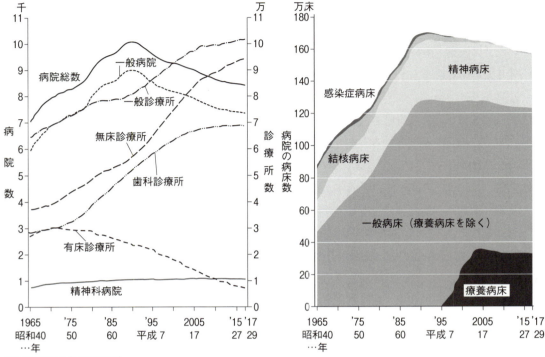

資料：厚生労働省「医療施設調査」
出典：厚生労働統計協会編『図説 国民衛生の動向2019/2020』2019年、85頁

114 **診療所**は、医療法において、医師または歯科医師が、公衆または特定多数人のために医業・歯科医業を行う場所であって、患者を入院させるための施設を有しないものまたは **19** 人以下の患者を入院させるための施設を有するものをいう（医療法第1条の5第2項）。

115 一般診療所のうち、病床を有する診療所（**有床診療所**）は約 **7** ％を占めている。歯科診療所は、ほぼ100％が無床である。

116 **介護医療院**は、介護療養型医療施設（介護療養群）の転換先の新たな施設であり、介護保険法上の介護保険施設だが、医療法上で医療提供施設として法的に位置づけられる。病院または診療所から介護医療院に転換した場合には、転換前の病院または診療所の名称を引き続き使用できる。

117 **助産所**とは、**助産師**が公衆または特定多数人のためその業務（病院または診療所において行うものを除く）を行う場所をいう（医療法第2条）。妊婦、産婦またはじょく婦 **10** 人以上の入所施設を有してはならない。

118 **調剤薬局**（調剤を実施する薬局）の役割は、薬の説明、服用の仕方など、対面で説明をすることである。薬局のなかで特に保険指定を受けた薬局を **保険薬局** といい、健康保険を使った処方箋の受付を行う（保険調剤）

出 29-71-3
30-71-2

▶ 2018（平成30）年10月1日現在、一般診療所のうち、有床診療所は6934（6.8％）施設、無床診療所は9万5171（93.2％）施設ある。

出 32-71-1

注目！
介護療養型医療施設は、介護老人保健施設等へ転換が図られることになっているが、2024（令和6）年3月31日まで、介護療養型医療施設にかかる規定は、なおその効力を有することとされる。

出 30-73-1
31-72-4

ことができる。

119 **訪問看護**は、看護師などが居宅を訪問して、**主治医の指示や連携**により行う看護（療養上の世話または必要な診療の補助）をいう。病気や障害があっても、医療機器を使用しながら住まいで最期まで暮らせるように多職種と協働しながら療養生活を支援する。

120 **訪問看護ステーション**は、在宅で療養する利用者に質の高い訪問看護サービスを提供するため、**保健師**や**看護師**等が運営するサービス機関である。

121 **がん診療連携拠点病院**とは、がん対策基本法に基づき、全国どこでも質の高いがん医療を受けることができるよう、都道府県による推薦に基づき厚生労働大臣が指定する医療機関である。がんに関する診療体制や研修体制、情報提供、他の医療機関との連携などについて、国が定めた基準を満たさなければならない。

122 わが国の救急医療体制は、「休日夜間急患センター」や「在宅当番医制」による**第一次救急医療体制**を中心として、「病院群輪番制病院」や「共同利用型病院」による**第二次救急医療体制**、さらに、各地域での最終的な救急医療の受入れ機関となる**救命救急センター**による**第三次救急医療体制**がとられている。

123 **救命救急センター**は、第一次、第二次の救急医療機関や救急患者の輸送機関との連携のもと、心筋梗塞、脳卒中、頭部損傷等の重篤救急患者の救命医療を目的に設置された医療機関である。重症および複数の診療科領域にわたるすべての重篤救急患者に対し、高度な救急医療を総合的に24時間体制で提供できる機能を有する。

124 **へき地医療拠点病院**は、**無医地区**および無医地区に準ずる地区を対象として、へき地医療支援機構の指導・調整のもとに巡回診療・へき地診療所等への医師派遣、またはへき地診療所の医師の休暇時における代替医師の派遣等などの医療活動を継続的に実施できると認められる病院であり、都道府県知事が指定する。

125 **へき地保健医療対策事業**は、へき地における医療水準の向上を目的とし、**へき地保健医療計画**の策定、**へき地診療所**における医療の提供、**へき地医療拠点病院**等による巡回診療や代診医派遣や遠隔医療等の各種診療支援等、各種の施策が**都道府県**単位で実施されている。

126 **災害拠点病院**は、災害時における初期救急医療体制の充実強化を図るための医療機関で、①**24時間**災害に対する緊急対応ができ、被災地域内の傷病者の受け入れ・搬出が可能な体制がある、②重症傷病者の受け入

▶調剤薬局は、2006（平成18）年の医療法の改正により医療を提供する施設として認められた。

▶介護保険給付によるものに加え、医療保険給付によるものも行われている。

▶看護師、保健師、助産師のほか、理学療法士、作業療法士、言語聴覚士等がスタッフとして所属している。

31-74-4, 5

▶医療機関のない地域で中心地から半径4kmの区域内に50人以上が居住し、容易に医療機関を利用できない地区のこと。

31-74-1

重要項目

れ・搬送に**ヘリコプター**などを使用可能、③消防機関（緊急消防援助
隊）と連携した医療救護班の派遣体制がある、④**ヘリコプター**での医師
派遣およびそのサポートに十分な医療設備や医療体制、情報収集システ
ム、医療チームを派遣できる資器材を備えている、といった機能を有す
る。

127 **エイズ診療拠点病院**とは、エイズに関する総合的かつ高度な医療を提供
する病院であり、①総合的なエイズ診療の実施、②必要な医療機器およ
び個室の整備、③カウンセリング体制の整備、④地域の他の医療機関と
の連携、⑤院内感染防止体制の整備、⑥職員の教育、健康管理といった
機能が期待されている。

128 **一次医療圏**は、医療法では規定されていないが、身近な医療を提供する　　出 31-74-1
医療提供圏域を意味し、**市町村**を単位として考えられている。

129 **二次医療圏**は、特殊な医療を除く、入院治療を主体とした一般の医療需
要に対応するために設定する医療圏（区域）であり、疾病予防から入院
治療まで、幅広く地域住民の保健医療をカバーする。主に病院の一般病
床および療養病床の整備を図る地域的単位として、**複数の市町村**を１つ
の単位として認定される。

130 **三次医療圏**は、一次または二次の医療圏で対応できない、最先端、専門
性の高い特殊な医療などを提供する医療圏であり、原則として**都道府県**
全域が１つの単位となっている。ただし、当該都道府県の面積が著しく
広い場合は区域内に２つ以上、また、当該都道府県の境界周辺地域にお
ける医療需給の実情に応じて２以上の都道府県にわたる区域を設定でき
る。

保健医療対策の概要

131 **医療計画**とは、医療機関の適正な配置や医療資源の効率的な活用、病院
の機能分化などを図るため、医療圏の設定や病床数、病院や救急体制の
整備について**都道府県**が策定する計画である。

132 **都道府県**は、医療計画のなかで、病院の病床および診療所の病床の整備
を図るべき地域的単位として区分する**医療圏**を定めることとされている。

133 **医療計画**の目的は、医療機能の分化・連携を推進することを通じて、地　　出 28-73-5
域において**切れ目のない**医療の提供を実現し、良質かつ適切な医療を効
率的に提供する体制の確保を図ることである（図３参照）。

134 医療計画における**基準病床数**とは、地域に病床をどの程度整備すべきか

保健医療対策の概要

図3 医療計画の概要

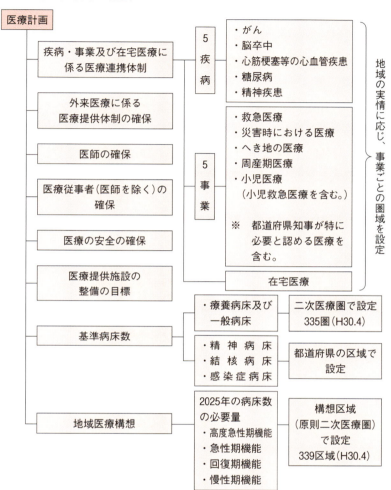

> **注目！**
> 2018（平成30）年の医療法の改正により、医療計画の策定事項に、「外来医療に係る医療提供体制の確保に関する事項」「医師の確保に関する事項」等が追加された（2019（平成31）年4月1日施行）。

資料：厚生労働省編『厚生労働白書 平成30年版』2019年、資料編50頁を一部改変

という目標的性格と、それ以上の病床の増加は抑制するという規制的性格をあわせもつ。

135 **地域包括ケア**を実現するためには、①医療との連携強化、②介護サービスの充実強化、③予防の推進、④見守り、配食、買い物など、多様な生活支援サービスの確保や権利擁護など、⑤高齢期になっても住み続けることのできる高齢者住まいの整備（国土交通省と連携）、という5つの視点での取組みが包括的、継続的に行われることが必須である。

136 **地域包括ケアシステム**の5つの構成要素としては、「介護」「医療」「予防」という専門的なサービスと、その前提としての「住まい」「生活支援・福祉サービス」が掲げられている。

137 2015（平成27）年3月に、国により都道府県における**地域医療構想策**

💡 **重要項目**

定ガイドラインが示されたのに続き、**医療介護総合確保推進法**の施行により、都道府県は、**二次医療圏**ごとの各医療機能の将来の病床数の必要量を含め、その地域にふさわしいバランスのとれた医療機能の分化と連携を適切に推進するための**地域医療構想（地域医療ビジョン）**を策定し、医療計画に盛り込むこととなった。

138 **ヘルスプロモーション**とは、1986年にオタワで開かれた会議で宣言された概念である。人々が健康を自己管理し、改善・増進させる活動などのプロセスを明らかにした。身体的、精神的、社会的に完全に良好な状態を実現させるため、生活様式の変更を含めた**健康教育**、社会基盤などの整備の必要性が示された。

139 わが国の健康づくり対策の変遷は、表10のとおりである。

> ▶ヘルスプロモーションは、プライマリ・ヘルス・ケアの理念を生活習慣や新しいライフスタイルの健康づくりに適応させた考え方であり、健康日本21の考え方のベースになった。

表10 健康づくり対策の変遷

	【基本的考え方】	【施策の概要】
第1次国民健康づくり対策（1978（昭和53）年～1988（昭和63）年度）	1. 生涯を通じる健康づくりの推進［成人病予防のための1次予防の推進］ 2. 健康づくりの3要素（栄養、運動、休養）の健康増進事業の推進（栄養に重点）	①生涯を通じる健康づくりの推進 ・乳幼児から老人に至るまでの健康診査・保健指導体制の確立 ②健康づくりの基盤整備等 ・健康増進センター、市町村保健センター等の整備 ・保健婦、栄養士等のマンパワーの確保 ③健康づくりの啓発・普及 ・市町村健康づくり推進協議会の設置 ・栄養所要量の普及 ・加工食品の栄養成分表示 ・健康づくりに関する研究の実施 等
第2次国民健康づくり対策（1988（昭和63）年度～1999（平成11）年度）**アクティブ80ヘルスプラン**	1. 生涯を通じる健康づくりの推進 2. 栄養、運動、休養のうち遅れていた運動習慣の普及に重点を置いた、健康増進事業の推進	①生涯を通じる健康づくりの推進 ・乳幼児から老人に至るまでの健康診査・保健指導体制の充実 ②健康づくりの基盤整備等 ・健康科学センター、市町村保健センター、健康増進施設等の整備 ・健康運動指導者、管理栄養士、保健婦等のマンパワーの確保 ③健康づくりの啓発・普及 ・栄養所要量の普及・改定 ・運動所要量の普及 ・健康増進施設認定制度の普及 ・たばこ行動計画の普及 ・外食栄養成分表示の普及 ・健康文化都市及び健康保養地の推進 ・健康づくりに関する研究の実施 等
	【基本的考え方】 1. 生涯を通じる健康づくりの推進［「一次予防」の重視と健康寿命の延伸、生活の質の向上］ 2. 国民の保健医療水準の指標となる具体的目標の設定及び評価に基づ	【施策の概要】 ①健康づくりの国民運動化 ・効果的なプログラムやツールの普及啓発、定期的な見直し ・メタボリックシンドロームに着目した、運動習慣の定着、食生活の改善等に向けた普及啓発の徹底

第3次国民健康づくり対策 (2000(平成12)年度〜 2012(平成24)年度) **21世紀における 国民健康づくり運動 (健康日本21)**	く健康増進事業の推進 3. 個人の健康づくりを支援する社会環境づくり	②効果的な健診・保健指導の実施 ・医療保険者による40歳以上の被保険者・被扶養者に対するメタボリックシンドロームに着目した健診・保健指導の着実な実施（2008（平成20）年度より） ③産業界との連携 ・産業界の自主的取組との一層の連携 ④人材育成（医療関係者の資質向上） ・国、都道府県、医療関係者団体、医療保険者団体等が連携した人材育成のための研修等の充実 ⑤エビデンスに基づいた施策の展開 ・アウトカム評価を可能とするデータの把握手法の見直し 等
第4次国民健康づくり対策 (2013(平成25)年度〜) **21世紀における 国民健康づくり運動 ・(健康日本21 (第二次))**	【基本的考え方】 1. 健康寿命の延伸・健康格差の縮小 2. 生涯を通じる健康づくりの推進 [生活習慣病の発症予防・重症化予防、社会生活機能の維持・向上、社会環境の整備] 3. 生活習慣病の改善とともに社会環境の改善 4. 国民の保健医療水準の指標となる具体的な数値目標の設定及び評価に基づく健康増進事業の推進	【施策の概要】 ①健康寿命の延伸と健康格差の縮小 ・生活習慣病予防対策の総合的な推進、医療や介護などの分野における支援等の取組を推進 ②生活習慣病の発症予防と重症化予防の徹底（NCD（非感染性疾患）の予防） ・がん、循環器疾患、糖尿病、COPDの一次予防とともに重症化予防に重点を置いた対策を推進 ③社会生活を営むために必要な機能の維持及び向上 ・こころの健康、次世代の健康、高齢者の健康を推進 ④健康を支え、守るための社会環境の整備 ・健康づくりに自発的に取り組む企業等の活動に対する情報提供や、当該取組の評価等を推進 ⑤栄養・食生活、身体活動・運動、休養、飲酒、喫煙、歯・口腔の健康に関する生活習慣の改善及び社会環境の改善 ・上記項目に関する基準や指針の策定・見直し、正しい知識の普及啓発、企業や民間団体との協働による体制整備を推進 等

資料：厚生労働省編『厚生労働白書 平成30年版』2019年、資料編61頁を一部改変

140 **健康日本21（21世紀における国民健康づくり運動）**とは、健康増進法に基づき、国民の健康の増進の推進に関する基本的な方向や国民の健康の増進の目標に関する事項等を定めたものである。生活習慣や生活習慣病を9つの分野で選定し、それぞれの取組みの方向性と課題についての具体的な目標値を示した。健康増進法に基づく**国民の健康の増進の総合的な推進を図るための基本的な方針**が改正されたことに伴い、2013（平成25）年からは、**健康日本21（第2次）**が10年計画でスタートした。

141 2002（平成14）年に制定された**健康増進法**は、「国民の健康の増進の総合的な推進に関し基本的な事項を定めるとともに、国民の栄養の改善その他の国民の健康の増進を図るための措置を講じ、もって国民保健の向上を図ること」を目的としている。

142 わが国のがん対策は、**がん対策基本法**（2006（平成18）年6月成立）

⚙ **重要項目**

および同法の規定に基づく**がん対策推進基本計画**により総合的に推進されてきた。

143 **がん対策推進基本計画**に基づいて、文部科学省・厚生労働省・経済産業省は協働し、がんの罹患率（りかん）と死亡率の激減を目指して 2014（平成 26）年度から新たな「**がん研究 10 か年戦略**」をスタートした。

144 **がん対策推進基本計画**（第 3 期）の全体目標は、「がん患者を含めた国民が、がんを知り、がんの克服を目指す」のもと、①科学的根拠に基づくがん予防・がん検診の充実、②患者本位のがん医療の実現、③尊厳を持って安心して暮らせる社会の構築、である。

145 2016（平成 28）年 12 月のがん対策基本法の改正により、基本理念として、がん患者が尊厳を保持しながら安心して暮らすことのできる社会の構築を目指すこと、がん患者への国民の理解が深まるようにすることなどが追加された。

146 **特定健診**（特定健康診査）・**特定保健指導**は、**高齢者の医療の確保に関する法律**に基づいて 2008（平成 20）年度から実施された、**40 歳から 74 歳までの医療保険加入者**（妊婦などを除く）を対象とする健康診断・保健指導であり、その目的は生活習慣病の予防である。

147 **スマート・ライフ・プロジェクト**とは、「健康寿命をのばそう！」をスローガンに、国民全体が人生の最後まで元気に健康で楽しく毎日が送れることを目標とした国民運動であり、**運動**、**食生活**、**禁煙**の 3 分野を中心に、具体的なアクションの呼びかけを、参画する企業・団体・自治体と協力・連携をしながら推進するプロジェクトである。

148 **宿泊型新保健指導**（スマート・ライフ・ステイ）**プログラム**とは、**生活習慣病**を効果的に予防することを目的に糖尿病が疑われる者等を対象として、ホテル、旅館等の宿泊施設や地元観光資源等を活用して保健師、管理栄養士、健康運動指導士等が多職種で連携して提供する保健指導プログラムである。

▶その他に、①患者の雇用継続への配慮の事業者の責務（努力義務）化、②患者や家族の雇用継続、就職についての国と自治体による企業への啓発・知識の普及、③小児がん患者らの学業と治療の両立に必要な環境整備、④希少がんや難治性がんの研究促進、⑤早期発見推進、療養生活に関する規定の改正、⑥がんに関する教育の推進などが規定された。

🈶 28-4-4, 5（人体）
　31-72-5
　32-72-1, 2, 3

▶「メタボ健診」と通称されている。

---

④ 保健医療サービスにおける専門職の役割と実際

医師の役割

149 **医師**は**業務独占**であり、医師の業務については、**医師法**に定められている（表11 参照）。

🈶 30-75-2

150 医師は患者を診療したら遅滞なく「経過を記録すること」が義務づけら

🈶 30-75-4

4 保健医療サービスにおける専門職の役割と実際

インフォームドコンセントの意義と実際

表11 医師の業務に関する規定（医師法より）

・診療に従事する医師は、診察治療の求があつた場合には、正当な事由がなけれ
ば、これを拒んではならない（第19条第1項）。
・医師は、自ら診察しないで治療をし、若しくは診断書若しくは処方せんを交付
し、自ら出産に立ち会わないで出生証明書若しくは死産証書を交付し、又は自ら
検案をしないで検案書を交付してはならない。但し、診療中の患者が受診後24時
間以内に死亡した場合に交付する死亡診断書については、この限りでない（第20
条）。
・医師は、患者に対し治療上薬剤を調剤して投与する必要があると認めた場合に
は、患者又は現にその看護に当っている者に対して処方せんを交付しなければな
らない（第22条一部抜粋）。
・医師は、診療をしたときは、本人又はその保護者に対し、療養の方法その他保健
の向上に必要な事項の指導をしなければならない（第23条）。

出 29-73-3
　30-75-1, 3, 4, 5

れている。これを「診療録」としている。記録後最低**5**年間は保存する
ことが義務づけられている（医師法第24条）。

151 **かかりつけ医**とは、住民が身近な地域で日常的な医療を受けたり、ある
いは健康の相談等ができる医師である。わが国では、かかりつけ医の登
録については制度化されていない。

▶かかりつけ医は、介
護保険制度の要介護認
定を申請する際に、主
治医として「主治医意
見書」を求められるこ
とがある。

152 2016（平成28）年に『**医師の職業倫理指針（第3版)**』が出された。医
師の責務として、**患者の権利**を尊重することが重要視された指針である
が、今回の改訂では、近年の遺伝医療の急速な発展を踏まえ、遺伝子を
巡る課題に関する記述が拡充された。

153 『医師の職業倫理指針（第3版）』では、虐待が疑われる患者を発見した
場合の対応として、公的機関に積極的に通報することを推奨し、「**守秘義
務**は適用されず、医師の責任が問われることはない」と明記された。ま
た、障害者や認知症患者が入院・入所する医療機関・施設では、身体拘
束が発生することにも言及し、患者や入所者に説明のつかない外傷やあ
ざなどがあった場合、「原因調査と再発防止に協力すべき」としている。

インフォームドコンセントの意義と実際

154 **インフォームドコンセント**は、治療内容については、医師の専門家とし
ての判断と裁量権が重要ではあるが、患者の生命、身体の最終決定権は
患者自身にあるという考え方に基づいた原理である。

インフォームドコンセント
「説明と同意」「説明に
基づく同意」などと訳さ
れ、患者の権利と深くかか
わる。

155 インフォームドコンセントでの**医師と患者の関係**においては、医師は患
者側に単に情報を伝えるだけでなく、患者が理解したことを確認する必
要がある。医師は患者にもわかりやすい言葉を用いて情報を**提供・交換**

重要項目

し、そのうえで患者の**同意**に基づいて治療や処置を行う。

156 1997（平成9）年の医療法の改正において、インフォームドコンセントについては、医療者は適切な**説明**を行って、医療を受ける者の理解を得るよう努力する義務が初めて明記された。

157 **マネージドケア**は、医療コストを減らすために、医療へのアクセスおよび医療サービスの内容を**制限**するものである。

158 **リスクマネジメント**は、経済的損失を**最小限**にするための科学的方法である。医療でのリスクマネジメントの目的は、①事故防止活動などを通して、組織の損失を**最小に抑える**こと、②患者・家族、来院者および職員の安全を確保すること、③医療の質を保証することの3つである。

159 患者の権利を守るために、**セカンド・オピニオン**が制度化されている。その目的は、①主治医の診断や方針の確認、②専門医に聞くことによる治療の妥当性の確認、③主治医の示した方法以外の選択肢を知る、などがある。この制度は、**主治医以外の医師**の意見を得ることで、患者が納得して治療が受けられるようにする仕組みである。

> **セカンド・オピニオン**
> セカンド・オピニオンは、主治医との良好な関係を保ちつつ他の医師の意見を得ることであり、主治医の変更を前提とするものではない。

160 新たな患者の尊厳を守る仕組みとして、**アドバンス・ディレクティブ**や**リビング・ウィル**が推進されている。**リビング・ウィル**とは、生前の意思のことをいう。延命措置を拒否する意思表示のことを指す場合が多い。

> ▶「尊厳死」を患者の権利ととらえた新たな仕組みであるが、まだ法制化はされていない。

161 **アドバンス・ディレクティブ**（事前指示）とは、患者や健常の人が、将来、判断力を失ったとき、人生の最期に自分に行われる医療行為に対する意向を事前に意思表示しておくこと、またはその指示書をいう。①医療行為に関する医療者側への指示（**リビング・ウィル**）、②自分が判断できなくなった場合の**代理決定者の委任**、の2つに大別される。

162 **ACP**（**アドバンス・ケア・プランニング**）とは、人生の最終段階の医療およびケアについて、患者を主体に、家族や近しい人、医療・ケアチームが、繰り返し話し合いを行い、患者の意思決定を支援するプロセスである。

> 出 31-76-4

> ▶ACPの愛称は、「人生会議」である。

保健師、看護師等の役割
作業療法士、理学療法士、言語聴覚士等の役割

表12　保健・医療・福祉関係の資格・職種の業務分野

資格名（根拠法）	任務・業務分野
医　師 （医師法）	○医療および保健指導を掌ることによって公衆衛生の向上および増進に寄与し、国民の健康な生活を確保する。

> 出 30-75-2

4 保健医療サービスにおける専門職の役割と実際

保健師、看護師等の役割　作業療法士、理学療法士、言語聴覚士等の役割

	○医師でなければ、医業をなしてはならない。 （医師法第17条（業務独占）・第18条（名称独占））	
歯科医師 （歯科医師法）	○歯科医療および保健指導を掌ることによって公衆衛生の向上および増進に寄与し、国民の健康な生活を確保する。 ○歯科医師でなければ、歯科医業をなしてはならない。 （歯科医師法第17条（業務独占）・第18条（名称独占））	
薬剤師 （薬剤師法）	○調剤、医薬品の供給その他薬事衛生をつかさどることによって、公衆衛生の向上および増進に寄与し、国民の健康な生活を確保する。 ○薬剤師でない者は、販売または授与の目的で調剤してはならない。ただし、医師もしくは歯科医師、獣医師が自己の処方せんにより自ら調剤するときは、この限りではない。 ○調剤した薬剤の適正な使用のため、販売または授与の目的で調剤したときは、患者または現にその看護に当たっている者に対し、必要な情報を提供し、および必要な薬学的知見に基づく指導を行わなければならない。 （薬剤師法第19条（業務独占）・第20条（名称独占）・第25条（情報の提供及び指導））	出 32-74-1
保健師 （保健師助産師看護師法）	○保健師の名称を用いて、保健指導に従事することを業とする者。 ○保健師でない者は、保健師またはこれに類似する名称を用いて、上記の業をしてはならない。ただし、臨時応急の手当てはこの限りではない。 ○保健師は、非看護師の療養上の世話または診療の補助に係る業務禁止行為規定を免除される。 （保健師助産師看護師法第29条（名称独占）・第37条（臨時応急）・第42条の3（名称独占））	▶ 2018（平成30）年末現在、保健師の実人数での就労場所としては、市町村が最も多く（56.0%）、次いで保健所（15.3%）である。
助産師 （保健師助産師看護師法）	○助産または妊婦、じょく婦もしくは新生児の保健指導を行うことを業とする女子。 ○助産師でない者は、上記の業をしてはならない。 ○助産師は、非看護師の療養上の世話または診療の補助に係る業務禁止行為規定を免除される。 ○助産師は、妊婦、産婦、じょく婦、胎児または新生児に異常があると認めたときは、医師の診療を要し、自らこれらの者に対して処置してはならない。ただし、臨時応急の手当てはこの限りではない。 （保健師助産師看護師法第30条（業務独占）・第37条（臨時応急）・第42条の3（名称独占））	▶ 2018（平成30）年末現在、助産師、看護師および准看護師の実人数としての就労場所としては、「病院」が最も多く、それぞれ66.2%、73.9%、40.6%である。
看護師 （保健師助産師看護師法）	○傷病者もしくはじょく婦に対する療養上の世話または診療の補助を行うことを業とする者。 ○看護師でない者は、上記の業をしてはならない。ただし、臨時応急の手当てはこの限りではない。 （保健師助産師看護師法第31条（業務独占）・第37条（臨時応急）・第42条の3（名称独占））	出 29-73-5 32-74-2, 3, 5
診療放射線技師 （診療放射線技師法）	○医師または歯科医師の指示の下に、放射線を人体に対して照射することを業とする者。 ○医師、歯科医師または放射線技師でなければ、上記の業をしてはならない。	

保健医療サービス

489

重要項目

	○保健師助産師看護師法（以下、保助看法）の規定にかかわらず、診療の補助として磁気共鳴画像診断装置その他の画像による診断を行うための装置であって政令で定める検査を行うことを業とすることができる。 （診療放射線技師法第24条（業務独占）・第25条（名称独占））	
臨床検査技師 （臨床検査技師等に関する法律）	○医師または歯科医師の指示の下に、微生物学的検査、血清学的検査、血液学的検査、病理学的検査、寄生虫学的検査、生化学的検査および省令で定める生理学的検査を行うことを業とする者。 ○保助看法の規定にかかわらず、診療の補助として採血および検体採取ならびに生理学的検査を行うことを業とすることができる。 （臨床検査技師等に関する法律第20条（名称独占））	
理学療法士 （理学療法士及び作業療法士法）	○医師の指示の下に、身体に障害のある者に対して、主としてその基本的動作能力の回復を図るため、治療体操その他の運動を行わせ、および電気刺激、マッサージ、温熱その他の物理的手段を加える理学療法を行うことを業とする者。 ○保助看法の規定にかかわらず、診療の補助として理学療法を行うことを業とすることができる。 （理学療法士及び作業療法士法第17条（名称独占））	出 28-74-2, 3, 5 29-73-1 30-73-5 31-75-1 32-74-4
作業療法士 （理学療法士及び作業療法士法）	○医師の指示の下に、身体または精神に障害のある者に対して、主としてその応用的動作能力または社会的適応能力の回復を図るため、手芸、工作その他の作業を行わせる作業療法を行うことを業とする者。 ○保助看法の規定にかかわらず、診療の補助として作業療法を行うことを業とすることができる。 （理学療法士及び作業療法士法第17条（名称独占））	出 28-74-1, 5 31-75-2
視能訓練士 （視能訓練士法）	○医師の指示の下に、両眼視機能に障害のある者に対するその両眼視機能の回復のための矯正訓練およびこれに必要な検査を行うことを業とする者。 ○医師の指示の下に、上記の業務のほか、眼科に係る検査を行うことを業とすることができる。 ○保助看法の規定にかかわらず、診療の補助として両眼視機能の回復のための矯正訓練およびこれに必要な検査並びに眼科検査を行うことを業とすることができる。 （視能訓練士法第20条（名称独占））	
言語聴覚士 （言語聴覚士法）	○音声機能、言語機能または聴覚に障害のある者についてその機能の維持向上を図るため、言語訓練その他の訓練、これに必要な検査および助言、指導その他の援助を行うことを業とする者。 ○保助看法の規定にかかわらず、診療の補助として医師または歯科医師の指示の下に、嚥下訓練、人工内耳の調整その他省令で定める行為を行うことを業とすることができる。 （言語聴覚士法第45条（名称独占））	出 28-74-4 29-73-4 31-75-3
臨床工学技士 （臨床工学技士法）	○医師の指示の下に、生命維持管理装置（人の呼吸、循環または代謝の機能の一部を代替、または補助することが目的とされている装置）の操作（生命維持管理装置の先端部の身体	出 31-75-4

4 保健医療サービスにおける専門職の役割と実際

保健師、看護師等の役割　作業療法士、理学療法士、言語聴覚士等の役割

	への接続または身体からの除去であって政令で定めるものを含む）および保守点検を行うことを業とする者。 ○保助看法の規定にかかわらず、診療の補助として生命維持管理装置の操作を行うことを業とすることができる。 （臨床工学技士法第41条（名称独占））
義肢装具士 （義肢装具士法）	○医師の指示の下に、「義肢」（上肢または下肢の全部または一部に欠損のある者に装着して、その欠損を補塡し、またはその欠損により失われた機能を代替するための器具器械）および「装具」（上肢もしくは下肢の全部もしくは一部または体幹の機能に障害のある者に装着して、当該機能を回復させ、もしくはその低下を抑制し、または当該機能を補完するための器具器械）の装着部位の採型並びに義肢および装具の製作および身体への適合を行うことを業とする者。 ○保助看法の規定にかかわらず、診療の補助として義肢および装具の装着部位の採型並びに義肢および装具の身体への適合を行うことを業とすることができる。 （義肢装具士法第41条（名称独占）） 出 31-75-5
救急救命士 （救急救命士法）	○医師の指示の下に、救急救命処置を行うことを業とする者。 ○「救急救命処置」とは、その症状が著しく悪化するおそれがありまたはその生命が危険な状態にある傷病者が病院または診療所に搬送されるまでの間に、当該重度傷病者に対して行われる気道の確保、心拍の回復その他の処置であって、当該重度傷病者の症状の著しい悪化を防止し、またはその生命の危険を回避するために緊急に必要なものをいう。 ○保助看法の規定にかかわらず、診療の補助として救急救命処置を行うことを業とすることができる。 ○医師の具体的な指示を受けなければ、省令で定める救急救命処置を行ってはならない。 ○救急用自動車その他重度傷病者を搬送するためのものであって厚生労働省令で定めるもの以外の場所においてその業務を行ってはならない（ただし例外事項あり）。 （救急救命士法第48条（名称独占））
歯科衛生士 （歯科衛生士法）	○歯科医師の指導の下、歯牙および口腔の疾患の予防処置として、⑴歯牙露出面および正常な歯茎の遊離縁下の付着物および沈着物を機械的操作によって除去すること、⑵歯牙および口腔に対して薬物を塗布することを行うことを業とする者。 ○保助看法の規定にかかわらず、歯科診療の補助をなすことを業とすることができる。 ○歯科保健指導をなすことを業とすることができる。 ○歯科衛生士でなければ、上記⑴⑵の業をしてはならない。 （歯科衛生士法第13条（業務独占）・第13条の7（名称独占））
歯科技工士 （歯科技工士法）	○歯科技工を業とする者。 ○「歯科技工」とは、特定人に対する歯科医療の用に供する補てつ物、充てん物または矯正装置を作成し、修理し、または加工することをいう。ただし、歯科医師がその診療中の患者のために自ら行う行為を除く。

	○歯科医師または歯科技工士でなければ、業として歯科技工を行ってはならない。 （歯科技工士法第17条（業務独占））
社会福祉士 （社会福祉士及び介護福祉士法）	○専門的知識および技術をもって、身体上もしくは精神上の障害があることまたは環境上の理由により日常生活を営むのに支障がある者の福祉に関する相談に応じ、助言、指導、福祉サービスを提供する者または医師その他の保健医療サービスを提供する者その他の関係者との連絡および調整その他の援助を行うことを業とする者。 （社会福祉士及び介護福祉士法第48条（名称独占））
介護福祉士 （社会福祉士及び介護福祉士法）	○専門的知識および技術をもって、身体上または精神上の障害があることにより日常生活を営むのに支障がある者につき心身の状況に応じた介護を行い、並びにその者およびその介護者に対して介護に関する指導を行うことを業とする者。 （社会福祉士及び介護福祉士法第48条（名称独占））
精神保健福祉士 （精神保健福祉士法）	○精神障害者の保健および福祉に関する専門的知識および技術をもって、精神科病院その他の医療施設において精神障害の医療を受け、または精神障害者の社会復帰の促進を図ることを目的とする施設を利用している者の地域相談支援（障害者の日常生活及び社会生活を総合的に支援するための法律（障害者総合支援法）に規定する地域相談支援をいう。）の利用に関する相談その他の社会復帰に関する相談に応じ、助言、指導、日常生活への適応のために必要な訓練その他の援助を行うことを業とする者。 （精神保健福祉士法第42条（名称独占））

出 29-73-2

163 介護福祉士および一定の研修を受けた介護職員は、保健師助産師看護師法の規定にかかわらず、**診療の補助**として**医師の指示**のもと、一定の条件のもとに**痰の吸引等の行為**を実施できることとなった。

医療ソーシャルワーカーの役割

164 **医療ソーシャルワーカー**の役割には、全人的な医療のために、患者の心理社会面と医学的側面との調和を図ることがある。患者の生活環境や心情を把握し、医師と協力して診断と治療が滞りなく進むように支援する。

医療ソーシャルワーカー（MSW；Medical Social Worker）
病院、診療所等に勤務するソーシャルワーカーを指し、その実践内容が医療ソーシャルワークとみなされている。

165 **医療ソーシャルワーカー業務指針**（2002（平成14）年）では、**医療ソーシャルワーカー**とは、病院をはじめとした診療所、介護老人保健施設、精神障害者社会復帰施設、**保健所、精神保健福祉センター**等、精神保健を含むさまざまな保健医療機関に配置されているソーシャルワーカーであると広い範囲でとらえている。

166 **医療ソーシャルワーカー業務指針**の構成は表13のとおりである。また、

出 28-75

4 保健医療サービスにおける専門職の役割と実際

医療ソーシャルワーカーの役割

業務の範囲は、表14のとおりである。

29-75
31-76
32-75
32-76

表13 「医療ソーシャルワーカー業務指針」の構成

一．趣旨	医療ソーシャルワーカーの資質の向上と専門性を発揮した業務適正化に向け、関係者の理解を促進することを目的とする
二．業務の範囲	(1)療養中の心理的・社会的問題の解決、調整援助
	(2)退院援助
	(3)社会復帰援助
	(4)受診・受療援助
	(5)経済的問題の解決、調整援助
	(6)地域活動
三．業務の方法等	(1)個別援助に係る業務の具体的展開
	(2)患者の主体性の尊重
	(3)プライバシーの保護
	(4)他の保健医療スタッフおよび地域の関係機関との連携
	(5)受診・受療援助と医師の指示
	(6)問題の予測と計画的対応
	(7)記録の作成等
四．その他	(1)組織上の位置づけ
	(2)患者、家族等からの理解
	(3)研修等

表14 医療ソーシャルワーカー業務指針（抜粋）

二　業務の範囲
　医療ソーシャルワーカーは、病院等において管理者の監督の下に次のような業務を行う。
(1)　療養中の心理的・社会的問題の解決、調整援助
　　入院、入院外を問わず、生活と傷病の状況から生ずる心理的・社会的問題の予防や早期の対応を行うため、社会福祉の専門的知識及び技術に基づき、これらの諸問題を予測し、患者やその家族からの相談に応じ、次のような解決、調整に必要な援助を行う。
　①　受診や入院、在宅医療に伴う不安等の問題の解決を援助し、心理的に支援すること。
　②　患者が安心して療養できるよう、多様な社会資源の活用を念頭に置いて、療養中の家事、育児、教育、就労等の問題の解決を援助すること。
　③　高齢者等の在宅療養環境を整備するため、在宅ケア諸サービス、介護保険給付等についての情報を整備し、関係機関、関係職種等との連携の下に患者の生活と傷病の状況に応じたサービスの活用を援助すること。
　④　傷病や療養に伴って生じる家族関係の葛藤や家族内の暴力に対応し、その緩和を図るなど家族関係の調整を援助すること。
　⑤　患者同士や職員との人間関係の調整を援助すること。
　⑥　学校、職場、近隣等地域での人間関係の調整を援助すること。
　⑦　がん、エイズ、難病等傷病の受容が困難な場合に、その問題の解決を援助すること。
　⑧　患者の死による家族の精神的苦痛の軽減・克服、生活の再設計を援助すること。
　⑨　療養中の患者や家族の心理的・社会的問題の解決援助のために患者会、家族会等を育成、支援すること。
(2)　退院援助

保健医療サービス

　生活と傷病や障害の状況から退院・退所に伴い生ずる心理的・社会的問題の予防や早期の対応を行うため、社会福祉の専門的知識及び技術に基づき、これらの諸問題を予測し、退院・退所後の選択肢を説明し、相談に応じ、次のような解決、調整に必要な援助を行う。

① 地域における在宅ケア諸サービス等についての情報を整備し、関係機関、関係職種等との連携の下に、退院・退所する患者の生活及び療養の場の確保について話し合いを行うとともに、傷病や障害の状況に応じたサービスの利用の方向性を検討し、これに基づいた援助を行うこと。

② 介護保険制度の利用が予想される場合、制度の説明を行い、その利用の支援を行うこと。また、この場合、介護支援専門員等と連携を図り、患者、家族の了解を得た上で入院中に訪問調査を依頼するなど、退院準備について関係者に相談・協議すること。

③ 退院・退所後においても引き続き必要な医療を受け、地域の中で生活をすることができるよう、患者の多様なニーズを把握し、転院のための医療機関、退院・退所後の介護保険施設、社会福祉施設等利用可能な地域の社会資源の選定を援助すること。なお、その際には、患者の傷病・障害の状況に十分留意すること。

④ 転院、在宅医療等に伴う患者、家族の不安等の問題の解決を援助すること。

⑤ 住居の確保、傷病や障害に適した改修等住居問題の解決を援助すること。

(3) 社会復帰援助

　退院・退所後において、社会復帰が円滑に進むように、社会福祉の専門的知識及び技術に基づき、次のような援助を行う。

① 患者の職場や学校と調整を行い、復職、復学を援助すること。

② 関係機関、関係職種との連携や訪問活動等により、社会復帰が円滑に進むように転院、退院・退所後の心理的・社会的問題の解決を援助すること。

(4) 受診・受療援助

　入院、入院外を問わず、患者やその家族等に対する次のような受診、受療の援助を行う。

① 生活と傷病の状況に適切に対応した医療の受け方、病院・診療所の機能等の情報提供等を行うこと。

② 診断、治療を拒否するなど医師等の医療上の指導を受け入れない場合に、その理由となっている心理的・社会的問題について情報を収集し、問題の解決を援助すること。

③ 診断、治療内容に関する不安がある場合に、患者、家族の心理的・社会的状況を踏まえて、その理解を援助すること。

④ 心理的・社会的原因で症状の出る患者について情報を収集し、医師等へ提供するとともに、人間関係の調整、社会資源の活用等による問題の解決を援助すること。

⑤ 入退院・入退所の判定に関する委員会が設けられている場合には、これに参加し、経済的、心理的・社会的観点から必要な情報の提供を行うこと。

⑥ その他診療に参考となる情報を収集し、医師、看護師等へ提供すること。

⑦ 通所リハビリテーション等の支援、集団療法のためのアルコール依存症者の会等の育成、支援を行うこと。

(5) 経済的問題の解決、調整援助

　入院、入院外を問わず、患者が医療費、生活費に困っている場合に、社会福祉、社会保険等の機関と連携を図りながら、福祉、保険等関係諸制度を活用できるように援助する。

(6) 地域活動

　患者のニーズに合致したサービスが地域において提供されるよう、関係機関、関係職種等と連携し、地域の保健医療福祉システムづくりに次のような参画を行う。

① 他の保健医療機関、保健所、市町村等と連携して地域の患者会、家族会等を育成、支援すること。

② 他の保健医療機関、福祉関係機関等と連携し、保健・医療・福祉に係る地域のボランティアを育成、支援すること。

③ 地域ケア会議等を通じて保健医療の場から患者の在宅ケアを支援し、地域ケアシステムづくりへ参画するなど、地域におけるネットワークづくりに貢献すること。

④ 関係機関、関係職種等と連携し、高齢者、精神障害者等の在宅ケアや社会復帰について地域の理解を求め、普及を進めること。

167 医療保険制度上、社会福祉士が他の保健医療専門職とともに保健医療サービスを実施することで、診療報酬上算定されるものがある（表15参

照）。

表15　診療報酬制度と社会福祉士・精神保健福祉士

項目名	内　容	備考（社会福祉士の配置に関する施設基準等）
精神科地域移行実施加算	退院調整を実施し、計画的に地域への移行を進めた場合に、当該保険医療機関の精神病棟に入院した患者について、所定点数に加算する。	専門の部門（地域移行推進室）に常勤の精神保健福祉士が1名以上配置されていること
栄養サポートチーム加算	栄養障害の状態にある患者または栄養管理を行わなければ栄養障害の状態になることが見込まれる患者に対して、患者の生活の質の向上等を目的として、医師、看護師、薬剤師、管理栄養士等が共同して必要な診療を行った場合に所定点数に加算する。	当該保険医療機関内に栄養サポートチーム（所定の研修を修了した専任の①常勤医師、②常勤看護師、③常勤薬剤師、④常勤管理栄養士）の配置が必須条件であるが、上記のほか、歯科医師、歯科衛生士、臨床検査技師、理学療法士、作業療法士、社会福祉士、言語聴覚士が配置されていることが望ましい
患者サポート体制充実加算	医療機関に相談する患者等に対して、相談に幅広く対応できる体制をとっている医療機関に対する評価であり、医療従事者と患者との円滑なコミュニケーションを図る。 ＊「がん拠点病院加算」を算定している場合は算定できない。	患者からの相談に対する窓口を設置し、専任の医師、看護師、社会福祉士等が常時1名以上配置されていること
入退院支援加算1	退院困難な要因を有する者に対して、適切な退院先に適切な退院時期に退院できるよう、退院支援計画の立案および当該計画に基づき退院した場合に加算される。 ＊一般病棟入院基本料等の場合は原則として7日以内、療養病棟入院基本料等の場合は原則として14日以内に、患者および家族と病状や退院後の生活を含めた話し合いを行うとともに、関係職種と連携し、入院後7日以内に退院支援計画の作成に着手することが必要である。	①当該保険医療機関内に、入退院支援および地域連携業務を担う部門が設置されていること ②当該入退院支援部門に、入退院支援および地域連携業務に関する十分な経験を有する専従の看護師（この場合は、専任の社会福祉士の配置が必要）または専従の社会福祉士（この場合は、専任の看護師の配置が必要）が1名以上配置されていること ③各病棟に、入退院支援および地域連携業務に専従として従事する専任の看護師または社会福祉士が配置されていること ④その他入退院支援等を行うにつき十分な体制が整備されていること

出 28-72-5

▶なお、当該専従の看護師または社会福祉士については、週3日以上常態として勤務しており、かつ、所定労働時間が22時間以上の勤務を行っている専従の非常勤の看護師または社会福祉士（入退院支援および地域連携業務に関する十分な経験を有する看護師または社会福祉士に限る）を2名以上組み合わせることにより、常勤看護師または社会福祉士と同じ時間帯にこれらの非常勤看護師または社会福祉士が配置されている場合には、当該基準を満たしているとみなすことができる。

重要項目

入退院支援加算2	退院困難な要因を有する者に対して、適切な退院先に適切な退院時期に退院できるよう、退院支援計画の立案および当該計画に基づき退院した場合に加算される。 ＊できるだけ早期に患者および家族との話し合いを行うとともに、入院後7日以内に退院支援計画の作成に着手することが必要である。	①当該保険医療機関内に、入退院支援および地域連携業務を担う部門が設置されていること ②当該入退院支援部門に、入退院支援および地域連携業務に関する十分な経験を有する**専従の看護師**（この場合は、専任の社会福祉士の配置が必要）または**専従の社会福祉士**（この場合は、専任の看護師の配置が必要）が1名以上配置されていること▶ ③その他入退院支援等を行うにつき十分な体制が整備されていること	▶なお、当該専従の看護師または社会福祉士については、週3日以上常態として勤務しており、かつ、所定労働時間が22時間以上の勤務を行っている専従の非常勤の看護師または社会福祉士（入退院支援および地域連携業務に関する十分な経験を有する看護師または社会福祉士に限る）を2名以上組み合わせることにより、常勤看護師または社会福祉士と同じ時間帯にこれらの非常勤看護師または社会福祉士が配置されている場合には、当該基準を満たしているとみなすことができる。
入退院支援加算3	新生児特定集中治療室（NICU）または新生児集中治療室に入室し、集中的な治療を受けた退院困難な要因を有する患者に対して、退院支援計画を作成し、退院支援を行った場合、加算される。 ＊原則として入院7日以内の患者や家族との話し合い、入院後1か月以内の退院支援計画の作成、患者や家族に説明することなどが必要である。	①当該保険医療機関内に、入退院支援および地域連携業務を担う部門が設置されていること ②当該部門に入退院支援および5年以上の新生児集中治療に係る業務の経験を有し、小児患者の在宅移行に係る適切な研修を修了した専任の看護師または入退院支援および5年以上の新生児集中治療に係る業務の経験を有する専任の看護師および専従の社会福祉士が配置されていること	▶なお、当該専従の社会福祉士は、週30時間以上入退院支援に係る業務に従事していること。また、当該専従の社会福祉士については、週3日以上常態として勤務しており、かつ、所定労働時間が22時間以上の勤務を行っている専従の非常勤の社会福祉士を2名以上組み合わせることにより、常勤社会福祉士と同じ時間帯にこれらの非常勤社会福祉士が配置されている場合には、当該基準を満たしているとみなすことができる。
入院時支援加算	入院を予定している患者に、安心して入院医療を受けられるように、外来において、入院中の治療の説明や入院中にかかる計画に備え、入院前に以下の内容を含む支援を行い、入院中の看護や栄養管理等にかかる療養支援の計画を立て、患者および関係者と共有するといった支援を行った場合に加算する。 ①身体的・社会的・精神的背景を含めた患者情報の把握 ②入院前に利用していた介護サービスまたは福祉サービスの把握 ③褥瘡に関する危険因子の評価 ④栄養状態の評価 ⑤服薬中の薬剤の確認 ⑥退院困難な要因の有無の評価 ⑦入院中に行われる治療・検査の説明	①入退院支援加算の届出を行っている保険医療機関であること ②上記の入退院支援加算1、2または3の施設基準で求める人員（専従の看護師または**専従の社会福祉士**）に加え、入院前支援を行う担当者を病床規模に応じた必要数、入退院支援部門に配置すること▶ ③転院または退院体制等について地域連携を行うにつき十分な体制が整備されていること	▶なお、当該専従の看護師については、週3日以上常態として勤務しており、かつ、所定労働時間が22時間以上の勤務を行っている専従の非常勤の看護師（入退院支援および地域連携業務に関する十分な経験を有する看護師に限る）を2名以上組み合わせることにより、常勤看護師と同じ時間帯にこれらの非常勤看護師が配置されている場合には、当該基準を満たしているとみなすことができる。

		⑧入院生活の説明	
認知症ケア加算1	認知症患者を積極的に診療する医療機関の評価の視点から、身体疾患のために入院した認知症患者に対する病棟でのケアや多職種チームの介入について評価する。		・当該保険医療機関内に、①～③により構成される認知症ケアに係るチームが設置されていること ①認知症患者の診療について十分な経験を有する専任の常勤医師 ②認知症患者の看護に従事した経験を5年以上有し、認知症看護に係る適切な研修を修了した専任の常勤看護師 ③認知症患者等の退院調整について経験のある**専任の常勤社会福祉士**または**常勤精神保健福祉士** 　上記のチームは、身体的拘束の実施基準を含めた認知症ケアに関する手順書を作成し、保険医療機関内に周知し活用すること
回復期リハビリテーション病棟入院料1	回復期リハビリテーション病棟において、脳血管疾患または大腿骨頸部骨折の患者に対して、ADL の向上による寝たきり防止と家庭復帰を目的としたリハビリテーションを集中的に行った場合に算定する。		・当該病棟に専任の医師1名以上、**専従の理学療法士**3名以上、**作業療法士**2名以上、**言語聴覚士**1名以上、在宅復帰支援を担当する**専任の社会福祉士**等1名以上の常勤配置
在宅時医学総合管理料・施設入居時等医学総合管理料	通院が困難な患者に対するかかりつけ医機能の確立および在宅での療養の推進を図るために算定する。 ・計画的な医学管理の下に月2回以上の定期的な訪問診療（往診を含む。）を行っている場合に、月1回算定する。 ・個別の患者ごとに総合的な在宅療養計画を作成し、その内容を患者、家族およびその看護に当たる者等に対して説明し、在宅療養計画および説明の要点等を診療録に記載する。		・診療所、在宅療養支援病院および許可病床数200床未満の病院で、以下の①、②の要件を満たすこと ①**介護支援専門員（ケアマネジャー）**、**社会福祉士**等の保健医療サービスおよび福祉サービスとの連携調整を担当する者が配置されていること ②在宅医療を担当する常勤医師が勤務し、継続的に訪問診療等を行うことができる体制が確保されていること
ウイルス疾患指導料2	後天性免疫不全症候群（HIV）に罹患している患者に対して、療養上必要な指導および感染予防に関する指導を行った場合に、患者1人につき月1回に限り算定する。 ただし、厚生労働大臣が定める施設基準に		**社会福祉士**または**精神保健福祉士**が1名以上勤務していること

重要項目

	適合しているものとして地方厚生局長等に届け出た保険医療機関においてウイルス疾患指導が行われる場合は、所定点数に加算する。	
介護支援等連携指導料	入院の原因となった疾患・障害や入院時に行った患者の心身の状況等の総合的な評価の結果を踏まえ、退院後に介護サービス等を導入することが適当であると考えられる患者等が退院後により適切な介護等サービスを受けられるよう、社会福祉士等がケアプランの作成を担当する介護支援専門員と共同して導入すべき介護サービス等について説明および指導を行った場合に当該入院中2回に限り算定する。	入院中の患者に対して、当該患者の同意を得て、医師または医師の指示を受けた看護師、**社会福祉士**等が、**介護支援専門員**または相談支援専門員と共同して、患者の心身の状態等を踏まえて導入が望ましい介護サービスまたは障害福祉サービス等や退院後に利用可能な介護サービスまたは障害福祉サービス等について説明および指導を行った場合に算定する。
退院時リハビリテーション指導料	患者の退院時に当該患者またはその家族等に対して、退院後の在宅での基本的動作能力もしくは応用的動作能力または社会的適応能力の回復を図るための訓練等について必要な指導を行った場合に、退院日に1回に限り算定する。	当該患者の入院中、主として医学的管理を行った医師またはリハビリテーションを担当した医師が、患者の退院に際し、指導を行った場合に算定する。なお、医師の指示を受けて、保険医療機関の**理学療法士、作業療法士**または**言語聴覚士**が保健師、看護師、**社会福祉士、精神保健福祉士**とともに指導を行った場合にも算定できる
リハビリテーション総合計画評価料	心大血管疾患リハビリテーション、脳血管疾患等リハビリテーション、廃用症候群リハビリテーション、運動器リハビリテーション、呼吸器リハビリテーションまたはがん患者リハビリテーション、認知症患者リハビリテーションに係る施設基準に適合している保険医療機関において、右記の多職種でリハビリテーション総合実施計画に基づいて行ったリハビリテーションの効果、実施方法等について共同して評価を行った場合、患者1人につき1月に1回を限度として算定する。	医師、看護師、**理学療法士、作業療法士、言語聴覚士、社会福祉士**等の多職種が共同してリハビリテーション総合実施計画を作成する
がん患者リハビリテーション料	保険医療機関において、がんの治療のために入院している者であって、医師が個別にがん患者リハビリテーションが必要であると認める者に対して、個別療法であるリハビリテーションを行った場合に、算定できる。	がん患者に対してリハビリテーションを行う際には、定期的な医師の診察結果に基づき、医師、看護師、**理学療法士、作業療法士、言語聴覚士、社会福祉士**等の多職種が共同してリハビリテーション

		計画を作成すること
入院生活技能訓練療法	入院中の患者であって精神疾患を有する者に対して、行動療法の理論に裏づけられた一定の治療計画に基づき、観察学習、ロールプレイ等の手法により、服薬習慣、再発徴候への対処技能、着衣や金銭管理等の基本生活技能、対人関係保持能力および作業能力等の獲得をもたらすことにより、病状の改善と社会生活機能の回復を図る。患者1人当たり1日につき1時間以上実施した場合に限り、週1回を限度として算定する。	精神科を標榜している保険医療機関において、経験のある2人以上の従事者が行った場合に限り算定できる。この場合、少なくとも1人は、看護師、准看護師または作業療法士のいずれかとし、ほかの1人は精神保健福祉士、公認心理師または看護補助者のいずれかとすることが必要である。なお、看護補助者は専門機関等による生活技能訓練、生活療法または作業療法に関する研修を修了したものでなければならない

注：この表では、医科診療報酬点数表上で、社会福祉士および精神保健福祉士の業務が点数化されている項目を掲載している。なお、これらは一例であって、すべてを網羅しているわけではない。

資料：社会福祉士養成講座編集委員会編『新・社会福祉士養成講座⑰保健医療サービス（第5版）』中央法規出版、2017年、31～32頁を一部改変

5 保健医療サービス関係者との連携と実際

168 **チームアプローチ**とは、医師や保健師・看護師、精神保健福祉士、医療ソーシャルワーカー、理学療法士、作業療法士、臨床心理士など利用者（患者）にかかわるすべてのスタッフが、当事者を中心としてチームをつくり、医療を行う方法である。すべてのスタッフは公平な立場にあり、それぞれの立場から自由に意見を交換しながら治療を展開していくので、あらゆる角度からの情報収集や治療方針の検討が可能になり、より質の高いサービスの提供ができる。 　出28-76

169 **IPM**（**インタープロフェッショナルワーク**）とは、保健・医療・福祉など複数領域の専門職が、クライエントやその家族と、チームとして共通の目的をめざす連携協働のことである。

170 **多職種チーム**には、**マルチ型**（**マルチディシプリナリーモデル**）、**インター型**（**インターディシプリナリーモデル**）、**トランス型**（**トランスディシプリナリーモデル**）の3つのモデルがある。 　出28-76-1

171 **マルチ型**（**マルチディシプリナリーモデル**）のチームでは、多職種が明確な役割分担に基づいて利用者にかかわり、各専門職が**個別**のケアや治療を行い、目標も**個別**に決定し、各職種間の相互作用は**小さい**という特徴がある。チームとしての協働、連携が十分には行われない。 　出28-76-1

重要項目

172 **インター型**（**インターディシプリナリーモデル**）のチームでは、専門職間の**コミュニケーション**が重視され、職種間での階層性はなく、相互作用が**大きい**という特徴がある。ほかの専門職と一緒に１つの目標に対して緊密な**相互連携・協働**により治療やケアが行われる。

173 **トランス型**（**トランスディシプリナリーモデル**）のチームでは、多職種による協働・連携に加えて、**役割解散**と呼ばれる、各専門職が、チーム内で果たすべき役割を意図的・計画的に専門分野を超えて**横断的**に共有しているという特徴がある。

174 チームワークの機能モデルには、**タスク機能**と**メンテナンス機能**があり、この２つの機能を発揮するにあたって影響を与える要因として、外的サポート、スタッフの資質、リーダーシップがある。　　　　　　　　　出 28-76-5

175 **タスク機能**とは、多職種の参加によって設定した目標の達成や問題解決の過程をたどり、活動を増進する機能をいう。　　　　　　　　出 28-76-5

176 **メンテナンス機能**とは、集団としてチームを維持する機能であり、意図的なコミュニケーションのなかでお互いをサポートしあい、その雰囲気を保持し合えるようにする機能をいう。また、人間関係や倫理的問題等によって生じるチームコンフリクトを調整、マネジメントする。　　出 28-76-5

医師、保健師、看護師等との連携

■ 連携の方法と実際

177 **クリティカルパス**とは、治療や検査ごとにつくられた**診療スケジュール**である。一般に、病院の**入院**から**退院**までの、診療等の予定、退院のめど等が示された一覧表で、**医療者**用と**患者**用の２種類がある。

▶クリティカルパスの活用により、医療の質の向上、医療費抑制、患者の安心、チーム医療の確立など、さまざまな効果が期待される。

178 **バリアンス**とは、クリティカルパスで予想されたのとは異なる**プロセス**や**結果**をいう。バリアンスには、**変動**（パスに揺らぎを与える）と**逸脱**（パスから外れてしまう）、**脱落**（完全にパスから外れる）がある。また、**正のバリアンス**と**負のバリアンス**がある。

179 クリティカルパスは、頻度の高い疾患の治療、頻繁に行われる検査などで運用されている。病院の入院から退院までのクリティカルパスを**院内パス**、退院後の、他の病院、施設、在宅など、地域全体をフィールドとしたクリティカルパスを**地域連携パス**という。

▶当該病院の施設、人員、地域性などを加味して作成され、病院ごとに定めるのが一般的である。

180 **地域連携クリティカルパス**とは、患者が急性期病院から回復期病院を経て早期に自宅に帰れるような診療計画を作成し、治療を受けるすべての医療機関で共有して用い、治療にあたる複数の医療機関が、役割分担を

出 29-76

▶代表的なものに、大腿骨頸部骨折パス、脳卒中パスなどがある。

含め、あらかじめ診療内容を患者に提示・説明することにより、患者が安心して医療を受けるための仕組みである。

181 医療機関における**退院支援計画**の立案・実施が医療連携には重要である。医師や看護師、社会福祉士などが中心となり、①患者やその家族への退院に向けた教育指導、②医療、介護サービスとの連携調整、③経済的問題の解決など具体的な支援を行う。

182 医療機能の分化・連携（「医療連携」）を推進することにより、急性期から回復期、在宅療養に至るまで、地域全体で切れ目なく必要な医療が提供される**地域完結型医療**を推進することが求められている。

地域の社会資源との連携

■ 連携機関・団体

183 **保健所**は、**地域保健法**に規定されており、疾病（しっぺい）の予防、健康増進、環境衛生など、公衆衛生活動の中心的機関として、地域住民の生活と健康に極めて重要な役割をもつ。

184 **保健所**は、都道府県、指定都市、中核市その他の政令で定める市または特別区が設置する。保健所の管轄地域は、保健医療に係る施策と社会福祉に係る施策との有機的な連携を図るため、医療法に規定する**二次医療圏**および介護保険法に規定する区域を考慮して設定される（地域保健法第5条）。

出 29-72-4
　30-45-5（行財）

185 保健所の役割は、表16のとおりである。

186 保健所の活動には、**対人保健分野**のサービスと**対物保健分野**のサービスがある（図4参照）。

出 29-72-1, 2, 3, 5

187 「**地域における保健師の保健活動に関する指針**」では、保健師が組織や部署にかかわらず留意すべき10項目があげられている（表17参照）。

出 32-73

▶「地域における保健師の保健活動について」（平成25年4月19日健発0419第1号厚生労働省健康局長通知）で示された指針

188 **市町村保健センター**は、住民に対し、健康相談、保健指導および健康診査その他地域保健に関し必要な事業を行うことを目的としており、健康づくりを推進するための拠点となる施設である（地域保健法第18条）。

189 医療と介護を連携させて、そのサービスの強化を目指す地域包括ケアシステムが機能するためには、包括的なマネジメントが必要であり、その中核となるのが、**介護支援専門員**という調整役と、**地域包括支援センター**という場である。

▶ケアマネジャーはケアチームにおけるコーディネーターであり、利用者の立場で、さまざまな医療と介護のサービスを組み合わせる。

190 **ケアマネジャー**（**介護支援専門員**）は、利用者一人ひとりのニーズを抽出し、過不足のないサービスを提供することを目的として、**ケアプラン**

💡 **重要項目**

表16　保健所の役割

以下の事項について、企画、調整、指導およびこれらに必要な事業を行う（地域保健法第6条）。
① 地域保健に関する思想の普及および向上に関する事項
② 人口動態統計その他地域保健に係る統計に関する事項
③ 栄養の改善および食品衛生に関する事項
④ 住宅、水道、下水道、廃棄物の処理、清掃その他の環境の衛生に関する事項
⑤ 医事および薬事に関する事項
⑥ 保健師に関する事項
⑦ 公共医療事業の向上および増進に関する事項
⑧ 母性および乳幼児ならびに老人の保健に関する事項
⑨ 歯科保健に関する事項
⑩ 精神保健に関する事項
⑪ 治療方法が確立していない疾病その他の特殊の疾病により長期に療養を必要とする者の保健に関する事項
⑫ エイズ、結核、性病、伝染病その他の疾病の予防に関する事項
⑬ 衛生上の試験および検査に関する事項
⑭ その他地域住民の健康の保持および増進に関する事項

図4　保健所の活動

≪対人保健分野≫

＜感染症等対策＞
健康診断、患者発生の報告等
結核の定期外健康診断、予防接種、訪問指導、管理検診等
（感染症法）

＜エイズ・難病対策＞
HIV・エイズに関する検査・相談
（エイズ予防指針）
難病医療相談等
（難病の患者に対する医療等に関する法律）

＜精神保健対策＞
精神保健に関する現状把握、精神保健福祉相談、精神保健訪問指導、医療・保護に関する事務等
（精神保健福祉法）

＜母子保健対策＞
未熟児に対する訪問指導、養育医療の給付等
（母子保健法）

≪対物保健分野≫

＜食品衛生関係＞
飲食店等営業の許可、営業施設等の監視、指導等
（食品衛生法）

＜生活衛生関係＞
営業の許可、届出、立入検査等
（生活衛生関係営業の運営の適正化に関する法律、興行場法、公衆浴場法、旅館業法、理容師法、美容師法、クリーニング業法）

保健所運営協議会
保健所長（医師）
・健康危機管理
・市町村への技術的援助・助言
・市町村相互間の調整
・地域保健医療計画の作成・推進

保健所481か所
都道府県363　政令市95　特別区23

医師	理学療法士
歯科医師	作業療法士
薬剤師	保健師
獣医師	助産師
診療放射線技師	看護師
医療社会事業員	精神保健福祉士
臨床検査技師	衛生検査技師
食品衛生監視員	環境衛生監視員
管理栄養士	栄養士
歯科衛生士	と畜検査員　　等

＜医療監視等関係＞
病院、診療所、医療法人、歯科技工所、衛生検査所等への立入検査等
（医療法、歯科技工士法、臨床検査技師等に関する法律）

≪企画調整等≫
広報
普及啓発
衛生統計
健康相談

＊これら業務の他に、保健所においては、薬局の開設の許可等（医薬品医療機器等法）、狂犬病まん延防止のための犬の拘留等（狂犬病予防法）、あんま・マッサージ業等の施術所開設届の受理等（あん摩マッサージ指圧師等に関する法律）の業務を行っている。

資料：厚生労働省編『厚生労働白書 平成30年版』2019年、資料編57頁

5 保健医療サービス関係者との連携と実際

地域の社会資源との連携

表17 組織や部署にかかわらず留意すべき10項目

①地域診断に基づく PDCA サイクルの実施
②個別課題から地域課題への視点及び活動の展開
③予防的介入の重視
④地区活動に立脚した活動の強化
⑤地区担当制の推進
⑥地域特性に応じた健康なまちづくりの推進
⑦部署横断的な保健活動の連携及び協働
⑧地域のケアシステムの構築
⑨各種保健医療福祉計画の策定及び実施
⑩人材育成

を作成する。

191 **地域包括支援センター**では、地域包括ケアのポイントである①多職種連携・協働によるチームケア、②連携・協働を支える主治医とケアマネジャーによる長期継続フォローアップ、③相談から評価までの包括的支援、④地域資源の活用・参加の４つの柱が実現できるよう組織されている。

192 **地域包括支援センター**の具体的人員としては、**保健師**（または地域ケア経験のある看護師）、**社会福祉士**、**主任介護支援専門員**の３つの専門職種が配置されている。多職種協働・連携の実現に向けて、主治医と介護支援専門員の連携支援、地域における介護支援専門員のネットワーク構築に取り組むことになっている。

▶ 2011（平成 23）年の介護保険法の改正により、地域包括支援センターの設置者は、介護サービス事業者、医療機関、民生委員、ボランティア等の関係者との連携に努めなければならないとの規定が設けられた。

Q 実力チェック！ 一問一答

※解答の（　）は重要項目（P. 462〜503）の番号です。

●解答

1 医療給付は 2 つに大別されるが、そのうち 1 つは療養の給付（現物給付）、あと 1 つは何か。

▶療養費（療養の給付が受けられない場合の給付）（ 11 ）

2 公的医療保険給付の対象となる保険診療と、保険給付の対象でない保険外診療（自由診療）を併用する仕組みは何か。

▶混合診療（ 14 ）

3 わが国で現在、保険外併用療養費として認められているのは、評価療養、選定療養とあと 1 つは何か。

▶患者申出療養（ 15 ）

4 業務外の事由による病気やけがの療養のため就労不能となり、給料を支給されない被保険者とその家族の生活を保障するために設けられた所得補償とは何か。

▶傷病手当金（ 21 ）

5 後期高齢者医療制度の運営主体となる特別地方公共団体とは何か。

▶後期高齢者医療広域連合（ 26 ）

6 高額長期疾病（特定疾病）における自己負担限度額は医療機関ごと、入院・通所ごとに月額何万円か。

▶1 万円（慢性腎不全のうち 70 歳未満で上位所得者は月額 2 万円）（ 28 ）

7 保険者から高額療養費自己負担について交付を受け、保険医療機関に提示すれば、外来・入院ともに患者の窓口支払い額が定められた限度額内にとどまる認定証は何か。

▶限度額適用認定証（ 29 ）

8 高額療養費の申請期間は、医療サービスを受けた翌月の初日から何年以内か。

▶2 年以内（ 31 ）

9 2018（平成 30）年度から開始された、公益社団法人国民健康保険中央会が実施主体となっている、著しく高額な医療費（1 件 420 万円超）について、都道府県からの拠出金を財源に全国で費用負担を調整する事業を何というか。

▶特別高額医療費共同事業（ 35 ）

10 2017（平成 29）年度の国民医療費は約何兆円か。

▶約 43 兆円（43 兆 710 億円）（ 38 ）

11 2017（平成 29）年度の国民医療費を制度区分別にみると、公費負担医療給付分、医療保険等給付分、後期高齢者医療給付分、患者等負担分のなかで、最も大きな割合を占めているのは何か。

▶医療保険等給付分（ 42 ）

12 国民医療費の財源別構成割合において、最も大きな割合を占めるのは、その他（患者負担等）、公費、保険料のうちどれか。

▶保険料（ 44 （表 4））

●解答

⑬ 近年の診療報酬改定の動向として、本体分は増加傾向にあるか。あるいは減少傾向にあるか。

▶増加傾向にある。（ただし、薬価等は減少傾向にある）（ 48 （表5））

⑭ 診療報酬改定の答申を行っている厚生労働大臣の諮問機関はどこか。

▶中央社会保険医療協議会（中医協）（ 50 ）

⑮ 医療機関が医療費計算をする2つの方法としては、出来高払い方式ともう1つは何か。

▶包括評価払い方式（DPC／PDPS）（ 58 ）

⑯ 2020（令和2）年度の診療報酬改定で、オンライン診療や遠隔服薬指導など、何を利用した医療の評価が実施されるようになったのか。

▶ICT（情報通信技術）（ 67 ）

⑰ 2020（令和2）年度の診療報酬改定により、療養・就労両立支援指導料の対象患者となる疾患は、従来のがんの他、何が追加されたか。

▶脳卒中、肝疾患および指定難病（ 72 ）

⑱ 24時間体制で往診や訪問看護を提供する診療所を何というか。

▶在宅療養支援診療所（ 76 （表6））

⑲ 2018（平成30）年度より、介護保険サービスを利用する際の利用者自己負担は3段階になるが、年金収入等が340万円以上（夫婦世帯の場合は463万円以上）の人たちの負担割合は、何割になるのか。

▶3割（ 84 ）

⑳ 病床機能報告制度における4つの医療機能とは、高度急性期機能、急性期機能、回復期機能とあと1つは何か。

▶慢性期機能（ 100 （表8））

㉑ 介護療養型医療施設の転換先として、医療機能と生活施設としての機能を兼ね備えた、主として長期にわたり療養が必要な要介護者を対象とする施設は何か。

▶介護医療院（ 103 ）

㉒ 病院は、一般病院、結核療養所と、あと何から構成されているか。

▶精神科病院（ 109 ）

㉓ 医療法に規定されており、地域医療を担うかかりつけ医などを支援し、地域医療の中核を担うのにふさわしい病院として、都道府県知事から承認されている病院を何というか。

▶地域医療支援病院（ 110, 111 ）

㉔ 厚生労働大臣により承認される、高度の医療を提供する病院を何というか。

▶特定機能病院（ 113 ）

㉕ 入院させるための施設を有しない、または19人以下の患者を入院させるための施設を有する医療施設を何というか。

▶診療所（ 114 ）

㉖ 原則として都道府県を1つの単位として認定し、最先端、

▶三次医療圏（ 130 ）

保健医療サービス

505

一問一答

高度な技術を提供する医療を行う医療圏は何か。

(27) 医療計画の作成主体はどこか。

(28) 医療計画の「疾病・事業及び在宅医療に係る医療連携体制」における5疾病・5事業とは何か。

(29) 高齢者の医療の確保に関する法律に基づいて2008（平成20）年度から実施された、40歳から74歳までの医療保険加入者を対象とする健康診断・保健指導は何か。

(30) 宿泊型新保健指導（スマート・ライフ・ステイ）プログラムの目的は何か。

(31) 医師による診療録は、記録後最低何年間保存することが義務づけられているか。

(32) 患者の生命、身体の最終決定権は患者自身にあるという考えに基づいており、「説明と同意」などと訳される原理を何というか。

(33) 患者の権利を守るために、主治医以外の医師の意見を聞くことのできる制度を何というか。

(34) 人生の最終段階の医療およびケアについて、患者を主体に、家族や近しい人、医療・ケアチームが、繰り返し話し合いを行い、患者の意思決定を支援するプロセスは何か。

(35) 医師の指示の下、身体に障害のある者に対して、主としてその基本的動作能力の回復を図るため、治療体操その他の運動を行わせ、および電気刺激、マッサージ、温熱等を行うことを業とする国家資格は何か。

(36) 医療ソーシャルワーカー業務指針において、業務の範囲としてあげられている6つの業務とは、①療養中の心理的・社会的問題の解決、調整援助、②退院援助、③受診・受療援助、④経済的問題の解決、調整援助、⑤地域活動ともう1つは何か。

(37) 治療や検査ごとにつくられた診療スケジュールを何という

●解答

▶都道府県（ 131 ）

▶5疾病とは、がん、脳卒中、心筋梗塞等の心血管疾患、糖尿病、精神疾患。5事業とは、救急医療、災害時における医療、へき地の医療、周産期医療、小児医療（小児救急医療を含む）（ 133 ）（図3））

▶特定健診（特定健康診査）・特定保健指導（ 146 ）

▶生活習慣病を効果的に予防すること（ 148 ）

▶5年間（ 150 ）

▶インフォームドコンセント（ 154 ）

▶セカンド・オピニオン（ 159 ）

▶ACP（アドバンス・ケア・プランニング）（ 162 ）

▶理学療法士((表12))

▶社会復帰援助（ 166 （表13，表14））

▶クリティカルパス

506

●解答

（ 177 ）

か。

38 急性期病院から回復期病院を経て早期に自宅に帰れるような診療計画を作成し、治療を受けるすべての医療機関が共有して用いるものは何か。

▶地域連携クリティカルパス（ 180 ）

39 地域保健法に規定されている、疾病の予防、健康増進、環境衛生など、公衆衛生活動の中心的機関として、地域住民の生活に極めて重要な役割を持つ機関は何か。

▶保健所（ 183 ）

40 地域包括支援センターに配置される専門職種は、主任介護支援専門員、社会福祉士ともう１つは何か。

▶保健師（ 192 ）

保健医療サービス

合 格 体 験 記

自分との戦い

　私の受験勉強は、とにかく時間との戦いでした。

　卒業論文、就職活動など、忙しい日々を送っていた私が、国家試験に向けて勉強を始めたのは、９月下旬でした。また、私は、体育会の部に所属しており、１日の勉強時間は３時間が限度でした。そんな時期に模試を受験し、結果は散々たるもので、危機感を感じました。その後、11月下旬に、部活動を引退し、この時期からようやく本格的に受験勉強を始め、１日 12 時間、正月を迎えるころには、１つの目標であった過去６年分の問題を５回ずつ解き終えました。１月に入ってからは、国家試験前日まで、ワークブックの一問一答を何度も繰り返し、徹底的に暗記を行い試験に挑みました。その結果、何とか合格を果たすことができました。

　今思えば、過去問題集とワークブックだけに絞って勉強したことがよい結果につながったと考えています。さまざまなテキストを利用することも１つの方法であるかもしれませんが、私には時間的にもこの方法がベストでした。

　国家試験は、他人と戦うものではありません。いわば自分との戦いです。試験前日まであきらめずに知識を深め、試験当日に全力を出すことができた人が笑うことができるのです。

（福岡病院医療ソーシャルワーカー　木下徹）

11

権利擁護と
成年後見制度

傾向と対策

出題基準と出題実績

	出題基準		
大項目	中項目	小項目（例示）	
① 相談援助活動と法 （日本国憲法の基本原理、民法・行政法の理解を含む。）との関わり	1）相談援助活動において想定される法律問題	・福祉サービスの利用と契約 ・消費者被害と消費者保護 ・自己破産 ・借家保証 ・行政処分と不服申立 ・その他	
	2）日本国憲法の基本原理の理解	・基本的人権の尊重 ・自由権 ・社会権 ・その他	
	3）民法の理解	・意思能力 ・行為能力 ・契約 ・不法行為 ・親族、親権、扶養 ・相続、遺言 ・その他	
	4）行政法の理解	・行政行為 ・行政争訟 ・情報公開 ・その他	
② 成年後見制度	1）成年後見の概要	・法定後見 ・任意後見 ・成年被後見人の行為能力 ・成年後見人の役割 ・その他	
	2）保佐の概要	・被保佐人の行為能力 ・保佐人の役割 ・その他	
	3）補助の概要	・補助人の役割 ・その他	
	4）任意後見		
	5）民法における親権や扶養の概要		

※【 】内は国家試験に出題された番号です。

	出題実績				
	第28回(2016年)	第29回(2017年)	第30回(2018年)	第31回(2019年)	第32回(2020年)
					・消費者被害における売買契約の無効・取消し〜事例〜【78】
		・社会権を具体化する立法の外国人への適用【78】	・国民の義務【77】	・生存権に係るこれまでの最高裁判例の主旨【77】	
	・父母の離婚に伴い生ずる子をめぐる監護、養育、親権問題【79】	・日常的金銭管理と民法上の典型契約【79】 ・不法行為責任等民事責任〜事例〜【83】	・民法上の扶養〜事例〜【80】	・特別養子縁組制度【78】	
	・行政法上の訴訟類型【77】	・国家賠償法【80】	・介護保険制度で行政事件訴訟法上の取消訴訟で争い得るもの【78】	・取消訴訟・義務付け訴訟〜事例〜【79】	・行政処分に対する不服申立て【79】
			・成年後見人が単独でできる行為【82】		・成年後見開始審判の申立てにおける申立権者【77】 ・成年後見制度【80】
	・法定後見における保佐【78】	・保佐人の役割等【81】			
		・補助人の役割等【81】			
			・任意後見契約【79】		

権利擁護と成年後見制度

511

大項目	中項目	小項目（例示）	
	6）成年後見制度の最近の動向		
3 日常生活自立支援事業	1）日常生活自立支援事業の概要	・専門員の役割 ・生活支援員の役割 ・日常生活自立支援事業の最近の動向 ・その他	
4 成年後見制度利用支援事業	1）成年後見制度利用支援事業の概要		
5 権利擁護に係る組織、団体の役割と実際	1）家庭裁判所の役割		
	2）法務局の役割		
	3）市町村の役割（市町村長申立）		
	4）弁護士の役割		
	5）司法書士の役割		
	6）社会福祉士の活動の実際		
6 権利擁護活動の実際	1）認知症を有する者への支援の実際		
	2）消費者被害を受けた者への対応の実際		
	3）被虐待児・者への対応の実際		
	4）アルコール等依存者への対応の実際		
	5）非行少年への対応の実際		

	第28回(2016年)	第29回(2017年)	第30回(2018年)	第31回(2019年)	第32回(2020年)
	・成年後見関係事件の概況【80】		・成年後見制度の最近の動向【81】	・「成年後見開始等」の統計【80】	
				・日常生活自立支援事業の利用等【81】	・日常生活自立支援事業による支援～事例～【82】
					・成年後見制度の利用促進【81】
	・家庭裁判所の役割【81】				
		・成年後見登記事項証明書の交付事務【82】			
	・成年後見制度の市町村長申立て【82】				
	・認知症高齢者への成年後見人である社会福祉士の法的な権限～事例～【83】		・認知症が進行している高齢者への成年後見制度の利用相談～事例～【83】		
				・特定商取引に関する法律に規定するクーリング・オフによる契約の解除～事例～【82】	
		・高齢者虐待防止法・児童虐待防止法・障害者虐待防止法【77】		・児童福祉法と児童虐待防止法【83】	・虐待や配偶者暴力等の防止・対応等に関する関係機関の役割【83】

権利擁護と成年後見制度

大項目		中項目	小項目（例示）	
		6）ホームレスへの対応の実際		
		7）多問題重複ケースへの対応の実際		
		8）障害児・者への支援の実際		

傾向

　第32回試験では7問が出題された。以下、出題基準の項目に沿って分析する。

1 相談援助活動と法との関わり

　この項目で内容的に問題となるのは、「相談援助活動において想定される法律問題」の項目であろう。小項目を見ると、「福祉サービスの利用と契約」「消費者被害と消費者保護」「自己破産」「借家保証」「行政処分と不服申立」といった内容が記載されており、社会福祉を学ぶ者にとっては難しい内容となろう。

　第32回では、判断能力が低下している状況で騙されて売買契約をした場合の契約の無効・取消しなどについての消費者被害と消費者保護に関する問題が出題された。2019（令和元）年6月から「消費者契約法の一部を改正する法律」も施行されたので、今後、改正内容、クーリングオフの権利行使方法、解除期間、現金取引での解除条件および通信販売での不適用などが出題される可能性が高く、具体的な学習と理解が必要である。また、「自己破産」「借家保証」等もテキストを読んでおくことが求められる。

日本国憲法の基本原理の理解

　第29回では、「社会権を具体化する立法の外国人への適用」に関する問題、第30回では、「憲法上の国民の義務」に関する問題、第31回では、「生存権に係るこれまでの最高裁判例の主旨」に関する問題が出題された。第32回では、出題がなかった。

　憲法の問題への対策としては、まず「社会権」に関する問題を十分に整理しつつ、第25条関係の最高裁判所判例の「朝日訴訟」や「堀木訴訟」の判決内容を丹念に整理し、理解しておくことが重要である。また、全般的な憲法の問題にも広く目を通しておくことが大切である。

	第 28 回(2016 年)	第 29 回(2017 年)	第 30 回(2018 年)	第 31 回(2019 年)	第 32 回(2020 年)

民法の理解

　成年後見制度以外の出題としては、第 28 回では、「父母の離婚に伴い生ずる子をめぐる監護、養育、親権」、第 29 回では、「日常生活自立支援事業における日常的金銭管理の根拠と民法上の典型契約」「関係当事者と民事責任」に関する問題、第 30 回では、「親族関係における民法上の扶養（ふよう）に関する問題」、第 31 回では、「特別養子縁組制度」に関する問題が出題された。第 32 回では、出題がなかった。

　第 29 回は、不法行為と損害賠償も事例問題であったが、民法第 709 条および第 715 条を理解していれば簡単であった。

　民法では、成年後見制度を除いて出題頻度が高いと思われるのが、夫婦・親子に関する出題である。夫婦の問題に関しては婚姻の成立よりも解消（離婚）についての問題が主であり、その結果として親権、扶養義務、親子関係の問題が出題されている。その他、抵当権、連帯保証人および競売などの意味を問う担保物権の事例問題や、意思主義、契約時における所有権移転および対抗要件の意味を問う不動産売買契約も過去に出題されているので要注意である。なお、2017（平成 29）年 5 月に「民法の一部を改正する法律」が成立した。民法のうち債権関係の規定について改正され、一部を除き 2020（令和 2）年 4 月から施行された。また、2018（平成 30）年 6 月に民法の成年年齢を 20 歳から 18 歳に引き下げることなどの改正、同年 7 月に「民法及び家事事件手続法の一部を改正する法律」によって相続法の見直しも行われている。2019（令和元）年 6 月には、特別養子縁組の成立要件を緩和すること等で制度の利用を促進するために、民法、家事事件手続法、児童福祉法が改正されている。これらの改正内容は、今後、出題される可能性が高いのでまとめておこう。

行政法の理解

　第 28 回では、「行政法上の訴訟類型」、第 29 回では、「国家賠償法」、第 30 回では、「介護保険制度で行政事件訴訟法上の取消訴訟で争い得るもの」に関する問題、第 31 回では、「事例を読んで、取消訴訟と併せて救済に効果的な手段としての訴訟」に関する問題、第 32 回では、「行政処分に対する不服申立て」に関する問題が出題されている。社会福祉に関連した内

容が多いので、過去問を中心にまとめておくとよい。過去の行政法の出題をみると、行政法に関する問題がほぼ一通り出題されてきている。第31回の問題は、社会福祉を学ぶ者としては難しかっただろう。「行政事件訴訟法」「行政不服審査法」および「国家賠償法」といういわゆる行政救済三法に関する出題もされているが、内容的には各法律の総論的問題である。

2 成年後見制度

第28回では、「法定後見における保佐」「成年後見関係事件の概況」、第29回では、「保佐及び補助」、第30回では、「成年後見人が単独でできる行為」「任意後見契約」「成年後見制度の最近の動向」に関する問題、第31回では、「成年後見関係事件の概況に示された成年後見開始等の統計」に関する問題、第32回では、「成年後見開始審判の申立てにおける申立権者の範囲」「成年後見制度における審判の申立ての取り下げ、後見開始の審判請求、成年後見人の損害賠償責任、成年後見人の契約取消しなど」に関する問題が出題された。「成年後見制度」に関しては、科目名称に取り入れられているように、より真剣な学習と受験対応が求められる。これまでの具体的な出題内容は、未成年後見人と成年後見人との相違、成年後見人の職務、成年被後見人の不動産売却等と取消権、成年後見の申立て、保佐人の代理権・同意権、任意後見契約の内容、後見人の責務、成年後見制度の動向などとなっている。

この傾向から判明することは、成年後見制度について多面的に出題されていることである。用語内容等を暗記する基礎的学習は言うまでもないことであるが、例えば実務で問題となる不動産の売却といった成年後見制度が機能している具体的な関係事例も視野に入れて学習することが重要である。また、このところ保佐や補助が連続して出題されているので、成年後見との違いをまとめておくとよい。2016（平成28）年4月に、「成年後見の事務の円滑化を図るための民法及び家事事件手続法」の一部改正が行われ、第30回で早速その内容が問われている。これまで制度の不都合と感じられていた郵便転送関係、死後事務関係についての改正が行われた。また、2019（令和元）年6月に、成年被後見人等の欠格条項の見直しも行われている。

なお、中項目に示されているように、今後、「補助」「保佐」「成年後見」の実務的な手続きの流れなど、細かな内容を問う出題も予測されるので注意したい。

3 日常生活自立支援事業

第29回では、「日常生活自立支援事業における日常的金銭管理の根拠と民法上の典型契約」、第31回では、「日常生活自立支援事業の利用等」に関する問題、第32回では、「日常生活自立支援事業による支援」に関する事例問題が出題された。第31回の問題は、日常生活自立支援事業は「契約」で成り立っていることなどを知る問題であった。地域福祉と関連づけ

て学んでいくのがより効果的である。

4 成年後見制度利用支援事業

第 32 回では、成年後見制度の利用促進に関する問題が出題されている。「成年後見制度利用促進法」にはとまどった人もいたかもしれないが、実務的な流れをきちんと把握しておく必要がある。

5 権利擁護に係る組織、団体の役割と実際

第 28 回では、「家庭裁判所の役割」「成年後見制度の市町村長申立て」に関する問題、第 29 回では、「成年後見登記事項証明書の交付事務を取り扱う組織」に関する問題が出題されたが、第 30 回〜第 32 回では、出題がなかった。法定後見制度は、家庭裁判所との関係が深い。また、任意後見契約は、公証人役場と関係が深い。社会福祉士はさまざまな組織、団体とのかかわりのなかで活動していかなければならない。その意味で組織、団体の役割を把握する必要がある。まずは、「連絡・調整」役の社会福祉士のネットワーク構築という視点から理解していくとよい。

6 権利擁護活動の実際

第 28 回では、認知症高齢者への成年後見人である社会福祉士の法的な権限に関する事例問題、第 29 回では、「高齢者虐待防止法」「児童虐待防止法」「障害者虐待防止法」の虐待の定義の比較に関する問題、第 30 回では、認知症が進行し悪徳商法の被害にもあっている高齢者のために、民生委員が市福祉課職員に相談に来た事例への対応を問う問題、第 31 回では、「特定商取引に関する法律に規定するクーリング・オフによる契約の解除」に関する事例問題、「児童福祉法と児童虐待防止法に関連する虐待」に関する問題が出題された。

第 32 回では、虐待や配偶者暴力等の防止・対応等に関する関係機関の役割について「児童虐待防止法」「障害者虐待防止法」「DV 防止法」「高齢者虐待防止法」の各長や市町村長の役割に関する問題が出題された。

「認知症」「消費者被害」「被虐待児・者」「アルコール等依存者」「非行少年」「ホームレス」「多問題重複ケース」等、昨今悲惨な事件も起きている。こうしたさまざまな問題に対応していかなければならないのがこれからの社会福祉士ということになる。実務的な内容であるので現役の学生には難しい面もあると思われるが、事例を通して理解を深めておこう。

傾向と対策

事例

　第28回では、事例とは記述されていないが問題文が4行の問題と事例と記述のある6行の事例問題の各1問、第29回では、4行の事例問題が1問、第30回では、5行と6行の事例問題が各1問、第31回では、6行と4行の事例問題が各1問、第32回では、3行と4行の事例問題が各1問出題された。知識だけでなくその応用として活用できる能力が求められた。選択肢の文章表現に注意し、じっくり読むことが求められたが、第29回の民事責任の問題は、第24回の事例問題を研究していれば簡単であっただろう。第30回の扶養に関しては、親族関係と扶養義務の知識をもとに解くものであったが、選択肢からは容易に正解が導き出せたと思う。第31回の行政法に関した事例や第32回の消費者被害に関する問題は、社会福祉専攻としては難しかったであろう。

対策

　テキスト『新・社会福祉士養成講座⑲権利擁護と成年後見制度（第4版）』（中央法規出版）に記述されている内容を丁寧にマスターすること、『社会福祉六法』等を参照して、出題が予測される関連法律の内容をチェックすることが必要である。個々の具体的な法律については、一般的な常識の範囲において広く知っておく必要がある。特に、近年の民法の問題は、形式的な意味での民法の総則、物権、債権、親族の体系的な理解がないと解答できない内容であった。実務でも必要となる知識ということもでき、やさしく解説した専門書にも目を通しておくとよい。

　「2 成年後見制度」については、このところ毎年出題頻度が高く、動向に関する問題も出されているので、最新のデータにあたるとともに十分な内容理解が求められる。他方、「6 権利擁護活動の実際」のような実務的な事項についても注意を払っていかなければならない。従来からの定番の問題と新たな問題について、絶えず気を配りながら試験対策を考えていく必要がある。

押さえておこう！　重要項目 ───

1 相談援助活動と法との関わり

相談援助活動において想定される法律問題

1 ソーシャルワーカーは、契約を理解することが求められている。弁護士にサービスを依頼するのは**委任契約**であり、事業者との在宅介護サービス契約は**準委任契約**となる。銀行から預金の払い戻しを受けるのは**消費寄託契約**になり、本人に頼まれて代行するには本人との**委任契約**に基づく代理権の授与を証明する**委任状**が必要である。

2 **消費者契約法**、**割賦販売法**および**特定商取引に関する法律**では、消費者保護のために**クーリングオフ**の制度が設けられ、一定の期間内であれば無条件に書面により契約申込みの撤回または契約の解除ができる。　出 31-82

3 消費者被害に対処する方法としては、**詐欺や強迫による取消し**（民法第96条）、**誤認や困惑による取消し**（消費者契約法第4条）、判断能力を欠いていたとして**契約の無効**の主張などがあり、支払った代金等を**不当利得**として**返還請求**する。　出 31-82

4 2018（平成30）年「消費者契約法の一部を改正する法律」が成立し、取り消しうる不当な勧誘行為の追加等が行われた。それによると、①社会生活上の経験不足の不当な利用（不安をあおる告知、恋愛感情等に乗じた人間関係の濫用）、②加齢等による判断力の低下の不当な利用、③霊感等による知見を用いた告知、④契約締結前に債務の内容を実施等、⑤不利益事実の不告知の要件緩和（故意要件に重過失を追加）、といった困惑類型が追加された。

5 **自己破産**は、多重債務などにより借金の返済ができなくなった債務者が、自ら**裁判所**へ破産の申立てをし、**裁判所**が破産手続開始決定をする制度をいう。**破産宣告**により、債務者の財産は、破産管財人によって債権者に配分されるが、財産がないときは、宣告と同時に手続は終了となる。また、免責の申立てが認められると借金の一部または全部が消滅する。

6 マンションに入居する場合、賃貸借契約に際して**保証人**を立てることを家主が求める場合がある。保証人は、家賃滞納などにより損害が生じた場合、借主に代わり損害を賠償する義務を負う。

> ▶保証人を立てることが困難な高齢者・障害者等の民間賃貸住宅への入居支援を目的とする事業として、「あんしん賃貸支援事業」がある。

日本国憲法の基本原理の理解

7 **成文憲法**は、成文化され文書化された憲法のことであり、ほとんどの国

💡 **重要項目**

の憲法がこの形式をとる。**不文憲法**は、成文法の形式をとらない憲法で、イギリスの憲法がその例である。

8 憲法は改正手続きの難易により、**硬性憲法**と**軟性憲法**に分けられる。**硬性憲法**は、通常の法律改正よりも**厳格な手続き**を要し、**軟性憲法**は通常の法律と**同じ手続き**で改正される。

9 憲法前文は、主として**平和主義**と**国際協調主義**を宣するが、これは**国民主権**や**基本的人権の尊重**とも不可分に結びついている。前文の裁判規範性は消極的に解されるが、本文解釈の指針となる。

10 **国民主権**とは、国家の最終的な意思決定権力を国民が有するという意味である。わが国は**議院内閣制**をとり、主権者たる国民によって選挙された**国会**が**国権の最高機関**とされ、唯一の**立法機関**とされている。

11 日本は**間接民主制**をとるが、憲法改正の承認、1つの地方公共団体に適用される特別法への同意などには、例外的に国民が直接国政に参加する（**直接民主制**）。

12 **国民主権の現れ**として、公務員は**国民**が選定し罷免（ひめん）する。しかし、すべての公務員の任免権をもつものではなく、国会議員の選挙、地方公共団体の長および地方議会の議員の選挙、最高裁判所裁判官の国民審査などが憲法の規定するものである。なお、選挙権は、日本国民で年齢満18年以上の者に与えられる。

13 人権には普遍性があり、人間であるがゆえに当然に有するものである。**人権の享有主体**（きょうゆう）としては、**自然人**がまず考えられるが、憲法上は日本国民が対象であり、制限的ながらも**法人**や**外国人**にもその主体となることが保障されている。

14 憲法上の人権保障規定は、国民の権利と自由を公権力との関係で本来的には擁護（ようご）するものである。しかし、今日では**人権規定の私人間効力**（個人対個人の関係）も限定的に認められている（間接適用説）。

15 憲法は、基本的人権は侵すことのできない永久の権利としている（第11条）。そして、**公共の福祉**に反しない限り認められるとしている（第13条）。**表現の自由**に対する公安条例による規制は争いがあるところであるが、思想および良心の自由といった**内心の自由**については、公共の福祉による制限はありえない。一方で、**財産権**については、相当な補償の下で公益上の制限が認められる。

16 **新しい人権**としては、**プライバシーの権利**のほかに**環境権**、自己決定権、**報道の自由**などがあげられる。

17 判例や学説は、新しい人権の法的根拠を包括的基本権としての憲法第13

💡 **注目！**

2015（平成27）年6月の改正で、2016（平成28）年6月19日より「年齢満18歳以上」に引き下げられた。

1 相談援助活動と法との関わり

日本国憲法の基本原理の理解

条（**幸福追求権**）に求めている。

18 **プライバシーの権利**に関しては、「私事をみだりに公開されない権利」「みだりに容貌・姿態を撮影されない自由」「イラスト画を公表されない人格的利益」などがある。

19 憲法第 14 条は、**法の下の平等**を規定し、人種、信条、性別、社会的身分または門地により、政治的、経済的または社会的関係において差別されないことを規定し、華族その他の貴族の制度は認めず、栄誉、勲章その他の栄典の授与はいかなる特権も伴わないとする。

20 憲法は**政教分離の原則**をとるが、**津市地鎮祭最高裁判決**（1977 年）では**政教分離**の原則をゆるやかに解し、地鎮祭は世俗的なもので宗教的活動にあたらないものとした。

▶ その後の愛媛玉串料訴訟最高裁判決（1997 年）では、合憲性判定基準に同じ目的効果基準を採用しながらも、より厳格な分離を判示した。

21 最高裁判所は、博多駅テレビフィルム提出命令事件（1969 年）において、憲法第 21 条（**表現の自由**）を根拠に、報道の自由とともに報道のための**取材の自由**も十分尊重に値すると判示した。

22 最高裁判所は、証言拒絶（NHK 記者）事件許可抗告審（2006 年）において、「**取材源の秘匿**は、取材の自由を確保するために必要なものとして、重要な社会的価値を有するというべきである」と判示した。

23 **生存権**は、1919 年、**ドイツのワイマール憲法**で初めて規定された。それによると、「経済生活の秩序は、各人をして人間に値すべき生存を得しめることを目的として正義の原則に適合することを要する」とある。

24 生存権は、自由権と異なり、**国家による積極的な保障**を必要とする。自由権はできるだけ国家からの介入を避けることにあるが、生存権などの**社会権**は、社会的弱者層に位置する人々の生存の権利を守るため、**国家の積極的な介入を要求**するものである。

25 1967（昭和 42）年の**朝日訴訟最高裁判決**では、生活保護の基準が争われた。健康で文化的な最低限度の生活の認定判断は、厚生大臣の**合目的的裁量**に委ねられ、認定判断が誤っている場合でも当・不当の問題が生ずるにすぎないが、その濫用・逸脱の場合には**違法な行為**として**司法審査の対象**となる、として司法審査の余地を認めている。

出 31-77-1

26 1982（昭和 57）年の**堀木訴訟最高裁判決**では、障害福祉年金と児童扶養手当の併給禁止が争われた。憲法第 25 条は国権作用への期待的性質のものであり、「健康で文化的な最低限度の生活」の意味も極めて**抽象的・相対的な概念**と判示し立法の裁量に委ねられているとした。また、同内容の立法化は、**国の財政事情**を無視することができないことや多くの政策判断を必要とするものであるとも主張した。

出 31-77-2

権利擁護と成年後見制度

重要項目

27 憲法第25条に基づいて生活上の給付を直接国に請求できるかについては、**プログラム規定説**、**抽象的権利説**、**具体的権利説**などの学説がある。学説は、国民の権利を具体化するための義務を国家に課したにすぎないとする**プログラム規定説**が多数であったが、現在は、第25条の自由権的側面は裁判規範となり、朝日訴訟や堀木訴訟の最高裁判決により、裁量権の濫用などがあった場合には**違憲の判決**ができるとされている。

28 **生存権**は平等に保障されるべきものである。**外国人**に対し、日本の国籍をもつ者と比較して社会福祉や社会保障制度面で、社会的に不当な差別をしてはならない。なお、現行生活保護法は外国人への適用を原則として除外している。外国人については、一般国民に対する取り扱いに準じるとされ、不服申立てをする権利は認めていない。　出29-78

29 憲法第25条の生存権の保障を国が具現するための1つとして、**生活保護法**が規定されている。

30 憲法上の国民の義務としては、**教育**を受けさせる義務（第26条第2項）、**勤労**の義務（第27条第1項）、**納税**の義務（第30条）が明記されている。　出30-77

31 **教育を受ける権利**は、憲法第26条に規定され、教育の機会均等と社会権としての教育を受ける権利、さらに子どもの自由かつ独立の人格としての成長を妨げるような国家的介入を排除するという意味で自由権的側面を有するとされる。なお、**義務教育は無償である**（**授業料無償説**）。

32 憲法は、勤労者の**団結権**、**団体交渉権**および**団体行動権**のいわゆる**労働三権**を保障しており（第28条）、労働組合の結成、経営者との交渉、ストライキを行うことができる。**公務員は全体の奉仕者としての地位**にあることに基づき、勤労権の一部について制限されている。

33 憲法は、抑留または拘禁された後、無罪の裁判を受けたときは、法律の定めるところにより、国にその**補償**を求めることができるとしている（第40条）。

34 憲法は**跛行的両院制**をとり、法律の議決、予算の提出および議決、条約の承認、**内閣総理大臣の指名**について、**衆議院**の**優越的地位**を認める。

35 両議院の権能は、**衆議院**のみに与えられた**内閣不信任決議案**可決や、**参議院**のみに与えられた緊急集会召集がある。**国政調査権**は、両議院に与えられた権限である。

36 行政権は内閣に属し、**内閣**は、内閣総理大臣およびその他の国務大臣で組織される。**内閣総理大臣**は、国務大臣の任命および罷免権をもち、**首長**とされる。明治憲法で同輩中の首席とされていたのとは異なる。内閣

1 相談援助活動と法との関わり

日本国憲法の基本原理の理解

は、**衆議院の解散**を決定することができる。

37 **司法権の独立**とは、裁判所の独立と裁判官の職権の独立を意味する。**裁判官**はその職権を行使するにあたって、完全に独立で何人の指揮命令も受けない。**裁判官**は、ひたすら自己の良心と憲法および法律のみに従い自主的に判断を下し、公平無私な態度で裁判をしなければならない。自己の信念に基づいて裁判をすることは許されない。

38 **裁判官**は、裁判により、心身の故障のため職務を執ることができないと決定された場合を除いては、**公の弾劾**によらなければ**罷免**されない。裁判所法は、裁判官任命の欠格事由、懲戒、定年等について規定している。

39 2004（平成 16）年に**裁判員の参加する刑事裁判に関する法律**（裁判員制度）が成立した。**裁判員制度**は裁判員と呼ばれる市民が職業裁判官とともに合議体を構成し、有罪か無罪かを評議し決定（事実認定）する。重大事件等の**刑事**事件に限定して実施され、**民事**裁判には適用されない。

📖 30-15（社会）

▶有罪だとすればどの程度の刑罰が相当かを評議し決定（量刑）する。

40 **最高裁判所の長たる裁判官**は、**内閣の指名**に基づいて**天皇**が任命し、その他の 14 人の最高裁判所裁判官は**内閣**が任命する。**下級裁判所の裁判官**は、最高裁判所の指名した者の名簿によって内閣が任命する。

41 わが国の裁判は**三審制**で、**第一審**、**控訴審**、**上告審**の**審級制**をとる。高等裁判所は、控訴・上告裁判所となるが、内乱罪など第一審となる裁判事件をも扱う。**特別裁判所**は設置できず、**行政機関**は終審として裁判を行うことができない。

42 最高裁判所は、一切の法律、命令、規則または処分が憲法に適合するかしないかを決定する権限を有する終審裁判所である。また、下級裁判所も、司法権の行使に付随して、**違憲審査権**を行使できる。

43 **違憲審査制**は、具体的訴訟事件の解決を目的とする裁判所が、具体的事件を通じて、そこで問題となっている**法令の合憲性**について審査する。また、特に憲法第 81 条は、アメリカの司法審査制を継承したものと解されている。

44 **財政における国会中心主義**は憲法第 83 条に規定され、国の財政を処理する権限は、国会の議決に基づいて、これを行使しなければならないとする。予算の作成提出権は**内閣**にあるが、**国会**には減額修正権がある。

45 **租税法律主義**は憲法第 84 条に規定され、新たに租税を課し、または現行の租税を変更するには、法律または法律の定める条件によることを必要とするもので、代表なければ課税なしの原則の現れである。

46 憲法第 89 条は、**慈善・博愛の事業**への公金の支出を禁止している。こ

権利擁護と成年後見制度

れは公的助成がその自立性を損なうようになるのを防ぐためのもので、**公私分離の原則**に基づく。

47 公の支配に属しない慈善・博愛の団体に対しては、補助金を支出してはならないが、**社会福祉法**は、**社会福祉法人**の監督規定を置き、公の支配に属せしめて補助を可能とし、国有財産の無償貸付も認められる。

48 **地方自治**は、**民主主義**と**地方分権**との結合によって形成されている。**住民自治**とは、地域の住民が、その地域の政治を自らの手で行うべきものとするもので、**団体自治**とは、地方事務の処理が国家から独立したものと認められた団体を通して、その団体自身の機関により、団体の名と責任とにおいて行われるものである。

民法の理解

■ 自然人と法人

49 権利の主体になれる能力を**権利能力**という。**権利能力**はすべての人に出生と同時に認められる。民法第 34 条は法人の能力を規定し、法人は定款等で定められた目的の範囲内において、権利・義務を有すると定めている。

50 **意思能力**は、社会福祉の分野では、日常生活自立支援事業、成年後見などに関連して判断能力とも称される。例えば、認知症で理性的・合理的な判断能力（意思能力）を欠く場合には、その法的な意思決定は**無効**となる。2017（平成 29）年の改正で「法律行為の当事者が意思表示をした時に意思能力を有しなかったときは、その法律行為は、無効とする」となった（2020（令和 2）年 4 月 1 日施行）。

出 32-78-5

51 民法の**成年年齢**を 20 歳から **18 歳**に引き下げること等を内容とする「民法の一部を改正する法律」が 2018（平成 30）年 6 月に公布された（2022（令和 4）年 4 月 1 日施行）。これにより、①一人で有効な契約をすることができる年齢や、②親権に服することがなくなる年齢が 20 歳から 18 歳に引き下げられた。また、女性の婚姻年齢が引き上げられ、男女とも 18 歳に統一され、婚姻についての父母の同意もいらなくなった。

💡 **注目！**

成年年齢の引き下げとそれに伴う改正点に注意。

52 法律行為を有効に行うことができる能力を**行為能力**という。完全な行為ができる能力のことである。

53 不法行為に基づく損害賠償責任を負担し得る能力を**責任能力**という。判例において 12 歳前後の判断能力を**責任能力**の分かれ目とする。

54 **自然人**の権利能力は、**出生**に始まる。**胎児**は、損害賠償請求、相続、遺

▶ **責任能力**がない幼児、重度の認知症高齢者、知的障害者、精神障害者などは不法行為責任を負わない。この場合、法定監督義務者（民法第 714 条第 1 項）、代理監督義務者（同法第 714 条第 2 項）が損害賠償責任を負う（同法第 712 条～第 714 条）。

贈に関しては、**すでに生まれたものとみなされる**が、**死産**の場合は自然人として扱われない。

55 自然人の権利能力は、**死亡**によって終了するが、死についての民法上の明確な定義はない。行方不明になった者は**失踪宣告**によって死亡したものとみなされ、**普通失踪**の場合は7年、**特別失踪**の場合は1年で**家庭裁判所**へ申し立て、失踪宣告を受けることができる。

56 自然人以外のもので権利・義務の主体となれるものを**法人**という。法人は、**営利法人と公益法人**とに大別される。なお、**社会福祉法人**は、社会福祉法に基づき認められる特別の法人であり、特別な規制を受けると同時に、税法上の特権を有している。

57 公益法人は、**一般社団法人**と**一般財団法人**とに区分される。2006（平成18）年の公益法人制度改革関連三法の制定に伴い、2001（平成13）年制定の中間法人法が廃止され、新たに**公益社団法人**および**公益財団法人**の認定制度が設けられた。

■ 法律行為・代理

58 **未成年者**が自ら法律行為をするには、その**法定代理人**の同意があれば行うことができる。**法定代理人**の同意を得ないで行った行為は**取り消す**ことができる。

59 契約の要素に**錯誤**がある場合、その契約は**無効**となる。ただし、表意者に**重過失**があるときは、表意者自ら無効の主張はできない。2020（令和2）年4月からは、意思表示は、「①意思表示に対応する意思を欠く錯誤」「②表意者が法律行為の基礎とした事情についてのその認識が真実に反する錯誤」に基づくものであって、その錯誤が法律行為の目的および取引上の社会通念に照らして重要なものであるときは、取り消すことができる。②による意思表示の取消しは、その事情が法律行為の基礎とされていることが表示されていたときに限り、することができる、として要件の見直しと効果を「無効」から「取消し」に変更されることとなった。

出 32-78-2

▶錯誤とは、表示された効果意思と表意者の真に意図するところに食い違いがある場合をいう。

60 契約の相手方の**詐欺**または**強迫**によって契約をした者は、契約を**取り消す**ことができる。

出 32-78-4

▶詐欺とは、人を欺く行為により錯誤に陥れ、財物を交付させたり瑕疵ある意思表示を行わせることをいう。

61 **代理**とは、本人に代わって取引行為や財産管理行為を行い、その行為の効果が本人に直接帰属する行為形式のことである。代理には、法律により一定の者が代理権を有する**法定代理**と、本人が他人に代理権を授与する**任意代理**とがある。

62 民法上の**代理権の消滅事由**として、本人の死亡、代理人の死亡、代理人

> **重要項目**

の破産、代理人が後見開始の審判を受けること、および委任の終了の5
つをあげることができる。

63 **無権代理行為**ではあるが、相手方が無権代理人を真正の代理人と信じ得
る正当な事由がある場合、取引の相手方の保護を図るため、本人につい
ての代理行為として効力が生じるとしている。この場合を**表見代理**とい
う。

▸無権代理とは、代理
権をもたない者が代理
人として法律行為をす
ることをいう。

■ 物権

64 **相隣関係**とは、隣接し合う土地や建物につき、所有権の絶対性を保持し
つつ、相互の調整を図るというものである。

65 **物権法定主義**とは、民法などの法律で定められた権利だけが物を支配す
る権利だとするもので、民法の認める物権には**所有権**のほか、物の利用
を目的とする**用益物権**として**地上権・永小作権・地役権・入会権、担保
物権**として**留置権・先取特権・質権・抵当権**があり、所有そのものを保
護する権利として**占有権**がある。

▸相隣関係の具体的な
事例として、隣地使用
請求、囲繞地通行、自
然水流妨害禁止、水流
障害除去工事、隣地へ
の雨水垂れ流し工作物
設置禁止、囲障設置、
竹木の切除および根の
切り取り、境界線付近
の建築制限および目隠
し設置義務などがある
（民法第 209 条〜第
238 条）。

66 不動産の買主が、不動産の所有権取得を売主以外の第三者に対して対抗
するためには、**所有権移転登記**が必要である。これを**不動産物権の対抗
要件**という。

67 **不動産の物権変動**に関しては、民法第 176 条の定めにより、判例・通説
は契約時に移転すると解している。これを**物権変動における意思主義**と
いう。

■ 契約

68 当事者がほかの当事者に対して何らかの義務の履行を請求することがで
きる権利を**債権**という。義務を負う側からみた場合、**債務**という。それ
ぞれの当事者を債権者・債務者という。**債権**が当初定められたとおり実
現されなかったときにその効力が問題となり、これを**債務**が履行されな
かったという意味で、**債務不履行**という。

69 債権者は、**債務不履行による損害**について、債務者に対して**損害賠償**を
求めることができる（民法第 415 条）。損害賠償の範囲は、原則として**債
務不履行**によって通常生じるであろう範囲の損害とされている（民法第
416 条第 1 項）。ただし、特別の事情によって生じた範囲の損害について
も、債務者がその特別の事情を予見すべきであった場合は、その特別の
損害についても損害賠償の範囲に含まれる（民法第 416 条第 2 項）。

🔲 29-83-4

▸損害賠償の方法は、
金銭で行われることが
原則となる。

▸故意や過失があった
場合は、不法行為責任
を併せて請求できる。

70 **契約**は、原則として当事者間の**申込**と**承諾**という 2 つの意思表示の合致

により成立する（諾成主義）。したがって、契約書は、契約そのものの要件ではない。

71 契約では、その契約で負った義務を果たす期限が定められているが、当事者の一方が期限を守らなかった場合、相手方はその契約を**履行遅滞**を理由として**解除**できる。また、債務の全部の履行が不能である場合などには、催告なしで契約を解除できる（民法第541条、第542条）。

72 契約で負った義務を一応履行した場合でも、**契約の目的を達成できない場合**、相手方は、**契約の解除**と**損害賠償請求**をすることができる。民法に明文の規定はないものの、法律上の根拠に基づく解除に分類される。

73 民法のあげる**典型契約**（有名契約）には、**贈与**（**片務契約、無償契約、諾成契約**）、**売買**（**双務契約、有償契約、諾成契約**）、**交換**（双務契約、有償契約、諾成契約）、**消費貸借**（要物契約、書面によることを要件として合意のみで消費貸借（諾成的消費貸借）も認められる）、**使用貸借**（要物契約、片務契約、無償契約）、**賃貸借**（双務契約、有償契約、諾成契約）、**雇用**（双務契約、有償契約、諾成契約）、**請負**（双務契約、有償契約）、**委任**（無償原則（無償＝片務契約、有償＝双務契約）、諾成契約）、**寄託**（**諾成契約**）、**組合**、**終身定期金**、**和解**がある。

74 **医療・看護・介護・福祉**などは、サービスの内容が事実行為であり、そのようなサービスに関する契約は民法第656条にいう**準委任契約**と呼ばれる。また、日常生活自立支援事業における日常的金銭管理は、委任契約となる。その他、典型契約（有名契約）に入らない**非典型契約**（無名契約）も多くあり、日常生活自立支援事業に基づく福祉サービス利用援助契約は無名契約である。

75 債務者が債務の本旨に従った履行をなさないときは、債権者は、**損害賠償の請求**もしくは**契約の解除**をすることができる。

76 **契約の解除**とは、当事者の一方が有効に締結した契約を解消することをいう。また、解除しただけでは当事者の一方にとって不十分な場合には、損害賠償請求をすることもできる。

77 **売買**とは、当事者の一方（売主）が財産権（必ずしも物とは限らない）を移転することを約し、相手方（買主）がこれに代金を支払うことを約することによって成立する**契約**をいう。他人の物でも**契約**の目的とすることができ、代金は金銭に限られる。

78 売買の目的物の引渡し後に、目的物の種類、品質、数量に関して契約の内容に適合しない場合には、買主は売主に対して、①**追完請求**（目的物の修補、代替物の引渡しなど）、②**損害賠償請求**、③**契約の解除**、④**代**

💡 **注目！**

民法の改正により、2020（令和2）年4月からは、「予見していたり、予見の可能性がある」場合から「予見すべきであった」場合と改正された。

📖 29-79

片務契約
当事者の一方が対価的債務を負担しない契約

無償契約
当事者の一方が対価的給付をしない契約

▶2020（令和2）年4月より、「要物契約」から「諾成契約」となった。

📖 29-79

双務契約
契約当事者の双方が互いに対価的な債務を負担する契約

📖 29-83-4

有償契約
当事者の双方が対価的意味をもつ給付をする契約

要物契約
当事者の合意のほか、物の引渡しなどの給付を必要とする契約

金減額請求ができる（民法第562条〜第564条）。なお、買主は、契約に適合しないことを知ってから1年以内にその旨を売主に通知する必要がある（民法第566条）。

79 引渡し前に売買の目的物が**果実**（元物から生じる収益）を生じた場合、その**果実**は**売主**に属する。手付や契約書の交付は売買の成立要件ではない。

80 **消費貸借**とは、物を貸し借りする契約であり、借りた物そのものではなく、借りた物と同種・同等の物を返還する契約をいう（民法第587条）。

81 **賃貸借**とは、当事者の一方（貸主）が、他方（借主）に対して、物を使用することなどを認め、その対価として借主が賃料を支払う契約をいう（民法第601条）。介護保険による福祉用具の貸与も賃貸借契約にあたる。家や土地などの不動産の賃貸借は、借地借家法が適用され、民法よりも借主の保護が手厚い。

82 **雇用**とは、当事者の一方（使用者）が、他方（労働者）に対し、労働に対する報酬を与える契約をいう（民法第623条）。社員の採用などがこれにあたるが、使用者のほうが圧倒的に強い立場となるので、憲法第27条および第28条、労働契約法、労働基準法等で、労働者の権利保護が図られている。

83 **請負**とは、当事者の一方（注文者）が、他方（請負人）に仕事を依頼し、それが完成したら報酬を支払う契約である（民法第632条）。マイホームの建築などがそれにあたる。

84 **委任**とは、当事者の一方（委任者）が、他方（受任者）に法律行為をすること（事務処理をすること）を委託し、受任者がそれを承諾することによって成立する契約である（民法第643条）。

85 委任は**無償**を原則としているが、**委任契約**において、**報酬**の特約があるときは、委任者は報酬支払の義務を負う。

■ 不法行為

86 民法第709条にいう**不法行為責任に基づく損害賠償責任**は、**故意**または**過失**によって損害が発生したことを成立要件とし、**自己責任の原則**と**過失責任の原則**を示している。

87 **不法行為**による損害賠償請求権は、損害および加害者を知ったときから**3年間**行使しない場合には時効により消滅し、不法行為発生時から**20年**を経過した場合には、一切行使できない。

88 2007（平成19）年の最高裁判決（暁学園事件）によれば、都道府県か

注目！

民法の改正により、従来の「瑕疵担保責任」から、「契約不適合責任」（目的物が契約の内容に適合しない場合に、売主の担保責任を認める）に改められた（2020（令和2）年4月施行）。

注目！

2020（令和2）年4月からは、賃金支払義務だけではなく、契約終了時の返還義務も賃貸借契約の成立要件として加えられた。

▶2020（令和2）年4月より、雇用契約が中途で終了したときは、既に行った履行割合に応じた報酬を請求できることが明文化された。

▶2020（令和2）年4月より、注文者の責めに帰することができない事由によって仕事を完成することができなくなった場合などには、仕事が完成しなくても報酬を請求できることが明文化された。

29-83

▶今日、過失責任の原則は、特別法により無過失責任の原則へと推移している。

▶民法の改正により、2020（令和2）年4月から、消滅時効は「人の生命又は身体を害する不法行為」の場合5年となった。それ以外は3年と変わらない。

ら措置委託を受けた**児童養護施設での事故**について、都道府県の国家賠償責任が成立する場合には、社会福祉法人の契約責任、スタッフの不法行為責任は成立しないとしている。

89 **使用者**、**代理監督者**は、その被用者が事業遂行にあたって、第三者に損害を与えた場合、それを賠償する義務を負う。例えば、施設職員が施設名が明記された施設の自動車を使って通勤中に交通事故を起こした場合には、施設の**使用者責任**が生じる。ただし、加害者が公務員の場合は、国家賠償法が適用される。

出 29-83

■ 親族

90 民法は、**親族**を 6 親等内の**血族**と**配偶者**および 3 親等内の**姻族**とする。

91 民法は**法律婚主義**をとるが、社会保障関係の法律では「配偶者」に**内縁**の配偶者を含めている。

92 婚姻中に夫婦の一方が死亡した場合、死亡した配偶者の血族と生存配偶者との**姻族関係**は、当然には消滅しない。生存配偶者の終了の意思表示が必要である。また、死亡した配偶者の血族の側からの終了は認められない。

93 **離婚**には、**協議離婚**、**調停離婚**、**審判離婚**、**判決離婚**がある。

94 婚姻によって氏を改めた夫または妻は、離婚によって婚姻前の氏に復する。ただし、離婚の日から **3 か月以内**に**届け出**れば、**離婚の際**に称していた氏を称することができる（**婚氏続称**）。

95 離婚訴訟は、地方裁判所の管轄、婚姻費用（生活費）の分担や離婚後の面接交渉等は家庭裁判所の管轄というように、以前は管轄の裁判所が異なっていたが、2004（平成 16）年の**人事訴訟法**の施行により、離婚に関する調停・審判・裁判を**家庭裁判所**がすべて行っている。

■ 相続

96 相続人と相続分の関係は、表1のように整理される。

97 **相続の承認**には、**単純承認**と被相続人の消極財産（相続債務）につき相続財産の限度で責任を負う**限定承認**があり、相続をしない場合は**相続放棄**がなされる。

98 2013（平成 25）年の民法改正によって、嫡出でない子の法定相続分を嫡出子の 2 分の 1 とする規定は削除され、嫡出子と嫡出でない子の法定相続分は原則**同等**となった。

99 **相続財産**に含まれるものは、所有権、損害賠償請求権、借地権、借家権

▶ 相続人は自己のために相続の開始があったことを知ったときから 3 か月以内に家庭裁判所に申述をしなければならず、これがなされないと単純承認とみなされる。

重要項目

表1　相続人と相続分

	相続人	相続分
第1順位	子（代襲相続人＝孫・曾孫を含む）	1/2
	配偶者	1/2
第2順位	直系尊属（父母・祖父母等）	1/3
	配偶者	2/3
第3順位	兄弟姉妹（代襲相続人＝おい・めいを含む）	1/4
	配偶者	3/4
配偶者のみ		1

注：配偶者は上記の者があるとき、その者と同順位で常に相続人となる。

等の諸権利や金銭債務などの各種義務がある。身元保証人の地位や生命保険金、死亡退職金や死亡弔慰金は含まれない。生活保護受給権も一身専属権であり、相続の対象にはならない。

100 **特別受益**は、生前贈与などを受けた相続人が、相続分から減額される制度である。

101 **相続人の不存在**の場合、相続財産は**法人**となり（**相続財産法人**）、家庭裁判所は利害関係人または検察官の請求により**相続財産**の管理人を選任し、かつ遅滞なくその旨を公告しなければならない。

102 **特別縁故者**から相続人捜索の公告の期間満了後3か月以内に請求があった場合に、家庭裁判所が相当と認めるときは、請求した**特別縁故者**に対して、清算後残存すべき相続財産の全部または一部を与えることができる（民法第958条の3）。相続財産の一部の分与しか認めなかった場合、**残余財産**は国庫に帰属する（民法第959条）。

103 遺言の**普通方式**には、**自筆証書遺言、公正証書遺言、秘密証書遺言**があり、**特別方式**には**危急時遺言**（死亡危急者遺言と船舶遭難者遺言）と**隔絶地遺言**（伝染病隔離者遺言と在船者遺言）がある。

104 **遺言**は、満**15**歳に達した者が行える。成年被後見人であっても、事理を弁識する能力を一時回復したと医師が証明できるときであれば、そのときに医師2人以上の立ち会いの下に遺言をすることができる。遺言事項は、法律の定めた一定のものに限られるが、相続人の廃除およびその取消も含まれる。

105 **自筆証書遺言**は、全文、日付および氏名を自分で書き、これに押印して作成する。押印は、**拇印**でも有効であるが、日付として○年○月吉日と記載された証書は、**日付の記載**を欠くものとして無効である。遺言書の保管者または発見者は、相続の開始を知った後、遅滞なくこれを家庭裁判所に提出して、その**検認**を請求しなければならない（公正証書による

注目！

2018（平成30）年の改正で自筆証書遺言の財産目録はパソコンで作成できるようになった（2019（平成31）年1月13日施行）。また、法務局で保管できる（2020（令和2）年7月10日施行）。

遺言は不要)。

106 **公正証書遺言**は、証人2人以上の立ち会いのうえ、遺言者が**公証人**に遺言の趣旨を口授し、**公証人**は口述を筆記し、遺言者および証人に読み聞かせまたは閲覧させ、遺言者および証人が筆記の正確なことを承認した後、各自これに署名し、印を押して作成する。口がきけない障害者、耳の聞こえない障害者は、手話などによって作成が可能であるが、目の見えない障害者については、点字による作成が**認められていない**。また、手が不自由な障害者は、**公証人**がその事情を公正証書遺言に付記し署名に代えることができる（民法第969条第4号ただし書）。

107 **遺留分**とは、兄弟姉妹を除く相続人に残しておかなければならない遺産の一定割合をいう。**遺留分**を超えて遺言処分が行われたときは、遺言による処分そのものは無効とならないが、遺留分権利者はその**遺留分**に達するまで**減殺請求**する（取り戻す）ことができる。

108 2018（平成30）年の民法の相続分野の改正で、遺産分割で相続人の一人である**配偶者**が住居や生活費を確保しやすくする改正が行われた。

109 2018（平成30）年の民法改正で、**配偶者居住権**が新設された。被相続人の死亡後も被相続人が所有していた住宅に配偶者が一定期間もしくは亡くなるまで住み続けることができる権利である。自宅の権利を「所有権」と「居住権」に分け、仮に所有権が別の相続人のものになっても配偶者が住み続けることができるようになった（2020（令和2）年4月1日施行)。

110 配偶者居住権は、遺産分割確定までの間の「**配偶者短期居住権**」と、終身の間存続する「**配偶者居住権**」がある。居住権は所有権より評価額が低くなり、そのぶん配偶者の預貯金の取り分も実質的に増えると見込まれる（2020（令和2）年4月1日施行)。

111 2018（平成30）年の民法改正で、婚姻期間が**20年以上**の場合、配偶者が生前贈与や遺言で譲り受けた住居（建物・土地）は、原則として**遺産分割**の対象から外れることとなった。また、相続された預貯金債権について、生活費や葬儀費用の支払、相続債務の弁済などの資金需要に対応できるよう、遺産分割前にも払戻しが受けられるようになった（2019（令和元）年7月1日施行)。

112 2018（平成30）年の民法改正で、一定の範囲の**親族が無償で被相続人の療養看護や介護**などをした場合（**特別寄与者**）、相続人に対して金銭を請求できることとなった（2019（令和元）年7月1日施行)。

113 2018（平成30）年の民法改正で、**自筆証書遺言**の方式が緩和され、自

▶遺留分の割合は、直系尊属（父母・祖父母）のみが相続人である場合は、遺産の3分の1、配偶者もしくは子のどちらか一方でもいる場合は、遺産の2分の1である。

💡 **注目！**
遺産分割で相続人の1人である配偶者への優遇に関する改正が行われた。

権利擁護と成年後見制度

筆でない財産目録を添付して自筆証書遺言を作成できるようになった（2019（平成 31）年 1 月 13 日施行）。また、遺言執行者の権利義務や特定財産承継遺言が行われた場合における遺言執行者の権限が明確化された（2019（平成 31）年 1 月 13 日施行）。また、**法務局**における自筆証書遺言の保管制度が創設された（2020（令和 2）年 7 月 10 日施行）。

114 2018（平成 30）年の民法改正で、**遺留分制度**が見直され、遺留分減殺請求権の行使によって当然に物権的効果が生ずるとされている現行法から、遺留分権の行使によって遺留分侵害額に相当する金銭債権が生ずるものとしつつ、受遺者等の請求により、金銭債務の全部または一部の支払につき**裁判所**が期限を許与することができるようになった（2019（令和元）年 7 月 1 日施行）。

115 2018（平成 30）年の民法改正で、相続の効力等に関して、相続させる旨の**遺言等により承継された財産**については、登記等の対抗要件なくして第三者に対抗することができるとされていた現行法から、**法定相続分**を超える権利の承継については、対抗要件を備えなければ第三者に対抗することができないようになった（2019（令和元）年 7 月 1 日施行）。

行政法の理解

116 行政を行う権利と義務を有し、自己の名と責任で行政を行う団体を**行政主体**（**国・地方公共団体**など）という。行政主体の法律上の意思決定を行い、外部に表示する権限を有する機関を**行政庁**という。**行政庁**の意思決定を補助する機関のことを**補助機関**といい、次官、局長、課長をはじめその他の**行政庁**の一般職員がこれに該当する。

■ 行政行為

117 **公定力**とは、行政行為に瑕_{かし}疵がある場合、明らかに重大な違法がある場合は別として、行政行為の適法性判断の**優先権**は**行政機関**にあり、違法な行為であるという疑いがあるときでも**取消しの不服申立て・訴訟で取り消されない限り有効である**とすることをいう。

118 **行政行為**とは、行政庁が行政目的を実現するために、法律によって認められた権限に基づいて、一方的判断により、特定の国民の権利義務その他の法律的地位を具体的に決定するという法的効果を伴う行為（法的行為）である。法的効果を伴わない**事実行為**などは、行政行為ではない。

119 **不可争力**とは、不服申立期間・出訴期間を経過した後はその効力を争え

なくなる効力をいう。

120 **不可変更力**とは、行政行為をした行政庁がそれを職権で取り消すことができない効力をいう。

121 **争訟取消し**とは、行政手続きに基づいて取消しを申し立てた場合に処分庁などがその行政行為を取り消す場合をいう。

122 **職権取消し**とは、私人からの法的請求によらず違法な行政行為をした処分庁・上級庁が、その違法を認めて自発的に取り消す場合をいう。

123 **行政の自由裁量行為**は、裁判所の審査が全く及ばないと説明されていた。しかし、現在では裁判所が自由裁量行為の当否を審査することもあり得ると考えられている。そのため、裁量権の逸脱や濫用があった場合には、その行為は違法となり、裁判所の審査に服することになる（行政事件訴訟法第30条）。

124 **行政行為の取消しの効果**は、遡及するのが原則である。ただし、**受益的行政行為の取消し**については、相手方の信頼を保護する必要上、将来に向かってのみ効力を生ずると解する見解もある。これに対し、**行政行為の撤回の効果**は、将来に向かってのみその効力を生じる。撤回の効果を遡及させること、あるいは、過去の時点に遡って撤回することは、法令に規定がない限りできないものと一般に解されている。

125 行政上の義務の履行を確保する手段として、**行政強制**と**行政罰**とが認められている。**行政強制**は、将来の行政上の義務の履行を強制するのに対して、**行政罰**は過去の行政上の義務違反に対する制裁である。

126 行政強制は、大別して、**行政上の強制執行**と**即時強制**に分けられ、**行政上の強制執行**はさらに、**代執行**、**執行罰**、**直接強制**、**強制徴収**に細別される。また行政罰には、**行政刑罰**（刑法上の**刑名**のある処罰）と**秩序罰**（**過料**）の2種がある。

■ 行政事件手続

127 **行政不服審査法**と、**行政事件訴訟法**、**国家賠償法**をまとめて、行政救済三法という。

128 **行政不服審査法**は、行政庁の違法または不当な処分その他行政庁の公権力の行使に当たる行為に対する不服申立てについて、従来の**列記主義**を改めて、他の法律に不服申立てができないという規定のない限り、すべての行政処分に対して取消しの不服申立てが当然にできる**一般概括主義**を採用している。2014（平成26）年6月の改正で、不服申立ての手続きを「**審査請求**」に**一元化**し、「**異議申立て**」手続きは**廃止**された。不服申

注目！
異議申立て手続きは処分庁から説明を受ける機会が与えられていないという不都合のため廃止され、手続き保障のレベル向上のため改正された。

重要項目

立てが大量にされる処分等については「**再調査の請求**」（選択制）が導入された（2016（平成28）年4月1日施行）。

129 **再調査の請求**は、処分庁が簡易な手続きで事実関係の再調査によって処分の見直しを行う手続きをいう。　　　　　　　　　　　　　　　出32-79-5

130 行政不服審査法は、処分に不服のある国民が、当該処分が不服申立ての対象となるか、また、どの行政庁にいつまでに不服を申立てなければならないかわからない場合が多いので、これらの事項を国民に教示する**義務**を**処分庁**に課している（通常、処分通知書の用紙に刷りこまれている）。

131 行政庁の処分その他公権力の行使にあたる行為（処分）に関する**不服申立て**は、法律や条例に特別の定めがある場合を除くほか、行政不服審査法の定めるところによる。

132 行政庁の処分に不服がある者は、行政不服審査法第4条（審査請求をすべき行政庁）および第5条第2項（第5条第1項によって再調査の請求をしたときは、決定を経た後でなければ再審査請求できない）の定めるところにより**審査請求**できる。　　　　　　　　　　　　　　　出28-77

133 2014（平成26）年6月の改正で、法令に基づき行政庁に対して処分についての申請をした者は、当該申請から相当の期間が経過したにもかかわらず、行政庁の**不作為**（法令に基づく申請に対し何らの処分もしないこと）がある場合には、**不作為**について審査請求できる。

134 2014（平成26）年6月の改正で、審査請求は、法律（条例に基づく処分については、条例）に特別の定めがある場合を除くほか、原則として、**処分庁**等に上級行政庁がない場合には当該**処分庁**等に、**処分庁**等に上級行政庁がある場合には当該**処分庁**等の**最上級行政庁**に対して行う。　　　　　　　　　　　　　　　出32-79-1

135 2014（平成26）年6月の改正で、行政庁の処分につき処分庁以外の行政庁に対して審査請求をすることができる場合において、法律に**再調査の請求**をすることができる旨の定めがあるときは、当該処分に不服がある者は、当該処分について審査請求をした場合を除き、処分庁に対して再調査の請求をすることができる。　　　　　　　　　　　出32-79-5

136 2014（平成26）年6月の改正で行政庁の処分につき法律に**再審査請求**をすることができる旨の定めがある場合には、当該処分についての審査請求の裁決に不服がある者は、当該法律の定める行政庁に対して**再審査請求**をすることができる。

137 2014（平成26）年6月の改正で、審査庁の審理において、職員のうち処分に関与しない者（**審理員**）が、審査請求人（国民）および処分庁の主　　　　　　　　　　　　　　　出32-79-3

張を公正に審理することとなる。また、裁決について有識者からなる**第三者機関**が点検することとなり、審査請求人の権利が拡充された。

138 2014（平成26）年6月の改正で**不服申立前置主義**の見直しがなされ、68の法律で廃止・縮小が行われた。

不服申立前置を存置する場合としては、

①不服申立ての手続きに一審代替性（高裁に提訴）があり、国民の手続き負担の軽減が図られている場合（電波法、特許法等）

②大量の不服申立てがあり、直ちに出訴されると裁判所の負担が大きくなると考えられる場合（国税通則法、国民年金法、労働者災害補償保険法等）

③第三者的機関が高度に専門技術的な判断を行う等により、裁判所の負担が低減されると考えられる場合等（公害健康被害補償法、国家公務員法等）、があげられる。

139 養護老人ホームや、やむを得ない事由により介護保険法に規定する介護老人福祉施設に入所することが著しく困難である場合の特別養護老人ホームへの「入所措置」の決定は、「**職権に基づく行政処分**」の一種であり、行政不服審査法に基づく「**不服申立て**」をすることができる。市町村長は、養護老人ホーム等に入所中の高齢者に対する入所措置を解除しようとする不利益処分を行うときは、その者に対して当該措置の解除理由を説明し、その意見を聴かなければならない。

140 行政不服審査法による**不服申立て**は、ほかの法律に口頭ですることができる旨の定めがある場合を除き書面を提出して行わなければならない。

141 行政不服審査法による**不服申立ての期間**は、原則として処分があったことを知った日の翌日から起算して**3か月**以内である（以前は「60日以内」であったが、法改正により、2016（平成28）年4月より「3か月以内」に延長された）。　出32-79-2

142 行政不服審査法による審査請求が提起されても、処分行政庁の行った**処分の効力、処分の執行**または**手続きの続行**が妨げられることはない。ただし、執行停止がなされる場合もある。審査請求に対して審査庁がした裁決が係争処分の取消しである場合、処分庁は、これに拘束される。

143 行政不服審査法による**審査請求の審理**は、**書面の審理**となるが、申立人側から申立てがあったときは審査庁は申立人に**口頭**で意見を述べる機会を与えなければならないとして、**口頭意見陳述請求権**を保障する。

144 行政事件訴訟における**客観的訴訟**とは、国民の個人的権利利益の保護を主たる目的とする**主観的訴訟**（直接的な利害関係者以外には訴訟を提起

重要項目

する資格がない訴訟）に対比して、客観的な法秩序の適正維持や公益保護を目的とする訴訟をいう。

145 **行政事件訴訟**には、**抗告訴訟**（公権力を行使する行政庁に対する不服の訴訟）、**当事者訴訟**（対等な関係における行政主体と私人の争い）、**民衆訴訟**（直接的な利害関係者以外の第三者が提起できる訴訟）、**機関訴訟**（国または地方公共団体の機関相互の存否またはその行使に関する紛争についての訴訟）の4種がある。**抗告訴訟**と**当事者訴訟**が主観的訴訟であり、**民衆訴訟**と**機関訴訟**が客観的訴訟である（図1参照）。

出 28-77
31-79-4

図1 行政事件訴訟の体系

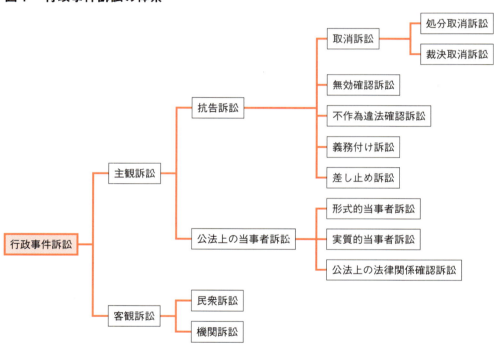

146 **抗告訴訟**は、行政庁の公権力の行使に関する不服の訴訟であり、**処分の取消しの訴え、裁決の取消しの訴え、無効等確認の訴え、不作為の違法確認の訴え**（行政庁が処分または裁決をしない場合に違法の確認を求める訴訟）、**義務付けの訴え**（許可の申請などに対して行政庁が処分すべきであるのにしない場合などに処分を実行するよう求める訴訟）、**差止めの訴え**（行政から建物を取り壊すように命令を受けた場合などに対抗して行う訴訟）の6種が法定されている。

出 31-79

147 **取消訴訟**は、瑕疵のある違法な行政行為（処分または裁決）の取消しを求める訴訟類型で、例えば、介護保険制度で要介護認定の結果に対して争う場合などがこれにあたる。処分または裁決があったことを**知った日**

出 30-78
31-79
32-79-4

から**6か月**を経過したときは、提起することができないが、正当な理由があればこの限りではない。

148 **取消訴訟**は、処分または裁決の日から**1年**を経過したときは、提起することができないが、正当な理由があればこの限りではない。

149 裁判所は、訴訟関係を明らかにするために、必要があると認めるときは、行政庁に対して、処分または裁決の理由を明らかにする**資料の提出**を求めること等ができることとし、処分についての審査請求に対する裁決を経た後に取消訴訟の提起があったときには、行政庁に対して、当該審査請求にかかわる事件の**記録の提出**を求めること等ができる。

150 処分、処分の執行または手続の続行により生じる**重大な損害**を避けるために緊急の必要があるときは、裁判所は、申立てにより、決定をもって、処分の効力、処分の執行または手続の続行の全部または一部の**停止**をすることができる。

151 1993（平成5）年に制定された**行政手続法**は、行政処分の事後のチェック、救済手続を定める行政不服審査法や行政事件訴訟法と異なり、行政処分が行われる前に、国民の権利・利益の救済を図る**事前救済**に関する手続法である。

152 **行政手続法**は、処分、行政指導および届出に関する手続きに関し、共通する事項を定めることによって、行政運営における公正の確保と透明性の向上を図り、もって国民の権利利益の保護に資することを目的とする。

153 行政手続法は、**処分手続**として「**申請に対する処分**」手続と「**不利益処分**」手続との2つの手続きを認めている。

154 行政手続法は、行政庁の「**不利益処分**」手続について「**聴聞**」と「**弁明の機会の付与**」を規定している。

155 行政手続法は、行政指導を行う者が、行政指導の相手方から、その趣旨、内容などについて**書面の交付**を求められた場合には、これを**交付しなければならない**としている。

156 2014（平成26）年行政手続法が改正され、行政指導に携わる者は、**行政指導をする際**に、許認可等をする権限または許認可等に基づく処分をする権限を行使し得る旨を示すときは、その相手方に対して、当該権限を行使し得る根拠条項や要件等を**示さなければならない**こととなった。

157 2014（平成26）年の改正で、行政指導（法律根拠の場合に限る）の相手方は、その行政指導が法律の要件に適合しないと思う場合に、行政指導をした行政機関に対し申出書を提出して、**行政指導の中止等を求める**ことができることとなった。

注目！
国民の権利利益保護の充実のため「行政指導の中止等の求め」などの仕組みが設けられた。

重要項目

158 2014（平成26）年の改正で、行政機関は、上記の申出があったときは、必要な調査を行い、必要に応じてその**行政指導の中止等の措置**をとらなければならないこととなった。

159 2014（平成26）年の改正で、何人も、法令違反事実の是正のための処分や行政指導（法律根拠の場合に限る）がされていないと思う場合に、権限のある行政庁（処分）や行政機関（行政指導）に対し申出書を提出して、**処分又は行政指導をするよう求める**ことができることとなり、行政庁や行政機関は、上記の申出があったときは、必要な調査を行い、必要に応じて処分または行政指導をしなければならないこととなった。

160 国や地方公共団体が、違法な行政作用により国民に損害を与えた場合、国または地方公共団体に損害賠償責任がある。**国家賠償法**の規定のほか、**民法や他の法律に別段の規定**があるときはそれによって対応する。

161 国家賠償法による**損害賠償請求**は、行政事件訴訟ではなく**民事訴訟**として行われる。**被告は、国、地方公共団体**であって行政庁ではない。

162 国家賠償法第1条は、国または地方公共団体の公権力の行使に当たる公務員が、その職務を行うについて故意または過失によって違法に他人に損害を加えたときは、国または地方公共団体がこれを賠償する責に任ずると規定し、**過失責任主義**をとる。　　出29-80

163 国家賠償法第1条は、民法第715条の使用者責任と異なり、国・地方公共団体が**必ず責任を負う**。**公務員個人はその責任を負わないが**、公務員に故意または重大な過失があった場合は、国または地方公共団体は**求償権**を行使できる。　　出29-80-2

164 国家賠償法第1条にいう**公権力の行使**は、強制措置に限らず広く公的行政活動の全体を指し、公立学校の教師が水泳授業で行う**教育活動**もこれにあたる。　　出29-80-1

165 国家賠償法第2条第1項は、**公の営造物の設置**または**管理に瑕疵**があったために他人に損害を生じたときは、国または地方公共団体は、これを賠償する責に任ずると規定する。設置管理に過失がなくても国または地方公共団体は損害賠償の責任を負う**無過失責任**である。

166 **損失補償**とは、「適法な」公権力の行使により特定人に生じた財産上の損失につき、全体的な公平負担の見地から補償することをいう。　　出29-80-5

167 **社会福祉に関する一部の法律**には、その法律に基づく処分の取消しの訴えは、審査請求に対する裁決を経た後でなければ提起することができないと規定されており、これを**不服申立て前置主義**という。介護保険法上の介護給付、障害者総合支援法上の介護給付費等にかかる処分取消訴訟

相談援助活動と法との関わり

行政法の理解

などが該当する。

■ 情報公開

168 個人情報は、いったん誤った取り扱いをされると、個人に取り返しのつかない被害を及ぼすおそれがある。したがって**個人情報の保護に関する法律**（**個人情報保護法**、2003（平成15）年）、**行政機関の保有する個人情報の保護に関する法律**（2003（平成15）年）等により、個人情報の適正な取り扱い手続と個人の権利利益の保護を定めている。

169 民法は、主として動産・不動産といった有体物に権利の客体としての財産的価値を認めているが、近年、顧客リストというような「**個人情報**」に対しても財産的価値が認められ、これら**知的財産権**（知的所有権）保護に関する法制度の重要性が増大している。

170 **個人情報保護法**は、高度情報通信社会の進展に伴う個人情報の利用拡大を考慮して、その適正な取扱い、公的機関の責務、**取扱い事業者の遵守義務**を定め、個人情報の有用性に配慮しつつ、個人の権利利益保護を目的とする。これにより、個人情報を収集・管理する企業や事業者は、厳しい行政規制の下に置かれることになった。

171 **行政機関の保有する情報の公開に関する法律**（**情報公開法**）は、国民主権の理念にのっとり、行政文書の開示を請求する権利について定めること等により、行政機関の保有する情報の一層の公開を図り、もって政府の有するその諸活動を国民に説明する責務が全うされるようにするとともに、国民の的確な理解と批判の下にある公正で民主的な行政の推進に資することを目的としている。

172 情報公開法において、**行政文書**とは行政機関の職員が職務上作成し、または取得した文書、図画および電磁的記録であって、当該行政機関の職員が組織的に用いるものとして、当該行政機関が保有しているものをいう。

173 **行政文書の開示請求**にあたっては、情報公開法の定めるところにより、何人も当該文書を保管する行政機関の長に対して、その請求を行うことができるとされている。

出 28-38-1（地域）

▶ 例えば、特定のサービス利用者の事例を学会で発表する場合、本人の匿名化が困難なケースでは本人の同意を得なければならない。

出 28-38-1（地域）

▶ 不特定多数の者に販売される官報や白書および政令で定める公的機関保有の歴史的・文化的資料や学術研究用資料等は行政文書には含まれない。

2 成年後見制度

成年後見の概要

174 **2000**（平成**12**）年4月1日に施行された**成年後見制度**は、ノーマライゼーションの理念に基づき制定された**民法の一部を改正する法律**（従前の禁治産・準禁治産的考え方と用語の廃止、後見・保佐制度の改正）、**任意後見契約に関する法律**および**後見登記等に関する法律**により構築された。

175 **成年後見制度**とは、**精神上の障害**（認知症・知的障害・精神障害等）により**判断能力**の不十分な成年者の生活、療養看護および財産の管理に関する事務を、本人とともに成年後見人等が行うことによって、その本人を保護するための制度である。

176 後見制度の種別は、図2のとおりである。

図2 後見制度の種別

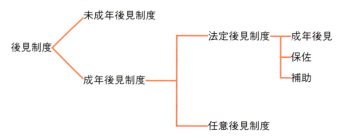

177 成年後見制度は**法定後見制度**と**任意後見制度**から成り立っている。**法定後見制度**は、従前の禁治産・準禁治産の制度を根本的に改めるもので、法律の定めによる後見制度をいう。**任意後見制度**は、契約による後見の制度である。いずれの制度を利用するかは**本人の選択**による。

178 改正前の民法では、禁治産・準禁治産の宣告を受けるとその事実が戸籍に記載されたため、制度の利用が嫌忌された。新しい成年後見制度では、法定後見人等が選任された際の戸籍への記載は廃止され、これに代わる公示制度として**後見登記**の制度が創設された。

179 知的障害者や精神障害者の地域生活を支援するために、社会福祉士など親族以外の第三者の**成年後見人**等の選任が注目されるようになり、新しい支援が広がりつつある。

180 未成年後見人および成年後見人ともに、正当な事由があるときは、**家庭裁判所**の許可を得て、その任務を**辞任**することができる。

2 成年後見制度

成年後見の概要

181 成年後見人等の仕事は、**財産管理**と**身上監護**にかかわる法律行為を代理したり、同意したり取り消したりすることである。食事や入浴等の世話、手術の方法の決定、身上配慮義務にあたらず、成年後見人等の本来の仕事ではないとされる。

182 2016（平成28）年4月の成年後見の事務の円滑化を図るための民法及び家事事件手続法の一部を改正する法律によって、成年被後見人の**死亡後**の成年後見人の権限が加えられた。成年後見人は、成年被後見人が死亡した場合において、必要があるときは、成年被後見人の相続人の意思に反することが明らかなときを除き、相続人が相続財産を管理することができるに至るまで、相続財産の保存に必要な行為、相続財産に属する債務（弁済期が到来しているものに限る）の弁済、**火葬または埋葬**に関する契約の締結等の一定の行為をすることができることとし、そのうちの一部については、家庭裁判所の許可を得なければならないこととなった。なお、成年被後見人の葬儀をとり行うことはできない。

出 30-82-2

注目！
成年後見人が成年被後見人の死亡後も行うことができる事務の内容、手続きが明確化された。

183 法定後見制度は、すでに**判断能力**が不十分な状態になっている認知症高齢者・知的障害者・精神障害者等が対象であるが、対象者の判断能力の程度に応じて、**後見、保佐**または**補助**のうちのいずれかを選択して制度を利用する（表2参照）。

184 法定後見制度では、①家族等一定の請求権者から**家庭裁判所**への「後見開始の審判」の申立て、②家庭裁判所による実質的要件の具備に関する審査を経たうえで、**家庭裁判所**が判断能力の低下・喪失した者を成年後見人、被保佐人または被補助人と「**審判**」しない限り、成年後見人、保佐人、補助人は選任されない。

185 法定後見の開始の審判の請求権者は、表3のとおりである。

出 28-78-1
30-83

186 法定後見が開始された後に成年後見人等が後見事務を行うために必要となった**費用**は、成年被後見人の財産から支出することができる（民法第861条第2項）。

187 第三者の専門職を成年後見人等に選んだ場合には、成年後見人等に**報酬**を支払う必要がある。その場合の成年後見人等の**報酬**も、成年被後見人の資力や実際に成年後見人等によって行われた後見事務の内容を見て、**家庭裁判所**が決定し成年被後見人の財産から支出する（民法第862条）。

188 成年後見等の開始の審判は、成年後見人等に選任される者に告知される。告知後**2週間**は即時抗告期間（審判に対する不服申立期間）となる。**2週間の経過**によって審判は確定し、効力を生じることになる。

189 任意後見制度とは、本人が契約締結に必要な判断能力を有している間に、

💡 **重要項目**

表2 補助・保佐・後見制度の概要

		補助開始の審判	保佐開始の審判	後見開始の審判
要件	〈対象者〉〈判断能力〉	精神上の障害（認知症・知的障害・精神障害等）により判断能力が**不十分**な者	精神上の障害により判断能力が**著しく不十分**な者	精神上の障害により判断能力を**欠く常況**にある者
開始の手続きにおける本人の同意		**必要**	**不要**	**不要**
同意権・取消権	付与の対象	申立ての範囲内で家庭裁判所が定める「特定の法律行為」（民法第13条第1項所定の行為の一部）	民法第13条第1項所定の行為	日常生活に関する行為以外の行為
	付与の手続き	補助開始の審判＋同意権付与の審判＋本人の同意	保佐開始の審判	後見開始の審判
	取消権者	**本人・補助人**	**本人・保佐人**	**本人・成年後見人**
代理権	付与の対象	申立ての範囲内で家庭裁判所が定める「特定の法律行為」	同左	**財産**に関するすべての法律行為
	付与の手続き	補助開始の審判＋代理権付与の審判＋本人の同意	保佐開始の審判＋代理権付与の審判＋本人の同意	後見開始の審判
	本人の同意	**必要**	**必要**	**不要**
責務	身上配慮義務	本人の心身の状態及び生活の状況に配慮する義務	同左	同左

出 29-81-2

出 28-78-2
29-81-3, 4, 5

加齢等に伴う判断能力の低下・喪失に備え、**事前に自己の身辺介護や財産管理**を行う**任意後見人**を自ら選んでおく制度をいう。

■ 成年被後見人の行為能力

190 成年後見の対象者（**成年被後見人**）は、精神上の障害により事理を弁識する能力（判断能力）を欠く常況にある者とされている。「**精神上の障害**」は、「身体上の障害を除くすべての精神的障害を含む広義の概念」であるとされており、認知症、意識障害、知的障害、統合失調症など、重篤な判断能力の低下を伴う障害を指すとされている。「**判断能力を欠く**」とは、自分の行為の結果について合理的な判断をする能力がないことをいう。また、「**判断能力を欠く常況にある**」とは、一時的に判断能力を回

出 32-80-4

2 成年後見制度

成年後見の概要

表3　法定後見の開始の審判の請求権者

民法上	①**本人**（審判を受ける人）（正常な判断能力を回復しているときに限る） ②**配偶者** ③**4親等内の親族**（子、孫、親、祖父母、兄弟姉妹、甥、姪、おじ、おば、いとこ等） ④**未成年後見人**（本人が未成年者である場合） ⑤**未成年後見監督人**（本人が未成年者である場合） ⑥**成年後見人**（成年後見類型からほかの類型に移行する場合） ⑦**成年後見監督人**（成年後見類型からほかの類型に移行する場合） ⑧**保佐人**（保佐類型からほかの類型に移行する場合） ⑨**保佐監督人**（保佐類型からほかの類型に移行する場合） ⑩**補助人**（補助類型からほかの類型に移行する場合） ⑪**補助監督人**（補助類型からほかの類型に移行する場合） ⑫**検察官**
任意後見契約に関する法律上	**任意後見受任者、任意後見人、任意後見監督人、家庭裁判所**
整備法上	**市町村長**

出 32-77

出 28-82
　32-80-2

> ▶整備法とは、老人福祉法第32条、知的障害者福祉法第28条、精神保健及び精神障害者福祉に関する法律第51条の11の2を指す。

復することはあっても、通常は判断能力を欠く状態にある、ということを意味しており、必ずしも終始判断能力を欠く状態にあることが成年後見利用の要件となるわけではない。

191 成年被後見人がした契約等の法律行為は、原則として**取り消す**ことができる（民法第9条）。例えば、成年被後見人が自己の所有する不動産を売却したとき、その時点で意思能力を有していた場合でも、成年後見人は契約を**取り消す**ことができる。

> ▶日常生活に関する法律行為、身分行為等は、取り消すことができない。

192 2019（令和元）年6月「成年被後見人等の権利の制限に係る措置の適正化等を図るための関係法律の整備に関する法律」により、成年被後見人及び被保佐人を資格・職種・業務等から一律に排除する規定等（欠格条項）を設けている各制度について、心身の故障等の状況を個別的、実質的に審査し、各制度ごとに必要な能力の有無を判断する規定（個別審査規定）が整備された。

■ 成年後見人の役割

193 **家庭裁判所**は、職権で、**成年後見人**を選任する（民法第843条第1項）。**成年後見人**が欠けたときは、家庭裁判所は、成年被後見人もしくはその親族その他の利害関係人の請求によって、または職権で、**成年後見人**を選任する（民法第843条第2項）。

重要項目

194 家庭裁判所は、必要に応じて、**複数**の成年後見人を選任することができる。最初から**複数**の成年後見人を選任したり、後で**複数**の成年後見人を選任することも可能である（民法第843条第3項）。

▶ 2011（平成23）年6月の改正により、未成年後見制度の一人規定が削除され、成年後見と同じく複数後見、法人後見が導入された。

195 家庭裁判所は、必要があると認めるときは、成年被後見人、その親族もしくは成年後見人の請求によって、または職権で、**成年後見監督人**を選任する（民法第849条）。**成年後見監督人**は、成年後見人の支援および監督の任にあたる。なお、家庭裁判所は、**成年後見監督人**の選任の有無にかかわりなく、成年後見人の事務を監督する（民法第863条）。

196 家庭裁判所は、**法人**を成年後見人（保佐人・補助人も可）に選任することもできる。その場合、法人の事業の種類および内容並びにその法人およびその代表者と成年被後見人との利害関係の有無をも考慮しなければならない（民法第843条第4項かっこ書）。

出 28-78-4

197 ①**未成年者**、②家庭裁判所で免ぜられた法定代理人、保佐人または補助人（親権または管理権の喪失の宣告を受けた親権者、解任の審判を受けた後見人・保佐人・補助人・遺言執行者など）、③破産者、④成年被後見人に対して訴訟をし、またはした者並びにその配偶者および直系血族、⑤行方の知れない者は、**成年後見人となることができない**（失格事由）。

198 成年後見人は、成年被後見人の**財産を管理**し、かつ、成年被後見人の財産に関する法律行為について成年被後見人を**代表**（代理）する権限を有している（民法第859条第1項）。

199 成年後見人の**代理権・取消権の対象となる行為**は、①狭義の**財産管理**を目的とする法律行為（預貯金の管理・払戻し、不動産その他の重要な財産の処分、遺産分割、相続の承認・放棄、賃貸借契約の締結・解除など）、②生活または療養看護（**身上監護**）を目的とする法律行為（介護契約・施設入所契約・医療契約の締結など）、③これらの法律行為に関連する**登記の申請**や**要介護認定の申請**などの公法上の行為、④これらの後見事務に関して生ずる紛争についての**訴訟行為**（財産に関する訴訟行為）である。

出 30-82-2

200 成年後見人が、本人の事実行為（労務の提供など）を目的とする**債務を生ずべき契約**をする場合には、本人の**同意**を得る必要がある（民法第859条第2項）。

出 30-82

201 成年後見人が**複数**ある場合は、家庭裁判所は、職権で、数人の成年後見人が、共同してまたは事務を分掌して権限を行使すべきことを定めることができる（民法第859条の2第1項）。

202 成年後見人が、本人の**居住用不動産を処分**（売却、賃貸、賃貸借の解除

出 28-81-5

544

2 成年後見制度

成年後見の概要

または抵当権の設定等）する場合、**家庭裁判所**の**許可**を得る必要がある（民法第859条の3）。居住用とは、現に居住の用に供し、または供する予定があることをいう。

28-83-2
30-82-4

203 本人と成年後見人との**利益相反行為**（本人・成年後見人間の売買契約・遺産分割協議等）では、成年後見人は、本人を代理することができず、家庭裁判所が選任した**特別代理人**（成年後見監督人がいれば、成年後見監督人）が本人を代理する（民法第860条）。

出 30-82-5

▶保佐の場合は、臨時保佐人、補助の場合は、臨時補助人が本人を代理する。

204 成年後見人が、本人を代理して営業を行ったり、民法第13条第1項に列挙された重要な財産行為（元本の領収を除く）をする場合、成年後見監督人が選任されているときは、**成年後見監督人**の**同意**を得る必要がある（民法第864条）。

205 **身分行為**（**婚姻・離婚・認知・養子縁組・離縁・遺言**等）は、原則として代理権の対象とならない（民法第738条、第764条、第780条、第799条、第812条、第962条）。

出 28-81-4
30-82-1

206 **財産の管理**は、財産の保存を目的とする行為（現状を維持する行為）、財産の性質を変えない範囲での利用・改良を目的とする行為、財産を処分する行為を含み、一切の法律行為および事実行為を含む。

207 **身上監護事務**とは、①介護・生活維持に関する事務、②住居の賃貸借等の住居の確保に関する事務（居住用不動産の処分については、家庭裁判所の許可が必要）、③施設の入退所、処遇の監視・異議申立等に関する事務、④医療に関する事務、⑤教育・リハビリテーションに関する事務等の法律行為である。

出 28-83
30-82-1, 3

208 2016（平成28）年4月の法改正によって、①成年後見人が**家庭裁判所の審判**を得て成年被後見人宛**郵便物の転送**を受けることができるようになったこと、②成年後見人が成年被後見人の**死亡後も行うことができる事務**（死後事務）の内容およびその手続きが明確化されることとなった。ただし、成年後見のみを対象とし、保佐、補助、任意後見、未成年後見には適用されない。

出 30-82-1

💡 **注目！**
死後事務

209 成年後見は、成年被後見人等の**死亡**によって終了する。成年後見人の権限は消滅し、成年後見人の事務は、管理計算（民法第870条）、相続人への財産の引継を行って完了する。本人の**死亡**により残った財産は相続人に帰属するので、「成年後見人であった者」の財産管理権は相続人に引き継がれる。

▶成年被後見人の死亡時、死亡届については、戸籍法の改正により、2008（平成20）年5月から成年後見人等に届け出の権限が認められた。

210 2016（平成28）年4月の法改正によって、成年被後見人の死亡後も一定範囲の事務（**死後事務**）が行えることとなった。成年後見人が行うこ

出 30-82-3

💡 **注目！**
死後事務

権利擁護と成年後見制度

545

重要項目

とができる死後事務は、①個々の相続財産の**保存に必要な行為**（債権の時効の中断など）、②弁済期が到来した**債務の弁済**（成年後見人の医療費、入院費、公共料金の支払いなど）、③**死体の火葬または埋葬に関する契約の締結**その他相続財産全体の保存に必要な行為（①②を除く）（死体の火葬に関する契約の締結、電気・ガスなどの契約の解約、預貯金の払戻しなど）。③を行うには、**家庭裁判所**の**許可**が必要となる。なお、被後見人の葬儀を執り行うことはできないとされている。

211 成年後見人は、正当な事由があるときは、**家庭裁判所**の許可を得て、その任務を辞することができる（民法第 844 条）。

出 28-81-3

212 2013（平成 25）年 5 月の公職選挙法等の改正により、成年被後見人は**選挙権**および**被選挙権**を有することとなった。また、代理投票における補助者は投票事務に従事する者に限定され、病院等での不在者投票は外部立会人を立ちあわせることなども盛り込まれた。

213 成年後見人は、後見の本旨に従い、**善良な管理者の注意**をもって、後見事務を処理する義務（**善管注意義務**）を負う（民法第 869 条、第 644 条）。**善管注意義務**とは、成年後見人の職業・地位・知識等に応じ、一般的に要求される平均人の注意義務を指す。これに違反し、成年被後見人に損害を与えると損害賠償責任を負う（民法第 415 条）。

214 成年後見人は、成年被後見人の行った法律行為に同意を与えることによって成年被後見人の法律行為を確定的に有効なものとするといった**同意権は有していない**。

▶成年被後見人の意思表示は正常な判断能力に基づかない可能性が高く、法律行為の相手方等を保護し取引の安全を図るためである。

215 成年後見人等には成年被後見人の生活、療養看護、財産の管理に関する事務を行うにあたっては、成年被後見人の意思を**尊重**し、かつ、その心身の状態および生活の状況に配慮する**身上配慮義務**があるが（民法第 858 条、第 876 条の 5 第 1 項、第 876 条の 10 第 1 項）、成年後見人の介護義務を意味するものではない。

216 成年被後見人のために医療契約を締結することは、成年後見人の事務に含まれるが、**医療・治療を受けること**（手術・注射等の医的侵襲行為を受けること）自体は、成年被後見人自身の同意（承諾）が**必要**である。したがって、成年後見人には、成年被後見人を代理して**医療・治療を受けることに同意をする権限**（医療行為の同意に関する代理権）**はない**とされている。

出 28-83-4

▶危険性の少ない軽微な医療行為は可能とする立場もある。

2 成年後見制度

保佐の概要

保佐の概要

■ 被保佐人の行為能力

217 保佐の対象となる被保佐人は、精神上の障害により事理を弁識する能力（判断能力）が**著しく不十分**な者である（成年後見の対象者を除く）（民法第11条）。

218 被保佐人は、**制限行為能力者**であるので（民法第20条）、被保佐人が一定の重要な財産行為（民法第13条第1項所定の行為）を行うには、保佐人の**同意**を得なければならない。また、**身分行為**は、代理権の対象とならない。

出 28-78-5
　29-81-3

▶日用品の購入その他日常生活に関する法律行為については、保佐人の同意を得ることなく被保佐人が単独で行うことができる（民法第13条）。

■ 保佐人の役割等

219 **保佐人の同意権・取消権の対象となる行為**は、①元本の領収・利用、②借財または保証、③不動産その他重要な財産に関する権利の得喪を目的とする行為、④訴訟行為、⑤贈与、和解または仲裁合意、⑥相続の承認もしくは放棄または遺産の分割、⑦贈与の申込みの拒絶、遺贈の放棄、負担付贈与の申込みの承諾、または負担付遺贈の承認、⑧新築、改築、増築または大修繕、⑨長期にわたる賃貸借（短期賃貸借は対象とならない）である。

出 28-78-2
　29-81-3, 4
　32-80-5

▶保佐人の同意権・取消権の範囲は、拡張することができる。

220 家庭裁判所は、**被保佐人本人、その親族、保佐人等の請求**によって、被保佐人のために**特定の法律行為について保佐人に代理権を付与する旨の審判**をすることができる（民法第876条の4第1項）。この代理権付与の審判をするには、本人の同意が必要である。また、代理権の範囲は、当事者の申立てによる選択に委ねられており、個別の取引行為の指定や抽象的な法律行為の種類の指定、身上監護に関する法律行為も含まれる。

221 保佐人またはその代表する者と被保佐人との利益が相反する行為については、保佐人は**臨時保佐人**（補助の場合は臨時補助人）の選任を家庭裁判所に請求しなければならない。ただし、保佐監督人がある場合は除く（民法第876条の2第3項）。

222 保佐人や補助人が**複数**いる場合には、家庭裁判所は、職権で、複数の保佐人や補助人が共同してまたは事務を分掌して権限を行使すべきことを定めることができる（民法第876条の5第2項、第859条の2）。

出 28-78-3

223 保佐人や補助人が**本人の居住用不動産を処分**する場合、**家庭裁判所**の許可を得る必要がある（民法第876条の5第2項、第859条の3）。

224 保佐人や補助人は、被保佐人や被補助人がした法律行為に同意を与えた

出 28-78-2

権利擁護と成年後見制度

重要項目

り、法律行為を取り消すことなどで**同意権・取消権**を行使する。**付与された代理権の範囲**で被保佐人の財産に関する**法律行為を代理**して保佐の事務（被保佐人の生活、療養看護および財産の管理に関する事務）を行う。

225 保佐人や補助人は、保佐や補助の事務を行うにあたっては、**善管注意義務**を負う。また、被保佐人の**意思を尊重**し、かつ、その心身の状態および生活の状況に配慮する**身上配慮義務**がある（民法第876条の5第1項、第2項、第644条）。

226 家庭裁判所は、必要があると認めるときは、被保佐人、その親族もしくは保佐人の請求により、または職権で、**保佐監督人**を選任することができる（民法第876条の3第1項）。

補助の概要

227 補助の対象となる被補助人は、精神上の障害により事理を弁識する能力（判断能力）が**不十分**な人である（成年後見・保佐の対象者を除く）（民法第15条）。

228 家庭裁判所は、本人または家族等の請求権者からの請求に基づき、補助開始の審判とともに補助人に対する**代理権または同意権の付与の審判**をしなければならない。請求権者は、補助開始の審判の申立てをするときは、あわせて補助人に対する代理権または同意権の付与の審判の申立てをする必要がある（民法第15条第3項）。

出 29-81-5

229 補助開始の審判がされただけでは、被補助人の行為能力は何ら制限されない。被補助人は、補助人に対する**同意権の付与の審判**を受けたときに、はじめて制限行為能力者となる。審判で定められた特定の法律行為（民法第13条第1項所定の行為の一部）をする場合、補助人の**同意**を得なければならないこととなる。

出 29-81-5

▶同意権付与の審判をするには、本人の同意が必要である。

230 家庭裁判所は、被補助人本人、その親族、補助人等の請求によって、被補助人のために**特定の法律行為について補助人に代理権を付与する旨の審判**をすることができる（民法第876条の9第1項）。

▶代理権付与の審判をするためには、本人の同意が必要である。

231 補助人の同意を得なければならない法律行為を、被補助人が補助人の同意を得ず単独でした場合は、被補助人または補助人は、**取り消す**ことができる（民法第17条第4項、第120条第1項）。

2 成年後見制度

任意後見

任意後見

232 任意後見人の事務は、**生活**、**療養看護**または**財産管理**に関する法律行為である。

233 任意後見人の資格に、**特に法律上の制限はない**。ただし、任意後見受任者に不正な行為など不適任な事由があれば、審判の段階で申立てが却下される。また、誰を後見人に選任するかは、本人の自由な選択により、**個人**に限らず、**公益法人**等でもよい。

234 任意後見契約は、本人の健康状態や生活環境に応じて、「**将来型**」「**移行型**」「**即効型**」の3つの利用形態が考えられる。

235 「**将来型**」の任意後見契約は、十分な判断能力を有する本人が、契約締結の時点では受任者に後見事務の委託をせず、将来自己の判断能力が低下した時点ではじめて任意後見人による支援を受けようとする場合の契約形態である。任意後見法の法文に則した典型的な契約形態といえる。

▶本人と任意後見受任者は、見守り契約を結ぶなどして判断能力の低下時に確実に任意後見を発効できる仕組みを決めておくことが望ましいとされる。

236 「**移行型**」の任意後見契約は、通常の任意代理の委任契約を任意後見契約と同時に締結する形態である。最初は委任契約に基づく財産管理等を行う。そして、本人の判断能力低下後は任意後見契約に移行して後見事務を行うことを想定している。

237 「**即効型**」の任意後見契約は、任意後見契約の締結直後に契約の効力を発生させるものである。任意後見契約の例外的な利用形態といえる。

238 **任意後見契約**は、適法かつ有効な契約の成立を担保するため**公正証書**によって締結する（任意後見法第3条）。本人と受任者の双方が公証役場で**公正証書**を作成してもらう。場合によっては、当事者の依頼で公証人が本人の自宅・入所施設または受任者の事務所等で**公正証書**を作成する。

出 30-79-2

239 **任意後見契約**が登記されている場合、家庭裁判所は、本人の利益のため特に必要があると認めるときに限り、**後見開始の審判等**をすることができる。なお、後見開始の審判等の請求は任意後見受任者、任意後見人、任意後見監督人もすることができる。

240 任意後見契約の効力を発生させるためには、**任意後見監督人の選任**を家庭裁判所に申し立てることが必要となる。この場合における本人の**判断能力**とは、法定後見制度でいえば、少なくとも補助の要件に該当する程度以上に判断能力が不十分な状況であるとされている。

241 **任意後見監督人選任の申立**ては、**本人**、**配偶者**、**4**親等内の親族が行うことができる。**任意後見受任者**も申立てることができる。本人以外の者が申立てを行う場合には、本人の**同意**が必要となる。任意後見契約を結

▶任意後見受任者は、契約の効力発生前の名称であり、契約の効力発生後は「任意後見人」と呼ばれる。

権利擁護と成年後見制度

重要項目

んでおくことによって、任意後見受任者も申立人となり得るので、身寄りがない場合でも円滑に後見サービスを受けることが可能になる。

242 家庭裁判所は、精神上の障害により本人の判断能力が不十分な状況にあると認めるときは、契約の受任者（任意後見受任者）に不適任な事由がある場合を除き、任意後見監督人を選任し、任意後見契約の**効力を発生**させることとなる。

出 30-79-1

243 任意後見監督人の資格は、特に法律上の制限はない。家庭裁判所は、**自然人**（個人）のほか**法人**（営利法人も可）を任意後見監督人に選任することもできる（任意後見法第7条第4項）。任意後見受任者本人やその配偶者・直系血族・兄弟姉妹といった近い親族は、任意後見監督人になれない。

出 30-79-5

244 **任意後見人の事務**は、任意後見契約に定められた内容によって決まる。契約締結等の**法律行為**に限られ、介護等の**事実行為**は**含まれない**（法律行為に当然付随する事実行為は含む）。

▶事実行為の委託は、通常の委任（準委任）契約によってすることができ、任意後見契約と同時に1通の公正証書に記載することができる。

245 任意後見人は、その事務を行うにあたっては、本人の**意思を尊重**し、かつ、その**心身の状態および生活の状況に配慮**すべきものとされている（任意後見法第6条）。法定の義務であるため、これを契約で加重することはできても、減免することはできない。

246 任意後見人の権限は「**代理権**」のみで、「**取消権**」はない。

247 **任意後見監督人の職務**は、①任意後見人の事務を監督すること、②任意後見人の事務に関し、家庭裁判所に定期的に報告をすること、③急迫の事情がある場合に、任意後見人の代理権の範囲内において、必要な処分をすること、④任意後見人またはその代表する者と本人との利益が相反する行為について本人を代表することがある（任意後見法第7条第1項）。

出 30-79-4

248 任意後見契約は「委任契約」であるため、**任意後見契約の解除**により終了する。ただし、任意後見監督人の選任前においては、本人または任意後見受任者は、**公証人の認証**を受けた**書面**によって、いつでも任意後見契約を解除することができる。また、任意後見監督人の選任後においては、本人または任意後見人は、正当な事由がある場合に限り、**家庭裁判所**の許可を得て、任意後見契約を解除することができる（任意後見法第9条）。

出 30-79-3

249 任意後見人に不正な行為、著しい不行跡その他その任務に適しない事由があるときは、**家庭裁判所**は、任意後見監督人、本人、その親族または検察官の請求により、任意後見人を**解任**することができる（任意後見法

出 28-81-1

第8条)。

250 任意後見監督人が選任された後に、法定後見の開始の審判がされたときは、任意後見人と成年後見人等の権限の重複・抵触を防止するため、任意後見契約は当然に終了する（任意後見法第10条第3項）。

251 任意後見契約は委任契約であるため、委任契約の一般原則に従い、本人または任意後見人（任意後見受任者）の死亡または破産により**終了**する（民法第653条）。

民法における親権や扶養の概要

252 嫡 出 子とは、父母の婚姻から出生した子（婚内子）のことである。親権は父母が共同して行う。離婚に際しては、父母の協議でいずれか一方を親権者とする。面会交流などで父母の協議が調わないときなどは家庭裁判所が定める。なお、2012（平成24）年4月施行の民法改正で親権を行う者は、子の監護・教育を「**子の利益のために**」行うことが明確化された。

出 28-79

253 **非嫡出子**とは、婚姻関係にない男女間で出生した子（婚外子）をいう。非嫡出子は、「母」の氏を称し「母」の親権に服するが、認知があると、子は家庭裁判所の許可を得て父の氏を称することができ、また父母の協議により父を親権者とすることもできる。

254 父は戸籍上の届出または遺言によって子の認知ができる。父が認知をしない場合は子の側から認知の訴えを父に起こすことができ、父の死亡後も父の死亡が客観的に明らかになったときから3年以内であれば検察官を相手に死後認知の訴えを提起することが認められている。▶

▶認知があると、非嫡出父子関係は、子の出生時にさかのぼり、認知は取り消すことができない。

出 31-78

255 **養子**には、普通養子と特別養子がある。20歳に達した者は養子をすることができる（2022（令和4）年4月施行）。普通養子の場合は、実親との親子関係を解消せずに養親の嫡出子の身分を取得する。したがって、その養子は実親と養親双方の相続権を得る。他方、**特別養子**の場合は、実親との親子関係を解消するため、実親の相続権を喪失する。養親には離縁請求権はない。

💡 **注目！**
特別養子縁組制度が表4のとおり改正された（2020（令和2）年4月施行）。

出 30-80

256 民法は、扶養義務者、扶養の順位および扶養の程度または方法等について定めている。民法は親族的扶養（私的扶養）を第一義に考え、生活保護法もこの考えに準じる。親族的扶養の態様には、親の未成熟の子に対する扶養と夫婦間の扶養（生活保持義務）およびその他の親族間の扶養（生活扶助義務）とがある。

💡 **重要項目**

表4　特別養子縁組制度の改正ポイント

養子の年齢	・「原則15歳未満」に対象を拡大（現行は「原則6歳未満」） ・15〜17歳も条件次第で認める
家庭裁判所	・審判を2段階に分ける 　①実親による縁組への同意、本当に子供を育てられないのかを確認 　②養父母の適格性を判断
実親の同意	・実親が縁組に同意し2週間たつと、撤回不可能に
児童相談所	・児童相談所の所長も縁組の申し立てが可能に ・養父母が申し立てた場合は、児童相談所の所長が裁判手続きに参加 　できる

257 扶養義務の学説のなかには、民法第730条を根拠に**介護義務**を認めるものもあるが、多数説は、介護が必要になった場合には介護保険で対応し、その費用を自己負担できない場合には扶養義務者に経済的な援助を求めるべきであるとする。

258 **家族の扶養義務**の範囲について、民法第877条では**直系血族**（成年の子・孫と父母・祖父母など）および**兄弟姉妹**は、互いに扶養する義務があるほか、**家庭裁判所**は特別の事情があるときには**3親等内**の親族間（おじ・おば、おい・めい、嫁・婿、舅・姑など）でも扶養の義務を負わせることができると示されている。　　　　出 30-80-5

259 扶養をする義務のある者が数人ある場合において、**扶養をすべき者の順序**について、当事者間に協議が調わないとき、または協議をすることができないときは、**家庭裁判所**が、これを定める。　　　　出 30-80-1

260 **扶養の程度または方法**について、当事者間に協議が調わないとき、または協議をすることができないときは、扶養権利者の需要、扶養義務者の資力その他一切の事情を考慮して、**家庭裁判所**が、これを定める。　　　　出 30-80-1, 2

261 扶養をすべき者もしくは扶養を受けるべき者の順序、または扶養の程度もしくは方法について協議または審判があった後、**事情に変更**を生じたときは、家庭裁判所は、その協議または審判の、変更または取消しをすることができる。

262 **扶養を受ける権利**は、処分することができない。　　　　出 30-80-4

成年後見制度の最近の動向

263 2015（平成27）年1月から2019（令和元）年12月まで過去5年間の**成年後見関係事件申立総数**は、17万7276件に達している（最高裁判所　　　　出 28-80
30-81-1, 2, 5
31-80-1

事務総局家庭局「成年後見関係事件の概況」の各年度発表より）。2019（平成31）年1月から同（令和元）年12月までの1年間に関する全国の家庭裁判所の成年後見関係事件（後見開始、保佐開始、補助開始および任意後見監督人選任事件）の**申立件数**は**3万5959**件となっており、前年より減少している。申立ての動機は、**預貯金等の管理・解約**が最も多く、次いで身上保護（身上監護）となっている。

264 2019（平成31）年1月から同（令和元）年12月までの「成年後見関係事件の概況」によれば、**申立人と本人との関係**は、**本人の子**が最も多く、次いで**市区町村長**、本人の順である。本人の**男女別**では**女性**が多く、男女とも**80**歳以上が最も多い。**開始原因**としては、**認知症**が最も多く、次いで知的障害、統合失調症の順になっている。**審理期間**は1か月以内が最も多い。市区町村長申立ては**増加**傾向にある。なお、終局事件のうち**鑑定**を実施したものは、全体の約7.0％であった。

出 28-80-3
30-81-4
31-80-2, 3, 5

265 成年後見人等の候補者としては、全国の各弁護士会に登録されている**弁護士**と、成年後見センター・リーガルサポートに登録されている**司法書士**、**社会福祉士**、そのほかに税理士、行政書士等があげられるが、これらを合わせても必要な数には足りていないといわれている。

266 成年後見人の供給源として、**市民後見人**があげられる。研修等により後見活動に必要な法律、福祉の知識や実務対応能力を備え、社会貢献として意欲的に本人の利益のために誠実に諸活動を行う市民をいう。

出 28-36（地域）

267 成年後見人等と本人の関係をみると、2019（令和元）年では、**司法書士**が最も多く（29.5％）、次いで**弁護士**（21.7％）、**社会福祉士**（14.4％）、**子**（11.5％）、その他法人（4.8％）、その他の親族（3.7％）、社会福祉協議会（3.5％）の順となっている。全体では、親族21.8％に対し、親族以外の第三者78.2％と5割を超えている。

出 30-81-3
31-80-4

③ 日常生活自立支援事業

日常生活自立支援事業の概要

268 **日常生活自立支援事業**は、**認知症**や**知的障害**、**精神障害**等により日常生活を営むのに支障があり、かつ、この事業の契約内容について判断し得る能力をもつ者に対して、無料または低額な料金で、福祉サービスの利用に関する相談、助言、必要な手続、費用の支払に関する便宜の供与、その他の福祉サービスの適切な利用のための一連の援助を一体的に行う

出 28-41-1, 2（地域）
31-81-2

重要項目

ものである。

269 **福祉サービス利用援助事業**は、2000（平成12）年の**社会福祉法**の成立において第**二**種社会福祉事業として位置づけられた。**市町村社会福祉協議会**、社会福祉法人などが事業を行うことができるが、全国的に実施するために同法第81条で都道府県社会福祉協議会の事業として規定され、**日常生活自立支援事業**として行われている。

出 28-39-3（地域）
32-22-1（現社）

270 日常生活自立支援事業の**実施主体**は、**都道府県社会福祉協議会**および**指定都市社会福祉協議会**であるが、都道府県社会福祉協議会等は、その事業の一部を市町村社会福祉協議会、地区社会福祉協議会や社会福祉法人、NPO法人等に委託できる。

出 28-41-3（地域）
31-81-3

271 日常生活自立支援事業において、**契約締結審査会**では、利用者の能力の判断等を行い、契約の適正化を図るとともに、利用者の援助を行う。

出 31-81-5

272 日常生活自立支援事業における**福祉サービス利用援助事業**の**対象者**については、①認知症と診断された高齢者、あるいは療育手帳や精神障害者保健福祉手帳を保持していない者も対象になり得ること、②社会福祉施設入所者および入院患者も援助対象となり得ること、③契約内容を判断できなくとも、成年後見人等と実施主体との間で契約を結ぶことで援助対象となり得ることといった点にも留意する必要がある。

出 28-41-4, 5（地域）
31-81-1
32-82-3

273 日常生活自立支援事業における**福祉サービス利用援助事業**の援助内容は、①**福祉サービスの利用援助**（苦情解決制度を利用する手続きなど）、②**日常的金銭管理**、③住宅改造、居住家屋の賃借、日常生活上の消費契約および住民票の届出等の行政手続に関する援助その他福祉サービスの適切な利用のために必要な一連の援助である。

出 32-82-4

274 日常生活自立支援事業における**福祉サービス利用援助事業の援助の方法**は、「原則として情報提供、助言、契約手続、利用手続等の同行又は代行によること」および「法律行為にかかわる事務に関し、本事業の目的を達成するために、本人から代理権を授与された上で代理による援助を行う場合には、契約締結審査会に諮り、その意見を踏まえて慎重に対応すること」と規定されている。

▶ 2007（平成19）年の改正により、新たな援助内容として「定期的な訪問による生活変化の察知」が加えられた。

275 成年後見制度と日常生活自立支援事業の支援範囲は表5のとおりである。

出 32-82-3

276 基幹的社会福祉協議会（日常生活自立支援事業を受託実施する）には**専門員**が置かれ、初期相談から支援計画の策定、利用契約の締結を担当する。**生活支援員**は、支援計画に基づいて具体的な支援を行う。

出 31-81-4
32-82-1, 2

277 日常生活自立支援事業では、サービスの提供を受けると**利用料**が発生する。金額は実施主体によって異なるが、援助活動1回あたり、

4　成年後見制度利用支援事業

成年後見制度利用促進法

表5　成年後見制度と日常生活自立支援事業の支援の範囲

制度／生活ニーズ	成年後見制度		日常生活自立支援事業（委任契約）
	同意権・取消権が付与される範囲	代理権が付与される範囲	
日用品の購入など日常生活に関する行為 ・食料品や被服の購入のための金銭管理 ・預金通帳や銀行印の保管 ・年金の受領　等		対象になりうる	相談・助言・情報提供が基本
生活や療養看護に関する事務 ・介護保険サービスの利用契約 ・病院入院契約　等			
重要な財産行為 ・不動産の処分 ・遺産分割　等			

資料：額田洋一監、東京都社会福祉協議会編『成年後見制度とは…──制度を理解するために』東京都社会福祉協議会、2006年、24頁に一部加筆

1000～1200円となっている（生活保護受給者は無料）。また、認知症などによって判断能力が低下し、契約締結能力が失われてしまうケースも多くなっているため、途中の解約、成年後見制度への移行も必要となる。

4　成年後見制度利用支援事業

成年後見制度利用支援事業の概要

278 成年後見に伴う鑑定料、登記料、成年後見人への報酬等については、障害者総合支援法第77条に基づく**市町村地域生活支援事業**の**成年後見制度利用支援事業**により国庫補助を行う制度がある（表6参照）。

279 2006（平成18）年度には、改正介護保険法および旧・障害者自立支援法（現・障害者総合支援法）の施行等に伴い、成年後見制度利用支援事業は、高齢者については「**地域支援事業**」、障害者については「**地域生活支援事業**」として実施されることとなった。

▶ 2010（平成22）年12月の改正により、2012（平成24）年4月から市町村地域生活支援事業の必須事業に格上げされた。

成年後見制度利用促進法

280 2016（平成28）年に「**成年後見制度の利用の促進に関する法律**」（成年後見制度利用促進法）が制定された。この法律は、成年後見制度が十分に利用されていないため、基本理念、国の責務等を明らかにし、基本方針、基本計画体制等を定めたものである。

重要項目

表6 成年後見制度利用支援事業の概要

区　分	認知症高齢者	知的障害者・精神障害者
事業内容	・市町村申立て等にかかる低所得の高齢者にかかる成年後見制度の申立てに要する経費や成年後見人等の報酬の助成等 ・介護保険事業の運営の安定化及び被保険者の地域における自立した日常生活の支援のために必要な事業である限り、地域の実情に応じ、創意工夫を生かした多様な事業形態が可能	・障害福祉サービスの利用の観点から成年後見制度を利用することが有用と認められる知的障害者または精神障害者に対し、成年後見制度の利用を支援することにより、これらの障害者の権利擁護を図る ・成年後見制度の申立経費（登記手数料、鑑定費用等）や後見人等の報酬の全部または一部の補助 ・障害福祉サービスを利用しまたは利用しようとする知的障害者または精神障害者で後見人等の報酬等必要となる経費の一部について、補助を受けなければ成年後見制度の利用が困難であると認められる者を対象
補助等	○地域支援事業全体の総経費 ・介護給付費全体の3％以内 ○財源構成（包括的支援事業） ・保険料　　23％ ・国　　　　38.5％ ・都道府県　19.25％ ・市町村　　19.25％	○地域生活支援事業全体の国の予算額 ・505億円（2020（令和2）年度） ○負担割合 ・国　　　　1／2 ・都道府県　1／4 ・市町村　　1／4

281 成年後見制度利用促進法によれば、政府は、成年後見制度の利用の促進に関する施策の総合的かつ計画的な推進を図るため、**成年後見制度利用促進会議**を設けることとされている。　　出32-81-4

282 成年後見制度利用促進法でいう**成年後見関連事業者**とは、介護、医療または金融に係る事業その他の成年後見制度の利用に関連する事業を行うものをいう。　　出32-81-5

283 成年後見制度利用促進法でいう**成年後見等実施機関**とは、自ら成年後見人等となり、または成年後見人等もしくはその候補者の育成及び支援等に関する活動を行う団体をいう。　　出32-81-5

284 成年後見制度利用促進法によれば、政府は、成年後見制度の利用の促進に関する施策の総合的かつ計画的な推進を図るため、成年後見制度の利用の促進に関する基本的な計画（**成年後見制度利用促進基本計画**）を定めなければならないとする。　　出32-81-2

285 成年後見制度利用促進法によれば、**市町村**は、成年後見制度利用促進基本計画を勘案して、成年後見制度の利用の促進に関する施策についての**基本的な計画**を定めるように**努める**ものとする。　　出32-81-2

5 権利擁護に係る組織、団体の役割と実際

286 一部の都道府県社会福祉協議会等では「**成年後見支援センター**」を設置している。成年後見制度に関する相談の受付や社会福祉協議会が法人後見を受任する際の後方支援および法人監督人の受任、人材養成のための研修の実施等を行っている。

287 **成年後見センター**は、①一般社団法人型、②特定非営利活動法人型、③社会福祉法人（社会福祉協議会）型、④専門職団体および独立型社会福祉士事務所型等に分けられる。

家庭裁判所の役割

288 **家庭裁判所**は、裁判所法に定められている下級裁判所である。①夫婦、親子その他家庭、親族身分に関する問題、紛争を取り扱う家事審判、②離婚の訴えや子の認知の訴えなどを取り扱う人事訴訟、③犯罪を犯した、または犯すおそれのある少年に対して行う、性格の矯正および環境の調整に関する保護処分について専門的に取り扱う。

289 **法定後見**（後見、保佐、補助）の開始の審判は、家庭裁判所に対する**請求（申立て）**によって行われる。家庭裁判所は、一定の請求権者からの**請求がなければ**、自ら職権で法定後見の開始の審判をすることができない。

> ▶本人の住所地を管轄する家庭裁判所が、法定後見の開始の審判の管轄裁判所となる。

290 家庭裁判所は、基本的には、本人の資力（支払能力）を基準に成年後見人等の報酬を決めるので、成年後見制度を利用し、第三者の専門職を成年後見人等に選んだとしても、それによって本人の財産がなくなってしまうことを心配する必要はないといえる。申立人や本人に資力がないため申立費用や成年後見人等の報酬の支払が困難な場合に利用することができる助成制度として、成年後見制度利用支援事業、民事法律扶助制度、公益信託成年後見助成基金等がある。

291 成年後見人等の選任の審判は、家庭裁判所が、申立人の意向に拘束されることなく**職権**で、適任者を選任する。実務上は、信頼できる親族（申立人自身を含む）や第三者（司法書士、社会福祉士、弁護士等の専門職）に成年後見人等の候補者になってもらう。そして、法定後見の開始の審判の申立てをすることが多い。ただし、申立人自身が成年後見人等の候補者を確保しなければならないわけではない。

292 家庭裁判所は、成年後見人等に不正な行為、著しい不行跡などの事実が

出 28-81-1

権利擁護と成年後見制度

557

ある場合、**職権**で成年後見人等を解任できる。

法務局の役割

293 **法務局**の任務は法務省設置法に定められている。①国籍・戸籍・登記・供託・公証・司法書士・土地家屋調査士（民事局所管）、②人権擁護・法律扶助（人権擁護局所管）、③訟務（大臣官房訟務部門所管）に関する事務をつかさどる。

294 後見開始の審判が確定し、効力を生じたときは、裁判所書記官は、遅滞なく**登記所**（東京法務局で後見登記事務を扱っている）に後見登記等に関する法律に定める登記を嘱託しなければならない。東京法務局のほか、全国の法務局・地方法務局（本局戸籍課）で、登記された事項の証明書の発行が行われる。

> **注目！**
> 自筆証書遺言の保管が法務局にできる（2020（令和2）年7月10日施行）。

> 出 29-82

> ▶郵便による交付請求は、東京法務局のみで行うことができる。

市町村の役割

295 身寄りがないなどの理由で申立てをする人がいない認知症高齢者、知的障害者、精神障害者など、本人の福祉を図るため特に必要があると認めるときには、**市町村長**が法定後見の開始の審判の申立てをする。

> 出 28-82
> 32-80-2

> ▶市町村長による法定後見の開始の審判の申立て件数は、2019（令和元）年では7837件（全体の約22.0％）、検察官によるものは1件である。

弁護士の役割

296 **弁護士**の社会福祉への関与は、介護保険法に関連したものとしては、①介護サービス契約書の作成、債務の本旨と債務の不履行、損害賠償をめぐる問題、②要介護認定や保険料に対する審査請求と介護保険審査会の委員の就任、③日常生活自立支援事業の契約締結審査会や運営適正化委員会への関与などがあげられる。

297 **介護保険制度と弁護士業務**との関係で、①介護事故に対する損害賠償請求問題、②高齢者に対する虐待の問題、③個人情報やプライバシーの侵害と公益通報をめぐる問題、④成年後見人等の利用と成年後見人等による介護サービス契約の締結や財産管理の問題がある。また、⑤特別養護老人ホームなどを運営する社会福祉法人の理事や監事の就任、苦情解決の第三者委員就任といった役割などもあげられる。

5 権利擁護に係る組織、団体の役割と実際

公証人の役割

司法書士の役割

298 **司法書士**の成年後見への関与は、①家庭裁判所に提出する書類の作成事務を通して、当事者による裁判手続への主体的かかわりを支援すること（裁判事務）、②成年後見人等に就任し、当事者の**法定代理人**としてかかわることがあげられる。

299 1999（平成11）年12月22日、社団法人成年後見センター・リーガルサポートが設立された（2011（平成23）年4月より「**公益社団法人成年後見センター・リーガルサポート**」となった）。この結果、司法書士の成年後見事務は、リーガルサポートを通して提供されることとなった。

300 **リーガルサポート**は、本部を東京の司法書士会館に設置し、全国50の司法書士会館内に同数の支部を置き、2019（令和元）年10月3日現在で正会員は8449人である（全国の司法書士会員数は2019（平成31）年4月現在で2万2632人）。

公証人の役割

301 **公証人**は、法務大臣によって任命され、当事者の嘱託を受けて、債務弁済、賃貸借、離婚給付、任意後見などの契約や遺言の**公正証書**を作成する。その他、会社設立の定款など私文書に認証を与えるなどの職務を行う。

302 日本公証人連合会は、**任意後見契約制度濫用防止**のため、財産管理契約の締結に関し、本人の契約能力の確認を徹底して行う、本人が自己の財産を把握し、管理を委任することの意味を理解しているか、財産管理の報告書を読んで理解できるかなどを基準に能力の確認をする、などの対策をあげている。

303 日本公証人連合会は、**任意後見契約制度濫用防止**のため、財産管理契約の締結に関し、受任者との信頼関係が保たれているか確認する、受任者が親族の場合、これまでの生活関係や委任の趣旨に沿った事務遂行ができるかについて聴取し、親族以外の第三者である場合は、その身分関係や受任のいきさつなどを聴取し、信頼関係の有無を確認する、などの対策をあげている。

304 日本公証人連合会は、**任意後見契約制度濫用防止**のため、財産管理契約の締結に関し、①受任者の任意後見監督人選任請求が遅れないよう、請求義務を明記する、また、「見守り契約」を契約条項に加えること、②受

▶ 公証人は2013（平成25）年11月現在全国で499人おり、約400人は裁判官または検察官として30年以上の実務経験を有する法曹有資格者である。残りは、法務局長経験者など長年法務に従事し、裁判官、検察官に準ずる法律知識を有する者となっている。

権利擁護と成年後見制度

任者の義務履行を監視し、監督する者を置くこと、③代理権の範囲を日
常の生活に必要な範囲に限定する、不動産の処分などの重要な事項につ
いての代理権は付与しない、財産の管理についても「本人の日常生活に
必要な限度における」等の限定を付するなどの対策や考慮事項をあげて
いる。

医師の役割

305 **医師**の成年後見制度への関与は、①医学の専門家として**鑑定**や**診断**を行
う医師としての役割に加えて、②地域において認知症高齢者、知的障害
者、精神障害者などの判断能力の低下した人を支える**ネットワークの一
員**として、主治医意見書や障害支援区分認定の資料とされる医師意見書
を作成するなど、医療の専門家の立場から、これらの人々の自己決定を
支援する役割があげられる。

306 最高裁判所の作成した『成年後見制度における鑑定書作成の手引』では、
鑑定は**裁判所**の決定によって行われる。裁判所が鑑定人を指定し、鑑定
事項を定めて、**鑑定**を依頼する。本人の精神の状態について判断するた
めに必要な医学上の専門的知識をもつと裁判所が認定した者が鑑定人に
選任されるが、特に資格は定められていない。

出 29-81-1

307 『成年後見制度における診断書作成の手引』によると、**診断**は、鑑定と異
なる。当事者（本人、家族、その他の申立人）が医師に依頼して行われ
る。法的には通常の診断と同一となる。

308 成年後見制度における鑑定・診断にあたって医師に要請されるのは、「**精
神上の障害**」により「**事理弁識能力**」がどの程度障害されており、その
障害は将来どのように変化していくと予測されるか（回復可能性）につ
いての医学的な立場からの判断である。

▶予測の期間は、通常
年単位という長期にわ
たる。

社会福祉士の活動の実際

309 **独立型社会福祉士**は、「地域を基盤として独立した立場でソーシャルワー
クを実践する者」と定義されている。あらかじめ相手先と契約をするこ
とによって、個人、公的サービスや行政から、社会福祉法人、企業、学
校で実践するソーシャルワークやボランタリー活動を行う者とされてい
る。

310 社会福祉士は、**権利擁護相談**において福祉に関する相談援助、連絡調整

の専門職としての役割を果たす。そして、ニーズがある場合には、権利擁護制度や専門機関につなげる役割が求められている。

311 **地域包括支援センターの包括的支援事業**の１つである**権利擁護業務**は、専門的・継続的な視点から高齢者の権利擁護のための支援を行うことを目的とする。事業内容としては、成年後見制度の活用促進や高齢者 虐^{ぎゃく}待^{たい}への対応等があげられる。これらの業務を遂行する専門職として、社会福祉士の役割が大きい。

312 社会福祉士は、ソーシャルワーク的手法による本人との信頼関係の構築、関係者・機関とのネットワーク構築、生活・医療福祉関連サービスの利用に関する専門的知識と技術を有しており、**身上監護の担い手**としての役割を果たしている。

313 公益社団法人日本社会福祉士会は、「**権利擁護センターぱあとなあ**」を組織している。成年後見制度の利用相談、成年後見人候補者養成研修の実施と候補者名簿の家庭裁判所への提出、成年後見人等の受任、専門職としての倫理に基づいた適正な成年後見活動を実施するための受任者へのサポートなどの活動を行っている。

314 **ぱあとなあ名簿登録者**は、2018（平成30）年４月で7828人となっている。成年後見人等の受任・任意後見の契約は、2018（平成30）年１月末現在活動中のものが２万1941件となっている。

315 ぱあとなあ登録の**社会福祉士**が成年後見人として活動している案件のうち、**市町村長申立て**によるものが約38％（2018（平成30）年１月末）となっている。福祉ニーズが高く、その結果として社会福祉士への受任要請につながっている。

316 社会福祉士の**成年後見活動の特色**として、対象者に**障害者**の比率が高いことがあげられる。ぱあとなあ登録の社会福祉士が成年後見人となっている対象者の意思能力が不十分な原因は、認知症42％、知的障害29％、精神障害18％となっている（2018（平成30）年１月末）。

> ▶最高裁判所の統計（2016（平成28）年）によれば、成年後見人等の全体に占める割合は、司法書士27.1％、弁護士23.2％、社会福祉士11.5％となっている。

---

⑥ 権利擁護活動の実際

317 **家庭内虐待**に対しては、ローマ法以来の「法は家庭に入らず」の原則を否定し、家族構成員の生命身体等の保護のために法が家庭に入ることを規定するようになった。高齢者虐待、児童虐待、配偶者虐待（DV）、障害者虐待の各防止法が制定されている（表7参照）。

318 **児童虐待**における被虐待児への対応としては、民事法的には、**親権喪失**^{そうしつ}

💡 **重要項目**

表7　虐待防止法と禁止行為

家庭内虐待の禁止行為を規定した法律

法律名	禁止行為
高齢者虐待の防止、高齢者の養護者に対する支援等に関する法律（高齢者虐待防止法）	身体的暴力、介護放棄・放置（ネグレクト）、心理的虐待、性的虐待、経済的虐待
児童虐待の防止等に関する法律（児童虐待防止法）	身体的暴行、性的虐待、育児放棄・放置（ネグレクト）、心理的虐待
障害者虐待の防止、障害者の養護者に対する支援等に関する法律（障害者虐待防止法）	身体的暴行・拘束、性的虐待、心理的虐待、介護放棄・放置（ネグレクト）、経済的虐待
配偶者からの暴力の防止及び被害者の保護等に関する法律（DV防止法）	身体的暴力、精神的暴力、性的暴力

出 29-77
　31-83
　32-83

施設内虐待の禁止行為を規定した法律

法律名	禁止行為
高齢者虐待防止法	身体的暴力、介護放棄・放置（ネグレクト）、心理的虐待、性的虐待、経済的虐待
児童福祉法	身体的暴行、性的虐待、育児放棄・放置（ネグレクト）、心理的虐待
障害者虐待防止法	身体的暴行・拘束、性的虐待、心理的虐待、介護放棄・放置（ネグレクト）、経済的虐待

の申立てがある（民法第834条）。

319 2012（平成24）年4月施行の民法改正で、①**親権の一時停止**制度（親権の行使が困難または不適当なため子どもの利益を害する場合、家庭裁判所による**2年以内の親権停止**）の導入、②親権喪失制度の要件（虐待または悪意の遺棄、子どもの利益を著しく害する）の明確化、③親権喪失または親権停止の請求者（子ども本人、未成年後見人、未成年後見監督人）の追加、④懲戒権の制限（子どもの利益のための監護・教育に必要な範囲に限定）が行われた。

320 **DVや家庭内の虐待事例**について、**警察**は積極的に関与してこなかった。しかし、最近は**警察**が直接虐待者を逮捕し、刑事事件として裁判に至る事例も増えている。

出 32-83-3

321 **ホームレス**の人にかかる生活保護申請は、第三者が同行すれば解決できる場合もあるが、借金や戸籍の問題などは法律家でなければ解決することは難しい。法律家の相談料や具体的な援助の費用・報酬については、**日本司法支援センター**（法テラス）の相談窓口で相談し、法律扶助を利

6 権利擁護活動の実際

用するとよい。

322 ホームレスの人々に対しては、居住施設を用意するだけでなく、認知症が進行していたり、アルコール依存であったりと**多問題重複ケース**である場合が多いため、治療や法律問題など多面的な権利擁護施策が必要となる。

欲求心理学に基づく学習意欲の高め方   COLUMN

競争や共同を利用する

　受験勉強は基本的に孤独な行為であり、孤独に弱い人には大変な試練となる。ただし、周りの人間関係をうまく利用することで、やる気を維持・向上させる方法もある。よきライバルをつくって、どちらが先に合格するかを競い合うのもよい。また、仲間とともに定期的に勉強会を開き、わからないところを教え合うのも効果的である。

実力チェック！ 一問一答

※解答の（　）は重要項目（P. 519〜563）の番号です。

●解答

1 消費者被害の対応として、消費者契約法ではどのような場合に取消しができるか。
▶ 誤認や困惑（ 3 ）

2 借金の返済ができなくなった債務者が裁判所に申し立てて、裁判所が手続開始決定をする制度を何というか。
▶ 自己破産（ 5 ）

3 新しい人権として、プライバシー権、自己決定権、報道の自由のほか、何があげられるか。
▶ 環境権（ 16 ）

4 健康で文化的な最低限度の生活の認定判断は厚生大臣（現・厚生労働大臣）の合目的的裁量に委ねられ、認定判断が誤っている場合でも当・不当の問題が生ずるにすぎないが、その濫用・逸脱の場合に違法な行為として司法審査の対象となるとした判決を何というか。
▶ 朝日訴訟最高裁判決（ 25 ）

5 日本国憲法第 25 条は国権作用への期待的性質のものであり、「健康で文化的な最低限度の生活」の意味も極めて抽象的・相対的な概念であると判示した判決を何というか。
▶ 堀木訴訟最高裁判決（ 26 ）

6 具体的訴訟事件の解決を目的とする裁判所が、具体的事件を通じて、そこで問題となっている法令の合憲性について審査することを何というか。
▶ 違憲審査制（ 43 ）

7 2018（平成 30）年の民法改正で、一人で有効な契約をすることができる年齢は何歳となったか（2022（令和 4）年 4 月 1 日施行）。
▶ 18 歳（ 51 ）

8 津波などで行方不明になった者は、何によって死亡したものとみなされるか。
▶ 失踪宣告（ 55 ）

9 民法などの法律で定められた権利だけが物を支配する権利であるとする考え方を何というか。
▶ 物権法定主義（ 65 ）

10 不動産の買主が不動産の所有権取得を売主以外の第三者に対して対抗するためには所有権移転登記が必要となるが、これを何というか。
▶ 不動産物権の対抗要件（ 66 ）

11 当事者がほかの当事者に対して何らかの義務の履行を請求することができる民法上の権利を何というか。
▶ 債権（ 68 ）

12 原則として、当事者間の申込と承諾という 2 つの意思表示の合致によって成立するものを何というか。
▶ 契約（ 70 ）

13 不法行為による損害賠償請求権は、損害および加害者を知ったときから何年間行使しないと時効により消滅するか。
▶ 3 年間（ 87 ）

14 被相続人の配偶者が、被相続人の財産に属した建物に相続開始時に居住していた場合に認められる権利は何というか。
▶ 配偶者居住権（ 109 ）

●解答

⑮ 婚姻期間が 20 年以上の場合、原則として遺産分割の対象から外れることになったのは何か。

▶ **配偶者が生前贈与や遺言で譲り受けた住居（建物・土地）**（ 111 ）

⑯ 行政庁が行政目的を実現するために、法律によって認められた権限に基づいて、一方的判断によって特定の国民の権利義務その他の法律的地位を具体的に決定するという法的効果を伴う行為を何というか。

▶ **行政行為**（ 118 ）

⑰ 行政不服審査法の改正によって不服申立ての手続きは何に一元化されたか。

▶ **審査請求**（ 128 ）

⑱ 抗告訴訟、当事者訴訟、民衆訴訟、機関訴訟のことを、併せて何というか。

▶ **行政事件訴訟**（ 145 ）

⑲ 行政手続法の改正で、行政指導の相手方は、その行政指導が法律の要件に適合しないと思う場合に行政機関に何を求めることができるか。

▶ **行政指導の中止等**（ 157 ）

⑳ 国家賠償法第 1 条では、国または地方公共団体の公権力の行使に当たる公務員が、その職務を行うなかで故意または過失によって違法に他人に損害を加えたとき、国または地方公共団体がこれを賠償する責に任ずると規定しているが、これを何主義というか。

▶ **過失責任主義**（ 162 ）

㉑ 成年後見制度では、法定後見人等が選任された際の戸籍への記載は廃止され、これに代わる公示制度として何の制度が創設されたか。

▶ **後見登記**（ 178 ）

㉒ 成年後見人は 2016（平成 28）年の法改正で相続財産などを成年被後見人の死後も管理できるようになったが、死に関して可能となったのは何か。

▶ **火葬または埋葬に関する契約**（ 182, 210 ）

㉓ 成年後見人は、正当な事由があるときは、どこの許可を得て、その任務を辞することができるか。

▶ **家庭裁判所**（ 211 ）

㉔ 成年後見人が、成年被後見人の生活、療養看護、財産の管理に関する事務を行うにあたって、成年被後見人の意思を尊重し、かつ、その心身の状態および生活の状況に配慮する義務のことを何というか。

▶ **身上配慮義務**（ 215 ）

㉕ 民法第 11 条に規定されている、精神上の障害により事理を弁識する能力が著しく不十分な者を何というか。

▶ **被保佐人**（ 217 ）

㉖ 保佐人や補助人が本人の居住用不動産を処分する場合にはどこの許可が必要か。

▶ **家庭裁判所**（ 223 ）

権利擁護と成年後見制度

565

一問一答

●解答

㉗ 被補助人は補助人に対する何の審判を受けたときに、はじめて制限行為能力者となるか。
▶同意権付与の審判（229）

㉘ 適法かつ有効な契約の成立を担保するため公正証書によって締結される契約を何というか。
▶任意後見契約（238）

㉙ 任意後見人は、代理権と取消権のうち、どちらの権限を有しているか。
▶代理権（246）

㉚ 任意後見人に不正な行為や著しい不行跡などがあるとき、任意後見監督人等の請求により、家庭裁判所はどのような権限をもつか。
▶任意後見人を解任することができる（249）

㉛ 任意後見監督人が選任された後に、法定後見の開始の審判がされたときは、任意後見契約はどうなるか。
▶当然に終了する（250）

㉜ 離婚に際して、面会交流などで父母の協議が調わないとき、どこが定めるか。
▶家庭裁判所（252）

㉝ 2019（令和元）年の「成年後見関係事件の概況」によれば、申立人と本人の関係は、本人の子が最も多いが、次は誰か。
▶市区町村長（264）

㉞ 成年後見に伴う鑑定料、登記料、成年後見人への報酬等については、障害者総合支援法第77条に基づく市町村地域生活支援事業のなかの何という事業によって国庫補助が行われるか。
▶成年後見制度利用支援事業（278）

㉟ 成年後見制度の利用の促進に関する施策の総合的かつ計画的な推進を図るために、政府が設けることとされているものは何か。
▶成年後見制度利用促進会議（281）

㊱ 一般社団法人型、特定非営利活動法人型、社会福祉法人型、専門職団体および独立型社会福祉士事務所型などに分けられている権利擁護にかかる組織のことを何というか。
▶成年後見センター（287）

㊲ 身寄りがないなどの理由で成年後見の申立てをする人がいない場合、誰が後見開始の審判の申立てをするか。
▶市町村長（295）

㊳ 法務大臣によって任命され、当事者の嘱託を受けて、債務弁済、賃貸借、離婚給付、任意後見などの契約や遺言の公正証書を作成する者を何というか。
▶公証人（301）

㊴ 社会福祉士は、ソーシャルワーク的手法による本人との信頼関係の構築、生活・医療福祉関連サービスの利用に関する専門的知識と技術を有していることから、何の担い手と
▶身上監護（312）

566

しての役割を果たしているといえるか。

●解答

40 父または母による親権の行使が困難または不適当であることにより子の利益を害するとき家庭裁判所はどのような審判を行うことができるか。

▶ **2年以内の親権停止**
（ 319 ）

合格体験記

仲間がいたから…

　私は、社会福祉士の試験に向けては秋頃から勉強を開始しましたが、かなり遅いスタートだという思いがあり、過去問を解きながら周辺事項を覚えていくという方法をとりました。

　解けなかった問題を繰り返すようにし、よく間違える問題や、3回やってもわからなかったものは、教科書等を参考にして、ノートにまとめました。チェックしておき、直前にも見直しました。

　大学内に出入り自由の勉強部屋があり、そこで仲間と勉強していました。雑談のなかで思い違いを発見することもありました。模試の結果が期待通りではなかったときなど、下がりがちなモチベーションは勉強仲間のおかげで保つことができました。

　試験直前は、過去問を見直したり、予想問題集を解いたり、気分転換を兼ねて厚生労働省のホームページで福祉関係の法律の改正や最新の統計数値をチェックしたりと、ほぼ丸1日勉強する日々が続きました。

　当日は、往生際悪く、直前まで持ち込んだ参考書などを開いていましたが、試験が始まってからは開き直るしかないので、「自分はできる！」と思い込むようにしました。ケアレスミスで点数を失いたくないので、試験中はどんな問題でも気を抜かない。その代わり休み時間は友達といることで気をゆるめ、メリハリをつけました。

　学生の皆さん、学生の身分を大いに利用して友達、先輩、先生などを頼ってください。合格して自信がついたら、それが社会で踏ん張る力にもなるんじゃないかなと思います。

（知的障害児施設児童指導員　前川未来）

索 引

A～Z

A 型肝炎	32
AAIDD	42
ACP	488
ACT	47
ADA	342
ADHD	43, 44
AFDC	170
AIDS	37
ALS	39
APA	48
ASD	43
B 型肝炎	32
BPSD	46
C 型肝炎	32
CA	80, 81
CMI 健康調査票	79
COOP	213
COPD	31
COS	152, 200, 201
CP	40
DPC／PDPS	470
DSM	48
DSM-5	43, 48
DV	562
DV 防止法	148, 562
E 型肝炎	32
EBM	476
EITC	183
GDP	467
GHQ	145, 421
HIV	37
…の感染経路	37
HUS	37
ICD	26
ICD-10	48
ICF	24, 26, 339
ICIDH	24, 26, 339
ICT	471
IL 運動	338
ILO	185, 287
IPM	499
IQ	80, 81
ISO	220

JA	213
M機能	70
MA	80, 81
MBI	78
MI	82
MRSA	38
MSA	39
NGO	176
NI	467
NPH	46
NPM	141
NPO	176, 213
NPO 法	204
NPO 法人	179, 204
…の設立要件	205
OASDI	319
OECD	287
P 機能	70
PDCA サイクル	253, 260
P-F スタディ	80
PFI	178
PM 理論	70
PSW	384
PTSD	78
QC	220
QC 活動	220
QOL	147
S 状結腸	19
SCAPIN775	145, 421
SDGs	167
SFA	84
SIB	216
SLE	33
SST	47, 84
TANF	170
TAT	80
TIA	29
WAIS	80
WAM	239
WHO	24, 26, 48, 165
WHO 国際障害分類試案	339
WISC	80
WPPSI	80
YGPI	79

あ

アーバニズム	104
アーバニズム論	104
愛着	75
…のタイプ	75, 76
愛着行動	75
アイデンティティ	10, 73, 75
アイビイ, A.	81
愛隣社老人ホーム	144
アウトカム指標	255
アウトカム評価	220
アウトソーシング	443
アウトプット指標	255
アウトプット評価	220
アウトリーチ	203
亜鉛	41
アクションリサーチ	217
悪性腫瘍	28, 474
悪性新生物	28, 165
アクター	97
アクティブガイド	27
アクティブ 80 ヘルスプラン	484
アクティベーション	184
朝日訴訟最高裁判決	521
汗	23
アソシエーション	106
アタッチメント	75
アダムス, A. P.	145
アダムス, J.	152, 201
新しい価値（公共）	167
新しい人権	520
圧迫骨折	11
アテトーゼ型脳性麻痺	42
アドバンス・ケア・プランニング	488
アドバンス・ディレクティブ	488
アニサキス	38
アノミー	100, 118
アパシー	77
アポクリン腺	23
アミラーゼ	18
「飴と鞭」の政策	286
アメリカ	168, 169
…の公的医療保障制度	319

…の社会保障制度	319	医師法	486	入会権	526
アメリカ精神医学会	48	威信	95	遺留分	531
新たな「公共」論	167	移送費	314, 315	遺留分制度	532
新たな福祉問題群	164	遺族	309	医療介護総合確保推進法	
アルコール性肝炎	32	遺族基礎年金	306		150, 476, 484
アルツハイマー型認知症	45	遺族厚生年金	309	医療介護総合確保促進法	250
アルツハイマー病	45	依存効果	102	医療型児童発達支援	385, 386
アルマ・アタ宣言	26	1型糖尿病	31	医療観察法	346, 397
アンケート調査	251	一次医療圏	482	医療機能の分類	477
暗順応	62	一次感情	59, 60	医療給付	312
安心して暮らせる21世紀の社会		一次的社会化	115	医療給付費	244
	285	一次的欲求	60	医療計画	250, 258, 364, 482
安全と安定の欲求	60	一時扶助費	427, 428	…の概要	483
アンペイド・ワーク	185	一次予防（疾病予防）	26	…の目的	482
		一番ヶ瀬康子	139	医療圏	482
い		一部事務組合	233	医療事故調査・支援センター	476
		一類感染症	37	医療ソーシャルワーカー	492
胃	18, 19, 20, 32	一過性脳虚血発作	29	医療ソーシャルワーカー業務指針	
胃液	19	一審制	292		492, 493
医学的リハビリテーション	50	逸脱	117, 500	医療提供施設	476
医科診療報酬	469	一般概括主義	533	医療的ケア	386
胃がん	33	一般会計	239	医療費適正化基本方針	250
閾値	72	一般介護予防事業	218	医療扶助	424, 425, 426, 432
異議申立て	533	一般化された他者の期待	115	医療扶助費	420
イギリス	286	一般歳出	244	医療法	250, 476
…の介護サービス	319	一般財団法人	525	医療法改正の変遷	478
…の社会保障制度	318	一般事業主行動計画	249, 265	医療保険	145, 366
…の福祉政策	171	一般社団法人	525	…の保険給付	463
育児休業給付	297, 299	一般相談支援事業	360	医療保険改革法	319
育成医療	361, 366	一般相談支援事業者	370	医療保険加入者	295
違憲審査権	523	一般適応症候群	77	医療保険金庫	318
違憲審査制	523	一般的地域組織化活動	198	医療保険制度	311
移行型任意後見契約	549	一般年金保険	317	…の展開	310
遺産分割	531	一般病院	479	…の年齢別給付率	465
医師	486, 488, 560	溢流性尿失禁	34	医療保険制度改革	170
…の業務に関する規定	487	遺伝子	10	医療保護施設	425, 432
石井十次	143	遺伝障害	40	医療保護入院	384
石井亮一	143	イド	82	医療保護法	145
医師確保計画	478	移動運動の発達	74	医療連携体制加算	475
意識障害	29	移動支援事業	363	岩永マキ	143
意思決定の支援	368	委任	527, 528	院外救済の禁止	286
意思能力	524	委任契約	519, 528, 550	インカム・テスト	181
『医師の職業倫理指針（第3版）』		委任状	519	インクリメンタリズム	181
	487	意味記憶	66, 75	因子分析	68
意思表示	525	意味記憶障害	47	インスリン	20, 22, 30

索　引

インスリン注射	31
陰性症状	47
インセンティブ問題	174
姻族	529
姻族関係	529
インター型	499, 500
インターディシプリナリーモデル	499, 500
インタープロフェッショナルワーク	499
インタビュー	217
咽頭	17
院内感染	38
院内パス	500
インパクト評価	220
インフォーマル・グループ	105
インフォーマルセクター	180, 216
インフォームドコンセント	476, 487
陰部潰瘍	41
インプット指標	255
インプリンティング	72

う

ヴァルネラブル	148, 171
ウイルス	32
ウイルス疾患指導料	497
ウイルス性肝炎	32
ウィレンスキー, H.	176
ウェイル, M.	202
ウェーバー, M.	106, 113
ウェクスラー式知能検査	80
ウェクスラー, D.	67
ウェッブ, S. & B.	417
ヴェブレン, T.	101
ウェルマン, B.	104
請負	527, 528
右心不全	30
右田紀久惠	198
内田クレペリン精神作業検査	80
うつ状態	78
うつ病	46, 48
右肺	17
浦上養育院	143

ウルフェンデン報告	201
運営適正化委員会	158, 208, 220
運動	27
運動錯視	62, 63
運動残効	63
運動失調	39
運動症群	43, 44
運動性失語	29
運動療法	31
運動論	139

え

影響力	106
永小作権	526
エイズ	37
エイズ診療拠点病院	482
エイブス報告	201
栄養サポートチーム加算	495
営利セクター	180
営利・非営利部門	176
営利法人	525
エーデル改革	169
エクスプレスト・ニード	163
エクスポージャー法	83
エクリン腺	23
エゴ	82
エス	82
エスピン-アンデルセン, G.	175
…の福祉国家の3類型	175
エピソード記憶	45, 66, 76
エピソード記憶障害	47
エリクソン, E.	10, 73
…の発達段階	73
エリザベス救貧法	151, 286
エリス, A.	83
遠隔記憶	12
遠隔モニタリング	471
遠隔連携診療料	471
円環対比	63
嚥下機能	11, 13
演劇論的行為	114
演劇論的行為論	114
嚥下障害	41
エンゲル係数	434

エンゲル, C. L. E.	434
エンゲル方式	434
塩酸	19
遠城寺式乳幼児分析的発達診断検査	81
延髄	20
エンゼルプラン	147
延滞利子	446
円背	11
エンパワメント	338

お

応益負担	181, 301
応益割	462
横隔膜	18, 19
横行結腸	19
黄色ブドウ球菌	38
黄体化ホルモン	20
黄体ホルモン	24
応答的法	97
応能負担	181, 239, 301, 346, 355, 365
応能割	462
黄斑部変性症	11
応用行動分析	84
オーガニゼーション・マン	108
大きさの恒常性	62
大河内一男	138
大橋謙策	198, 203
大林宗嗣	145
大原社会問題研究所	144
公の営造物	538
公の弾劾	523
オールポート, G. W.	68
岡村重夫	137, 173, 198
岡本栄一	198
岡山孤児院	143
岡山博愛会	145
小河滋次郎	144
置き換え	71
オキシトシン	20
オグバーン, W.	109
奥行き知覚	63
オタワ憲章	26

小野慈善院 ————— 144	介護扶助費 ————— 420	化学物質 ————— 38
オバマ, B. ————— 170	介護報酬 ———— 470, 474	鏡に映った自我 ————— 116
オペラント条件づけ ———— 65	介護保険 ————— 357	鏡に映った自己 ————— 116
オリーブ橋小脳萎縮症 ——— 39	介護保険事業計画 ———— 199	かかりつけ医 ——— 479, 487
オルソン, M. ————— 117	介護保険制度 ————— 243	かかりつけ歯科医 ———— 479
音声機能、言語機能又はそしゃく	…と弁護士業務 ————— 558	下級裁判所の裁判官 ——— 523
機能の障害 ————— 41	介護保険地域密着型サービス外部	核家族 ————— 109
音声の模倣 ————— 75	評価 ————— 219	核家族世帯 ————— 109
オンライン診療 ————— 471	介護保険法 — 148, 248, 256, 260	格差原理 ————— 140
	… (韓国) ————— 171	格差社会 ——— 142, 168
か	… (ドイツ) ————— 154	格差縮小方式 ————— 434
	介護保険料加算 ——— 427, 428	拡散的思考 ————— 66
絵画統覚検査 ————— 80	介護保険料率 ————— 252	学習 ————— 64
絵画欲求不満検査 ———— 80	介護予防・生活支援サービス事業	…の適時性 ————— 72
階級 ————— 96	————— 218	学習性無力感 ————— 61
階級闘争 ————— 96	介護予防・日常生活支援総合事業	学習理論 ——— 83, 84
会計監査人 ————— 159	——— 217, 218	学生納付特例制度 ———— 307
解決志向アプローチ ———— 84	介護老人保健施設 ———— 476	隔絶地遺言 ————— 530
解決のための見通し ———— 65	外耳 ————— 22	拡大家族 ————— 109
介護医療院 ——— 476, 477, 480	外耳道炎 ————— 36	拡張期血圧 ——— 17, 30
外向型 ————— 67	外集団 ————— 106	確定給付企業年金 ——— 291, 292
介護からの休息 ————— 169	外傷体験 ————— 78	確定拠出年金 ——— 291, 292
介護義務 ————— 552	介助犬 ————— 381	カクテルパーティー現象 ——— 64
外呼吸 ————— 17	疥癬 ————— 36	カクテルパーティー効果 ——— 64
介護休業給付 ————— 300	階層構造 ————— 95	角膜 ————— 23
介護給付費	階層的分化 ————— 101	仮現運動 ————— 63
——— 244, 354, 355, 365, 369, 382	階層の原則 ————— 107	下行結腸 ————— 19
…の支給対象となる障害福祉サー	回想法 ————— 84	笠井信一 ————— 144
ビス ————— 356	回腸 ————— 19	下肢 ————— 12
介護給付費等の支給決定までの流	外的要因 ————— 61	果実 ————— 528
れ ————— 353	海馬 ————— 12	過失責任主義 ————— 538
外国人 ——— 166, 422, 520, 522	外発的動機づけ ———— 61	過失責任の原則 ————— 528
外国人材の受け入れ・共生のため	外鼻 ————— 22	下垂体 ————— 20
の総合的対応策 ————— 168	外部委託 ————— 443	ガス交換 ——— 16, 17
介護サービス情報の公表 ——— 219	回復期機能 ————— 477	課税調査 ————— 430
介護支援専門員 ————— 501	回復期リハビリテーション病棟	仮性認知症 ————— 46
介護施設入所者加算 ———— 427	————— 472	過疎化 ————— 104
介護施設入所者基本生活費 —— 427	回復期リハビリテーション病棟入	家族 ——— 108, 177
介護支援等連携指導料 ——— 498	院料 ————— 497	…の扶養義務 ————— 552
介護者の構成割合 ————— 111	回復的処遇の原則 ———— 138	家族移送費 ——— 314, 315
介護相談員 ————— 214	外部不経済 ——— 116, 173	家族機能縮小論 ————— 109
介護つき住宅 ————— 169	外分泌腺 ————— 19	家族周期 ————— 112
介護手当 (ドイツ) ———— 171	開放隅角緑内障 ————— 36	家族出産育児一時金 ——— 314, 464
介護福祉士 ————— 492	カウンセリング ————— 81	家族訪問看護療養費 ———— 313
介護扶助 ——— 424, 426	科学革命 ————— 101	家族埋葬料 ——— 314, 315, 464

家族療法 ——————— 84
家族療養費 ——————— 313
過疎地域 ——————— 105
過疎問題 ——————— 105
下腿 ——————— 12
片麻痺 ——————— 29
片山潜 ——————— 145
価値合理的行為 ——————— 113
喀血 ——————— 18
合算対象期間 ——————— 305
葛藤 ——————— 70
活動 ——————— 24, 25, 339, 340
活動水準 ——————— 95
活動制限 ——————— 26
割賦販売法 ——————— 519
合併協議会 ——————— 237
合併特例区 ——————— 237
家庭学校 ——————— 143
家庭裁判所 —— 174, 525, 529, 540,
541, 543, 545, 546, 547, 550, 551,
552, 557
家庭内虐待 ——————— 561
寡動 ——————— 39
寡頭性の鉄則 ——————— 108
稼得所得税額控除 ——————— 183
貨幣 ——————— 164
貨幣経済 ——————— 183
貨幣的ニード —— 146, 162, 198
仮面様顔貌 ——————— 39
カラ期間 ——————— 305
カリスマ的支配 ——————— 107
過料 ——————— 533
カルフ, D. ——————— 83
ガルブレイス, J. K. ——————— 102
加齢 ——————— 11
河上肇 ——————— 144
がん ——————— 28
簡易生命保険法 ——————— 287
肝炎ウイルス ——————— 32, 33
肝炎対策基本法 ——————— 32
感音難聴 ——————— 11, 36
感化院 ——————— 144
感化救済事業 ——————— 144
感覚 ——————— 61
…の加齢変化 ——————— 76

感覚運動期 ——————— 73, 74
感覚記憶 ——————— 66
感覚受容器 ——————— 23
感覚性失語 ——————— 29
鰥寡孤独 ——————— 143
感化法 ——————— 144
肝がん ——————— 33
がん患者リハビリテーション料
——————— 498
眼球 ——————— 22, 23
眼球付属器 ——————— 22
環境 ——————— 339
環境閾値説 ——————— 72
環境因子 ——————— 10, 25, 340
環境改善サービス ——————— 198
環境権 ——————— 520
環境優位説 ——————— 72
換気量 ——————— 11
元金均等償還 ——————— 446
関係機関調査 ——————— 430
がん研究 10 か年戦略 ——————— 486
肝硬変 ——————— 33
看護・介護職員連携強化加算 —— 475
韓国 ——————— 171
…の介護保険制度 ——————— 171
…の介護保険制度の財源 ——————— 172
…の合計特殊出生率 ——————— 172
…の福祉政策 ——————— 171
…の要介護者判定 ——————— 172
看護師 ——————— 489
観察学習 ——————— 65
監事 ——————— 159, 160
患者サポート体制充実加算 —— 495
患者調査 ——————— 340
患者の権利 ——————— 487
患者申出療養 —— 313, 463, 464
慣習 ——————— 97
間主観性 ——————— 142
感情 ——————— 59
感情失禁 ——————— 29, 45
感情的行為 ——————— 113, 114
感情転移 ——————— 83
がん診療連携拠点病院 ——————— 481
間接税 ——————— 238
環節的分化 ——————— 100

間接適用説 ——————— 520
間接民主制 ——————— 520
関節リウマチ ——————— 35
汗腺 ——————— 23, 24
感染 ——————— 36
完全参加と平等 ——————— 342
完全失業率 ——————— 98
感染症 ——————— 11, 36
感染症の予防及び感染症の患者に
対する医療に関する法律 ——————— 36
感染症法 ——————— 36
肝臓 ——————— 18, 19, 32
肝臓機能障害 ——————— 42, 379
がん対策基本法 ——————— 485
がん対策推進基本計画 ——————— 486
鑑定 ——————— 560
冠動脈 ——————— 15, 17
感得されたニード ——————— 163
感得された必要 ——————— 162
間脳 ——————— 20, 21
官僚制 ——————— 107
…の逆機能 ——————— 107
緩和ケア ——————— 474
緩和ケア診療加算 ——————— 474
緩和ケア病棟 ——————— 474

き

議院内閣制 ——————— 520
記憶 ——————— 12, 66
記憶障害 ——————— 46, 47
記憶能力 ——————— 75
機械的連帯 ——————— 100
機会の均等化 ——————— 338
気管 ——————— 17, 18
気管支 ——————— 17, 18
気管支喘息 ——————— 32
基幹相談支援センター —— 360, 378
…の役割 ——————— 379
機関訴訟 ——————— 536
基幹的社会福祉協議会 ——————— 554
危急時遺言 ——————— 530
企業年金 ——————— 291
…の種類 ——————— 292
…の特徴 ——————— 292

企業犯罪	118	基本的人権の尊重	520	教育支援計画	373
企業福祉	176	基本的欲求	60	教育支援資金	444, 445
記号的意味の消費	101	期末一時扶助費	427, 428	教育的リハビリテーション	50
記号の消費	101	義務教育	522	教育の義務	522
帰国外国人	304	義務教育学校	374	教育費	245
擬似市場	180	義務付けの訴え	536	教育扶助	424, 426
義肢装具士	491	記銘	66	教育を受ける権利	522
気質	67	逆機能	95	教員免許制度	373
技術論	138, 139	虐待	148	仰臥位	13
基準及び程度の原則	422, 424	客観指標	95	協会管掌健康保険	315
基準生活費	427	客観的訴訟	535, 536	協会けんぽ	311
基準病床数	482	客観的な必要	162	…の一般保険料率	315
帰属主義	96	キャッテル, R. B.	68	共感的理解	81
基礎社会	105	キャラクター	67	協議会	253, 360, 377
基礎集団	105	キャラバン・メイト	215	…の構成員	360
基礎的自治体	233	嗅覚	61	狭義の福祉	134
基礎年金制度	146	救急救命士	491	狭義の福祉政策	134, 164
寄託	527	救護施設	432	協業	97
木田徹郎	139	救護法	145, 421	協議離婚	529
ギデンズ, A.	175, 418	救済事業調査会	144	胸腔	17
機能	95	嗅細胞	22	共済組合	311
機能強化加算	471	救済を受ける権利	151	共助	164
機能強化型の在宅療養支援診療		求償権	538	狭心症	29
所・病院	473	求職者給付	298	強制移動	96
機能集団	105	求職者支援制度	300	共生型サービス	349, 357, 359, 372
技能修得費	426	嗅神経	22	強制加入	292
機能主義的アプローチ	117	旧生活保護法	145, 146, 421	行政機関	523, 532
機能障害	24, 25, 339	急性肝炎	33	行政機関が行う政策の評価に関す	
機能性尿失禁	34	急性期機能	477	る法律	178
機能的アプローチ	198	急性期リハビリテーション	50	行政機関の保有する個人情報の保	
機能的分化	101	救世軍	143, 152	護に関する法律	539
機能別社会保障給付費	289	急性腎不全	33	行政機関の保有する情報の公開に	
亀背	11	吸啜反射	9	関する法律	539
規範意識	117	急迫保護	424	行政救済三法	533
規範主義的アプローチ	117	救貧事業	286	行政強制	533
規範的ニード	163	救貧事業段階	138	行政刑罰	533
規範に規制される行為	114	救貧税	286	行政権	522
気分	60	救貧的機能	290	行政行為	532
気分障害	48	給付・反対給付均等の原則	290	…の撤回の効果	533
基本感情	59, 60	窮乏	153	…の取消しの効果	533
基本給付	307	球麻痺	39	行政事件訴訟	536
基本月額	308	救命救急センター	481	…の体系	536
基本指針	368	橋	20	行政事件訴訟法	533
基本相談支援	359, 360	教育活動	538	行政指導	178, 537
基本手当	299	教育訓練給付	298, 299	共生社会	199, 344

行政主体 —— 532	起立性低血圧 —— 33	クライエント —— 137
行政需要 —— 161	ギルバート法 —— 151	クラウドファンディング —— 216
行政上の強制執行 —— 533	筋萎縮性側索硬化症 —— 39	繰り上げ支給（老齢基礎年金）305
行政処分 —— 178	均一拠出・均一給付 —— 286	クリームスキミング —— 179
行政庁 —— 532	緊急小口資金 —— 444	繰り下げ支給（老齢基礎年金）305
強制徴収 —— 533	キングスレー館 —— 145	クリティカルパス —— 500
行政手続法 —— 537	近接 —— 62	グリフィス報告 —— 153, 201
共生の社会の実現 —— 350	金銭給付 —— 426	クリントン, B. —— 169
行政の自由裁量行為 —— 533	近代化 —— 101	グループインタビュー —— 217
行政罰 —— 533	近代官僚制 —— 107	グループホーム —— 357
行政不服審査法 —— 533	…の特徴 —— 107	グルカゴン —— 19, 22
行政文書 —— 539	近代的な組織 —— 106	クレイム申立て —— 117
…の開示請求 —— 539	緊張病症状 —— 47	クレッシー, D. —— 117
業績主義 —— 96	均等処遇 —— 98	クレッチマー, E. —— 67
競争移動 —— 96	均等割 —— 315	クロイツフェルト・ヤコブ病
競争原理 —— 154	筋肉 —— 12	—— 39, 46
兄弟姉妹 —— 552	筋肉量 —— 11	グローバル都市 —— 101
胸痛 —— 29	勤勉性 —— 73	群化 —— 62
共通特性 —— 68	勤労控除 —— 428	軍事型社会 —— 100
共通目的 —— 108	勤労の義務 —— 522	軍事型（社会組織） —— 100
敬田院 —— 143		軍事救護法 —— 144
協働アプローチ —— 165	**く**	訓練等給付費 —— 354, 355, 365, 369
協働システム —— 106		…の支給対象となる障害福祉サー
共同生活援助 —— 354, 357	空気感染 —— 38	ビス —— 357
共同募金 —— 211, 239	空腸 —— 19	
…の配分 —— 211	クーリー, C. H. —— 105, 115	**け**
共同募金会 —— 239	クーリングオフ —— 519	
共同募金実績額 —— 212	クオリティ・オブ・ライフ —— 147	ケアマネジャー —— 501
共同募金分野別配分額 —— 212	苦情解決 —— 158, 220	計画策定委員会 —— 259
強迫 —— 525	苦情処理 —— 181	計画相談支援 —— 359, 360
強迫性障害 —— 48	具体的権利説 —— 522	計画相談支援給付費 —— 360
業務災害 —— 296	具体的操作期 —— 73, 74	軽減税率制度 —— 239
業務独占 —— 486	口 —— 32	経口感染 —— 32
共有地の悲劇 —— 116	国 —— 137	経済 —— 97
協力機関 —— 209	…および地方公共団体の責務（社	経済型 —— 67
居住費 —— 313	会福祉法） —— 156	経済協力開発機構 —— 287
居住用不動産の処分 —— 544, 547	…の財政 —— 238	経済システムの制御 —— 136
居宅介護 —— 354, 356, 358, 366	…の役割（生活保護制度） —— 435	経済社会基本計画 —— 146
居宅介護計画 —— 375	組合 —— 527	経済水準 —— 176
居宅介護事業所のサービス提供責	組合管掌健康保険 —— 311	経済政策 —— 135
任者 —— 375	組合健保 —— 311	経済秩序外的存在 —— 138
居宅介護従業者 —— 376	…の保険料率 —— 315	経済的境遇 —— 142
居宅サービス計画 —— 475	組合国保 —— 312	経済的排除 —— 418
居宅訪問型児童発達支援 385, 386	クモ膜下出血 —— 29	形式的操作期 —— 73, 74
居宅保護 —— 421	クラーク, G. —— 26	形而上学的（人間精神） —— 100

頸髄症 ——— 35
継続可能な開発目標 ——— 167
継続サービス利用支援 ——— 360
継続障害児支援利用援助 — 385, 387
痙直型脳性麻痺 ——— 42
頸椎 ——— 13
系統的脱感作法 ——— 83
ケイパビリティ ——— 141, 165
ケイパビリティ理論 ——— 140
契約 ——— 181, 526, 527
…の解除 ——— 527
…の無効 ——— 519
契約締結審査会 ——— 554
ケインズ的福祉国家 ——— 176
ケースワーク ——— 152
ゲーム理論 ——— 116
ケーラー, W. ——— 65
ゲゼル, A. ——— 72
ゲゼルシャフト ——— 100, 106
血圧 ——— 17, 30
血液 ——— 14, 15, 17
…の循環 ——— 16
血液量 ——— 11
結果期待 ——— 61
結核 ——— 38
結核菌 ——— 38
結核指定医療機関 ——— 38
欠格条項 ——— 422, 543
結核療養所 ——— 479
血管 ——— 23
血管性認知症 ——— 45
血球 ——— 14, 15
結合の弱体化 ——— 104
血色素 ——— 15
血漿 ——— 14, 15
結晶性知能 ——— 12, 75, 80
血小板 ——— 15
血清 ——— 15
血族 ——— 529
結束型（社会関係資本） ——— 113
結腸 ——— 19
決定通知（生活保護法） ——— 429
欠乏欲求 ——— 60
血友病 ——— 40
ゲマインシャフト ——— 100, 106

ケリング, G. L. ——— 118
原因帰属 ——— 61
嫌悪条件づけ ——— 64
限界集落 ——— 105
幻覚 ——— 47
現業員 ——— 241, 242, 437, 440
限局性学習症 ——— 43, 44
限局性学習障害 ——— 44
現金給付 ——— 314, 464
権限下方委譲 ——— 179
権限の原則 ——— 107
健康 ——— 26, 27
…の社会的決定要因 ——— 165
健康格差 ——— 27
健康関連状況 ——— 25
健康寿命 ——— 27, 165
健康状況 ——— 25
健康状態 ——— 24, 162, 340
健康増進事業 ——— 26, 252
健康増進法 — 26, 27, 250, 257, 485
健康づくり対策の変遷 ——— 484
健康づくりのための身体活動基準
2013 ——— 27
健康づくりのための身体活動指針
（アクティブガイド） ——— 27
健康日本 21 ——— 485
健康日本 21（第二次）27, 165, 485
健康保険 ——— 309, 311
健康保険組合 ——— 312
健康保険法 ——— 144, 287
言語性知能 ——— 75, 80
言語聴覚士 ——— 490
言語の発達 ——— 74
顕在機能 ——— 95
減殺請求 ——— 531
現在地保護 ——— 429
顕在的ニード ——— 163
幻視体験 ——— 46
衒示的消費 ——— 101
原始反射 ——— 9
原始歩行 ——— 9
顕著な思考障害 ——— 47
限定承認 ——— 529
見当識障害 ——— 46
限度額適用認定証 ——— 465

現物 ——— 164
現物給付 ——— 426
権利能力 ——— 524
権利擁護業務 ——— 561
権利擁護センターぱあとなあ — 561
権利擁護相談 ——— 560
権力 ——— 95, 106
権力型 ——— 67

こ

子 ——— 306
小石川養生所 ——— 143
コイト, S. ——— 201
5 因子説 ——— 68
行為 ——— 113
…の意図せざる結果 ——— 114
広域障害者職業センター ——— 373
広域的地方公共団体 ——— 233
広域連合 ——— 233
行為能力 ——— 524
公営住宅 ——— 448
公営住宅制度 ——— 448
公営住宅法 ——— 182, 448
公益財団法人 ——— 525
公益事業 ——— 158, 204
公益社団法人 ——— 525
公益社団法人成年後見センター・
リーガルサポート ——— 559
公益法人 ——— 525, 549
公課禁止 ——— 432
高額介護合算療養費 — 313, 314, 466
高額障害福祉サービス費 ——— 356
高額障害福祉サービス等給付費
——— 356, 357, 361
高額長期疾病 ——— 465
高額療養費 ——— 313, 465
…の自己負担限度額 ——— 466
高額療養費制度 ——— 465
口渇感 ——— 15
効果の法則 ——— 65
交換 ——— 97, 142, 527
交感神経 ——— 21
後期高齢者 ——— 310
後期高齢者医療 ——— 233

索引		
後期高齢者医療広域連合 — 316, 465	…の原則 — 524	— 162, 183, 285, 290, 420, 421
後期高齢者医療制度 — 311, 316, 465	公衆衛生 — 285	公的扶助義務主義 — 145
…の給付内容 — 316	恒常性 — 13, 62	公的扶助制度（スウェーデン）169
…の被保険者 — 316	甲状腺機能亢進症 — 31	後天性免疫不全症候群 — 37, 474
…の費用負担 — 316	甲状腺機能低下症 — 31	喉頭 — 17, 18
…の保険料 — 316	甲状腺刺激ホルモン — 20	行動 — 113
後期高齢者支援金 — 464	甲状腺ホルモン — 31	口頭意見陳述請求権 — 535
合議体 — 367	公証人 — 531, 559	行動援護 — 354, 356, 358, 366
広義の福祉 — 134	…の認証 — 550	行動援護従業者 — 376
広義の福祉政策 — 134	更生 — 338	喉頭蓋 — 18
高級社会工作師 — 172	更生医療 — 361, 362, 369	高等学校等就学費 — 426
公共交通機関 — 398	…の対象となる疾患 — 362	行動基準 — 69
公共財 — 173, 184	更生援護 — 380	行動・心理症状 — 46
公共職業安定所	硬性憲法 — 520	行動の準拠枠 — 69
— 298, 300, 372, 377, 436	厚生事業 — 145	後頭葉 — 59
公共政策 — 135	更生施設 — 432	行動療法 — 83
公共的相互性 — 173	厚生省 — 145	高度技術集積都市 — 104
公共の福祉 — 520	公正証書 — 549, 559	高度急性期機能 — 477
公共・民間部門 — 176	公正証書遺言 — 530, 531	高度プロフェッショナル制度 — 285
口腔 — 18	抗精神病薬 — 47	口内炎 — 41
合計特殊出生率 — 284	厚生年金 — 308	高尿酸血症 — 28, 34
高血圧 — 28, 29, 30	…の独自給付 — 308	高尿酸尿症 — 34
高血圧合併症 — 30	…の分割 — 308	公認心理師 — 78, 82
高血圧性疾患 — 165	厚生年金基金 — 292	公認心理師法 — 82
後見 — 541	厚生年金保険 — 291, 303, 309	更年期 — 24
…の概要 — 542	…の適用事業所 — 308	高年齢被保険者 — 298
貢献意欲 — 108	…の被保険者 — 308	孝橋正一 — 138
後見開始の審判 — 541, 549	…の保険料 — 309	後発医薬品 — 426
後見制度の種別 — 540	更生保護事業 — 207, 208	公費負担医療 — 316
後見登記 — 540	厚生労働省 — 232, 292, 435	高福祉高負担 — 168
後見登記等に関する法律 — 540	厚生労働省設置法 — 436	幸福追求権 — 521
膠原病 — 33	厚生労働大臣 — 184, 210, 211, 435	幸福度指標 — 95
公権力の行使 — 538	構造 — 95	衡平性の視点 — 173
抗告訴訟 — 536	構造化面接 — 217	合法的支配 — 107
公債費 — 245	構造的アプローチ — 198	公民権 — 153
公式・非公式部門 — 176	控訴審 — 523	公務員 — 520, 522
公私共働の多元供給論 — 138	抗体 — 14	合目的的裁量 — 521
高脂血症 — 28, 33	構築主義的アプローチ — 117	肛門 — 18
高次脳機能障害 — 46	交通バリアフリー法 — 398	合理化 — 71, 107
…の種類 — 47	公定力 — 532	効率性評価 — 220
…の症状 — 47	公的医療保険（アメリカ）— 170	合理的配慮 — 348
高次脳機能障害及びその関連障害	公的年金加入者 — 303	抗利尿ホルモン — 20
に対する支援普及事業 — 347	公的年金給付費の財源 — 306	交流分析理論 — 79
高次脳機能障害者 — 347	公的年金制度 — 319	効力期待 — 61
公私分離 — 421	公的扶助	行旅病人及行旅死亡人取扱法 — 143

高齢化社会 ——— 284	刻印づけ ——— 72	国民保健サービス及びコミュニ
高齢化率 ——— 284	国際規格 ——— 220	ティケア法 ——— 153, 201
高齢者医療確保法 ——— 465	国際協調主義 ——— 520	国民保健サービス法 ——— 319
高齢社会 ——— 284	国際疾病分類 ——— 26	国民保険の老齢年金 ——— 318
高齢社会対策大綱 ——— 266	国際障害者年 ——— 342	国民保険法（イギリス）
高齢者虐待の防止、高齢者の養護	国際障害者年行動計画 ——— 342	——— 152, 286, 318
者に対する支援等に関する法律	国際障害分類 ——— 24, 26	国連・障害者の十年 ——— 342
——— 148, 562	国際生活機能分類 — 24, 26, 339	誇示的消費 ——— 101
高齢者虐待防止法 ——— 148, 562	国際標準化機構 ——— 220	互酬 ——— 142
高齢者、障害者等の移動等の円滑	国際労働機関 ——— 287	互酬性の規範 ——— 113
化の促進に関する法律 ——— 398	国税 ——— 238, 244	50 年勧告 ——— 133
高齢者、身体障害者等が円滑に利	国政調査権 ——— 522	固縮 ——— 39
用できる特定建築物の建築の促進	国籍要件 ——— 292	個人因子 ——— 25, 340
に関する法律 ——— 398	国内総生産 ——— 467	個人情報 ——— 539
高齢者、身体障害者等の公共交通	『国富論』 ——— 151	個人情報の保護に関する法律 — 539
機関を利用した移動の円滑化の促	国保連 ——— 372	個人情報保護法 ——— 539
進に関する法律 ——— 398	国民医療費 ——— 467	個人的達成感の低下 ——— 78
高齢者住まい法 ——— 182	…（財源別） ——— 467	個人特性 ——— 68
高齢者の医療の確保に関する法律	…（診療種類別） ——— 467	個人年金 ——— 290, 292
——— 146, 250, 257, 316, 465, 486	…（制度区分別） ——— 467	誇大広告 ——— 158
高齢者の居住の安定確保に関する	…（年齢階級別） ——— 468	骨塩量 ——— 11
法律 ——— 182	…の対象 ——— 467	国会 ——— 137, 520, 523
高齢者の肺炎 ——— 31	国民皆保険・皆年金 — 146, 285, 287	国家責任 ——— 421, 422
高齢者保健福祉推進十か年戦略	国民皆保険制度 ——— 310	国家第二年金 ——— 318
——— 147	国民健康保険 ——— 311, 462	国家賠償法 ——— 533, 538
高齢・障害者雇用支援センター	…の財政運営 ——— 311	国権の最高機関 ——— 520
——— 373	…の被保険者 ——— 312	国庫支出金 ——— 244, 246
後弯 ——— 11	…の保険料 ——— 462	国庫負担金 ——— 306
誤嚥 ——— 41	国民健康保険組合 ——— 311, 312	骨質 ——— 12
誤嚥性肺炎 ——— 18	国民健康保険税 ——— 315	骨髄 ——— 12, 14
コーエン, A. ——— 117	国民健康保険団体連合会 — 294, 372	骨折 ——— 35, 40
コーシャスシフト ——— 69	国民健康保険法 ——— 145	骨粗鬆症 ——— 11, 35
コーネル・メディカル・インデッ	国民健康保険料 ——— 315	ゴッフマン, E. ——— 114
クス ——— 79	国民主権 ——— 520	骨膜 ——— 12
コーピング ——— 78	…の現れ ——— 520	古典的条件づけ ——— 64
コーホート ——— 112	国民所得 ——— 467	子ども・子育て応援プラン ——— 149
ゴールドプラン ——— 147	国民年金 ——— 303	子ども・子育て関連3法 ——— 150
ゴールドプラン21 ——— 148, 266	…の独自給付 ——— 306	子ども・子育て支援法
五感 ——— 61	…の被保険者 ——— 304, 305	——— 249, 257, 263, 264
呼吸 ——— 17, 18	…の保険料 ——— 306	子ども・子育てビジョン ——— 149
呼吸運動 ——— 17	国民年金基金 ——— 307	子どもの学習・生活支援事業 — 447
呼吸器 ——— 17, 18	国民の健康の増進の総合的な推進	子どもの社会化 ——— 109
呼吸器機能障害 ——— 42	を図るための基本的な方針 ——— 485	子どもの貧困対策の推進に関する
呼吸機能 ——— 11	国民負担率 ——— 289	法律 ——— 149, 418, 446
五巨人悪 ——— 153	…の国際比較 ——— 289	子どもの貧困率 ——— 417

子ども・若者育成支援推進法 — 149
誤認や困惑による取消し —— 519
個別インタビュー ———— 217
個別支援計画 ———————— 371
個別支援プログラム ——— 442
個別審査規定 ———————— 543
鼓膜 —————————————— 22
コミューン ———— 169, 317
コミュニケーション ——— 108
コミュニケーション症群 — 43
コミュニケーション的行為 — 114
コミュニティ ——————— 106
コミュニティ・オーガニゼーショ
ン ———— 152, 200, 201, 207
コミュニティ解放論 ——— 104
コミュニティケア ———— 153
コミュニティケア改革 — 154, 201
コミュニティ衰退論 ——— 104
コミュニティソーシャルワーカー
————————————————— 153
コミュニティソーシャルワーク
————————————————— 201
コミュニティソーシャルワーク理
論 ——————————————— 198
コミュニティ存続論 ——— 104
コミュニティ・チェスト —— 211
米騒動 ———————————— 144
コモンズの悲劇 ————— 116
固有性 ———————————— 139
固有論 ———————————— 138
雇用 ————————— 527, 528
雇用安定事業 ——— 298, 300
雇用継続給付 ——————— 298
雇用形態 ———————————— 98
雇用の分野における男女の均等な
機会及び待遇の確保等に関する法
律 ——————————————— 284
雇用保険 ————— 295, 297
…の財源 ————————— 300
…の失業等給付の内容 —— 299
…の被保険者 ——————— 298
…の保険者 ————————— 298
…の保険料率 ——————— 300
雇用保険制度の体系 ——— 298
雇用保険二事業 ————— 300

雇用保険率 ———————— 300
雇用労災対策費 ————— 244
戸令 ————————————— 143
五類感染症 ————————— 37
婚姻 ———————— 545, 551
婚外子 ———————————— 551
困窮 ————————————— 285
…の原因 ————————— 285
根拠に基づく医療 ———— 476
混合経済 ———————————— 141
混合診療 ———————————— 463
混合性難聴 ————————— 36
混合性尿失禁 ———————— 34
今後5か年間の高齢者保健福祉施
策の方向 ————— 148, 266
今後の子育て支援のための施策の
基本的方向について ——— 147
「今後の社会福祉のあり方につい
て」————————————— 147
婚氏続称 ———————————— 529
コント, A. —————————— 100
婚内子 ———————————— 551
コンパクトシティ ———— 104
コンパラティブ・ニード — 163
コンピュータ判定 ———— 352
コンピュータ判定式 ——— 352
コンフリクト ———————— 70

さ

サービス管理責任者 ——— 375
…の要件 ————————— 375
サービス給付（ドイツ）— 171
サービス供給過程への参加 — 186
サービス付き高齢者向け住宅 — 183
サービス提供責任者 ——— 375
サービス等利用計画 — 360, 374
サービス等利用計画案 —— 360
サービス利用支援 ———— 360
災害拠点病院 ——————— 481
災害支援制度 ——————— 211
災害時外国人支援情報コーディ
ネーター ————————— 168
災害対策基本法 ————— 213
災害等準備金 ——————— 211

災害保険 ———————————— 154
…（ドイツ）——————— 286
細気管支 ————————————— 17
裁決の取消しの訴え ——— 536
債権 ————————————— 526
最高血圧 ————————— 17, 30
最高裁判所の長たる裁判官 — 523
サイコドラマ ———————— 84
財産管理 ——— 541, 544, 549
財産権 ———————————— 520
財産行為 ———————————— 547
財産の管理 ——————— 545
最上級行政庁 ——————— 534
在職老齢年金 ——————— 308
再審査請求 ———— 434, 534
済世顧問制度 ——— 144, 209
財政福祉 ———————————— 176
最大酸素摂取量 ————————— 11
在宅医療 ———————————— 472
在宅患者加算 ——————— 427
在宅サービス（アメリカ）— 170
在宅時医学総合管理料 —— 497
在宅身体障害児 ————— 341
在宅福祉サービス ———— 198
在宅療養後方支援病院 —— 474
在宅療養支援診療所 ——— 473
…の要件 ————————— 473
在宅療養支援病院 ———— 473
…の要件 ————————— 473
再調査の請求 ——————— 534
最低血圧 ————————— 17, 30
最低限度の生活保障 ——— 422
最低生活 ———————————— 422
最低生活保障 — 421, 422, 440
最低賃金法 ———————— 184
差異的接触論 ——————— 117
再配分 —————— 142, 180
裁判員制度 ————— 97, 523
裁判員の参加する刑事裁判に関す
る法律 ———————————— 523
裁判官 ———————————— 523
裁判所 ———————————— 519
再分配 ———————————— 180
債務 ————————————— 526
財務規律 ————— 158, 160

債務不履行	526
…による損害	526
詐欺	525
先取特権	526
詐欺や強迫による取消し	519
作業記憶	66
作業検査法	80
作業療法	50
作業療法士	490
錯誤	525
錯視	62
サザーランド, E. H.	117, 118
査察指導員	241, 242, 437, 440
差押禁止	432
差止めの訴え	536
左心不全	30
作動記憶	66, 76
左肺	17
差別の解消	260
サムナー, W.	106
3E	178
参加	24, 25, 340
参加制約	26
参議院	522
産業化	101
産業革命	101
産業型社会	100
産業型（社会組織）	100
残気量	11
三項関係	75
三次医療圏	482
三次予防（疾病予防）	26
三審制	523
参政権	153
三尖弁	15
3大死因	28
三大老年症候群	40
三段階の法則	100
暫定支給	355
暫定任意適用事業	296
三半規管	22
三位一体改革	237
残余財産	530
残余的福祉	170
三類感染症	37

し

次亜塩素酸ナトリウム	36
シーボーム報告	153, 201
ジェイコブソン, E.	84
支援会議	447
ジェンセン, A. R.	72
支援費制度	350
支援要否決定	361
自我	75, 82
…の統合	73
歯科医師	489
四箇院	143
歯科衛生士	491
歯科技工士	491
視覚	61
視覚障害者	341, 342
視覚情報	62
歯科診療報酬	469
自我同一性	73
子宮	23
支給決定	369
糸球体	17
支給要否決定	369
事業経営の準則	157
事業費補助制度	243
事業評価	178
刺激	61
刺激閾	62
資源	141, 163
…の利用能力	141
自己意識感情	60
自己一致	81
試行錯誤	66
試行錯誤学習	65
耳垢塞栓	36
思考滅裂	47
自己決定	174
…の尊重	368
自己決定権	520
自己効力感	61
自己・自我の発達	75
自己実現の欲求	60
死後事務	545
事後重症	305

自己責任の原則	528
自己同一性	75
仕事と生活の調和	99, 284
自己破産	519
自殺企図	48
自殺総合対策大綱	168
自殺対策基本法	167
資産	423
資産割	315, 462
四肢	12
支持運動器官	12
脂質異常症	28, 33
事実行為	532, 550
指示等に従う義務	433
自社保険	291
思春期	9
視床	20
市場	97, 177
…の機能不全	173
…の失敗	173
視床下部	20, 21
市場経済	161
市場原理	154, 170
市場原理主義	177
市場的分配の論理	140
視神経	22
システム	95
システム論的アプローチ	95
姿勢反射障害	39
次世代育成支援行動計画	263
次世代育成支援対策推進法	
	149, 249, 257, 263
施設型給付	150
施設入居時等医学総合管理料	497
施設入所支援	354, 356, 358
事前救済	537
自然人	520, 524
…の権利能力	524
自然増加	102
慈善組織協会	152, 200, 201
自然淘汰	103
慈善・博愛の事業	523
持続可能な社会保障制度の確立を図るための改革の推進に関する法律	149

579

肢体不自由 ————— 42, 341
肢体不自由者 ————— 341, 342
自治会 ————— 212
自治型地域福祉 ————— 198
質権 ————— 526
自治事務 ————— 232
七分積金制度 ————— 143
視聴覚障害者情報提供施設 — 380
市町村 ————— 137, 214, 235
…の設置する福祉事務所 ——— 380
…の役割（生活保護制度）— 436
市町村介護保険事業計画
 —— 248, 252, 253, 255, 256, 260, 261
市町村計画 ————— 250, 446
市町村健康増進計画 — 250, 252, 257
市町村行動計画 — 249, 257, 258, 264
市町村国保 ————— 311
市町村子ども・子育て支援事業計
画 — 249, 254, 257, 258, 263, 264
市町村自殺対策計画 ————— 167
市町村社会福祉協議会
 ————— 207, 208, 444
…の業務 ————— 208
…の役割 ————— 208
市町村障害児福祉計画
 ————— 249, 254, 257, 262
市町村障害者虐待防止センター
 ————— 394
市町村障害者計画
 —— 248, 253, 256, 258, 262, 364, 391
市町村障害福祉計画
 —— 248, 252, 253, 256, 262, 369, 370
市町村審査会 ————— 352, 369
市町村地域生活支援事業 — 555
市町村地域福祉計画 ——— 178, 208,
247, 248, 253, 255, 256, 259
市町村地域福祉計画及び都道府県
地域福祉支援計画策定指針の在り
方について ————— 259
市町村地域福祉計画の策定につい
て ————— 251
市町村における子どもの貧困対策
についての計画 ————— 254
市町村福祉計画 ————— 247
市町村保健センター ————— 501

市町村老人福祉計画
 ——— 248, 252, 253, 256, 260
膝関節症 ————— 35
失業 ————— 297, 300
失業給付 ————— 286
失業状態 ————— 300
失業等給付 ————— 298
…の基本手当 ————— 300
失業保険 ————— 145
失語 ————— 29
執行罰 ————— 533
実証的（人間精神） ————— 100
実績評価 ————— 178
失踪宣告 ————— 525
実体概念としての福祉 ————— 139
疾病 ————— 153
疾病金庫 ————— 171, 317
疾病保険 ————— 154, 286
質問紙調査 ————— 216
質問紙法 ————— 79
指定一般相談支援事業者 ——— 378
指定医療機関 ————— 425, 435
指定感染症 ————— 37
指定管理者制度 ————— 180
指定事務受託法人 ————— 355
指定就労移行支援事業者 ——— 372
指定障害児相談支援事業者 — 378
指定障害者支援施設 — 371, 374, 376
指定障害福祉サービス事業者
 ————— 371, 374, 376
指定自立訓練事業者 ————— 372
シティズンシップ ————— 152
『シティズンシップと社会的階級』
 ————— 152
指定相談支援事業者 ————— 376
指定地域移行支援事業者 ——— 375
指定地域移行支援従事者 ——— 375
指定特定相談支援事業者 — 374, 378
指定都市社会福祉協議会 ——— 554
指定難病 ————— 39
私的財 ————— 184
私的扶養 ————— 551
児童委員 ————— 209
児童家庭支援センター ————— 241
児童虐待 ————— 118, 561

児童虐待の防止等に関する法律
 ————— 148, 562
児童虐待防止法 — 145, 148, 562
指導指示（生活保護） ————— 430
自動車損害賠償責任保険 ——— 291
児童相談所 ————— 233, 234, 242
児童手当 ————— 301, 302
…の費用負担 ————— 302
児童発達支援 ————— 385, 386
児童福祉 ————— 235
児童福祉司 ————— 242
児童福祉費 ————— 245
児童福祉法 — 145, 209, 234, 242,
249, 257, 262, 347, 365, 369, 385
児童扶養手当 ————— 301, 302
児童養育加算 ————— 427, 435
児童養護施設 ————— 386
ジニ係数 ————— 100, 168, 418
視能訓練士 ————— 490
支配 ————— 106
支配システム ————— 106
自賠責保険 ————— 291
自発性 ————— 73
自筆証書遺言 ————— 530, 531
渋沢栄一 ————— 143
自閉症スペクトラム障害 ——— 43
自閉スペクトラム症 ————— 43
…の主な特性 ————— 43
死亡 ————— 525, 545
脂肪 ————— 11, 23
司法権の独立 ————— 523
司法書士 ————— 553, 559
司法審査 ————— 521
司法取引 ————— 118
資本家階級 ————— 96
嶋田啓一郎 ————— 139
市民革命 ————— 101
市民権 ————— 152
市民後見推進事業 ————— 215
市民後見人 ————— 215, 553
市民参加 ————— 178
市民社会 ————— 167
市民的権利 ————— 152, 153
事務の代替執行 ————— 237
シャイ・ドレーガー症候群 — 39

社会移動 ————————— 95
社会化 ——————————— 115
…の担い手 ————————— 115
社会階層 —————————— 95
社会型 ——————————— 67
社会関係資本 ———— 112, 113, 177
社会関係の欠損 ———————— 138
社会関係の不調和 —————— 138
社会規範 ———————— 97, 115
社会救済に関する覚書 —— 145, 421
社会緊張理論 ———————— 117
社会計画モデル ——————— 201
社会経済活動への参加の促進 — 346
社会権 ——————— 153, 521
社会工作師 ————————— 172
社会構造 —————————— 100
社会サービス ———————— 134
社会参加 —————————— 339
社会事業 ———————— 138, 144
『社会事業綱要』 ——————— 144
社会事業法 ————————— 145
社会資源 ———— 95, 163, 216
社会支出 —————————— 288
…（政策分野別） ——————— 289
社会システム ————————— 95
社会指標 —————————— 95
社会集団 —————————— 105
社会主義 —————————— 96
社会進化論 ————————— 100
社会生活技能訓練 ———— 47, 84
社会生活自立 ———————— 443
社会生活自立支援 —————— 442
社会政策 —— 134, 135, 136, 138, 162
社会制度の欠如 ——————— 138
社会増加 —————————— 102
社会秩序 —————————— 96
社会秩序維持政策 —————— 135
社会手当 ———— 183, 290, 301
社会的アイデンティティ ———— 69
社会的階層化 ———————— 175
社会的企業 ————————— 213
社会的権利 ———————— 152, 153
社会的行為 ————————— 113
社会的降格 ————————— 142
社会的行動障害 ——————— 47

社会的行動の発達 —————— 75
社会的参照 —————————— 75
社会的弱者 ———— 148, 166, 199
社会的障壁 ———— 388, 390, 393
社会的ジレンマ ———— 70, 116
社会的促進 —————————— 69
社会的地位 ————————— 142
社会的手抜き ———————— 69
社会的排除 ———— 113, 165, 418
社会的不利 ————— 24, 339
社会的包含 ————————— 199
社会的包摂 ———— 113, 165, 199
社会的補償 —————————— 69
社会的問題 ————————— 138
社会的役割 ———————— 114, 115
社会的養護関係施設 ————— 219
社会的抑制 —————————— 69
社会的欲求 —————————— 60
社会的リハビリテーション ——— 50
社会的連帯 ———————— 112, 113
社会淘汰 —————————— 103
社会ネットワーク —————— 113
社会福祉 ———— 133, 176, 285
…における住民参加 ————— 247
…の拡大 ————————— 139
…の拡大と変容 ——————— 137
…の限定 ———————— 137, 139
…の固有の領域 ——————— 138
社会福祉概念 ———————— 133
社会福祉関係給付金 ————— 349
社会福祉基礎構造改革 ———— 243
社会福祉基礎構造改革について
（中間まとめ） ——— 148, 154, 242
社会福祉協議会 ———— 208, 213
社会福祉協議会活動の強化につい
て ——————————— 214
社会福祉協議会基本要項 ——— 207
社会福祉士
——— 186, 214, 217, 492, 503, 553, 561
社会福祉事業
——— 158, 179, 204, 207, 208
社会福祉事業者に対する民間助成
金 ——————————— 239
社会福祉事業に従事する者の確保
を図るための措置に関する基本的

な指針 —————————— 266
社会福祉事業法 ——— 154, 204, 207
社会福祉施設緊急整備5か年計画
——————————— 146
社会福祉施設の措置費（運営費・
給付費）負担割合 —————— 240
社会福祉充実残額 —————— 160
社会福祉主事 ———— 241, 440
社会福祉主事任用資格 ———— 214
社会福祉政策 ———— 134, 164
社会福祉制度 ———————— 301
社会福祉の増進のための社会福祉
事業法等の一部を改正する等の法
律 ——————————— 154
社会福祉費 ————————— 245
社会福祉法 ——— 148, 154, 155, 204,
207, 248, 256, 259, 524, 554
社会福祉法人
——— 146, 158, 160, 204, 524, 525
…の機関 ————————— 159
…の財務規律の強化 ————— 160
社会福祉問題 ———————— 137
社会扶助 —————————— 285
…の給付内容 ——————— 290
…の給付要件 ——————— 290
社会復帰調整官 ——————— 398
社会変動 —————————— 100
社会保険
——— 183, 285, 290, 291, 292, 421
…の管理運営機関 —————— 294
…の給付内容 ——————— 290
…の給付要件 ——————— 290
…の所管 ————————— 294
社会保険及び関連サービス ——— 153
社会保険診療報酬支払基金
——————————— 294, 470
社会保険制度（ドイツ）—— 154, 286
社会保険と関連サービスに関する
報告 ——————————— 286
社会保障 ———————— 133, 286
…の財源 ————————— 287
社会保障改革プログラム法 ——— 149
社会保障関係費 ——— 244, 289, 420
社会保障給付費 ——————— 288
…（機能別） ——————— 289

581

…（部門別） ——— 289	従属人口指数 ——— 102	就労自立 ——— 443
社会保障計画 ——— 286	収束的思考 ——— 66	就労自立給付金 ——— 428
社会保障・税一体改革 ——— 243	住宅確保要配慮者 ——— 183	就労自立支援 ——— 441
社会保障制度 ——— 286	住宅確保要配慮者に対する賃貸住	就労定着支援 ——— 351, 354, 357
…の展開 ——— 288	宅の供給の促進に関する法律 — 183	受益的行政行為の取消し ——— 533
社会保障制度改革国民会議 ——— 150	住宅性能表示制度 ——— 182	主観指標 ——— 95
社会保障制度改革推進法 ——— 150	住宅セーフティネット法 ——— 183	主観的訴訟 ——— 535, 536
社会保障制度審議会 ——— 133, 285	住宅の品質確保の促進等に関する	主観的な必要 ——— 162
社会保障制度審議会勧告 ——— 285	法律 ——— 182	主観的輪郭 ——— 63
社会保障制度に関する勧告 ——— 133	住宅品確法 ——— 182	受給資格期間 ——— 305
社会保障体制の再構築に関する勧	住宅扶助 ——— 424, 426, 432	授業料無償説 ——— 522
告──安心して暮らせる21世紀の	住宅扶助費 ——— 420	宿所提供施設 ——— 432
社会を目指して ——— 148	集団 ——— 69, 105	宿泊型新保健指導プログラム — 486
社会保障担当大臣会議 ——— 287	集団維持機能 ——— 70	取材源の秘匿 ——— 521
社会保障の最低基準に関する条約	集団規範 ——— 69	取材の自由 ——— 521
——— 287	集団凝集性 ——— 69	授産施設 ——— 432
社会保障プラン ——— 287	集団極性化 ——— 69	主題統覚検査 ——— 80
社会保障への途 ——— 287	集団思考 ——— 69	恤救規則 ——— 143, 420
社会保障法（アメリカ） ——— 286	集団浅慮 ——— 69	出産育児一時金 ——— 314, 464
社会保障4経費 ——— 244	集団療法 ——— 84	出産手当金 ——— 314, 464
社会問題 ——— 117, 138	集中的思考 ——— 66	出産扶助 ——— 424, 426
社会連帯 ——— 165	重点施策実施5か年計画 — 149, 344	出生 ——— 524
社協・生活支援活動強化方針	重点的に推進すべき少子化対策の	シュテルン, W. ——— 72
——— 203, 208	具体的実施計画について ——— 148	受動喫煙防止 ——— 27
弱化 ——— 65	重度障害者等包括支援	受動的注意集中 ——— 84
弱視 ——— 41	——— 354, 356, 358, 366	主任介護支援専門員 ——— 217, 503
若年性認知症 ——— 45	重度訪問介護 ——— 354, 356, 358	主任児童委員 ——— 209
射精管 ——— 23	重度訪問介護従業者 ——— 376	主任児童委員制度 ——— 209
主意主義的行為理論 ——— 114	自由な市場経済 ——— 175	主任相談支援員 ——— 446
収益事業 ——— 204	十二指腸 ——— 19, 20	守秘義務 ——— 210, 487
就学援助制度 ——— 182	周辺症状 ——— 46	シュプランガー, E. ——— 67
重過失 ——— 525	終末期ケア ——— 474	需要 ——— 161
衆議院 ——— 522	住民 ——— 202	主流化教育 ——— 342
…の解散 ——— 523	住民懇談会 ——— 251	手話 ——— 391
…の優越的地位 ——— 522	住民参加 ——— 202	準委任契約 ——— 519, 527
宗教型 ——— 67	…の技法 ——— 251	馴化 ——— 64
周産期障害 ——— 40	住民参加型在宅福祉サービス — 213	順機能 ——— 95
自由主義レジーム ——— 175	住民自治 ——— 524	準拠集団 ——— 106
収縮期血圧 ——— 17, 30	住民集会 ——— 251	準拠集団論 ——— 106
就職支度費 ——— 426	自由面接 ——— 217	準市場 ——— 180
就職促進給付 ——— 298	自由連想法 ——— 82	準市場化 ——— 141
就職促進手当 ——— 299	就労移行支援 ——— 354, 357	純粋移動 ——— 95
終身定期金 ——— 527	就労継続支援 ——— 354, 357	順応 ——— 62
囚人のジレンマ ——— 116	就労支援 ——— 350, 443	準備性 ——— 72
住生活基本法 ——— 183	就労支援員 ——— 376, 446	昇華 ——— 71

障害基礎年金 ——— 305	障害者差別解消支援地域協議会	…の障害支援区分 ——— 358
…の年金額 ——— 306	——— 393	…の利用対象者 ——— 358
障害基礎年金受給権者 ——— 307	障害者差別解消法 ——— 347, 392	障害福祉サービス事業者 — 360, 370
障害厚生年金 ——— 308, 309	障害者支援施設 ——— 357, 370	障害福祉サービス等及び障害児通
障害児 ——— 365, 366	障害者施策等の主な歴史の流れ	所支援等の円滑な実施を確保する
…を対象とする介護給付費対象	——— 343	ための基本的な指針 ——— 364
サービス ——— 366	障害者施設等一般病棟 ——— 472	障害福祉サービス費 ——— 252
障害支援区分 ——— 351, 369	障害者週間 ——— 391	障害保健福祉圏域 ——— 377
…の認定 ——— 369	障害者就業・生活支援センター	生涯未婚率 ——— 110
障害児支援利用援助 ——— 385, 386	——— 447	障害をもつアメリカ人法 ——— 342
障害児支援利用計画 ——— 387	障害者就業・生活支援センターに	障害を理由とする差別の解消の推
障害児支援利用計画案 ——— 387	おける支援事業 ——— 401	進に関する法律 ——— 260, 392
障害児相談支援事業 ——— 385	障害者就労支援チーム ——— 373	障害を理由とする差別の禁止 — 393
障害児通所支援の種類 ——— 386	障害者職業生活相談員 ——— 402	消化管 ——— 32
障害児入所支援 ——— 385	障害者職業総合センター ——— 373	消化器 ——— 18, 19
障害児福祉計画 ——— 368, 369, 386	障害者職業能力開発校 ——— 373	条件刺激 ——— 64
障害児福祉手当 ——— 301	障害者自立支援法 ——— 149, 346, 350	条件反射 ——— 64
障害者 ——— 166, 339, 351, 390	障害者数 ——— 340	条件反応 ——— 64
…の法定雇用率 ——— 400	障害者政策委員会 ——— 258, 392	上行結腸 ——— 19
障害者介護給付費等不服審査会	障がい者制度改革推進会議 ——— 346	上告審 ——— 523
——— 367	障がい者制度改革推進本部 ——— 347	踵骨部 ——— 13
障害者加算 ——— 427	障害者総合支援法 ——— 149, 248, 256,	少産少死 ——— 103
障害者活躍推進計画 ——— 263, 402	262, 346, 350, 365, 368, 370, 384	上肢 ——— 12
障害者活躍推進計画作成指針 — 263	障害者に関する世界行動計画	少子化社会対策基本法 ——— 149
障害者基本計画	——— 338, 342	少子化社会対策大綱 ——— 149, 266
——— 147, 248, 258, 260, 344	障害者の権利宣言 ——— 339	少子化対策費 ——— 244
…（第3次） ——— 344	障害者の権利に関する条約	使用者 ——— 529
…（第4次） 149, 260, 266, 344, 345	——— 347, 348	使用者責任 ——— 529
障害者基本法 ——— 149, 248, 256, 260,	障害者の雇用の促進等に関する法	小循環 ——— 15, 16
262, 344, 346, 390	律 ——— 263, 399	上昇移動 ——— 96
障害者虐待 ——— 394	障害者の日常生活及び社会生活を	小泉門 ——— 9
障害者虐待の防止、障害者の養護	総合的に支援するための法律	使用貸借 ——— 527
者に対する支援等に関する法律	——— 149, 248, 256, 262, 346, 350, 368,	承諾 ——— 526
——— 148, 394, 562	384	小地域開発モデル ——— 201
障害者虐待防止の仕組み ——— 396	障害者福祉施設従事者等による虐	情緒 ——— 60
障害者虐待防止法 148, 394, 562	待 ——— 397	小腸 ——— 19, 32
障害者計画 ——— 262	障害者福祉制度 ——— 342	小腸機能障害 ——— 42
障害者権利条約 ——— 346, 347	障害者プラン～ノーマライゼー	情緒的消耗感 ——— 78
障害者控除 ——— 349	ション7か年戦略～ ——— 147, 344	情動 ——— 60
障害者雇用推進者 ——— 402	障害手当金 ——— 309	常同運動症 ——— 44
障害者雇用促進法 ——— 399	障害認定日 ——— 305	情動焦点型コーピング ——— 78
…の改正 ——— 400	生涯発達 ——— 73	情動体験 ——— 83
障害者雇用調整金 ——— 401	障害福祉 ——— 357	譲渡禁止 ——— 433
障害者雇用納付金 ——— 401	障害福祉計画 ——— 262, 364, 368	聖徳太子 ——— 143
障害者雇用率制度 ——— 399	障害福祉サービス ——— 354	小児慢性特定疾病 ——— 347, 385

承認の欲求	60
小脳	20, 21
小脳変性症	39
消費寄託契約	519
消費社会	101
消費者契約法	519
消費税	238
消費生活協同組合	213
消費税率	238
消費貸借	527, 528
傷病手当金	314, 464
情報アクセシビリティ	260
情報化	101
情報革命	101
情報公開	178, 539
情報公開法	539
情報公表制度	351
情報社会	101
情報通信技術	471
情報の提供	157
情報の非対称性	173, 181
静脈血	15
消滅可能性都市	105
将来型任意後見契約	549
上腕	12
上腕骨近位部骨折	35
ショートステイ	366
職業訓練受講手当	300
職業再生産	113
職業指導員	376
職業紹介所法	144
職業的リハビリテーション	50
職業能力開発校	438
食事療法	31
褥瘡	41
食中毒	38
食道	18, 20, 32
職場適応援助者	185, 401
食欲不振	48
助産師	480, 489
助産所	480
除脂肪体重	11
初診日	308
女性ホルモン	35
所属と愛情の欲求	60

職権取消し	533
職権に基づく行政処分	535
職権による保護	424
所得格差	100
所得再分配機能	286
所得調査	181
所得保障	183, 286
所得保障政策	184
所得割	315, 462
ジョブコーチ	185, 401
処分庁	534
処分手続	537
処分取消の行政訴訟	434
処分の取消しの訴え	536
徐脈	17
書面の審理	535
所有権	526
所有権移転登記	526
助理社会工作師	172
ジョンソン, N.	141
自立	350, 441
…の助長	422
自立活動確認書	438
自律感	73
自立訓練	354, 357
自律訓練法	84
自立支援	140, 174
自立支援医療	361
自立支援医療機関	370
自立支援医療費	366, 368, 369, 384
自立支援医療費制度	361
自立支援給付	354, 359, 360, 365, 368
自立支援給付制度	243
自立支援協議会	360, 377
自立支援システムの構築	354
自立支援プログラム	441, 442
自立支援プログラム策定の流れ	442
自立助長	440
自律神経	21
自律神経系	21
自立生活運動	338
自立生活援助	351, 354, 357
自立阻害要因	442

自律的法	97
事理弁識能力	560
資力調査	145, 422
人員割	462
新エンゼルプラン	148
新オレンジプラン	214
辛亥救済会	144
人格	67
…の形成	67
人格化	78
人格検査	79
進学準備給付金	435
神学的（人間精神）	100
新型インフルエンザ等感染症	37
新感染症	37
審級制	523
新救貧法	151, 286
心筋梗塞	15, 29
神経因性膀胱	34
神経系	20
新経済社会7か年計画	146
神経性大食症	48
神経性無食欲症	48
神経性やせ症	48
神経発達症群	43
人権規定の私人間効力	520
親権喪失	561
親権の一時停止	562
人権の享有主体	520
人口	102
人口オーナス	103
人口置き換え水準	110
信号行動	75
人口推計	284
進行性筋ジストロフィー	40
人口静態	102
人口性比	103
人口増加	102
人口増加率	102
人口置換水準	110
人口転換	103
人口動態	102, 284
『人口の原理』	151
人口ボーナス	102
人口ボーナス期	103

新・高齢者保健福祉推進十か年戦
略 ——————— 147
新ゴールドプラン ——————— 147
審査支払い機関 ——————— 470
審査請求 ——— 366, 433, 533, 534
…の審理 ——————— 535
審査請求制度 ——————— 292
審査請求前置主義 ——————— 434
人事訴訟法 ——————— 529
心室 ——————— 14
心疾患 ——————— 29, 165
新自由主義 ——————— 175, 177
新障害者プラン ——————— 149, 344
身上監護 ——————— 541, 544
…の担い手 ——————— 561
身上監護事務 ——————— 545
身上配慮義務 ——————— 546, 548
心身機能 ——————— 25
…と身体構造 ——————— 24
心身機能・身体構造 ——————— 340
心身障害者対策基本法 ——————— 344
心神喪失等の状態で重大な他害行
為を行った者の医療及び観察等に
関する法律 ——————— 346, 397
新生活保護法 ——————— 146
人生周期 ——————— 112
申請主義の原則 ——————— 181
申請に対する処分手続 ——————— 537
申請保護の原則 ——————— 422, 423
申請免除 ——————— 307
振戦 ——————— 39
心臓 ——————— 14, 16
腎臓 ——————— 11, 17
心臓機能障害 ——————— 42
じん臓機能障害 ——————— 42
親族 ——————— 529
親族的扶養 ——————— 551
身体活動 ——————— 27
身体活動基準 ——————— 27
身体構造 ——————— 25
身体障害児 ——————— 380
身体障害者 ——————— 378
身体障害者更生相談所
——— 233, 234, 242, 380
身体障害者社会参加支援施設 — 380

身体障害者障害程度等級表 — 41
身体障害者手帳 ——— 341, 378, 380
身体障害者福祉司 ——— 242, 380
身体障害者福祉センター — 380, 381
身体障害者福祉の更生援護 — 235
身体障害者福祉法
——— 145, 234, 242, 338, 344, 346, 378
身体障害者補助犬 ——————— 381
身体障害者補助犬法 ——————— 381
身体的拘束 ——————— 371
身体的発達 ——————— 74
身体の名称 ——————— 13
診断 ——————— 560
身長 ——————— 9
心的外傷後ストレス障害 ——————— 78
真の行政需要 ——————— 161
心拍出量 ——————— 11
新版K式発達検査2001 ——————— 81
新版TEG3 ——————— 79
審判離婚 ——————— 529
真皮 ——————— 23
審美型 ——————— 67
心不全 ——————— 30
心房 ——————— 15
親密性 ——————— 73
人民相互ノ情誼 ——————— 143
ジンメル, G. ——————— 106
信頼 ——————— 113
信頼感 ——————— 73
審理員 ——————— 534
心理劇 ——————— 84
心理社会的ストレスモデル ——————— 77
心理・社会的モラトリアム ——————— 73
心理的アセスメント ——————— 82
心理的または人格的要求 ——————— 137
診療計画 ——————— 476
診療所 ——————— 476, 480
診療情報提供料（I） ——————— 472
診療情報提供料（III） ——————— 472
診療スケジュール ——————— 500
診療放射線技師 ——————— 489
診療報酬 ——————— 469, 470
診療報酬改定の動向 ——————— 469
診療報酬制度と社会福祉士・精神
保健福祉士 ——————— 495

診療録 ——————— 487

す

図 ——————— 62
随意筋 ——————— 12
膵液 ——————— 19
膵管 ——————— 19
遂行機能障害 ——————— 47
随時改定 ——————— 462
水準均衡方式 ——————— 434, 435
水晶体 ——————— 23, 36
膵臓 ——————— 18, 19, 30
垂直的所得再分配 ——————— 286
水分摂取量 ——————— 15
水平的所得再分配 ——————— 286
睡眠障害 ——————— 48
スウェーデン ——————— 168
…の医療サービス ——————— 317
…の介護サービス ——————— 317
…の社会保障制度 ——————— 317
…の福祉政策 ——————— 169
…の老齢年金 ——————— 317
スーパーエゴ ——————— 82
スーパーバイザー ——————— 437
スーパービジョン ——————— 242
スキナー, B.F. ——————— 65
スクールカウンセラー ——————— 82
スクールソーシャルワーカー
——————— 82, 182
すくみ足 ——————— 39
すくみ現象 ——————— 39
鈴木・ビネー式知能検査 ——————— 80
スタンダードパッケージ ——————— 102
スティグマ ——————— 176, 182
ステップファミリー ——————— 109
図と地の分化 ——————— 62
ストラクチャー評価 ——————— 220
ストリート・レベルの官僚 — 108
ストリート・レベルの官僚制 — 108
ストレス ——————— 77
ストレスチェック ——————— 78
ストレス反応 ——————— 77, 78
ストレッサー ——————— 77
ストレンジ・シチュエーション法

―――――― 75
スピーナムランド制 ―――― 151
スピッカー, P. ――――――― 142
スピリチュアル ――――――― 26
スペシャルオリンピックス ―― 338
スペンサー, H. ―――――――― 100
スマート・ライフ・ステイプログ
ラム ――――――――――――― 486
スマート・ライフ・プロジェクト
―――――――――――――――― 486
スミス, A. ――――――――― 151
スリーパー効果 ―――――――― 72
刷り込み ―――――――――――― 72

せ

性格 ――――――――――――― 67
成果主義 ―――――――――――― 99
生活 ―――――――――――― 112
生活介護 ―――― 354, 356, 358, 376
生活活動 ―――――――――――― 27
生活機能 ―――――――――――― 26
生活困窮者 ―――――――― 150, 446
生活困窮者一時宿泊施設 ―― 448
生活困窮者一時生活支援事業 ― 447
生活困窮者家計改善支援事業
―――――――――――――― 446, 447
生活困窮者緊急生活援護要綱 ― 421
生活困窮者住居確保給付金 ―― 447
生活困窮者就労準備支援事業
―――――――――――――― 446, 447
生活困窮者自立支援制度 ――― 252
生活困窮者自立支援法
――――――――――― 150, 260, 446
…による事業 ―――――――― 447
生活困窮者自立支援方策 ――― 260
生活困窮者自立相談支援事業
――――――――――― 444, 446, 447
生活困窮者・ホームレス自立支援
センター ―――――――――― 448
生活支援員 ――――― 208, 376, 554
生活支援コーディネーター ―― 218
生活支援システム ―――――― 186
生活習慣病 ―――――――――― 28
生活習慣病関連疾病 ―――――― 165

生活周期 ―――――――――― 112
生活上の義務 ――――――――― 433
生活水準 ―――――――――― 162
生活年齢 ――――――――――― 80, 81
生活の質 ―――――――――――― 27
生活のしづらさなどに関する調査
―――――――――――――――― 341
生活場面面接 ――――――――― 217
生活不活発病 ――――――――― 40, 50
生活福祉資金 ――――――――― 443
…の貸付条件 ――――――――― 445
…の貸付対象世帯 ―――――― 444
生活福祉資金運営委員会 ――― 444
生活福祉資金貸付制度 ―― 349, 443
生活扶助 ―――――― 424, 426, 432
…の各種加算 ――――――――― 427
生活扶助基準 ――――――――― 427
…の算定方法 ――――――――― 434
生活扶助義務 ――――――――― 551
生活扶助等社会福祉費 ――――― 244
生活扶助費 ―――――――――― 420
生活保護基準 ――――――――― 435
生活保護基準等体系図 ――――― 425
生活保護受給者等就労自立促進事
業 ―――――――― 436, 438, 439
…の概要 ――――――――――― 439
生活保護制度 ――――――― 243, 420
生活保護制度の在り方に関する専
門委員会 ――――――――― 441
生活保護における相談援助活動
―――――――――――――――― 440
生活保護における相談援助活動に
おける記録 ――――――――― 440
生活保護における相談援助活動の
プロセス ――――――――――― 440
生活保護費の動向 ――――――― 418
生活保護費予算額 ――――――― 420
生活保護法 ――――――― 420, 522
…の4つの基本原理 ――――― 422
…の4つの原則 ――――――― 422
生活保持義務 ――――――――― 551
生活問題 ―――――――――― 137
生活様式 ―――――――――― 112
…の体系 ――――――――――― 95
精管 ―――――――――――――― 23

生協 ―――――――――――― 213
生業費 ―――――――――――― 426
生業扶助 ―――――― 424, 426, 432
政教分離 ―――――――――― 521
…の原則 ―――――――――― 521
『正義論』 ――――――――――― 140
制限行為能力者 ――――――― 547
制限扶助主義 ―――――― 145, 421
政策主体 ―――――――――― 137
政策的経費 ―――――――――― 244
政策評価基準 ――――――――― 178
政策評価に関する標準的ガイドラ
イン ―――――――――――― 178
政策評価の方式 ――――――― 178
政策評価法 ―――――――――― 178
政策分野別社会支出 ―――――― 289
生産性 ―――――――――――― 73
生産的福祉 ―――――――――― 171
生産年齢人口 ――――――― 102, 284
精子 ――――――――――――― 23
政治型 ―――――――――――― 67
政治的権利 ―――――――― 152, 153
政治的排除 ―――――――――― 418
成熟優位説 ―――――――――― 72
正常圧水頭症 ―――――――――― 46
生殖家族 ―――――――――― 108
生殖器 ――――――――――――― 23
生殖器系 ―――――――――――― 9
生殖性 ―――――――――――― 73
精神衛生法 ―――――――――― 346
精神科地域移行実施加算 ――― 495
精神科病院 ―――――――― 384, 479
精神疾患 ――――――――――― 48
精神疾患の診断・統計マニュアル
―――――――――――――――― 48
精神障害 ―――――――――― 553
精神障害者 ― 350, 351, 383, 399, 401
…の自立 ―――――――――― 346
精神障害者地域移行支援特別対策
事業 ―――――――――――― 376
精神障害者地域移行・地域定着支
援事業 ――――――――――― 376
精神障害者地域生活支援広域調整
等事業 ――――――――――― 376
精神障害者保健福祉手帳

───── 341, 383, 384, 401	
精神上の障害 540, 542, 560	
精神通院医療 361, 369, 384	
精神的回復力 ───── 78	
精神年齢 ───── 80, 81	
成人のパーソナリティの安定化	
───── 109	
精神薄弱者福祉法 146, 346	
精神分析療法 ───── 82	
精神分析理論 ───── 82	
精神保健及び精神障害者福祉に関	
する法律 ─── 234, 346, 383	
精神保健参与員 ───── 398	
精神保健審判員 ───── 398	
精神保健判定医 ───── 398	
精神保健福祉 ───── 235	
精神保健福祉士 214, 384, 492	
精神保健福祉士法 ───── 384	
精神保健福祉センター	
───── 233, 234, 383, 384	
精神保健福祉相談員 ─── 383	
精神保健福祉法 346, 383	
精神保健法 ───── 383	
税制優遇措置 ───── 205	
性腺刺激ホルモン ───── 24	
精巣 ───── 23	
生存権 ───── 521, 522	
成長曲線 ───── 9	
成長ホルモン ───── 9, 20	
成長欲求 ───── 60	
性同一性障害者 ───── 174	
性同一性障害者の性別の取扱いの	
特例に関する法律 ───── 174	
成年後見活動の特色 ─── 561	
成年後見関係事件 ───── 552	
成年後見監督人 544, 545	
成年後見関連事業者 ─── 556	
成年後見支援センター ─── 557	
成年後見制度 ───── 540	
…の支援の範囲 ───── 555	
成年後見制度の利用の促進に関す	
る法律 ───── 555	
成年後見制度利用支援事業	
───── 362, 363, 555	
…の概要 ───── 556	

成年後見制度利用促進会議 ─── 556	
成年後見制度利用促進基本計画	
───── 556	
成年後見制度利用促進法 ─── 555	
成年後見センター ───── 557	
成年後見等実施機関 ─── 556	
成年後見人 540, 543	
成年年齢 ───── 524	
成年被後見人 542, 546	
精嚢 ───── 23	
正の強化 ───── 65	
正の弱化 ───── 65	
正のバリアンス ───── 500	
聖ヒルダ養老院 ───── 144	
政府セクター ───── 180	
成文憲法 ───── 519	
性ホルモン ───── 34	
生命保険 ───── 290	
生理機能低下 ───── 11	
生理的要求 ───── 137	
生理的欲求 ───── 60	
生理的老化 ───── 10	
政令指定都市 ───── 368	
セーフティネット 165, 177	
セーフティネット機能 ─── 286	
セオリー評価 ───── 220	
世界保健機関 24, 26, 165	
セカンダリー・グループ ─── 106	
セカンド・オピニオン ─── 488	
脊髄神経 ───── 13	
脊髄損傷 ───── 42	
脊柱 ───── 13	
責任能力 ───── 524	
世帯 ───── 109	
…の構成割合 ───── 111	
世帯合算 313, 466	
世帯単位の原則 422, 424	
世帯分離 ───── 424	
世帯別平等割 ───── 315	
世帯割 ───── 462	
積極性 ───── 73	
積極的労働市場政策 ─── 184	
接近行動 ───── 75	
赤血球 ───── 15	
摂食障害 ───── 48	

絶対閾 ───── 62	
絶対臥褥期 ───── 84	
絶対的貧困 ───── 141	
絶対的貧困線 ───── 152	
絶対的扶養義務者 ─── 423	
説得的コミュニケーション ─── 71	
切迫性尿失禁 ───── 34	
説明と同意 ───── 476	
セツルメント ───── 145	
セツルメント運動 152, 200, 201	
『セツルメントの研究』 ─── 145	
施薬院 ───── 143	
セリエ, H. ───── 77	
セルズニック, P. ───── 97	
ゼロサムゲーム ───── 116	
ゼロ和ゲーム ───── 116	
線維素原 ───── 15	
船員保険 ───── 311	
セン, A. ───── 140	
善管注意義務 546, 548	
前期高齢者 ───── 310	
1959 年法 ───── 338	
1962 年の答申・勧告 ─── 133	
選挙権 ───── 546	
全国健康保険協会 294, 311	
全国健康保険協会管掌健康保険	
───── 311, 312	
全国社会福祉協議会 ─── 207	
潜在機能 ───── 95	
潜在的ニード ───── 163	
潜在能力 ───── 141	
潜在能力理論 ───── 140	
全身持久力 ───── 11	
全身性エリテマトーデス ─── 33	
全身体障害者 ───── 341	
全人的医療 ───── 474	
漸進的筋弛緩法 ───── 84	
前操作期 ───── 73, 74	
喘息 ───── 31	
選択機会 ───── 141	
選択的注意 ───── 64	
選択的誘因 ───── 117	
選定療養 313, 463, 464, 467	
先天性疾患 ───── 40	
前頭側頭型認知症 ───── 45	

前頭葉 —— 59
選別主義 —— 173
全面総報酬制割 —— 465
せん妄 —— 46
専門員 —— 554
専門処理システム —— 104
専門性の原則 —— 107
占有権 —— 526
前立腺 —— 23, 34
前立腺肥大症 —— 34
戦略的行為 —— 114
善良な管理者の注意 —— 546
前腕 —— 12

そ

躁うつ病 —— 48
想起 —— 66
双極性感情障害 —— 48
造血器官 —— 12
総合支援資金 —— 444, 445
総合評価 —— 178
相互援助ネットワーク —— 215
相互扶助 —— 164
葬祭扶助 —— 424, 426, 427
操作的診断基準 —— 49
争訟取消し —— 533
総人口 —— 284
創造性 —— 67
相続権 —— 551
相続財産 —— 529, 530
相続財産法人 —— 530
相続人 —— 529
　…の不存在 —— 530
相続の承認 —— 529
相続分 —— 529
相続放棄 —— 529
相対的剥奪 —— 418
相対的貧困 —— 141
相対的貧困率 —— 164, 168, 417
相対的扶養義務者 —— 423
総胆管 —— 19
相談支援員 —— 446
相談支援従事者初任者研修 —— 375
相談支援専門員 —— 374, 375

躁病エピソード —— 48
総報酬月額 —— 308
総報酬制 —— 309, 315, 462
僧帽弁 —— 15
双務契約 —— 527
贈与 —— 527
相隣関係 —— 526
ソーシャルアクション・モデル
　—— 201
ソーシャル・インクルージョン
　—— 113, 165, 199
ソーシャル・エクスクルージョン
　—— 113, 165
ソーシャルキャピタル
　—— 112, 167, 177
ソーシャルサポートネットワーク
　—— 215, 216
ソーシャル・セツルメント運動
　—— 152
ソーシャルワーク —— 138
「ソーシャルワーク専門職である
社会福祉士に求められる役割等に
ついて」 —— 186
ソーンダイク, E. L. —— 65
ソーントン, E. —— 144
遡及 —— 533
即時強制 —— 533
即自的な行政需要 —— 161
属性主義 —— 96
側頭葉 —— 59
続発性高血圧 —— 30
鼠径部 —— 12
組織 —— 107, 108
組織活動 —— 198
組織犯罪 —— 118
訴訟行為 —— 544
租税法律主義 —— 523
措置制度 —— 239, 243, 350
措置入院 —— 384
　…の運用に関するガイドライン
　—— 385
措置入院運用ガイドライン —— 385
措置費 —— 239
即効型任意後見契約 —— 549
ソリューション・フォーカスト・

アプローチ —— 84
損害賠償 —— 526
　…の請求 —— 527
損害賠償請求 —— 527, 538
損害保険 —— 290
損害保険会社 —— 291
損失補償 —— 538

た

ターミナルケア —— 474
ターミナルケア加算 —— 475
ターミナルケアマネジメント加算
　—— 475
第1号被保険者 —— 307
第1号被保険者（介護保険）—— 295
第1号被保険者（国民年金）—— 304
第1号法定受託事務 —— 232
第一次救急医療体制 —— 481
第一次社会化 —— 115
第一次集団 —— 105
第1次・第2次社会保障長期発展
5か年計画 —— 171
第1次地方分権一括法 —— 238
第1次貧困線 —— 152
第一の波 —— 101
第一反抗期 —— 75
第1類（基準生活費）—— 427
第1期障害児福祉計画 —— 364
第一種社会福祉事業
　—— 179, 204, 211, 432
第一審 —— 523
退院後支援ガイドライン —— 385
退院支援計画 —— 471, 501
退院支援指導加算 —— 471
退院時リハビリテーション指導料
　—— 498
退院・退所加算 —— 475
体液 —— 13
体幹 —— 12
代金減額請求 —— 527
第9次地方分権一括法 —— 238
退行 —— 71
第5期障害福祉計画 —— 364
第3号被保険者（国民年金）—— 304

…の保険料 ——— 307
第三次救急医療体制 ——— 481
第三次産業 ——— 101
第三者機関 ——— 535
第三者行為 ——— 291
第三者評価機関 ——— 181
第三者評価機関認証委員会 ——— 219
第三セクター ——— 176
第三の波 ——— 101
第三の道 ——— 175
第三分野の保険 ——— 290
胎児 ——— 524
胎児障害 ——— 40
第7次地方分権一括法 ——— 238
体質 ——— 67
代執行 ——— 533
対自的な行政需要 ——— 161
貸借対照表 ——— 205
体重 ——— 9
大衆社会における組織人 ——— 108
体循環 ——— 16, 17
大循環 ——— 16, 17
代償 ——— 71
退職共済年金 ——— 310
対人賠償保険 ——— 291
対人福祉サービス ——— 166
対人保健分野 ——— 501
体制化 ——— 62
大泉門 ——— 9
怠惰 ——— 153
大腿 ——— 12
大腿骨頸部骨折 ——— 35
体長 ——— 9
大腸 ——— 19, 32
大動脈 ——— 17
大動脈起始部 ——— 17
大動脈弁 ——— 15
大都市制度 ——— 237
第2号被保険者（介護保険）——— 295
第2号被保険者（国民年金）——— 304
…の保険料 ——— 307
第2号法定受託事務 ——— 232
第二次救急医療体制 ——— 481
第二次社会化 ——— 115
第二次集団 ——— 106

第2次貧困線 ——— 152
第二種社会福祉事業
——— 155, 179, 204, 447, 448, 554
第2の人口転換 ——— 103
第二の波 ——— 101
第二反抗期 ——— 75
第2類（基準生活費）——— 427
大脳 ——— 20, 59
大脳基底核 ——— 59
大脳皮質 ——— 21, 59
大脳辺縁系 ——— 59
第8次地方分権一括法 ——— 238
第102号条約 ——— 287
タイプA行動パターン ——— 77
対物保健分野 ——— 501
タイラー, E. ——— 95
代理 ——— 525
代理監督者 ——— 529
代理権 ——— 544, 548, 550
…の消滅事由 ——— 525
第6次地方分権一括法 ——— 238
タウンゼント, P. ——— 417
唾液 ——— 18
高田保馬 ——— 105
滝乃川学園 ——— 143
諾成契約 ——— 527
諾成主義 ——— 527
多系統萎縮症 ——— 39
竹内愛二 ——— 138
多産少死 ——— 103
多産多死 ——— 103
多職種チーム ——— 499
多職種連携 ——— 376
多数該当 ——— 313, 466
タスク機能 ——— 500
脱家族化 ——— 177
脱工業社会 ——— 101
脱施設化 ——— 199, 350
脱馴化 ——— 65
脱商品化 ——— 175
脱水 ——— 13, 15
達成動機 ——— 61
脱退一時金 ——— 304
脱落 ——— 500
妥当性尺度 ——— 79

田中・ビネー式知能検査 ——— 81
他人指向型 ——— 102
多発性脳梗塞 ——— 29
多変量的なシステム理論 ——— 77
多問題重複ケース ——— 563
単一保護行政の原則 ——— 138
短期記憶 ——— 12, 66
短期給付 ——— 312
短期入所 ——— 354, 356, 358, 366
短期療法 ——— 83, 84
団結権 ——— 522
短時間労働者 ——— 293, 399
…の社会保険加入要件 ——— 293
胆汁 ——— 19
単純承認 ——— 529
男女雇用機会均等法 ——— 284
団体交渉権 ——— 522
団体行動権 ——— 522
団体自治 ——— 524
単独世帯 ——— 110
胆のう ——— 18, 32
担保物権 ——— 526

ち

地 ——— 62
地位 ——— 116
地域移行 ——— 199, 203
地域移行支援 ——— 359
…の対象 ——— 359
地域移行支援員 ——— 376
地域医療構想 ——— 476, 477, 484
地域医療構想策定ガイドライン
——— 483
地域医療支援病院 ——— 471, 479
…の管理者の義務 ——— 479
…の役割 ——— 479
地域医療対策協議会 ——— 478
地域医療ビジョン ——— 476, 484
地域課題 ——— 218
地域型保育給付 ——— 150
地域活動支援センター ——— 363
地域完結型医療 ——— 501
地域共生社会 ——— 156
地域共生社会の実現に向けた地域

589

福祉の推進について ―― 247
地域ケア ―― 47
地域ケア会議 ―― 218
地域健康保険組合 ―― 311
地域支え合い推進員 ―― 218
地域支援事業 ―― 555
地域自治区 ―― 237
地域社会 ―― 104
地域障害者就労支援事業 ― 373, 377
地域障害者職業センター ―― 373
地域生活移行 ―― 262
地域生活課題 ―― 156
地域生活支援事業 ― 362, 368, 555
地域生活定着促進事業 ―― 438
地域相談支援 ―― 359, 360
地域相談支援給付費 ―― 359, 369
地域定着支援 ―― 359
地域における医療及び介護の総合
的な確保の促進に関する法律 ― 250
地域における医療及び介護の総合
的な確保を推進するための関係法
律の整備等に関する法律 ― 150, 476
地域における保健師の保健活動に
関する指針 ―― 501
地域ネットワーク ―― 215
地域の自主性及び自立性を高める
ための改革の推進を図るための関
係法律の整備に関する法律 ―― 238
地域福祉 ―― 155, 198, 200
…の主体形成 ―― 203
…の推進 ―― 155, 211, 216
地域福祉活動計画 ―― 208, 209
地域福祉計画 ― 208, 209, 254, 259
…の策定 ―― 254
…の評価 ―― 255
地域福祉計画策定の指針 ―― 199
地域福祉圏域 ―― 199
地域福祉政策 ―― 200, 201, 202
地域福祉のあり方研究会報告書
―― 199, 200, 203
地域福祉論 ―― 198
地域別最低賃金 ―― 184
地域包括ケア ―― 149, 483
地域包括ケアシステム
―― 149, 151, 218, 483

地域包括ケア病棟入院料 ―― 471
地域包括支援センター
―― 214, 217, 218, 241, 501, 503
…の包括的支援事業 ―― 561
地域包括支援センター運営協議会
―― 217
…の構成員 ―― 218
地域包括支援ネットワーク ―― 218
地域保健法 ―― 501
地域力強化検討会最終とりまとめ
―― 216
地域連携クリティカルパス ―― 500
地域連携診療計画情報提供加算
―― 475
地域連携パス ―― 500
チームアプローチ ―― 499
地役権 ―― 526
地縁団体 ―― 212
知覚 ―― 61
…の恒常性 ―― 62
…の体制化 ―― 62
知覚的補完 ―― 63
力の不均衡 ―― 97
知識 ―― 95
地上権 ―― 526
知性化 ―― 71
膣 ―― 23
チック症群 ―― 44
秩序罰 ―― 533
知的財産権 ―― 539
知的障害 ―― 42, 553
…の原因 ―― 42
知的障害者 ―― 351, 382
知的障害者更生相談所
―― 233, 234, 242, 382
知的障害者の権利宣言 ―― 338
知的障害者福祉司 ―― 242, 382
知的障害者福祉の更生援護 ―― 235
知的障害者福祉法
―― 146, 234, 242, 346, 382
知的能力障害群 ―― 43
知能 ―― 11, 67
知能指数 ―― 80, 81
知能偏差値 IQ ―― 80
地方公共団体による精神障害者の

退院後支援に関するガイドライン
―― 385
地方交付税 ―― 238, 244
地方債 ―― 244
地方財政の目的別歳出割合 ―― 245
地方財政白書 ―― 244
地方財政法 ―― 244
地方裁判所 ―― 397
地方自治 ―― 524
地方自治体 ―― 105
地方自治体社会サービス部 ―― 201
地方自治体社会サービス法 ―― 201
地方社会福祉審議会 ―― 210, 235
地方消費税 ―― 238
地方税 ―― 244, 349
地方精神保健審議会 ―― 235
地方版ハローワーク ―― 238
地方分権 ―― 524
地方分権一括法 ―― 232, 237
地方分権の推進を図るための関係
法律の整備等に関する法律
―― 232, 237
嫡出子 ―― 529, 551
チャドウィック, E. ―― 151
チャルマーズ, T. ―― 152, 201
中医協 ―― 470
注意欠陥多動性障害 ―― 44
注意欠如・多動症 ―― 43, 44
注意・情報処理障害 ―― 47
中1ギャップ ―― 374
中央慈善協会 ―― 143, 144
中央社会事業協会 ―― 144
中央社会保険医療協議会 ― 294, 470
中央集権化 ―― 286
中核症状 ―― 46
中間階級 ―― 96
中間支援組織 ―― 179
中国 ―― 172
…の福祉政策 ―― 172
中耳 ―― 22
中耳炎 ―― 36
抽象的権利説 ―― 522
抽象的・相対的な概念 ―― 521
中枢神経系 ―― 20
中脳 ―― 20

中範囲論	139		
腸	18		
腸液	32		
聴覚	61		
聴覚・言語障害者	341, 342		
聴覚障害	41		
腸管出血性大腸炎	36		
長期記憶	12, 66		
長期高額疾病	314		
蝶形紅斑	33		
超高齢社会	284		
調剤報酬	469		
調剤薬局	476, 480		
調査項目	352		
超自我	82		
調停離婚	529		
聴導犬	381		
丁度可知差異	62		
町内会	104, 212		
聴聞	537		
聴力	10		
直接強制	533		
直接民主制	520		
直腸	19		
直感的必要	162		
直系家族制	108		
直系血族	552		
賃貸借	527, 528		
賃労働	98		

つ

追完請求	527
対麻痺	29
通勤	296
通勤災害	296
通電療法	48
痛風腎	34
つかまり立ち	74
つぎ足歩行	39
津市地鎮祭最高裁判決	521
積立金運用収入	306
津守・稲毛式乳幼児精神発達診断	81

て

定位家族	108
定位行動	75
ディーセント・ワーク	185
低栄養	11, 41
低血糖発作	31
定時決定	462
低たんぱく血症	33
抵当権	526
ティトマス, R.	176
低福祉低負担	168
適応	70
適応機制	71
適応障害	78
適刺激	61
適正給付	148
適正負担	148
出来高払い方式	470
適用事業	295
テクノポリス	104
手続き記憶	66, 75
デニスン, E.	152
デフリンピック	338
デボリューション	179
デュルケム, É.	100
転移	83
伝音難聴	36
電解質	13
てんかん発作	48
電気けいれん療法	48
典型契約	527
点数表	470
転倒	40
伝統的行為	113
伝統的支配	106
テンニース, F.	106
展望記憶障害	47
展望的記憶	66

と

ドイツ	521
…の医療サービス	317
…の介護保険	318
…の介護保険制度	170
…の社会保障制度	170, 317
…の福祉政策	170
トインビーホール	201
同意権	546, 547, 548
同一化	71
同一視	71
同一性	73
投影	71
投影法	79, 80
頭蓋骨	9
動機	60
登記所	558
動機づけ	60
動機づけ面接	82
同業組合主義レジーム	175
同居特別障害者控除	349
道具的条件づけ	65
同行援護	354, 356, 358, 366
同行援護従業者	376
統合感	73
統合失調症	47, 49
…の精神症状	47
…の治療	47
橈骨遠位端骨折	35
動作緩慢	39
動作性知能	75, 80
洞察	66
洞察学習	65
動作法	83
動作療法	83
闘士型	68
当事者訴訟	536
投射	71
同性婚	174
東大式エゴグラム	79
同調	69
頭頂葉	59
道徳	97
糖尿病	28, 30, 31, 165
…の三大合併症	30
…の治療	31
糖尿病性神経障害	30
糖尿病性腎症	30
糖尿病性網膜症	11, 30

591

索 引

逃避 ——— 71
動脈血 ——— 15, 17
特異的防御機構 ——— 22
独自給付（国民年金） ——— 306
特性論 ——— 68
特定医療費 ——— 39
特定機能病院 ——— 470, 471, 479
特定求職者雇用開発助成金 ——— 185
特定健康診査 ——— 27, 486
特定健診 ——— 486
特定最低賃金 ——— 184
特定事業主 ——— 265
特定事業主行動計画 ——— 249, 265
特定施設入所身体障害者 ——— 380
特定障害者特別給付費 ——— 356
特定商取引に関する法律 ——— 519
特定相談支援事業 ——— 360
特定入所等費用 ——— 355
特定非営利活動促進法 ——— 204
特定非営利活動法人 ——— 179, 204
…の設立要件 ——— 205
特定費用 ——— 355
特定保険医療材料価格 ——— 470
特定保健指導 ——— 27, 486
特定目的公営住宅 ——— 448
特別縁故者 ——— 530
特別会計 ——— 239, 246
特別加入制度（労災保険） ——— 296
特別寄与者 ——— 531
特別高額医療費共同事業 ——— 315, 466
特別裁判所 ——— 523
特別支援学校 ——— 373
特別支援教育 ——— 373
特別支援教育コーディネーター
——— 374
特別支援連携協議会 ——— 374
特別支給の老齢厚生年金 ——— 308
特別失踪 ——— 525
特別児童扶養手当 ——— 301
特別受益 ——— 530
特別障害給付金 ——— 302
特別障害者給付金 ——— 301
特別障害者控除 ——— 349
特別障害者手当 ——— 301, 302
特別代理人 ——— 545

特別地方公共団体 ——— 232, 233, 465
特別徴収 ——— 316
特別養子 ——— 551
特別養子縁組 ——— 552
独立型社会福祉士 ——— 560
独立行政法人高齢・障害・求職者
雇用支援機構 ——— 373
独立行政法人福祉医療機構 ——— 239
特例介護給付費 ——— 355
特例給付金 ——— 402
特例訓練等給付費 ——— 355
特例子会社 ——— 401
特例子会社制度 ——— 401
特例認定 NPO 法人 ——— 205
吐血 ——— 20
閉ざされた質問 ——— 81
都市化 ——— 104
都市的生活様式 ——— 104
特記事項 ——— 352
突発性難聴 ——— 36
都道府県 ——— 311
…が条例で定める基準 ——— 236
…の福祉行政の業務 ——— 233
…の役割（生活保護制度） ——— 436
都道府県医療費適正化計画
——— 250, 257, 258
都道府県介護保険事業支援計画
——— 248, 253, 256, 258, 260, 261
都道府県計画 ——— 250, 446
都道府県健康増進計画 ——— 250, 257
都道府県行動計画 ——— 249, 257, 264
都道府県子ども・子育て支援事業
支援計画
——— 250, 254, 257, 258, 263, 264
都道府県自殺対策計画 ——— 167
都道府県児童福祉審議会 ——— 235
都道府県社会福祉協議会
——— 158, 207, 211, 444, 554
都道府県障害児福祉計画
——— 249, 254, 257, 263
都道府県障害者計画
——— 248, 253, 256, 262, 364, 391
都道府県障害者権利擁護センター
——— 395
都道府県障害福祉計画

——— 249, 253, 256, 258, 262, 364, 371
都道府県推進組織 ——— 219
都道府県税 ——— 238
都道府県地域生活支援促進事業
——— 377
都道府県地域福祉支援計画
——— 209, 248, 253, 255, 256, 259
都道府県知事 ——— 210
都道府県における子どもの貧困対
策についての計画 ——— 254
都道府県福祉計画 ——— 247
都道府県福祉人材センター ——— 161
都道府県老人福祉計画
——— 248, 253, 256, 260
届出の義務 ——— 433
トフラー, A. ——— 101
富 ——— 95
留岡幸助 ——— 143
共働き世帯数 ——— 284
トライアル雇用 ——— 185
トランス型 ——— 499, 500
トランスディシプリナリーモデル
——— 499, 500
取扱い事業者の遵守義務 ——— 539
取消権 ——— 544, 547, 548, 550
取消訴訟 ——— 536, 537
ドリフト論 ——— 117
鈍化 ——— 76

な

内縁 ——— 529
内閣 ——— 522, 523
内閣総理大臣 ——— 522
内観療法 ——— 84
内向型 ——— 67
内呼吸 ——— 17
内耳 ——— 22
内集団 ——— 106
内集団バイアス ——— 69
内集団ひいき ——— 69
内心の自由 ——— 520
内臓脂肪症候群 ——— 28
内的要因 ——— 61
内的ワーキングモデル ——— 75

内発的動機づけ	61
内部障害	42
内部障害者	341, 342
内部留保	160
内分泌系	21
内分泌腺	19, 22
永田幹夫	198
仲村優一	138
ナショナル・ミニマム	286, 417
生江孝之	144
喃語	10, 74
軟性憲法	520
難聴	36, 41
難病	39, 347
難病等	351
難病の患者に対する医療等に関する法律	39, 347

に

ニーズ	161
…に応じた分配	162
ニーズ調査	178
ニーズ評価	220
ニード	161
ニード論	162
2型糖尿病	31
二項関係	75
二酸化炭素	18
二次医療圏	477, 482, 484, 501
二次感情	60
二次性高血圧	30
二次的社会化	115
二次的欲求	60
21世紀における国民健康づくり運動	485
21世紀（2025年）日本モデル	150
21世紀福祉ビジョン	147
二次予防（疾病予防）	26
二審制	292
日常生活圏域	199, 219
日常生活支援住居施設	448
日常生活自立	443
日常生活自立支援	441
日常生活自立支援事業	

	214, 553, 554
…の支援の範囲	555
…の実施主体	554
日常生活用具給付等事業	363
日常的金銭管理	554
日内変動	48
ニトログリセリン	29
日本型福祉社会	146
日本司法支援センター	562
日本年金機構	293
『日本之下層社会』	143
日本の社会保険制度	293
日本版MMPI	79
日本版K-ABCⅡ	81
日本版CMI	79
入院患者日用品費	427
入院時支援加算	496
入院時食事療養費	313, 463, 466
入院時生活療養費	313, 463, 466
入院生活技能訓練療法	499
入院入所者訪問	430
入学準備金	428
入居継続支援加算	475
乳歯	9
乳児院	386
入所施設	346
入退院支援加算	471, 495, 496
ニュー・パブリック・マネジメント	141
乳幼児の言語発達	10
尿	17
尿細管	17
尿失禁	34, 40
尿たんぱく	33
尿濃縮能	15
尿路感染症	34
二類感染症	37
任意継続被保険者	462
任意継続被保険者制度	462
任意後見	549
任意後見監督人	549
…の資格	550
…の職務	550
…の選任の申立て	549
任意後見契約	549

…の解除	550
任意後見契約に関する法律	540
任意後見受任者	549
任意後見制度	540, 541
任意後見人	542, 549
…の権限	550
…の事務	550
任意代理	525
妊産婦加算	427
認知	61, 64, 545, 551
認知行動療法	83
認知症	40, 45, 553
…の原因疾患	45
…の周辺症状	46
…の症状	46
…の中核症状	46
認知症ケア加算	497
認知症ケア専門士	214
認知症サポーター	214
認知症疾患医療センター	214
認知症性疾患	39
認知症地域支援推進員	214
認知的再体制化	83
認知的評価	77
認知の訴え	551
認知発達理論	73
認知療法	83
認定NPO法人	205
…の税制優遇措置	206
認定調査項目	352
認定特定非営利活動法人	205

ね

ネイバーフッド・ギルド	152, 201
ネフローゼ症候群	33
ネフロン	17
粘液	19
年金給付費	244
年金事務所	293
年金生活者支援給付金の支給に関する法律	302
年金制度	302
…の体系	304
…の展開	303

索 引

年金払い退職給付 ——— 303, 310	ング ——— 81	働き方改革関連法 ——— 285
年金保険 ——— 145	ハーディネス ——— 77	働き方改革を推進するための関係
年少人口 ——— 102, 284	ハートビル法 ——— 398	法律の整備に関する法律 ——— 285
年少人口指数 ——— 102	バーナード, C. ——— 108	8020運動 ——— 27
	バーネット夫妻 ——— 201	罰 ——— 65
の	ハーバマス, J. ——— 114	白血球 ——— 14, 15
	バーンアウト ——— 77	発散的思考 ——— 66
脳 ——— 20, 59	バーンアウト尺度 ——— 78	発達 ——— 72
脳幹 ——— 18, 20, 41	バーンアウト・シンドローム ——— 77	…の過程 ——— 9
農協 ——— 213	肺 ——— 17	発達課題 ——— 73
農業革命 ——— 101	ハイエク, F. ——— 175	発達検査 ——— 81
農業協同組合 ——— 213	肺炎 ——— 18, 31, 41	発達支援 ——— 388
脳血管疾患 ——— 28, 45, 165	肺活量 ——— 11	発達障害 ——— 43, 388
脳血管性認知症 ——— 45	肺気腫 ——— 31	発達障害児 ——— 388
脳血栓 ——— 28	配偶者 ——— 529	発達障害者 ——— 351, 388
脳梗塞 ——— 28	配偶者からの暴力の防止及び被害	発達障害者支援開発事業 ——— 390
脳重量 ——— 10	者の保護等に関する法律 — 148, 562	発達障害者支援センター ——— 389
脳出血 ——— 29	配偶者居住権 ——— 531	発達障害者支援体制整備事業 ——— 377
脳性疾患 ——— 42	配偶者短期居住権 ——— 531	発達障害者支援地域協議会 ——— 390
納税の義務 ——— 522	肺循環 ——— 15, 16	発達障害者支援法 — 149, 346, 387
脳性麻痺 ——— 40, 42	売春防止法 ——— 234	発達性協調運動症 ——— 44
脳塞栓 ——— 28	肺静脈 ——— 15	発達段階説 ——— 73, 102
能力開発事業 ——— 298, 300	配当 ——— 164	パットナム, R. ——— 113
能力障害 ——— 24, 339	肺動脈 ——— 15	鼻 ——— 22
能力低下 ——— 339	肺動脈弁 ——— 15	パニック障害 ——— 48
ノーマティブ・ニード ——— 163	排尿障害 ——— 34	ハビトゥス ——— 114
ノーマライゼーション	売買 ——— 527	ハビトゥス論 ——— 114
——— 199, 338, 342, 344, 540	配分委員会 ——— 211	パブリックコメント ——— 178, 251
野口幽香 ——— 143	肺胞 ——— 11, 17	林市蔵 ——— 144
ノネ, P. ——— 97	ハイマン, H. ——— 106	パラリンピック ——— 338
ノロウイルス ——— 36	廃用症候群 ——— 40, 50	バリアフリー新法 ——— 398
	排卵 ——— 24	バリアンス ——— 500
は	バウチャー ——— 180	ハル・ハウス ——— 152, 201
	パヴロフ, I. P. ——— 64	パレート改善 ——— 173
パーキンソン症候群 ——— 29	白内障 ——— 11, 36	パレート効率性 ——— 173
パーキンソン症状 ——— 46	暴露療法 ——— 83	パレート, V. ——— 173
パーキンソン病 ——— 39	跛行的両院制 ——— 522	ハロー効果 ——— 71
…の症状 ——— 39	箱庭療法 ——— 83	ハローワーク ——— 372, 377, 436
…の四大主徴 ——— 39	破産管財人 ——— 519	バンク-ミケルセン, N. E. ——— 338
把握反射 ——— 9	破産宣告 ——— 519	判決離婚 ——— 529
バークレイ報告 ——— 153, 201	橋渡し型（社会関係資本）——— 113	半構造化面接 ——— 217
バージェス, E. ——— 142	派生社会 ——— 105	反射性尿失禁 ——— 34
パーソナリティ ——— 67, 76	派生集団 ——— 105	伴性劣性遺伝病 ——— 40
パーソンズ, T. ——— 95, 109, 114	バセドウ病 ——— 31	判断能力 ——— 540, 541, 542
パーソンセンタード・カウンセリ	パターナリズム ——— 174	…を欠く ——— 542

…を欠く常況にある ——— 542
汎適応症候群 ——— 77
バンデューラ, A. ——— 61, 65
反動形成 ——— 71
反動形成論 ——— 117
万人の万人に対する闘争 ——— 96

ひ

ピアカウンセリング ——— 82
ピアジェ, J. ——— 73
…の発達段階 ——— 74
被害者なき犯罪 ——— 118
比較ニード ——— 163
皮下組織 ——— 23
非貨幣的ニード ——— 146, 162, 198
鼻腔 ——— 17, 22
ピグマリオン効果 ——— 71
ピケティ, T. ——— 142
庇護移動 ——— 96
非構造化面接 ——— 217
非合理的な信念 ——— 83
皮脂腺 ——— 23
非常勤特別職の地方公務員 ——— 210
非人格化 ——— 78
非進行性病変 ——— 42
ビスマルク, O. ——— 286
非ゼロサムゲーム ——— 116
非ゼロ和ゲーム ——— 116
被選挙権 ——— 546
非嫡出子 ——— 551
…の相続 ——— 529
鼻中隔 ——— 22
ピック病 ——— 45
ビッグファイブ ——— 68
必要 ——— 161
必要即応の原則 ——— 422, 424
悲田院 ——— 143
非電解質 ——— 13
非典型契約 ——— 527
非特異的防御機構 ——— 21
ヒト免疫不全ウイルス ——— 37, 379
…による免疫機能障害 ——— 42
独り歩き ——— 74
一人っ子政策 ——— 172

一人ひとりの地域住民への訴え ——— 259
泌尿器系 ——— 17
ビネー式知能検査 ——— 80
皮膚 ——— 23
皮膚感覚 ——— 61
被扶養者（被用者保険）の要件 ——— 312
被保険者（国民年金） ——— 304
被保護者 ——— 423
…の義務 ——— 432
…の権利 ——— 432
被保護者就労支援事業 ——— 438
被保護者就労準備支援事業 ——— 438
被保護者調査 ——— 418
被保護人員 ——— 418
被保護世帯 ——— 419
被保佐人 ——— 547
被補助人 ——— 548
肥満型 ——— 68
秘密証書遺言 ——— 530
病院 ——— 476, 479
…の開設 ——— 479
…の管理者 ——— 479
…の配置 ——— 479
評価療養 ——— 313, 463, 464, 467
評議員 ——— 159
評議員会 ——— 158, 159
病原性大腸菌 O157 ——— 37
表見代理 ——— 526
表現の自由 ——— 520, 521
病識欠落 ——— 47
被用者保険 ——— 312, 462
…の保険料 ——— 462
標準賞与額 ——— 309, 315, 462
標準賞与額分 ——— 309
標準負担額 ——— 463
標準報酬 ——— 462
標準報酬月額 ——— 309, 315, 462
標準報酬日額 ——— 314
病床機能報告制度 ——— 476
病状調査 ——— 437
病的老化 ——— 10
表皮 ——— 23
費用返還義務 ——— 433

表明されたニード ——— 162, 163
漂流論 ——— 117
日和見感染症 ——— 38
開かれた質問 ——— 81
貧血 ——— 11, 33
貧困 ——— 118, 142
…の文化 ——— 142
…の連鎖 ——— 418
貧困家庭一時扶助 ——— 170
貧困線 ——— 417
貧困調査 ——— 151
『貧困——都市生活の研究』 ——— 151
品質管理 ——— 220
『貧乏物語』 ——— 144
頻脈 ——— 13, 17
貧民研究会 ——— 144

ふ

ファミリーグループ方式 ——— 377
フィブリノゲン ——— 15
フィランソロピー ——— 213
ブース, W. C. ——— 151, 286
ブース, W. ——— 152
フード・スタンプ制度 ——— 169
夫婦家族制 ——— 108
夫婦のみの世帯 ——— 110
ブーメラン効果 ——— 72
フェルト・ニード ——— 162, 163
フォーカスグループインタビュー ——— 217
フォーマル・グループ ——— 105
フォーマルセクター ——— 216
フォルクマン, S. ——— 77
付加給付 ——— 312
不可争力 ——— 532
不可変更力 ——— 533
腹圧性尿失禁 ——— 34
複合家族制 ——— 108
副交感神経 ——— 21
複婚家族 ——— 109
福祉活動専門員 ——— 208, 214
福祉関係八法の改正 ——— 147
福祉元年 ——— 146
福祉区 ——— 199

福祉計画 247, 252
…の過程 253
…の策定状況 265
…の評価 255
…の類型 252
福祉国家 175
福祉国家収斂説 176
福祉国家段階 173
『福祉国家と平等』 176
福祉コミュニティ 198
福祉サービス 155
…の基本的理念 155
…の供給 180
…の供給主体 179
…の供給組織 179
…の提供の原則 156
…の適切な利用（社会福祉法） 157
…の利用援助 554
…の利用方式 243
福祉サービス供給の4セクター
180
福祉サービス第三者評価基準ガイ
ドライン 219
福祉サービス第三者評価事業 219
福祉サービス第三者評価事業に関
する指針 219
福祉サービスに関する苦情解決の
仕組み 367
福祉サービス評価 219
福祉サービス利用援助事業 554
福祉財政の動向 244
福祉三法 145
福祉資金 444, 445
福祉施設等の設備および運営に関
する基準 233
『福祉資本主義の三つの世界』 175
福祉事務所 233, 241, 440
福祉政策 134, 136, 177, 183
…の概念 134
…の課題設定 177
…の規制 178
…の資源 164
…の実施過程 177
…の対象 137
…の対象者 137

…の立案 178
福祉組織化活動 198
福祉多元主義 176, 201
福祉的自由 141
福祉の思想 140
福祉の人材確保 266
福祉避難所 162
福祉ホーム 363
福祉ミックス論 141, 179
福祉六法 137, 146
副腎 17
副腎皮質刺激ホルモン 20
輻輳説 72
不潔 153
不合理な思考 83
不作為 534
…の違法確認の訴え 536
浮腫 33
扶助費 246
婦人相談所 233, 234
不随意筋 12
二葉幼稚園 143
普通失踪 525
普通地方公共団体 232
普通養子 551
物権変動における意思主義 526
物権法定主義 526
物質的状態 142
物理療法 50
不適応 70
不適刺激 62
不動産担保型生活資金 444, 445
不動産の物権変動 526
不動産物権の対抗要件 526
不当な差別的言動 166
ぶどう膜炎 41
不当利得 519
負の強化 65
負の弱化 65
負のバリアンス 500
不服申立て 433, 534, 535
…の期間 535
…の流れ 434
不服申立制度 292
不服申立前置 535

不服申立前置主義 535, 538
不文憲法 520
普遍主義 173
普遍主義的・社会民主主義レジー
ム 175
普遍的処遇 173
普遍的対策 173
不法行為 528
不法行為責任に基づく損害賠償責
任 528
部門別社会保障給付費 289
扶養義務者 423
…の範囲 423
扶養照会 423
扶養を受ける権利 552
プライバシーの権利 520, 521
プライベート・ファイナンス・イ
ニシアティヴ 178
プライマリー・グループ 105
プライマリ・ヘルスケア 26
プライマリ・ヘルス・ケアに関す
る国際会議 26
ブラウ, P. 107
プラグマティック 101
プラス・テン 27
フラストレーション 70
フラストレーション耐性 70
ブラッドショー, J. 163
…によるニードの分類 163
プラティック 114
フランス 318
…の医療 318
…の介護サービス 318
…の社会保障制度 318
…の年金 318
プランニング 255
フリースクール 182
フリードマン, M. 77
ブリーフ・セラピー 83, 84
フリーライダー 116
不利益処分手続 537
不利益変更の禁止 432
プリオンたんぱく 46
ふるえ 39
古川孝順 139

ブルジョアジー	96	
ブルデュー, P.	113, 114, 142	
プレイセラピー	83	
フレキシキュリティ	185	
フロイデンバーガー, H.	77	
フロイト, S.	82	
プログラム	255	
プログラム規定説	522	
プログラム評価	220, 255	
…の構成要素	257	
プロセス指標	255	
プロセス評価	220	
プロラクチン	20	
プロレタリアート	96	
文化	95, 112	
文化学習理論	117	
文化資本	142	
分化的接触理論	117	
分権型福祉社会	176	
文書主義	107	
分離	62	
分類保護の原則	138	

へ

平滑筋	12
平均寿命	165, 284
平均所得金額	417
平均標準報酬額	308
閉経	24
閉合	62
平衡機能	41
平衡機能障害	41
平衡聴覚器	22
米国知的・発達障害協会	42
平成の大合併	237
閉塞隅角緑内障	36
ヘイトスピーチ解消法	166
平和主義	520
ベヴァリッジ, W.	153
ベヴァリッジ報告	153, 286, 287
ベーシック・インカム	140, 184
ベーチェット病	41
へき地医療拠点病院	481
へき地診療所	481

へき地保健医療計画	481
へき地保健医療対策事業	481
ベスト・バリュー制度	178
ペストフ, V.	176
ベック, A. T.	83
ヘッド・スタート計画	169
ペプシン	19
ヘモグロビン	15, 33
ヘリコバクター・ピロリ菌	33
ベルサイユ条約	287
ヘルスプロモーション	26, 484
ベル, D.	101
ベロ毒素	37
返還請求	519
変形性関節症	35
変形性頸髄症	35
変形性脊椎症	35
弁護士	553, 558
ベンチマーキング	255
ベンチマーク法	255
変動	500
弁別閾	62
片務契約	527
弁明の機会の付与	537

ほ

保育所等訪問支援	385, 386
法	96, 97
…の3類型	97
…の下の平等	521
防衛機制	70
放課後等デイサービス	385, 386
包括的支援事業	217, 252
包括的リハビリテーション	50
包括評価払い方式	470
傍観者効果	69
膀胱・直腸機能障害	42
放射線障害者加算	427
報酬	65, 164, 528
報奨金	401
法人	520, 524, 525, 530
法定行為	532
法定後見	557
…の開始の審判の請求権者	543

法定後見制度	540
法定受託事務	232, 428
法定相続分	532
法定代理	525
法定代理人	525
法定免除	307
法テラス	562
報道の自由	520
防貧	285
防貧的機能	290
法務局	532, 558
方面委員制度	144, 209
方面委員令	209
訪問看護	481
訪問看護ステーション	481
訪問看護療養費	313
訪問調査	430
法律型（社会組織）	100
法律行為	550
法律婚主義	529
法律による社会福祉	137
ボウルビイ, J.	75
法令の合憲性	523
ポーガム, S.	142
ボードリヤール, J.	101
ボーナス給付	307
ホームレス	166, 449, 562
ホームレス自立支援法	149
ホームレスの実態に関する全国調査	449, 450
ホームレスの自立の支援等に関する基本方針	449
ホームレスの自立の支援等に関する特別措置法	148, 449
補完	62
保険医療機関及び保険医療養担当規則	470
保健医療サービス	476
…が提供される場	476
保険医療材料価格	470
保健衛生対策費	244
保険外併用療養費	313, 463, 464
保険給付	295
…（労災保険）	296
保健師	217, 489, 503

索引

保険者	292
保険者協議会	258
保健所	235, 383, 501
…の活動	502
…の役割	502
保険診療	467
保険薬局	480
保険料	306
…の標準報酬分	309
保険料水準固定方式	305
保険料納付猶予制度	307
保険料免除期間	307
保険料免除制度	307
歩行反射	9
保護金品の給付方法	426
保護事業段階	138
保護施設	431
…の種類	432
…の目的	432
保護者	385
保護者制度	384
保護の開始の申請	428
保護の財源	431
保護の実施機関	422
保護の実施責任	429
保護の費用負担区分	431
保護の補助機関	422
保護の補足性	422
保護率	418
…の動向	418
保佐	541, 547
…の概要	542
保佐監督人	548
保持	66
母子及び父子並びに寡婦福祉法	146
母子加算	427, 428
母子家庭自立支援給付金及び父子家庭自立支援給付金事業	185
母子家庭等就業・自立支援事業	185
母子家庭等就業・自立支援センター	241, 447
母子生活支援施設・助産施設・保育所入所制度	243

ポジティブ・ウェルフェア	175
母子福祉法	146
補充現象	41
保守的コーポラティズムレジーム	175
補助	541, 548
…の概要	542
補償	71
保証人	519
保証年金	317
補助機関	209, 532
補装具	361
…の種目	361
補装具製作施設	380
補装具費	369
細長型	68
保存	74
ホッブズ問題	97
骨	12, 14
ホネット, A.	142
ホメオスタシス	13
ホモ・エコノミクス	113
ボランタリーセクター	180
ボランティア	201
ボランティア活動の中長期的な振興方策について（意見具申）	215
ボランティアコーディネーター	215
ボランティアセンター	213
ボラニー, K.	142
堀木訴訟最高裁判決	521
ホルモン	21
ホワイトカラー犯罪	118
ホワイト, W.	108
本態性高血圧	30
本邦外出身者に対する不当な差別的言動の解消に向けた取組の推進に関する法律	166
本流化教育	342

ま

マーケット・バスケット方式	434
マーシャル, T.	152
マードック, G.	109

マートン, R.	95, 106, 107, 117
マイクロカウンセリング	81
埋葬費	464
埋葬料	314, 315, 464
マイナスの価値	136
マイノリティ	166
牧里毎治	198
マクロ	167
マクロ経済スライド方式	305
マスラック, C.	78
マズロー, A.	60
まだら認知症	45
マッキーヴァー, R.	106
末期がん患者	474
マックスタクサ	169
末梢神経系	20
マッツァ, D.	117
マネージドケア	488
マネジメント	201
マルクス, K.	96
マルクス主義	96
マルサス, T.	151
マルチ型	499
マルチディシプリナリーモデル	499
マレー, H. A.	80
慢性肝炎	33
慢性気管支炎	31, 32
慢性期機能	477
慢性腎不全	33
慢性閉塞性肺疾患	31

み

ミード, G.	116
ミーンズ・テスト	145, 422
三浦文夫	139, 162, 198
味覚	61
味覚障害	13, 41
水（体液）	13
三隅二不二	70
未成年者	525, 544
看取り介護加算	475
ミネソタ多面式人格検査目録	79
身分行為	545, 547

ミヘルス, R.	108	
耳	22	
耳鳴り	11	
脈拍	17	
ミルクスキミング	179	
民営福祉セクター	179	
民間慈善事業	143	
民間社会福祉事業の財源	239	
民間セクター	180	
民間年金保険	290	
民間保険	290, 291	
民事訴訟	538	
民衆訴訟	536	
民主主義	101, 524	
民生委員	209, 428	
…の職務の内容	210	
…の定数	210	
民生委員協議会	210	
民生委員推薦会	210	
民生委員法	209	
民生費	244, 245	
…の性質別内訳	246	
…の目的別内訳	245	
民生費純計額	246	

む

無医地区	481
無過失責任	538
無規範状態	118
無権代理行為	526
無効等確認の訴え	536
無告ノ窮民	143, 421
無差別平等	421, 422
無産階級	96
無償契約	527
無条件刺激	64
無条件の肯定的関心	81
無条件反応	64
無償労働	185
無知	153
無動	39
無報酬のボランティア	210
無料低額宿泊所	155, 448
無料低額診療制度	447

め

目	22
明順応	62
メインストリーミング	342
メセナ	213
メゾ	166
メタボリックシンドローム	27, 28
メチシリン耐性黄色ブドウ球菌	38
メディケア	170, 319
メディケイド	170, 319
メリット制	296
免疫	14, 21
免疫系	21
免疫力	11
免税事業者	238
面接法	216, 217
メンテナンス機能	500

も

盲	41
毛細血管	17
申込	526
妄想	47
盲腸	19
盲点における充填知覚	63
盲導犬	381
盲導犬訓練施設	380, 381
網膜	22, 23
燃え尽き症候群	77
目的概念としての福祉	139
目的合理的行為	113
目的と手段の関係の洞察	65
目的論的行為	114
目標指向的制度	140
目標達成機能	70
モチベーショナル・インタビューイング	82
モデリング	65
もやい	143
森田正馬	84
森田療法	84
モルガン, C. D.	80
モルヒネ	30

や

モレノ, J. L.	84
モロー反射	9
問題焦点型コーピング	78

夜間頻尿	15, 34
薬剤師	489
役割	114, 116
役割演技	115
役割葛藤	115
役割期待	115
役割距離	115
役割形成	115
役割交換	115
役割行動	115
役割取得	115
役割モデル	115
矢田部ギルフォード性格検査	79
薬価基準	470
山室軍平	143

ゆ

ゆい	143
遺言	530, 545
…の特別方式	530
…の普通方式	530
友愛訪問	152
有機的連帯	100
遊戯療法	83
有産者階級	96
有償契約	527
有床診療所	480
有名契約	527
有用的効果	136
豊かな公共圏	167
ユニバーサルサービス	170
ゆりかごから墓場まで	286
ユング, C.	67

よ

用益物権	526
要援護者	137, 251

索引

要援護性	139
用具	164
溶血性尿毒症症候群	37
養護者による虐待	395
養子縁組	545
陽性症状	47
腰椎圧迫骨折	35
要配慮者	162
腰部脊柱管狭窄症	35
要物契約	527
要扶養児童家庭扶助	170
要保護者	423
養老院	144
養老および廃疾保険	154, 286
抑圧	71
抑圧的法	97
横山源之助	143
欲求	60
欲求不満	70
寄り添い型支援	208
4C	178
四類感染症	37

ら

来談者中心療法	81
ライフイベント	112
ライフコース	112
ライフサイクル	73, 112
ライフスタイル	112
ライフステージ	112
ラウントリー, B. S.	151, 286, 434
ラザルス, R. S.	77
ラショニング	164, 180
ラベリング理論	117
ラロック, P.	287
卵管	23
ランゲルハンス島	19
ランスティング	169, 317
卵巣	23
卵胞刺激ホルモン	20
卵胞ホルモン	24

り

リーガルサポート	559
リースマン, D.	102
リーベル, H. R.	26
利益相反行為	545
離縁	545
理解社会学	113
理学療法	50
理学療法士	490
力動的統合理論	139
履行遅滞	527
離婚	529, 545
理事	159, 160
理事会	159
リスキーシフト	69
リスク社会論的アプローチ	117
リスクマネジメント	488
リスター, R.	141
立法機関	520
リハビリテーション	49, 338, 344
…の目的	50
リハビリテーション総合計画評価料	498
リビドー	67
リビング・ウィル	488
リファレンス・グループ	106
リプスキー, M.	108
リベラルレジーム	175
留置権	526
流動性知能	11, 75, 80
療育手帳	341, 382
利用券	180
利用者	137
利用者負担	301
利用制度	243
療病院	143
両面提示	72
療養介護	354, 356, 358, 376
療養介護医療費	362
療養看護	549
療養計画書	476
療養・就労両立支援指導料	472
療養の給付	312, 463
療養の給付割合	313

療養費	313, 463
緑内障	11, 36
緑膿菌	38
理論型	67
臨界期	72
臨時的最低生活費	428
臨時保佐人	547
臨床検査技師	490
臨床工学技士	490
臨床心理士	82
リントン, R.	116
リンパ球	14
リンパ系	9
隣友運動	152, 201

る

類型論	67
ルイス, O.	142
類同	62
ルーズベルト, F.	286
ルーマン, N.	100
ルグラン, J.	141
ルビンの杯	62

れ

レイン報告	201
レジリエンス	78
レスパイト	169
レスポンデント条件づけ	64
レセプト	470
列記主義	533
劣等処遇	145
…の原則	138, 151, 286
レディネス	72
レビー小体型認知症	45, 46
連携協約	237
連合国軍最高司令官総司令部	145, 421
連邦社会保障法	154

ろ

ろう	41

労役場テスト法	151	労働福祉事業	297	ロジャース, C. R.	81
老化	10	労働保険	295	ロス, M.	200
労災保険	145, 292, 295, 313	労働力調査	285	ロストウ, W. W.	102
…の給付費用	296	老年症候群	40	ロスマン, J.	201
…の適用労働者	296	老年人口	102, 284	肋間筋	18
…の保険給付	297	老年人口指数	102	『ロンドン民衆の生活と労働』	151
…の保険料率	296	老齢基礎年金	305	論理療法	83
労災保険率	296	…の繰り上げ支給	305		
労作時呼吸困難	31	…の繰り下げ支給	305	**わ**	
老人クラブ	213	…の支給開始年齢	305		
老人性難聴	11	老齢厚生年金	308, 309	ワーキング・プア	118, 285
老人長期療養保険法	171	老齢年金（イギリス）	286	ワーキングメモリー	66
老人福祉計画	260	老齢年金生活者支援給付金	302	ワークショップ	251
老人福祉費	245	老齢福祉年金	301	ワークフェア	185
老人福祉法	146, 248, 256	ローエンフェルト, M.	83	ワーク・ライフ・バランス	99, 284
老人保健法	146, 316	ローカル・ガバナンス	202	ワース, L.	104
労働	97	ローカル・ガバナンス論	167	ワイマール憲法	521
労働運動	144	ローズ, R.	141	和解	527
労働基準監督署	296, 438	ローゼンツァイク, S.	80	和諧社会	172
労働三権	522	ローゼンマン, R. H.	77	ワトソン, J. B.	72
労働市場	98	ロールシャッハ, H.	79	割当	164, 180
労働者階級	96	ロールシャッハテスト	79	割れ窓理論	118
労働者災害補償保険	295	ロールズ, J.	140	ワンストップ・サービス	166
労働政策	184	ローレンツ, K.	72		
労働能力	423	ロコモティブシンドローム	27		

参考文献

新・社会福祉士養成講座①人体の構造と機能及び疾病〈第3版〉
新・社会福祉士養成講座②心理学理論と心理的支援〈第3版〉
新・社会福祉士養成講座③社会理論と社会システム〈第3版〉
新・社会福祉士養成講座④現代社会と福祉〈第4版〉
新・社会福祉士養成講座⑤社会調査の基礎〈第3版〉
新・社会福祉士養成講座⑥相談援助の基盤と専門職〈第3版〉
新・社会福祉士養成講座⑦相談援助の理論と方法Ⅰ〈第3版〉
新・社会福祉士養成講座⑧相談援助の理論と方法Ⅱ〈第3版〉
新・社会福祉士養成講座⑨地域福祉の理論と方法〈第3版〉
新・社会福祉士養成講座⑩福祉行財政と福祉計画〈第5版〉
新・社会福祉士養成講座⑪福祉サービスの組織と経営〈第5版〉
新・社会福祉士養成講座⑫社会保障〈第6版〉
新・社会福祉士養成講座⑬高齢者に対する支援と介護保険制度〈第6版〉
新・社会福祉士養成講座⑭障害者に対する支援と障害者自立支援制度〈第6版〉
新・社会福祉士養成講座⑮児童や家庭に対する支援と児童・家庭福祉制度〈第7版〉
新・社会福祉士養成講座⑯低所得者に対する支援と生活保護制度〈第5版〉
新・社会福祉士養成講座⑰保健医療サービス〈第5版〉
新・社会福祉士養成講座⑱就労支援サービス〈第4版〉
新・社会福祉士養成講座⑲権利擁護と成年後見制度〈第4版〉
新・社会福祉士養成講座⑳更生保護制度〈第4版〉
新・社会福祉士養成講座㉑資料編〈第10版〉

（以上、中央法規出版）

■本書に関する訂正情報等について

本書に関する訂正情報等については、弊社ホームページにて随時お知らせいたします。
下記 URL でご確認ください。
https://www.chuohoki.co.jp/foruser/social/

■本書へのご質問について

本書の内容に関するご質問については、下記 URL から「お問い合わせフォーム」にご入力いただきますようお願いいたします。
https://www.chuohoki.co.jp/contact/

社会福祉士・精神保健福祉士国家試験受験ワークブック 2021 [共通科目編]

2020 年 6 月 5 日　発行

編　集………社会福祉士・精神保健福祉士国家試験受験ワークブック編集委員会

発行者………荘村明彦

発行所………中央法規出版株式会社
　　　　　　〒 110-0016　東京都台東区台東 3-29-1　中央法規ビル
　　　　　　営業　　　　　　TEL 03-3834-5817　FAX 03-3837-8037
　　　　　　取次・書店担当　TEL 03-3834-5815　FAX 03-3837-8035
　　　　　　https://www.chuohoki.co.jp/

印刷・製本…株式会社太洋社
本文デザイン…TYPEFACE
装幀デザイン…株式会社ジャパンマテリアル

定価はカバーに表示してあります。
ISBN 978-4-8058-8132-3

本書のコピー、スキャン、デジタル化等の無断複製は、著作権法上での例外を除き禁じられています。
また、本書を代行業者等の第三者に依頼してコピー、スキャン、デジタル化することは、たとえ個人
や家庭内での利用であっても著作権法違反です。
落丁本・乱丁本はお取替えいたします。

中央法規の受験対策

社会福祉士国家試験 過去問解説集 2021
第 30 回－第 32 回完全解説＋第 28 回－第 29 回問題＆解答
●2020 年 5 月刊行　●一般社団法人日本ソーシャルワーク教育学校連盟＝編集
●定価 本体 3,800 円（税別）／ B5 判／ ISBN978-4-8058-8127-9
過去 5 年分、750 問を掲載。直近 3 年分は、国家試験全問題を一問ずつ丁寧に解説。○○正にも対応。科目別に学習のポイントを掲載。出題傾向の把握と実力試しに最適。

社会福祉士国家試験 受験ワークブック 2021 ［専門科目編］
●2020 年 6 月刊行　●社会福祉士国家試験受験ワークブック編集委員会＝編集
●定価 本体 3,000 円（税別）／ B5 判／ ISBN978-4-8058-8131-6

社会福祉士・精神保健福祉士国家試験 受験ワークブック 2021 ［共通科目編］
●2020 年 6 月刊行　●社会福祉士・精神保健福祉士国家試験受験ワークブック編集委員会＝編集
●定価 本体 3,000 円（税別）／ B5 判／ ISBN978-4-8058-8132-3
科目ごとに学習の要点をまとめた受験対策書の決定版！「傾向と対策」「重要項目」「一問一答」で試験に必要な知識を徹底解説。信頼度 No.1!!

らくらく暗記マスター 社会福祉士国家試験 2021
●2020 年 6 月刊行　●暗記マスター編集委員会＝編集
●定価 本体 1,400 円（税別）／新書判／ ISBN978-4-8058-8138-5
試験の頻出項目を図表や暗記術を使ってらくらくマスター！ 各科目の重要ポイントをコンパクトにまとめ、オリジナルキャラクターが楽しく学習をサポート。直前対策にも最適なハンディな一冊。

社会福祉士国家試験 模擬問題集 2021
●2020 年 6 月刊行　●一般社団法人日本ソーシャルワーク教育学校連盟＝編集
●定価 本体 3,400 円（税別）／ B5 判／ ISBN978-4-8058-8135-4
国家試験の出題基準や最新の動向、過去問の出題傾向を徹底分析して作問した全 450 問を収載！
取り外し可能な解答編の解説も充実。受験者必携の模擬問題集。

見て覚える！ 社会福祉士国試ナビ 2021
●2020 年 7 月刊行予定　●いとう総研資格取得支援センター＝編集
●定価 本体 2,800 円（税別）／ AB 判／ ISBN978-4-8058-8140-8
試験の全体像がつかめるよう、全19 科目を 5 つの領域に分類。各領域ごとに、試験に必要な知識を図表やイラストを用いて解説。広範な出題範囲を体系的に理解できると大好評！

書いて覚える！ 社会福祉士国試ナビ 穴埋めチェック 2021
●2020 年 7 月刊行予定　●いとう総研資格取得支援センター＝編集
●定価 本体 2,000 円（税別）／ A5 判／ ISBN978-4-8058-8144-6
『見て覚える！社会福祉士国試ナビ』対応の穴埋め問題集。各分野の重要ポイントを穴埋め形式で学習できる。『国試ナビ』と繰り返し学習することで基本を確実に整理し、得点アップにつなげる一冊。

わかる！ 受かる！ 社会福祉士国家試験 合格テキスト 2021
●2020 年 7 月刊行予定　●社会福祉士国家試験受験対策研究会＝編集
●定価 本体 4,200 円（税別）／ A5 判／ ISBN978-4-8058-8148-4
合格のための基礎知識をわかりやすくまとめたテキスト。ムリなく、ムダなく合格までをサポート。

2021 社会福祉士国家試験 過去問 一問一答＋α ［専門科目編］
●2020 年 7 月刊行予定　●一般社団法人日本ソーシャルワーク教育学校連盟＝監修
●定価 本体 2,600 円（税別）／ A5 判／ ISBN978-4-8058-8142-2

2021 社会福祉士・精神保健福祉士国家試験 過去問 一問一答＋α ［共通科目編］
●2020 年 7 月刊行予定　●一般社団法人日本ソーシャルワーク教育学校連盟＝監修
●定価 本体 2,800 円（税別）／ A5 判／ ISBN978-4-8058-8143-9
10 年分の国試から厳選して一問一答形式に編集し、見開きで問題と解答を収載。「即答力」が鍛えられる過去問集。明快な解説に加え重要ポイントも記した、繰り返し学習にピッタリの学習書。